快乐卡通汉语字典

（彩色版）

主编　陈玉新
审订　胡双宝
编委　（按姓氏笔画）
　　　孙妹月　杨　云　陈玉新
　　　周梅春　郑少燕　姚作成
　　　黄荣梅　龚丽华
插图　刘德辉　吉小燕　刘　宇

北京大学出版社
PEKING UNIVERSITY PRESS

图书在版编目(CIP)数据

快乐卡通汉语字典(彩色版)/陈玉新主编.—北京:北京大学出版社,2007.1

(快乐卡通词典系列)

ISBN 978-7-301-07966-9

Ⅰ.快… Ⅱ.陈… Ⅲ.汉语-中小学-字典 Ⅳ.G634.303

中国版本图书馆 CIP 数据核字(2006)第 000155 号

书　　　名:	快乐卡通汉语字典(彩色版)
著作责任者:	陈玉新　主编
责 任 编 辑:	吕幼筠　刘　正
标 准 书 号:	ISBN 978-7-301-07966-9/H·1224
出 版 发 行:	北京大学出版社
地　　　址:	北京市海淀区成府路 205 号　100871
网　　　址:	http://www.pup.cn
电　　　话:	邮购部 62752015　发行部 62750672　编辑部 62752028
	出版部 62754962
电 子 邮 箱:	lvyoujun99@yahoo.com.cn
印 　刷 　者:	北京大学印刷厂
经 　销 　者:	新华书店
	850 毫米×1168 毫米　32 开本　18.5 印张　950 千字
	2007 年 1 月第 1 版　2007 年 1 月第 1 次印刷
定　　　价:	55.00 元(附光盘 1 张)

未经许可,不得以任何方式复制或抄袭本书之部分或全部内容。

版权所有,侵权必究　举报电话:010-62752024

电子邮箱:fd@pup.pku.edu.cn

目录

前言 ……………………………………………………	1
凡例 ……………………………………………………	3
音序检字表 ……………………………………………	5
笔画笔顺检字表 ………………………………………	38
字典正文 ………………………………………………	1–504
附录 ……………………………………………………	505–524
附录1　计量单位表 …………………………………	505
附录2　常见部首名称和笔顺 ………………………	514
附录3　汉字笔顺规则 ………………………………	517
附录4　汉字笔画名称表 ……………………………	518
附录5　汉语拼音方案 ………………………………	519
附录6　GB13000.1 字符集汉字折笔笔形表 ………	522

前 言

　　这是一本以中小学学生为主要使用对象的工具书。我们严格按照国家有关语言文字法规和教育部颁布的全日制义务教育《语文课程标准》的要求,力求规范、新颖、实用。本字典具有一般字典的功能,并且具有以下特点:

　　1. 释义简明易懂。例词、例句紧密结合教材和学生生活实际,对较难懂的例词,在后面的括号里做简要注释,以助理解。

　　2. 字头标示笔画笔顺、部首、间架结构。

　　(1) 笔顺的表示不采用跟随式,只在易错的地方加以分解。

　　(2) 部首,根据常见的189部和国家1983年颁布的201部,两种选部相同的部首为首选,不同的则分别列出,在前的为189部部首,在后的为201部部首。按201部部首编排的字典,每个字只有一个位置;189部部首多是按音序编排的部首检字表,为了方便查检,一个字同时排在不同的部首,如"幽",在"丨"部、"山"部和"幺"部都可以查到,本字典只列189部部首和201部部首共选的部首"幺"。像"冀""字",189部在"八"部,201部在"匕"部,则分别列出。

　　(3) 字的间架结构除标明属何结构外,还用符号"／"加以切分,切分后的部分仍属合体结构的,再做二次切分(最多切分二次)。切分的目的是让学生了解合体字是怎样组合而成的,从而加深记忆,不写或少写错别字。如"湖",按形旁和声旁确定为左右结构,第一次切分为"氵/胡","胡"本身也是左右结构,就在后面的括号里再切分为"古/月"。

3. 详列同义词、反义词。学生需要掌握的同义(近义)、反义词尽量列出。这项内容有助于学生对词语的理解、分辨和运用,也可为教师的教学提供参考,具有较强的实用性。

4. 设立组字和提示。许多汉字可作为基本字组字,本字典把以某个字头为基本字的一系列字一一列出(部首统率字酌列),以帮助学生归类识字。提示的内容主要针对学生常遇到的或容易忽略的难点问题加以指点,内容包括字音、字形、笔画笔顺、形近字、异形词等。如"发"的首笔是竖折,往往被误为是撇折;"羽"的首笔和第四笔是横折钩,但作为上偏旁时变为横折;"延"与"廷"作为基本字时易相混,但可以用"以音识形"的方法加以分辨。这些问题通过提示,能使学生收到茅塞顿开的效果。

5. 同音字按笔画多少排序,笔画相同的,按起笔笔形横(一)、竖(丨)、撇(丿)、点(丶)、折(㇇)的顺序排列。

由于我们水平有限,本字典的不足之处在所难免,热诚欢迎广大读者批评指正。

凡 例

一、本字典收录全部常用字和次常用字3500个及其他通用字500个，共计4000个，与《汉字应用水平测试字表》甲表一致。

二、一个字或一种读音有几个义项的，用①②③等排列。某个义项还要分条的，用a、b、c等排列。【 】中的复音词另立义项。

三、多音字只列一个字头，排在最常见读音的位置上，用㈠㈡㈢等分行排列；不同读音均可在音序检字表中相应的音序位置上检索到（生僻的读音未收录）。

四、每一个义项冒号后面是例词或例句，~代替例字或复音词。

五、字头标示的部首一般为正体部首，括号内的部首为该正体部首的变体部首。间架结构的分析，为简便起见，省去"结构"二字，如"上下结构"只写"上下"。

六、多义词按不同的意义分别列出同义词、反义词。

七、释义中除了只做姓氏的字以外，姓氏一般不列为义项。

收字适量
本字典共收全部常用字和次常用字 3500 个及其他通用字 500 个,共计 4000 个,与《汉字应用水平测试字表》甲表一致。

注音规范
全部条目均依普通话读音,按《汉语拼音方案》注音。多音字只列一个字头,排在最常见读音的相应位置上,用㊀㊁㊂等分行排列,但不同读音均可在音序检字表中相应的音序位置上检索到。

释义简明
释义简洁明了。一个字或一种读音有几个义项,用①②③等排列。某个义项还要分条的,用 a、b、c 等排列。【】中的复音词另立义项。每一个义项冒号后面是例词或例句。~代替例字或复音词。

标明笔画

标示部首
本字典按部首检字的一般原则,标示 189 部的首选部首和 201 部的部首。括号内为变体部首。

分析结构
合体字按结构切分,切分后仍属合体结构的,在括号内进行二次切分。

分解笔顺
笔顺的表示不采用跟随式,只在易错处加以分解。

详列同义词反义词
详细列出以字头为首字的有关词语的同义词、反义词。多义词按不同意义分别列出同、反义词。

设立组字
以字头为基本字,加上不同偏旁组成一系列字。

提示要点
对必须特别注意的要点加以提示。

ài　10画　爪(爫)部

爱　上下　爫(爫/冖)/友(冖/又)
爫 爫 爫 爱

①对人或事物有深厚的感情:喜~|热~|~祖国团结友~。②喜好(hào):~好|打球|~看书。③容易:~笑|打瞌睡。④珍惜,爱护:~公物|~集体。

同义 爱戴—拥戴/爱好(hào)—喜好、喜爱/爱护—爱惜,保护/爱惜—珍惜

反义 爱—恨、憎/爱国—卖国/爱好—厌恶(wù)/爱护—破坏、损害/爱慕—厌弃/爱惜—糟蹋、浪费

组字 嗳 暧

提示 "爱"不要与"爰(yuán)"相混。以"爱"为基本字的字,韵母都是 ai,如"嗳"、"暧";以"爰"为基本字的字,韵母都是 uan,如"援"、"暖"、"缓"。

音序检字表

(右边的号码为字典正文页码)

A		安	3	拗	5	坝	8	版	11
a		氨	3	袄	5	爸	8	坂	11
阿	1	庵	3	坳	5	耙	274	板	11
啊	1	鹌	3	傲	5	罢	8	版	11
腌	427	鞍	3	奥	5	霸	8	办	11
ai		俺	3	澳	5	吧	9	半	11
哎	1	岸	3	懊	6	bai		扮	11
哀	1	按	3	**B**		掰	9	伴	11
埃	1	案	4	ba		白	9	拌	11
挨	1	暗	4	八	7	百	9	绊	12
唉	1	黯	4	巴	7	佰	9	瓣	12
皑	2	ang		扒	7	柏	9	bang	
癌	2	肮	4	叭	7	摆	9	邦	12
矮	2	昂	4	芭	7	败	10	帮	12
蔼	2	盎	4	疤	7	拜	10	梆	12
霭	2	ao		捌	7	ban		浜	12
艾	2	凹	4	笆	7	扳	10	绑	12
爱	2	熬	5	耙	8	班	10	榜	12
隘	2	遨	5	拔	8	般	10	膀	12
碍	2	廒	5	跋	8	颁	10	蚌	12
嗳	2	翱	5	把	8	斑	10	棒	13
an		鏖	5	靶	8	搬	10	傍	13

快乐卡通汉语字典

谤	13	狈	16	彼	19	扁	22	鬓	25
磅	13	备	16	秕	19	匾	22	**bing**	
镑	13	背	16	笔	19	变	22	冰	25
bao		倍	17	鄙	20	便	23	兵	26
包	13	悖	17	币	20	遍	23	丙	26
苞	13	被	17	必	20	辨	23	秉	26
胞	13	辈	17	毕	20	辩	23	柄	26
剥	27	惫	17	闭	20	辫	23	饼	26
褒	14	焙	17	庇	20	**biao**		炳	26
雹	14	蓓	17	怭	20	标	23	屏	286
薄	14	**ben**		陛	20	彪	24	禀	26
饱	14	奔	17	毙	20	膘	24	并	26
宝	14	本	17	婢	20	镖	24	病	27
保	14	苯	18	萆	21	表	24	**bo**	
堡	14	畚	18	痹	21	婊	24	拨	27
报	15	笨	18	辟	21	裱	24	波	27
刨	15	**beng**		碧	21	**bie**		玻	27
抱	15	崩	18	蔽	21	憋	24	钵	27
豹	15	绷	18	弊	21	鳖	24	剥	27
暴	15	泵	18	壁	21	别	24	菠	27
曝	289	迸	18	避	21	瘪	25	播	28
爆	15	蚌	12	臂	21	**bin**		伯	28
bei		蹦	18	璧	21	宾	25	驳	28
杯	15			**bian**		彬	25	帛	28
卑	16	**bi**		边	19	斌	25	泊	28
悲	16	逼	19	编	19	滨	22	柏	9
碑	16	荸	19	蝙	19	缤	22	勃	28
北	16	鼻	19	鞭	19	濒	22	铂	28
贝	16	匕	19	贬	19	殡	22	舶	28
		比	19						

音序检字表

脖	28	财	31	ce		钗	38	偿	40
博	28	裁	31	册	35	差	37	裳	328
渤	29	采	32	厕	35	柴	38	嫦	41
搏	29	彩	32	侧	35	豺	38	厂	41
膊	29	睬	32	测	35	chan		场	41
薄	14	踩	32	策	35	掺	38	敞	41
礴	29	菜	32	cen		搀	38	怅	41
跛	29	蔡	32	参	32	单	67	畅	41
簸	29		can	ceng		谗	38	倡	41
卜	29	参	32	层	35	婵	38	唱	41
	bu	餐	33	曾	35	馋	38		chao
卜	29	残	33	蹭	35	禅	38	抄	42
补	29	蚕	33		cha	缠	38	钞	42
捕	29	惭	33	叉	36	蝉	38	超	42
哺	30	惨	33	杈	36	潺	39	巢	42
不	30	灿	33	插	36	蟾	39	朝	42
布	30		cang	苴	36	产	39	嘲	42
步	30	仓	33	茶	36	铲	39	潮	42
怖	30	苍	33	查	36	阐	39	吵	43
部	30	沧	34	猹	36	忏	39	炒	43
埠	30	舱	34	碴	36	颤	39		che
簿	30	藏	34	察	37		chang	车	43
	C		cao	衩	37	昌	39	扯	43
	ca	操	34	岔	37	猖	40	彻	43
擦	31	糙	34	刹	37	娼	40	掣	43
	cai	曹	34	诧	37	长	40	撤	43
猜	31	嘈	34	差	37	肠	40	澈	43
才	31	槽	34		chai	尝	40		chen
材	31	草	34	折	37	常	40	抻	43

快乐卡通汉语字典

臣	44	**chi**		抽	50	揣	53	鹑	56
尘	44	吃	47	仇	50	踹	53	醇	56
辰	44	嗤	47	惆	50	**chuan**		蠢	57
沉	44	痴	47	绸	50	川	54	**chuo**	
忱	44	池	47	畴	51	穿	54	戳	57
陈	44	弛	48	酬	51	传	54	绰	57
晨	44	驰	48	稠	51	船	54	辍	57
衬	44	迟	48	愁	51	橡	54	**ci**	
称	45	持	48	筹	51	喘	54	差	37
趁	45	匙	48	丑	51	串	54	词	57
cheng		尺	48	瞅	51	**chuang**		祠	57
称	45	齿	48	臭	51	疮	54	瓷	57
撑	45	侈	48			窗	55	辞	57
瞠	45	耻	48	**chu**		床	55	慈	58
成	45	叱	49	出	52	闯	55	磁	58
丞	45	斥	49	初	52	创	55	雌	58
呈	46	赤	49	除	52	**chui**		鹚	58
诚	46	炽	49	厨	52	吹	55	糍	58
承	46	翅	49	锄	52	炊	55	此	58
城	46			雏	52	垂	55	次	58
乘	46	**chong**		橱	52	捶	55	伺	353
盛	335	冲	49	础	52	槌	56	刺	58
程	46	充	49	储	53	锤	56	赐	59
惩	46	忡	50	楚	53	**chun**		**cong**	
澄	47	憧	50	处	53	春	56	匆	59
橙	47	虫	50	怵	53	椿	56	囱	59
逞	47	重	489	畜	420	纯	56	枞	59
骋	47	崇	50	触	53	唇	56	葱	59
秤	47	宠	50	矗	53	淳	56	聪	59
		chou		**chuai**					

8

音序检字表

从	59	搓	62	袋	66	导	70	堤	73
丛	59	磋	62	戴	66	岛	70	提	368
cou		撮	62	黛	67	捣	70	嘀	73
凑	60	挫	62	**dan**		倒	70	滴	73
cu		厝	63	丹	67	祷	70	狄	73
粗	60	措	63	担	67	蹈	70	迪	73
促	60	锉	63	单	67	到	71	的	72
猝	60	错	63	耽	67	盗	71	敌	73
醋	60	**D**		郸	67	悼	71	涤	73
簇	60	**da**		胆	67	道	71	笛	74
cuan		耷	64	掸	68	稻	71	嫡	74
蹿	60	搭	64	石	337	**de**		翟	471
攒	465	达	64	旦	68	得	71	抵	74
窜	60	答	64	但	68	德	72	底	74
篡	61	瘩	64	诞	68	地	74	地	74
cui		打	64	淡	68	的	72	弟	74
崔	61	大	65	弹	68	**dei**		帝	74
催	61	**dai**		蛋	68	得	71	递	75
摧	61	呆	65	氮	68	**deng**		第	75
脆	61	歹	65	**dang**		灯	72	蒂	75
萃	61	逮	65	当	69	登	72	缔	75
悴	61	傣	65	铛	69	蹬	72	**dian**	
粹	61	大	65	裆	69	等	72	掂	75
翠	61	代	66	挡	69	邓	72	滇	75
cun		带	66	党	69	凳	72	颠	75
村	62	殆	66	荡	66	澄	47	巅	75
存	62	贷	66	档	70	瞪	73	癫	75
寸	62	待	66	**dao**		**di**		典	75
cuo		怠	66	刀	70	低	73	点	76

9

快乐卡通汉语字典

碘	76	叠	79	陡	82	段	85	躲	88
踮	76	碟	79	蚪	82	断	85	驮	379
电	76	蝶	79	斗	82	缎	86	剁	88
佃	76			豆	82	锻	86	垛	88
甸	76	**ding**		逗	82			舵	89
店	76	丁	79	读	83	**dui**		堕	89
玷	76	叮	79	痘	83	堆	86	惰	89
垫	77	盯	79			队	86	跺	89
淀	77	钉	79	**du**		对	86		
惦	77	顶	79	都	83	兑	86	**E**	
奠	77	鼎	80	督	83			e	
殿	77	订	80	嘟	83	**dun**			
		定	80	毒	83	吨	86	讹	90
diao		锭	80	独	83	敦	87	俄	90
刁	77			读	83	墩	87	哦	273
叼	77	**diu**		犊	84	蹲	87	峨	90
凋	77	丢	80	牍	84	盹	87	娥	90
貂	77			笃	84	囤	87	鹅	90
碉	77	**dong**		堵	81	炖	87	蛾	90
雕	77	东	80	赌	81	钝	87	额	90
吊	78	冬	81	睹	81	盾	87	厄	90
钓	78	咚	81	杜	81	顿	87	扼	91
调	78	董	81	肚	81	遁	88	恶	91
掉	78	懂	81	妒	81			饿	91
		动	81	度	81	**duo**		鄂	91
die		冻	81	渡	81	多	88	遏	91
爹	78	栋	81	镀	85	咄	88	愕	91
跌	78	洞	81			哆	88	噩	91
迭	78			**duan**		夺	85	鳄	91
谍	79	**dou**		端	85	度	88		
喋	79	都	83	短	85	踱	88	**en**	
		兜	82			朵	88	恩	91
		抖	82						

10

音序检字表

摁	92	犯	95	翡	99	峰	102	莰	105
	er	饭	95	吠	99	烽	102	氟	105
儿	92	泛	95	肺	99	锋	102	俘	105
而	92	范	96	废	99	蜂	102	浮	105
尔	92	贩	96	沸	99	冯	102	符	105
耳	92	梵	96	费	99	逢	102	匐	106
饵	92		fang	痱	99	缝	102	袱	106
二	92	方	96		fen	讽	103	幅	106
贰	92	芳	96	分	99	凤	103	辐	106
	F	防	96	芬	100	奉	103	福	106
	fa	坊	96	吩	100		fo	蝠	106
发	93	妨	96	纷	100	佛	103	抚	106
乏	93	肪	97	氛	100		fou	甫	106
伐	93	房	97	坟	100	缶	103	斧	106
罚	93	仿	97	汾	100	否	103	府	106
阀	93	访	97	焚	100		fu	俯	107
筏	93	纺	97	粉	100	夫	103	釜	107
法	94	放	97	分	99	肤	104	辅	107
	fan		fei	份	101	麸	104	脯	107
帆	94	飞	97	奋	101	孵	104	腑	107
番	94	妃	97	忿	101	敷	104	腐	107
翻	94	非	98	粪	101	弗	104	父	107
凡	94	菲	98	愤	101	伏	104	讣	107
矾	94	啡	98		feng	凫	104	付	107
烦	94	扉	98	丰	101	扶	104	负	108
樊	95	霏	98	风	101	芙	105	妇	108
繁	95	肥	98	枫	101	佛	103	附	108
反	95	匪	98	封	102	拂	105	咐	108
返	95	诽	99	疯	102	服	105	赴	108

11

快乐卡通汉语字典

复	108	柑	111	告	114	亘	117	**gou**	
副	108	竿	112	**ge**		**geng**		勾	121
赋	109	尴	112	戈	115	更	118	沟	121
傅	109	秆	112	疙	115	庚	118	钩	121
富	109	赶	112	哥	115	耕	118	篝	121
腹	109	敢	112	胳	115	赓	118	苟	121
缚	109	感	112	鸽	115	羹	118	狗	121
覆	109	橄	112	搁	115	埂	118	构	121
馥	109	赣	112	割	115	耿	118	购	122
		gang		歌	115	哽	118	垢	122
G		冈	113	革	116	梗	118	够	122
ga		扛	196	阁	116	更	118	**gu**	
夹	163	刚	113	格	116	**gong**		估	122
旮	110	肛	113	葛	116	工	119	咕	122
嘎	110	纲	113	蛤	116	弓	119	沽	122
尬	110	**gai**		隔	116	公	119	孤	122
该	110	钢	113	嗝	116	功	119	姑	122
改	110	缸	113	膈	116	攻	119	轱	122
丐	110	岗	113	骼	116	供	119	菇	123
芥	178	港	113	个	117	宫	120	辜	123
钙	110	杠	113	合	137	恭	120	箍	123
盖	110	**gao**		盖	110	蚣	120	古	123
溉	111	高	114	各	117	躬	120	谷	123
概	111	羔	114	硌	240	龚	120	股	123
gan		膏	114	**gei**		巩	120	骨	123
干	111	篙	114	给	117	汞	120	贾	164
甘	111	糕	114	**gen**		拱	120	鼓	123
杆	111	搞	114	根	117	共	120	固	124
肝	111	镐	114	跟	117	贡	121	故	124
		稿	114						

12

音序检字表

顾	124	胱	127	裹	130	汉	134	呵	137
雇	124	广	127	过	131	汗	134	喝	137
gua		犷	128	H		旱	134	禾	137
瓜	124	逛	128	ha		捍	135	合	137
呱	124	gui		哈	132	悍	135	何	138
刮	124	归	128	蛤	116	焊	135	和	138
寡	125	龟	128	hai		撼	135	河	138
卦	125	规	128	咳	198	翰	135	荷	138
挂	125	闺	128	嗨	132	憾	135	核	138
褂	125	硅	128	还	132	瀚	135	盒	139
guai		瑰	128	孩	132	hang		贺	139
乖	125	轨	128	骸	132	夯	135	赫	139
拐	125	诡	129	海	132	行	415	褐	139
怪	125	鬼	129	亥	133	吭	200	鹤	139
guan		柜	129	骇	133	杭	135	壑	139
关	126	刽	129	氦	133	航	135	hei	
观	126	贵	129	害	133	hao		黑	139
官	126	桂	129	han		蒿	136	嘿	139
冠	126	跪	129	酣	133	毫	136	hen	
棺	126	gun		憨	133	豪	136	痕	139
馆	126	滚	130	鼾	133	壕	136	很	140
管	126	棍	130	邯	133	嚎	136	狠	140
贯	127	guo		含	133	好	136	恨	140
惯	127	郭	130	函	134	郝	136	heng	
灌	127	锅	130	涵	134	号	137	亨	140
鹳	127	蝈	130	韩	134	耗	137	哼	140
罐	127	国	130	寒	134	浩	137	恒	140
guang		帼	130	罕	134	皓	137	横	140
光	127	果	130	喊	134	he		衡	141

13

快乐卡通汉语字典

hong		葫	144	槐	147	恍	150	慧	153
轰	141	湖	144	坏	147	晃	150	**hun**	
哄	141	瑚	144	**huan**		谎	150	昏	153
烘	141	蝴	144	欢	147	幌	150	荤	154
弘	141	糊	144	还	132	**hui**		婚	154
红	141	虎	144	环	148	灰	151	浑	154
宏	141	浒	145	缓	148	诙	151	馄	154
泓	141	唬	145	幻	148	挥	151	魂	154
虹	142	琥	145	宦	148	恢	151	混	154
洪	142	互	145	换	148	晖	151	**huo**	
鸿	142	户	145	唤	148	辉	151	豁	154
hou		护	145	涣	148	徽	151	和	138
侯	142	沪	145	患	148	回	151	活	154
喉	142	扈	145	焕	148	茴	152	火	155
猴	142	**hua**		痪	149	蛔	152	伙	155
吼	142	花	145	**huang**		悔	152	或	155
后	142	华	146	肓	149	毁	152	和	138
厚	143	哗	146	荒	149	卉	152	货	155
候	143	猾	146	慌	149	汇	152	获	155
hu		滑	146	皇	149	会	152	祸	155
乎	143	化	146	黄	149	讳	152	惑	155
呼	143	划	146	凰	149	荟	152	霍	155
忽	143	画	146	徨	150	诲	153	**J**	
囫	143	话	147	惶	150	绘	153	**ji**	
和	138	桦	147	煌	150	贿	153	讥	156
狐	143	**huai**		潢	150	彗	153	击	156
弧	144	怀	147	蝗	150	晦	153	叽	156
胡	144	徊	147	磺	150	秽	153	饥	156
壶	144	淮	147	簧	150	惠	153	圾	156

14

音序检字表

机	156	几	160	**jia**		菅	166	槛	195	
肌	156	己	160	加	163	煎	166	箭	170	
矶	157	挤	160	夹	163	拣	167	**jiang**		
奇	291	给	117	茄	301	茧	167	江	170	
鸡	157	脊	160	佳	163	柬	167	将	170	
唧	157	计	160	枷	163	俭	167	姜	170	
积	157	记	160	家	163	捡	167	浆	170	
姬	157	伎	161	嘉	164	检	167	僵	170	
基	157	纪	161	荚	164	减	167	缰	170	
缉	157	技	161	颊	164	剪	167	疆	170	
畸	157	系	399	甲	164	简	167	讲	171	
箕	157	忌	161	贾	164	碱	168	奖	171	
稽	157	际	161	钾	164	见	168	桨	171	
激	158	妓	161	假	164	件	168	蒋	171	
羁	158	季	161	价	165	饯	168	匠	171	
及	158	剂	161	驾	165	建	168	降	171	
吉	158	迹	161	架	165	荐	168	绛	171	
汲	158	济	158	嫁	162	贱	168	强	299	
级	158	既	158	稼	162	剑	168	酱	171	
极	158	继	158		162	涧	168	犟	172	
即	158	祭	158	**jian**		健	169	**jiao**		
急	159	悸	159	尖	162	舰	169	交	172	
疾	159	寄	159	奸	162	渐	169	郊	172	
棘	159	寂	159	歼	162	谏	169	浇	172	
集	159	绩	159	坚	162	践	169	娇	172	
辑	159	蓟	159	间	162	毽	169	姣	172	
嫉	159	鲫	159	肩	163	溅	169	骄	172	
藉	179	冀	159	艰	163	鉴	169	胶	172	
籍	160	骥	159	监	163	键	169	教	175	
				兼	163					

快乐卡通汉语字典

椒	173	皆	175	今	179	鲸	183	九	186
蛟	173	接	175	金	179	井	183	久	186
焦	173	秸	176	津	179	阱	183	玖	186
跤	173	揭	176	矜	179	颈	183	灸	186
蕉	173	街	176	筋	180	景	183	韭	186
礁	173	节	176	禁	181	憬	183	酒	186
嚼	173	劫	176	襟	180	警	183	旧	186
角	173	杰	176	仅	180	劲	181	臼	187
侥	173	拮	176	紧	180	径	184	咎	187
佼	174	洁	176	锦	180	净	184	疚	187
狡	174	结	177	谨	180	痉	184	救	187
饺	174	桔	177	尽	180	竞	184	就	187
绞	174	捷	177	进	180	竟	184	舅	187
矫	174	睫	177	近	181	靓	184		
								ju	
皎	174	截	177	劲	181	敬	184	车	43
脚	174	竭	177	晋	181	靖	184	拘	187
搅	174	姐	177	浸	181	静	185	居	187
剿	174	解	177	禁	181	境	185	驹	188
缴	174	介	178			镜	185	鞠	188
叫	175	戒	178	**jing**				局	188
觉	192	芥	178	茎	181	**jiong**		菊	188
校	409	届	178	京	182	迥	185	橘	188
轿	175	界	178	经	182	炯	185	咀	188
较	175	诫	178	荆	182	窘	185	沮	188
教	175	借	178	旌	182			矩	188
窖	175	藉	179	惊	182	**jiu**		举	188
酵	175			晶	182	纠	185	巨	189
		jin		睛	182	鸠	185	句	189
jie		巾	179	兢	182	究	185	拒	189
阶	175	斤	179	精	182	赳	186		
						揪	186		

16

音序检字表

具	189	倔	192	刊	195	裸	198	抠	201	
炬	189	掘	192	勘	195	颗	198	口	201	
俱	189	崛	192	堪	195	磕	198	叩	201	
剧	189	獗	192	坎	195	瞌	198	扣	201	
据	190	爵	192	侃	195	蝌	198	寇	201	
距	190	嚼	173	砍	195	壳	198	**ku**		
惧	190	**jun**		槛	195	咳	198	枯	201	
飓	190	军	192	看	195	可	198	哭	202	
锯	190	均	193	瞰	196	渴	199	窟	202	
聚	190	龟	128	**kang**		克	199	骷	202	
juan		君	193	康	196	刻	199	苦	202	
捐	190	钧	193	慷	196	客	199	库	202	
涓	190	菌	193	糠	196	课	199	裤	202	
娟	190	俊	193	扛	196	嗑	199	酷	202	
圈	308	郡	193	亢	196	**ken**		**kua**		
鹃	191	峻	193	抗	196	肯	199	夸	202	
卷	191	骏	193	炕	197	垦	200	垮	203	
倦	191	竣	193	**kao**		恳	200	挎	203	
绢	191			考	197	啃	200	胯	203	
圈	308	**K**		拷	197	**keng**		跨	203	
眷	191	**ka**		烤	197	坑	200	**kuai**		
jue		咖	194	铐	197	吭	200	会	152	
撅	191	卡	194	靠	197	铿	200	块	203	
决	191	**kai**		**ke**		**kong**		快	203	
诀	191	开	194	坷	197	空	200	脍	203	
抉	191	揩	194	苛	197	孔	200	筷	203	
角	173	凯	194	柯	197	恐	201	**kuan**		
觉	192	慨	194	科	197	控	201	宽	203	
绝	192	楷	195	棵	198	**kou**		款	204	
		kan								

17

快乐卡通汉语字典

kuang		**L**		缆	210	勒	213	漓	216
匡	204	**la**		榄	211	了	224	璃	216
筐	204	垃	208	懒	211	**lei**		黎	216
狂	204	拉	208	烂	211	勒	213	篱	216
旷	204	啦	208	滥	211	雷	214	蠡	217
况	204	晃	208	**lang**		镭	214	礼	217
矿	204	喇	208	郎	211	羸	214	李	217
框	205	落	240	狼	211	垒	214	里	217
眶	205	腊	208	琅	211	磊	214	理	217
kui		蜡	208	廊	211	蕾	214	锂	217
亏	205	辣	208	榔	211	儡	214	鲤	217
盔	205	**lai**		螂	211	肋	214	力	217
窥	205	来	209	朗	212	泪	214	历	218
奎	205	莱	209	浪	212	类	214	厉	218
葵	205	睐	209	**lao**		累	214	立	218
魁	205	赖	209	捞	212	擂	215	吏	218
傀	205	癞	209	劳	212	**leng**		丽	218
溃	206	**lan**		牢	212	棱	215	励	218
愧	206	兰	209	老	212	楞	215	利	218
kun		岚	209	佬	213	冷	215	沥	219
坤	206	拦	209	姥	213	愣	215	例	219
昆	206	栏	210	唠	213	**li**		隶	219
捆	206	婪	210	烙	213	哩	215	荔	219
困	206	阑	210	涝	213	厘	215	俐	219
kuo		蓝	210	落	240	狸	216	莉	219
扩	206	澜	210	酪	213	离	216	栗	219
括	206	篮	210	**le**		梨	216	砾	219
阔	207	览	210	肋	214	犁	216	笠	219
廓	207	揽	210	乐	213	喱	216	粒	219

音序检字表

雳	219	辆	223	**lin**		零	229	窿	232		
痢	220	靓		184	拎	226	龄	229	陇	232	
lian		晾	223	邻	226	岭	229	拢	232		
连	220	踉	223	林	226	领	229	垄	232		
怜	220			临	226	另	229	弄	271		
帘	220	**liao**		淋	226	令	229	**lou**			
莲	220	辽	223	琳	226			娄	232		
涟	220	疗	223	粼	226	**liu**		楼	233		
联	220	聊	223	霖	226	溜	229	髅	233		
廉	220	僚	223	磷	227	刘	230	搂	233		
鲢	221	寥	223	鳞	224	浏	230	篓	233		
镰	221	撩	224	凛	227	留	230	陋	233		
敛	221	嘹	224	檩	227	流	230	漏	233		
脸	221	潦	224	吝	227	琉	230	露	235		
练	221	缭	224	赁	227	硫	230	**lu**			
炼	221	燎	224	蔺	227	馏	231	噜	233		
恋	221	了	224			榴	231	卢	233		
链	221	料	224	**ling**		瘤	231	芦	233		
		撂	225	伶	227	柳	231	庐	234		
liang		廖	225	灵	227	六	231	炉	234		
良	221	瞭	225	苓	228	遛	231	轳	234		
凉	222	镣	225	玲	228			颅	234		
梁	222			铃	228	**long**		卤	234		
量	222	**lie**		凌	228	龙	231	虏	234		
粮	222	咧	225	陵	228	茏	231	鲁	234		
粱	222	列	225	聆	228	咙	231	陆	234		
两	222	劣	225	菱	228	珑	231	录	234		
俩	222	冽	225	蛉	228	胧	232	赂	234		
亮	222	烈	225	翎	228	聋	232	鹿	234		
谅	223	猎	225	羚	228	笼	232				
		裂	226			隆	232				

19

快乐卡通汉语字典

绿	236	掠	237	妈	241	芒	244	莓	247
禄	235	略	237	麻	241	忙	244	梅	247
碌	235		lun	蟆	241	盲	244	媒	247
路	235	抡	238	马	241	氓	244	楣	247
辘	235	仑	238	玛	241	茫	244	煤	247
露	235	伦	238	码	241	莽	244	霉	247
	lü	囵	238	蚂	241	蟒	244	每	248
驴	235	沦	238	骂	242		mao	美	248
吕	235	纶	238	吗	242	猫	245	妹	248
侣	235	轮	238	嘛	242	毛	245	昧	248
捋	235	论	238		mai	矛	245	寐	248
旅	236		luo	埋	242	茅	245	媚	248
铝	236	啰	238	买	242	牦	245	魅	248
屡	236	罗	239	迈	242	锚	245		men
缕	236	萝	239	麦	242	髦	245	门	248
履	236	逻	239	卖	242	卯	245	扪	249
律	236	锣	239	脉	243	铆	246	闷	249
虑	236	箩	239		man	茂	246	焖	249
率	348	骡	239	埋	242	冒	246	们	249
绿	236	螺	239	蛮	243	贸	246		meng
氯	236	裸	239	馒	243	帽	246	萌	249
滤	237	洛	239	瞒	243	貌	246	蒙	249
	luan	骆	240	满	243		me	盟	249
恋	237	络	240	曼	243	么	246	檬	250
孪	237	骆	240	蔓	243		mei	朦	250
挛	237	落	240	慢	243	没	246	猛	250
卵	237	摞	240	漫	244	玫	247	锰	250
乱	237		M	慢	244	枚	247	蜢	250
	lüe		ma	mang		眉	247	孟	250

音序检字表

梦	250	描	254	miu		mu		nai	
	mi	瞄	254	谬	257	模	257	乃	263
咪	250	秒	254	mo		母	260	奶	263
眯	251	渺	254	摸	257	牡	260	奈	263
弥	251	藐	254	馍	257	亩	260	耐	263
迷	251	妙	254	摹	257	拇	260	nan	
猕	251	庙	254	模	257	姆	260	男	263
谜	251			膜	257	木	260	南	263
糜	251	mie		摩	257	目	260	难	263
靡	251	咩	254	磨	258	沐	261	楠	264
米	251	灭	254	蘑	258	苜	261	nang	
觅	252	蔑	255	魔	258	牧	261	囊	264
泌	252	篾	255	抹	258	募	261	nao	
秘	252	min		末	258	墓	261	挠	264
密	252	民	255	没	246	幕	261	恼	264
蜜	252	岷	255	茉	258	睦	261	脑	264
		皿	255	沫	258	慕	261	瑙	264
mian		抿	255	陌	259	暮	261	闹	264
眠	252	闽	255	脉	243	穆	261	ne	
绵	252	悯	255	莫	259			讷	265
棉	252	敏	255	漠	259	N		呢	265
免	253	ming		寞	259	na		nei	
勉	253	名	256	墨	259	拿	262	馁	265
娩	253	明	256	默	259	哪	262	内	265
冕	253	鸣	256			那	262	nen	
缅	253	冥	256	mou		呐	262	嫩	265
腼	253	铭	256	年	259	纳	262	neng	
面	253	瞑	256	眸	259	钠	262	能	265
		螟	256	谋	260	娜	262	ng	
miao		命	257	某	260	捺	263		
苗	253								

快乐卡通汉语字典

嗯	266	鸟	268	脓	271	偶	273	叛	276
ni		袅	268	弄	271	藕	273	畔	276
妮	266	尿	268	**nu**		**P**		**pang**	
尼	266	**nie**		奴	271	**pa**		乓	276
呢	265	捏	269	努	271	趴	274	滂	276
泥	266	聂	269	怒	271	啪	274	膀	12
倪	266	镊	269	**nü**		扒	7	彷	276
霓	266	蹑	269	女	272	把	274	庞	277
拟	266	孽	269	**nuan**		爬	274	旁	277
你	266	**nin**		暖	272	耙	274	膀	12
昵	266	您	269	**nüe**		琶	274	磅	277
逆	266	**ning**		疟	272	帕	274	螃	277
匿	267	宁	269	虐	272	怕	274	胖	277
腻	267	咛	269	**nuo**		**pai**		**pao**	
溺	267	狞	269	挪	272	拍	274	抛	277
nian		柠	270	诺	272	排	275	刨	15
拈	267	凝	270	懦	272	徘	275	咆	277
蔫	267	拧	270	糯	272	牌	275	袍	277
年	267	泞	270	**O**		派	275	跑	278
黏	267	**niu**		o		湃	275	泡	278
捻	267	妞	270	噢	273	**pan**		炮	278
撵	268	牛	270	哦	273	潘	275	**pei**	
碾	268	扭	270	**ou**		攀	275	呸	278
廿	268	纽	270	区	306	胖	277	胚	278
念	268	钮	271	讴	273	盘	275	陪	278
niang		拗	5	欧	273	磐	276	培	278
娘	268	**nong**		殴	273	蹒	276	赔	278
酿	268	农	271	鸥	273	判	276	沛	279
niao		浓	271	呕	273	盼	276	佩	279

22

音序检字表

配	279	啤	282	**pin**		魄	287	凄	290
	pen	琵	282	拼	284		**pou**	戚	290
喷	279	脾	282	姘	285	剖	287	期	290
盆	279	匹	282	贫	285		**pu**	欺	291
	peng	否	103	频	285	仆	288	缉	157
抨	279	痞	282	品	285	扑	288	嘁	291
怦	279	屁	282	聘	285	铺	288	漆	291
砰	279	辟	282			噗	288	齐	291
烹	280	僻	283	21		**ping**		匍	288	祁	291
朋	280	譬	283	乒	285	菩	288	其	291
彭	280		**pian**	平	285	脯	107	奇	291
棚	280	扁	22	评	286	葡	288	歧	292
蓬	280	偏	283	坪	286	蒲	288	祈	292
硼	280	篇	283	苹	286	璞	288	荠	292
鹏	280	翩	283	凭	286	朴	289	脐	292
澎	280	便	23	屏	286	埔	289	畦	292
篷	280	片	283	瓶	286	圃	289	崎	292
膨	281	骗	283	萍	286	浦	289	骑	292
捧	281		**piao**			**po**		普	289	琪	292
碰	281	漂	283	朴	289	谱	289	琦	292
	pi	飘	284	坡	286	瀑	289	棋	292
批	281	朴	289	泊	28	曝	289	旗	293
坯	281	嫖	284	泼	286		**Q**		鳍	293
披	281	瓢	284	颇	286		**qi**		乞	293
劈	281	瞟	284	婆	287	七	290	岂	293
霹	281	票	284	繁	95	沏	290	企	293
皮	282		**pie**	迫	287	妻	290	杞	293
毗	282	撇	284	珀	287	柒	290	启	293
疲	282	瞥	284	破	287	栖	290	起	293
				粕	287				

23

快乐卡通汉语字典

绮		294	乾	297	敲	300	勤	303	鳅	306
稽		157	潜	297	乔	300	擒	303	仇	50
气		294	黔	297	侨	300	寝	303	囚	306
迄		294	浅	297	荞	300	沁	303	求	306
弃		294	遣	297	桥	300	**qing**		酋	306
汽		294	谴	297	憔	300	青	303	球	306
泣		294	欠	297	瞧	300	轻	303	裘	306
契		294	纤	298	巧	300	氢	304	**qu**	
砌		294	茜	298	壳	198	倾	304	区	306
器		295	倩	298	俏	301	卿	304	曲	307
憩		295	堑	298	峭	301	清	304	岖	307
qia			嵌	298	窍	301	蜻	304	驱	307
掐		295	歉	298	翘	301	情	304	屈	307
卡		194	**qiang**		撬		晴	304	祛	307
洽		295	呛	298	**qie**		擎	305	蛆	307
恰		295	羌	298	切	301	顷	305	躯	307
qian			枪	298	茄	301	请	305	趋	307
千		295	腔	298	且	301	庆	305	蛐	307
仟		295	锵	299	妾	301	亲	302	渠	307
阡		295	强	299	怯	302	**qiong**		取	308
迁		295	墙	299	窃	302	穷	305	娶	308
牵		296	蔷	299	**qin**		穹	305	龋	308
铅		296	抢	299	钦	302	琼	305	去	308
谦		296	跄	299	侵	302	**qiu**		趣	308
签		296	**qiao**		亲	302	丘	305	**quan**	
前		296	悄	299	芹	302	邱	305	圈	308
虔		296	雀	310	秦	302	龟	128	权	309
钱		296	跷	300	琴	303	秋	305	全	309
钳		296	锹	300	禽	303	蚯	306	泉	309

24

音序检字表

拳	309	饶	313	蓉	316	run		搔	322
痊	309	扰	313	溶	316	闰	319	骚	322
犬	309	绕	313	榕	316	润	319	臊	322
劝	309		re	熔	316		ruo	扫	322
券	309	惹	313	融	316	若	319	嫂	322
que		热	313	冗	316	弱	319	se	
缺	310	ren		rou		S		色	322
瘸	310	人	313	柔	317	sa		涩	323
却	310	仁	314	揉	317	仨	320	啬	323
雀	310	忍	314	蹂	317	撒	320	瑟	323
确	310	刃	314	肉	317	洒	320	塞	320
鹊	310	认	314	ru		卅	320	sen	
阙	310	任	314	如	317	飒	320	森	323
qun		纫	314	茹	317	萨	320	seng	
裙	310	韧	314	儒	317	sai		僧	323
群	311	饪	315	蠕	317	腮	320	sha	
R		妊	315	汝	317	塞	320	杀	323
ran		reng		乳	318	鳃	321	沙	323
然	312	扔	315	辱	318	赛	321	纱	323
燃	312	仍	315	入	318	san		刹	37
冉	312	ri		褥	318	三	321	砂	323
染	312	日	315	ruan		叁	321	莎	324
rang		rong		阮	318	伞	321	鲨	324
瓤	312	戎	315	软	318	散	321	啥	324
壤	312	茸	315	rui		sang		傻	324
攘	312	荣	315	蕊	318	丧	321	厦	324
嚷	312	绒	316	锐	318	桑	321	煞	324
让	313	容	316	瑞	319	嗓	322	霎	324
	rao	嵘	316	睿	319		sao	shai	

快乐卡通汉语字典

筛	324	商	327	射	331	声	334	蚀	338
色	322	晌	327	涉	331	牲	334	史	338
晒	324	赏	327	赦	331	笙	334	矢	338
shan		上	328	摄	331	甥	334	使	338
山	325	尚	328	慑	331	绳	334	始	338
杉	325	裳	328	麝	331	省	335	驶	338
删	325			**shao**		**shei**		圣	335	屎	338
衫	325	捎	328	谁	332	胜	335	士	339
姗	325	烧	328	**shen**		乘	46	氏	339
珊	325	梢	329	申	332	盛	335	示	339
跚	325	稍	329	伸	332	剩	335	世	339
煽	325	勺	329	身	332			**shi**		仕	339
膻	325	芍	329	呻	332	尸	335	市	339
闪	326	韶	329	参	32	失	336	式	339
陕	326	少	329	绅	332	师	336	似	353
讪	326	邵	329	娠	332	诗	336	势	339
汕	326	绍	329	深	332	虱	336	事	340
苫	326	哨	330	什	337	狮	336	侍	340
疝	326			**she**		神	333	施	336	饰	340
单	67	奢	330	沈	333	湿	336	试	340
扇	326	赊	330	审	333	嘘	419	视	340
善	326	畲	330	婶	333	十	337	拭	340
禅	38	舌	330	肾	333	什	337	柿	340
擅	327	折	476	甚	333	石	337	是	340
膳	327	蛇	330	渗	333	时	337	适	341
赡	327	设	330	慎	333	识	337	恃	341
鳝	327	社	330			实	337	室	341
		shang		舍	331	**sheng**		拾	337	逝	341
伤	327	拾	337	升	334	食	338	轼	341
						生	334				

音序检字表

释	341	孰	345	甩	348	司	351	搜	354
嗜	341	赎	345	帅	348	丝	351	飕	354
誓	341	塾	345	率	348	私	351	艘	354
匙	48	熟	345	蟀	349	思	351	嗽	355
shou		暑	345	**shuan**		斯	352	**su**	
收	342	黍	345	拴	349	厮	352	苏	355
手	342	属	345	栓	349	撕	352	酥	355
守	342	署	346	涮	349	嘶	352	俗	355
首	342	蜀	346	**shuang**		死	352	诉	355
寿	342	鼠	346	双	349	巳	352	肃	355
受	342	薯	346	霜	349	四	352	素	355
狩	343	曙	346	爽	349	寺	352	速	356
授	343	术	346	**shui**		似	353	宿	356
售	343	戍	346	水	349	伺	353	粟	356
兽	343	束	346	说	350	饲	353	塑	356
瘦	343	述	346	税	350	食	338	溯	356
shu		树	347	睡	350	肆	353	**suan**	
书	343	竖	347	**shun**		嗣	353	酸	356
抒	343	恕	347	吮	350	**song**		蒜	356
枢	343	庶	347	顺	350	松	353	算	356
叔	344	数	347	舜	350	嵩	353	**sui**	
殊	344	墅	347	瞬	350	怂	353	尿	268
梳	344	漱	347	**shuo**		耸	353	虽	357
淑	344	**shua**		说	350	讼	354	隋	357
舒	344	刷	348	烁	351	宋	354	随	357
疏	344	耍	348	朔	351	送	354	髓	357
输	344	**shuai**		硕	351	诵	354	岁	357
蔬	344	衰	348	数	347	颂	354	祟	357
秫	345	摔	348	**si**		**sou**		遂	357

快乐卡通汉语字典

碎	357	蹋	360	探	363	讨	366	恬	369
隧	358		tai	碳	364	套	366	甜	370
穗	358	胎	361		tang		te	填	370
	sun	台	361	汤	364	忑	367	腆	370
孙	358	抬	361	唐	364	特	367	舔	370
损	358	苔	361	堂	364		teng		tiao
笋	358	太	361	棠	364	疼	367	挑	370
	suo	汰	361	塘	364	腾	367	条	370
莎	324	态	361	搪	364	誊	367	迢	370
唆	358	泰	361	膛	364	藤	367	调	78
娑	358		tan	糖	364		ti	笤	370
梭	358	贪	362	螳	365	剔	367	窕	371
蓑	358	摊	362	倘	365	梯	367	眺	371
嗦	359	滩	362	淌	365	踢	367	桌	371
缩	359	瘫	362	躺	365	提	368	跳	371
所	359	坛	362	烫	365	啼	368		tie
索	359	昙	362	趟	365	题	368	帖	371
琐	359	弹	68		tao	蹄	368	贴	371
锁	359	谈	362	叨	365	体	368	铁	371
	T	痰	362	涛	365	屉	368		ting
	ta	谭	362	掏	365	剃	368	厅	371
他	360	潭	363	滔	365	涕	368	汀	371
它	360	檀	363	韬	366	惕	369	听	372
她	360	忐	363	逃	366	替	369	廷	372
塌	360	坦	363	桃	366	嚏	369	亭	372
塔	360	袒	363	陶	366		tian	庭	372
拓	379	毯	363	萄	363	天	369	停	372
榻	360	叹	363	啕	366	添	369	蜓	372
踏	360	炭	363	淘	366	田	369	婷	372

音序检字表

霆	372	涂	376	驼	379	挽	382	为	385
挺	373	屠	376	鸵	379	晚	382	违	385
艇	373	土	376	妥	379	惋	382	围	386
tong		吐	376	椭	379	婉	383	桅	386
通	373	兔	376	拓	379	皖	383	唯	386
同	373	**tuan**		唾	379	碗	383	帷	386
彤	373	湍	377	**W**		万	383	惟	386
桐	373	团	377	**wa**		腕	383	维	386
铜	373	**tui**		挖	380	蔓	243	伟	386
童	373	推	377	哇	380	**wang**		伪	386
瞳	374	颓	377	洼	380	汪	383	苇	386
统	374	腿	377	蛙	380	亡	383	尾	387
捅	374	退	377	娃	380	王	383	纬	387
桶	374	蜕	378	瓦	380	网	383	委	387
筒	374	褪	378	袜	380	枉	384	娓	387
恸	374	**tun**		**wai**		往	384	萎	387
痛	374	吞	378	歪	380	惘	384	猥	387
tou		屯	378	外	381	妄	384	卫	387
偷	374	囤	378	**wan**		忘	384	未	387
头	374	饨	378	弯	381	旺	384	位	388
投	375	豚	378	剜	381	望	384	味	388
透	375	臀	378	湾	381	**wei**		畏	388
tu		褪	378	蜿	381	危	384	胃	388
凸	375	**tuo**		豌	381	威	385	谓	388
秃	375	托	378	丸	381	偎	385	尉	388
突	375	拖	378	完	382	微	385	遗	439
图	375	脱	379	玩	382	薇	385	喂	388
徒	376	驮	379	顽	382	巍	385	猬	389
途	376	沱	379	宛	382	韦	385	蔚	389

快乐卡通汉语字典

慰	389	乌	392	恶	91	蟋	398	夏	401
魏	389	污	392	悟	395	习	398	厦	324
wen		巫	392	晤	395	席	398	**xian**	
温	389	呜	392	雾	395	袭	398	仙	401
瘟	389	诬	392			媳	399	先	402
文	389	屋	392	**xi**		洗	399	掀	402
纹	389	无	392	夕	396	玺	399	锨	402
闻	390	毋	392	西	396	徙	399	鲜	402
蚊	390	芜	393	吸	396	喜	399	闲	402
雯	390	吾	393	汐	396	禧	399	贤	402
吻	390	吴	393	希	396	戏	399	弦	402
紊	390	梧	393	昔	396	系	399	咸	402
稳	390	蜈	393	析	396	细	399	涎	403
问	390	五	393	茜	298	隙	400	娴	403
weng		午	393	牺	396	**xia**		衔	403
翁	390	伍	393	息	397	虾	400	舷	403
嗡	390	妩	393	悉	397	瞎	400	嫌	403
瓮	391	武	393	淅	397	匣	400	显	403
wo		侮	394	惜	397	侠	400	险	403
倭	391	捂	394	晰	397	峡	400	铣	403
涡	391	鹉	394	稀	397	狭	400	见	168
喔	391	舞	394	犀	397	遐	400	县	403
窝	391	兀	394	锡	397	瑕	400	现	404
蜗	391	勿	394	溪	398	暇	401	限	404
我	391	戊	394	熙	398	辖	401	线	404
沃	391	务	394	熄	398	霞	401	宪	404
卧	391	坞	394	嘻	398	點	401	陷	404
握	391	物	394	膝	398	下	401	馅	404
wu		误	395	嬉	398	吓	401	羡	404

音序检字表

献	404	宵	408	谐	411	猩	414	宿	356
腺	405	萧	408	携	411	惺	414	秀	418
xiang		硝	408	鞋	411	腥	415	臭	51
乡	405	销	408	写	411	刑	415	袖	418
相	405	箫	408	血	422	邢	415	绣	418
香	405	潇	408	泄	412	行	415	锈	418
厢	405	霄	408	泻	412	形	415	嗅	418
湘	405	嚣	409	卸	412	型	415	**xu**	
箱	406	淆	409	屑	412	荥	415	戌	418
镶	406	小	409	械	412	省	335	吁	418
详	406	晓	409	谢	412	醒	415	须	418
降	171	孝	409	解	177	兴	414	虚	418
祥	406	肖	409	榭	412	杏	416	嘘	419
翔	406	校	409	懈	412	幸	416	需	419
享	406	哮	410	蟹	412	性	416	嘘	419
响	406	笑	410	**xin**		姓	416	徐	419
饷	406	效	410	心	412	**xiong**		许	419
想	406	啸	410	芯	413	凶	416	旭	419
向	407			辛	413	兄	416	序	419
项	407	些	410	欣	413	匈	416	叙	420
巷	407	楔	410	锌	413	汹	416	恤	420
相	405	歇	410	新	413	胸	417	畜	420
象	407	蝎	410	薪	413	雄	417	酗	420
像	407	协	410	馨	413	熊	417	绪	420
橡	407	邪	411	信	414	**xiu**		续	420
xiao		胁	411	衅	414	休	417	絮	420
削	407	挟	411	**xing**		修	417	婿	420
逍	408	偕	411	兴	414	羞	417	蓄	420
消	408	斜	411	星	414	朽	417	煦	420

31

快乐卡通汉语字典

xuan		询	423	咽	427	艳	430	yao	
轩	421	循	423	殷	444	晏	430	幺	433
宣	421	训	424	胭	427	唁	430	夭	433
喧	421	讯	424	烟	427	宴	430	吆	433
玄	421	汛	424	焉	427	验	430	约	460
悬	421	迅	424	阉	427	谚	430	妖	433
旋	421	驯	424	淹	427	堰	430	腰	433
漩	421	逊	424	腌	427	雁	430	邀	434
选	421	殉	424	延	427	焰	431	尧	434
癣	421			严	428	燕	431	肴	434
炫	422	Y		言	428			姚	434
绚	422	ya		岩	428	yang		窑	434
眩	422	丫	425	炎	428	央	431	谣	434
		压	425	沿	428	殃	431	摇	434
xue		呀	425	研	428	鸯	431	遥	434
削	407	押	425	盐	428	秧	431	瑶	434
靴	422	鸦	425	阎	428	扬	431	杳	434
薛	422	鸭	425	蜒	428	羊	431	咬	434
穴	422	牙	425	筵	426	阳	432	舀	435
学	422	芽	426	颜	429	杨	432	窈	435
雪	422	蚜	426	檐	429	佯	432	药	435
血	422	崖	426	奄	429	疡	432	要	435
谑	423	涯	426	衍	429	洋	432	钥	435
		衙	426	掩	429	仰	432	鹞	435
xun		哑	426	眼	429	养	432	耀	435
勋	423	雅	426	演	429	氧	432		
熏	423	轧	426	厌	429	痒	433	ye	
薰	423	亚	426	砚	430	样	433	椰	435
旬	423	讶	426	彦	430	恙	433	噎	436
寻	423					漾	433	爷	436
巡	423	yan							

音序检字表

也	436	移	439	轶	442	蚓	445	哟	448
冶	436	遗	439	奕	442	隐	445		yong
野	436	颐	439	疫	442	瘾	445	佣	448
业	436	疑	439	益	442	印	445	拥	448
叶	436	彝	439	谊	443	荫	446	庸	449
页	436	乙	440	逸	443		ying	雍	449
曳	437	已	440	翌	443	应	446	臃	449
夜	437	以	440	肄	443	英	446	永	449
咽	427	矣	440	裔	443	莺	446	咏	449
掖	437	蚁	440	意	443	婴	446	泳	449
液	437	倚	440	溢	443	瑛	446	俑	449
谒	437	椅	440	毅	443	缨	446	勇	449
腋	437	亿	440	翼	443	樱	446	涌	449
yi		义	441		yin	鹦	447	恿	450
一	437	艺	441	因	443	鹰	447	蛹	450
伊	438	忆	441	阴	444	迎	447	踊	450
衣	438	艾	438	茵	444	荧	447	用	450
医	438	议	441	音	444	盈	447		you
依	438	屹	441	姻	444	莹	447	优	450
揖	438	亦	441	殷	444	萤	447	忧	450
壹	438	异	441	吟	444	营	447	幽	450
仪	438	抑	441	垠	444	蝇	447	悠	450
夷	438	邑	441	银	444	赢	448	尤	451
沂	438	役	442	淫	445	颖	448	由	451
怡	438	译	442	寅	445	影	448	邮	451
宜	439	易	442	龈	445	应	446	犹	451
贻	439	诣	442	尹	442	映	445	油	451
姨	439	驿	442	引	442	硬	445	柚	451
胰	439	绎	442	饮	445		yo	铀	451

33

快乐卡通汉语字典

游	451	羽	455	园	458	晕	461	zan	
友	452	雨	455	员	458	云	462	咱	465
有	452	禹	455	袁	458	匀	462	攒	465
又	452	语	455	原	458	芸	462	暂	465
右	452	玉	456	圆	459	纭	462	赞	465
幼	452	驭	456	援	459	耘	462	zang	
佑	452	芋	456	媛	459	允	462	赃	466
诱	453	吁	418	缘	459	陨	462	臧	466
yu		郁	456	猿	459	孕	462	脏	466
迂	453	育	456	源	459	运	462	葬	466
淤	453	狱	456	辕	459	酝	463	藏	34
于	453	浴	456	远	459	韵	463	zao	
予	453	预	456	苑	460	蕴	463	遭	466
余	453	域	456	怨	460	熨	463	糟	466
鱼	453	欲	456	院	460	z		凿	466
俞	454	遇	456	愿	460	za		早	466
娱	454	喻	457	yue		扎	469	枣	467
渔	454	御	457	曰	460	咂	464	蚤	467
隅	454	寓	457	约	460	杂	464	澡	467
逾	454	裕	457	月	460	砸	464	藻	467
渝	454	愈	457	乐	213	zai		皂	467
愉	454	誉	457	岳	461	灾	464	灶	467
瑜	454	毓	457	钥	435	哉	464	造	467
榆	454	豫	457	阅	461	栽	464	噪	467
愚	454	yuan		悦	461	仔	499	燥	467
舆	455	鸳	458	跃	461	宰	464	躁	468
与	455	冤	458	越	461	再	465	ze	
屿	455	渊	458	粤	461	在	465	则	468
宇	455	元	458	yun		载	465	责	468

音序检字表

择	468	zhai		张	473	罩	476	震	479
泽	468	侧	35	章	473	zhe		镇	479
zei		斋	470	彰	473	遮	476	zheng	
贼	468	摘	471	樟	474	折	476	争	480
zen		宅	471	蟑	474	哲	477	征	480
怎	468	择	468	长	40	蜇	477	怔	480
zeng		翟	471	涨	474	辙	477	峥	480
曾	468	窄	471	掌	474	者	477	狰	480
增	469	债	471	丈	474	这	477	睁	480
憎	469	寨	471	仗	474	浙	477	铮	480
赠	469	zhan		杖	474	蔗	477	筝	480
zha		沾	471	帐	474	着	498	蒸	480
扎	469	毡	471	账	474	zhen		拯	481
喳	469	粘	471	胀	475	贞	477	整	481
渣	469	瞻	472	障	475	针	478	正	481
楂	469	斩	472	zhao		侦	478	证	481
札	469	盏	472	钊	475	珍	478	郑	481
轧	426	展	472	招	475	真	478	诤	481
闸	469	崭	472	昭	475	斟	478	政	481
铡	469	辗	472	朝	42	甄	478	挣	482
咋	470	占	472	着	498	榛	478	症	482
眨	470	栈	472	爪	475	诊	478	zhi	
乍	470	战	473	找	475	枕	479	之	482
诈	470	站	473	沼	475	疹	479	支	482
栅	470	绽	473	召	475	圳	479	汁	482
咤	470	湛	473	兆	476	阵	479	芝	482
炸	470	颤	39	诏	476	振	479	吱	482
蚱	470	蘸	473	赵	476	朕	479	枝	483
榨	470	zhang		照	476	赈	479	知	483

快乐卡通汉语字典

肢	483	致	486	肘	490	柱	493	椎	496
织	483	秩	487	帚	490	祝	493	锥	496
脂	483	掷	487	咒	490	著	493	坠	496
蜘	483	痔	487	宙	490	蛀	493	缀	496
执	483	室	487	昼	490	铸	493	惴	496
直	483	智	487	皱	490	筑	493	赘	496
侄	484	痣	487	骤	490	**zhua**		**zhun**	
值	484	滞	487	**zhu**		抓	493	谆	496
职	484	置	487	朱	490	爪	475	准	497
植	484	稚	487	诛	491	**zhuai**		**zhuo**	
殖	484	**zhong**		珠	491	拽	494	拙	497
止	484	中	487	株	491	**zhuan**		捉	497
只	484	忠	488	诸	491	专	494	桌	497
旨	485	终	488	猪	491	砖	494	灼	497
址	485	盅	488	蛛	491	转	494	茁	497
纸	485	钟	488	术	346	赚	494	卓	497
指	485	衷	488	竹	491	撰	494	浊	497
咫	485	肿	488	逐	491	篆	494	酌	497
趾	485	仲	488	烛	491	**zhuang**		啄	498
至	485	众	488	主	492	妆	495	着	498
志	485	种	489	拄	492	庄	495	琢	498
识	337	重	489	煮	492	桩	495	**zi**	
帜		**zhou**		嘱	492	装	495	孜	498
制	486	舟	489	瞩	492	壮	495	咨	498
质	486	州	489	助	492	状	495	姿	498
炙	486	周	489	住	492	撞	495	兹	498
治	486	洲	489	贮	492	幢	496	资	499
峙	486	粥	490	注	493	**zhui**		滋	499
挚	486	轴	490	驻	493	追	496	子	499

音序检字表

仔	499	踪	500	足	502	咀	188	琢	498
姊	499	总	500	卒	502	嘴	503	左	504
籽	499	纵	501	族	502	最	503	佐	504
紫	499	粽	501	诅	502	罪	503	撮	62
滓	500		zou		阻	502	醉	503	作	504
自	500	邹	501	组	502		zun		坐	504
字	500	走	501	祖	502	尊	503	座	504
	zong		奏	501		zuan		遵	503	做	504
宗	500	揍	501	钻	502	樽	503
综	500		zu		赚	484		zuo	
棕	500	租	501		zui		昨	504

37

笔画笔顺检字表

(右边的号码为字典正文页码)

本检字表按字的笔画数排列，笔画数相同的按起笔笔画横、竖、撇、点、折的顺序排列。起笔笔画相同的，看第二笔，以此类推。

1画		刀	70	万	383	及	158	飞	97
一	437	力	217	[丨]		[丶]		习	398
乙	440	乃	263	上	328	广	127	叉	36
2画		又	452	小	409	亡	383	马	241
二	92	3画		口	201	门	248	乡	405
十	337	[一]		山	325	丫	425	幺	433
丁	79	三	321	巾	179	义	441	4画	
厂	41	干	111	[丿]		之	482	[一]	
七	290	于	453	千	295	[乙]		丰	101
卜	29	亏	205	乞	293	尸	335	王	383
八	7	工	119	川	54	己	160	开	194
人	313	土	376	亿	440	巳	440	井	183
入	318	士	339	个	117	巴	352	天	369
儿	92	才	31	夕	396	弓	119	夫	103
匕	19	下	401	久	186	子	499	元	458
几	160	寸	62	么	246	卫	387	无	392
九	186	大	65	勺	329	也	436	韦	385
刁	77	丈	474	凡	94	女	272	云	462
了	224	与	455	丸	381	刃	314	专	494

笔画笔顺检字表

丐	110	止	484	爪	475	斗	82	[一]						
扎	469	少	329	反	95	忆	441	玉	456					
廿	268	曰	460	介	178	计	160	刊	195					
艺	441	日	315	父	107	订	80	未	387					
木	260	中	487	从	59	户	145	末	258					
五	393	贝	16	仑	238	讣	107	示	339					
支	482	冈	113	今	179	认	314	击	156					
厅	371	内	265	凶	416	讥	156	打	64					
卅	320	水	349	分	99	冗	316	巧	300					
不	30	见	168	乏	93	心	412	正	481					
犬	309	[丿]		公	119	[乙]		扑	288					
太	361	午	393	仓	33	尹	445	卉	152					
区	306	牛	270	月	460	尺	48	扒	7					
历	218	手	342	氏	339	引	445	功	119					
歹	65	气	294	勿	394	丑	51	扔	315					
友	452	毛	245	欠	297	巴	7	去	308					
尤	451	升	334	风	101	孔	200	甘	111					
厄	90	夭	433	丹	67	队	86	世	339					
匹	282	长	40	匀	462	办	11	艾	2					
车	43	仁	314	乌	392	以	440	古	123					
巨	189	什	337	勾	121	允	462	节	176					
牙	425	片	283	凤	103	予	453	本	17					
屯	378	仆	288	[丶]		邓	72	术	346					
戈	115	化	146	六	231	劝	309	札	469					
比	19	仇	50	文	389	双	349	可	198					
互	145	币	20	亢	196	书	343	丙	26					
切	301	仍	315	方	96	毋	392	左	504					
瓦	380	仅	180	火	155	幻	148	厉	218					
		斤		为	179	为	385	5画		石	337			
[丨]														

快乐卡通汉语字典

右	452	由	451	仗	474	包	13	永	449
布	30	只	484	代	66	饥	156	[乙]	
夯	135	叭	7	仙	401	[丶]		司	351
戊	394	史	338	仟	295	主	492	尼	266
龙	231	央	431	们	249	市	339	民	255
平	285	叱	49	仪	438	立	218	弗	104
灭	254	兄	416	白	9	冯	102	弘	141
轧	426	叽	156	仔	499	玄	421	出	52
东	80	叼	77	他	360	闪	326	阡	295
[丨]		叫	175	斥	49	兰	209	辽	223
卡	194	叩	201	瓜	124	半	11	奶	263
北	16	叨	365	乎	143	汁	482	奴	271
占	472	另	229	丛	59	汀	371	召	475
凸	375	叹	363	令	229	汇	152	加	163
卢	233	冉	312	用	450	头	374	皮	282
业	436	皿	255	甩	348	汉	134	边	22
旧	186	凹	4	印	445	宁	269	孕	462
帅	348	囚	306	尔	92	穴	422	发	93
归	128	四	352	乐	213	它	360	圣	335
旦	68	[丿]		句	189	讨	366	对	86
目	260	生	334	匆	59	写	411	台	361
且	301	矢	338	册	35	让	313	矛	245
叶	436	失	336	卯	245	礼	217	纠	185
甲	164	乍	470	犯	95	训	326	驭	456
申	332	禾	137	外	381	议	424	母	260
叮	79	仁	320	处	53	议	441	幼	452
电	76	丘	305	冬	81	必	20	丝	351
号	137	仕	339	鸟	268	讯	424	**6画**	
田	369	付	107	务	394	记	160	[一]	

笔画笔顺检字表

匡	204	芒	244	列	225	团	377	乔	300
邦	12	亚	426	死	352	吕	235	迕	294
式	339	芝	482	成	45	同	373	伟	386
迂	453	朽	417	夹	163	吊	78	传	54
刑	415	朴	289	夷	438	吃	47	乒	285
邢	415	机	156	轨	128	因	443	乓	276
戎	315	权	309	邪	411	吸	396	休	417
动	81	过	131	尧	434	吗	242	伍	393
扛	196	亘	117	划	146	呎	433	伎	161
寺	352	臣	44	迈	242	屿	455	伏	104
吉	158	吏	218	毕	20	屹	441	优	450
扣	201	再	465	至	485	岁	357	臼	187
考	197	协	410	[丨]		帆	94	伐	93
托	378	西	396	此	58	回	151	延	427
圳	479	压	425	贞	477	岂	293	仲	488
老	212	厌	430	师	336	刚	113	件	168
巩	120	戍	418	尘	44	则	468	任	314
圾	156	在	465	尖	165	网	383	伤	327
执	483	百	9	劣	225	肉	317	价	165
扩	206	有	452	光	127	[丿]		伦	238
扪	249	存	62	当	69	年	267	份	101
扫	322	而	92	早	466	朱	490	华	146
地	74	页	436	吁	418	先	402	仰	432
场	41	匠	171	吐	376	缶	103	仿	97
扬	431	夸	202	吓	401	丢	80	伙	155
耳	92	夺	88	吕	208	廷	372	伪	386
芋	456	灰	151	曳	437	舌	330	自	500
共	120	达	64	虫	50	竹	491	伊	438
芍	329	戌	346	曲	307	迁	295	血	422

41

快乐卡通汉语字典

向	407	多	88	灯	72	论	238	妃	97
似	353	氽	104	州	489	讼	354	好	136
后	142	争	480	汗	134	农	271	她	360
行	415	色	322	污	392	讽	103	妈	241
舟	489	[丶]		江	170	设	330	戏	399
全	309	壮	495	汕	326	访	97	羽	455
会	152	冲	49	汐	396	诀	191	观	126
杀	323	妆	495	汲	158	[乙]		年	259
合	137	冰	25	汛	424	寻	423	欢	147
兆	476	庄	495	池	47	那	262	买	242
企	293	庆	305	汝	317	迅	424	红	141
众	488	亦	441	汤	364	尽	180	驮	379
爷	436	刘	230	忏	39	导	70	纤	298
伞	321	齐	291	忙	244	异	441	驯	424
创	55	交	172	兴	414	弛	48	约	460
肌	156	次	58	宇	455	阱	183	级	158
肋	214	衣	438	守	342	阮	318	纪	161
朵	88	产	39	宅	471	孙	358	驰	48
杂	464	决	191	字	500	阵	479	纫	314
危	384	亥	133	安	3	阳	432	巡	423
旬	423	充	49	讲	171	收	342	**7画**	
旨	485	妄	384	讳	152	阪	11	[一]	
旮	110	闭	20	讴	273	阶	175	寿	342
旭	419	问	390	军	192	阴	444	弄	271
负	108	闯	55	讦	426	防	96	麦	242
犷	128	羊	431	祁	291	丞	45	玖	186
匈	416	并	26	讷	265	奸	165	玛	241
名	256	关	126	许	419	如	317	形	415
各	117	米	251	讹	90	妇	108	进	180

笔画笔顺检字表

戒	178	坂		11	芙	105	杞	293	坚	165
吞	378	抢		238	芜	393	李	217	肖	409
远	459	扮		11	苇	386	杨	432	旱	134
违	385	抢		299	邶	133	权	36	町	79
韧	314	孝		409	芸	462	求	306	呈	46
运	462	坎		195	芽	426	忑	367	时	337
扶	104	均		193	花	145	甫	106	吴	393
抚	106	坞		394	芹	302	匣	400	助	492
坛	362	抑		441	芥	178	更	118	县	403
技	161	抛		277	芬	100	束	346	里	217
坏	147	投		375	苍	33	吾	393	呆	65
抠	201	坟		100	芳	96	豆	82	吱	482
扰	313	抗		196	严	428	两	222	吠	99
扼	91	坑		200	芦	233	丽	218	呕	273
拒	189	坊		96	芯	413	医	438	园	458
找	475	抖		82	劳	212	辰	44	旷	204
批	281	护		145	克	199	励	218	围	386
扯	43	壳		198	芭	7	否	103	呀	425
址	485	志		485	苏	355	还	132	吨	86
走	501	扭		270	杆	111	矶	157	足	502
抄	42	抉		191	杠	113	尬	110	邮	451
坝	8	块		203	杜	84	歼	165	男	263
贡	121	声		334	材	31	来	209	困	206
汞	120	把		8	村	62	轩	421	吵	43
攻	119	报		15	杖	474	连	220	串	54
赤	49	拟		266	杏	416	[丨]		员	458
折	476	却		310	杉	325	忐	363	呐	262
抓	493	抒		343	巫	392	步	30	听	372
扳	10	劫		176	极	158	卤	234	吟	444

43

快乐卡通汉语字典

吩	100	秀	418	役	442	灸	186	弃	294
呛	298	私	351	彷	276	岛	70	冶	436
吻	390	每	248	返	95	邹	501	忘	384
吹	55	兵	26	余	453	刨	15	闰	319
鸣	392	邱	305	希	396	饨	378	闲	402
呒	200	估	122	坐	504	迎	447	间	166
吧	9	体	368	谷	123	饪	315	闷	249
邑	441	何	138	妥	379	饭	95	羌	298
吼	142	佐	504	含	133	饮	445	判	276
囫	87	佑	452	邻	226	系	399	兑	86
别	24	但	68	岔	37	[丶]		灶	467
吮	350	伸	332	肝	111	言	428	灿	33
呕	307	佃	76	肚	84	冻	81	灼	497
岗	113	作	504	肛	113	状	495	弟	74
帐	474	伯	28	肘	490	亩	260	汪	383
岚	209	伶	227	肠	40	况	204	沐	261
财	31	佣	448	龟	128	亨	140	沛	279
囵	238	低	73	甸	76	床	55	汰	361
囤	143	你	266	免	253	库	202	沥	219
[丿]		住	492	狂	204	庇	20	沏	290
针	478	位	388	犹	451	疗	223	沙	323
钉	79	伴	11	狈	16	吝	227	汽	294
钊	475	身	332	狄	73	应	446	沃	391
牡	260	皂	467	角	173	冷	215	沂	438
告	114	伺	353	删	325	这	477	沧	238
我	391	佛	103	鸠	185	庐	234	汹	416
乱	237	囱	59	彤	373	序	419	汾	100
利	218	近	181	条	370	辛	413	泛	95
秃	375	彻	43	卵	237	育	149	沦	34

笔画笔顺检字表

没	246	诉	355	妓	161	纽	270	抽	50
沟	121	军	134	姊	499	**8画**		拐	125
沪	145	诊	478	妙	254	[一]		拖	378
沈	333	词	57	妊	315	奉	103	拍	274
沉	44	诏	476	妖	433	玩	382	者	477
沁	303	译	442	妨	96	环	148	顶	79
怀	147	[乙]		妒	84	武	393	拆	37
忧	450	君	193	妞	270	青	303	拎	226
忡	50	灵	227	努	271	责	468	拥	448
怅	41	即	158	邵	329	现	404	抵	74
忱	44	层	35	忍	314	玫	247	拘	187
快	203	屁	282	劲	181	表	24	势	339
完	382	尿	268	矣	440	规	128	抱	15
宋	354	尾	387	鸡	157	抹	258	拄	492
宏	141	迟	48	纬	387	卦	125	拉	208
牢	212	局	188	纭	462	坷	197	垃	208
究	185	改	110	驱	307	坯	281	拦	209
穷	305	张	473	纯	56	拓	379	拌	11
灾	464	忌	161	纱	323	拢	232	幸	416
良	221	际	161	纳	262	拔	8	拃	470
证	481	陆	234	纲	113	抨	279	拧	270
启	293	阿	1	驳	28	坪	286	抿	255
评	286	孜	498	纵	501	栋	167	拂	105
补	29	陇	232	纶	238	拈	267	抽	497
初	52	陈	44	纷	100	担	67	招	475
社	330	阻	502	纸	485	坦	363	披	281
诅	502	附	108	纹	389	押	43	坡	286
识	337	坠	496	纺	97	坤	206	拨	27
诈	470	妩	393	驴	235	押	425	择	468

45

快乐卡通汉语字典

抬	361	茅	245	枣	467	肯	199	固	124
拇	260	玫	247	雨	455	齿	48	忠	488
拗	5	枉	384	卖	242	些	410	咀	188
坳	5	林	226	郁	456	卓	497	呻	332
其	291	枝	483	矾	94	虎	144	咒	490
取	308	杯	15	矿	204	虏	234	咐	108
茉	258	枢	343	码	241	肾	333	呱	124
苦	202	柜	129	厕	35	贤	402	呼	143
苯	18	枇	282	奈	263	尚	328	咚	81
昔	396	杳	434	奔	17	旺	384	鸣	256
苟	197	枚	247	奇	291	具	189	咆	277
若	319	析	396	奋	101	昙	362	咛	269
茏	231	板	11	奄	429	果	130	咏	449
茂	246	枞	59	态	361	味	388	呢	265
苹	286	松	353	欧	273	昆	206	咄	88
苫	326	枪	298	殴	273	国	130	咖	194
苜	261	枫	101	垄	232	哎	1	岸	3
苗	253	构	121	妻	290	咕	122	岩	428
英	446	杭	135	轰	141	昌	39	帖	371
苓	228	杰	176	项	305	呵	137	罗	239
苟	121	述	346	转	494	哑	464	帜	486
苑	460	枕	479	斩	472	畅	41	帕	274
苞	13	把	274	轮	238	哐	278	岭	229
范	96	丧	321	软	318	明	256	迥	185
直	483	或	155	到	71	易	442	岷	255
苗	497	画	146	[丨]		咙	231	凯	194
茄	301	卧	391	非	98	昂	4	败	10
茎	181	事	340	叔	344	典	75	账	474
苔	361	刺	58	歧	292	迪	73	贩	96

笔画笔顺检字表

贬	22	例	219	舍	331	胁	411	疙	115
购	122	侠	400	金	179	周	489	疲	187
贮	492	侥	173	剑	129	剁	88	痈	432
图	375	版	11	刹	37	昏	153	剂	161
[丿]		侄	484	命	257	鱼	453	郊	172
钓	78	侦	478	肴	434	兔	376	庚	118
钗	38	侣	235	斧	106	狐	143	废	99
制	486	侃	195	瓮	353	忽	143	净	184
知	483	侧	35	爸	8	狗	121	卒	502
迭	78	凭	286	采	32	狞	269	妾	301
氛	100	侨	300	觅	252	咎	187	盲	244
垂	55	佩	279	受	342	备	16	放	97
牦	245	货	155	乳	318	炙	486	刻	199
牧	261	侈	48	贪	362	饯	168	育	456
物	394	佼	174	念	268	饰	340	氓	244
乖	125	依	438	忿	101	饱	14	闸	469
刮	124	伴	432	贫	285	饲	353	闹	264
秆	112	帛	28	瓮	391	[丶]		郑	481
和	138	卑	16	肤	104	泐	225	券	309
季	161	的	72	肺	99	变	22	卷	191
委	387	迫	287	肢	483	京	182	单	67
秉	26	质	486	肿	488	享	406	炬	189
佳	163	欣	413	胀	475	庞	277	炖	87
侍	340	征	480	朋	280	店	76	炒	43
岳	461	往	384	股	123	夜	437	炊	55
供	119	爬	274	肮	4	庙	254	炕	197
佬	213	彼	19	肪	97	府	106	炎	428
使	338	径	184	肥	98	底	74	炉	234
佰	9	所	359	服	105	疟	272	沫	258

47

快乐卡通汉语字典

浅	297	怵	53	衬	44	承	46	织	483
法	94	怖	30	衫	325	孟	250	驹	188
泄	412	怦	279	衩	37	陋	233	终	488
沽	122	性	416	视	340	陌	259	驻	493
河	138	怕	274	祈	292	孤	122	绊	12
沾	471	怜	220	诛	491	陕	326	驼	379
泪	214	怪	125	话	147	降	171	绍	329
沮	188	怡	438	诞	68	函	134	驿	442
油	451	学	422	诡	129	限	404	绎	442
泊	28	宝	14	询	423	妹	248	经	182
沿	428	宗	500	诣	442	姑	122	贯	127
泡	278	定	80	诤	481	姐	177	**9画**	
注	493	宠	50	该	110	姓	416	**[一]**	
泣	294	宜	439	详	406	姗	325	契	294
泞	270	审	333	诧	37	妮	266	贰	92
沱	379	宙	490	**[乙]**		始	338	奏	501
泻	412	官	126	建	168	姆	260	春	56
泌	252	空	200	肃	355	虱	336	帮	12
泳	449	帘	220	录	234	迢	370	珑	231
泥	266	穹	305	隶	219	驾	165	玷	76
沸	99	宛	382	帚	490	叁	321	珀	287
泓	141	实	337	屉	368	参	32	珍	478
沼	475	试	340	居	187	艰	166	玲	228
波	27	郎	211	届	178	线	404	珊	325
泼	286	诗	336	刷	348	练	221	玻	27
泽	468	肩	166	屈	307	组	502	毒	83
治	486	房	97	弧	144	绅	332	型	415
怔	480	诙	151	弥	251	细	399	拭	340
怯	302	诚	46	弦	402	驶	338	挂	125

48

笔画笔顺检字表

封	102	挤	160	茫	244	柠	270	驴	234
持	48	拼	284	荡	69	枷	163	轴	490
拮	176	挖	380	荣	315	树	347	轶	442
拷	197	按	3	荤	154	勃	28	轻	303
拱	120	挥	151	荧	415	要	435	鸦	425
项	407	挪	272	荧	447	束	167	皆	175
垮	203	垠	444	故	124	咸	402	毖	20
挎	203	拯	481	胡	144	威	385	[丨]	
城	46	某	260	荫	446	歪	380	韭	186
挟	411	甚	333	南	263	研	428	背	16
挠	264	荆	182	茹	317	砖	494	战	473
政	481	茸	315	荔	219	厘	215	点	76
赴	108	草	116	药	435	厚	143	虐	272
赵	476	茜	298	标	23	砌	294	临	226
赳	186	茬	36	栈	472	砂	323	览	210
挡	69	荐	168	枯	201	泵	18	竖	347
拽	494	巷	407	柯	197	砚	430	省	335
哉	464	荚	164	柄	26	砍	195	削	407
挺	373	带	66	栋	81	面	253	尝	40
括	206	草	34	柑	111	耐	263	昧	248
郝	136	茧	167	相	405	耍	348	眈	87
垢	122	茵	444	查	36	奎	205	是	340
拴	349	茴	152	柚	451	耷	64	盼	276
拾	337	荞	300	柏	9	鸥	273	眨	470
挑	370	茯	105	栅	470	牵	296	哇	380
垛	88	荟	152	柳	231	残	33	哄	141
指	485	茶	36	柱	493	殃	431	显	403
垫	77	荠	292	柿	340	殆	66	哑	426
挣	482	荒	149	栏	210	轱	122	冒	246

49

快乐卡通汉语字典

映	448	咩	254	拜	10	俄	90	胚	278
星	414	咪	250	看	195	俐	219	胧	232
昨	504	咤	470	矩	188	侮	394	胆	67
咧	225	哪	262	毡	471	俭	167	胜	335
昵	266	哟	448	氟	105	俗	355	胞	13
昭	475	峙	486	氢	304	俘	105	胖	277
畏	388	炭	363	怎	468	信	414	脉	243
盅	488	峡	400	牲	334	皇	149	胎	361
趴	274	罚	93	选	421	泉	309	匍	288
胃	388	峥	480	适	341	鬼	129	勉	253
贵	129	贱	168	秕	19	侵	302	狭	400
界	178	贴	371	秒	254	禹	455	狮	336
虹	142	贻	439	香	405	侯	142	独	83
虾	400	骨	123	种	489	追	496	狰	480
蚁	440	幽	450	秋	305	俑	449	狡	174
思	351	[丿]		科	197	俊	193	狩	343
蚂	241	钙	110	重	489	盾	87	狱	456
虽	357	钝	87	复	108	待	66	狠	140
品	285	钞	42	竿	112	徊	147	贸	246
咽	427	钟	488	笃	84	衍	429	怨	460
骂	242	钢	113	段	85	律	236	急	159
勋	423	钠	262	便	23	很	140	饵	92
哗	146	钥	435	俩	222	须	418	饶	313
咱	465	钦	302	贷	66	叙	420	蚀	338
响	406	钧	193	顺	350	俞	454	饷	406
哈	132	钩	121	修	417	剑	168	饺	174
哆	88	钮	271	俏	301	逃	366	饼	26
咬	434	卸	412	保	14	食	338	[丶]	
咳	198	缸	113	促	60	盆	279	峦	237

笔画笔顺检字表

弯	381	养	432	洒	320	恼	264	[乙]	
孪	237	美	248	柒	290	恨	140	郡	193
将	170	姜	170	浇	172	举	188	垦	200
奖	171	迸	18	浊	497	觉	192	退	377
哀	1	叛	276	洞	81	宣	421	既	162
亭	372	送	354	测	35	宦	148	屋	392
亮	222	类	214	洗	399	室	341	昼	490
度	85	迷	251	活	154	宫	120	咫	485
奕	442	籽	499	涎	403	宪	404	屏	286
迹	161	娄	232	派	275	突	375	屎	338
庭	372	前	296	洽	295	穿	54	费	99
疮	54	酋	306	染	312	窃	302	陡	82
疯	102	首	342	洛	239	客	199	逊	424
疫	442	逆	266	浏	230	诫	178	眉	247
疤	7	兹	498	济	162	冠	126	孩	132
咨	498	总	500	洋	432	诬	392	陛	20
姿	498	炳	26	洲	489	语	455	陨	462
亲	302	炼	221	浑	154	扁	22	除	52
音	444	炽	49	浒	145	袪	307	险	403
彦	430	炯	185	浓	271	袄	5	院	460
飒	320	炸	470	津	179	祖	502	娃	380
帝	74	烁	351	恸	374	神	333	姥	213
施	336	炮	278	恃	341	祝	493	姨	439
闻	390	炫	422	恒	140	祠	57	姻	444
闺	128	烂	211	恢	151	误	395	娇	172
闽	255	剃	368	恍	150	诱	453	姚	434
阀	93	洼	380	恬	369	诲	153	姣	172
阁	116	洁	176	恤	420	说	350	妍	285
差	37	洪	142	恰	295	诵	354	娜	262

51

快乐卡通汉语字典

怒	271	耗	137	捆	206	莲	220	样	433
架	165	耙	274	捐	190	莫	259	根	117
贺	139	艳	430	损	358	莉	219	粑	8
盈	447	泰	361	袁	458	莓	247	索	359
勇	449	秦	302	捌	7	荷	138	哥	115
怠	66	珠	491	都	83	获	155	速	356
蚤	467	班	10	哲	477	晋	181	逗	82
柔	317	素	355	逝	341	恶	91	栗	219
矜	179	匿	267	捡	167	莎	324	贾	164
垒	214	蚕	33	挫	62	莹	447	酌	497
绑	12	顽	382	将	235	莺	446	配	279
绒	316	盎	472	换	148	真	478	翅	49
结	177	匪	98	挽	382	框	205	厝	63
绕	313	捞	212	挚	486	梆	12	辱	318
骄	172	栽	464	热	313	桂	129	唇	56
绘	153	埔	289	恐	201	桔	177	夏	401
给	117	捕	29	捣	70	栖	290	砸	464
绚	422	埂	118	壶	144	档	70	砰	279
绛	171	捂	394	捅	374	桐	373	砾	219
络	240	振	479	挨	1	株	491	础	52
骆	240	载	465	埃	1	桥	300	破	287
绝	192	赶	112	耻	48	桦	147	原	458
绞	174	起	293	耿	118	栓	349	套	366
骇	133	盐	428	耽	67	桃	366	逐	491
统	374	捎	328	聂	269	桅	386	烈	225
10画		捍	135	荸	19	格	116	殊	344
[一]		捏	269	恭	120	桩	495	殉	424
耕	118	埋	242	荞	244	校	409	顾	124
耘	462	捉	497	莱	209	核	138	轼	341

52

笔画笔顺检字表

轿	175	晖		151	贼		468	秧		431	臭		51	
较	175	蚌		12	贿		153	秩		487	射		331	
顿	87	蚜		426	赂		234	称		45	躬		120	
毙	20	畔		276	赃		466	秘		252	息		397	
致	486	蚣		120	[丿]			透		375	徒		376	
[丨]		蚊		390	钱		296	笔		19	徐		419	
柴	38	蚪		82	钳		296	笑		410	殷		444	
桌	497	蚓		445	钵		27	笋		358	舰		169	
虔	296	哨		330	钻		502	笆		7	舱		34	
虑	236	哩		215	钾		164	倩		298	般		10	
监	166	圃		289	铀		451	债		471	航		135	
紧	180	哭		202	铁		371	借		178	途		376	
逍	408	哦		273	铂		28	值		484	拿		262	
党	69	恩		91	铃		228	倚		440	耸		353	
逞	47	盎		4	铅		296	俺		3	釜		107	
晒	324	鸯		431	铆		246	倾		304	爹		78	
眩	422	唤		148	缺		310	倒		70	爱		435	
眠	252	唁		430	氩		133	倘		365	爱		2	
晓	409	哼		140	氧		432	俱		189	豺		38	
哮	410	唧		157	氨		3	倡		41	豹		15	
唠	213	啊		1	特		367	候		143	颁		10	
鸭	425	唉		1	牺		396	赁		227	颂		354	
晃	150	唆		358	造		467	倭		391	翁		390	
哺	30	罢		8	乘		46	倪		266	胯		203	
哽	118	峭		301	敌		73	俯		107	胰		439	
晌	327	峨		90	秣		345	倍		17	胱		127	
剔	367	峰		102	秤		47	倦		191	胭		427	
晏	430	圆		459	租		501	健		169	脸		203	
晕	461	峻		193	积		157	偃		192	脆		61	

53

快乐卡通汉语字典

脂	483	衰	348	旅	236	婆	358	害	133
胸	417	衷	488	畜	420	消	408	宽	203
胳	115	高	114	阅	461	涓	190	家	163
脏	466	郭	130	羞	417	涡	391	宵	408
脐	292	席	398	羔	114	浩	137	宴	430
胶	172	准	497	恙	433	海	132	宾	25
脑	264	座	504	瓶	286	浜	12	窍	301
朕	479	症	482	拳	309	涂	376	窄	471
脓	271	病	27	粉	100	浴	456	容	316
玺	399	疾	159	料	224	浮	105	宰	464
狸	216	斋	470	益	442	涣	148	案	4
逛	128	疹	479	兼	166	涤	73	窈	435
狼	211	疼	367	朔	351	流	230	剜	381
卿	304	疲	282	郸	67	润	319	请	305
逢	102	痉	184	烤	197	涧	168	朗	212
鸵	379	脊	160	烘	141	涕	368	诸	491
袅	268	效	410	烦	94	浪	212	诺	272
留	230	离	216	烧	328	浸	181	读	83
鸳	458	紊	390	烛	491	涨	474	诽	99
皱	490	唐	364	烟	427	烫	365	扇	326
饿	91	凋	77	烙	213	涩	323	袜	380
馁	265	瓷	57	递	75	涌	449	袒	363
[丶]		资	499	涛	365	悖	17	袖	418
凌	228	凉	222	浙	477	悟	395	袍	277
凄	290	站	473	涝	213	悄	299	被	17
拿	237	剖	287	浦	289	悍	135	祥	406
恋	221	竞	184	酒	186	悔	152	课	199
桨	171	部	30	涟	220	悯	255	冥	256
浆	170	旁	277	涉	331	悦	461	谁	332

笔画笔顺检字表

调	78	畚	18	焉	427	聊	223	娶	210
冤	458	能	265	掉	78	娶	308	梗	118
谅	223	难	263	捶	55	著	493	梧	393
谆	496	预	456	敕	331	菱	228	梢	329
谈	362	桑	321	堆	86	勒	213	梅	247
谊	443	绢	191	推	377	黄	149	检	167
[乙]		骋	285	埠	30	菲	98	梳	344
剥	27	绣	418	掀	402	萌	249	梯	367
恳	200	验	430	授	343	萝	239	桶	374
展	472	继	162	捻	267	菌	193	梭	358
剧	189	骏	193	教	175	菱	387	救	187
屑	412			掏	365	菜	32	酋	323
弱	319	**11画**		掐	295	萄	366	曹	34
陵	228	**[一]**		掠	237	菊	188	副	108
崇	357	彗	153	据	75	萃	61	票	284
陶	366	球	306	披	437	菩	288	酝	463
陷	404	琐	359	培	278	萍	286	酗	420
陪	278	理	217	接	175	菠	27	厢	405
姬	157	鼓	104	掷	487	萤	447	戚	290
娠	332	琉	230	掸	68	营	447	硅	128
娱	454	琅	211	控	201	营	166	硕	351
娟	190	捧	281	探	363	乾	297	奢	330
恕	347	堵	84	据	190	萧	408	硌	240
娥	90	措	63	掘	192	萨	320	盔	205
娩	253	描	254	掺	38	菇	123	爽	349
娴	403	域	456	职	484	械	412	聋	232
娘	268	捺	263	基	157	彬	25	龚	120
娌	387	掩	429	聆	228	梦	250	袭	398
通	373	捷	177	勘	195	楚	96	盛	335
		排	275						

快乐卡通汉语字典

匾	22	啄	498	靳	472	笨	18	徒	399
雪	422	啡	98	逻	239	笼	232	得	71
辅	107	睚	292	帼	130	笛	74	衔	403
辆	223	距	190	崔	61	笙	334	盘	275
堑	298	趾	485	帷	386	符	105	舶	28
[丨]		啃	200	崩	18	笠	219	船	54
颅	234	跃	461	崇	50	第	75	舷	403
虚	418	跄	299	赈	479	笤	370	舵	89
彪	24	略	237	婴	446	敏	255	斜	411
雀	310	蛆	307	赊	330	做	504	盒	139
堂	364	蚱	470	圈	308	偕	411	鸽	115
常	40	蚯	306	[丿]		袋	66	敛	221
眭	205	岭	228	铐	197	悠	450	悉	397
匙	48	蛙	493	铛	69	偿	40	欲	456
晤	395	蛇	330	铜	373	偶	273	彩	32
晨	44	唬	145	铝	236	偎	385	领	229
眺	371	累	214	铡	469	偬	205	翎	228
睁	480	鄂	91	铣	403	偷	374	脚	174
眯	251	唱	41	铭	256	您	269	脯	107
眼	429	患	148	铮	480	售	343	脖	28
眸	259	啰	238	铲	39	停	372	豚	378
悬	421	唾	379	银	444	偏	283	脸	221
野	436	唯	386	矫	174	躯	307	脱	379
啪	274	啤	282	甜	370	皑	2	匐	106
啦	208	啥	324	秸	176	兜	82	象	407
曼	243	啕	366	梨	216	皎	174	够	122
晦	153	啸	410	犁	216	假	164	逸	443
晚	382	崖	426	秽	153	蚌	414	猜	31
冕	253	崎	292	移	439	徘	275	猪	491

笔画笔顺检字表

猎	225	章	473	淋	226	悼	71	裆	69
猫	245	竟	184	淅	397	惧	190	袱	106
凰	149	商	327	涯	426	惕	369	祷	70
猖	40	旌	182	淹	427	惘	384	祸	155
猝	60	族	502	渠	307	悴	162	谒	437
猕	251	旋	421	渐	169	惟	386	谓	388
猛	250	望	384	淑	344	惆	50	谀	38
祭	162	率	348	淌	365	惊	182	谚	430
馄	154	阉	427	混	154	惦	77	谜	251
馅	404	阁	428	淮	147	悴	61	[乙]	
馆	126	阐	39	淆	409	惋	382	逮	65
[丶]		着	498	渊	458	惨	33	敢	112
凑	60	羚	228	淫	445	惯	127	尉	388
减	167	盖	110	渔	454	寇	201	屠	376
毫	136	眷	191	淘	366	寅	445	弹	68
孰	345	粘	471	淳	56	寄	162	隋	357
烹	280	粗	60	液	437	寂	162	堕	89
庶	347	粕	287	淤	453	宿	356	随	357
麻	241	粒	219	淡	68	窒	487	蛋	68
庵	3	断	85	淀	77	窑	434	隅	454
痔	487	剪	167	深	332	窕	371	崛	192
痊	309	兽	343	涮	349	密	252	巢	371
痒	433	焊	135	涵	134	谋	260	隆	232
痕	139	焕	148	婆	287	谍	79	隐	445
廊	211	烽	102	梁	222	谎	150	婊	24
康	196	焖	249	渗	333	谏	169	娼	40
庸	449	清	304	情	304	扈	145	婢	20
鹿	234	添	369	惜	397	谐	411	婚	154
盗	71	鸿	142	惭	33	谑	423	婵	38

57

快乐卡通汉语字典

婶	333	琳	226	揪	186	蒂	75	酣	133
婉	383	琦	292	搜	354	落	240	酥	355
颇	286	琢	498	煮	492	韩	134	厨	52
颈	183	琥	145	援	459	朝	42	厦	324
翌	443	靓	184	搀	38	辜	123	硬	448
惠	450	琼	305	裁	31	葵	205	硝	408
绩	162	斑	10	搁	115	棒	13	确	310
绪	420	替	369	搓	62	棱	215	硫	230
续	420	揍	501	搂	233	棋	292	雁	430
骑	292	款	204	搅	174	椰	435	殖	484
绰	57	堪	195	壹	438	植	484	裂	226
绮	294	搭	64	握	391	森	323	雄	417
绳	334	塔	360	搔	322	焚	100	颊	164
维	386	堰	430	揉	317	椅	440	雳	219
绵	252	越	461	斯	352	椒	173	雯	390
绷	18	趁	45	期	290	棵	198	暂	465
绸	50	趋	307	欺	291	棍	130	辍	57
综	500	超	42	联	220	椎	496	雅	426
绽	473	揩	194	散	321	棉	252	翘	301
绿	236	揽	210	葫	144	棚	280	[丨]	
缀	496	提	368	惹	313	棕	500	辈	17
巢	42	堤	73	葬	466	棺	126	悲	16
12画		揖	438	募	261	椰	211	紫	499
[一]		博	28	葛	116	椭	379	齿	466
琵	282	揭	176	董	81	惠	153	辉	151
琴	303	喜	399	葡	288	惑	155	敞	41
琶	274	彭	280	敬	184	逼	19	棠	364
琪	292	揣	53	葱	59	粟	356	赏	327
瑛	446	插	36	蒋	171	棘	159	掌	474

58

笔画笔顺检字表

晴	304	蛛		销	491	筑	408	艇	493		373
睐	209	蜓		锁	372	策	359	舒	35		344
暑	345	蜒		锄	429	筛	52	逾	324		454
最	503	蛤		锂	116	筒	217	番	374		94
晰	397	蛟		锅	173	筏	130	释	93		341
量	222	喝		锈	137	筵	418	禽	429		303
鼎	80	鹃		锉	191	答	63	舜	64		350
喷	279	喂		锋	388	筋	102	貂	180		77
喋		喘	79	锌	54	筝	413	腊	480		208
喳	469	喉		锐	142	傣	318	腌	65		427
晶	182	喻		甥	457	傲	334	腆	5		370
喇	208	啼		掣	368	傅	43	脾	109		282
遇	457	喧		掰	421	牍	9	腑	84		107
喊	134	喔		短	391	牌	85	腋	275		437
喱	216	嵌		智	298	堡	487	腔	14		298
遏	91	嵘		毯	316	集	363	腕	159		383
景	183	幅		氮	106	焦	68	鲁	173		234
晾	223	帽		毽	246	傍	169	猹	13		36
畴	51	赋		氯	109	储	236	猩	53		414
践	169	赌		猤	84	皓	84	狠	137		387
跋	8	赎		鹅	345	皖	90	猢	383		389
跌	78	赐		剩	59	粤	335	猾	461		146
跚	325	赔		稍	278	奥	329	猴	5		142
跑	278	黑		程	139	街	46	飓	176		190
跛	29			稀		遁	397	觉	88		17
遗	439	铸		黍	493	惩	345	然	46		312
蛙	380	铺		税	288	御	350	馋	457		38
蛐	307	链		筐	221	徨	204	150		[丶]	
蛔	152	铿		等	200	循	72	裝	423		495

59

快乐卡通汉语字典

蛮	243	滞	487	愉	454	强	299	鹉	394
就	187	湖	144	慨	194	粥	490	瑞	319
敦	87	渣	469	割	115	疏	344	瑰	128
斌	25	湘	405	寒	134	隔	116	瑜	454
痣	487	渤	29	富	109	陈	400	瑕	400
痘	83	渺	254	寓	457	隘	2	遂	5
痞	282	湿	336	窜	60	媒	247	瑙	264
痢	220	温	389	窝	391	絮	420	魂	154
痪	149	渴	199	窖	175	嫂	322	肆	353
痛	374	溃	206	窗	55	媛	459	摄	331
赓	118	湍	377	窘	185	婷	372	摸	257
童	373	溅	169	寐	248	媚	248	填	370
竣	193	滑	146	扉	98	婿	420	搏	29
阑	210	湃	275	遍	23	登	72	塌	360
阔	207	渝	454	雇	124	缅	253	慇	92
善	326	湾	381	裕	457	缆	210	鼓	123
翔	406	渡	85	裤	202	缉	157	摆	9
羡	404	游	451	裙	310	缎	86	携	411
普	289	滋	499	禅	38	缓	148	蜇	477
粪	101	溉	111	禄	235	缔	75	搬	10
尊	503	愤	101	谢	412	缕	236	摇	434
奠	77	慌	149	谣	434	编	22	搞	114
道	71	惰	89	谤	13	骗	283	搪	364
遂	357	惺	414	谦	296	骚	322	塘	364
曾	35	愕	91	[乙]		缘	459	摊	362
焰	431	惴	496	逯	400	13画		聘	285
焙	17	愣	215	属	345	[一]		斟	478
湛	473	惶	150	犀	397	瑟	323	蒜	356
港	113	愧	206	屡	236	瑚	144	勤	303

笔画笔顺检字表

靴	422	槐	147	辑	159	跨	203	嵩	353
靶	8	槌	56	输	344	跷	300		[丿]
鹊	310	榆	454		[丨]	跳	371	错	63
蓝	210	楼	233	督	83	踩	89	锚	245
墓	261	概	111	频	285	跪	129	锡	397
幕	261	楣	247	龄	229	路	235	锣	239
蓓	17	椽	54	鉴	169	跤	173	锤	56
蒗	21	裘	306	睛	182	跟	117	锥	496
蓟	163	甄	478	睹	84	遣	297	锦	180
蓬	280	赖	209	睦	261	蜈	393	锨	402
蓑	358	酬	51	瞄	254	蜗	391	锭	80
蒿	136	酪	213	睫	177	蛾	90	键	169
蓄	420	感	112	睡	350	蜂	102	锯	190
蒲	288	碍	2	睬	32	蜕	378	锰	250
蓉	316	碘	76	嘟	83	蛹	450	矮	2
蒙	249	碑	16	嗜	341	嗣	353	辞	57
颐	439	硼	280	嗑	199	嗯	266	稞	198
蒸	480	碉	77	鄙	20	嗅	418	稚	487
献	404	碎	357	嗦	359	嗳	2	稠	51
楔	410	碰	281	嗝	116	嗡	390	颓	377
椿	56	碗	383	愚	454	嗨	132	愁	51
楠	264	碌	235	暖	272	嗤	47	筹	51
禁	181	鹌	3	盟	249	嗓	322	签	296
楂	469	尴	112	煎	420	署	346	简	167
楚	53	雷	214	歇	410	置	487	筷	203
楷	195	零	229	暗	4	罪	503	毁	152
榄	211	雾	395	暇	401	罩	476	舅	187
想	406	雹	14	照	476	蜀	346	鼠	346
楞	215	辐	106	畸	157	幌	150	催	61

快乐卡通汉语字典

傻	324	[丶]		源	459	谬	257	摞	240
像	407	酱	171	滤	237	[乙]		嘉	164
躲	88	鹑	56	滥	211	群	311	摧	61
魁	205	禀	26	滔	365	殿	77	赫	139
衙	426	廒	5	溪	398	辟	21	截	177
微	385	靡	99	溜	229	障	475	誓	341
愈	457	痹	21	漓	216	媳	399	境	185
遥	434	廓	207	滚	129	嫉	159	摘	471
腻	267	痴	47	溢	443	嫌	403	摔	348
腰	433	瘘	362	溯	356	嫁	165	撇	284
腩	253	廉	220	滨	25	叠	79	聚	190
腥	415	裔	443	溶	316	缚	109	蔫	267
腮	320	靖	184	滓	500	缝	102	蔷	299
腹	109	新	413	溺	267	缠	38	慕	261
腺	405	韵	463	梁	222	缤	25	暮	261
鹏	280	意	443	滩	362	剿	174	摹	257
腾	367	雍	449	慢	331	**14画**		蔓	243
腿	377	阙	310	慎	333	[一]		蔑	255
肆	443	誊	367	誉	457	静	185	蔡	32
猿	459	粮	222	塞	320	碧	21	蔗	477
颖	448	数	347	寞	259	瑶	434	蔽	21
飕	354	煎	166	窥	205	璃	216	蔼	2
触	53	塑	356	窟	202	赘	496	熙	398
解	177	慈	58	寝	303	熬	5	蔚	389
遛	231	煤	247	谨	180	韬	366	兢	182
煞	324	煌	150	裸	24	髦	245	榛	478
雏	52	满	243	褂	125	墙	299	模	257
馍	257	漠	259	裸	239	墟	419	槛	195
馏	231	滇	75	福	106	摺	225	榻	360

笔画笔顺检字表

榭	412	龈	445	锻	86	[、]		漆	291
榴	231	睿	319	锵	299	裹	130	漱	347
榜	12	裳	328	镀	85	敲	300	漂	283
榨	470	瞅	51	舞	394	豪	136	漫	244
榕	316	颗	198	舔	370	膏	114	滴	73
歌	115	墅	347	稳	390	塾	345	漩	421
遭	466	嘈	34	熏	423	遮	476	漾	433
酵	175	嗾	355	箍	123	腐	107	演	429
酷	202	喊	291	箕	157	瘩	64	漏	233
酿	268	嘎	110	算	356	瘟	389	慢	244
酸	356	跟	223	箩	239	瘦	343	慷	196
厮	352	踊	450	管	126	廖	225	寨	471
碟	79	蜻	304	箫	408	辣	208	赛	321
碴	36	蜡	208	毓	457	彰	473	寡	125
碱	168	蜩	130	舆	455	竭	177	察	37
碳	364	蝇	447	僚	223	韶	329	蜜	252
磋	62	蜘	483	僧	323	端	85	寥	223
磁	58	蝉	38	鼻	19	旗	293	谭	362
愿	460	蜿	381	魄	287	精	182	褐	139
臧	466	螂	211	魅	248	粹	61	褪	378
殡	25	蜢	250	貌	246	粼	226	谱	289
需	419	嘘	419	膜	257	粽	501	[乙]	
霆	372	嘛	242	膊	29	歉	298	隧	358
辕	459	嘀	73	膈	116	弊	21	嫩	265
辖	401	慢	243	膀	12	熄	398	嫖	284
辗	472	赚	494	鲜	402	煽	325	嫦	41
		骷	202	疑	439	熔	316	嫡	74
[丨]		[丿]		孵	104	潢	150	翟	471
翡	99								
雌	58	锹	300	馒	243	潇	408	翠	61

63

快乐卡通汉语字典

熊	417	蕊	318	瞎	400	[丿]		獗	192
凳	72	蔬	344	瞑	256	镊	269	[丶]	
骡	239	蕴	463	嘻	398	镇	479	熟	345
缨	446	横	140	噎	436	镐	114	摩	257
缩	359	槽	34	嘶	352	镑	13	褒	14
15画		樱	446	嘲	42	靠	197	瘪	25
[一]		樊	95	嘹	224	稽	157	瘤	231
慧	153	橡	407	影	448	稻	71	瘫	362
撵	268	樟	474	踢	367	黎	216	凛	227
撕	352	橄	112	踏	360	稿	114	颜	429
撒	320	敷	104	踩	32	稼	165	毅	443
趣	308	豌	381	踞	76	箱	406	糊	144
趟	365	飘	284	踪	500	篓	233	遵	503
撩	224	醋	60	蝶	79	箭	170	憨	24
撅	191	醇	56	蝴	144	篇	283	潜	297
撑	45	醉	503	蝠	106	篆	494	澎	280
撮	62	磕	198	蝎	410	僵	170	潮	42
撬	301	磊	214	蚂	198	躺	365	潭	363
播	28	磅	13	蝗	150	僻	283	潦	224
擒	303	碾	268	蝙	22	德	72	鲨	324
墩	87	震	479	噗	288	艘	354	澳	5
撞	495	霄	408	嘿	139	磐	276	潘	275
撤	43	霉	247	噢	273	鹞	435	潋	43
增	469	辘	235	噜	233	膝	398	澜	210
撰	494	[丨]		嘱	492	膘	24	潺	39
聪	59	瞌	198	幢	496	膛	364	澄	47
鞋	411	瞒	243	墨	259	鲢	221	懂	81
鞍	3	题	368	骼	116	鲤	217	憬	183
蕉	173	暴	15	骸	132	鲫	163	憔	300

64

笔画笔顺检字表

懊	6	擎	305	踱	88	膨	281	缰	170
憧	50	薪	413	蹄	368	膳	327	缴	174
憎	469	薄	14	蹂	317	雕	77	**17画**	
额	90	颠	75	蟒	244	鲸	183	**[一]**	
翩	283	翰	135	蟆	241	**[、]**		戴	66
褥	318	霾	91	螃	277	磨	258	壕	136
谴	297	橱	52	螟	256	瘾	445	擦	31
鹤	139	樽	503	器	295	瘸	310	藉	179
[乙]		橙	47	噪	467	凝	270	鞠	188
憨	133	橘	188	鹦	447	辨	23	藏	34
熨	463	整	481	赠	469	辩	23	薰	423
慰	389	融	316	默	259	糙	34	蕻	254
劈	281	瓢	284	黔	297	糖	364	檬	250
履	236	醒	415	**[丿]**		糕	114	檐	429
嬉	398	磺	150	镖	24	瞥	284	檩	227
豫	457	霖	226	镜	185	燎	224	檀	363
缭	224	霏	98	赞	465	燃	312	礁	173
16画		霓	266	憩	295	濒	25	磷	227
[一]		霍	155	穆	261	澡	467	霜	349
璞	288	霎	324	篱	121	激	158	霞	401
撼	135	辙	477	篮	210	懒	211	**[丨]**	
擂	215	**[丨]**		篡	61	憾	135	龋	308
操	34	冀	163	篷	280	懈	412	壑	139
擅	327	餐	33	篙	114	窿	232	瞭	225
燕	431	瞟	284	篱	216	禧	399	瞧	300
蕾	214	瞠	45	儒	317	**[乙]**		瞬	350
薯	346	瞰	196	翱	5	壁	21	瞳	374
薛	422	踹	53	邀	434	避	21	瞩	492
薇	385	嘴	503	衡	141	犟	172	瞪	73

快乐卡通汉语字典

嚏	369	朦	250	瞻	472	蹭	35	嚷	312
曙	346	臊	322	蹦	18	蹿	60	巍	385
蹉	269	膻	325	黠	401	蹬	72	鳌	217
蹒	276	臃	449	罂	409	巅	75	籍	160
蹋	360	鳃	321	髅	233	簸	29	鳝	327
蹈	70	鳄	91	镭	214	簿	30	鳞	227
螳	365	鳅	306	镰	221	赢	214	魔	258
螺	239	[丶]		馥	109	蟹	412	糯	272
蟋	398	糜	251	翻	94	颤	39	灌	127
蟑	474	癌	2	鳍	293	靡	251	譬	283
蟀	349	辫	23	鹰	447	癣	421	蠢	57
嚎	136	赢	448	癞	209	麋	5	霸	8
羁	158	糟	466	瀑	289	瓣	12	露	235
赡	327	糠	196	襟	180	羹	118	霹	281
		燥	467	璧	21	鳖	24	蹒	227
[丿]		懦	272	戳	57	爆	15	黯	4
镣	225	豁	154	彝	440	瀚	135	髓	357
穗	358	[乙]		**19画**		疆	170	癫	75
黏	267	臀	378	攒	465	骥	163	麝	331
魏	389	臂	21	孽	269	**20画以上**		赣	112
簧	150	翼	443	警	183	鬓	25	蘸	473
篾	255	骤	490	蘑	258	壤	312	鹳	127
簇	60			藻	467	攘	312	囊	264
繁	95	**18画**		攀	275	馨	413	镶	406
黛	67	藕	273	霭	2	耀	435	瓢	312
儡	214	鞭	22	曝	289	躁	468	罐	127
鼾	133	藤	367	蟾	39	孺	317	蠹	53
徽	151	覆	109	蹲	87	嚼	173		
爵	192	礴	29						

A

a

多音字	7画 阝(fù)部	
阿	左右	阝/可(丁/口)
	了 阝 阿 阿	

㊀ā 词头,加在称呼前面:~姨|~妹。
㊁ē 迎合,偏袒(tǎn):~谀(yú)|奉承(用好听的话去迎合、讨好人)|刚正不~(刚强正直,不迎合、附和)。
组字 啊、婀

多音字	10画 口部	
啊	左右	口/阿(阝/可)
	口 呵 啊 啊	

㊀ā 表示赞叹或惊异:~,草原真美!|~,下雪了!
㊁á 表示疑问或反问:~,你说什么?
㊂ǎ 表示疑惑:~,这是怎么回事?
㊃à 表示答应或醒悟:~,好吧|~,原来是你!
㊄a 用在句末或句中,表示惊叹的语气(常因前一个字收尾音的影响而发生变音,可用不同的字来表示):快些来~(呀)!|他的琴弹得多好~(哇)!|她俩感情多深~(哪)!|祖国~,母亲!

ai

āi	8画 口部	
哎	左右	口/艾(艹/乂)
	口 吖 哎	

叹词,表示不满或提醒:~,他怎么那样说话呢!|~,李老师就在办公室,我们去找他。

āi	9画 亠(tóu)部	
哀	上中下	亠/口/𧘇
	亠 亠 宣 哀 哀	

①悲痛:悲~|~痛|喜怒~乐。②对别人的不幸表示同情:~怜|~其不幸。
同义 哀号(háo)—哀鸣—哀求—哀告、央求/哀伤—哀痛、悲伤/哀叹—悲叹
反义 哀—乐/哀号—欢笑/哀伤—欢乐、快乐/哀兵必胜—骄兵必败
提示 "哀"不要与"衷"、"衰"相混。

āi	10画 土部	
埃	左右	土/矣(yǐ/厶/矢)
	土 圫 圫 埃	

灰尘:尘~。

多音字	10画 扌(shǒu)部	
挨	左右	扌/矣(yǐ/厶/矢)
	扌 扩 挤 挨	

㊀āi ①依次,顺次:~家~户。②靠近,碰着:~近我|~着老师坐着|他家~着学校。
㊁ái ①遭受,亲身受到:~打|~饿。②困难地度过(岁月):~日子。③拖延:~时间。
同义 挨次—依次、顺次/挨近—靠近、贴近

多音字	10画 口部	
唉	左右	口/矣(yǐ/厶/矢)
	口 吖 哠 唉	

㊀āi 应人声:~,我在院里呢!

教师不仅是知识的传播者,而且是模范。
[美]布鲁纳

ai

㊁ài 表示伤感或惋惜:~,鱼儿都上钩了,又让它跑掉了。

皑	ái	11画	白部
	左右	白/岂(山/己)	
	白 白' 皑' 皑		

白(多形容霜雪洁白):~~白雪。

癌	ái	17画	疒(nè)部
	半包围	疒/嵒(品/山)	
	广 疒 疒 癌 癌 癌		

恶性肿瘤:~细胞|肝~|致~物质。

矮	ǎi	13画	矢部
	左右	矢(丿/大)/委(禾/女)	
	矢 矮 矮 矮		

不高,低:身材~|~墙|一级。

同义 矮—低/矮小—短小
反义 矮—高/矮小—高大、魁梧

蔼	ǎi	14画	艹(cǎo)部
	上下	艹/谒(讠/曷)	
	艹 艹 葆 蔼 蔼		

态度温和:和~可亲。

霭	ǎi	19画	雨部
	上下	雨/谒(讠/曷)	
	雨 雪 雪 霭 霭		

云气:云~|暮~。

多音字 艾		5画	艹(cǎo)部
	上下	艹/乂	
	一 艹 艾 艾		

㊀ài ①草本植物,花黄色,叶子有香气,可入药。②停止:方兴未~。
㊁yì【自怨自艾】zì yuàn zì- 原指悔恨自己的错误,自己改正。现在只指悔恨。

组字 哎

爱		10画	爫(zhǎo)部
	上下	爫/冖(冖)/友(ナ/又)	
	爫 爫 爫 爱		

①对人或事物有深厚的感情:喜~|热~|~

祖国|团结友~。②喜好(hào):~好|~打球|~看书。③容易:~笑|~打瞌睡。④珍惜,爱护:~公物|~集体。

同义 爱戴—拥戴/爱好(hào)—喜好、喜爱/爱护—爱惜,保护/爱惜—珍惜
反义 爱—恨、憎/爱国—卖国/爱好—厌恶(wù)/爱护—破坏、损害/爱慕—厌弃/爱惜—糟蹋、浪费

组字 嗳、暧

提示 "爱"不要与"爰(yuán)"相混。以"爱"为基本字的字,韵母都是 ai,如"嗳"、"暧";以"爰"为基本字的字,韵母都是 uan,如"援"、"暖"、"缓"。

隘	ài	12画	阝(fù)部
	左右	阝/益(⺊/八/皿)	
	阝 阝 阝 隘 隘		

①险要的地方:关~|要~。②狭小:心胸狭~。

碍	ài	13画	石部
	左右	石(厂/口)/㝵(日/寸)	
	石 矶 碍 碍 碍		

阻挡,妨害:阻~|妨~|不~事|~手~脚。

多音字 嗳		13画	口部
	左右	口/爱(爫/友)	
	口 口 嗳 嗳 嗳		

㊀ài 叹词,表示懊悔:~,都怪我!|~,要是

家在北京的老王想去上海,要花多少钱?(只是想,不用花钱)

早点儿努力，成绩就不会这么糟。

㊁ǎi 叹词，表示否定或不同意：~，不要打击同学的积极性。

an

ān	6画 宀(mián)部
安	上下 宀/女
	宀 宀 安 安

①平静，稳定：平~|~定|~居乐业|坐立不~。②使平静，使安定：~神|~慰|~民（安定民心）。③安装，安置：~电灯|~排|~插。④存着，怀着(不好的念头)：狐狸没~好心。⑤加上：~罪名。⑥文言疑问词，哪里，怎么：~在(在哪里)|~能如此(怎么能这样)！⑦电流强度单位名称安培的简称。

同义 安定—安宁、稳定/安放—摆放、放置/安静—平静、宁静、寂静/安排—安置/安顿/安全—平安/安慰—抚慰、宽慰/安稳—平稳/安息—安眠、安眠、长眠/安闲—清闲

反义 安—危/安定—动乱、动荡/安静—喧哗、喧闹、嘈杂/安宁—动乱、烦躁/安全—危险/安闲—忙碌/安逸—辛苦、辛劳/安装—拆卸/安居乐业—流离失所

组字 案、晏、按、桉、鞍、氨

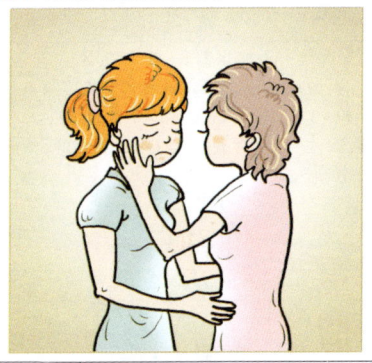

ān	10画 气部
氨	半包围 气/安(宀/女)
	气 气 氨 氨

一种无机化合物，是无色而有臭味的气体，易溶于水。可做氮肥、冷冻剂及炸药等，是重要的化工原料。

ān	11画 广部
庵	半包围 广/奄(大/电)
	广 庆 庙 庵

①圆形草屋。②小庙(多指尼姑住的地方)：~堂|尼姑~。

ān	13画 鸟部
鹌	左右 奄(大/申)/鸟
	大 奄 鹌 鹌

【鹌鹑】-chún 鸟名，头小尾短，羽毛赤褐色，不善飞，雄的好斗。

ān	15画 革部
鞍	左右 革(廿/甲)/安(宀/女)
	廿 苦 鞍 鞍 鞍

鞍子，放在骡、马等背上，供骑坐或驮东西的一种用具：马~。

ǎn	10画 亻(rén)部
俺	左右 亻/奄(大/电)
	亻 伓 俺 俺

方言，我，我们：~村谁不说~家乡好。

àn	8画 山部
岸	上下 山/厈(厂/干)
	丨 山 岸 岸

①江、河、湖、海等水边的地：河~|海~线。②高大：傲~(高傲)|伟~(粗壮、魁梧)。

àn	9画 扌(shǒu)部
按	左右 扌/安(宀/女)
	扌 扩 拧 按 按

①摁，用手或手指压：~脉|~电钮。②止住，压住：~兵不动(使军队暂不行动，等待时机。也比喻接受任务后不肯行动)。③依照；根据：~照|~时到校|~制度办事 ④抑制：~不住满腔悲愤。⑤给书、文章做说明或评论：~语|编者~。

歇后语　八两称——明讲

an—ao

同义 按捺—抑制/按时—按期、准时/按照—依照
反义 按期—过期、逾期

àn	10画 木部/宀(mián)部
案	上下 安(宀/女)/木
	宀宀安安案

①长形的桌子:~板|伏~工作|拍~叫绝(拍桌叫好。形容非常赞赏)。②事件:~件|惨~|破~。③有关计划、办法、建议等的文件:议~|提~|方~。④机关或团体中分类保存以备查考的文件:档~|备~|有~可查。

àn	13画 日部
暗	左右 日/音(立/日)
	日暗暗

①不亮,没有光:黑~|光线太~|灯光昏~。②秘密的,隐蔽的:~号|~杀|~礁。③愚昧(mèi),糊涂:兼听则明,偏信则~(听取多方面的意见就能了解事情的真实情况,单听信一方面的话,自己就糊涂)。

同义 暗藏—隐藏、潜藏/暗淡—昏暗/暗算—暗害、算计
反义 暗—亮、明/暗淡—明亮、光明、鲜艳/暗中—明里、公开

àn	21画 黑部
黯	左右 黑(里/灬)/音(立/日)
	口甲黑黯黯

昏暗;阴暗;~淡|~然(阴暗的样子。比喻精神沮丧、情绪低落的样子)。

ang

āng	8画 月部
肮	左右 月/亢(亠/几)
	月肮肮

【肮脏】—zāng 不干净;也比喻卑鄙、丑恶:~的灵魂。
同义 肮脏—污秽
反义 肮脏—纯洁、干净

áng	8画 日部
昂	上下 日/卬(𠂉/㔾)
	口旦昂昂

①仰,抬起:~首挺胸|高~着头。②(价钱)高:~贵|价~。③精神振奋:斗志~扬|雄赳赳,气~~。
同义 昂首—抬头、翘首
反义 昂贵—低廉、便宜/昂首—俯首、低头
提示 "昂"的下面是"卬(áng)",不是"卯(mǎo)"。

àng	10画 皿部
盎	上下 央/皿
	口央盎盎

①古代一种盛水器具,腹大口小。②洋溢,充满,浓厚:兴趣~然。③【盎司】英美制重量单位:1 常衡盎司是 1/16 常衡磅,约合 28.35 克;1 金衡盎司是 1/12 金衡磅,约合 31.10 克。

ao

āo	5画 丨(gǔn)部
凹	独体
	丨凵凵凹凹

比周围低,与"凸"相对:~陷|~透镜|凸~不平。

谜语 寒梅半放 （字:宋） 四川客人 （国家:巴西）
       由下面挂钩 （字:电） 最先就业 （字:显）

ao

多音字	14画 灬(huǒ)部
熬	上下 敖(耂/攵)/灬 = 耂 孝 敖 熬

㈠áo ①久煮:~粥|~药。②忍受,勉强(qiǎng)支持:~夜|~煎(比喻折磨)|苦日子终于~到了头。
㈡āo 煮:~白菜|~豆腐。

áo	13画 辶(chuò)部
遨	半包围 敖(耂/攵)/辶 = 耂 孝 敖 遨

漫游,游玩:~游太空。

áo	13画 广部
廒	半包围 广/敖(耂/攵) 广 庐 庐 庐 廒

收藏粮食的仓库:~间|仓~。

áo	16画 羽部
翱	左右 皋(白/本)/羽(习/习) 白 皋 皋 翱 翱

【翱翔】-xiáng 展开翅膀回旋地飞:雄鹰在蓝天上~。
同义 翱翔—飞翔

áo	19画 鹿部
鏖	半包围 鹿(广/比)/金(人/王) 广 庐 庐 庐 鏖 鏖

激战,苦战:~战|赤壁~兵。

多音字	8画 扌(shǒu)部
拗	左右 扌/幼(幺/力) 扌 扌 扚 拗

㈠ǎo 方言,弄弯使断,折:竹竿~断了。
㈡ào 不顺,违背:~口(说起来别扭,不顺口)|违~(违背,故意不顺从)。
㈢niù 固执,不驯(xùn)服:执~|脾气很~。

ǎo	9画 衤(yī)部
袄	左右 衤/夭 礻 衤 衤 袄

有衬里的上衣:棉~|皮~|夹~。

ào	8画 土部
坳	左右 土/幼(幺/力) 土 圠 坳 坳

山间的平地:山~。

ào	12画 亻(rén)部
傲	左右 亻/敖(耂/攵) 亻 亻 伫 傲 傲

①自高自大:骄~|慢~|~气。②不屈服:红梅|雪|菊残犹有~霜枝。
同义 傲慢—骄傲、高傲
反义 傲骨—媚骨/傲慢—谦虚、谦恭

ào	12画 大部
奥	上下 角(冂/米)/大 冂 冂 甪 奥

含义深,不容易懂:深~|妙~|探索宇宙的~秘。
同义 奥秘—奥妙、神秘
组字 澳、懊
提示 "奥"上面的部件不封口,不要与"粤(yuè)"的上面相混。

ào	15画 氵(shuǐ)部
澳	左右 氵/奥(角/大) 氵 汋 澚 澳

①海洋深入陆地可以停船的地方:三都~

名人名言 教师的人格是进行教育的基石。
〔苏〕苏霍姆林斯基

ao

(在福建省宁德市)|南澳(在广东省深圳市)。②指澳门:港~同胞。③指澳洲,又叫大洋洲,世界七大洲之一。

懊	ào	15画 忄(xīn)部
	左右	忄/奥(向/大)
	丶丷忄忄忄懊懊	

烦恼,悔恨:~悔|~恼|~丧(sàng,因不如意而提不起精神)。

同义 懊悔—后悔、悔恨/懊丧—沮丧

急转弯脑筋 从上看一天干,从下看干一天。(早)

B

ba

bā	2画 八部
八	独体
	ノ 八

数目字:黑板上方的墙上写着"好好学习,天天向上"~个大字。
组字 穴、扒、叭、趴

bā	4画 乙部/己部
巴	独体
	フ 刁 巴 巴

①粘贴,依附在别的物体上:饭~锅了丨壁虎~在墙上。②粘在别的物体上的东西:锅~。③靠近,挨着:前不~村,后不~店。④盼望,期望:~望丨不得早日成才。⑤词尾,读轻声 ba:嘴~丨尾~丨哑~。⑥指四川东部和重庆一带。
同义 巴结—讨好、奉承/巴望—希望、指望、盼望
组字 芭、爸、笆、把、杷、靶、爬、疤、肥、粑

多音字	5画 扌(shǒu)部
扒	左右 扌/八
	一 扌 扌 扒

㈠bā ①抓住,把住:~墙头儿丨~着栏杆。②挖,刨开:~土墙根儿丨~了个洞。③拨动:~开草丛丨~拉。④剥,脱:~皮丨~下衣裳。
㈡pá ①用耙(pá)等工具聚拢或分散:~草。②搔,挠:~痒。③燉烂,煨烂:~肘条。

bā	5画 口部
叭	左右 口/八
	口 叭 叭

拟声词:~的一声枪响丨粗大的雨点打在玻璃窗上~~直响。

bā	7画 艹(cǎo)部
芭	上下 艹/巴
	艹 艹 䒑 芑 芭

【芭蕉】-jiāo 多年生草本植物,叶宽大。果实也叫芭蕉,与香蕉相似,根、茎和花蕾都可以做药。可以食用。

bā	9画 疒(nè)部
疤	半包围 疒/巴
	广 疒 疔 疖 疤

①伤口或疮口好了以后留下的痕迹:伤~。②器物上受损的痕迹:碗底有块~。

bā	10画 扌(shǒu)部
捌	左右 扌/别(另/刂)
	扌 护 捛 捌

数目字"八"的大写。

bā	10画 竹(⺮)部
笆	上下 ⺮/巴
	⺮ 竺 竺 笆 笆

用竹子、柳条等编成的器物:~斗丨门篱~。

名人名言 自信——心中抱着坚定的希望和信念走向伟大荣誉之路的感情。
〔古罗马〕西塞罗

ba

bā	10画 米部
粑	左右 米/巴 丷米 籽籽粑

方言。像饼一类的食物：糍(cí)~。

bá	8画 扌(shǒu)部
拔	左右 扌/发(𠂆/又) 扌扑拔拔

①抽出，拉出：~草|~萝卜|~牙。②攻下，夺取：连~数城|~掉敌人的据点。③吸出：~毒。④挑选，提升：选~|提~。⑤超出，高出：~尖人才|出类~萃(cuì，形容超出同类)|海~(地面超出海平面的高度)。

同义 拔尖—出众、突出/拔腿—拔脚、撒腿
反义 拔高—贬低/拔尖—普通、平凡
提示 "拔"不要与"拨"相混。

bá	12画 足(𧾷)部
跋	左右 𧾷(口/止)/发(𠂆/又) 𫝀𧾷 趴跋跋

①翻过山岭：~涉(爬山趟水，形容旅途艰苦)。②写在文章、书籍等后面的短文，多是评介、述说内容的：~文|题~。③【跋扈】-hù 骄傲而专横，欺上压下。

多音字	7画 扌(shǒu)部
把	左右 扌/巴 扌扌扫把

㈠bǎ①握住，抓住：手~手地教。②控制，掌握：~舵|~犁|~持(独占着不让别人参与)|~握时机。③看(kān)守：~守|~关|~门。④可以用手拿的捆子：草~儿。⑤车子的柄：车~。⑥将~地扫干净|~方便让给别人。⑦量词：一~刀|一~汗|加~劲。⑧表示约略估计：个~月|丈~高。⑨旧时指拜把子(结为异姓兄弟)的关系：~兄弟。
㈡bà 物体上的柄：刀~儿|梨~儿。
同义 ㈠把守—防守、看守/把戏—花招

bǎ	13画 革部
靶	左右 革(廿/𠦝)/巴 廿苎革靻靶

靶子，供练习、比赛射击或射箭的目标：打~|~场。

bà	7画 土部
坝	左右 扌/贝 扌扣坝

①用于拦水的建筑：堤~|水~|拦河~。②河工险要处巩固堤防的建筑，如丁坝。③方言，平地。多用于西南各省地名。

bà	8画 父部
爸	上下 父(八/乂)/巴 八父爷爷爸

父亲：~~|阿~。

多音字	10画 罒(wǎng)部
罢	上下 罒/去(土/厶) 罒罒罢罢

㈠bà ①停止：~工|~课|不获成功决不~休。②免去(职务)：~免|~官。③完了：吃~饭说~就走。
㈡ba 同"吧(ba)"。
同义 ㈠罢了—而已/罢免—罢黜(chù)、免除/罢休—罢手、甘休
反义 ㈠罢工—复工/罢免—任命、任用

bà	21画 雨部
霸	上下 需/朝(䩗/月) 一雨雪霏霸

脑筋急转弯 什么蛋中看不中吃？(脸蛋)

①蛮横(hèng)不讲理:~占|横行~道。②依仗某种势力欺压民众的人:恶~|渔~。③指压迫、侵略别国的国家:反殖反~。④春秋战国时诸侯的首领:~主。

多音字	7画 口部
吧	左右 口/巴
	口 叭 叭 吧

㈠ba ①用在句末,表示同意、推测、请求、命令等语气:好~,就照你的意见办!|他该回来了~?|你走~!②用在句中,表示停顿:步行~,怕来不及;乘车~,又忘了带钱。

㈡bā ①拟声词:~嗒(dā)|~唧(jī)|~的一声,树枝断了。②英文"bar"的音译,原指西餐厅或旅馆中卖酒的地方,后引申为出售食物、酒水或供人从事某种休闲活动的场所:酒~|网~|女~。

bai

bāi	12画 手部
掰	左中右 手/分(八/刀)/手
	三 手 扮 扮 掰

①用两手把东西分开或折断:~成两半儿|~腕子。②方言,指感情、关系等破裂:他俩早就~了。

bái	5画 白部
白	独体
	冫 白 白

①雪或乳汁样的颜色:~面|~头发。②清楚:明|真相大~。③亮:东方发~。④空空的,没有加上什么东西:~卷|开水。⑤不付代价,无报偿:~吃|~给。⑥无效果,徒然:~费力气。⑦陈述,说明:自~|~表~。⑧象征反动:~军|~区。⑨用白眼珠看人,表示看不起或讨厌:他又遭~眼了。⑩把字写错或说错:大~字。

同义 白费—枉费/白净—白皙/白天—白昼/白花花—白晃晃/白茫茫—白蒙蒙(méngméng)

反义 白发—青丝/白净—黝黑/白天—黑夜/白茫茫—黑漆漆、黑压压

组字 伯、拍、帕、泊、怕、珀、柏、粕、迫

bǎi	6画 白部
百	独体
	一 丆 百 百

①数目,十个十。② 比喻数量很多:~货|~战~胜。

同义 百发百中—万无一失
组字 佰、陌

bǎi	8画 亻(rén)部
佰	左右 亻/百
	亻 亻 佰 佰

数目字"百"的大写。

多音字	9画 木部
柏	左右 木/白
	木 柏 柏 柏

㈠bǎi 常绿乔木,种类很多,有侧柏、圆柏、罗汉柏等。木质坚硬,可用来做建筑材料和家具:青松翠~。

㈡bó【柏林】–lín 德国的首都。

bǎi	13画 扌(shǒu)部
摆	左右 扌/罢(罒/去)
	扌 押 押 摆

①使处于一定的位置,排列:把课桌椅~整齐|货架上~满了商品。②故意显示:~架子|~威风|~阔(讲究排场,显示阔气)。③陈述,列举:~事实,讲道理。④来回地摇动:~手|摇~。⑤摇动的东西:钟~。⑥衣裙等物的下边:下~。

同义 摆动—摇动/摆弄—摆布、拨弄/摆设—陈设/摆脱—解脱

包公断案——铁面无私

bai—ban

bài	8画 贝部
败	左右 贝/攵 冂 贝 贮 败

①输,与"胜"相对:~兵|~北(打败仗)|~下阵来。②打败,使失败:大~敌军|击~对手。③不成功,与"成"相对:失~|功~垂成。④损坏,毁坏:~坏名声|身~名裂(地位丧失,名誉扫地)。⑤解除,消散:~火|~毒。⑥破旧,衰落:衰~|残枝~叶|开不~的花儿。
同义 败—输、负/败坏—损坏、破坏/败落—破落、没落/败兴—扫兴
反义 败—胜、成/败笔—妙笔/败坏—维护

bài	9画 手部
拜	左右 手/丰 三 手 邦 拜

①旧时表示敬意的一种礼节:跪~|下~。②恭敬地:~读|~托|~访|~会(拜访会见)。③见面行礼表示祝贺:~年。④用一定的礼节授予某种名义:~相(xiàng)|~为上卿。⑤恭敬地与对方结成某种关系:~师学艺|结~兄弟。
同义 拜访—拜见、访问

ban

bān	7画 扌(shǒu)部
扳	左右 扌/反(厂/又) 扌 扩 扳

①使一端位置固定的东西改变方向或转动:~闸|~道岔|~机。②扭转局面:他先输一局,接着又~回一局,打成一比一平。

bān	10画 王部
班	左中右 王/丿/王 二 千 玉 班

①工作或学习的组织:~级|培训~|电工~。②一天之内规定的一段工作时间:上~|晚~|值~。③有固定的路线、定时开行的交通工具:~车|~机。④军队里排以下的基层单位。⑤调回或调动(军队):~师|~兵。⑥量词:一~|坐下一~车。
反义 班师—出师

bān	10画 舟部
般	左右 舟/殳(几/又) 丿 丹 舟 舣 般

样,种类:如此这~|钢铁~的意志|百~照顾|万~无奈。
同义 般配—匹配、相配
组字 磐、搬

bān	10画 页部
颁	左右 分(八/刀)/页 八 分 分 颁

公布,发给:~布命令|~发奖章。
同义 颁布—颁发、发布
提示 "颁"不要与"颂"相混。

bān	12画 王部
斑	左中右 王/文/王 二 千 玟 斑

一种颜色中央夹杂着别种颜色的点子或条纹:~点|~纹|~马|皮肤上有花~|两鬓~白。
同义 斑白—花白/斑纹—花纹

bān	13画 扌(shǒu)部
搬	左右 扌/般(舟/殳) 扌 扒 扔 捃 搬

移动,迁移:~家|~迁|~运|~起石头砸自己的脚(比喻想害别人,反而害了自己)。
同义 搬迁—迁移

谜语 笑口常开 (首都:多哈)
尺 (字:夯)

ban

bǎn	6画 阝(fù)部
阪	左右 阝/反(厂/又)
	丆 阝 阝 阪

①同"坂"。②【大阪】dà- 地名,在日本。

bǎn	7画 土部
坂	左右 土/反(厂/又)
	土 圵 坂

山坡,斜坡:~上走丸(比喻迅速)。

bǎn	8画 木部
板	左右 木/反(厂/又)
	十 木 朾 板

①较硬的片状物体:木~|铁~|黑~|青石~。②音乐、戏曲中的拍子:快~儿|慢~。③打拍子的乐器:鼓~。④不灵活:呆~|死~|古~。⑤绷(běng),使表情严肃:~着脸。⑥【老板】lǎo - a.私营企业的财产所有者。b.旧时对戏曲演员的尊称。

bǎn	8画 片部
版	左右 片/反(厂/又)
	丿 片 朊 版

①用木板或金属做的上面有文字或图形的供印刷用的底子:木~|铅~|锌~|排~。②印刷物排印的次数:初~|再~。③报纸的一面:四~。④照相的底片:底~。⑤户籍:~图(今泛指国家的疆域)。

同义 版图—幅员、疆域

bàn	4画 力部
办	独体
	丁 力 办 办

①处理:~公|~理|就这么~。②创建;经营:~工厂|~学校|~农场。③采买;置备:~货|~酒席。④惩罚:~罪|法~|惩~。

同义 办法—方法、法子/办理—料理
组字 苏、协、胁
提示 "办"的第三笔是点,不是短撇。

bàn	5画 丶(zhǔ)部
半	独体
	丷 兰 半

①二分之一:~里路|~斤|~对~分。②在中间:~夜|山腰|~途而废。③比喻量很少:一星~点。④不完全:门~闭着|~脱产。

同义 半路—中途/半夜—子夜、午夜/半信半疑—将信将疑
反义 半信半疑—确信无疑
组字 伴、拌、绊、胖、畔、衅
提示 "半"做左偏旁时竖变为撇,如"判"、"叛"。

bàn	7画 扌(shǒu)部
扮	左右 扌/分(八/刀)
	扌 扑 扮 扮

化装:装~|他在剧中~演老头儿|乔装打~。
同义 扮演—饰演、装扮

bàn	7画 亻(rén)部
伴	左右 亻/半
	亻 伅 伴 伴

①同在一起并能互助的人:~侣|同~|伙~|找个~儿一起去。②陪着,配合:陪~|~随|~奏。
同义 伴侣—伙伴/伴随—伴同、随同

bàn	8画 扌(shǒu)部
拌	左右 扌/半
	扌 扦 拌 拌

①搅和(huo),混合:搅~|~饲料|用药剂~种子。②吵嘴:~嘴。
同义 拌嘴—吵嘴、争吵

名人名言　真实的世界无疑是科学的基础。
　　　　　　　　　　[俄]赫尔岑

ban—bang

bàn	8画 纟(mì)部
绊	左右 纟/半 纟纟′纟′绊

走路时脚被东西挡住或缠住：~脚石｜一不留神~倒了。

bàn	19画 辛部
瓣	左中右 辛(立/干)/瓜/辛(立/干) 豆 豸 剪 孤 瓣

①花瓣，组成花朵的各片。②植物的种子、果实或茎可以分开的小块或小片：豆~儿|蒜~儿|橘子~儿。

bang

bāng	6画 阝(yì)部
邦	左右 丰/阝 三 丰 邦 邦

国家：友~|邻~|兴国安~。
组字 帮、绑、梆
提示 "邦"的左边是"丰"，不是"手"。

bāng	9画 巾部
帮	上下 邦(丰/阝)/巾 三 丰 邦 帮

①相助：~助|~忙|~妈妈洗衣服。②群，伙，集团：大~人马|马~|匪~。③旁边的部分：鞋~儿|船~|菜~儿|腮帮子。
同义 帮—助/帮手—助手/帮凶—爪牙/帮助—帮忙、援助

bāng	10画 木部
梆	左右 木/邦(丰/阝) 木 杉 梆 梆

①梆子，打更(gēng)用的器具，用竹筒或木头做的。②拟声词：~~响。

bāng	10画 氵(shuǐ)部
浜	左右 氵/兵(丘/八) 氵 沂 浜 浜

方言。小河，多见于地名：张华~(在上海)|沙家~。

bǎng	9画 纟(mì)部
绑	左右 纟/邦(丰/阝) 纟 纟 绑 绑

捆，缚：把坏蛋~起来|捆~|松~。
同义 绑架—绑票
反义 绑—解

bǎng	14画 木部
榜	左右 木/旁(产/方) 木 杧 柠 榜 榜

①张贴出来的名单：红~|光荣~。②古代指文告：~文。③【榜样】-yàng 值得学习的好人或好事。
同义 榜样—模范、表率、楷模

多音字	14画 月部
膀	左右 月/旁(产/方) 月 胪 胪 膀 膀

㊀bǎng ①膀子，胳膊上部靠肩的部分：臂~|肩~|阔腰圆。②鸟类等的两翅：翅~。
㊁pāng 浮肿：他有肾(shèn)病，脸都~了。
㊂páng【膀胱】-guāng 也叫尿脬(suī pāo)，是人或动物体内存尿的器官。

多音字	10画 虫部
蚌	左右 虫/丰 中 虫 蚌 蚌

㊀bàng 软体动物，贝壳长圆形，黑褐色

脑筋急转弯 书店买不到的书是什么书？(秘书)

bang—bao

里面有珍珠层。生活在淡水里,有的能产珍珠。

㈡bèng【蚌埠】-bù 城市名,在安徽省。

bàng	12画 木部
棒	左右 木/奉(夫/丰)
	木 栏 㧎 棒

①棍子:棍~|木~|金箍(gū)~。②体力强、能力高、成绩好等:他的身体真~!|画得~。

bàng	12画 亻(rén)部
傍	左右 亻/旁(亠/方)
	亻 伫 伫 傍 傍

①靠近:依山~水。②临近(多指时间):~晚(黄昏时候)|~午。

同义 傍晚—黄昏、日暮、薄暮

bàng	12画 讠(yán)部
谤	左右 讠/旁(亠/方)
	讠 讠 讠 谤 谤

恶意地攻击别人:诽~|毁~。

多音字	15画 石部
磅	左右 石(厂/口)/旁(亠/方)
	厂 石 矿 磅 磅

㈠bàng ①英美制重量单位,1磅等于453.6克。②磅秤:过~。③用磅秤称:~一~有多重。

㈡páng【磅礴】-bó ①广大无边:气势~。②扩展,充满:~于全世界。

bàng	15画 钅(jīn)部
镑	左右 钅/旁(亠/方)
	钅 钅 钅 镑 镑

一些国家的货币单位:英~(英国)|爱~(爱尔兰)|埃~(埃及)。

bao

bāo	5画 勹(bāo)部
包	半包围 勹/巳
	丿 勹 包 包

①把东西裹起来:~扎|~书。②裹起来的东西:邮~|~裹行李~。③装东西的袋:书~|钱~|针线~。④一种带馅蒸熟的食品:肉~子|小笼~。⑤肿起的疙瘩:头上起了一个~。⑥容纳,总括:~括|~含|无所不~。⑦全部负责:~干儿|~教|~承。⑧保证:~在我身上|你满意。⑨专门约定的:~饭|~车|~场。⑩毡制的圆顶帐篷:蒙古~。⑪围绕:~围|抄兵分两路~过去。⑫量词:一~烟|一~茶叶。

同义 包庇—庇护、袒护/包含—包蕴、包括、蕴涵/包涵—原谅/包围—包抄、合围

反义 包庇—揭发、检举/包围—突围/包藏—暴露

组字 苞、刨、抱、咆、饱、泡、胞、炮、跑、雹

bāo	8画 艹(cǎo)部
苞	上下 艹/包(勹/巳)
	艹 艿 芍 苞

①花没开时包着花蕾的小叶片:花~|含~欲放。②茂盛:竹~松茂。

bāo	9画 月部
胞	左右 月/包(勹/巳)
	月 朐 朐 胞

①胞衣,包裹胎儿的膜和胎盘。也叫衣胞。②同父母所生的孩子:兄~|妹~|同~(同父母的兄弟姐妹。也指同一民族或国家的人)。

歇后语 包米秸子喂牲口——天生的粗料

bao

bāo	15画 亠(tóu)部
褒	上中下 亠/保(亻/呆)/衣
	亠 疒 褒 褒

称赞,表扬:~奖|~扬|~义词。
同义 褒奖—嘉奖/褒扬—表扬、赞扬
反义 褒—贬/褒扬—贬抑

báo	13画 雨部
雹	上下 雨/包(勹/巳)
	雨 雹 雹 雹

雹子,空中水蒸气遇冷凝结的冰粒或冰块,常随雷阵雨下降:冰~|~灾。

多音字	16画 艹(cǎo)部
薄	上下 艹/溥(氵/尃)
	艹 艹 薄 蒲 薄

㈠báo①厚度小,与"厚"相对:~饼|~纸|~毯子|这本书很~。②稀,味淡:酒味~。③感情冷淡:待人不~。④(土地)缺少养分,水分:这块地很~。

㈡bó①义同㈠,用于合成词或成语:厚~|单~|淡~|田尖嘴~舌。②微小,少:微~|技|~利多销。③苛刻,轻浮:刻~|轻~。④看不起,轻视:鄙~|妄自菲~(fěi)(过分地看不起自己)|厚此~彼(重视一方,而轻视另一方)。⑤逼近:~暮(天快黑)|日~西山(太阳迫近西山,即将落下。比喻人或事物接近死亡)。

㈢bò【薄荷】-he 多年生草本植物,叶和茎有清凉香味,可以做药和香料。
同义 ㈠薄弱—软弱、单薄
反义 ㈠薄—厚 薄弱—雄厚

bǎo	8画 饣(shí)部
饱	左右 饣/包(勹/巳)
	饣 饣 饣 饱 饱

①吃足了,与"饿"相对:吃一顿温~。②足,充分:~满|~学(学识丰富)|~经风霜(比喻经受过很多艰难困苦)。
同义 饱满—丰满
反义 饱—饿、饥/饱满—干瘪/饱暖—饥寒

bǎo	8画 宀(mián)部
宝	上下 宀/玉
	宀 宀 宇 宝 宝

①珍贵的:~石|~剑|~玉。②珍奇的东西:珠~|传记送~|熊猫是国~。③敬词:~眷(称对方的家眷)|~号(称对方的店铺)。
同义 宝贝—宝物、珍宝/宝贵—珍贵、贵重
反义 宝贝—废物

bǎo	9画 亻(rén)部
保	左右 亻/呆(口/木)
	亻 亻 伊 保

①护卫,不让受到损害或丧失:~护|~卫|~养|~家卫国。②负责:~证担|~质|~量。③维持住,使不消失或减弱:~持|~温|~全|~存实力。④保证人:作~|交~。⑤旧时指某些店铺的佣工:酒~。
同义 保藏—收藏/保持—维持/保存—保留/保护—保卫、爱护、维护/保卫—捍卫/保证—保障/保重—珍重/保管—看管/保证—保障
反义 保护—破坏、损害/保密—失密、泄密/保守—开通、泄露
组字 堡

多音字	12画 土部
堡	上下 保(亻/呆)/土
	亻 亻 保 堡

㈠bǎo①军事上防守用的建筑物:~垒(也比

谜语	花言	(学科:英语)	单人拦网	(字:内)
	旷课	(学科:未来学)	小心一点	(字:寸)

喻难以攻破的事物)|碉~|暗~|桥头~。②小城。
㈡bǔ 堡子,有城墙的村镇。多用于地名:吴~|~县(在陕西省)。
㈢pù 地名用字,十里~。

bào	7画 扌(shǒu)部
报	左右 扌/⺋
	扌 扌 扌 报

①告诉,报告:~名|喜|~信。②传达消息的文件或信号:电~|情~|警~。③报纸,也指刊物:日~|晚~|画~|黑板~。④回答:~恩|~仇|回~|~答。
同义 报仇—复仇/报酬—酬劳、酬金/报答—报效、回报
反义 报仇—报恩/报喜—报忧

多音字	7画 刂(dāo)部
刨	左右 包(⺈/巳)/刂
	⺈ 勹 包 刨

㈠bào ①推刮木料或金属等的工具:~子|~刀|~床。②用刨子或刨床推刮:~平|~光。
㈡páo ①挖,挖掘:~坑|~花生。②除去,减去:~去星期六和星期天,只剩下五天时间念书了。
提示 "刨"的第五笔是竖弯钩,不要写成竖提。

bào	8画 扌(shǒu)部
抱	左右 扌/包(⺈/巳)
	扌 扌 扌 抱

①用手臂围住:~小孩|拥~|~合~。②围绕:环~|山环水~。③心里存着:~歉|~怨|~着远大的理想。④胸前,怀里:投进妈妈的怀~。⑤孵:~窝|~小鸡。⑥量词,表示两臂合围的量:一~柴火。
同义 抱负—志向、理想/抱恨—怀恨/抱歉—抱愧、负疚/抱怨—埋怨

bào	10画 豸(zhì)部
豹	左右 豸/勺
	豸 豸 豹 豹

哺乳动物,像虎而比虎小,身上有黑色斑点,性凶猛,善跳跃,能上树。

bào	15画 日部
暴	上中下 日/共(卄/八)/氺
	曰 旦 暴 暴

①猛烈,突然:~雨|山洪~发|~病身亡。②性情很急:~躁|火~脾气|~跳如雷。③凶恶,残忍:凶~|~徒|~行(凶残的行为)|不畏强~。④显出,现出:~露青筋直~。⑤糟蹋:自~自弃(自我糟蹋,不求上进)。
同义 暴病—急病、急症/暴露—表露、显露/暴躁—暴烈、急躁/暴跳如雷—大发雷霆
反义 暴露—隐蔽、隐藏/暴躁—温和
组字 瀑、曝、爆

bào	19画 火部
爆	左右 火/暴(日/共/氺)
	灬 火 灯 爆 爆

①猛然炸裂或迸(bèng)出:~炸|~破|~米花|~火星儿。②突然发生:火山~发。
同义 爆裂—爆炸、破裂/爆竹—爆仗、炮仗
提示 与"曝(pù)"、"瀑(pù)"的读音不同。

bei

bēi	8画 木部
杯	左右 木/不
	十 木 杯 杯

杯子,盛水、酒、茶等的器皿:茶~|酒~|干~|水车薪(比喻力量太小,不能解决问题)。
提示 与"抔(póu)"读音不同,偏旁也不同。

名人名言 那些出类拔萃的人正是在生活的早期就清楚地辨明了自己的方向。
[俄]赫尔岑

bei

bēi	8画 十部
卑	上下 甶/十
	白白甶卑

①低下:~贱|不要有自~感|地势~湿。②低劣,下流:~劣|~鄙|鄙无耻。
同义 卑鄙—卑劣/卑贱—卑下/卑微—低微、微贱/卑躬屈膝—奴颜婢膝
反义 卑—亢、尊/卑鄙—高尚/卑贱—高贵、尊贵
组字 啤、婢、牌、碑
提示 "卑"的中间不要写成田。

bēi	12画 非部
悲	上下 非/心
	丨丨ㅓㅓ悲悲

①伤心,哀痛,与"欢"相对:~哀|~惨|~欢离合(指生活中悲哀、欢乐、离别、团聚种种际遇)。②怜悯(mǐn):慈~。③凄厉:~风。
同义 悲哀—悲伤、悲痛/悲惨—凄惨/悲愤—愤怒
反义 悲哀—欢乐、喜悦/悲惨—幸福/悲观—乐观、达观/悲剧—喜剧

bēi	13画 石部
碑	左右 石(丆/口)/卑(甶/十)
	丆石砷碑碑

刻上文字纪念事业、功勋或作为标记的石头(现在也用水泥制成):纪念~|里程~|有口皆~(比喻众人一致颂扬)。
同义 碑文—碑记、碑志

běi	5画 匕部
北	左右 ㅓ/匕
	丨丨ㅓ北

①方向,早晨面对太阳左边的一方;与"南"相对:~斗星|南来~往。②打败仗:败~。
组字 背

bèi	4画 贝部
贝	独体
	丨冂贝贝

①蜊、珠母、蚌、文蛤等有硬壳的软体动物的统称:~壳。②古代用贝壳做的货币。
组字 贞、负、贡、责、则、坝、呗、狈、败、财

bèi	7画 犭(quǎn)部
狈	左右 犭/贝
	丿犭犭狈

传说中的一种兽,前腿特别短,走路时必须趴在狼身上随狼一起行动,所以由"狼狈"来形容困苦或窘迫的样子,也比喻互相勾结干坏事。

bèi	8画 夂(zhǐ)部
备	上下 夂/田
	夂各备备

①具有:德才兼~。②准备:~课|~料|~用。③防备:戒~|有~无患。④包括人力物力在内的设备:军~|装~。⑤完全,都:~受欢迎。
组字 惫

多音字	9画 月部
背	上下 北/月
	丨丨ㅓ北背

㊀bèi①从肩到后腰的部分:腰~|驼~。②物体的后面或反面:~面|刀~|手~。③用背对着,与"向"相对:~光|~着脸|~水一战(比喻决一死战)。④离开:~井离乡(离开家乡到外地去)。⑤违反,不遵守:违~|~信弃义(违背诺言,不讲道义)|~叛。⑥避、瞒:孩子~着家长玩儿游戏机|~地里。⑦不顺

脑筋急转弯 有一根棍子,要使它变短,但不准锯断、折断、削短,还有什么办法?(找一根比它长的棍子和它比)

bei—ben

时。⑧凭记忆读出:~诵|~诗。⑨偏僻:~静|这地方真~。⑩听觉迟钝:爷爷耳朵有点儿~。

㊁bēi 人用背(bèi)驮(tuó)东西:~书包|一起枪他受伤了,我~他上医院。

同义 ㊀背后—后面/背面—反面/背弃—背离/背叛—叛变

反义 ㊀背—腹、向/背后—前面、当面/背离—遵循/背面—正面/背运—幸运、好运

bèi	10画 亻(rén)部
倍	左右 亻/音(立/口)
	亻 亻 位 倍

①与原数相等的数,某数的几倍就是用几乘某数:二的五~是十。|百~提高警惕。②加一倍,成倍:事半功~(形容费力小,收效大)|干劲~增。

bèi	10画 忄(xīn)部
悖	左右 忄/孛(声/子)
	丷 忄 忄 悖 悖

违反,抵触:并行不~(同时进行,互不抵触)。

bèi	10画 衤(yī)部
被	左右 衤/皮(广/又)
	衤 衤 衤 衶 被

①被子:棉~|~套|毛巾~。②遭受,受到:~灾|~难。③叫,让:~太阳晒干了。④用在动词前面表示被动:他~评为优秀少先队员。

同义 被害—遇害/被迫—被逼/被擒—被捕、就擒

反义 被动—主动/被告—原告/被迫—自愿

bèi	12画 车部/非部
辈	上下 非(彐/㐄)/车
	丨 彐 非 韭 辈

①代,辈分(fèn):同~|长~|晚~|老前~。②等,类(指人):我~|尔~(你们)|无能之~。③一生:一~子|大半~|后半~儿。

bèi	12画 心部
惫	上下 备(夂/田)/心
	夂 备 惫 惫

极度疲倦:疲~。

bèi	12画 火部
焙	左右 火/音(立/口)
	丷 火 炵 焙

把东西放在器皿里,用微火在下面烘烤:~茶叶|干研成细末。

bèi	13画 艹(cǎo)部
蓓	上下 艹/倍(亻/音)
	艹 艹 茌 蓓

【蓓蕾】-lěi 花骨朵儿(huā gū duor),还没开的花。

ben

多音字	8画 大部
奔	上下 大/卉(十/廾)
	大 本 夲 奔

㊀bēn 急走,跑:~走|飞~|驰东~西跑。
㊁bèn ①直往,投向:投~|~向远方。②为某种目的尽力去做:~命(拼命赶路或做事)。

同义 ㊀奔波—奔忙、奔走/奔放—豪放/奔跑—奔驰、奔走

běn	5画 木部
本	独体
	一 十 木 本

①草木的根:无~之木(比喻没有基础的

歇后语　抱元宝跳井——舍命不舍财

17

ben—beng

事物)。②根源:忘~。③草的茎或树的干:草|植物l木-植物。④本来,原来:~意|~想不去。⑤自己或自己这方面的:~人|班|~国。⑥现今的:~学期|~年。⑦做买卖的底钱:~钱|资|够~儿。⑧根据:~着政策办事。⑨册子:课~|笔记~。⑩版本或底本:稿~|剧~。⑪量词:一~书。

同义 本来—原来、原本/本领—本事/本意—原意/本质—本性

反义 本—末、利、标/本地—外地/本质—现象、表面

组字 苯、笨、体

běn	8画 艹(cǎo)部
苯	上下 艹/本
	艹芊茉苯

一种有机化合物,无色液体,可以做燃料、染料、溶剂、香料等。

běn	10画 厶(sī)部
畚	上下 厶/奋(大/田)
	厶矢畚畚

①畚箕-jī 用竹、木、铁皮等制成的撮土器具。②用畚箕撮:~土。

bèn	11画 竹(⺮)部
笨	上下 ⺮/本
	⺮竺笨笨

①不聪明:愚~|~头~脑|小孩儿并不比大人~。②不灵巧:~手~脚|嘴拙(zhuō)舌。③粗重:~重|~活。

同义 笨—蠢、傻、愚、痴/笨重—沉重/笨拙—愚蠢、蠢笨

反义 笨—灵、巧/笨重—轻巧、轻便/笨嘴拙舌—伶牙俐齿

beng

bēng	11画 山部
崩	上下 山/朋(月/月)
	丨山屵崩

①倒塌:~塌|山~地裂。②破裂:谈~了。

③枪毙(用于口语):一枪把那个大汉奸给~了。④旧时称帝王死亡:驾~。

同义 崩裂—迸裂/崩溃—溃灭、瓦解/崩塌—坍塌、倒塌

组字 嘣、镚、蹦

多音字	11画 纟(mì)部
绷	左右 纟/朋(月/月)
	纟纫纫绷

㈠bēng ①张紧,拉紧:衣服紧~在身上|把绳子一直。②(物体)猛然弹起:弹簧~飞了。③[绷带]-dài 包扎伤口的纱布带。
㈡běng ①板着:~着脸不吭声。②强忍着:看到他扮的鬼脸,老师~不住笑了。

bèng	9画 石部
泵	上下 石(丆/口)/水
	厂石丆泵

把液体或气体抽出或压入时用的一种机械:水~|气~|油~。

bèng	9画 辶(chuò)部
迸	半包围 并(丷/开)/辶
	丷并讲迸

爆开,溅射:~发|热水壶~裂了|火花飞~~。

bèng	18画 足(⻊)部
蹦	左右 ⻊(口/止)/崩(山/朋)
	口⻊⻊'蹦蹦

谜语　反观玄宗帝　(地名:基隆)
　　　翼王故里　　(地名:石家庄)

跳:~~跳跳|欢~乱跳|~了一米高。

bi

bī	12画 辶(chuò)部
逼	半包围 畐(一/口/田)/辶
	一 亠 高 畐 逼

①强迫,威胁:~迫|寒气~人。②迫近,接近:敌军~近城郊|~肖(很相似)|~真(很像真的)。

同义 逼近—迫近/逼迫—强迫

bí	10画 艹(cǎo)部
荸	上下 艹/孛(宀/子)
	艹 艹 芦 荸

【荸荠】-qí 多年生草本植物,通常栽培在水田或池沼里。地下茎球状,皮赤褐色,肉白色,可以吃。

bí	14画 鼻部
鼻	上下 自/畀(田/丌)
	向 鼻 鼻 鼻

①鼻子,呼吸和闻气味的器官。②鼻儿,器物上带孔的部分:针~儿|门~儿。③最初的,开创的:~祖。

同义 鼻祖—始祖

bǐ	2画 丿(piě)部/匕部
匕	独体
	丿 匕

①古代指饭勺。②【匕首】-shǒu 短剑。

组字 比、它、旨、北、匙、顷

提示 "匕"做左偏旁时,撇变为横,竖弯钩变为竖提,如"比"、"顷"。

bǐ	4画 比部
比	左右 上/匕
	一 上 比 比

①较量,比较:~赛|评~|贡献。②譬如:~喻|打~方|把老师~做辛勤的园丁。③比方,摹拟:连说带~画。④两个数对比:三~一。⑤靠近,挨着:~肩|~邻。⑥勾结:朋~为奸(坏人结成伙干坏事)。⑦向着,对着:~着

样绣花。⑧数学名词:~例|~值|百分~。

同义 比喻—比方、譬喻/比如—例如、譬如/比赛—竞赛

组字 毕、昆、毙、批、枇、毗、秕、庇、屁

bǐ	8画 彳(chì)部
彼	左右 彳/皮(广/又)
	彳 彳 彳 彼 彼

①那,那个:~此(那个和这个,双方)|~岸(对岸。比喻所向往的境界)|顾此失~(形容无法全面照顾)。②他,对方:知己知~(对自己和对方的情况都很了解)。

反义 彼—此、己

bǐ	9画 禾部
秕	左右 禾/比(上/匕)
	禾 禾 秏 秕 秕

籽实不饱满:~粒|~谷。

bǐ	10画 竹(⺮)部
笔	上下 ⺮/毛
	⺮ 竺 笔

①写字、画图的工具:铅~|钢~|画~。②写:代~|亲~|~者(某一篇文章或某一本书的作者自称)。③笔画:起~|"天"字共四~。④笔法,写字、作文、画画的技巧或特色:败~|伏~(文章里前段为后段埋伏的线索)|工~画。⑤像笔一样(直):~直|~挺。⑥量词:一~账|一~现金。

同义 笔直—挺直、笔挺

名人名言 一颗好心抵得过黄金。
[英]莎士比亚

bi

反义 笔直—弯曲、曲折

bì	13画 阝(yì)部
鄙	左右 啚(口/十/回)/阝
	口 早 啚 啚 鄙

①品质坏:卑~。②看不起:~视l~薄(bó)l~夷(轻视,看不起)。③谦词,用于自称:~人(本人)l~见(本人意见)。

同义 鄙弃—唾弃/鄙视—轻视、蔑视、藐视

反义 鄙视—重视、看重、崇拜

bì	4画 巾部
币	独体
	一 丆 币

货币,钱:硬~l纸~l人民~。

bì	5画 、(zhǔ)部
必	独体
	丶 心 心 必 必

一定:~定l骄兵~败l~须(一定要)l~需(一定要有的)l未~(不一定)。

同义 必定—必然、一定、肯定/必须—务必、务须、须要/必需—必要

反义 必然—偶然/必须—无须、不必/必需—无需

组字 愍、泌、秘

bì	6画 比部
毕	上下 比(匕/匕)/十
	一 匕 匕 比 毕

①完了,结束:完~l~业。②完全,全部:原形~露。

同义 毕竟—究竟、到底/毕生—终生、平生

bì	6画 门部
闭	半包围 门/才
	丶 门 闭 闭

①关,合上:~门l关~l~目养神。②堵塞:塞(sè)l~气。③结束,停止:~会(会议结束)l~幕。

同义 闭—关/闭幕—闭会/闭塞—阻塞、堵塞/闭合—开放

反义 闭—开/闭幕—开幕/闭塞—畅通、灵通

bì	7画 广部
庇	半包围 广/比(匕/匕)
	广 广 庐 庇

遮,掩,保护:~护l不能包~坏人。

同义 庇护—袒护、包庇

bì	9画 比部
愍	上下 比(匕/匕)/必
	一 匕 匕 愍 愍

谨慎,使谨慎:惩前~后(把以前的错误作为教训,使以后谨慎,不重犯)。

bì	9画 阝(fù)部
陛	左右 阝/坒(比/土)
	丨 阝 阡 陛

宫殿的台阶:~下(对国王或皇帝的敬称)。

bì	10画 比部
毙	上下 比(匕/匕)/死(歹/匕)
	一 匕 毕 毙

死(用于人时含贬义):击~l枪~l命倒~。

bì	11画 女部
婢	左右 女/卑(甶/十)
	乚 女 婢 婢

婢女,旧有钱人家使唤的女孩子:奴~l奴

 什么车寸步难行?(风车)

bi

颜~膝(形容低三下四、拍马讨好的样子)。

bì	13画 艹(cǎo)部
蓖	上下 艹/䖿(畐/比)
	艹 芇 莤 莤 蓖

【蓖麻】-má 一年或多年生草本植物。种子可榨油,用于做润滑油或泻药。

bì	13画 疒(nè)部
痹	半包围 疒/畀(田/廾)
	广 疒 痹 痹

中医指由风、寒、湿等引起的肢体疼痛或麻木的病。

多音字	13画 辛部
辟	左右 䇞(尸/口)/辛(立/十)
	𠃊 㠯 辟 辟

㊀bì ①君主:复~(被推翻的政府或消灭的制度又恢复了)。②驱除,避免:~邪。
㊁pì ①开发,开创:开~茶园|开天~地。②透彻:精~。③驳斥,排除:~谣(说明真实情况,驳斥谣言)|~邪说。④法律:大~。
组字 避、壁、臂、璧

bì	14画 石部
碧	上下 珀(王/白)/石(厂/口)
	三 王 珀 碧

青绿色:~绿|~草|金~辉煌|一~千里。
同义 碧波—绿浪

bì	14画 艹(cǎo)部
蔽	上下 艹/敝(肖/攵)
	艹 芇 茊 荫 蔽

①遮,挡:遮~|隐~|掩~|浮云~日。②概括:一言以~之。

bì	14画 廾(gǒng)部
弊	上下 敝(肖/攵)/廾
	丷 行 尚 敝 弊

①欺骗人的坏事:考试不能有~|营私舞~(谋求私利,玩弄欺骗手段做违法的事)。②毛病,害处:~病|~端(因工作上有漏洞而发生的有害的事)|兴利除~。

同义 弊病—弊端
反义 弊—利

bì	16画 土部
壁	上下 辟(䇞/辛)/土
	𠃊 㠯 辟 壁

①墙:~画|~橱|铜墙铁~。②陡峭的山崖:绝~|悬崖峭~。③壁垒,军营的围墙:坚~清野(加固工事,转移四野的居民和物资,叫敌人既打不进来,又抢不到东西)。

bì	16画 辶(chuò)部
避	半包围 辟(䇞/辛)/辶
	𠃊 㠯 辟 避

①躲开:~雨|~风港|~不~艰险。②防止:~免|~雷针。
同义 避讳—忌讳

多音字	17画 月部
臂	上下 辟(䇞/辛)/月
	𠃊 㠯 辟 臂

㊀bì 从肩膀到手腕的部分:~膀|助一~之力。
㊁bei【胳臂】gē- 见"胳"。

bì	18画 玉部
璧	上下 辟(䇞/辛)/玉
	𠃊 㠯 辟 璧 璧

①古代玉器,扁平,圆形,中间有孔。②美玉的通称:珠联~合(比喻人才或美好的事

歇后语　背着口袋下牛栏——装摸子

物集在一起)。③敬词,用于归还借用的东西或辞谢赠送的礼品:谨将原物~还|~谢。

biān

biān	5画 辶(chuò)部
边	半包围 力/辶
	丆 力 边 边

①物体周围的部分:~缘|河~|纸~儿|桌子~儿。②近旁:旁~|身~|手~。③方面:站在人民一~。④两个或几个"边"字用在动词前面,表示动作同时进行:~干~学|~唱歌~跳舞。⑤国家或地区的交界处:~界|防~|保~|~疆。⑥用在方位词后,表示位置、方向,读轻声bian:上~|后~|东~|里~。
同义 边境—边疆/边塞—塞外/边缘—边沿、边际

biān	12画 纟(mì)部
编	左右 纟/扁(户/冊)
	纟 护 编

①把细长的东西交错地织起来:~辫子|~筐子。②顺次排列:~号|~组|~排。③编辑、整理加工稿件等:~报|~杂志。④创作:~剧|~歌。⑤假造事实:瞎~|~了一套鬼话。⑥成本的书或书的一部分:正~|续~|上~。
同义 编造—捏造、虚构

biān	15画 虫部
蝙	左右 虫/扁(户/冊)
	虫 虴 蝙

【蝙蝠】-fú 哺乳动物,头和身体的样子像老鼠,四肢和尾部之间有翼膜,夜间在空中飞,捕食蚊、蛾等。

biān	18画 革部
鞭	左右 革(廿/甲)/便(亻/更)
	苗 甞 鞭

①鞭子,赶牲口的用具。②像鞭子的东西:教~。③用鞭子抽打:~马|~策(比喻督促)。④一种旧式武器。⑤成串的爆竹:~炮。

同义 鞭打—鞭挞(tà)

biǎn	8画 贝部
贬	左右 贝/乏
	贝 贮 贬

①故意给予不好的评价,与"褒"相对:~低|~义词。②降低:~价|~值。
反义 贬—褒/贬低—拔高/贬抑—褒扬/贬值—升值
提示 "贬"不要与"眨(zhǎ)"相混。

多音字	9画 户部
扁	半包围 户/冊
	丶 户 肩 扁

㊀biǎn 物体平而薄:~平|鸭子的嘴很~。
㊁piān【扁舟】-zhōu 小船:一叶~。
组字 匾、蝙、遍、偏、骗、篇

biǎn	11画 匚(fāng)部
匾	半包围 匚/扁(户/冊)
	一 户 扁 匾

①题字的横牌,挂在门、墙的上部:~额|金字红~|光荣~。②用竹篾编的圆而浅的平底器具,用来养蚕或盛东西。

biàn	8画 又部
变	上下 亦/又
	亠 亣 亦 变

谜语	走出闹市进村前	(字:闲)
	安排后主动一点	(字:宝)

bian—biao

①更(gēng)改,与原来不一样:~化|改~|要~天了。②突然发生的非常事件:政~|事~|兵~。
同义 变动—变更、改动/变换—更换/变化莫测—变化无常

多音字	9画 亻(rén)部
便	左右 亻/更 亻 伫 便

㈠biàn ①方便,不觉得困难:~利|轻~|简~。②简单的,非正式的:~条|~饭|~衣。③方便的时候,顺便的机会:得~|就(顺)~|~车。④就:一学~会。⑤屎尿或排泄屎尿:粪~|小~。
㈡pián ①【便宜】-yi a.价钱低:这里的水果很~。b.不应得的利益:不贪小~。c.使得到便宜:~了他。②【便便】肚子肥大的样子:大腹~~。
同义 ●便利—便当、方便 ●便宜—低廉
反义 ●便利—困难、麻烦 ●便宜—昂贵

biàn	12画 辶(chuò)部
遍	半包围 扁(户/冊)/辶 户 肩 谝 遍

①全面,到处:普~|漫山~野|~体鳞伤。②量词:读一~|再说一~。
同义 遍地—满地/遍体—浑身、通体/遍体鳞伤—体无完肤
提示 "遍"不要读做piàn。

biàn	16画 辛部
辨	左中右 辛/刂/辛 辛 辛 辨 辨

分析,分别:~别|分~字形|~析近义词|明~是非。
同义 辨别—辨认、识别

biàn	16画 辛部
辩	左中右 辛/讠/辛 辛 辩 辩

争论,说明是非真假:~论|争~|~护|事实胜于雄~|没有道理不要强(qiǎng)~。
同义 辩解—辩护/辩论—争辩、争论

biàn	17画 辛部
辫	左中右 辛/纟/辛 辛 辫 辫

①辫子,分成股编起来的头发。②像辫子的东西:草帽~儿|蒜~子。

biao

biāo	9画 木部
标	左右 木/示(二/小) 木 朳 标

①树木的末端。②表面的,枝节的,与"本"相对:这种方法只能治~,不能治本。③记号:~志|商~|~点符号。④准则,榜样:~准|~兵。⑤做标记;用文字或其他事物表明:~题|~价|~上符号。⑥发给竞赛优胜者的奖品:锦~。⑦对一项工程或一批货物提出价格,由业主选择,决定是否成交:投~|招~。
同义 标兵—模范/标记—标志、记号/标致—美丽、漂亮/标准—规范
反义 标—本/标致—丑陋、难看

劳动是一切美德的源泉,最有益的劳动应当最受尊重。
　　　　　　　　　　　　　　[法]圣西门

biao—bie

biǎo	11画 彡(shān)部/虎部
彪	半包围 虎(卢/儿)/彡 卢 卢 虎 彪

①小老虎。②比喻身材高大:~形大汉。

biāo	15画 月部
膘	左右 月/票(覀/示) 月 膘 膘 膘

肥肉(多指牲畜):~肥|体壮上~|长肉|落~(变瘦)。

biāo	16画 钅(jīn)部
镖	左右 钅/票(覀/示) 钅 镖 镖 镖

旧时投掷用的武器,像长矛的头:飞~。

biǎo	8画 一部
表	上下 主/长 二 丰 主 表

①外部,与"里"相对:外~|~面|~里如一(形容思想和言行一致)。②显露出来:~现|发~|~决心。③分类分项记录事物的东西:报~|年~|统计~。④计时间的器具:怀~|手~|钟~。⑤测定某种量的器具:电~|水~|温度~。⑥榜样,模范:~率(shuài,好榜样)|为人师~。⑦中表(亲戚):~兄|~妹|~叔|~姑。⑧封建时代称臣子给君主的奏章:出师~。

同义 表露—流露、显露/表现—体现、显示/表扬—表彰、赞扬
反义 表—里/表扬—批评/表彰—批判、惩处
组字 婊、裱

biǎo	11画 女部
婊	左右 女/表(主/长) 乚 女 女 婊 婊

【婊子】-zi 妓(jì)女。

biǎo	13画 衤(yī)部
裱	左右 衤/表(主/长) 衤 衤 裱 裱

①【裱褙】-bèi 用纸或丝织品糊在字画背面做衬托,使美观耐久:把这幅画~一~。②【裱糊】-hú 用纸糊墙壁或顶棚:把这间屋子~一下。

bie

biē	15画 心部
憋	上下 敝(尚/攵)/心 丷 片 尚 憋

①气不通,闷:天热,车厢里挺~气|~闷(men,出气不通畅,也指心里不痛快)。②勉强忍住:~住气|心里有许多话实在~不住。
同义 憋气—憋闷

biē	19画 鱼部
鳖	上下 敝(尚/攵)/鱼(⺈/田/一) 卢 片 鳖 鳖

爬行动物,形状像龟,生活在水里。肉可食用,甲可做药。也叫甲鱼、团鱼,俗称王八。

多音字	7画 刂(dāo)部
别	左右 另(口/力)/刂 口 另 别

㈠bié ①离开;分别:告~|送~|久~重逢。②区分:辨~|区~|分门~类。③与一般的不一样:特~|样子很~|~致。④分类:性~|级~|派~。⑤另外:~人|寻住处|~有用心(另有坏主意)。⑥不要:~吵|请~见怪。⑦插、绷住,卡(qiǎ)住:腰里~着手枪|用大头针~起来。

 天天和人打架的人是谁?(拳击手)

㈡ biè【别扭】–niu 不顺;合不来;听起来挺~|闹~。

同义 ㈠别离—分离、离别/别具一格—独树一帜

反义 ㈠别人—自己

多音字	15画 疒(nè)部
瘪	半包围 疒/叟(自/仌)
	广 疒 瘪 瘪

㈠ biě 不饱满,凹下:干~|瘦~|~花生|皮球~了。

㈡biē【瘪三】–sān 上海人称靠乞讨或偷窃生活的无业者,他们通常是极瘦的。

bin

bīn	10画 宀(mián)部
宾	上下 宀/兵(丘/八)
	宀 宜 宾

客人:~客|~馆|来~|贵~。

同义 宾—客/宾客—客人/宾主—主客
反义 宾—主
组字 鬓、滨、缤、殡

bīn	11画 木部/彡(shān)部
彬	左右 林(木/木)/彡
	木 林 彬

【彬彬】文雅的样子:~有礼|文质~(形容文雅有礼貌)。

bīn	12画 文部
斌	左右 文(一/ㄨ)/武(弋/止)
	文 疒 斌 斌

同"彬"。

bīn	13画 氵(shuǐ)部
滨	左右 氵/宾(宀/兵)
	氵 汀 浐 滨

①水边:湖~|海~小城。②靠近(水边):~海。

bīn	13画 纟(mì)部
缤	左右 纟/宾(宀/兵)
	纟 纩 缤 缤

【缤纷】–fēn 繁多而杂乱:五彩~。

bīn	16画 氵(shuǐ)部
濒	左右 氵/频(步/页)
	氵 汀 汇 汼 濒

①靠近(水边):东~大海。②接近,临近:~危|~死|~临灭绝。

同义 濒临—濒于、临近/濒危—临危、垂危

bīn	14画 歹部
殡	左右 歹/宾(宀/兵)
	歹 殡

把死人送去火化或安葬:出~|~仪馆(代人办理丧事的场所)。

bīn	20画 髟(biāo)部
鬓	上下 髟(镸/彡)/宾(宀/兵)
	镸 彡 鬓

脸旁边靠近耳朵的头发:两~斑白|~角|乡音无改~毛衰(cuī)。

bing

bīng	6画 冫(bīng)部
冰	左右 冫/水
	冫 冫 冰

①水在零摄氏度以下结成的固体:~雹|

鼻子上抹蜜糖——干馋捞不着

bing

溜~|破~船。②使人感到寒冷:雪水~手。③使东西变凉:~汽水|把西瓜~上。
同义 冰冷—冰凉、寒冷
反义 冰冷—火热、炽热

bīng	7画 八部
兵	上下 丘/八
	一 丘 兵

①战士,军队:士~|步~|骑~。②武器:~器|短~相接(用短小武器交手刺杀,也比喻进行针锋相对的斗争)。③军事或战争:~法|纸上谈~(比喻不切实际的空谈)。
同义 兵器—武器、火器/兵士—战士、士兵、士卒
组字 宾、浜
提示 "兵"的韵母是后鼻音 ing,"宾"的韵母是前鼻音 in。

bǐng	5画 一部
丙	独体
	一 丆 丙

①天干的第三位,用做顺序的第三:~等。②火:付~(烧掉)。
组字 柄、炳、病

bǐng	8画 丿(piě)部
秉	独体
	一 二 三 垂 秉

①拿着,握着:~笔|~烛夜游。②掌握,主持:共~朝政|~公(主持公道)。
同义 秉性—性格
提示 "秉"第四笔的横要与第三笔的横折相交。

bǐng	9画 木部
柄	左右 木/丙
	木 术 柄

①把(bà)儿,器物上便于用手拿的部分:刀~|锄头~。②比喻在言行上被人抓住的材料:把~|笑~(被人当做取笑的资料)|话~。③植物的花、叶或果实与枝或茎连着的部分:花~|叶~|果~。④掌管,掌握:~国|~政(执掌政权)。⑤权力:国~。

bǐng	9画 饣(shí)部
饼	左右 饣/并(丷/开)
	饣 饣 饼

①扁圆形的面制食品:月~|烧~。②像饼的东西:铁~|豆~|柿~。

bǐng	9画 火部
炳	左右 火/丙
	丷 火 炳

光明,显著:彪~(光彩焕发,照耀)。

bǐng	13画 亠(tóu)部
禀	上中下 亠/回/示(二/小)
	亠 㐭 亶 禀

①承受,领受,生成的:~受|~承|~性(本性)。②旧时下对上报告:~报|~告|~明一切。
同义 禀报—禀告、报告
组字 凛、檩
提示 "禀"的韵母是后鼻音 ing,"凛"、"檩"的韵母是前鼻音 in。"禀承"今统做"秉承"。

多音字	6画 八(丷)部
并	上下 丷/开
	丷 䒑 并

㈠bìng ①合在一起:合~|归~|把小组~成大组。②一齐,同时:齐头~进|相提~论(把不同的人或事放在一起谈论或同等看待)。

| 谜语 | 有错就要改 | (三字口语:过得去) |
| | 醉了一排人 | (工业用语:三班倒) |

③平排着：~肩前进|~排坐着|~列第一名。
④表示平列或进一层的关系：看了一场电影，~下了一盘棋。⑤放在否定词前面，表示不像预料那样：这里夏天~不热。
㊁bīng 山西省太原市的别称。
同义 ㊀并且—而且/并吞—侵吞、吞并
反义 ㊀并重—偏重
组字 拼、饼、姘、骈、瓶、迸、屏
提示 "并"的韵母是后鼻音 ing，"拼"、"姘"的韵母是前鼻音 in。

bìng	10画 疒(nè)部
病	半包围 疒/丙
	广 疒 病 病

①生物体发生的不健康现象：疾~|胃~|黑穗~。②生物体发生不健康的现象：他~倒了|~了三天。③缺点，错误：通~(一般都有的缺点)|改~|句弊~(毛病，缺点)。④损害，使受害：祸国~民。
同义 病人—病号、病夫/病歪歪—病恹恹

bo

bō	8画 扌(shǒu)部
拨	左右 扌/发(𠀎/又)
	扌 扩 拨 拨

①用手指或棍棒等推或挑(tiǎo)：~刺|~灯芯(xīn)|~钟。②分给：~粮|~款。③掉转：~转马头。④挑(tiǎo)拨，搬弄是非，引起纠纷：~弄是非。⑤量词，用于成批的、分组的：一~儿人|分~儿入场。
同义 拨弄—摆弄

bō	8画 氵(shuǐ)部
波	左右 氵/皮(𠀎/又)
	氵 氵 氵 波

①起伏不平的水面：~浪|~涛|碧~万顷。
②像波浪的东西：电~|声~|光~。③比喻事故或纠纷：风~|一~未平，一~又起(比喻一个问题没有解决，另一个问题又发生了)。
同义 波及—涉及/波浪—波涛、波澜/波折—曲折
反义 波动—稳定

组字 菠
提示 "波"不要读做 pō。

bō	9画 王部
玻	左右 王/皮(𠀎/又)
	二 于 𤣩 𤣩 玻

【玻璃】-li ①一种用砂子、石灰石、碳酸钠等炼制而成的硬而脆的透明物体。②像玻璃的东西：~纸|~钢。

bō	10画 钅(jīn)部
钵	左右 钅/本
	钅 钵 钵

①盛东西或研药末的陶制器具：~头|乳~(研药使成细末的器具)。②钵盂，古代和尚用的饭碗。

多音字	10画 刂(dāo)部
剥	左右 录(彐/氺)/刂
	彐 寻 录 剥

㊀bō 用在复合词或成语里：~落(一片片地脱落)|~削(xuē，无偿地占有别人的劳动成果)|~夺|生吞活~。
㊁bāo 去掉皮壳：~皮|~花生。

bō	11画 艹(cǎo)部
菠	上下 艹/波(氵/皮)
	艹 荻 萨 菠

①【菠菜】-cài 一年或二年生草本植物，根带红色，是普通蔬菜。②【菠萝】-luó 也

名人名言 儿童的思维依赖于他的兴趣与活动，而不是兴趣与活动依赖于思维。
〔瑞士〕皮亚杰

bo

叫凤梨，多年生草本植物，产在热带，果皮像鳞甲，果肉酸甜，是普通水果。

bō	15画 扌(shǒu)部
播	左右 扌/番(釆/田)
	扌 扩 採 播

①撒种：~种|春~|点~。②传扬，散布：传~|~音|现场直~。
同义 播放—播送/播种(zhǒng)—下种
反义 播种(zhòng)—收获

多音字	7画 亻(rén)部
伯	左右 亻/白
	亻 伯 伯

㊀bó ①兄弟排行(háng)中的老大：~仲叔季(从老大到老四)。②称父亲的哥哥：~父。③尊称与父亲同辈、年纪比父亲大的男子：大~|老~|黄~~。④我国古代五等爵位的第三位。
㊁bǎi【大伯子】dà-zi 丈夫的哥哥。

bó	7画 马部
驳	左右 马/爻(乂/乂)
	马 驳 驳

①说出理由，否定别人的意见：反~|批~。②颜色不纯，夹杂着别的颜色：斑~。③大批货物用船分载转运：起~|运。④驳船，转运用的小船。
同义 驳斥—批驳、反驳/驳杂—混杂、杂乱
反义 驳杂—纯正

bó	8画 白部
帛	上下 白/巾
	白 白 帛

丝织品的总称：布~。
组字 绵、棉、锦

多音字	8画 氵(shuǐ)部
泊	左右 氵/白
	氵 泊 泊

㊀bó ①停船靠岸：停~|枫桥夜~。②停留，暂住：漂~。③【淡泊】dàn- 不追求名利。
㊁pō 湖：湖~|血~(一大滩血)。

bó	9画 力部
勃	左右 孛(六/子)/力
	六 孛 勃 勃

①旺盛：生机~~|蓬~发展。②【勃然】-rán a.兴起旺盛的样子：~而兴~。b.变脸色的样子：~大怒。
同义 勃勃—蓬勃/勃然大怒—怒不可遏
组字 渤

bó	10画 钅(jīn)部
铂	左右 钅/白
	钅 铂 铂

一种金属元素，俗称白金，导电传热性能好，熔点很高。可制坩埚、蒸发皿等。

bó	11画 舟部
舶	左右 舟/白
	舟 舟 舶

大船：船~|巨~|~来品(旧时指进口的货物)。

bó	11画 月部
脖	左右 月/孛(六/子)
	月 胪 脖

①脖子，颈，头和身子相连的部分：~颈。②像脖子的：脚~子|瓶~儿。

bó	12画 十部
博	左右 十/尃(甫/寸)
	十 博 博 博

海洋中最有智慧的生物是什么？(墨鱼，它有一肚子墨水)

bo—bu

①多,广,丰富:知识渊~|~览群书|地大物~。②知道得多:~古通今。③取得,换得:~得好评|~得阵阵热烈的掌声。④赌钱:赌~。

同义 博大—广博/博得—取得、获得、赢得/博学—饱学

bó	12画 氵(shuǐ)部
渤	左右 氵/勃(幸/力)
	氵 浡 渤 渤

渤海,在山东半岛和辽东半岛之间的内海。

bó	13画 扌(shǒu)部
搏	左右 扌/尃(甫/寸)
	扌 抻 搏 搏

①对打:~斗|肉~|打交手仗|拼~。②跳动:~动脉。

同义 搏斗—格斗/搏杀—拼杀

bó	14画 月部
膊	左右 月/尃(甫/寸)
	月 膊 膊 膊

①上肢,靠近肩的部分。②【赤膊】chì-光着上身。

bó	21画 石部
礴	左右 石(厂/口)/薄(艹/溥)
	石 石 礴 礴

【磅礴】páng- 见"磅"。

bǒ	12画 足(⻊)部
跛	左右 ⻊(口/止)/皮(广/又)
	⻊ ⻊ 趵 跛

脚或腿有毛病,走路一拐一拐的:~脚|~鳖(biē)千里(比喻只要坚持不懈,即使条件很差,也能取得成功)。

多音字	19画 竹(⺮)部
簸	上下 ⺮/簸(其/皮)
	⺮ 竹 箅 箐 簸

㈠ bò ①用簸箕(bò ji)上下颠动,除去粮食中的糠秕、灰尘等:~扬|~谷。②上下颠动:汽车在崎岖的公路上颠~。

㈡ bò【簸箕】-ji 用竹篾、柳条或铁皮等做的器具,用来扬糠麸(fū)或撮垃圾等。

提示 "簸"的下面不要写成"波",不要读做 bō。

bu

多音字	2画 卜部
卜	独体
	卜 卜

㈠ bǔ ①预测凶吉的一种迷信活动:~卦|占~。②预料,推测:胜负难~|吉凶未~。

㈡ bo【萝卜】luó- 见"萝"。

bǔ	7画 衤(yī)部
补	左右 衤/卜
	衤 补

①把破损的东西修好:修~|~衣服|~锅。②把缺少的添上:~充|~缺|~漏候~委员。③滋养:滋~|~血|~身体。④益处:于事无~。

同义 补充—添补、增补/补救—弥补
反义 补充—削减、减缩

bǔ	10画 扌(shǒu)部
捕	左右 扌/甫
	扌 捐 捕 捕

捉,捉拿:~鱼|~捉|获|逮~。

同义 捕捉—捕获、捉拿

歇后语 病好打医生——恩将仇报

bu

bǔ	10画 口部
哺	左右 口/甫
	口 呵 哺 哺

喂(幼儿)，泛指喂养：~育|~养|~乳(喂奶)。
同义 哺乳—喂奶/哺育—哺养、喂养
提示 "哺"不要读做 pǔ 或 fǔ。

bù	4画 一部
不	独体
	一 丆 不 不

①表示否定的意思：~对|~快这事做~得。②用在句末表示疑问：你去看电影~？|你带雨伞~？③与"就"连用，表示选择：他星期天~做作业就做家务。
同义 不但—不仅、不只、不光、不单/不论—不管、无论/不用—不必、无须/不计其数—不胜枚举/不劳而获—坐享其成
反义 不必—必须、必要/不计其数—寥寥无几
组字 否、坏、怀、环、杯、还
提示 "不"的末笔是点，不是捺。用在去声前读音变为阳平，如"不够"、"不会"、"不见"。

bù	5画 巾部
布	半包围 𠂇/巾
	一 ナ 布

①棉、麻等织成的可以做衣服等的材料：棉~|花~|~鞋。②宣告：发~|宣~|公~。③分散到各处，传播：乌云密~遍~全国各地。④布置：~下天罗地网|~局|~防(布置兵力，用于防守)。

同义 布防—设防/布告—通告、告示/布置—部署
组字 希、怖

bù	7画 止部
步	上下 止/少
	丨 止 止 半 步

①走路时两脚间的距离：脚~|跑~|阔~|前进。②行，走：~行|~兵|入公园。③阶段，事情进行的程序：~骤|逐~|初~。④境地：你不听正确的意见，才会落到这一~|地~。
同义 步伐—步履、脚步/步行—徒步
组字 涉、频
提示 "步"的下面不要写成"少"。

bù	8画 忄(xīn)部
怖	左右 忄/布(𠂇/巾)
	丶 忄 忄 怖

害怕：恐~|可~(使人害怕)。

bù	10画 阝(yì)部
部	左右 音(立/口)/阝
	立 音 部 部

①全体中的一份：~分|内~|西北~|头~受伤。②机关企业等在内部分设的单位：文化~|编辑~|门诊~。③统属，统率：~下|~属|所~军队。④安排，布置：~署。⑤量词：一~著作|一~电影|一~汽车。⑥门类：~首。
同义 部队—军队/部分—局部/部署—布置
反义 部分—整体、全部

bù	11画 土部
埠	左右 土/阜(白/十)
	土 圤 垍 埠

①码头：河~头|船已抵~。②通商的城市：本~|商~(与外国通商的城镇)。

bù	19画 竹(⺮)部
簿	上下 ⺮/溥(氵/尃)
	⺮ 笁 蒲 簿

本子：~子|账~|作文~|数学~。
同义 簿子—本子、册子、簿籍
提示 "簿"不要跟"薄"相混。

谜语
慈禧见了也发愁 (成语：后顾之忧)
过了此村无住户 (成语：前所未有)

ca

cā	17画 扌(shǒu)部
擦	左右 扌/察(宀/祭)
	扌 护 擦

①抹(mā),揩:~桌子|~黑板|~汗。②涂抹:~油。③摩,搓(cuō):摩拳~掌(形容劳动或战斗前精神振奋的样子)。④贴近,挨着:~黑(傍晚)|~肩而过|翠鸟~着水面飞过。⑤把瓜果等放在器具上摩擦成细丝儿:~萝卜丝儿。

同义 擦拭—揩拭

cai

cāi	11画 犭(quǎn)部
猜	左右 犭/青(主/月)
	丿 犭 猜 猜

①推测,推想:~测|~想|~谜语。②疑心:~疑|~忌(怀疑别人对自己不利而心怀不满)。

同义 猜测—猜想、猜度(duó)/猜疑—猜忌、怀疑

反义 猜疑—相信

cái	3画 一部
才	独体
	一 十 才

①才能,能力:文~|~干。②指某类人:奴~|蠢~|奇~|怪~。③刚刚,始,晚:昨天~来|很晚~回家|三岁~说话。④仅仅:~算一会儿就算出来了|住院~两天病就好了。

同义 才干—才能、才华、才气、才智

组字 材、财、豺、闭、团

提示 "才"的声母是平舌音c,"豺"的声母是翘舌音ch。

cái	7画 木部
材	左右 木/才
	木 村 材

①木料:木~良。②原料,资料:钢~|器~|药~|教~。③棺木:棺~|寿~。

同义 材料—资料

提示 "材"不要与"村"相混。"人材"今统做"人才"。

cái	7画 贝部
财	左右 贝/才
	贝 财 财

金钱和物资的总称:~产|~富|爱护公共~物。

同义 财产—资产

cái	12画 衣部
裁	半包围 戈/衣(宀/衣)
	士 查 裁 裁

①剪,割开:~剪|~衣服。②削(xuē)减,去掉一部分:~减|~员|~军。③决定,判断:~定|~决(经过考虑,做出决定)|~判。④安排取舍:别出心~(另想出一种与众不同的新主意)。⑤控制:制~(用强力处罚)|独~(掌握大权,实行专制统治)。

名人名言 光荣,是我们获得的新生命,实在不下于天赋的生命。
〔法〕孟德斯鸠

cai—can

同义 裁减—削减、缩减/裁判—裁决、裁定
反义 裁减—扩充、增加

cǎi	8画 爪(⺤)部
采	上下 ⺤/木 ⺤ 采

①摘取：~茶|~药|~蘑菇。②开掘：~煤|~矿|开~。③搜集：~访。④挑选、选：~用|取|~购。⑤神情、神色：神~|风~|兴高~烈。
同义 采购—采办/采纳—采用、接受
反义 采纳—拒绝
组字 菜、彩、睬、踩
提示 "采"不要与部件"釆(biàn)"相混，以"采"为基本字的字，韵母都是ai。

cǎi	11画 彡(shān)部
彩	左右 采(⺤/木)/彡 ⺤ 采 彩

①各种颜色：~旗|~霞|~色电视。②彩色的丝织品：剪~|张灯结~。③表示称赞的欢呼声：喝(hè)~。④负伤流的血：挂~。⑤光荣：光~。⑥指赌博或某种竞赛中赢得的东西：得~|~票|~金。

cǎi	13画 目部
睬	左右 目/采(⺤/木) 目 盱 睬

答理，对别人的言语行动表示态度：理~|姐姐批评他最近太傲慢了，对同学的意见~都不~。

cǎi	15画 足(⻊)部
踩	左右 ⻊(口/止)/采(⺤/木) ⻊ 足 趵 踩

踏，脚底接触地面或物体：~缝纫机|别~坏了庄稼。

cài	11画 艹(cǎo)部
菜	上下 艹/采(⺤/木) 艹 芷 菜

①蔬菜：白~|花~|~种。②用来下饭的食品：荤(hūn)~|素~|中午的~只有鱼。

cài	14画 艹(cǎo)部
蔡	上下 艹/祭(癶/示) 艹 芴 蔡

姓。

can

多音字	8画 厶(sī)部
参	上中下 厶/大/彡 厶 矣 参

㈠cān ①加入：~加|~军|~赛。②查看、利用有关材料：~考|~阅。③进见，拜见：~见|~谒(yè,进见尊敬的人或瞻仰尊敬的人的遗像、陵墓等)。
㈡shēn ①人参、党参等的统称，是贵重药材。②【海参】hǎi- 棘皮动物，生活在海底，体略呈圆柱形，色黑而软滑，是珍贵食品。③二十八宿之一：~商。
㈢cēn【参差】-cī 高低、大小、长短不齐、不一致。
同义 ㈠参加—加入、参与(yù)/参军—从军、入伍/参考—参阅、参看/参天—摩天、凌云
反义 ㈠参加—退出
组字 渗、惨、碜
提示 ㈠的声母是平舌音c，"掺"的声母是翘舌音ch。

有颜色的电是什么电？(彩电)

can—cang

cān	16画 食部
餐	上下 奴(歺/又)/食(人/良) 歺奴奴餐

①吃：野~|会~|饱~一顿。②饭食：午~|西~|美~|谁知盘中~，粒粒皆辛苦。③量词：一日三~。

cán	9画 歹部
残	左右 歹/戋 歹残残

①不完整的，有毛病的：~破|~废|~缺不全。②余下的，快完的：~余|~冬|~茶剩饭|一道~阳铺水中。③伤害，毁坏：~害|~摧|自相~杀。④凶狠：~酷|~忍|~暴。
同义 残暴—残忍、残酷、凶残/残缺—残破、欠缺/残阳—夕阳、斜阳
反义 残暴—仁慈、慈善/残缺—完整/残阳—朝阳、旭日

cán	10画 虫部
蚕	上下 天/虫 天蚕

昆虫，有家蚕、柞(zuò)蚕、蓖麻蚕等多种，幼虫成熟后吐丝做茧，在茧里变成蛹，蛹变成蚕蛾。蚕吐的丝可以织绸缎。

cán	11画 忄(xīn)部
惭	左右 忄/斩(车/斤) 忄忙忙惭

羞愧：~愧|羞~|大言不~(说大话而不知道害羞)。
同义 惭愧—羞愧、羞惭
反义 惭愧—无愧、不愧

căn	11画 忄(xīn)部
惨	左右 忄/参(厶/大/彡) 忄忙怅惨

①凶恶，残忍：~无人道。②使人悲伤难受：悲~|凄~|~痛的教训。③程度严重：~败|损失~重。
同义 惨痛—悲惨/惨重—沉重/惨无人道—惨绝人寰
反义 惨痛—幸福、欢乐

càn	7画 火部
灿	左右 火/山 丷火灿

【灿烂】-làn 鲜明，耀眼：阳光~|光辉~。
同义 灿烂—绚烂
反义 灿烂—暗淡

cang

cāng	4画 人部
仓	上下 人/㔾 人今仓

①收藏谷物或其他物资的屋子：~库|粮~|货~。②【仓促】-cù 匆忙。
同义 仓促—急促、匆忙/仓皇—惊慌、张皇
反义 仓促—充裕/仓皇—沉着、镇定
组字 苍、创、抢、呛、沧、枪、舱、跄、疮
提示 "仓"不要与"仑"相混，以"仓"为基本字的字韵母都是ang，以"仑"为基本字的字韵母都是un，如"抢"、"沦"、"轮"等。

cāng	7画 艹(cǎo)部
苍	上下 艹/仓(人/㔾) 艹艾苍

①青色：~天。②草色，深绿色：~翠|~松。③灰白色：面色~白|白发~~。
同义 苍白—煞(shà)白、刷(shuà)白/苍

歇后语　踩着梯子吃星星——隔天远

cang—cao

翠—青翠、翠绿/苍老—衰老/苍茫—苍莽、苍苍
反义 苍白—红润/苍老—年轻

cāng	7画 氵(shuǐ)部
沧	左右 氵/仓(人/巳)
	氵 氵 沧

①暗绿色(指水)：~海(大海)。②寒冷：~~凉凉。

cāng	10画 舟部
舱	左右 舟/仓(人/巳)
	舟 舟 舱

船、飞机或飞行器的内部：船~|机~|太空~。

多音字	17画 艹(cǎo)部
藏	上下 艹/臧(戕/臣)
	艹 艹 萨 藏 藏

㈠cáng ①隐蔽，躲避：隐~|躲~|埋~。②收存，储存：收~|书~|储(chǔ)~粮食。
㈡zàng ①佛教、道教等经典的总称：大~经|道~。②西藏自治区的简称：~民|青~铁路。

cao

cāo	16画 扌(shǒu)部
操	左右 扌/㬥(品/木)
	扌 捛 操

①拿，握在手里：~刀同室~戈(比喻兄弟争吵或内部争斗)。②掌握，控制：稳~胜券(quàn，比喻有充分的把握)|~纵。③做，从事：~作|~持家务|重~旧业。④劳心费力：~心|~神|~劳。⑤锻炼，演习：~练|~场。⑥体操：课间~|健美~。⑦说(某种语言或方言)：~英语|~北方音。⑧行为，品德：~行|~守(廉洁正直的品德)|情~。
同义 操练—操演、演练/操行—操守、品行/操纵—操作、控制

cāo	16画 米部
糙	左右 米/造(告/辶)
	米 糙 糙

①糙米，脱壳未去皮的米。②不细致，不光滑：粗~|做事毛~|~纸。

cáo	11画 日部
曹	上下 曲/日
	一 一 曲 曹

等，辈：尔~(你们这些人)|吾~。
组字 嘈、槽、遭

cáo	14画 口部
嘈	左右 口/曹(曲/日)
	口 吵 嘈 嘈

杂乱(多指声音)：人声~杂。
同义 嘈杂—喧哗、喧闹
反义 嘈杂—安静、寂静

cáo	15画 木部
槽	左右 木/曹(曲/日)
	木 村 槽 槽

①一种长方形或正方形的容器，盛饲料、贮(zhù)水或酿酒用：马~|水~|酒~。②物体凹下像槽的部分：河~|在木板上挖个~儿。

cǎo	9画 艹(cǎo)部
草	上下 艹/早(日/十)
	艹 艹 草

①野生草本植物的统称：青~|~木皆兵。②粗心，不细致：~率(shuài)|字写得潦~。③初稿：起~|~案。④汉字字体的一种：~书。⑤打

谜语　两头白狗 (字：狱)　喜上眉梢 (字：声)
　　　下岗之后 (字：山)　纵横国际 (字：田)

稿:~拟。⑥民间、山野:~民|落~为寇。
同义 草率—饭桶、废物/草率—马虎、潦草
反义 草率—认真、隆重

种马鞭子。③鞭打,比喻督促:~马|英雄的精神鞭~我们前进。④古代写书、记事用的竹片、木片:简~。
同义 策划—谋划、筹划/策略—谋略

ce

cè	5画 丿(piě)部/冂(jiōng)部
册	独体
	丿刀刑册

①古代指竹简,今指装订好的本子;纪念~。②量词:一~书。③帝王封爵的命令等:~封|~立。
组字 删、姗、珊、栅、跚

cè	8画 厂部
厕	半包围 厂/则(贝/刂)
	厂厑厕

①大小便的地方:~所|男~|女~。②参与(yù),混杂在里边:~身其间。

多音字	8画 亻(rén)部
侧	左右 亻/则(贝/刂)
	亻侧侧

㊀cè ①旁边:左~|一面楼~。②斜着,偏向:~耳倾听|~身而过|~重(偏重)。
㊁zhāi 倾斜,歪:~歪(wai)|~棱(leng,向一边倾斜)。
同义 ㊀侧重—偏重、着重
反义 ㊀侧面—正面

cè	9画 氵(shuǐ)部
测	左右 氵/则(贝/刂)
	氵浿测

①度量,考察:~量|~绘|~验。②料想,估计:推~|预~|变幻莫~。
同义 测验—考试

cè	12画 竹(⺮)部
策	上下 ⺮/束
	⺮笣策

①主意,计谋,办法:计~|决~|~略|束手无~(形容一点办法也没有)。②古代的一

ceng

céng	7画 尸部
层	半包围 尸/云(二/厶)
	一尸尸层

①重复,重叠:~出不穷|峦叠嶂(形容山岭重叠)。②重(chóng):~次|五~楼|三~意思。
同义 层出不穷—层见叠出

多音字	12画 日部
曾	上中下 丷/四/日
	丷兯曾曾

㊀céng 表示从前经历过:~经|未~(曾经没有)|几何时(表示时间没有过去多久)。
㊁zēng 与自己中间相隔两代的亲属关系:~祖父(祖父的父亲)|~孙(孙子的儿子)。
同义 ㊀曾经—从前
组字 僧、增、噌、憎、赠、蹭

cèng	19画 足(⻊)部
蹭	左右 ⻊(口/止)/曾(丷/四/日)
	⻊趾蹭蹭

①磨,擦:~破了皮|把刀放在石头上~|两

名人名言 伟大的目的会产生无穷的精力。
　　　　　　　　　　　　　　杜鹏程

35

cha

下。②擦过并沾上:~了一身机油。③缓慢,拖延:快点儿,别磨~了。

cha

多音字	3画 又部
叉	独体
	丆 又 叉

㊀chā ①一端有两个以上长齿而另一端有柄的器具:钢~|渔~。②用叉子取东西:~鱼。③交错:~手|交~。④"×"形的符号:这题错了,被老师打了~。
㊁chá 挡住,堵住:车把路口~住了。
㊂chà 分开,张开:~着腿。

组字 杈、钗、衩

多音字	7画 木部
杈	左右 木/叉
	木 杈 杈

㊀chā 一种用来挑(tiāo)柴草等的农具,一端有长柄,另一端有两个以上弯齿。
㊁chà 植物的分枝:树~儿打棉花~。

chā	12画 扌(shǒu)部
插	左右 扌/䔒
	扌 扦 扦 插 插

①扎(zhā)进去,放进去:~秧|~花。②中间加入:~班|~手|~嘴。

chá	9画 艹(cǎo)部
茬	上下 艹/在(亻/土)
	艹 芏 茬

①茬子,农作物收割后残留在地里的部分:麦~儿|豆~儿。②在同一块土地上庄稼种植或收割的次数:头~|二~|换~。③短而硬的头发、胡子。

chá	9画 艹(cǎo)部
茶	上中下 艹/人/朩
	艹 荃 茶

①茶树,常绿灌木,开白花。嫩叶经过加工就是茶叶。②用茶叶沏(qī)成的饮料:泡了一壶~|请喝~。③某些饮料的名称:奶~|杏仁~|菊花~。

多音字	9画 木部
查	上下 木/旦(日/一)
	木 杳 查

㊀chá ①检查:~验|~收|抽~。②调查:~访|~考。③(把图书资料)找出来看:~字典|~地图。
㊁zhā 姓。

同义 ㊀查办—查处/查对—核对/查看—查阅、察看/查问—查询

组字 喳、猹、渣、楂、碴

chá	12画 犭(quǎn)部
猹	左右 犭/查(木/旦)
	丿 犭 猹

哺乳动物,獾(huān)类野兽,喜欢吃瓜:看瓜刺~。

chá	14画 石部
碴	左右 石(丆/口)/查(木/旦)
	石 砗 碴

①小碎块:冰~儿|玻璃~儿。②东西上的破口:碗上有个破~儿。③皮肉被碎片碰破:脚被玻璃碎片~破了。④争执的借口:找~儿。

chɑ—chɑi

chá	14画 宀(mián)部
察	上下 宀/祭(𣥂/示)
	宀 㝍 察

仔细看,调查研究:观~|考~|视~。
同义 察觉—发觉、觉察/察看—观察
组字 擦
提示 "察"的声母是翘舌音ch,"擦"的声母是平舌音c。

多音字	8画 衤(yī)部
衩	左右 衤/叉
	衤 衩 衩

㈠chǎ【裤衩】kù- 短裤。
㈡chà 衣裙下端开口的地方。

chà	7画 山部/八部
岔	上下 分(八/刀)/山
	八 分 岔 岔

①由主干分出来的:~道|~口|三~路。②乱子,事故:出~子。③打断别人说话或转移话题:用别的话~开|请别打~。④互相错开(多指时间):把这两个会议的时间~开。
同义 岔路—岔道

多音字	8画 刂(dāo)部
刹	左右 杀(𠂉/朩)/刂
	𠂉 杀 刹

㈠chà ①佛教的寺庙:古~。②【刹那】-nà 极短的时间。
㈡shā 使停止:~车|~住歪风。
同义 ㈠刹那—霎时、瞬间、转眼

chà	8画 讠(yán)部
诧	左右 讠/宅(宀/乇)
	讠 讠 诧

惊讶,觉得奇怪:~异|惊~。
同义 诧异—惊异、奇怪

多音字	9画 羊(羊)部
差	半包围 𦍌/工
	兰 𦍌 差

㈠chà ①有差错:说~了|走~道儿了。②不相当,不相合:~不多|~得太远。③缺少,欠缺:~一个人|还~一篇作文。④不好,低于标准:成绩~很|劲他体质很~。
㈡chā ①不同,不同之点:~别|~异还有一定~距。②错误:一念之~|~错。③大体还可以:~强人意(大体上还能使人满意)。④差数,两数相减后的余数:~额。
㈢chāi ①派出去:~遣。②被派去做的事,指公务、职务:~事|出~|兼~。③旧指被派去做事的人:~役|当~。
㈣cī【参差】cēn- 见"参"。
同义 ㈠差不多—差不离 ㈡差别—差异、区别/差错—过错 ㈢差遣—差使
组字 搓、磋

chɑi

多音字	8画 扌(shǒu)部
拆	左右 扌/斥
	扌 拆 拆

㈠chāi ①把合在一起的东西分开:~信|~洗|~散。②毁坏:~墙|~房子|~除路障。
㈡cā 方言。排泄大小便:~污烂(比喻不负责任)。
同义 ㈠拆除—拆毁/拆穿—戳穿、揭穿
反义 ㈠拆除—修建/拆散(sǎn)—组装/拆散(sàn)—撮合、组合/拆卸—安装、装配
提示 "拆"不要与"折"相混。

歇后语 草包竖大汉——能吃不能干

chai—chan

chāi	8画 钅(jīn)部
钗	左右 钅/叉
	钅 钗 钗

妇女发髻(jì)上的一种首饰:金~l荆~布裙(比喻妇女装束朴素)。

chái	10画 木部
柴	上下 此(止/匕)/木
	卜 止 柴

烧火用的草木:~火l上山砍~。
同义 柴火—木柴/柴门—柴扉
提示 "柴"不要与"紫"相混。

chái	10画 豸(zhì)部
豺	左右 豸/才
	豸 豺

哺乳动物,像狼,性贪暴,常成群出来侵袭家畜:~狼(比喻贪心残忍的恶人)。

chan

chān	11画 扌(shǒu)部
掺	左右 扌/参(厽/大/彡)
	扌 扩 拶 掺

混合:~假l~和(huo)l~杂。
同义 掺杂—掺和、混杂

chān	12画 扌(shǒu)部
搀	左右 扌/免(免/乀)
	扌 抡 搀 搀

扶:~扶l~着盲人伯伯过马路。
同义 搀扶—扶持

chán	11画 讠(yán)部
谗	左右 讠/免(免/乀)
	讠 谄 谗 谗

乱说别人坏话:~言l~害(说坏话陷害人)。

chán	11画 女部
婵	左右 女/单(丷/甲)
	乚 女″ 婵 婵

【婵娟】—juān ①旧时指美人或姿态美好。②古诗里指月亮:但愿人长久,千里共~。

chán	12画 饣(shí)部
馋	左右 饣/免(免/乀)
	饣 饱 馋 馋

①贪吃:嘴~l~涎(xián)欲滴。②贪,羡慕别人的东西,不要眼~。

多音字	12画 礻(shì)部
禅	左右 礻/单(丷/甲)
	礻 禅 禅

㊀chán ①佛教用语,指静思:坐~。②关于佛教的:~林(寺院)l~师(对和尚的尊称)l~房(和尚居住的房屋,泛指寺院)。
㊁shàn 帝王让出帝位:~让l~位。

chán	13画 纟(mì)部
缠	左右 纟/廛(广/里)
	纟 纩 缠 缠

①绕,围绕:伤口~着绷带l~毛线。②搅扰:纠~l疾病~身l胡搅蛮~。
同义 缠绕—盘绕、环绕、纠缠

chán	14画 虫部
蝉	左右 虫/单(丷/甲)
	虫 蝉 蝉

谜语 禁止登山 (成语:高不可攀)
大会诊 (成语:千方百计)

chan—chang

昆虫名,也叫知了(liǎo),种类很多,雄的腹部有发声器,叫的声音很大:意欲捕鸣~。

chán	15画	氵(shuǐ)部
潺	左右	氵/孱(尸/孨)
		氵沪潺

【潺潺】溪水、泉水等流动的声音:~流水。

chán	19画	虫部
蟾	左右	虫/詹(广/言)
		虫 蚧 虴 蟾

【蟾蜍】-chú 俗称癞蛤蟆或疥蛤蟆。两栖动物,皮上有许多疙瘩,内有毒腺,分泌的黏液叫蟾酥(sū),可做药。捕食昆虫等,对农业有益。
同义 蟾宫—月宫

chǎn	6画	亠(tóu)部
产	独体	
		亠 立 产

①妇女生孩子,动物产卵或下仔:~妇~卵。②制造、种植或自然生长:出~|生~|这里盛~茶叶增~粮食。③制造、种植或自然生长的东西:土特~|物~|丰富。④财物:财~|房~|遗~。
同义 产品—成品、制品/产生—发生
反义 产生—消失
组字 铲

chǎn	11画	钅(jīn)部
铲	左右	钅/产
		钅 钅 铲

①铲子,削平东西或把东西取上来的用具:铁~|煤~|锅~。②用锹(qiāo)或铲子削平或取上来,清除:把地~平|~煤|~除(连根除去,消灭干净)。
同义 铲除—清除、根除

chǎn	11画	门部
阐	半包围	门/单(丷/甲)
		丶门阐阐

说明,表明:~明(把道理讲明白)|~述(论述)|~发(深入说明事理)。
同义 阐发—阐述、阐释/阐明—说明、表明

chàn	6画	忄(xīn)部
忏	左右	忄/千
		忄忏

【忏悔】-huǐ 认识到过去错误并决心改正。
同义 忏悔—后悔、追悔

多音字	19画	页部
颤	左右	亶(亠/回/旦)/页
		亠 亶 颤

㈠ chàn 物体振动:~动|肩上的担子直~悠。

㈡ zhàn 发抖,哆嗦。今通常写做"战"。
同义 ㈠颤动—抖动/颤抖—发抖、发颤/颤悠悠—颤巍巍
提示 "颤栗"今统做"战栗"。

chang

chāng	8画	日部
昌	上下	日/日
		日 昌 昌

兴旺,旺盛:繁荣~盛|~明(兴旺发达)。
同义 昌盛—昌隆、兴盛
反义 昌盛—萧条、衰落

理想问题,实质上是一个人的世界观问题。
陶铸

39

chang

组字 倡、唱、猖、娼

chāng	11画 犭(quǎn)部
猖	左右 犭/昌(日/日)
	丿 犭 猖

①【猖狂】－kuáng 狂妄，毫无顾忌：打退了敌人的~的进攻。②【猖獗】－jué 放肆地横行，闹得很凶：~一时。

同义 猖狂—猖獗、疯狂

chāng	11画 女部
娼	左右 女/昌(日/日)
	乚 女 娼

妓女：~妇 l ~妓。

同义 娼妓—娼妇、妓女

多音字	4画 长部
长	独体
	丿 一 长 长

㊀cháng ①距离大，与"短"相对：路很~l 万里~空 l ~寿。②长度：一条扁担三尺~l 这块木板~两米，宽一米。③长处，优点：特~l 一技之~。④在某方面做得特别好：擅~l 他~于写作。
㊁zhǎng ①生，发育：小树~得快 l 痱子。②增加：~见识 l 增~才干。③排行中第一的：~兄 l ~子。④辈分高或年纪大的：~者 l ~辈 l 师~(对教师的尊称)。⑤领导：校~l 市~l 首~。

同义 ㊀长处—优点／长久—悠久、永久／长寿—长命、高寿／长途—远程／长远—久远
㊁长辈—前辈、先辈／长进—进步

反义 ㊀长—短／长处—短处、缺点／长久—短暂／长期—临时／长远—当前、眼前 ㊁长—少、幼／长辈—小辈、晚辈、后辈／长进—落后

组字 帐、怅、张、账、胀

cháng	7画 月部
肠	左右 月/𠃓
	月 肋 肠

内脏之一，是消化和吸收的主要器官，呈长管形，分小肠、大肠等：断~(比喻极度伤心)l 牵~挂肚(比喻十分挂念)。

cháng	9画 小(⺌)部
尝	上下 ⺌(⺌/⺆)/云(二/厶)
	丨 ⺌ 兯 尝

①辨别滋味，品：~l 新 l ~~我做的菜。②经历：~到了甜头 l 备~艰苦。③试，试验：~一~。④曾经：未~(不曾，未曾)l 何~(用反问的语气表示未曾或并不)。

同义 尝试—试验／尝新—尝鲜

组字 偿

cháng	11画 小(⺌)部
常	上下 兯(⺌/口)/巾
	丨 ⺌ 兯 常

①长久：~绿树四季~青。②时时：~~l 时经~l 来~往。③普通的，一般的：平~l 反~l 习以为~(养成习惯就当做平常的事了)。④不变的：伦~。

同义 常常—时时、经常、时时／常规—常例、惯例、成规／常言—俗话

反义 常常—偶尔／常见—罕见

组字 嫦

cháng	11画 亻(rén)部
偿	左右 亻/尝(⺌/云)
	亻 伙 偿

①归还(huán)：~债 l ~还 l 赔~损失。②抵补，补足：补~l 得不~失 l 血债要用血来~。③满

什么人生病从来不看医生？(盲人)

chang

足:如愿以~(按照自己的愿望实现了)。
同义 偿还—归还/偿命—抵命

cháng	14画 女部
嫦	左右 女/常(尚/巾)
	ㄑ 女' 嫦

【嫦娥】-é 神话中月宫里的仙女:~奔月。

chǎng	2画 厂部
厂	独体
	一 厂

①工厂:印刷~|加工~。②有空地可以存货或进行加工的场所:木~|煤~。

多音字	6画 土部
场	左右 土/易
	土 圹 场

㊀ chǎng ①处所,许多人聚集的地方:市~|广~|公共~所。②舞台或比赛场地:上~|出~。③戏剧的一节:三幕五~。④量词,用于文娱体育活动:一~球赛。
㊁ cháng ①平坦的空地,多半用来打庄稼:打~|~院。②量词:一~雨|一~大雪|一~大战。③方言,集市:赶~。
同义 ㊀场所—场地、处所

chǎng	12画 攵(pū)部
敞	左右 尚(⺌/冋)/攵
	丨 屮 尚 敞

①宽阔,没有遮蔽:~亮|教室宽~明亮。②打开:~开大门。
同义 敞开—打开/敞亮—豁亮、明亮
反义 敞开—关闭、掩闭/敞亮—昏暗
提示 "敞"不要与"敝"相混。

chàng	7画 忄(xīn)部
怅	左右 忄/长
	丶 忄 忙 怅

不如意,不痛快:惆(chóu)~(不如意,愁闷)|~然而去。
同义 怅惘—惘然

chàng	8画 丨(gǔn)部
畅	左右 申/昜
	日 旸 畅

①没有阻碍地:~销|通无阻这篇文章写得很流~。②痛快,尽情地:欢~|谈|~饮|~所欲言(把想说的话都痛快地说出来)。
同义 畅快—痛快、舒畅/畅谈—畅叙/畅通—畅达、通达
反义 畅快—烦闷、愁闷/畅通—闭塞、阻塞

chàng	10画 亻(rén)部
倡	左右 亻/昌(日/日)
	亻日 倡 倡

带头发动,首先提出:提~|~议(首先建议,发起)|~导(带头提倡)。
同义 倡议—倡导、提倡

chàng	11画 口部
唱	左右 口/昌(日/日)
	吖 唱 唱

①歌唱,依照音律发声:~歌|~戏演~。②高声叫:鸡~三遍|一~雄鸡天下白。③歌曲:小~。

歇后语 茶杯盖上放鸡蛋——靠不住

chao

chao

cháo	7画 扌(shǒu)部
抄	左右 扌/少
	扌 扌 抄

①照着原文写：~写|不能~别人的作业。②搜查而没(mò)收：~家|查~。③走近路或从侧面过去：~小路走|包~过去。
同义 抄袭—剽窃/抄写—抄录、誊写

chāo	9画 钅(jīn)部
钞	左右 钅/少
	钅 钅 钞

纸币：~票|现~|美~。
同义 钞票—纸币

chāo	12画 走部
超	半包围 走(土/𠆢)/召(刀/口)
	土 丰 起 超

①越过，高出：~越|~龄|~额完成任务。②高出平常的：~级|~低温。
同义 超产—增产/超群—超人、出众/超越—超过、逾越
反义 超产—减产

cháo	11画 巛(chuān)部
巢	上下 巛/果
	巛 𢵧 單 巢

鸟窝，也指蜂蚁等动物的窝：鸟~|垒~|~穴。
同义 巢穴—巢窟
组字 剿

多音字	12画 月部/卓(gàn)部
朝	左右 卓(十/日/十)/月
	十 吉 卓 朝

㈠cháo ①向着，对着：~前走|坐南~北。②封建时代臣子进见帝王：~见。③宗教徒参拜：~圣（宗教徒朝拜宗教圣地）。④朝廷，皇帝办事的地方，与"野"相对：上~|坐~|~野(旧指朝廷和民间。现指政府和非政府方面)。⑤朝代，称一姓帝王世代连续统治的整个时期：唐~|清~|改~换代。
㈡zhāo ①早晨：~霞|~气(早晨的气象。比喻向上发展的气概)|辞白帝彩云间。②日，天：今~。
同义 ㈠朝阳—向阳 ㈡朝—晨/朝阳—旭日、朝日
反义 ㈠朝—野/朝阳—背阴 ㈡朝—夕、暮/朝气—暮气/朝霞—晚霞/朝阳—夕阳、斜阳、残阳
组字 嘲、潮

cháo	15画 口部
嘲	左右 口/朝(卓/月)
	口 啀 嘲

讥(jī)笑，取笑：~笑|~讽(嘲笑讥刺)|~弄(嘲笑戏弄)。
同义 嘲讽—讥讽、讽刺/嘲弄—戏弄、耍弄/嘲笑—讥笑、嗤笑、耻笑
反义 嘲笑—称赞、赞美

cháo	15画 氵(shuǐ)部
潮	左右 氵/朝(卓/月)
	氵 湷 潮

①海水涨落的现象：涨~|退~|大~。②像潮水那样汹涌起伏的：思~|心~|起伏|推向新高~。③湿：~湿|~气|东西受了~容易发霉。
同义 潮—湿/潮水—潮汛、潮汐
反义 潮—干/潮湿—干燥

谜语	众说《红楼梦》	（画家：齐白石）
	空姐交班	（成语：随机应变）

chao—chen

多音字	7画 口部
吵	左右 口/少
	口 叫 吵

㈠chǎo ①声音杂乱搅扰人:~得慌|~得人睡不着。②打嘴架,口角:~架|请互相谦让一些,不要再争~了。
㈡chāo【吵吵】-chao 许多人同时在杂乱地说话:别~,开会了。
同义 ㈠吵架—吵嘴、吵闹、争吵

chǎo	8画 火部
炒	左右 火/少
	、 火 灯 炒

①把东西放在热锅里搅拌着弄熟:~菜|~鸡蛋|~花生。②倒卖:~股票。

che

多音字	4画 车部
车	独体
	一 七 兰 车

㈠chē ①陆地上安有轮子的交通工具:汽~|火~|自行~。②利用轮轴来转动的器具:水~|纺~。③机器:~间|开~。④用车床切削东西:~圆|~光。⑤用水车打水:~水。
㈡jū 象棋棋子的一种:丢~保帅。
同义 ㈠车胎—轮胎
组字 军、阵、库、连
提示 "车"做左偏旁时笔顺是:一 七 车 车。

chě	7画 扌(shǒu)部
扯	左右 扌/止
	扌 扑 扯

①拉,牵:拉~|~住不放。②撕,撕破:~几尺布|渔网~破了。③闲聊:闲~|东拉西~。

chè	7画 彳(chì)部
彻	左右 彳/切(钅/刀)
	彳 彳 彻 彻

通,透:~夜(整夜)|~骨(透骨,比喻程度极深)|~头~尾(自始至终,完完全全)。
同义 彻骨—入骨、刺骨/彻夜—整夜、通宵

chè	12画 手部
掣	上下 制(制/刂)/手
	钅 牜 制 掣

①拉;拖:~后腿|~肘(拉住别人的胳膊,比喻牵制、阻挠别人做事)|风驰电~(比喻迅速)。②抽,拔:~签|~剑。

chè	15画 扌(shǒu)部
撤	左右 扌/散(育/攵)
	扌 挡 搢 撤

①除去,免去:~职|~销。②向后转移,收回:~退|~兵|~回起诉。
同义 撤军—撤兵/撤退—退却、后撤/撤销—撤除、取消/撤职—免职、罢职
反义 撤军—进军、进兵/撤退—进攻/撤职—任职、复职
提示 "撤"不要与"撒"相混。

chè	15画 氵(shuǐ)部
澈	左右 氵/散(育/攵)
	氵 泸 清 澈

(水)清而透明:清~|河水澄(chéng)~。

chen

chēn	8画 扌(shǒu)部
抻	左右 扌/申
	扌 扣 抻

拉长,扯:~面|把袖子~出来。

名人名言 我没有什么特别的才能,不过喜欢寻根刨底地追究问题罢了。
　　　　　[美]爱因斯坦

chen

chén	6画 臣部
臣	半包围 匚/卂 一丆丏臣

①君主时代的官僚:大~|忠~|奸~。②官吏对君主的自称。③有特殊功劳的人:人民功~。

组字 宦

chén	6画 小部
尘	上下 小/土 丨小尘

①浮面的或飞扬的灰土:灰~|~埃|吸~器。②尘世,佛家道家指人间:红~(泛指人世间)。

同义 尘土—尘埃、尘垢

chén	7画 辰部
辰	半包围 厂/䶹 厂厂戶辰

①日子,时间:诞~(生日)。②时辰,我国古代把一昼夜分成十二辰,每一辰相当于两小时。③地支的第五位。④旧计时法,辰时,上午七点到九点。⑤日、月、星统称:星~。

组字 辱、晨、震、振、娠、赈、唇

chén	7画 氵(shuǐ)部
沉	左右 氵/冘(冖/几) 氵冗沉

①(在水中)落下,与"浮"相对:~没|船触礁~入海底。②降落,陷入,放下:太阳西~|地基下~|下心来。③重,分量大,与"轻"相对:~甸甸|箱子很~。④程度深:~思|痛~|睡深~。

同义 沉—重/沉默—缄默、静默/沉睡—熟睡、酣睡/沉思—深思/沉痛—悲痛/沉重—繁重/沉着—镇定、镇静

反义 沉—轻、浮/沉睡—清醒/沉痛—高兴/沉着—慌张、紧张/沉甸甸—轻飘飘

chén	7画 忄(xīn)部
忱	左右 忄/冘 丶丷忄忱

真实的心情:热~|谢~(感谢的诚意)。

chén	7画 阝(fù)部
陈	左右 阝/东 阝阝陈

①排列,摆设:~列|~设。②述说:~述|~说|详~。③旧的,过时的,久远的:~旧|~酒|~年(积存多年的)。

同义 陈腐—陈旧、腐朽/陈列—陈放、摆放、陈设—摆设/陈述—陈说、叙述、诉说

反义 陈—新/陈腐—清新、新鲜/陈旧—簇新、崭新

chén	11画 日部
晨	上下 日/辰(厂/䶹) 日尸晨

清早,太阳出来的时候:清~|~昏(早晚)|~星(清晨稀疏的星,多用于比喻东西稀少)。

chèn	8画 衤(yī)部
衬	左右 衤/寸 丶衤衬衬

①在里面再加一层:~布|上一张纸。②贴身穿的:~衣|~裤。③配搭:红花~着绿叶更好看了|陪~|~托(用别的东西来使主要东西更明显、突出)。

同义 衬托—烘托、映衬

什么溪不是溪?(城市名:本溪)

chen—cheng

chèn	12画 走部
趁	半包围 走(土/几)/㐱(人/彡)
	十 丰 赿 趁

利用机会：~机\|~早\|~着天晴抢收小麦\|~热打铁(比喻利用时机，加速进行)。

同义 趁便—顺便/趁势—顺势

cheng

多音字	10画 禾部
称	左右 禾/尔(𠂊/小)
	禾 称 称 称

㈠chēng ①量轻重：~米\|一~\|有多重。②叫，叫做：自~\|~呼\|大家都~他老班长。③名字，名号：简~\|别~\|美~。④说：~快(叫好，表示痛快)\|连声~好。⑤夸奖，表扬：~赞\|~颂\|~道(称赞，夸奖)。

㈡chèn 合适，相当：~心\|相~\|~职。

同义 ㈠称呼—称谓、称号/称赞—称颂、称誉、夸奖 ㈡称心—如意、满意

反义 ㈠称赞—责备 ㈡称心—不满、遗憾

chēng	15画 扌(shǒu)部
撑	左右 扌/掌(⺌/手)
	扌 扌' 撑 撑

①支持，抵住：支~\|~腰(比喻给予有力的支持)\|~竿跳。②用篙(gāo)使船前进：~船。③使张开：~伞把口袋~开。④充满到极限：吃太饱了，肚子~得鼓鼓的\|口袋被~圆了。

同义 撑持—支持、支撑

chēng	16画 目部
瞠	左右 目/堂(⺌/土)
	目 目' 眙 瞠

瞠着眼睛看：~目结舌(瞠着眼睛说不出话来，形容窘迫或惊呆的样子)\|~乎其后(在后面干瞠眼，赶不上)。

chéng	6画 戈部
成	独体
	厂 厅 成 成

①做好了，办完了：完~\|~功\|大桥建~通车。②成为，变为：他~了教师\|百炼~钢。③工作、学习、事业等的收获：坐享其~(不做事而享受别人的劳动成果)。④事物生长发展到一定的程度：~人\|虫\|~熟。⑤可以，能行：~，就这么办。⑥够，达到一定的数量：~千上万\|~批\|~车的旅客。⑦固定的，现成的：~见(对人对事所抱的固定不变的看法)\|~规(老的或现成的规则、办法)\|~例。⑧帮助人达到目的：~全\|~人之美(成全人家的好事)。⑨十分之一：八~\|增产二~。

同义 成功—胜利/成绩—成就、成果/成立—建立/成效—效果、功效/成长—生长

反义 成—败/成功—失败/成绩—错误、问题/成熟—幼稚

组字 盛、诚、城

chéng	6画 一部
丞	独体
	㇇ 了 丞 丞

①帮助，辅助。②封建时代的官名：县~\|府~\|~相。

组字 拯

歇后语　　城隍庙里的鼓槌——一对儿

cheng

chéng	7画 口部
呈	上下 口/王
	口 旦 旱 呈

①显出,露出:~现一派新气象。②恭敬地献上:~报(用公文报告上级)|谨~(郑重、恭敬地送上)|~递。③旧时称下级报告上级的文件:~文。
同义 呈报—上报/呈现—显现、出现/呈献—奉献
反义 呈现—消失
组字 程、逞

chéng	8画 讠(yán)部
诚	左右 讠/成
	讠 讠 诚 诚

①真心:~实|忠~|~恳。②的确,确实:~然|~有此事。
同义 诚实—诚恳、老实/诚意—诚心、真心/诚惶诚恐—惶恐不安/诚心诚意—真心实意
反义 诚实—虚伪、虚假

chéng	8画 乙部
承	独体
	一 了 手 手 承

①托着,支撑着:~尘(天花板)。②担负,担当:~担|~包|~办奥运会。③客气话,受到,接受(别人的好意):~蒙|~教|~您盛情款待。④继续,接连着:~接|继~|~上启下(接续上面的并引起下面的)。
同义 承包—承揽、包揽/承担—承当、担负/承诺—答应、应允/承认—供认、认可/承诺—答应
反义 承担—推卸/承认—否认、抵赖

chéng	9画 土部
城	左右 土/成
	圹 圹 城 城

①古代用于防御的又高又厚的墙:万里长~|~砖。②城市,都市:京~|~省|~乡交流。
同义 城—市/城市—都市
反义 城—乡/城市—乡村

多音字	10画 丿(piě)部
乘	独体
	千 千 乖 乘

㊀chéng ①骑,坐:~马|~车|~飞机。②利用,趁:~机|~便(顺便)|~虚而入(趁着空虚无备时进入)|~胜前进。③算术中指一个数使另一个数变成若干倍:2~2等于4。
㊁shèng ①量词(指古代四匹马拉的兵车):千~之国。②史书:史~。
同义 ㊀乘机—趁机/乘凉—歇凉、纳凉
组字 剩

chéng	12画 禾部
程	左右 禾/呈(口/王)
	禾 程 程

①道路,一段路:起~(上路)|扶上马,送一~。②距离:路~|行~|射~。③程序,事情进行的次序:日~|课~|议~。④规则:章~|~式(一定的格式)|操作规~。
同义 程度—水平、水准、状况

chéng	12画 心部
惩	上下 征(彳/正)/心
	彳 征 征 惩

①处罚:~办|~罚|严~犯罪分子。②警戒:~前毖(bì)后(吸取以前的教训,使以后小心,不致再犯错误)。
同义 惩罚—惩办、惩治、惩处
反义 惩罚—奖励、奖赏
提示 "惩"不要读做 chěng。

谜语	几度爱心去江东	(字:沉)
	骑马奔驰到崖上	(字:崎)

cheng—chi

多音字	15画	氵(shuǐ)部
澄	左右	氵/登(癶/豆)
	氵 氵 澄	

㈠chéng 水清：~澈（清澈透明）|~清（清澈，清亮。比喻搞清楚）。
㈡dèng 使液体里的杂质沉淀：这水很浑，要~清了才能饮用。
同义 ㈠澄清—澄澈、清澈、弄清
反义 ㈠澄清—混浊、混淆、搅乱

	16画	木部
橙	左右	木/登(癶/豆)
	木 木 橙	

①常绿乔木，果实叫橙子，是普通水果。②红和黄合成的颜色。

chěng	10画	辶(chuò)部
逞	半包围	呈(口/王)/辶
	口 旦 旱 逞	

①显示，卖弄：~能|~强|~威风。②施展，实现（多指坏事）：决不让敌人的阴谋得~。
同义 逞能—逞强
提示 "逞"不要读做chéng。

chěng	10画	马部
骋	左右	马/甹(由/丂)
	马 骋 骋	

①奔跑：驰~。②放开，尽量展开：~怀（开怀）|~目（放眼往远处看）。

chèng	10画	禾部
秤	左右	禾/平
	禾 秆 秤 秤	

称重量的器具：杆~|磅(bàng)~|弹簧~|~平斗满（斤两足，比喻不亏损别人）。

chi

chī	6画	口部
吃	左右	口/乞
	口 吃 吃	

①把食物放入嘴里咀嚼后咽下：~饭|不~不干净的食品。②喝，吸：~茶|~烟宣纸~墨。③吃的东西：风味小~|有~有穿。④受，承受：~苦|~不消|大~一惊。⑤消耗多：~力|~劲。⑥消灭：炮被马~了|~掉了敌人的主力。
同义 吃力—费力、费劲/吃惊—受惊

chī	13画	口部
嗤	左右	口/蚩(屮/虫)
	口 叫 吵 嗤	

讥笑：~笑|~之以鼻（从鼻子里发出冷笑的声音，表示看不起）。
同义 嗤笑—讥笑、嘲笑
反义 嗤笑—称赞、赞扬

chī	13画	疒(nè)部
痴	半包围	疒/知(矢/口)
	疒 疒 痴	

①傻：~呆|~人说梦（比喻完全胡说）。②极度迷恋：~情|~心书（书呆子）。
同义 痴—傻、蠢、笨、愚/痴呆—呆笨、呆傻/痴笑—傻笑、憨笑
反义 痴呆—聪明

chí	6画	氵(shuǐ)部
池	左右	氵/也
	氵 沪 池 池	

①水塘：~塘|游泳~|养鱼~。②周围高中间低的地方：花~|乐(yuè)~（舞台前乐队伴奏的地方）。③护城河：城~。

名人名言 未有不立志之人，便能做得事业。
[明]戚继光

47

chi

chí	6画 弓部
弛	左右 弓/也
	弓 引 弘 弛

放松,松懈,解除:松~|~禁(开放禁令)|一张一~(比喻工作的松紧和生活的劳逸要适当调节,有节奏地进行)。

chí	6画 马部
驰	左右 马/也
	马 驭 驰 驰

①快跑(多指车马):奔~|风~电掣(形容像刮风和闪电那样迅速)。②传播:~名|~誉(名声传播得很远)。③向往:神~|心~神往(形容一心向往)。
同义 驰骋—奔驰/驰名—扬名

chí	7画 辶(chuò)部
迟	半包围 尺/辶
	𠃌 尺 识 迟

①慢,缓:~缓|~~不决。②晚:推~|不~到,不早退。
同义 迟—晚/迟钝—愚钝/迟缓—缓慢/迟疑—犹豫
反义 迟—早/迟钝—灵敏、敏锐、敏感/迟缓—迅速、敏捷/迟疑—果断

chí	9画 扌(shǒu)部
持	左右 扌/寺(土/寸)
	扌 扞 持

①拿着,握住:~笔|手~钢枪|刀杀人的罪犯被制服了。②扶助:扶~|支~。③守住不变:坚~|保~|~久。④治理,主管:勤俭~家|主~。⑤互不相让,对抗:争~|相~(各不相让)|僵~(相持不下)。
同义 持续—继续、连续、延续
反义 持续—中断

多音字	11画 日部/匕部
匙	半包围 是(日/疋)/匕
	日 旦 是 匙

㊀ chí 小勺子,用于舀液体或粉状物等:汤~|茶~。
㊁ shi【钥匙】yào- 见"钥"。

chǐ	4画 尸部
尺	独体
	𠃌 尸 尺

①市制长度单位,1尺等于10寸,1米等于3尺。②量长短或画图用的工具:米~|放大~。③像尺的东西:计算~|铁~。④【尺牍】-dú 旧指书信。
组字 迟、尽

chǐ	8画 齿部
齿	上下 止/凶(人/凵)
	𠂉 止 㐅 齿

①牙齿,咀嚼食物的器官:白(jiù)|唇亡~寒(比喻关系密切,利害共同)。②形状像牙齿的东西:锯~|~轮|梳子~儿。③年龄:稚(年幼)|迈(年老)。④说到,提到:~及|不~(不愿意提起,表示轻视)|何足挂~(不值得一提)。
组字 龄

chǐ	8画 亻(rén)部
侈	左右 亻/多(夕/夕)
	亻 伊 侈

①浪费:奢(shē)~|挥霍钱财,过分追求享受。②夸大,过分:~谈(说空话、大话)。

chǐ	10画 耳部
耻	左右 耳/止
	丁 耳 耻 耻

羞愧,羞辱:羞~|浪费可~|毫不知~|报仇雪~。
同义 耻辱—羞辱、屈辱/耻笑—讥笑、嘲笑、嗤笑
反义 耻辱—光荣、荣誉/耻笑—赞美、赞赏

  脑筋急转弯 一个人加一个人是"从"字,一个人加两个人是"众"字。那么,一个人加三个人是什么?(是四个人)

chi—chong

chì	5画 口部
叱	左右 口/匕
	口 叱 叱

①厉声责骂：~骂｜~责｜~问呵~。②【叱咤】-zhà 高声怒吼。

chì	5画 斤部
斥	独体
	厂 斤 斥

①责备：~责｜~骂｜痛~。②使离开：~退｜排~。③多，满：充~（多得到处都是。含贬义）。④出钱，支付：~资。
同义 斥骂—责骂/斥责—指责、训斥
反义 斥责—表彰
组字 诉、拆
提示 "斥"的最后两笔要相交。

chì	7画 赤部
赤	上下 土/小
	土 赤 赤

①红色：~小豆｜面红耳~（脸和耳朵都红了。形容害羞或着急的样子）。②忠诚，真诚：~心（诚心）｜~诚（非常真诚）｜~胆忠心。③光着，裸露：~膊｜~脚。④空，什么也没有：~贫（穷得一无所有）｜~手空拳。
同义 赤—红/赤诚—真诚/赤裸裸—赤条条/赤胆忠心—忠心耿耿
组字 郝、哧、赦、赫

chì	9画 火部
炽	左右 火/只（口/八）
	丶 火 炽 炽

（火）旺，比喻热烈旺盛：~热（极热）｜~烈（旺盛猛烈）｜~盛（很盛）。
同义 炽热—炽烈
提示 "炽"不要读做 zhì。

chì	10画 羽部
翅	半包围 支（十/又）/羽（习/习）
	支 翅 翅

①翅膀，鸟和昆虫等的飞行器官：展~｜~翔。②鱼翅，指鲨鱼的鳍（qí）。

chong

多音字	6画 冫(bīng)部
冲	左右 冫/中
	冫 冲 冲

㈠ chōng ①交通要道：要~｜首当其~。②很快地向前闯：~锋｜~入敌阵。③向上钻，猛冲：~入云霄｜~天大火。④猛烈相撞：~突｜~撞｜~犯。⑤用开水等浇：~茶。⑥冲洗，冲击：把碗~干净｜洪水~坏了河堤。⑦互相抵消：~账。
㈡ chòng ①对着，向：~南的大门｜~着我喊。②猛烈：这小伙子有股~劲儿｜大蒜气味~。③凭，根据：~他这股干劲儿，一定能完成任务。
同义 ㈠ 冲淡—稀释、淡化/冲动—激动、兴奋/冲击—撞击、冲锋
反义 ㈠ 冲淡—强化、增强/冲动—冷静

chōng	6画 儿部
充	上下 云/儿
	亠 云 充

①满，足：~分｜~裕｜精力~沛（pèi）。②填满，装满：~饥｜~电｜~血。③塞住：~塞（sè）｜~耳不闻（塞住耳朵不听。形容存心不听别人的话）。④当，担任：~当｜~任（担任）。⑤假装：冒~｜~行家。
同义 充满—充塞/充沛—饱满、丰沛/充实—充足、丰富/充足—充分、充裕
反义 充实—空虚/削弱/充满—缺乏、不足
组字 统

歇后语　吃了磨刀的水——秀（锈）气在内

chong—chou

chōng	7画 忄(xīn)部
忡	左右 忄/中 丿忄忙忡

【忡忡】忧愁不安的样子:忧心~。

chōng	15画 忄(xīn)部
憧	左右 忄/童(立/里) 丷忄憧憧

①【憧憧】来往不绝,摇晃不定:人影~。
②【憧憬】-jǐng 向往:~光辉灿烂的未来。
同义 憧憬—向往、神往

chóng	6画 虫部
虫	独体 口虫虫

①昆虫及其类似的小动物:蚜~|害~。
②【大虫】老虎。
同义 虫牙—蛀牙、龋(qǔ)齿
组字 茧、虽、蛋、独、蚀、烛、触、闽、蝇、蚊

chóng	11画 山部
崇	上下 山/宗(宀/示) 丨山崇

①高:~山峻岭|~高的品质。②重视,敬重:尊~|~拜|推~。
同义 崇拜—崇敬/崇高—高尚、高贵
反义 崇拜—鄙视/崇高—卑鄙、卑下

chǒng	8画 宀(mián)部
宠	上下 宀/龙 宀宠宠宠

偏爱,过分的爱:~爱|~儿(比喻特别受宠爱的人)|不要太~孩子。
同义 宠爱—钟爱、溺爱
反义 宠—辱/宠爱—厌恶

chou

chōu	8画 扌(shǒu)部
抽	左右 扌/由 扌抽抽

①拔,取出夹在中间的东西:把书签~出来。②从全部里取出一部分:~签|~选|~查。③长出:~芽|麦子~穗。④吸:~水|~烟。⑤收,收缩:这布一洗就~。⑥(用条状物)打:~陀螺|夺过鞭子~敌人。
同义 抽查—抽检/抽泣—抽噎、啜泣
反义 抽查—普查/抽泣—微笑/抽象—具体

多音字	4画 亻(rén)部
仇	左右 亻/九 亻仂仇

㊀chóu ①深切的怨恨:报~|~恨|恩将~报。②仇人,敌人:疾恶如~(恨坏人坏事像痛恨仇敌一样)。
㊁qiú 姓。
同义 ㊀仇恨—冤仇、憎恨、怨恨/仇人—仇敌、冤家/仇视—敌视
反义 ㊀仇—恩/仇恨—恩情、热爱

chóu	11画 忄(xīn)部
惆	左右 忄/周(冂/吉) 丷忄忄惆

【惆怅】-chàng 因失望或失意而心里愁闷。

chóu	11画 纟(mì)部
绸	左右 纟/周(冂/吉) 纟纫绸

绸子,薄而柔软的丝织品:~缎|~被面。

谜语　住进星级宾馆　(成语:投其所好)
　　　真的结了冰　　(食品:果冻)

chou

chóu	12画 田部
畴	左右 田/寿(声/寸)
	田 旷 畴

①田地：田~|千里平~(广阔平整的田地)。②种类：范~(类型，范围)。

chóu	13画 酉部
酬	左右 酉/州
	酉 酊 酬 酬

①向客人敬酒，泛指敬酒或劝酒。②报答，偿付：~劳|报~|同工同~。③交际往来：应~。④实现：壮志未~|誓不休。
同义 酬金—报酬/酬谢—酬报、酬答

chóu	13画 禾部
稠	左右 禾/周(冂/吉)
	禾 利 稠

①密：~密|地窄人~。②浓：这粥太~了|~云浓雾。
同义 稠—密/稠密—浓密
反义 稠—疏、稀/稠密—稀疏、疏落

chóu	13画 心部
愁	上下 秋(禾/火)/心
	禾 秋 秋 愁

忧虑，感到苦闷：忧~|发~|眉苦脸|不~吃，不~穿。
同义 愁—忧/愁闷—愁苦、忧闷
反义 愁闷—开心/愁容—笑脸/愁眉苦脸—眉开眼笑

chóu	13画 竹(⺮)部
筹	上下 ⺮/寿(声/寸)
	⺮ 筝 筹

①谋划，想办法：~备(事先计划和准备)|~划(想办法，订计划)|~集资金。②用竹、木等做的计数的用具：竹~。
同义 筹备—筹划、筹措/筹划—计划、规划、筹办

chǒu	4画 一部
丑	独体
	丁 刁 丑 丑

①相貌难看：~陋|~八怪。②令人厌恶的，可耻的：出~|~态百出。③戏曲里的滑稽角色：文~|武~。④地支的第二位。⑤旧计时法，丑时，夜里一点到三点。
同义 丑化—抹黑/丑陋—难看
反义 丑—美/丑恶—美好/丑陋—美丽、好看
组字 扭、妞、纽、钮
提示 "丑"的第三笔是横，不是点。

chǒu	14画 目部
瞅	左右 目/秋(禾/火)
	目 旷 旷 瞅

看：~见|~一眼。
同义 瞅见—看见、瞧见、望见

多音字	10画 自部
臭	上下 自/犬
	自 臭 臭

㊀chòu ①气味难闻，与"香"相对：~气|~味儿。②使人厌恶(wù)的，恶劣的：~名|~架子|遗~万年(臭名一直流传，永远受人唾骂)。③狠狠地：~骂。
㊁xiù ①气味：无色无~。②同"嗅"。
同义 ㊀臭骂—痛骂/臭名—骂名/臭烘烘—臭乎乎
反义 ㊀臭—香/臭烘烘—香喷喷

名人名言 科学研究是着眼于人类全部活动范围。
〔奥〕弗洛伊德

chu

chū	5画 凵(kǎn)部
出	上下 屮/凵
	凵 屮 出

①从里面到外面,与"进"、"入"相对:～门|～来。②支付,往外拿:～纳|～力|～主意。③来到:～席|～勤|～场。④离开:～轨|～土。⑤产,生长,产生:～品|～产|～人才。⑥发生:～事|～问题。⑦显得量多:这种米很～饭。⑧显露,显现:～名|～面|～丑。⑨超过:～众|～色|～类拔萃(cuì,形容品德、才能超出一般人)。⑩放在动词后面,表示趋向或效果:提～问题|做～贡献。⑪传奇中的一回,戏曲的一个独立剧目:一～戏。

同义 出发—动身、起程/出名—著名、闻名、成名/出色—杰出、卓越/出生—出世、诞生/出现—呈现、浮现

反义 出—进、入、纳、没(mò)/出发—归来/出色—一般/出生—死亡/出席—缺席

组字 茁、拙、咄、础、屈

chū	7画 衤(yī)部
初	左右 衤/刀
	衤 初 初

①开始的,开始的一段时间:～春|～学～。②首次:～次见面|～版(第一次出版)。③(等级)最低的:～级|～等。④原来的,原来的状况:～衷(最初的心愿)|和好如～。

同义 初期—早期、前期

反义 初期—晚期

chú	9画 阝(fù)部
除	左右 阝/余(人/禾)
	丁 阝 除

①去掉,清除:扫～|免～|～四害。②不计算在内:～此之外|～了一个请假,其余的都到了。③数学上求商的方法:先乘～,后加减。④台阶:庭～。

chú	12画 厂部
厨	半包围 厂/时(豆/寸)
	厂 厍 厨

①做饭菜的屋子:～房。②【厨师】—shī 以烹(pēng)调为业的人。

组字 橱

chú	12画 钅(jīn)部
锄	左右 钅/助(且/力)
	钅 钅日 锄 锄

①除草松地的工具:～头|大～。②用锄除草松地:～草|这块地～了三遍。③铲除,彻底消灭:～奸(铲除通敌的恶人)。

chú	13画 隹(zhuī)部
雏	左右 刍(ク/彐)/隹
	ク 勹 刍 雏 雏

①幼小的、出生不久的(鸟类):～鸡|～莺乳燕。②【雏形】—xíng a.事物初步形成的规模:略具～。b.模仿实物缩小的模型。

chú	16画 木部
橱	左右 木/厨(厂/时)
	木 杧 柜 橱

收藏衣服、物件的家具:大衣～|书～|碗～。

chǔ	10画 石部
础	左右 石(厂/口)/出(屮/凵)
	石 矸 砂 础

垫在柱子底下的基石:基～。

脑筋急转弯 当什么兵不用早晚点名?(逃兵)

chu—chuai

chǔ	12画 亻(rén)部
储	左右 亻/诸(讠/者)
	亻 伫 储

存放，积蓄：~存|~藏|~蓄。
同义 储备—储存、储藏/储蓄—储存、存款

chǔ	13画 疋(shū)部
楚	上下 林(木/木)/疋
	林 棽 楚

①痛苦：痛~|苦~。②清晰(xī)鲜明：清~。
③周代诸侯国名。

多音字	5画 夂(zhǐ)部
处	半包围 夂/卜
	夕 夂 处

㈠chù ①地方：~所|到~|长~。②机关或机关里的一个部门：办事~|教务~|财务~。
㈡chǔ ①居住：穴居野~(居住在洞里，生活在荒野。形容人类没有房屋前的生活状态)。②存在，置身：~在困难时期设身~地(设想自己处在别人的境地)。③与人一起生活或交往：和睦(mù)相~|他脾气不好，不容易~。④办理：~理。⑤惩罚：~置|~分(fèn)|~以徒刑。
同义 ㈠处处—到处、四处/处所—场所、场地 ㈡处分(fèn)—处罚、惩处/处理—处置、料理

反义 ㈠处分—奖励、奖赏

chù	8画 忄(xīn)部
怵	左右 忄/术
	丷 忄 怵 怵

恐惧：发~|~惕(恐惧警惕)。

chù	13画 角部
触	左右 角(⺈/用)/虫
	角 角 触

①碰，遇着：接~|~电|船~礁。②冲撞，冒犯：~犯刑律。③引起(某种反应)，动：~发|~怒。
同义 触犯—冒犯、得罪、违犯/触怒—激怒/触目惊心—惊心动魄

chù	24画 十部
矗	品字形 直/矗(直/直)
	直 直 矗 矗

高高直立，高耸：~立(高而直地立着)。
同义 矗立—耸立、挺立、屹立

chuai

多音字	12画 扌(shǒu)部
揣	左右 扌/耑(山/而)
	扌 扩 揣

㈠chuǎi ①估量，猜测：~测|~度(duó)。
②【揣摩】-mó 反复琢磨，推求：仔细~|写作的方法。
㈡chuāi 放在衣服里：~手|把信~在怀里。
㈢chuài【挣揣】zhèng- 挣扎。
同义 ㈠揣测—揣度(duó)、推测/揣摩—琢磨

chuài	16画 足(⻊)部
踹	左右 ⻊(口/止)/耑(山/而)
	⻊ ⻊ 踹 踹

①用脚底踢：一脚把门~开。②踏，踩：不小心，一脚~在泥水里。

歇后语 臭豆腐——闻着臭，吃着香。

chuan

chuān	3画 丿(piě)部
川	独体 丿丿川

①河流,水道:~流不息|山~|遥看瀑布挂前~。②平地,平原:平~|米粮~。
同义 川流不息—络绎不绝
组字 训、驯、顺

chuān	9画 穴部
穿	上下 穴/牙 穴空穿

①把衣服鞋袜等套在身体上:~衣服|~鞋。②通过:~针|用麻绳把铁环~起来|横~公路要注意来往车辆。③破,透:用矛把盾戳~|鞋底磨~了|揭~阴谋。
同义 穿插—交叉
反义 穿—脱

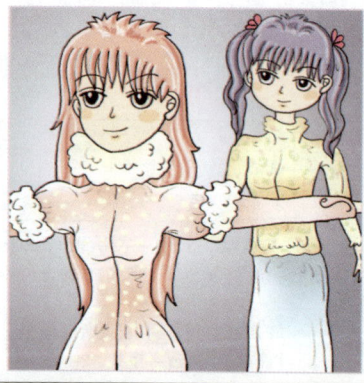

多音字	6画 亻(rén)部
传	左右 亻/专 仁传传

㈠ chuán ①递,交给,转授:~递|~球|~授。②推广,散布:~播|宣~|~染病。③叫来:~讯(司法机关、公安机关等传唤与案件有关的人来讯问)|~呼电话。④传导:~电|~热。⑤表达,流露:~神|~情。
㈡ zhuàn ①古代解说儒家经书的文字:经~。②记载人物生平事迹的文字:~记|自~|外~。③叙述历史故事的作品:《水浒~》。
同义 ㈠传播—传布、传扬/传递—传送/传闻—见闻、传说
反义 ㈠传授—学习

chuán	11画 舟部
船	左右 舟/㐬(几/口) 舟舟船

水上的主要交通运输工具,种类很多:帆~|轮~|渡~。

chuán	13画 木部
椽	左右 木/彖 木木杧椽

椽子,放在檩(lǐn)上架着屋顶瓦片的木条。

chuǎn	12画 口部
喘	左右 口/耑(山/而) 口吖喘

①急促呼吸:~息|累得直~气|~气|~(xū)吁。②气喘,呼吸困难的症状。也叫哮(xiào)喘。
同义 喘气—喘息

chuàn	7画 丨(gǔn)部
串	独体 口吕串

①连贯,贯穿:贯~。②勾结,勾通:~骗|~供。③随处走动:~亲戚|~门儿。④量词:一~葡萄。
同义 串通—勾搭、勾结
组字 窜、患
提示 "串"的声母是ch,"窜"的声母是c。

chuang

chuāng	9画 疒(nè)部
疮	半包围 疒/仓(人/㔾) 疒疒疮

①皮肤上肿烂的病:冻~|~疤。②伤口,外

谜语　阴阳界(成语:生死之交)　　亚(成语:有口难言)
　　　明晚(成语:一朝一夕)

chuang—chui

伤:刀~。

chuāng	12画 穴部
窗	上下 穴/囱(囗/夕)
	穴 窗 窗

窗户,建筑物或其他密闭物体上的用于通讯透气或观察的洞口,装置:门~|车~|~明几(jī)净。

chuáng	7画 广部
床	半包围 广/木
	广 床

①承托人睡觉的家具。②像床的东西:车~|河~|琴~。

chuǎng	6画 门部
闯	半包围 门/马
	丶 门 闯

①猛冲:~进去|~劲|刀山敢上,火海敢~。②经历,锻炼:走南~北|~出了一条新路。③招惹:~祸。
同义 闯祸—惹祸
提示 "闯"不读 chuàng,统读chuǎng。

多音字	6画 刂(dāo)部
创	左右 仓(人/巳)/刂
	今 仓 创

㊀chuàng 开始,开始做:~造|开~|~举(第一次出现的具有重要意义的举动或事业)。

㊁chuāng 伤:~伤|刀~|重~敌军。
同义 ㊀创建—创立/创造—发明、缔造/创作—写作
反义 ㊀创新—守旧
提示 "创"的第四笔是竖弯钩,不要写成竖提。

chui

chuī	7画 口部
吹	左右 口/欠(⺈/人)
	口 吹 吹

①合拢嘴唇呼气:~笛子|把火~灭。②空气流动:~动|~拂|刮风~雨打。③说大话:~牛|~嘘|别瞎~。④事情失败:这件事~了。
同义 吹牛—夸口/吹捧—吹嘘、捧场

chuī	8画 火部
炊	左右 火/欠(⺈/人)
	丶 火 炊

生火做饭:~烟|~具|~事员。

chuí	8画 丿(piě)部
垂	独体
	千 手 垂 垂

①东西的一头挂下来:下~|~柳|~钓(钓鱼)。②传于后世:永~不朽|名~千古。③接近,快要:生命~危|~死挣扎|功败~成(事情快要成功的时候,遭到了失败)。
同义 垂钓—钓鱼/垂死—垂危、临危/垂头丧气—无精打采
组字 陲、捶、唾、睡、锤
提示 "垂"中间的"艹"不要分成两个"十"。

chuí	11画 扌(shǒu)部
捶	左右 扌/垂
	扌 扌 捶 捶

敲打:~背|~衣裳|~胸顿足(形容十分悲痛)。
同义 捶胸顿足—痛不欲生

艺术属于古老的世界,科学属于现代的世界。

[英]本·迪斯累里

chui—chun

chuí	13画 木部
槌	左右 木/追(白/辶)
	木 杧 桓 槌

敲打用的棒子：棒~|鼓~儿。

chuí	13画 钅(jīn)部
锤	左右 钅/垂
	钅 钅 锤 锤

①秤锤，配合秤杆(gǎn)称重量的金属块。②敲打东西的器具：~子|铁~|木~。③用锤敲打：千~百炼(比喻经过多次艰苦的斗争和考验。也指对诗文等反复精心修改)。④古代的一种兵器，柄一端呈球形。
同义 锤炼—锻炼、磨炼

chun

chūn	9画 日部
春	上下 夫/日
	三 夫 春

①四季的第一季：~光|四季如~。②生机，活力：大地回~|妙手回~(赞扬医生医术高明，治好垂危的病人)。
同义 春光—春色
组字 蠢、椿

chūn	13画 木部
椿	左右 木/春(夫/日)
	木 杧 柊 椿

①香椿，落叶乔木，嫩叶有香味，可以做菜吃。②臭椿，落叶乔木，叶有臭味。根、皮可做药。

chún	7画 纟(mì)部
纯	左右 纟/屯
	纟 纪 纯

①单一，不杂：单~|~洁|~毛。②熟练：~熟|功夫不~。
同义 纯洁—纯净/纯熟—熟练、娴熟
反义 纯洁—肮脏/纯净—污浊/纯熟—生疏

chún	10画 辰部
唇	半包围 辰(厂/辰)/口
	厂 辰 唇

人和一些动物嘴周围的肌肉组织：嘴~|上~|~齿(比喻关系密切)。

chún	11画 氵(shuǐ)部
淳	左右 氵/享(亠/口/子)
	氵 汁 浐 淳

朴实，诚实：~朴(诚实朴素)|~厚。
同义 淳朴—朴实

chún	13画 鸟部
鹑	左右 享(亠/口/子)/鸟
	亠 亨 䴏 鹑

【鹌鹑】ān- 见"鹌"。

chún	15画 酉(yǒu)部
醇	左右 酉/享(亠/口/子)
	酉 酉 醇

①酒味厚，纯：~酒|大~小疵(cī，优点多，缺点少)。②有机化合物的一类，如酒精就是醇类中的乙醇。

脑筋急转弯　胖妞生病了，最怕别人探病时说什么?（多多保重）

chun—ci

chǔn	21画 虫部
蠢	上下 春(夫/日)/蚰(虫/虫)
	三 春 蠢 蠢

①愚笨，不灵巧：愚~|~才|~物。②虫子爬动：~动(比喻坏人的扰乱活动)。

同义 蠢笨—愚笨、愚蠢
反义 蠢笨—聪明

chuo

chuō	18画 戈部
戳	左右 翟(羽/隹)/戈
	羽 翟 戳 戳

①刺，用尖的东西扎：脚被铁钉~了|用你的矛~你的盾。②因猛触硬物而受伤：球没接住，却~伤了手指。③图章：~子|盖上邮~。

同义 戳穿—刺穿、揭穿

多音字	11画 纟(mì)部
绰	左右 纟/卓(卜/早)
	纟 纩 绰

㈠chuò ①宽裕：~~有余|这间屋子很宽~(chuo)。②【绰号】-hào 外号。
㈡chāo 急忙抓起来：~起笤帚赶鸡。

同义 ㈠绰号—外号

chuò	12画 车部
辍	左右 车/叕(双/双)
	车 轻 辍

半途停下，停止：~学(中途停止上学)|~笔|日夜不~。

提示 注意与"缀(zhuì)"的区别。

ci

cí	7画 讠(yán)部
词	左右 讠/司(𠃌/口)
	讠 订 词

①语言里由语素构成的能自由运用的有意义的最小语言单位：名~|组~|遣~造句。②语言，文字：歌~|开幕~|义正~严(道理正确，语言严肃)。③一种长短句押韵的文体：宋~|~牌(词的调子名称，如"浪淘沙")。

cí	9画 礻(shì)部
祠	左右 礻/司(𠃌/口)
	礻 礽 祠

旧时供奉祖先、鬼神或有功德的人的庙宇或房屋：~堂|宗~。

cí	10画 瓦部
瓷	上下 次(冫/欠)/瓦
	冫 次 瓷 瓷

用纯净的黏土烧成的比陶器细致坚硬的器物：~器。

cí	13画 舌部
辞	左右 舌(千/口)/辛(立/十)
	千 舌 舌 辞

①告别：告~|~别|朝~白帝彩云间。②请求解除，请求离去：~职。③躲避，推托：不~辛苦|推~。④解雇：~退。⑤文词：修~|措~(说话或作文时选用词句)。

同义 辞别—辞行、告别/辞退—解雇、解聘
反义 辞退—雇用

歇后语 出头的椽子——先烂

cí

cí	13画 心部
慈	上下 兹(ㅛ/丝)/心
	丷兹慈

①和善，怜悯：~善|心~手软。②指母亲：家~|先~(自己称已死的母亲)。
同义 慈悲—慈善、仁慈/慈祥—安详、和蔼
反义 慈悲—残忍、凶残

cí	14画 石部
磁	左右 石(丆/口)/兹(ㅛ/丝)
	石 矿 磁

①磁性，某些能吸引铁、镍等金属的性能。②【磁石】-shí 一种带有磁性的矿物，也叫吸铁石。

cí	14画 佳(zhuī)部
雌	左右 此(止/匕)/佳
	卜 此 此 雌

母的，阴性的，与"雄"相对：~兔|~蕊。
同义 雌—母
反义 雌—雄
提示 "雌"的第五笔撇变为横。

cí	14画 鸟部
鹚	左右 兹(ㅛ/丝)/鸟
	兹 鹚 鹚 鹚

【鸬鹚】lú- 水鸟，羽毛黑色有彩色光泽。我国南方多饲养用来帮助捕鱼，通称鱼鹰或墨鸦。

cí	15画 米部
糍	左右 米/兹(ㅛ/丝)
	米 籵 糍

一种用糯(nuò)米做成的食品：~粑(bā)|~饭团。

cǐ	6画 止部
此	左右 止/匕
	卜 此 此

①这，这个：~人|彼~|岂有~理(哪有这样的道理)！②这儿，这里：到~结束|~起彼伏。
同义 此—这/此时—此刻
反义 此—彼
组字 些、柴、紫、觜、雌

cì	6画 冫(bīng)部
次	左右 冫/欠(𠂊/人)
	冫 汢 次

①第二：~日|~子|其~。②质量较差：~品|~货。③顺序：~序|名~|依~前进。④量词：首~|数(三番五~。⑤旅途中暂时停留的处所：旅~(旅途中暂居的地方)|途~|舟~。
同义 次序—次第、顺序
反义 次要—主要、首要
组字 咨、姿、瓷、资、盗、羡

多音字	8画 刂(dāo)部
刺	左右 朿/刂
	一 朿 刺

㈠cì ①用尖的东西穿进或杀伤：~绣|针~|麻醉|~杀。②像针一样尖锐的东西：鱼~|猬(wei)|竹~。③暗杀：~客(暗杀人的人)|行~|被~。④暗中打听：~探。⑤用尖刻的话指责、嘲笑人：讽(fěng)|讥~。
㈡cī 拟声词：~溜|~的一声火柴划着了|~~地直喷水。
同义 ㈠刺耳—逆耳、难听/刺眼—刺目、耀眼、碍眼
反义 ㈠刺耳—中听、悦耳/刺目—顺眼、悦目
提示 "刺"不要与"剌(là)"相混。

谜语 跑步使儿童身体好　(三字新词：奔小康)
　　　身体好才能做贡献　(近代名人：康有为)

ci—cong

cì	12画 贝部
赐	左右 贝/易(日/勿)
	贝 贝 赐

①给,指上级给下级或长辈给小辈:恩~|赏~。②敬词:~教(请对方指教的客气话)|~复(请对方回信的客气话)。

cong

cōng	5画 勹(bāo)部
匆	半包围 勹/夕
	勹 匆 匆

急促:~忙|急~~|来去~~。
同义 匆忙—匆促、仓促
反义 匆忙—清闲、悠闲
提示 "匆"不要与"勿"相混。

cōng	7画 丿部/囗(wéi)部
囱	全包围 囗/夕
	冂 囟 囱

【烟囱】yān- 炉灶出烟的通路。

多音字	8画 木部
枞	左右 木/从(𠆢/人)
	木 枞 枞

㊀cōng 枞树,又叫冷杉,常绿乔木,果实椭(tuǒ)圆形,暗紫色。木材可做器具和建筑材料。
㊁zōng【枞阳】-yáng 县名,在安徽省。

cōng	12画 艹(cǎo)部
葱	上下 艹/怱(匆/心)
	艹 荵 葱

①多年生草本植物,叶管状,中间空,开白色小花。茎、叶有辣味,可做菜和调味品。②青绿色:~绿|~翠|~郁。
同义 葱绿—翠绿/葱郁—葱茏

cōng	15画 耳部
聪	左右 耳/总(丷/口/心)
	耳 耶 聪

①听觉灵敏:耳~目明。②智力强:~明|~颖|~慧。
同义 聪明—聪慧、聪颖
反义 聪明—愚蠢、呆傻

cóng	4画 人部
从	左右 𠆢/人
	𠆢 从

①随,跟随:~征(随军出征)|~师学艺。②跟随的人:随~|仆~。③依顺:听~指挥|服~领导。④参加:~事|~军。⑤采取某一种原则:~宽处理|丧事~简|价格~优。⑥自,由:~左到右|~今以后。⑦向来,一向:~来|~不说谎。⑧次要的:主~|~犯。⑨用在表处所的词语前,表示经过:~学校出发。⑩根据:~老师的表情看,他已经知道这事了。⑪用在否定词前表从来:我~没听爷爷说起。⑫起于,"拿…做起点":~操场到教室。
同义 从前—过去、以往、以前/从容—沉着、镇静
反义 从前—现在、如今/从容—慌张、惊慌
组字 丛、怂、耸、纵、枞
提示 "从"不读cōng,统读cóng。第二笔捺变为点。

cóng	5画 一部
丛	上下 从(𠆢/人)/一
	𠆢 从 丛

①聚集,集合为:~生|~林|百事~集。②聚在一起的人或物:人~|草~。
同义 丛林—密林

名人名言 希望得到公道的人,必须自己先做得公道。
[美]维纳

cou—cuan

cou

còu	11画 冫(bīng)部
凑	左右 冫/奏(夫/大)
	冫 浐 浃 凑

①聚合:~足人数l大家~点钱帮帮这孩子。②碰,赶,遇上:~巧l~热闹。③靠近,接近:~上去l往前~。

同义 凑合—聚合、拼凑、将就/凑巧—碰巧、恰巧

cu

cū	11画 米部
粗	左右 米/且
	米 粗 粗

①颗粒大的:~沙l~大的雨点。②条状物直径大的:~绳l~壮l~胳膊。③不光滑,不精致的:~糙(cāo)l~瓷碗l~布衣。④声音大而低:~嗓门l说话~声~气。⑤疏忽,不细心:~心l~疏。⑥鲁莽:~野l~鲁l态度~暴。⑦稍微:~知一二l~通英语。

同义 粗暴—粗鲁、粗野、暴躁/粗糙—毛糙/粗略—大略/粗俗—庸俗、俗气/粗心—粗疏、马虎

反义 粗—精、细/粗暴—和蔼、温柔/粗糙—光滑、细腻/粗鲁—文雅、斯文/粗略—详细、精确/粗疏—精细、周密/粗俗—文雅、高雅/粗心—细心、谨慎

cù	9画 亻(rén)部
促	左右 亻/足(口/止)
	亻 伊 促

①急迫,匆忙:急~短l~匆。②催,推动:~进l催~l~督。③靠近:~膝谈心。

同义 促使—驱使

cù	11画 犭(quǎn)部
猝	左右 犭/卒(亠/从/十)
	丿 犭 猝

突然,出乎意外:~然l~死l~不及防(突然发生,来不及防备)。

cù	15画 酉(yǒu)部
醋	左右 酉/昔(艹/日)
	酉 酉 醋

一种调味用的酸味液体,用米、麦、高粱等发酵做成:油盐酱~。

cù	17画 竹(⺮)部
簇	上下 ⺮/族(方/矢)
	⺮ 笁 簇

①聚集,聚成团或堆的事物:~拥l花团锦~(形容五彩缤纷、美好华丽的景象)。②量词:一~鲜花。

同义 簇新—崭新

反义 簇新—陈旧

cuan

cuān	19画 足(⻊)部
蹿	左右 ⻊(口/止)/窜(穴/串)
	早 足 跻 蹿

向上跳:猫~到桌子上l壁虎猛地一~,把飞虫吞掉。

cuàn	12画 穴部
窜	上下 穴/串
	穴 窎 窜

①乱跑,逃走:流~l逃~l东跑西~。②(小股敌军)进犯或扰乱:~犯l~扰。③改动文句

脑筋急转弯 为什么现代人越来越言而无信了?(现代化的通信设施越来越多,就很少写信了)

cuan—cui

和内容：~改（改动文件、古书等）|这篇作文经过老师的点~。
同义 窜犯—窜扰、侵犯、进犯/窜逃—逃跑、逃窜
组字 撺、蹿

cuàn	16画 竹(⺮)部
篡	上下 算(⺮/目/大)/厶
	⺮ 笡 箅 篡

①古代指臣子夺取君主的地位：~位。②用阴谋手段夺取地位或权力：~权。
同义 篡位—篡权

cui

cuī	11画 山部
崔	上下 山/隹
	ᐟ 崔 崔 崔

姓。
组字 催、摧

cuī	13画 亻(rén)部
催	左右 亻/崔(山/隹)
	亻ᐟ 俨 催 催

①促使赶快行动：~促|~办|~人奋进。②促使变化加快：~生|~芽|~眠。
同义 催促—敦促

cuī	14画 扌(shǒu)部
摧	左右 扌/崔(山/隹)
	扌 扩 摧 摧

折断，毁坏：~折|~残(损害，残害)|~毁|~枯拉朽(比喻迅速摧毁敌人或腐朽势力)。
同义 摧残—残害、损害/摧毁—击毁
反义 摧残—保护、保卫

cuì	10画 月部
脆	左右 月/危(⺈/厄)
	月 胪 胪 脆

①容易断，容易碎：这种纸很~|~枣。②比喻不坚强：感情~弱。③声音清亮：清~悦耳。④做事利落爽快：干~。
同义 脆弱—软弱、懦弱
反义 脆—坚、韧/脆弱—坚强、刚强

cuì	11画 艹(cǎo)部
萃	上下 艹/卒(亠/从/十)
	艹 艹 茇 萃

①聚集，会集：荟(huì)~(会集)。②聚在一起的人或物：出类拔~(形容超出同类)。

cuì	11画 忄(xīn)部
悴	左右 忄/卒(亠/从/十)
	丶 忄 悴 悴

【憔悴】qiáo- 见"憔"。

cuì	14画 米部
粹	左右 米/卒(亠/从/十)
	米 粌 粹 粹

①纯，不杂：纯~而不杂。②精华，重要、最好的部分：精~。

cuì	14画 羽部
翠	上下 羽(彐/彐)/卒(亠/从/十)
	羽 羿 翠 翠

青绿色：~绿|~竹|~色欲流。
同义 翠绿—碧绿、葱绿、青翠
提示 "翠"的首笔和第四笔横折钩变为横折。

歇后语　窗户纸——一戳就透

61

cun

cun

cūn	7画 木部
村	左右 木/寸
	木 村 村

乡下许多人家居住的地方，城市里弄(lòng)或住所也有叫村的：农~|乡~|庄|梅园新~。
同义 村庄—村落、村子

cún	6画 子部
存	半包围 ナ/子
	一 ナ 才 存 存

①在，活着：~在|幸~者|生死~亡。②保留，留下：保~|~根|去伪~真（去掉虚假的，留下真实的）。③怀着（某种想法）：~心（居心、故意。含贬义）|不~任何幻想。④寄放：寄~|~车|~款。⑤蓄积，停聚：水库里~满了水|小孩儿~食了。
同义 存放—寄存、寄放/存心—居心、用心、成心、故意
反义 存—亡/存心—无意/存在—消失、消亡
组字 荐

cùn	3画 寸部
寸	独体
	一 十 寸

①长度单位：1尺等于10~。②比喻很短或很小：~步难行|鼠目~光。
同义 寸步不离—形影不离
组字 寺、夺、守、付、讨、对、时、村、时、肘、衬、射、过

cuo

cuō	12画 扌(shǒu)部
搓	左右 扌/差（羊/工）
	扌 拦 搓

两个手掌相对的或一个手掌放在别的东西上反复揉擦：~手|~绳子|~洗衣服。

cuō	14画 石部
磋	左右 石（ノ/口）/差（羊/工）
	石 硞 磋

①把骨、角磨制成器物。②【磋商】–shāng反复商量。
同义 磋商—商量、商讨、协商

多音字	15画 扌(shǒu)部
撮	左右 扌/最（日/取）
	扌 押 押 撮

㊀cuō ①聚起，现多指把聚拢的东西用簸箕等铲起来：~成一堆|把垃圾~起来。②用手指捏起（细碎的东西）：~药|一点盐。③摘取：~要（摘取要点）。④容量单位，1毫升。⑤量词：一~米|这一小~坏蛋被抓起来了。
㊁zuǒ 量词，用于成丛的毛发：一~儿头发。
同义 ㊀撮合—说合
反义 ㊀撮合—拆散

cuò	10画 扌(shǒu)部
挫	左右 扌/坐（丷/土）
	扌 扒 扨 挫

①不顺利，失败：~折|受~。②使失败，降低：~败|~敌人的锐气，长自己的威风|顿~（停顿和转折。多用于语调、音律）。
同义 挫败—击败、打败/挫伤—损伤
反义 挫折—顺利

谜语　因为迟到脸发烧　（花：晚来红）
　　　围绕党中央周围　（字：回）

cuo

cuò	10画 厂部
厝	半包围 厂/昔(䒑/日)
	厂厝厝

①安置:~火积薪(比喻隐藏着极大的危险)。②把棺材暂时停放待后安葬,或浅埋以待改葬:暂~。

cuò	11画 扌(shǒu)部
措	左右 扌/昔(䒑/日)
	扌措措

①安放,安排:~置|~手不及(来不及应付)|惊惶失~。②筹(chóu)划办理:筹~款项|~施。

同义 措施—办法

cuò	12画 钅(jīn)部
锉	左右 钅/坐(𠆢/土)
	钅钅'钅'锉

①锉刀,用钢制成的磨削金属、竹木等的工具:钢~。②用锉磨东西:~光|用锯~一~。

cuò	13画 钅(jīn)部
错	左右 钅/昔(䒑/日)
	钅错错

①不正确,与"对"相对:~误|别字|知~就改。②差,坏:成绩不~|今年的收成~不了。③交叉着:交~|~乱|~综复杂。④岔开,失去:~车|~过机会。

同义 错—误、谬/错乱—杂乱、失常/错误—差错、失误、谬误

反义 错—对/错乱—整齐、正常/错误—成绩、正确、准确

D

da

dā	9画 大部
耷	上下 大/耳
	大 耷 耷 耷

【耷拉】-la 向下垂：~着脑袋。

dā	12画 扌(shǒu)部
搭	左右 扌/荅(艹/合)
	扌 扩 扗 搭

①支起，架起：~桥|~棚|~架子。②乘车船等：~车|~轮船。③抬：把桌子~起来。④重叠，接触：两根电线~在一起了。⑤凑在一起：~伙|把这些钱~上就够了。⑥配合：~配|粗粮细粮~着吃。⑦把东西放在支撑物上：肩上~着一条毛巾。

同义 搭救—拯救、解救
反义 搭救—陷害

dá	6画 辶(chuò)部
达	半包围 大/辶
	大 达 达

①通，到达：四通八~|直~广州火车正点抵~。②达到，实现：~成协议|不~目的，决不罢休。③明白，懂得：通情~理。④告知，表达：转~|传~室|词不~意（词句不能确切地表达思想）。⑤旧时称人得到权势地位：显~（在官场地位高，名声显赫）|~官显贵。

同义 达观—乐观、豁达
提示 "达"的第三笔捺变为点。

多音字	12画 竹(⺮)部
答	上下 ⺮/合(人/口)
	⺮ 笒 答

㊀dá ①回话，与"问"相对：回~|问~|对~如流。②回报：报~|~谢|~礼。
㊁dā 同㊀，用于口语"答应"、"答理"等。
同义 答复—回复　答应—回答、同意
反义 ㊁答应—拒绝

多音字	14画 疒(nè)部
瘩	半包围 疒/荅(艹/合)
	疒 疒 瘩

㊀da【疙瘩】gē- 见"疙"。
㊁dá【瘩背】-bèi 中医称生在背部的一种毒疮，也叫搭手。

多音字	5画 扌(shǒu)部
打	左右 扌/丁
	扌 打

㊀dǎ ①敲，击：~门|~破|~铁。②斗殴，击：~架|挨~。③修建：~墙|~坝。④编织：~毛衣|~草鞋。⑤涂抹，画，印：~蜡|~问号|~格子|~戳子。⑥揭，凿：~开盖子|~井。⑦举，提：~伞|~灯笼。⑧放射，发出：~雷|~电话。⑨付给或领取：~介绍信。⑩舀：~水|~粥。⑪买：~车票|~酱油。⑫获取，收：~鱼|~柴|~下粮食。⑬定出，立：~下基础|~草稿|~主意。⑭做，从事：~游击|~埋伏。⑮做某种游戏：~球|~扑克。⑯表示身体上的某些动作：~哈欠|~冷战|~滚儿。⑰采取某种方式：~比方|~官腔。⑱计算：精~细算。⑲制造：~镰

名人名言　命运也往往是由人自己造成的。正如古代诗人所说："每个人都是自身的设计师。"
　　　　　　　　　　　　　　　　　　　　　　　　　　[英]弗·培根

da—dai

刀|~家具。⑳捆：~包裹|~行李。㉑乘坐：~的(dí，雇用小汽车)。㉒从，自：~去年起|~哪里来？

㈡dá 12个称1打：一~乒乓球。

同义 ㈠打—击/打扮—化妆、装扮/打量—端详/打扰—打搅/打扫—扫除/打听—探听、询问

反义 ㈠打—挨/打击—鼓励/打开—关上、关闭

多音字	3画 大部
大	独体
	ナ 大

㈠dà ①占的空间较多，面积较广，容量较多，与"小"相对：~江|~树|~国。②数量较多：~众|~量。③程度深，范围广：~喜|~抓质量。④年长，排行第一：~姐|老~。⑤大小：你今年多~了？⑥年纪大的人：一家~小。⑦时间更远：~前年|~后天。⑧不很详细，不很准确：~约|~体|~概。⑨敬词：尊姓~名|~作。

㈡dài ①【大夫】-fu 医生。②【大王】-wang 戏曲或旧小说中对国王或大帮强盗首领的称呼。

同义 ㈠大多—大都/大方—潇洒、慷慨/大概—大略、大约、大致、大体/大意(yi)—疏忽、粗心 ㈡大夫—医生、医师

反义 ㈠大—小、细/大方—拘束、小气、吝啬/大意(yi)—细心、小心/大公无私—自私自利

组字 矢、驮、庆、达、因

dai

dāi	7画 口部
呆	上下 口/木
	口 呆 呆

①傻，笨：~子|痴~。②不灵活，死板，发愣：~板|~头|脑目瞪口~。③停留，同"待"(dāi)：再一会儿|在北京~了几天。

同义 呆板—死板/呆笨—呆傻、愚笨/呆子—傻子、傻瓜、白痴

反义 呆板—灵活/呆笨—聪明、聪慧

组字 保

提示 "呆"统读dāi，不读ái。

dǎi	4画 歹部
歹	独体
	一 歹 歹

坏，恶：~人|~徒|不知好~|为非作~(做各种坏事)。

同义 歹—坏/歹毒—狠毒、恶毒/歹徒—歹人、坏人、坏蛋

反义 歹—好/歹毒—善良、慈善

组字 残、列、死、殃、殊、殉

多音字	11画 辶(chuò)部
逮	半包围 隶/辶
	ヨ 聿 隶 逮

㈠dǎi 捉，捕：~野兔|猫~老鼠|逃犯被~住了。

㈡dài ①达到，及：力所不~。②捉拿。只用于"逮捕"。

同义 ㈠逮—捉、抓 ㈡逮捕—拘捕、捉拿

反义 ㈡逮捕—释放

dǎi	12画 亻(rén)部
傣	左右 亻/泰(夫/氺)
	亻 仁 傣 傣

【傣族】-zú 我国少数民族之一，主要分布在云南省。

 脑筋急转弯 什么人不敢洗澡？(泥人)

dai

dài	5画 亻(rén)部
代	左右 亻/弋
	亻亻代代

①替：~替丨~办丨~课。②历史上的分期：古~丨现~丨时~。③世系相传的辈分：第二~丨下一~丨祖孙三~。
同义 代办—代理/代替—替代、顶替
组字 贷、袋、黛

dài	9画 巾部
带	上中下 卅/冖/巾
	一卅卅带

①带子或像带子的东西：腰~丨皮~丨传送~。②地区：地~丨热~丨沿海一~。③挂着，拿着：佩~丨携~丨~着枪。④捎，顺便做：捎~丨~个口信丨把门~上。⑤连着：连说~笑丨~橡皮的铅笔。⑥现出，含有：面~笑容丨说话~刺儿丨这菜~点儿苦味。⑦领，率领：~领丨~路丨~兵。
同义 带—领/带劲—有劲、来劲/带领—率领
组字 滞

dài	9画 歹部
殆	左右 歹/台(厶/口)
	歹殆殆

①几乎，差不多：敌军伤亡~尽。②危险：危~丨知己知彼，百战不~。

dài	9画 贝部
贷	上下 代(亻/弋)/贝
	亻代代贷

①借入或借出：借~丨~款丨农~(农业贷款)。②推卸(xiè)：责无旁~(自己应尽的责任，不能推卸给旁人)。③宽恕，饶恕：严惩不~。
提示 "贷"不要与"货"相混。

多音字	9画 彳(chì)部
待	左右 彳/寺(土/寸)
	彳仁待

㈠dài ①等，等候：等~丨原地~命丨有~今后改进。②对待，招待：~人有礼貌丨优~丨盛情款~。③将，要：正~开口，又怕说错。
㈡dāi 停留，逗留，也做"呆"：~一会儿再走丨在北京~了一星期。
同义 ㈠待—等/待遇—报酬

dài	9画 心部/厶(sī)部
怠	上下 台(厶/口)/心
	厶台怠

①懒惰，松懈：~惰丨懒~丨~工(磨洋工，不积极工作)。②冷淡，不恭敬：~慢。
同义 怠惰—懒惰/怠慢—轻慢、失礼
反义 怠惰—勤奋

dài	11画 衣部
袋	上下 代(亻/弋)/衣(亠/衣)
	亻代代袋

①口袋，衣兜或用布、皮等做成的装东西的用具：布~丨子弹~。②量词：一~面粉丨一~味精。

dài	17画 戈部
戴	半包围 戈/異(田/共)
	土 壹 戴戴

①把东西放在头上或身体别的部位上：~帽子丨~眼镜丨~袖标。②拥护，尊敬：拥~丨爱~。

歇后语 床底下堆宝塔——高也有限

dai—dan

dài	17画 黑部
黛	上下 代(亻/弋)/黑(里/灬)
	代 俗 俗 黛

①青黑色颜料,古代女子用来画眉:粉~(指妇女)。②黛绿,墨绿色。

dan

dān	4画 丿(piě)部
丹	独体
	丿 月 丹

①红色:~枫|~心。②按配方制成的颗粒状或粉末状的中药:丸散膏~。

同义 丹心—红心、赤心、忠心
组字 坍、彤

多音字	8画 扌(shǒu)部
担	左右 扌/旦(日/一)
	扌 扣 担

㈠dān ①用肩挑:~水|~着两筐菜。②负责,承当:把任务~起来|风险|这个责任我可~不起。
㈡dàn ①一挑东西:~子|货郎~。②责任,任务:重~|不怕~子重。③量词:一~米|一~柴。④市制重量单位,1担为100市斤。
同义 ㈠担负—担任、担当、肩负/担心—担忧
反义 ㈠担心—放心

多音字	8画 八(丷)部
单	上下 丷/甲
	丷 兴 兰 单

㈠dān ①不复杂:简~|~纯。②独,一:~独|打~枪匹马。③奇(jī)数的:~号|~数。④微薄,微弱:~薄。⑤(衣被等)只有一层的:~衣|~裤。⑥盖在床上的大幅布:床~|被~|褥~。⑦记载事物的纸片:名~|传~|~据。⑧只,仅:有决心还不够|要依靠集体,不能~靠个人。
㈡shàn 姓。
㈢chán【单于】-yú 古代匈奴的君主。
同义 ㈠单薄—薄弱、瘦弱/单纯—简单/单独—独自
反义 ㈠单薄—厚实、强壮/单纯—复杂/单独—共同
组字 掸、弹、婵、禅、蝉、阐、郸

dān	10画 耳部
耽	左右 耳/尤
	丆 耳 耵 耽

①拖延:~误|~搁。②沉迷不悟:~乐|~于幻想。
同义 耽搁—耽误、拖延
提示 "耽"不要与"眈"相混。

dān	10画 阝(yì)部
郸	左右 单(丷/甲)/阝
	兰 郸 郸

【郸城】-chéng 县名,在河南省。

dǎn	9画 月部
胆	左右 月/旦(日/一)
	月 肥 胆

①胆囊,内脏器官之一,在肝脏右叶的下部,里面有黄绿色的胆汁,味咸苦,有帮助消化、杀菌、防腐等作用。②勇气:~量|略(胆量和智谋)|~战心惊。③某些器物的内层:球~|热水瓶~。
同义 胆量—胆略/胆怯—胆小、害怕
反义 胆怯—勇敢、胆大/胆壮—心虚

谜语　山海关 (金融卡:长城卡)
　　　走弯路 (音乐名词:进行曲)

dan

dǎn	11画 扌(shǒu)部
掸	左右 扌/单(丷/甲)
	扌挡掸

①拂,打去尘土:~桌子|小鸟伸起腿来~~翅膀。②拂去尘土的用具:鸡毛~子。

dàn	5画 日部
旦	上下 日/一
	日日旦

①天亮的时候,早晨:~|通宵达~。②(某一)天:元~|一~。③传统戏曲里扮演妇女的角(jué)色:花~|老~|刀马~。
同义 旦夕——早晚、朝夕
反义 旦—夕
组字 但、坦、担、胆、袒、疸

dàn	7画 亻(rén)部
但	左右 亻/旦(日/一)
	亻但但

①只,仅,只要:~愿如此|~爱鲈鱼美|朗读课文不~要正确、流利,而且要有感情。②表示转折,相当于"不过"、"可是":~是|她虽没有美丽的外表,~却有美好的心灵。
同义 但是—可是、不过、然而

dàn	8画 讠(yán)部
诞	左右 讠/延(㢟/廴)
	讠讠讠诞诞

①人出生:~生|~辰(生日)。②生日:华~(敬称别人生日)。③离奇古怪的,不真实的,不合情理的:荒~|怪~不经(说话荒唐离奇,毫无根据)。
同义 诞辰—生日、生辰/诞生—出生、降生
反义 诞生—逝世

dàn	11画 氵(shuǐ)部
淡	左右 氵/炎(火/火)
	氵汁淡

①含的盐分少,与"咸"相对:~水|菜煮~些。②稀薄,含有某种成分少,与"浓"相对:~薄(bó)|~茶|天高云~。③色浅不艳:~绿|~红色。④不热情:冷~⑤不兴隆,不旺盛:~月|~季(经营或生产少的季节)。
同义 淡薄—稀薄、淡漠、模糊
反义 淡—浓、咸、深/淡薄—浓厚/淡季—旺季/淡忘—铭记

多音字	11画 弓部
弹	左右 弓/单(丷/甲)
	弓弹弹

㈠dàn ①可用弹(tán)力发射出去的小圆球:~丸|泥~|铁~。②有杀伤、破坏作用的金属爆炸物:炮~|~炸|~氢~。
㈡tán ①被其他手指压住的手指用力伸开的动作:把袖子上的土~掉|他只用手指~几下西瓜,就知道瓜熟了没有。②用弓弦把纤维变得松软:~棉花。③拨动或敲打,使物体振动发声:~琵琶|~琴。④有弹性:~簧。⑤抨击:~劾。

dàn	11画 疋(shū)部
蛋	上下 疋/虫
	乛疋蛋

①鸟、蛇、龟等产的卵:鸡~|鸟~|蛇~。②像蛋的东西:山药~|驴粪~。

dàn	12画 气部
氮	半包围 气/炎(火/火)
	气气氮

一种化学元素,在通常条件下为气体,无

名人名言 力胜者可以举大器,智胜者可以断大事,志胜者可以适大愿。
[宋]晁迥

dan—dang

色、无臭、无味,不能燃烧。可用来制造氨、硝酸和氮肥。

dang

多音字	6画 小(⺌)部
当	上下 ⺌/彐
	丨⺌当当

㊀dāng ①担任:大家选他~班长。②承担,承受:担~|敢做敢~|不敢~。③掌握,主持:~家|~权|~局。④相等,差不多:旗鼓相~(比喻双方力量不相上下)。⑤应该:应~|该~|~说就说。⑥抵挡,阻拦:锐不可~。⑦对着:~面|~着大家说清楚。⑧正在(那时候、那地方):~年|~前|~场。⑨拟声词:丁~|~~响|~啷(lāng)~啷,上课铃响了。

㊁dàng ①合适,适宜:适~|恰~|妥~。②抵得上,等于:干活时他一人能~两人。③作为:把同学~做兄弟姐妹。④以为,认为:你的字写得真好,我~是老师写的。⑤圈套,阴谋诡计:上~受骗。⑥表示在同一时间:~年(本年,同一年)|~天(同一天)。⑦用实物做抵押向当铺借钱:典~。⑧抵押在当铺里的实物:赎~。

同义 当心—留神、小心/当中—中间、正中/当头棒喝—当头一棒
反义 当初—今日、现在/当面—背后
组字 挡、档、铛、裆

多音字	11画 钅(jīn)部
铛	左右 钅/当(⺌/彐)
	钅铛铛

㊀dāng 拟声词,金属撞击的声音:他把小铜锣敲得~~响|~的一声。
㊁chēng 烙饼或做菜用的平底锅:饼~。

dāng	11画 衤(yī)部
裆	左右 衤/当(⺌/彐)
	衤衤裆

①裤裆,两裤腿相连的地方:横~|开~裤。②两腿相连的地方:腿~。

多音字	9画 扌(shǒu)部
挡	左右 扌/当(⺌/彐)
	扌挡挡

㊀dǎng ①阻拦,抵住:阻~|拦~|抵~。②遮蔽:~风|雨山高~不住太阳。③用来遮蔽的东西:炉~|窗户~儿。④排档的简称:倒~|二~。
㊁dàng【摒挡】bìng- 收拾,整理:~行李。

dǎng	10画 小(⺌)部/儿部
党	上下 当(⺌/口)/儿
	丨⺌党

①政党:共产~|民主~派。②因私利而结成的集团:死~|同~|结~营私。③偏向,祖护:~同伐异(和自己同派的就偏袒,不同派的就攻击)。④旧时指亲族:父~|母~。

dàng	9画 艹(cǎo)部
荡	上下 艹/汤(氵/㑅)
	艹艹荡

①摇动,晃动:摇~|飘~|~舟。②无事而随处走动,闲逛:闲~|东游西~。③洗,冲刷:~涤(dí)一切污泥浊水。④清除,弄光:扫~|倾家~产|~然无存(形容原有的东西已不存在)。⑤行为不受约束,作风不正:放~|浪~。⑥浅水湖:芦花~。
同义 荡舟—泛舟、划船

脑筋急转弯 有一种马是专供男人使用,这是什么马?(体操比赛用的鞍马)

dang—dao

档 dàng　10画　木部
左右　木/当(⺌/彐)
扌挡档

①存放案卷用的带格子的橱架：存~|归~。②档案，分类保存的文件、材料等：查~。③产品的等级：高~商品。④器物上起支撑固定作用的条状物：横~|儿床~。

提示 "档"不要读做 dǎng。

dao

刀 dāo　2画　刀部
独体
丁刀

①用来切、割、砍、削、铡的工具：菜~|镰~|刺~|手术~。②形状像刀一样的东西：冰~。③量词，纸张单位，通常为100张。

同义 刀口—刀刃
组字 召、叨、初

导 dǎo　6画　寸部
上下　巳/寸
㇇巳导

①带领，指引：引~|开~|指~。②传：~电|~热|半~体。③引起：~火索|~致。

同义 导航—领航、引航/导致—招致、致使

岛 dǎo　7画　山部
半包围　鸟/山
ノクク鸟岛

海洋或湖泊里四面被水围着的陆地叫岛，如西沙群岛。三面被水围着的陆地叫半岛，如辽东半岛。

组字 捣

捣 dǎo　10画　扌(shǒu)部
左右　扌/岛(鸟/山)
扌护捣捣

①砸，舂(chōng)，捶：~蒜|~米|~衣。②冲，攻打：直~敌人的老窝。③打搅，扰乱：~乱|~蛋|~鬼。

同义 捣蛋—捣乱/捣鬼—搞鬼

倒 多音字　10画　亻(rén)部
左右　亻/到(至/刂)
亻伾倒

㈠dǎo ①由直立变为横躺：跌~|树被风刮~了|房屋~塌。②失败，垮台：~闭|~台。③更换，转移：~手(东西从一个人的手中转到另一个人的手中)|~车|~班。

㈡dào ①上下或前后颠倒(dǎo)：书拿~了|~映水中|~数第三。②反转或倾斜容器，使里面的东西出来：~茶|~垃圾。③反而，却：吃了药，~更疼了|~打一耙。④向后，往回退：~退|~车(车向后退)。

同义 ㈠倒闭—破产/倒霉—倒运　㈡倒退—后退、退缩
反义 ㈠倒闭—开张/倒霉—走运　㈡倒退—前进

祷 dǎo　11画　礻(shì)部
左右　礻/寿(龶/寸)
礻祄祷祷

①教徒或迷信的人向天、神求助：祈~|~告。②敬词，用于书信，表示希望、祈求的意思：~~|~盼~。

同义 祷告—祷祝、祈祷

蹈 dǎo　17画　足(⻊)部
左右　⻊/舀(爫/臼)
𧾷跆蹈蹈

歇后语：大火烧了凉冰窖——天意该着

dao—de

①踩,踏:赴汤~火(比喻不避艰险,奋不顾身)。②实行,遵循:~袭(沿用旧的)|循规~矩。③有节奏的跳动:舞~|手舞足~。

dào	8画 刂(dāo)部/至部
到	左右 至(ㄊ/土)/刂 不 至 到

①达到,到达:从无~有|他爬~山顶了|坚持~底,就是胜利。②往,去:~少年宫去|~南极考察。③周全,周密:考虑周~。④表示动作的效果:看~|想~|《小学生守则》里的每一条,我们都做~了。

同义 到处—四处、处处/到达—抵达/到底—究竟、彻底、终于

组字 倒

dào	11画 皿部
盗	上下 次(冫/欠)/皿 次 盗 盗

①偷:~窃|~卖|掩耳~铃(比喻自己欺骗自己)。②偷窃或抢劫的人:~贼|强~|江洋大~。

同义 盗窃—偷窃、盗贼—盗匪、窃贼

dào	11画 忄(xīn)部
悼	左右 忄/卓(卜/早) 丷忄忄悼

悲痛地怀念:哀~|追~|~念。

同义 悼念—哀悼

dào	12画 辶(chuò)部
道	半包围 首(丷/自)/辶 丷首道道

①路:铁~|水~|羊肠小~。②方向,途径:志同~合(理想、志趣一致,或所从事的事业相同)。③道理,正当的事理:无~|主持公~。④方法,办法,技术:门~|医~。⑤说:能说会~|说三~四。⑥用语言表示:~谢|~歉。⑦道家,我国古代的一个思想流派,以老聃(dān)和庄周为代表。⑧道教,我国的主要宗教之一,创立于东汉时:~士|姑(女道士)|~观(guàn,道教的庙)。⑨指某些反动迷信组织:会~门|一贯~。⑩线条:红~儿|画了两条横~儿。⑪量词:一~题|一~河|一~门|衣服洗了三~。

同义 道歉—致歉、赔礼/道喜—道贺、贺喜/道不拾遗—夜不闭户

dào	15画 禾部
稻	左右 禾/舀(爫/臼) 禾 稻 稻 稻

粮食作物,籽实去壳后就是大米:水~|~谷|~草。

de

多音字	11画 彳(chì)部
得	左右 彳/导(日/寸) 彳 得 得

㊀dé ①得到,获取,与"失"相对:取~|~奖。②遇到:~便|~空(kòng)。③适合,恰当:~法(方法正确)|~体。④得意,满意:洋洋自~。⑤可以,许可:不~随便缺席。

㊁de 用在动词或形容词后,表示可能、效果或程度:扛~动|唱~好|甜~很。

㊂děi 应该,必须:上课~专心听讲|同学有困难,我们~帮助。

同义 ㊀得当—适当/得益—受益、获益/得罪—冒犯、触犯

反义 ㊀得失/得逞—未遂/得当—失当、不当/得到—失去/得益—受害、受损

谜语　节约土地全靠人 (字:他)
　　　池水流失筑土坡 (字:地)

de—deng

dé	15画 亻(chì)部
德	左右 亻/惪(直/心)
	亻/彳/德

①道德,品质:~才兼备|~智·体全面发展。②心意,信念:同心同~。③恩惠,好处:感恩戴~(感激别人的恩惠)。

多音字	8画 白部
的	左右 白/勺
	′白 的 的

㈠de ①附在别的词语后面表示修饰关系:伟大~祖国|慈祥~母亲。②附在别的词语后面表示领属关系:我~书包|台湾是中国~领土。③代替所指的人或物:开车~|住~|用~。④用在句尾,表示肯定的语气:中国人民是不可战胜~。

㈡dì ①箭靶的中心:中(zhòng)~|有~放矢(对准靶心放箭。比喻言论、行动有目标或有针对性)。②目标:目~。

㈢dí 确实,实在:~确|~当(dàng)。

同义 ㈢的确—确实

deng

dēng	6画 火部
灯	左右 火/丁
	丶丷火灯

照明或做其他用途的发光、发热的器具:电~|塔~|张~结彩。

同义 灯光—灯火

dēng	12画 豆部/癶(bō)部
登	上下 癶/豆(一/口/丷)
	丿ァ癶 登

①由低处上高处:~山|攀~。②记载,刊出:~记我的文章|出来了。③粮食成熟:五谷丰~。④同"蹬"。

同义 登场—登台、出场/登记—注册/登载—刊载、刊登

反义 登场—退场

组字 凳、噔、澄、橙、瞪、蹬

dēng	19画 足(𧾷)部
蹬	左右 𧾷(口/止)/登(癶/豆)
	𧾷 𧾷 𧾷 蹬

踩,踏,脚向下用力:~在凳子上|三轮车|~水车。

děng	12画 竹(⺮)部
等	上下 ⺮/寺(土/寸)
	⺮ 笁 等

①级别,种类:~级|上~|优~生。②同,一样:平~|相~|~腰三角形。③等待:~候|~车时间不~人。④表示多数:我~|你~。⑤表示列举未完:山坡上种着桃、梨、橘子~果树。⑥表示列举完了收尾:指南针、火药、造纸、印刷术~四大发明。

同义 等待—等候/等闲—平常

dèng	4画 又部/阝(yì)部
邓	左右 又/阝
	又𫍡 邓

姓。

dèng	14画 几部
凳	上下 登(癶/豆)/几
	丿ァ癶 登 凳

没有靠背的坐具:板~|方~。

名人名言 只要你能够自信,别人也就会信你。
[德]歌德

deng—di

dèng	17画 目部
瞪	左右 目/登(癶/豆)
	目 目＂ 瞪

睁大眼睛,睁大眼睛看：~眼|目~口呆(形容因吃惊或害怕而发愣)|你~着他干什么？

di

dī	7画 亻(rén)部
低	左右 亻/氐
	亻 亻氏 低

①矮,由下到上距离小,离地面近,与"高"相对：~空|水位很~|路面高~不平。②等级在下,在一般标准或平均程度之下：~年级|~声细语|文化水平~。③俯,头向下垂：~头|~垂。
同义 低—矮/低沉—深沉、低落、消沉/低贱—低下、卑贱/低廉—便宜/低能—弱智
反义 低—高/低沉—高昂、高亢/低贱—高贵/低廉—昂贵

dī	12画 土部
堤	左右 土/是(日/疋)
	土 坦 堤

用土、石等修筑的挡水的高岸：~坝|海~|~岸。
同义 堤坝—堤岸、堤防

多音字	14画 口部
嘀	左右 口/啇(亠/丷/冂)
	口 呚 嘀

㈠dí【嘀里嘟噜】—li dū lū 形容说话使人听不明白：他~的,不知说些什么。
㈡dí【嘀咕】—gu ①小声或背地里说话：上课了,你们还在~什么？②猜疑,拿不定主意：心里犯~。

dī	14画 氵(shuǐ)部
滴	左右 氵/啇(亠/丷/冂)
	氵 汸 滴

①一点一点地落下的液体：水~|汗~。②液体一点一点地往下落,使液体一点一点地往下落：汗~禾下土|~眼药水。③比喻极少,零星：点~。④量词：一~血|一~汗|节约每一~水。

dí	7画 犭(quǎn)部
狄	左右 犭/火
	ノ 犭 犭 狄

我国古代对北方民族的统称。

dí	8画 辶(chuò)部
迪	半包围 由/辶
	日 由 迪 迪

开导,引导：启~。

dí	10画 舌部/攵部
敌	左右 舌(千/口)/攵
	千 舌 敌

①敌人：~机|仇~|分清~我。②相等,相当：匹~(力量相等)|势均力~(双方力量相当)。③抵挡：寡不~众|所向无~(形容谁也抵挡不住)。
同义 敌人—仇人
反义 敌—我、友/敌对—友好/敌人—朋友、友人

dí	10画 氵(shuǐ)部
涤	左右 氵/条(夂/木)
	氵 汄 涤

脑筋急转弯 太阳爸爸和太阳妈妈生了个太阳儿子,我们应该说什么话来恭喜他们？(向他们说"生'日'快乐")

di

①洗,清洗:洗~|~荡(洗涤,清除)。②合成纤维涤纶的简称:~棉布|毛~。

dí	11画 竹(⺮)部
笛	上下 ⺮/由
	⺮ 笛 笛

①管乐器,通常用竹子做的,横着吹。②响声高而尖的发音器:汽~|警~。

dí	14画 女部
嫡	左右 女/啇(丷丨冂)
	乚 女 妒 嫡

①亲生的或血统关系最近的亲属:~子|~亲哥哥|~堂兄弟。②系统最近的:~系。③某种技艺一代一代直接传授:~传。

dǐ	8画 扌(shǒu)部
抵	左右 扌/氐
	扌 扌 抵 抵

①挡,拒,用力对撑着:~挡|~制不正之风|把门~住。②顶,相当,代替;~债|~押|~偿(用价值相等的东西赔偿或补偿)|一个人~两个人用。③到达:~达|~京。④抵消,互相消除:收支相~。

同义 抵抗—抵挡、抵御、反抗/抵赖—狡赖、否认/抵命—偿命

反义 抵赖—承认、供认

dǐ	8画 广部
底	半包围 广/氐
	广 庐 底 底

①物体最下面的部分:井~|清澈见~。②末尾:月~|年~。③根基,根源,内情:家~|~细|摸~儿。④衬托花纹图案的一面:白~红花。

多音字	6画 土部
地	左右 土/也
	土 扫 地

㈠dì ①地球的外壳:~质|天~。②陆地:~形|~面。③土地,农田:下~|开垦荒~。④地区:各~|内~。⑤地点:目的~|所在~。⑥路程:十里|两站~。⑦底子:白~红花裙子。⑧地步:留有余~。⑨思想行动的情况,常用以表示达到某种阶段:见~(见解)|境~|心~。

㈡de 表示它前面的词或词组是状语:出色~完成任务|积极~劳动。

同义 ㈠地步—田地、境地/地区—地域/地位—位置/地形—地势/地址—地点

反义 ㈠地—天/地面—天空/地狱—天堂

dì	7画 八(丷)部
弟	上下 丷/弟
	丷 兰 弟 弟

①同父母或亲属中同辈而年纪比自己小的男子:~~|堂~|表~。②对朋友谦称自己:小~。

同义 弟兄—兄弟、手足/弟子—徒弟、学生

反义 弟兄—兄/弟子—师傅、老师

组字 剃、涕、梯、递

dì	9画 亠(tóu)部
帝	上下 立/巾
	亠 立 帝

①古代指天神;上~|玉皇大~。②君主:皇~|~王。③帝国主义的简称。

同义 帝王—皇帝、君王、君主

组字 蒂、谛、啼、缔、蹄

歇后语 大年初一看黄历——日子长着哩

di—dian

dì	10画 辶(chuò)部
递	半包围 弟(丷/弔)/辶
	丷 兯 弟 递 递

①传送，传达：传~|投~|把球~过来。②顺着次序：~增|~进|~升|~降。
同义 递交—呈递
反义 递增—递减

dì	11画 竹(⺮)部
第	上下 ⺮/弟
	⺮ 筥 第 第

①放在整数的数词前，表示次序：~一|~二年。②科举考试称考中(zhòng)为及第，没考中为落第。③封建社会官僚贵族的大宅子：宅~|府~|进士~|书香门~。

dì	12画 艹(cǎo)部
蒂	上下 艹/帝(亠/巾)
	艹 艾 芇 蒂

花或瓜果跟枝、茎相连的部分：瓜熟~落（比喻条件或时机成熟，就能顺利成功）。

dì	12画 纟(mì)部
缔	左右 纟/帝(亠/巾)
	纟 纩 绐 缔

①结合，订立：~结|~约。②创立，组织：~造。
同义 缔结—订立、签订/缔造—创造
反义 缔结—废除

dian

diān	11画 扌(shǒu)部
掂	左右 扌/店(广/占)
	扌 扩 护 掂

手托东西一上一下地动着估量轻重：~量|你~一~这条鱼有多重。
同义 掂量—斟酌

diān	13画 氵(shuǐ)部
滇	左右 氵/真(十/且/八)
	氵 汁 洎 滇

①云南省的别称。②滇池，湖名，在云南省，也叫昆明湖。

diān	16画 页部
颠	左右 真(十/且/八)/页
	十 直 真 颠

①头顶：华~（头顶黑发白发相杂）。②最高最上的部分：山~|塔~。③倒置，错乱：~倒|三倒四。④上下震动：~簸(bǒ)|路不平，车~得厉害。⑤方言 跳起来跑，跑：连跑带~|东跑西~。
同义 颠覆—倾覆
组字 巅、癫

diān	19画 山部
巅	上下 山/颠(真/页)
	冂 峕 巔 巅

山顶。

diān	21画 疒(nè)部
癫	半包围 疒/颠(真/页)
	广 疒 痄 癫

精神错乱，失常：~狂|疯~。

diǎn	8画 八部
典	上下 曲/八
	冂 冂 曲 典

①可以作为标准、典范的书籍：字~|词~|引经据~。②标准，法则：~章（法令制度）|~范（可以作为标准学习、仿造的人或事物）。③郑重举

| 谜语 | 开发土地 | (字：也) | 一点土也是宝 | (字：玉) |
| | 大排污水 | (字：夸) | 一心系寸土 | (字：恃) |

75

dian

行的仪式:~礼盛~|开国大~。④说话、作文时引用的古书中的故事或词句:~故|引用~。⑤用抵押品借钱:~押|~当。⑥主持,主管:~试|~狱。
同义 典范—楷模、模范
反义 典雅—粗俗
组字 觍、腆、碘
提示 "典"的上面不要写成"曲"。

diǎn	9画 灬(huǒ)部
点	上下 占(⺊/口)/灬
	⺊占点

①细小的东西:雨~|斑~|墨~儿|一丁~。②汉字的一种笔画"丶"。③几何中指只有位置而没有长、宽、高的图形:两~连一线。④一定的处所或限度:地~|起~|极~。⑤项,部分:优~|难~|要~。⑥装饰,缀:~缀|装~。⑦检查,核对:~名|盘~清~账目。⑧指定:~菜|~播歌曲。⑨引燃:~火|~灯|~蚊香。⑩向下落的动作:~头|~眼药水|蜻蜓~水。⑪时间:五~半|正~|火车晚~。⑫食品:糕~|早~|~心。⑬语文、数学常用的符号:标~|小数~。⑭启发,指明:指~|明中心|篇末~题。⑮用笔加上点子:~句|评~|画龙~睛。⑯量词:一~儿小事|两~建议。
同义 点拨—指点/点缀—装饰、装点
反义 点头—摇头

diǎn	13画 石部
碘	左右 石(厂/口)/典(曲/八)
	石矿碘碘

非金属元素。紫黑色晶体,易溶于酒精,可制药物、颜料和照相材料等。人体缺碘会引起甲状腺肿大。

diǎn	15画 足(⻊)部
踮	左右 ⻊(口/止)/店(广/占)
	⺊⻊跗踮

提起脚跟,用脚尖着地:~着脚向前看。

diàn	5画 丨(gǔn)部/乙部
电	独体
	日日电

①物质中存在的一种能,可用它来发光、发热、使机械转动等。②触电:他被~了。③电报:急~|北京来~。④打电报:~汇|~贺。

diàn	7画 亻(rén)部
佃	左右 亻/田
	亻们佃佃

旧社会农民向地主租种土地:~农|~户。

diàn	7画 勹(bāo)部
甸	半包围 勹/田
	勹甸甸

①古代指郊外的地方。②【甸子】-zi 放牧的草地。

diàn	8画 广部
店	半包围 广/占(⺊/口)
	广庁店

①商店,铺子:书~|杂货~|~员。②小旅馆:客~|住~。
同义 店铺—商店、铺子
组字 掂、惦、踮

diàn	9画 王部
玷	左右 王/占(⺊/口)
	二王玨玷

①白玉上面的污点,也比喻人的缺点、过失。②弄脏,染上污点:~污。
同义 玷污—玷辱、辱没(mò)

名人名言 人只有献身社会,才能找出那实际上是短暂而有风险的生命的意义。
〔美〕爱因斯坦

dian—diao

diàn	9画 土部
垫	上下 执(扌/丸)/土
	扌 扫 执 垫

①衬,铺:把床~高些|~桌子|~猪圈(juàn)。②衬或铺的东西:鞋~|椅~|草~子。③暂替别人付款:~钱|~款。

diàn	11画 氵(shuǐ)部
淀	左右 氵/定(宀/疋)
	氵 汙 浐 淀

①浅的湖泊:白洋~(在河北省)。②液体里沉下的渣滓或粉末:沉~。

diàn	11画 忄(xīn)部
惦	左右 忄/店(广/占)
	丷 忄 忄 惦

挂念,不放心:~念|~记|心里老~着工作。
同义 惦记—惦念、挂念

diàn	12画 八(丷)部/大部
奠	上下 酋(丷/酉)/大
	丷 酋 奠 奠

①用祭品对死者表示哀悼、敬意:祭~|~仪(送给死者家属用于祭奠的财物)。②奠定,稳稳地安置:~基|~都(确定首都的地址)。

diàn	13画 殳(shū)部
殿	左右 展(尸/共)/殳(几/又)
	尸 屉 屉 殿

①高大的房屋,特指皇帝居住、办事或寺庙里供神佛的地方:宫~|佛~。②排列在最后:~后。

diao

diāo	2画 乙部/刀部
刁	独体
	乛 刁

狡猾,奸诈:~滑|这人真~。
同义 刁滑—刁钻、狡猾、奸猾/刁难(nàn)—难为、为难
反义 刁滑—敦厚、老实
组字 叼
提示 "刁"不要与"刀"相混。

diāo	5画 口部
叼	左右 口/刁
	口 叼 叼

用嘴衔住:猫~老鼠|翠鸟~小鱼。

diāo	10画 冫(bīng)部
凋	左右 冫/周(冂/吉)
	冫 刀 凋 凋

(草木花叶)脱落,衰落:~谢|百花~零|~敝。
同义 凋谢—凋零、凋落
反义 凋谢—开放、绽放

diāo	12画 豸(zhì)部
貂	左右 豸/召(刀/口)
	豸 豸 豹 貂

哺乳动物,嘴尖,脚短,行动快,听觉灵敏,种类很多,是我国东北的特产之一。

diāo	13画 石部
碉	左右 石(厂/口)/周(冂/吉)
	石 矴 硐 碉

碉堡,军事上用于防守的建筑物。

diāo	16画 隹(zhuī)部
雕	左右 周(冂/吉)/隹
	周 雕 雕 雕

打什么东西不费力气,又很舒服?(打瞌睡)

①一种很凶猛的鸟，像鹰，体形巨大，上嘴钩曲，捕食山羊、野兔等，也叫鹫。②用刀子等工具刻：~刻l~版（雕刻印刷用的底版）l~塑。③有彩绘、雕花装饰的：~梁画栋。
同义 雕刻—雕琢

diāo	6画 口部
吊	上下 口/巾
	口吕吊

①悬挂：门口~着大彩灯。②向上提或向下放（用绳子系着的东西）：吊车正一筐筐往上~混凝土。③收回：~销营业执照。④悼念死者或对丧家给予慰问：~丧l~唁(yàn，追悼死者并慰问家属）。
同义 吊销—注销、取消/吊唁—吊丧、吊孝

diào	8画 钅(jīn)部
钓	左右 钅/勺
	钅钓钓

①用饵引诱鱼等上钩：~鱼l垂~。②用手段取得：沽名~誉（用某种手段骗取名誉）。
同义 钓饵—诱饵/钓鱼—垂钓

多音字	10画 讠(yán)部
调	左右 讠/周（几/吉）
	讠训调调

㈠diào ①调动，安排：对~他~走了l~兵遣将。②了解，访查：~查l外~。③音乐或语言中音的高低变化：曲~l声~l腔~。
㈡tiáo ①配合，使均匀：风~雨顺l奶粉里放点糖—下l~味。②使和谐：~解l~整l~停（使争端平息）。③挑拨：~弄l~唆(suō)。④挑逗，戏弄：~笑l~戏。
同义 ㈠调查—考察/调遣—调派、差遣 ㈡调和—调解/调停/调皮—顽皮、淘气
反义 ㈠调和—斗争/调解—挑拨

diào	11画 扌(shǒu)部
掉	左右 扌/卓(⺊/早)
	扌扩抈掉

①落下：~泪l狼~进陷阱中。②落在后面：跟上，别~队。③减少，下降：~膘(biāo，指牲畜变瘦）l~价。④丢失，遗漏：钱包~了l这篇作文~了几个字。⑤回转：~过来l卡车~头。⑥对换：~座位l~一个个儿。⑦摇摆：尾大不~（尾巴太大就不好摇动。比喻指挥不灵）。⑧在动词后表示动作的完成：擦~l铲~l把敌人消灭~。
同义 掉队—落伍/掉头—回头

die

diē	10画 父部
爹	上下 父(⺈/八)/多(夕/夕)
	八父爹爹

①父亲：~~l~娘。②对老人或长(zhǎng)者的尊称：老~。

diē	12画 足(⻊)部
跌	左右 ⻊(口/止)/失
	𧾷𧾷跌跌

①摔倒：~倒了爬起来l~了一跤。②下降，低落：米价下~。
同义 跌—摔/跌价—降价、掉价
反义 跌—涨

dié	8画 辶(chuò)部
迭	半包围 失/辶
	亠失诀迭

①交换，轮流：更(gēng)~l~为宾主。②屡次：~次l~有新发现。③及，赶上：忙不~。

die—ding

dié	11画 讠(yán)部
谍	左右 讠/枼(世/木)
	讠 讦 谍 谍

①秘密探查敌方的消息:~报。②进行谍报活动的人:间(jiàn)~。

dié	12画 口部
喋	左右 口/枼(世/木)
	口 吖 哄 喋

①【喋喋】说话啰唆:~不休。②【喋血】-xuè 血流满地,形容伤亡很大。

dié	13画 又部
叠	上中下 叒(ㄡ/双)/冖/且
	又 叒 叠 叠

①一层一层地加,重复:重~|罗汉|重峦(luán)~嶂(zhàng)。②折:折~|~衣服|~被子|~信纸。

dié	14画 石部
碟	左右 石(丆/口)/枼(世/木)
	石 矴 碟 碟

小盘子:~子里盛着酱油|一~花生米。

dié	15画 虫部
蝶	左右 虫/枼(世/木)
	虫 蚰 蛛 蝶

【蝴蝶】hú- 见"蝴"。

ding

多音字	2画 一部
丁	独体
	一 丁

㊀dīng ①天干的第四位,常用做顺序的第四。②成年男子:成~|壮~。③从事某种职业或专门性劳动的人:园~。④指人口:人~|添~。⑤蔬菜、肉类等切成的小块:肉~儿|黄瓜~儿。

㊁zhēng【丁丁】形容伐木、弹琴等声音。

组字 可、盯、钉、顶、订、汀、叮

dīng	5画 口部
叮	左右 口/丁
	口 叮

①叮嘱,再三嘱咐。②蚊子等用针形口器吸食(血液):~咬|被蚊子~得睡不着。③追问:~问。

同义 叮咛—叮嘱、嘱咐

dīng	7画 目部
盯	左右 目/丁
	目 目 盯

集中视力看:眼睛~着黑板|大伙儿的眼睛都~着他。

同义 盯梢—跟踪

多音字	7画 钅(jīn)部
钉	左右 钅/丁
	钅 钉

㊀dīng ①钉子,金属或竹木做成的条形尖头的东西:铁~|螺丝~。②紧跟着,看(kān)紧:~住那个可疑的人。③督促,催问:~问。

㊁dìng ①把钉子打入其他物体或固定在别的东西上:~钉(dīng)子|~箱子。②把带子、纽扣等缝住:~扣子。

dǐng	8画 页部
顶	左右 丁/页
	丁 丆 顶

谜语 珍惜国土 (礼貌用语:贵地) 鸟啼花落 (礼貌用语:鸣谢)
破涕为笑 (音乐名词:哀乐)

ding—dong

①最高最上的部分：头~|山~|屋~。②用头托住：头~|一小筐苹果|~天立地(形容英雄气概)。③冒：~风冒雨。④抵住：把门~上|对歪风邪气要~得住。⑤违抗，争辩：~撞|~嘴。⑥最，极：~多|~聪明|~能干。⑦代替：~替|~班。⑧相当，等于：王师傅干活一年~三年。⑨管用：~事|~用。⑩量词：一~帽子。
同义 顶点—顶峰/顶替—代替/顶用—管用、中用/顶撞—顶嘴、冲撞

dǐng	12画 目部/鼎部
鼎	上下 目/朩
	目 早 早 鼎 鼎 鼎 鼎

①古代炊具，一般是两耳三条腿。②比喻三方并立：三国~立|~峙(zhì，三方面对立)。③大：~力(大力)。表示请人帮助或感谢时用的敬词|~~大名。④正，正在：~盛(正兴盛或强壮)。
同义 鼎沸—沸腾/鼎力—大力/鼎盛—兴盛、全盛

dìng	4画 讠(yán)部
订	左右 讠/丁
	讠 订

①商议后写成文字：签~|合同|~立公约。②预先约定：~货|杂志|预~。③改正，修改：~正|校(jiào)|~修~。④把书页或纸张加工成本子：装~|合~本|~书机。
同义 订立—签订/订正—勘正、改正

dìng	8画 宀(mián)部
定	上下 宀/疋
	宀 宁 定

①平静，安稳：安~|稳~|心神不~。②决定，确定：商~|否|~计划。③确定不移的：~理|~局|~价。④限制，不能超过：~期|~量|~规~。⑤一定：~能取胜。
同义 定居—安家、落户/定期—限期/~然—必定
反义 定居—迁居、移居
组字 淀、绽、锭
提示 "定单"、"定户"、"定婚"、"定货"、"定阅"等的"定"今统做"订"。

dìng	13画 钅(jīn)部
锭	左右 钅/定(宀/疋)
	钅 钅 锭

①纺车或纺纱机上绕纱的机件：纱~。②金属或药物等制成的块状物：钢~|金~|儿紫金~(中药名)。③量词：一~银子|一~墨。

diu

diū	6画 丿(piě)部/厶(sī)部
丢	上下 王/厶
	千 王 丢

①失去，遗落：~失|~脸(失去面子)|~三落(là)四。②扔，抛掉：果皮、纸屑不乱~。③放下，抛开：~开烦恼|学过的知识不能~。
同义 丢—扔、抛/丢脸—丢人、丢丑/丢弃—抛弃
反义 丢—拾、捡

dong

dōng	5画 一部
东	独体
	一 七 东 东

①方向，太阳出来的一边：~方|华~|大江~去。②主人：房~|~家|股~。③东道(请客

名人名言 一个人有了知识，才能变得三头六臂。 ——[德]马克思

主人):今天我做~,请你们吃饭。
同义 东家—东道、主人/东张西望—左顾右盼
反义 东—西
组字 冻、陈、栋
提示 "东"不要与部件"东(jiān)"相混;以"东"为基本字的字,韵母都是ian,如"拣"、"练"、"炼"。

dōng	5画 夂(zhǐ)部
冬	上下 夂/冫
	夂夂冬

①四季中的最后一季:寒~|隆~(冬天最冷的一段时间)|~眠。②拟声词,敲鼓或敲门的声音。
反义 冬—夏
组字 佟、咚、终、疼、图

dōng	8画 口部
咚	左右 口/冬(夂/冫)
	口咚咚

拟声词,重东西落下来或敲打、击鼓的声音:~的一声,一块大石头落在路边。

dǒng	12画 艹(cǎo)部
董	上下 艹/重
	艹艹苎苎董董

①监督管理:~理。②董事,监督管理的人:校~|商~。
组字 懂

dǒng	15画 忄(xīn)部
懂	左右 忄/董
	忄忄忄忄懂懂

明白,了解:听得~|这孩子真~事|~行(háng,熟悉某种业务)。
同义 懂得—晓得、知道、明白

dòng	6画 力部
动	左右 云(二/厶)/力
	二云云动

①改变原来的位置或状态,与"静"相对:

移~|活~|震~。②行为:行~|作|举~。③使动,使有动作:~手|~~脑筋|发~群众。④情感引起反应:激~|事迹|人在金钱面前不~心。⑤开始做:~工|~身|~笔。⑥往往:上街做好事者~以万计。⑦放在动词后面,表示结果:挑~|提不~。
同义 动工—开工/动乱—动荡/动听—好听、中听/动摇—犹豫
反义 动—静/动工—竣工/动乱—安定、稳定/动听—难听、刺耳/动摇—坚定

dòng	7画 冫(bīng)部
冻	左右 冫/东
	冫冫冻冻

①液体或含水分的东西遇冷凝结:冰~|三尺|天寒地~。②汁液因冷而凝结成胶状体:鱼~|儿肉~儿。③感到寒冷,受冷:手~僵了|卖火柴的小女孩~死了。
同义 冻结—上冻
反义 冻结—解冻、融化

dòng	9画 木部
栋	左右 木/东
	木木栋栋

①房屋的大梁:雕梁画~|~梁(比喻担负重任的人)。②量词:一~房子。

dòng	9画 氵(shuǐ)部
洞	左右 氵/同(冂/口)
	氵氵洞

脑筋急转弯 小王为什么可以一边刷牙一边吹口哨?(刷假牙)

①孔穴，窟窿：山~|防空~|衣服破了一个~。②透彻地，清楚地：~悉|~察|~若观火（形容看得十分清楚）。③说数字时用来代替零。

同义 洞察—洞悉、明察

dou

dōu	11画 儿部
兜	上下 白/儿
	白 白 兜 兜

①口袋、包一类的东西：裤~|网~。②用手巾、衣襟等把东西拢住：衣襟里~着几个桃子。③招揽，招引：~售（到处找人购买自己的东西，含贬义）|~揽生意。④绕，环绕：~圈子。⑤承担，完全负责：有问题我~着。

同义 兜售—兜销、贩卖

提示 "兜"的上面部件呈左中右对称性结构，从中间起笔。

dǒu	7画 扌(shǒu)部
抖	左右 扌/斗
	扌 扌 抖 抖

①使振动：~床单|~掉身上的雪。②战栗，哆嗦(duō suo)：颤~|冷得直发~。③振作：~起精神。④讽刺人因为有钱有地位等而得意：他发了财，~起来了。

同义 抖擞—振奋、振作

反义 抖擞—委靡

dǒu	9画 阝(fù)部
陡	左右 阝/走(土/止)
	阝 陡 陡 陡

①斜度很大：~坡|~峭|这条山路真~。②突然：天气~变。

同义 陡峭—陡直、峭拔

反义 陡峭—平坦、平缓

dǒu	10画 虫部
蚪	左右 虫/斗
	虫 虫 蚪 蚪

【蝌蚪】kē- 见"蝌"。

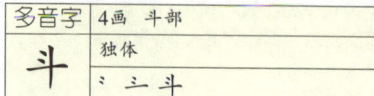

	4画 斗部
斗	独体
	丶 二 三 斗

㈠dòu ①对打：搏~|决~。②使动物争斗：~牛|~蛐蛐儿。③为了达到一定的目的而努力干：奋~。④比赛胜负：~智|~嘴。

㈡dǒu ①容量单位，1斗是10升：多收了三五~。②量粮食的器具。③像斗的东西：漏~|熨~。④形容小的东西大或大的东西小：~胆|~室。⑤圆形的指纹。⑥星名。

同义 ㈠斗争—争斗、战斗、奋斗 ㈡斗胆—大胆

反义 ㈠斗争—调和、妥协

组字 抖、科、蚪、料、斜、魁

dòu	7画 豆部
豆	上中下 一/口/丷
	一 白 豆

①豆类植物或它的种子：大~|黄~|蚕~。②形状像豆粒的东西：花生~|咖啡~。

组字 登、短、逗、痘

dòu	10画 辶(chuò)部
逗	半包围 豆(一/口/丷)/辶
	一 白 逗 逗

①停留：~留了两天。②引，惹：~笑|人喜欢|他拿着玩具~孩子玩儿。③有趣，引人发

歇后语 戴着木头铃的石狮子——摇不响也撞不动

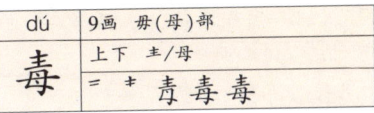

笑:小弟弟说话真~。
同义 逗留—停留/逗笑儿—逗乐儿

dòu	12画 疒(nè)部
痘	半包围 疒/豆(一/口/ㄩ)
	疒 疒 疳 痘

①一种全身发出豆样水疱或脓疱的传染病:水~|~疮(天花)。②【牛痘】niú- 牛身上的痘疮,制成牛痘疫苗,接种在人身上,可以预防天花。

du

多音字	10画 阝(yì)部
都	左右 者(耂/日)/阝
	土 者 都 都

㈠dū ①首都,国家最高领导机关所在的地方:建~|国~。②大城市:~市|通~大邑(yì,大都会,大城市)。
㈡dōu ①全,完全:~来了|大家~很遵守纪律。②表示语气的加重:~半夜了,老师还在批改作业|他急得连鞋~没来得及穿。
同义 ㈠都市—都会、城市
反义 ㈠都市—乡村
组字 嘟

dū	13画 目部
督	上下 叔(朿/又)/目
	上 卡 叔 督

监管,察看:监~|~促|~战。
同义 督察—监督、监察/督促—催促、敦促
提示 "督"的第四笔竖钩变为竖。

dū	13画 口部
嘟	左右 口/都(者/阝)
	口 哜 嘟 嘟

①撅起:~着嘴。②拟声词:小喇叭~~吹。③【嘟噜】-lu 量词,用于成串的东西:一~葡萄|一~钥匙。④【嘟囔】-nang 不停地自言自语:他~着什么,谁也听不懂。
同义 嘟囔—咕噜、咕哝

dú	9画 母(母)部
毒	上下 主/母
	二 キ 青 毒 毒

①对生物体有害的东西:病~|~气|中~。②对思想品质有害的东西:遗~|肃清流~|洗刷旧社会的污~。③凶狠,残暴:~辣|狠~|惨遭~打。④用毒药杀害:~害|~杀害虫|~老鼠。⑤猛烈:七月的太阳真~。⑥能使人成瘾的鸦片海洛因和吗啡等:吸~|~贩。
同义 毒辣—狠毒、恶毒
反义 毒草—香花/毒辣—善良、友好

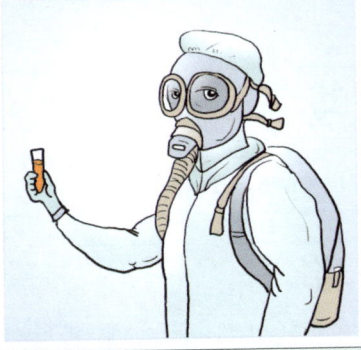

dú	9画 犭(quǎn)部
独	左右 犭/虫
	丿 犭 犭 独

①单一:单~|木桥~|生子女。②没有依靠或帮助:孤~。③只,只有:唯~|有他没来。④独特,与众不同:~创|~具匠心。
同义 独—单、孤/独裁—专制、独断/独特—特别/独自—单独/独树一帜—别具一格
反义 独—偶/独裁—民主/独特—普通

多音字	10画 讠(yán)部
读	左右 讠/卖(十/买)
	讠 讠 诗 读

㈠dú ①照文字念:朗~。②看书,阅览:阅~|~者。③上学或学习:~小学。
㈡dòu 旧指文章里一句话中间念起来要稍稍停顿的地方:句~。

谜语	人在街心站 (字:佳)	垄上行 (字:土)
	转眼又一天 (字:曼)	老头子 (字:孝)

du

同义 读书—念书、学习、上学、看书

dú	12画 牛部
犊	左右 牜/卖(⺊/买)
	牜 牜 牜 犊

牛犊，小牛：初生之~不怕虎(比喻青年人勇敢大胆，敢于创新)。

dú	12画 片部
牍	左右 片/卖(⺊/买)
	丿 片 片 牍

①古代写字用的木片。②文件，书信：文~|尺~(书信)。

dǔ	9画 竹(⺮)部
笃	上下 ⺮/马
	⺮ 竺 笃

①忠实，全心全意：~学(专心好学)|信|~厚(忠实厚道)。②(病)沉重：病~。

dǔ	11画 土部
堵	左右 土/者(耂/日)
	土 圹 堵

①阻塞(sè)，挡：~漏洞|~水管|~住了|别在门口~着。②心里闷：胸口~得慌。③墙：观者如~(形容看的人很多)。④量词：一~墙。
同义 堵塞—阻塞
反义 堵塞—疏导、疏通

dǔ	12画 贝部
赌	左右 贝/者(耂/日)
	贝 赌 赌

①赌博，一种用财物来争输赢的恶习：~棍(靠赌博生活的人)|一场|禁~。②泛指争胜负：打~。
同义 赌气—负气/赌咒—发誓

dǔ	13画 目部
睹	左右 目/者(耂/日)
	目 眭 睹

看见：目~|熟视无~|先~为快。

dù	7画 木部
杜	左右 木/土
	木 朴 杜

①杜树，即棠梨，落叶乔木，果实小而圆，味酸，可以吃。木材可以做扁担或刻图章等。②阻塞(sè)，制止：~绝(彻底制止)|~微~渐（在错误或坏事刚刚冒头的时候，就加以制止，不让它发展）。
同义 杜绝—根绝/杜撰—编造、虚构

多音字	7画 月部
肚	左右 月/土
	月 肚 肚

㈠dù ①肚子，胸下腿上的部分。②圆而凸起像肚子的部分：腿~子|手指头~儿。③内心：牵肠挂~(形容惦念得放不下心)。
㈡dǔ 动物的胃：猪~子|羊~儿。
同义 肚子—肚皮

dù	7画 女部
妒	左右 女/户
	ㄑ 女 妒 妒

因比不上人家而忌恨：~忌|我们应该向他学习，可不能嫉(jí)~。
同义 妒忌—忌妒、嫉妒
反义 妒忌—羡慕

 品德常常是比名誉活得长久。

[德]席勒

du—duan

多音字	9画 半包围	广部 广/廴(廿/又)
度		广庐度

㊀dù ①计算长短的器具或单位:~量衡。②依照计算的标准划分的单位:温~|角~|节约每一~|电。③事物所达到的境地:程~|广~|高~|评价。④能容受的量:气~|~量大|过~|疲劳。⑤法则,应遵行的标准:制~|法~。⑥外貌,仪表:态~|风~。⑦过:~日|欢~佳节|要珍惜时间,不要虚~年华。⑧次:一~|再~受到奖励。

㊁duó 推测,估计:揣(chuǎi)~|以己~人(以自己的想法去猜度别人)。

同义 ㊀度量—气量

组字 渡、镀、踱

dù	12画 左右	氵(shuǐ)部 氵/度(广/廴)
渡		氵汋泸渡

①通过水面到对岸:~江|远~重洋|红军强~大渡河。②通过,从现在到将来:~过难关|过~时期。③渡口,渡头,过河的地方。

同义 渡口—渡头

dù	14画 左右	钅(jīn)部 钅/度(广/廴)
镀		钅钌铲镀

用电解或其他化学方法使一种金属均匀地附着(zhuó)在别的金属或物体的表面上:~金|~银|电~。

duan

duān	14画 左右	立部 立(亠/豆)/耑(山/而)
端		亠立 耑端

①不歪斜,端正,正派:~坐|品行不~。②用手平拿着:~水|~盘子。③东西的一头:笔~|两~|尖~。④事情的开头:开~。⑤项目,点:变化多~。⑥原因:无~(无缘无故)。

同义 端详—端量、细看/端正—方正、端庄、正派

反义 端正—歪斜、不端

duǎn	12画 左右	矢部 矢(⺧/大)/豆(一/口/丷)
短		矢矢矩短

①空间或时间的距离小,与"长"相对:~袖|~跑|~期。②缺少,欠:~少|~缺|斤斤计较两~。③缺点,不足:~处|揭~|取长补~。

同义 短处—缺点/短促—短暂、急促/短缺—短欠、缺少/短小—矮小、简短

反义 短—长/短处—长处、优点/短浅—远大/短暂—长久

duàn	9画 左右	殳(shū)部 ⺕/殳(几/又)
段		厂斤户段

①事物、时间的一节,截:地~|一~~时间|一~距离|一~木头。②工矿企业中的行政单位:工~|机务~。

组字 缎、锻

duàn	11画 左右	斤部 籣(米/匚)/斤
断		米 籣断

①截开,分成两段或几段:斩~|折~|椅子腿~了,大家争着修理。②隔绝,不继续:~水|绝~|中~。③决定,判定:判~|定~|诊~。④一定,绝对:~无此理。

脑筋急转弯 什么样的球不能玩儿?(地球)

duan—dun

同义 断定—判定／断然—果断、绝对／断送—葬送
反义 断断续续—接连不断

duàn	12画 纟(mì)部
缎	左右 纟/段(𠂉/殳)
	纟 纲 纤 缎

缎子，一种比较厚的正面光滑的丝织品：绸~｜锦~。

duàn	14画 钅(jīn)部
锻	左右 钅/段(𠂉/殳)
	钅 钉 钎 锻

①把金属烧红锤打，使成一定形状：~造｜压~｜~工。②【锻炼】-liàn a.冶炼、锻造金属。b.通过体育活动，增强体质：~身体。c.在实践中经受考验，增长才干：在斗争中~成长。
同义 锻炼—磨炼、锤炼

dui

duī	11画 土部
堆	左右 土/隹
	土 𡊄 堆 堆

①累(lěi)积在一起的东西：土~｜草~｜垃圾~。②累积在一起：~积｜雪人｜粮食~满仓。③量词：一~柴火｜一~人。
同义 堆积—堆叠、聚积

duì	4画 阝(fù)部
队	左右 阝/人
	阝 阝 队

①行(háng)列：排~｜形纵~。②有组织的集体：~伍｜部~｜探险~。③量词：一~士兵。
同义 队列—行列

duì	5画 又部
对	左右 又/寸
	又 对 对

①答话，回答：答｜~无言以~。②对付，看待：刀~刀，枪~枪｜~老师要尊敬。③向着：面~大海枪口~着敌人。④对面的：~岸｜方~手。⑤跟，和：谁也不能说。⑥互相：~调｜~换。⑦照着样检查：~笔迹｜~答案｜校~。⑧相合，适合：~劲｜~症下药。⑨正确：这样写才~｜说得~。⑩平均分成两份：~半｜~开｜~折。⑪成双的：~联。⑫掺和(多指液体)：~水。⑬量词：一~枕头｜一~花瓶。⑭对于，说明事物的关系：决不~困难屈服。
同义 对比—对照、比较、比照／对待—看待／对付—应付／对抗—抗衡、抵抗
反义 对—错／对头—朋友

duì	7画 八(丷)部／儿部
兑	上下 丷/兄(口/儿)
	丷 兌 兑

交换：~换(交换货币)｜~款｜~现(凭票据换取现款，比喻实现诺言)。
同义 兑现—兑付、实现
组字 说、悦、脱、锐、税、蜕、阅

dun

dūn	7画 口部
吨	左右 口/屯
	口 吨 吨 吨

①重量单位，1吨等于1000千克。②指登记吨，计算船只容积的单位，1吨等于2.83立方米。

歇后语　对着镜子吹喇叭——空想（响）

dun

dūn	12画 攵(pū)部
敦	左右 享(亠/口/子)/攵
	亠 吂 享 敦

①厚道:~厚。②诚恳:~促(诚恳地催促)|~聘(诚恳地聘请)|~请。
同义 敦促—催促、促使/敦厚—忠厚、厚道
反义 敦厚—刁滑
组字 墩

dūn	15画 土部
墩	左右 扌/敦(享/攵)
	土 坛 堉 墩

①土堆:土~。②厚而粗的木头、石头或建筑物的座儿:树~|门~|儿桥~。③量词,用于丛生的或几棵合在一起的植物:一~荆条|两~稻秧。

多音字	19画 足(足)部
蹲	左右 足(口/止)/尊(酋/寸)
	𧾷 踪 蹲 蹲

㈠dūn ①两腿弯曲到最大限度,像坐但臀(tún)部悬着:~在地上|~下来。②比喻呆着或闲住:别老~在家里。
㈡cún 脚、腿猛然落地受伤:他跳下来~了腿。

dǔn	9画 目部
盹	左右 目/屯
	目 盯 盹 盹

时间很短的睡眠:打~儿(打瞌睡)。

多音字	7画 囗(wéi)部
囤	全包围 囗/屯
	冂 冃 囤 囤

㈠dùn 用竹篾、荆条等编的或用席围的储存粮食的器物:粮~|大~满,小~流。
㈡tún 储存,积存:~粮|~货。

dùn	8画 火部
炖	左右 火/屯
	丷 火 灯 炖

①用文火煮熟:~鸡|~肉。②把盛有东西的容器放在水里加热:~酒|~药。

dùn	9画 钅(jīn)部
钝	左右 钅/屯
	钅 钉 钝 钝

①不锋利:刀口~了|剪刀~了,要磨一磨。②笨,不敏锐:迟~|愚~。
反义 钝—快、利、锐

dùn	9画 目部/厂(厂)部
盾	半包围 厂/盾(十/目)
	厂 严 盾 盾

①古代打仗时用来挡住敌人刀箭等的牌:~牌|用你的矛戳你的~。②盾形的东西:金~|银~。
组字 遁

多音字	10画 页部
顿	左右 屯/页
	亠 𠃉 顿 顿

㈠dùn ①稍微停止:停~|~号|~挫(停顿转折)。②忽然,立刻:~时|~悟(忽然明白)。③(头)叩(kòu)地,(用脚或器物)扣地:~首(磕头)|~足(跺脚)。④处理,安排:整~|安~。⑤疲劳:劳~|困~。⑥量词:被批评了一~|一日三~饭。
㈡dú【冒顿】mò- 汉初匈奴族一个单于(chán yú)的名字。
同义 ㈠顿时—登时、立刻/顿足—跺脚

谜语 上海地界 (字:坤)　开源节流 (字:原)
　　　幽灵大战 (字:魁)　心如刀剜 (字:必)

dun—duo

dùn	12画 辶(chuò)部
遁	半包围 盾(厂/盾)/辶
	厂 盾 遁 遁

逃走,逃避:逃~|远~|~迹(逃避,隐居)。

duo

duō	6画 夕部
多	上下 夕/夕
	夕 夕 多 多

①数量大,与"少"相对:少数服从~数|每亩~收了三五斗。②有余,比一定的数目大:退还~找的钱|共计二百~本书。③过分,不必要的:~余|~嘴|~此一举。④表示相差大:好得~|这里热~了。⑤多么,表示惊异、赞叹:~美|香贝多芬的曲子~动听啊!⑥表示询问数量、程度:今年~大啦?|水~深?

同义 多亏—幸亏/多么—何等、何其/多心—多疑

反义 多—少、寡/多如牛毛—寥若晨星

组字 爹、侈、哆、移

duō	8画 口部
咄	左右 口/出(屮/山)
	口 叫 咄 咄

【咄咄】表示惊讶:~怪事。

duō	9画 口部
哆	左右 口/多(夕/夕)
	口 哆 哆

【哆嗦】-suo 发抖:冷得直打~|敌人吓得浑身~。

同义 哆嗦—发抖、颤抖

duó	6画 大部
夺	上下 大/寸
	大 夳 夺

①抢,强行取得:抢~|~取|掠~。②争取得到:丰收~|标(夺取锦标,夺取冠军)|分~秒。③使失去,削除:剥~。④冲出:泪水~眶而出|~门而入。⑤做决定:定~|裁~(考虑

决定)。

同义 夺标—夺冠、夺魁/夺目—耀眼/夺取—夺得

duó	16画 足(足)部
踱	左右 足(口/止)/度(广/夎)
	呈 足 趴 踱

慢慢地走:~步|~来~去。

duǒ	6画 几部
朵	上下 几/木
	几 卆 朵

①花朵。②量词:一~花|一~云彩。

组字 剁、垛、跺、躲

duǒ	13画 身部
躲	左右 身/朵(几/木)
	亻 身 身 躲

避开,藏起来:~避|~雨|~~闪闪。

同义 躲避—躲藏、逃避

duò	8画 刂(dāo)部
剁	左右 朵(几/木)/刂
	几 朵 剁

用刀等利器向下砍:~肉|~饺子馅。

多音字	9画 土部
垛	左右 土/朵(几/木)
	土 圹 垛

名人名言 品格能决定人生,它比天资更重要。

[英]弗·桑德斯

duo

㈠duò ①整齐地堆积:把柴火~起来。②堆积起来的东西:麦~|草~|一~砖。
㈡duǒ 墙的向上或向外突出的部分:长城~口。

duò	11画 舟部
舵	左右 舟/它(宀/匕)
	丿 舟 舵 舵

装在船或飞机上控制方向的装置:掌~|~手(掌舵的人)。

duò	11画 土部
堕	上下 随(阝/有)/土
	阝 随 堕

①落,掉下来:~地|~马。②【堕落】-luò 思想行为朝坏的方面发展:腐化~。

同义 堕落—腐化、蜕化

duò	12画 忄(xīn)部
惰	左右 忄/育(左/月)
	八 忄 忴 惰

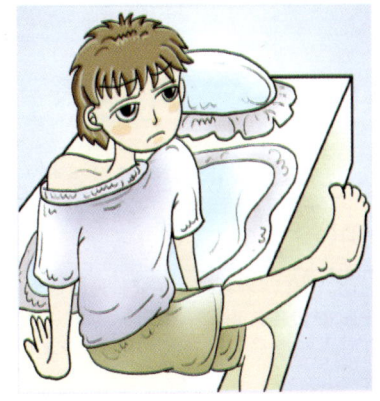

duò	13画 足(⻊)部
踩	左右 ⻊(口/止)/朵(几/木)
	𠃌 足 趴 踩

提起脚来用力踏:气得直~脚。

有一种用剪刀剪不断的布是哪种布?(瀑布)

e

e

é	6画 讠(yán)部
讹	左右 讠/化(亻/匕)
	讠 讵 讹 讹

①错误:以~传~(把本来就错误的话又传开去,越传越错)|~言。②敲诈,假借某种理由向人强迫索取财物或某种权利:~人|~诈。

同义 讹诈—敲诈、勒索

é	9画 亻(rén)部
俄	左右 亻/我
	亻 伴 俄 俄

①时间短促,突然间:~顷(很短的时间)|~而日出。②原指俄国,现指俄罗斯联邦。③【俄罗斯族】-luó sī zú a.我国少数民族名,主要分布在新疆维吾尔自治区。b.俄罗斯联邦人数最多的民族。

é	10画 山部
峨	左右 山/我
	丨 屿 峨 峨

①高峻:山势巍~|~冠(高的帽子)。②【峨眉】-méi 山名,在四川省。

é	10画 女部
娥	左右 女/我
	乚 女 妤 娥

①指女性姿态美好。②指美女:宫~。

é	12画 鸟部
鹅	左右 我/鸟
	扌 我 鹅 鹅 鹅

家禽,比鸭子大,颈长,脚有蹼(pǔ),额部有肉质突起,能游泳。

é	13画 虫部
蛾	左右 虫/我
	虫 虾 蛾 蛾

昆虫名,像蝴蝶,体粗大,有两对翅膀,多在夜间活动,喜欢扑向灯光。种类很多,大部分是农业害虫:灯~|蚕~|飞~投火(比喻自寻死路)。

é	15画 页部
额	左右 客(宀/各)/页
	宀 安 客 额

①眉毛上头发下的部分,俗称额头或脑门子:~角|焦头烂~(原指头部烧伤严重,后比喻十分狼狈窘迫)。②限定的数量:名~|差~选举|超~完成任务。③牌匾:匾~。

è	4画 厂部
厄	半包围 厂/巳
	厂 厄 厄

①困苦,灾难:~运(不幸的遭遇)。②险要的地方:险~。

同义 厄运—背运
反义 厄运—幸运、好运
组字 危、扼、顾

名人名言 勇敢是人类美德的高峰。

[俄]普希金

e—en

è	7画 扌(shǒu)部
扼	左右 扌/厄(厂/巴)
	扌 扩 扼 扼

①用力掐(qiā)住，抓住：~死｜~杀(掐死)。比喻压制，摧残，使不能存在或发展)｜~要。②守住，控制：~守｜~制。

同义 扼要—简要
反义 扼要—详细

多音字	10画 心部
恶	上下 亚/心
	亚 亚 亚 恶

㈠è ①坏：~劣｜习~果。②凶狠：凶~｜霸~｜毒。③犯罪的事，极坏的行为：罪~｜无~不作。
㈡wù 讨厌，可恨：厌~｜可~｜深~痛绝(形容对某人某事非常厌恶、痛恨)。
㈢ě【恶心】-xin ①要呕吐。②厌恶(wù)。

同义 恶毒—狠毒、歹毒
反义 恶—善、良｜恶化—好转｜恶劣—良好

è	10画 饣(shí)部
饿	左右 饣/我
	饣 饣 饿 饿

①肚子空，想吃东西，与"饱"相对：饥~｜~着肚子。②不让吃东西，使挨饿：别~了老人和孩子。

同义 饿—饥
反义 饿—饱

è	11画 阝(yì)部
鄂	左右 咢(咢/亏)/阝
	咢 号 鄂 鄂

①湖北省的别称。②【鄂温克】-wēn kè ③【鄂伦春】-lún chūn 二者都是我国少数民族，主要分布在内蒙古和黑龙江。

è	12画 辶(chuò)部
遏	半包围 曷(曰/匃)/辶
	曰 号 曷 遏

阻止，抑制：~止｜浪｜飞舟怒不可~｜制(制止)。

è	12画 忄(xīn)部
愕	左右 忄/咢(咢/亏)
	忄 忄 忄 愕

惊讶，发呆：~然｜惊~。

è	16画 一部/口部
噩	独体
	丅 咢 咢 噩 噩

惊人的，坏的：~梦｜~耗(指亲近或敬爱的人死亡的消息)。

同义 噩耗—凶耗、死讯

è	17画 鱼部
鳄	左右 鱼(ㄅ/田/一)/咢(咢/亏)
	夕 鱼 卾 鳄

俗称鳄鱼。一种凶猛的爬行动物，皮和鳞很坚硬，嘴大牙尖，生活在热带河流池沼中，捕食小动物。产在长江下游的扬子鳄，是我国的特产。

en

ēn	10画 心部
恩	上下 因(囗/大)/心
	冂 因 因 恩

好处，深厚的情谊：~惠(给予或受到的好处)｜~情｜~怨｜东郭先生救了狼，狼却~将仇报。

脑筋急转弯 雷和雨有什么不同？(雷比雨多了个"田"字)

en—er

同义 恩惠—恩典、恩德、恩情/恩怨—恩仇/恩将仇报—以怨报德
反义 恩—仇、怨/恩将仇报—以德报怨
组字 摁
提示 "恩"不要与"思"相混。

èn	13画 扌(shǒu)部
摁	左右 扌/恩(因/心)
	扌 押 摁 摁

用手按压:~电铃|~图钉。

er

ér	2画 儿部
儿	独体
	丿 儿

①小孩子:六一~童节|婴~。②青年人(多指青年男子):健~|男~。③儿子,男孩子:~女|生了个~子。④雄性的:~马。⑤父母对儿女的统称,儿女对父母的自称。⑥词尾,同前一个字连成一个卷舌音。a.表示小:小孩~|小球~。b.使动词、形容词等名词化:拐弯~|没救~|热闹~。

ér	6画 一部/而部
而	独体
	一 丆 而

①又,并且:少~精|宽敌~明亮。②但是,可是:心有余~力不足|不要做只讲体面~对人民没有用的人。③(从)…到…:自上~下|由小~大。④把表示时间或情状的词连接到动词上:匆匆~来|挺身~出|满载~归。⑤在语句中连接表示原因和结果、目的和行动的成分:为人民利益~死,就比泰山还重。
同义 而今—如今、当今、现今/而后—然后、以后/而且—并且/而已—罢了
组字 耍、斋、需、耐

ěr	5画 小部
尔	上下 ⺈/小
	⺈ 尓 尔

①你,你的:~辈|~父|~曹(你们)。②这样:偶~|果~|不过~~。③那(指时间):~时|~

后|~日。④词尾,相当于"然":莞(wǎn)~(微笑的样子)。⑤而已,罢了。

ěr	6画 耳部
耳	独体
	丁 耳 耳

①耳朵,听觉器官:~环|~语|面红~赤。②像耳朵的东西,位置在两侧的:木~|银~|~房。③文言助词,表示"罢了"的意思:前言戏之~(刚才说过的话不过是开玩笑罢了)。
同义 耳闻—传闻、听说
组字 茸、耷、耶、取、饵

ěr	9画 饣(shí)部
饵	左右 饣/耳
	饣 饣 饵 饵

①糕饼,泛指食物:香~|果~。②钓鱼用的鱼食:鱼~|钓~。③引诱:~敌(引诱敌人)|以重利。

èr	2画 二部/一部
二	独体
	一 二

①数目字:一加一等于~。②两种:不要三心~意。

èr	9画 弋(yì)部
贰	半包围 弋(弋/二)/贝
	三 贡 贰 贰

"二"的大写。
组字 腻

F

fa

多音字	5画 又部
发	半包围 丿/又
	一 ナ 发 发

㊀ fā ①送出，交给：~课本｜~货｜把信~出去。②放射：~光｜~炮｜百~百中。③表达，说出：~言｜~誓｜~问。④产生：~芽｜~电｜~病。⑤扩展：~扬｜~育。⑥散开，散布：挥~｜蒸~｜~汗。⑦揭露，揭开：~现揭~｜~明。⑧显现，显出：~黄｜~潮。⑨流露：~怒｜~笑。⑩感到，觉得：~麻｜~烧｜嘴里~苦。⑪开始动作：出~｜~动机器｜早~白帝城。⑫因得到大量财物而兴旺：他家~了｜~财｜暴~户。⑬量词：一~炮弹｜两~子弹。

㊁ fà 头发：理~｜染~｜千均一~。

同义 ㊀ 发挥—发扬/发觉—察觉/发掘—挖掘/发愣—发呆/发明—创造

反义 ㊀ 发—收/发达—落后/发展—停滞、倒退

组字 拨、泼、废

提示 "发"的首笔是竖折，不是撇折。

fá	4画 丿(piě)部
乏	独体
	丿 乁 亏 乏

①缺少：缺~｜~味（没有趣味）｜词汇贫~。②疲倦：疲~｜走~了｜人困马~。③无力，无能，无用：~走狗。

同义 乏味—无味、枯燥

反义 乏味—有趣

组字 泛、贬、砭、眨

fá	6画 亻(rén)部
伐	左右 亻/戈
	亻 代 伐 伐

①砍：~木｜砍~｜采~。②攻打，征讨：讨~｜北~｜口诛笔~（对坏人坏事进行口头和书面的揭发、批判）。③走路的步子：步~整齐。

组字 阀、筏

fá	9画 罒(wǎng)部
罚	上下 罒/讠(言/讠)
	罒 罒 罚 罚

惩(chéng)办，处分：惩~｜处~｜~款｜赏~分明。

同义 罚款—罚金

反义 罚—赏

提示 "罚"的下面不要写成"训"。

fá	9画 门部
阀	半包围 门/伐(亻/戈)
	门 阀 阀

①机器上的活门：~门｜油~｜排气~。②凭借权势造成特殊地位的个人或集团：军~｜财~｜学~。

fá	12画 竹(⺮)部
筏	上下 ⺮/伐(亻/戈)
	⺮ ⺮ 筏 筏

筏子，用竹、木等平摆着编扎成的水上交通工具：竹~｜木~。

我爱我的人民，他是无价之宝。

[苏]高尔基

fa—fan

fǎ	8画 氵(shuǐ)部
法	左右 氵/去(土/厶)
	氵 汁 法

①国家制定、颁布并强制遵守的法律、法令、条例等行为规则的总称：刑~|合~|遵纪守~。②方法，手段：想~|办~|手~。③仿照着做：效~。④标准，模式：~书(可作为书法典范的字)|~帖(可供人临摹的书法印本)。⑤佛教徒称他们的教义，封建迷信传说的所谓"超人力"的本领：佛~|~术。

同义 法办—惩办/法子—点子
提示 "法"不要读做fà。

fan

fān	6画 巾部
帆	左右 巾/凡
	丨 巾 帆 帆

①利用风力使船前进的布篷：扬~|一~风顺(比喻做事非常顺利，没有阻碍)。②指有帆的船：千~竞发|孤~远影碧空尽。

多音字	12画 釆(biàn)部
番	上下 釆/田
	丿 釆 番

㊀fān ①量词，次，回，种：三~五次|思考一~|别有一~风味。②倍：产量翻了一~。③称外国的或外族的：~茄(西红柿)|~薯(甘薯)|~兵。④替换：轮~|更~。
㊁pān【番禺】-yú 地名，在广东省。
组字 播、潘、翻

fān	18画 羽部
翻	左右 番(釆/田)/羽(习/习)
	釆 番 翻 翻

①反转，歪倒：~身|~地|~车。②推倒，改变：推~|~案|~供(推翻先前的口供)。③改变物体的位置而寻找：~检|~箱倒柜。④数量成倍地增加：产量~了一番。⑤越过：~山越岭。⑥翻译，把一种语言文字译成另一种语言文字：把英语~成汉语。

同义 翻滚—翻腾、打滚/翻悔—反悔/翻脸—变脸
反义 翻悔—许诺

fán	3画 几部
凡	独体
	丿 几 凡

①平常的，不出奇的：平~的工作|非~的毅力|自命不~。②所有的：~事都要认真去做。③大概，概略：大~。④宗教、神话中指人世间：~心|天仙下~。

同义 凡人—凡夫/凡是—大凡、但凡
组字 巩、帆、矾

fán	8画 石部
矾	左右 石(丆/口)/凡
	丆 石 矾 矾

某些金属硫酸盐的含水结晶。最常见的是明矾，可用于制革、造纸、印染及净水等。

fán	10画 火部
烦	左右 火/页
	丶 火 烦

①苦闷，急躁：~恼|心~|~躁不安。②讨厌：厌~|不耐~|真~人。③多而乱：~杂|~琐|要言不~。④敬词，表示请，托：~您捎封信|~劳您帮个忙。

同义 烦恼—烦心、烦躁、烦闷、烦琐—烦杂、累赘
反义 烦恼—畅快、痛快/烦琐—简明、简洁/

急转弯 脑筋 小虹在路上听到的新闻是什么？(道听途说)

烦躁—安宁

fán	15画 大部/木部
樊	上下 棥(木/爻/木)/大 木 杜 棥 樊

篱笆：~篱（比喻对事物的限制）。

多音字	17画 糸(mì)部
繁	上下 敏(每/攵)/糸 与 每 敏 繁

㈠ fán ①复杂：~杂丨~分数。②多：~多丨~忙满天~星。③兴旺，茂盛：~华丨~荣昌盛丨枝~叶茂。④滋生：~殖丨自~自养。

㈡ pó 姓。

同义 ㈠繁忙—忙碌/繁荣—繁华、昌盛/繁殖—繁衍

反义 ㈠繁—简/繁忙—清闲、悠闲/繁难—简易/繁荣—萧条/繁重—轻松

提示 "繁"的第四笔横折钩变为横折，与第三笔相接而不相交。

fǎn	4画 又部/厂(厂)部
反	半包围 厂/又 一 厂 斤 反

①颠倒的：袜子穿~了。②掉转，翻过来：~败为胜丨~守为攻丨易如~掌。③回，还：~击丨~问。④反对，对抗：~腐败丨~帝丨~封建。⑤背离，叛变：~叛丨~造丨~水（叛变）。⑥反而，反倒：受了挫折，他~更坚强了。⑦类推：举一~三。

同义 反复—重复/反悔—翻悔/反抗—对抗/反响—反应/反正—横竖

反义 反—正/反常—正常/反对—赞成、同意、拥护、支持/反悔—许诺/反抗—服从、屈服

组字 坂、扳、饭、板、贩、版、返

fǎn	7画 辶(chuò)部
返	半包围 反(厂/又)/辶 厂 反 返 返

回，归：~回往丨~一去不复~（去了以后，再也不回来了。形容事物已成过去，不能重现）。

同义 返—回、归、还(huán)

反义 返—往

fàn	5画 犭(quǎn)部
犯	左右 犭/㔾 ノ 犭 犭 犯

①抵触，违反：~法丨规丨~触。②犯罪的人：罪~丨逃~丨杀人~。③侵害，进攻：进~丨消灭来~之敌。④发作，发生（多指不好的事）：~病丨~脾气丨~错误。

同义 犯愁—发愁/犯法—犯罪、违法/犯人—罪犯、囚犯、罪人

fàn	7画 饣(shí)部
饭	左右 饣/反(厂/又) 饣 饣 饭

①谷类做成的熟食品：大米~。②每天按顿吃的食物：早~丨开~丨~厅。

同义 饭店—饭馆、餐厅/饭桶—草包、废物

fàn	7画 氵(shuǐ)部
泛	左右 氵/乏 氵 氵 泛 泛

①在水上漂浮：~舟（坐船游玩儿）丨小溪~尽却山行。②透出，露出：脸上一起红晕。③浮浅，不合实际：浮~丨空~丨~~而谈。④普遍，一般：广~丨~览丨~指。⑤水流漫溢：~滥丨黄~区（黄河泛滥过的地区）。

同义 泛舟—荡舟、划船

歇后语　钢板上铆铆钉——一是一，二是二。

fan—fang

fàn	8画 艹(cǎo)部
范	上下 艹/氾(氵/㔾)
	艹 艻 艻 范

①榜样：模~|示~|~读。②范围，一定的界限：就~(听从支配和控制)。③限制：防~(预防，戒备)。
同义 范围—范畴

fàn	8画 贝部
贩	左右 贝/反(厂/又)
	贝 贩 贩

①做买卖：~货|~卖|长途~运。②做小买卖的商人：~子|小~|摊~。

fàn	11画 木部
梵	上下 林(木/木)/凡
	十 林 梵 梵

①有关古代印度的：~语（印度古代的一种语言）。②有关佛教的：~宫(佛寺)。

fang

fāng	4画 方部
方	独体
	亠 宁 方

①角全是90度的四边形或六面体：正~形|长~体|~木头。②数学上指一个数自乘若干次的积数：平~(自乘一次)|立~(自乘两次)。③位置的一边或一面：北~|前~|四面八~。④地区：地~|~言|从远~来。⑤正直：为人~正。⑥办法：教子有~|千~百计。⑦药方：处~|祖传秘~。⑧正，正当：来日~长|~兴未艾(ài,事物正在发展，还没有停止)。⑨才：~才|书到用时~恨少。⑩量词：一~土|一~手帕。
同义 方案—议案、计划/方便—便利、便当/方法—办法、措施
反义 方—圆/方便—麻烦
组字 芳、仿、防、坊、妨、纺、放、肪、房、旁、访

fāng	7画 艹(cǎo)部
芳	上下 艹/方
	艹 芏 芳 芳

①香：~香|芬~|~草。②比喻美好的德行或名声：~名|流~百世。
同义 芳香—芬芳
反义 芳香—腐臭

fáng	6画 阝(fù)部
防	左右 阝/方
	阝 阝 阝 防

避免损失，预先采取措施：~备|~火|空~|预~。
同义 防备—防范、提防/防守—防卫
反义 防守—进攻

多音字	7画 土部
坊	左右 土/方
	土 圹 坊 坊

㊀ fáng 作(zuō)坊，某些小手工业的工作场所：磨~|粉~|油~。
㊁ fāng ①里巷，多用于街巷名：白纸~(在北京)。②牌坊，旧时纪念或颂扬用的像牌楼似的建筑物：忠孝~。

fáng	7画 女部
妨	左右 女/方
	ㄑ 女 妗 妨

阻碍，有害于：~碍|躺着看书~害视力。
同义 妨碍—阻碍/妨害—损害、伤害
提示 "妨"不读fāng，统读fáng。

谜语 "涅"怎么变成"日" 画中一条路 (土地名词:水土流失) (体育项目:田径)

fang—fei

fáng	8画 月部
肪	左右 月/方
	月 肑 肪 肪

存于人体或动物体内的油脂，是一种有机化合物：脂~。

fáng	8画 户部
房	半包围 户/方
	户 戶 房 房

①房子：瓦~｜楼~｜平~。②房间：书~｜药~｜厨~。③像房子的东西：蜂~｜心~｜莲~。④家族的一支：大~｜长~｜远~。

同义 房子—房屋

fǎng	6画 亻(rén)部
仿	左右 亻/方
	亻 亻 仿 仿

①照样子做：~效｜~造｜模~。②相像，类似：~佛(fú)｜相~。③比照范本写的字：写了一张~。

同义 仿佛—好像、似乎、类似/仿照—仿效、模仿

fǎng	6画 讠(yán)部
访	左右 讠/方
	讠 讠 访 访

①看望，探问：~问｜拜~｜家~。②向人询问调查：采~｜寻~｜明察暗~。

同义 访问—拜访、走访

fǎng	7画 纟(mì)部
纺	左右 纟/方
	纟 纟 纺 纺

①把丝、棉、麻、毛等加工成纱或线：~织｜~棉花｜~线。②纺绸，一种丝织品。

fàng	8画 攵(pū)部
放	左右 方/攵
	亠 方 方 放

①解除约束：释~｜解~｜~行。②散，暂停：~学｜~工。③搁，置：安~｜存~｜把笔~下。④发，射：~枪｜~光｜~电。⑤扩展：~大｜~宽。⑥（花）开：心花怒~。⑦任意，随便：~任｜~纵｜~肆。⑧赶家畜、家禽到野外找食：~牛｜~鸭｜~牧。⑨按一定利息，借钱给人：~债｜~高利贷。⑩点燃：~火｜~鞭炮。⑪一种刑罚，把犯人驱逐到边远地区：流~｜~逐。

同义 放哨—站岗/放纵—放任、放浪、放肆
反义 放—收、抓/关/放大—缩小/放慢—加快/放任—约束/放心—担心

fei

fēi	3画 乙部/飞部
飞	独体
	乁 飞 飞

①利用翅膀在空中活动：燕子~来了｜~虫。②物体在空中行进或飘浮游动：~机~上天｜沙走石｜雪花~舞。③形容极快：~奔｜~涨。④无根据的，意外的：流言~语｜~来横祸。

同义 飞驰—飞奔、飞跑、奔驰/飞快—飞速、飞跃、快速/飞舞—飘舞/飞翔—翱翔
反义 飞快—缓慢

fēi	6画 女部
妃	左右 女/己
	乚 女 妃 妃

①皇帝的妾(qiè)，地位次于皇后：贵~。②太子、王、侯的妻子：王~。

名人名言 唯一好的是知识，唯一坏的是无知。 〔古罗马〕凯撒

97

fei

fēi	8画　l(gǔn)部/非部
非	左右　ヨ/ヒ
	l ヨ ヨl 非

①不对,错误,与"是"相对:明辨是~l痛改前~。②违背,不合于:~法l~礼(不合礼节,不礼貌)l~分(fèn,不守本分,不安分)。③不,不是:~亲~故l答~所问。④反对,指责:~难(nàn)l无可~议(没有什么可指责的)。⑤跟"不"搭配,表示必须:~教育不可l~依靠集体的力量不能完成任务。⑥必须,一定,偏偏:事关重大,我~去(一定要去)l叫他不要吵,他~吵。⑦【非洲】-zhōu 世界七大洲之一。

同义 非常—十分、特别/非但—不但/非法—不法/非凡—杰出、出众

反义 非—是/非常——般、平常/非法—合法/非凡—平凡

组字 韭、菲、辈、悲、罪、蜚、翡、诽、排、啡、扉、痱、匪、霏

多音字	11画　艹(cǎo)部
菲	上下　艹/非
	艹 艿 莁 菲

㊀ fēi 形容花草茂盛、美丽、香气浓:芳~l~~。

㊁ fěi 微,薄(多做谦词):~仪(微薄的礼物)l~材。

同义 ㊁菲薄—轻视、鄙视、微薄

fēi	11画　口部
啡	左右　口/非
	叭 吽 哨 啡

见"吗(mǎ)"、"咖(kā)"。

fēi	12画　户部
扉	半包围　户/非
	户 户' 户' 肩 扉

①门:柴~l心~。②扉页,书刊封面之内印着书名、作者名等的一页。

fēi	16画　雨部
霏	上下　雨/非
	币 雷 霏 霏 霏

①飘洒,飞扬:烟~l云敛(liǎn)。②【霏霏】形容雨雪下得很密:雨雪~l淫雨~。

féi	8画　月部
肥	左右　月/巴
	月 月" 肥 肥

①胖,脂肪多,与"瘦"相对:~胖l~肉l牛马壮。②肥沃,土地含养分多:这块地很~。③肥料:积~l施~l化~。④使土地增加养分:用草木灰~田。⑤宽大(指衣服鞋袜等):衣服太~了,不合身。

同义 肥—胖/肥大—宽大、粗大/肥沃—肥美/肥壮—健壮

反义 肥—瘦/肥大—瘦小/肥沃—贫瘠/肥壮—瘦弱

fěi	10画　匚(fāng)部
匪	半包围　匚/非
	一 丆 ヲ 匪 匪

①强盗,歹徒:土~l~徒。②不,不是:获益~浅l~夷所思(不是常人的想法)。

脑筋急转弯　什么人每天靠运气生活?(城市里运煤气的工人)

fei—fen

fěi	10画 讠(yán)部
诽	左右 讠/非(刂/丨)
	讠 讠 诽 诽 诽

说别人的坏话:~谤(bàng)。
同义 诽谤—毁谤、诬蔑

fěi	14画 羽部/非部
翡	上下 非(刂/丨)/羽(习/习)
	丨 丨 丨 非 翡

【翡翠】-cuì ①鸟名,嘴长而直,羽毛蓝绿色,捕食鱼和昆虫,羽毛可做装饰品。②绿色的硬玉,半透明,有光泽,可做贵重装饰品和工艺品。

fèi	7画 口部
吠	左右 口/犬
	口 吠 吠

狗叫:狂~|柴门闻犬~,风雪夜归人。

fèi	8画 月部
肺	左右 月/市
	月 肑 肑 肺

①肺脏,人和某些高等动物的呼吸器官:心~|~炎。②比喻内心:~腑之言(心里话)|狼心狗~(心肠狠毒)。
提示 右边是"市"不是"市"。

fèi	8画 广部
废	半包围 广/发(𠘨/又)
	广 广 废 废

①停止,放弃:~除|~作|~寝忘食。②多余无用的:~纸|~物|~话。③伤残:残~|~人。
同义 废除—废止/废弃—丢弃、抛弃
反义 废除—缔结

fèi	8画 氵(shuǐ)部
沸	左右 氵/弗
	氵 沪 沸

液体被烧开:~水|油~|~腾(也比喻人声喧闹或情绪高涨)。
同义 沸腾—欢腾

fèi	9画 贝部
费	上下 弗/贝
	弓 弗 费

①花费,消耗(hào):~力|~事|~电。②钱款:学~|医药~|自~留学。
同义 费力—费劲/费心—费神、劳神
反义 费—省/费力—省力

fèi	13画 疒(nè)部
痱	半包围 疒/非(刂/丨)
	广 疒 疒 痱 痱

痱子,由于夏天出汗过多,毛孔堵塞发炎,皮肤上生出来的小红点,很刺痒。

fen

多音字	4画 八部
分	上下 八/刀
	八 分 分

㈠ fēn ①分开,与"合"相对:~裂|划~|一半给你。②分配:~红(按股份分配利润)|他~到这家工厂当技术员。③区别,辨别:~辨|~清是非|五谷不~。④从主体中分出来的:~校|~局|第三~册。⑤表示分数或成数:二~之一|三~错误,七~成绩。⑥表示程度:十~激动|万~危急。⑦评定成绩的记数单

歇后语 缸里点灯——里头亮

fen

位:满~|语文考试得90~。⑧单位名,用于长度、面积、时间、货币等:10~是1寸|最后3~钟|节约每1~钱。

㈡fēn ①成分:水~|盐~|糖~。②责任和权利的限度:本~|过~|恰如其~。③情谊、资质:情~|缘~|天~。

同义 ㈠分辨—辨别、区别、区分/分辩—分说、辩白/分别—分手、离别/分布—散布/分发—散发/分析—剖析 ㈡分量—重量

反义 ㈠分—合/分离—结合/分裂—团结、统一/分歧—一致、统一/分散—集中

组字 芬、忿、盆、份、扮、吩、汾、纷、盼、粉、氛

fēn	7画 艹(cǎo)部
芬	上下 艹/分(八/刀)
	艹 艻 芬 芬

芬芳,花草的香气。

同义 芬芳—芳香
反义 芬芳—腐臭

fēn	7画 口部
吩	左右 口/分(八/刀)
	口 叭 吩 吩

【吩咐】-fù,指上级或长辈口头上的指派或命令:老师~我们一定要按时完成任务。
同义 吩咐—嘱咐、叮嘱、叮咛

fēn	7画 纟(mì)部
纷	左右 纟/分(八/刀)
	纟 纠 纷 纷

①众多,杂乱:~乱|大雪~飞|议论~~。②争执的事情:纠~|~争。
同义 纷纷—纷纭/纷乱—缭乱

fēn	8画 气部
氛	半包围 气/分(八/刀)
	气 气 氛 氛

周围的气象,情势:晚会充满热烈的气~|战~|~围(周围的气氛和情调)。
同义 氛围—气氛
提示 "氛"不要读做fèn,如"氛围"。

fén	7画 土部
坟	左右 土/文(亠/乂)
	土 圹 坟

埋葬死人的地方:~地|~墓|上~。

fén	7画 氵(shuǐ)部
汾	左右 氵/分(八/刀)
	氵 汈 汾 汾

汾河,水名,在山西省。

fén	12画 火部
焚	上下 林(木/木)/火
	林 林 焚

烧:~烧|~毁|忧心如~。
同义 焚烧—燃烧
提示 "焚"的第八笔捺变为点。

fěn	10画 米部
粉	左右 米/分(八/刀)
	丷 米 粉 粉

①细末儿:面~|花~|洗衣~。②特指化妆用的细末儿:涂脂抹~(比喻对丑恶的东西进行掩饰来欺骗别人)。③圆条状,与面条相似的食品:~丝|凉~|米~。④粉刷:这墙要用石灰~。⑤白色的或带白粉的:~蝶。⑥浅红色:~红|牡丹花。

 谜语 银河渡口 (地名:天津) 伤身 (书法名词:破体)
雾都 (地名:连云港)

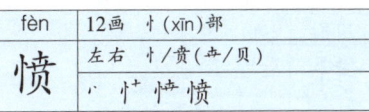

fèn	6画 亻(rén)部
份	左右 亻/分(八/刀)
	亻 伶 份 份

①整体分成几部分,每一部分叫一份:分成四~|每人一~。②量词:一~报纸|一~厚礼。③用在"省"、"县"、"年"、"月"后面,表示划分的单位:省~|月~。
提示 "份量"、"份内"、"份外"、"辈份"、"本份"、"成份"、"过份"等的"份"今统做"分(fèn)"。

fèn	8画 大部
奋	上下 大/田
	大 夯 奋 奋

①鼓起劲来,振作:兴(xīng)~|勤|振~。②摇动,举起:~臂高呼|~笔疾书。
同义 奋斗—斗争/奋发—奋勉、发愤/奋战—血战

fèn	8画 心部
忿	上下 分(八/刀)/心
	八 分 分 忿

生气,恨:~怒|~恨。
提示 "忿忿"今统做"愤愤"。

fèn	12画 米部
粪	上下 米/共(廿/八)
	丷 米 叁 粪

①屎,大便:人~|~便。②施肥:~地|~田。

fèn	12画 忄(xīn)部
愤	左右 忄/贲(卉/贝)
	丶 忄 愤 愤

因不满而情绪激动,发怒:气~|~怒|~激(愤怒而激动)。
同义 愤恨—痛恨/愤怒—愤慨、气愤
反义 愤恨—喜爱
提示 "愤"的右上方是"卉",不是"夫"。

feng

fēng	4画 一部
丰	独体
	三 丰

①容貌,仪态,风度:~姿。②盛,多:~收|~年|~衣足食。③大,伟大:~功伟绩。
同义 丰富—丰厚、丰盛/丰满—饱满/丰收—丰产
反义 丰富—贫乏/丰厚—微薄/丰满—干瘪/丰收—歉收

fēng	4画 风部
风	半包围 几/乂
	几 凡 风

①流动着的空气:春~|微~|电~扇。②借风力吹干或吹净:~干|晒干~净。③风气,习俗:节约成~|移~易俗。④景象,景色:~景|~光。⑤姿态,态度:作~|学~。⑥消息:闻~而动。⑦没有根据的,不确实的:~闻|~言~语。⑧古代称民歌:采~(搜集民歌)。
同义 风度—风采、气度/风光—风景、景色/风气—风尚/风趣—有趣、幽默/风俗—习俗
组字 岚、讽、枫、飒、疯

fēng	8画 木部
枫	左右 木/风(几/乂)
	木 机 枫

枫树,也叫枫香树,落叶乔木,春季开花。叶子通常三裂,秋天变成红色。根、叶、果可做药:江~渔火对愁眠。

名人名言 知识就是智慧。

[古希腊]色诺芬

101

feng

fēng	9画 寸部
封	左右 圭(土/土)/寸
	土 圭 封

①密闭,隔绝:~闭|密~|大雪~山。②限制:故步自~(比喻安于现状,不求上进)。③帝王把土地或爵位赏给亲属或臣属:~地|~侯。④量词:一~信。
同义 封锁—阻隔
反义 封—开/封锁—开放

fēng	9画 疒(nè)部
疯	半包围 疒/风(几/乂)
	广 疒 疯 疯

①神经错乱,精神失常:~子|癫~|他受刺激发~了。②农作物生长过旺而不结果:~长|小麦长~了。③言行狂妄:打退敌军的~狂反扑。
同义 疯狂—发疯、发狂

fēng	10画 山部
峰	左右 山/夆(夂/丰)
	丨 山 峰 峰

①高而尖的山头:山~|~峦|顶~。②形状像山峰的事物:洪~|驼~。③量词:一~骆驼。
同义 峰峦—山峦

fēng	11画 火部
烽	左右 火/夆(夂/丰)
	丷 火 烽 烽

烽火,古代边防线上发警报时烧的烟火,也用来比喻战争或战火。也叫烽烟。
同义 烽烟—烽火、战火

fēng	12画 钅(jīn)部
锋	左右 钅/夆(夂/丰)
	钅 铒 锋 锋

①刀剑等的锐利或尖端部分:刀~|交~(打仗)|针~相对。②比喻器物的尖锐部分:笔~。③在前面带头的人:先~|前~。
同义 锋利—锐利、尖锐

fēng	13画 虫部
蜂	左右 虫/夆(夂/丰)
	虫 蚁 蜂 蜂

①昆虫名,多有毒刺,能蜇(zhē)人。种类很多,有土蜂、胡蜂、熊蜂、蜜蜂等。②特指蜜蜂:~蜜|~蜡。③像蜂群似的:~起(像蜂飞一样成群地起来)|~拥而来。

多音字	5画 冫(bīng)部
冯	左右 冫/马
	冫 冯 冯

㈠ féng 姓。
㈡ píng【暴虎冯河】bào hǔ-hé 空手搏虎,徒步过河,比喻有勇无谋,做事冒险。

féng	10画 辶(chuò)部
逢	半包围 夆(夂/丰)/辶
	夂 冬 逢 逢

①遇到:相~|久别重~。②迎合:~迎(迎合旁人的意思,巴结人)。
同义 逢迎—奉承、巴结
反义 逢—别
组字 蓬、篷、缝

多音字	13画 纟(mì)部
缝	左右 纟/逢(夆/辶)
	纟 终 缝 缝

㈠ féng 用针线连上:~衣服|纫伤口|~了

 在中国哪个地方的东西最不便宜?(贵州)

feng—fu

好几针。

㊁ fèng ①缝隙，裂开或自然露出的窄长口子：裂~|崖~|门~。②接合处的痕迹：这道~儿不直|无~钢管。

同义 ㊁ 缝隙—孔隙、裂缝

fěng	6画 讠(yán)部
讽	左右 讠/风(几/乂)
	讠讥讽讽

用含蓄、尖刻的话讥笑、劝告或批评：~刺|讥~|冷嘲热~(用尖锐的语言讥笑讽刺)。

同义 讽刺—讥讽、嘲讽、挖苦

fèng	4画 几(几)部
凤	半包围 几/乂
	几凤凤

【凤凰】-huáng 龙~|丹~朝阳|~毛麟角(比喻罕见而珍贵的东西)。

fèng	8画 一部/大部
奉	上下 夫/十
	三夫夆奉

①送上，献给：双手~上|~献给人民。②接受：~命。③信仰：信~。④侍候，供养：~养|侍~。⑤敬词，用于自己的举动涉及对方时：~送|~还(归还)|~劝(劝告)。

同义 奉承—巴结/奉劝—劝告/奉献—贡献、呈献

反义 奉送—索要/奉献—索取

组字 俸、捧、棒

fo

多音字	7画 亻(rén)部
佛	左右 亻/弗
	亻仴佛

㊀ fó ①佛教，释迦(jiā)牟(móu)尼所创：~经|信~。②佛教称修行圆满的人：立地成~。③佛像：石~。④佛号或佛经：念~。

㊁ fú 【仿佛】fǎng- ①似乎；好像：他~不知道什么是痛苦。②类似；相像：她俩说起话来声音相~。

fou

fǒu	6画 缶部
缶	上下 午(⺈/十)/凵
	⺈ 二 午 缶

①一种小口大肚子的瓦器。②古代一种瓦质的打击乐器：蔺(lìn)相如要挟秦王击~。

组字 缸、罐、磬

多音字	7画 口部
否	上下 不/口
	丆 不 否

㊀ fǒu ①不，与"是"相对：是~|能~|信收到~？②用在答话里，表示不同意对方的意思：~，此非吾意(不，这不是我的意思)。③不承认，不同意：~定|~认|~决。

㊁ pǐ ①坏，恶：~极泰来(形容情况由坏转好)。②贬低：臧(zāng)~(褒贬)。

同义 ㊀ 否定—否认、否决

反义 ㊀ 否—是/否定—肯定/否决—通过/否认—承认

组字 痞

fu

fū	4画 一部/大部
夫	独体
	二 丰 夫

①丈夫：~妻|姐~。②成年男子：一~当关，万~莫开。③旧时称某种体力劳动者：渔~|

歇后语 高山打鼓——四方闻鸣

fu

农~。
同义 ㊀夫人—妻子
反义 ㊀夫—妻、妇
组字 芙、扶、规、肤、麸

fū	8画 月部
肤	左右 月/夫
	月 肚 肤

①皮肤,肉体表面的皮:~色|肌~。②比喻表面的,浅薄的:~浅。
同义 肤浅—浮浅
反义 肤浅—深刻、透彻

fū	11画 麦部
麸	左右 麦(圭/夂)/夫
	二 丰 麦 麸

麸皮,小麦等磨成面筛过后剩下的皮。

fū	14画 爪(爫)部
孵	左右 卵(旡/卩)/孚(爫/子)
	孑 卵 卵 孵

鸟或家禽伏在卵上,用体温使卵内的胚(pēi)胎发育,也可以用人工加温:~卵|~小鸡。

fū	15画 攵(攴)部
敷	左右 旉(甫/方)/攵
	甴 由 甫 勇 敷

①涂上:~粉|外~药。②铺,铺开:~设|路轨。③足够:~用|入不~出(收入不够支出)。④【敷衍】-yǎn 做事不认真或待人不真诚,只是表面应付:~了(liǎo)事。
同义 敷衍—应付

fú	5画 弓部
弗	独体
	冖 弓 弗

不:~去|~敢。
组字 费、佛、拂、狒、沸、氟

fú	6画 亻(rén)部
伏	左右 亻/犬
	亻 伏 伏

①趴,身体前倾靠在物体上:~在地上|~案工作。②低或落下去:麦浪起~|此起彼~。③隐藏:埋~|潜~|~击战。④屈服,承认错误或受到惩罚:~法(依法被处死)。⑤使屈服:~虎|降(xiáng)~。⑥伏天,一年中最热的一段时间,分初伏、中伏、末伏,统称三伏。初伏、末伏各十天,中伏十天或二十天。
同义 伏天—伏日、三伏
反义 伏—起
组字 茯、袱
提示 "伏侍"、"伏输"、"伏罪"等的"伏"今统做"服"。

fú	6画 几部/鸟部
凫	上下 鸟/几
	ᅟ 勹 夕 凫

①水鸟名,俗叫野鸭,能飞,善游水。②在水里游:~水。

fú	7画 扌(shǒu)部
扶	左右 扌/夫
	扌 扩 扶

①用手支持人或物使不倒:~犁|~老奶奶过马路。②用手帮助使起立或竖直:~苗|他滑倒了,快把他~起来。③用手按着或把持着:~着墙走|~栏杆。④帮助,援助:救死~伤|~危济困。
同义 扶植—扶持、培植
反义 扶植—推翻

谜语 买卖房屋 (机构:交易所)
强忍怒火 (气象用语:气压中心)

fú	7画 艹(cǎo)部
芙	上下 艹/夫
	艹 苎 芙

【芙蓉】-róng ①落叶灌木,花有红白等色。②荷花的别名。

fú	8画 扌(shǒu)部
拂	左右 扌/弗
	扌 扣 拂

①轻轻擦过:吹~|春风~面。②抖动,甩动,~袖而去。③违背,不合:~意(不如意)。④接近:~晓。

同义 拂拭—擦拭/拂晓—破晓、黎明
反义 拂晓—黄昏、傍晚

多音字	8画 月部
服	左右 月/艮
	月 𦘒 𦙝 服

㊀ fú ①衣服:~装|制~|校~。②担任,承受:~兵役|~刑。③信服,顺从:~从|说~|心悦诚~(真心实意地服从或佩服)。④使信服:以理~人。⑤习惯,适应:水土不~。⑥吃(药物):~药。

㊁ fù 量词:一~中药。

同义 ㊀ 服从—听从、顺从/服侍—侍奉、伺候/服输—认输
反义 ㊀ 服从—违抗、反抗、抗拒

fú	9画 艹(cǎo)部
茯	上下 艹/伏(亻/犬)
	艹 艻 茯 茯

【茯苓】-líng 寄生在松树根上的一种菌类植物,外形呈球状,皮黑色,有皱纹,内部白色或粉红色,包含松根的叫茯神,都可以入药。

fú	9画 气部
氟	半包围 气/弗
	气 氛 氟

一种化学元素,在通常条件下为气体,淡黄色,味臭,性毒。

fú	9画 亻(rén)部
俘	左右 亻/孚(爫/子)
	亻 伫 俘

①打仗时捉住敌人:~获|被~|房敌军一个连。②打仗时被捉住的敌人:战~|不虐(nüè)待~房。

同义 俘获—俘房、活捉

fú	10画 氵(shuǐ)部
浮	左右 氵/孚(爫/子)
	氵 氵 浮 浮

①漂、飘,与"沉"相对:漂~在水上|在空中飘~|~云。②表面的:~土|面|~皮。③暂时的,不固定的:~财(指家中的钱、粮、衣、物等动产)。④不沉静,不沉着(zhuó):轻~|躁(轻率急躁,没有耐性)。⑤空虚,不切实际:~名(虚名)|~华(表面华丽而不实在)|~夸。⑥超过,多余:人~于事(人多事少)。

同义 浮夸—虚夸/浮现—显现、显露
反义 浮—沉/浮躁—踏实

fú	11画 竹(𥫗)部
符	上下 𥫗/付(亻/寸)
	𥫗 𥫗 符

①相合:~合|与实际不~。②标记,记号:~号|音~。③古代朝廷传达命令、调兵等所用的凭证:兵~|虎~(调兵用的凭证)。④迷信指驱使鬼神的东西:护身~。

伟大的理想来自心灵。

[法]沃夫纳格

fu

同义 符号—记号/符合—吻合、适合、切合
反义 符合—违反
提示 "符"不要读做 fú，如"符合"。

fú	11画 勹(bāo)部
匐	半包围 勹/畐(一/口/田)
	勹勽匍匐

【匍匐】pú– 见"匍"。

fú	11画 衤(yī)部
袱	左右 衤/伏(亻/犬)
	衤衤袱袱

包东西的布：包~(包衣物的布或布包。比喻思想上的负担)。

fú	12画 巾部
幅	左右 巾/畐(一/口/田)
	巾巾幅幅

①布匹等的宽度：~面|这种布是双~的。②泛指宽度：~员(幅，宽度；员，周围。领土面积)。③量词：一~画|一~被面。

fú	13画 车部
辐	左右 车/畐(一/口/田)
	车车轩辐辐

①车轮上连接轴(zhóu)心和轮圈的直条：~条。②【辐射】–shè 光、热等向四周放射的现象：光~|热~。

fú	13画 礻(shì)部
福	左右 礻/畐(一/口/田)
	礻礻福福

幸福，与"祸"相对：~气|祝~|大饱眼~。
同义 福气—福分/福音—佳音
反义 福—祸/福星—灾星

fú	15画 虫部
蝠	左右 虫/畐(一/口/田)
	虫虫蝠蝠

【蝙蝠】biān– 见"蝙"。

fǔ	7画 扌(shǒu)部
抚	左右 扌/无
	扌扌抚

①慰问：~慰|~恤(xù)|~爱。②保护，养育：~养|~育。③轻轻地按：~摸|~摩。④拍，弹(tán)：~掌|~琴。
同义 抚养—抚育、培养/抚慰—安慰、劝慰

fǔ	7画 一部
甫	独体
	一冂甫甫

①古代对男子的美称。②刚刚，才：年~十一|~入门惊魂~定。
组字 捕、哺、辅、脯、铺、匍
提示 "甫"处在部件的上面时，第三笔横钩变为横折，如"搏"、"敷"等。

fǔ	8画 父部
斧	上下 父(丷/乂)/斤
	丷父斧斧

①斧子，也叫斧头，砍竹、木等的用具。②古代的一种兵器。
同义 斧正—指正

fǔ	8画 广部
府	半包围 广/付(亻/寸)
	广广府

①政府，国家的各级政权机构：省政~|乡政~。②旧称大官、贵族的住宅，现也称某

脑筋急转弯　什么的手掌和人的不同？(仙人掌)

fu

些国家元首办公或居住的地方:王~|相~|总统~。③旧时行政区域名,比县高一级:开封~|大名~。④敬词,尊称对方的家:贵~|上。⑤高等院校:最高学~。
组字 俯、腑、腐、附、咐

fǔ	10画 亻(rén)部
俯	左右 亻/府(广/付)
	亻 疒 俯 俯

向下,低头,与"仰"相对:~视|前~后仰|~首帖耳(形容驯服听命的丑态)。
同义 俯视—俯瞰、鸟瞰/俯首—低头、垂头
反义 俯—仰/俯视—仰视、仰望/俯首—昂首

fǔ	10画 父部
釜	上下 父(丷/八)/亚
	丷 少 爷 爷 釜

古代的一种锅:~底抽薪(比喻从根本上解决问题)|破~沉舟(比喻下定决心干到底)。

fǔ	11画 车部
辅	左右 车/甫
	车 车 斩 辅 辅

帮助,协助:~助|~导|相~相成(指两件事互相辅助,互相促成)。
同义 辅导—指导/辅助—帮助、扶助

多音字	11画 月部
脯	左右 月/甫
	月 胴 脯 脯

㈠fǔ ①肉干:鹿~。②用蜜糖浸制的干果:果~|杏~。
㈡pú 胸部:挺起胸~。

fǔ	12画 月部
腑	左右 月/府(广/付)
	月 胪 胪 腑

脏腑,中医对人体胸、腹内器官的总称。见"脏(zàng)"。

fǔ	14画 广部
腐	半包围 府(广/付)/肉(内/人)
	广 产 府 腐 腐

①烂,变质:~烂|~朽|反~败。②豆腐的简称:~乳|~竹。
同义 腐败—腐烂、腐朽、腐化/腐蚀—侵蚀
反义 腐败—清明、清廉/腐臭—芬芳、芳香

多音字	4画 父部
父	上下 八/乂
	八 少 父

㈠fù ①爸爸,父亲:~子|家~(对人称自己的父亲)。②对男性长辈的称呼:伯~|姨~|~老。
㈡fǔ 老年人:田~|渔~。
同义 爷、爹、釜、爸、斧

fù	4画 讠(yán)部
讣	左右 讠/卜
	讠 讣 讣

报丧(sāng),也指报丧的通知:~告|~闻(向亲友报丧的通知)。

fù	5画 亻(rén)部
付	左右 亻/寸
	亻 付 付

交,给:~款|支~|交~使用。
同义 付出—支出、支付/付托—托付、嘱托

高音喇叭上山头——名(鸣)声远扬

fu

反义 付出—收入
组字 符、附、咐、府、俯

fù	6画 刀(勹)部
负	上下 勹/贝
	勹 夕 负

①背(bēi):~米|~薪(背柴)|~荆请罪(表示主动向对方认错赔礼)。②担任,承担:~责|担~|肩~|重任。③依仗,靠:~险固守。④受,遭受:~伤。⑤具有,享有:久~盛名。⑥欠(钱):~债。⑦违背,背弃:~约|忘恩~义|不~人民的期望。⑧败,与"胜"相对:胜|三局皆~。⑨小于零的:~数。⑩指相对的两方面中反的一面:~极|~电。
同义 负担—承当、担当、包袱/负伤—受伤/负债—欠债、欠账
反义 负—正、胜

fù	6画 女部
妇	左右 女/彐
	く 女 妇 妇

①已经结婚的女子:~人|少~|媳~。②女性的通称:~幼(妇女和儿童)|~科。③妻:夫~。
同义 妇女—妇人、妇道(dao)

fù	7画 阝(fù)部
附	左右 阝/付(亻/寸)
	阝 阝 阼 附

①另外加上,随带着:~加|~带|~产品|~有说明书。②挨近,靠近:~近|~耳交谈。③依从,从属:~属|依~|~着(zhuó,小物体粘在大物体上)。
同义 附近—邻近/附属—从属、隶属

fù	8画 口部
咐	左右 口/付(亻/寸)
	口 叶 咐

【吩咐】fēn- 见"吩"。

fù	9画 走部
赴	半包围 走(土/火)/卜
	卡 走 赴

往,去:~京|~宴(去参加宴会)|~难(nàn,赶去拯救国家的危难)|~汤蹈火(比喻不避艰险,奋不顾身)。

fù	9画 夂(zhǐ)部
复	上中下 𠂉/日/夂
	𠂉 白 旨 复

①回去,返:反~|循环往~。②回答,回报:答~|信|~仇。③还原:恢~|~员军人|收~失地。④重复,再:~习|旧病~发|死灰~燃。⑤不是单一的,许多的:~杂|~名数|~式教学。
同义 复仇—报仇/复习—温习
反义 复工—罢工、停工/复杂—简单/复职—离职、撤职
组字 腹、馥、覆
提示 不要读做fú,如"复杂"。

fù	11画 刂(dāo)部
副	左右 畐(一/口/田)/刂
	亠 亭 畐 副

①居第二位的,辅助的,与"正"相对:~局长|~司令。②随带的,次要的:~业|~食品|~作用。③相称(chèn),符合:名~其实(名声和实际情况相符合)。④量词:一~手套|一~笑脸|全~武装。
同义 副手—助手
反义 副—正、主

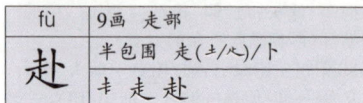

谜语 焰火升空映东邻 (字:陷) 砍罚森林要后悔 (字:梅)
     脱掉穷帽再改革 (字:办)

fu

fù	12画 贝部
赋	左右 贝/武(弋/止)
	贝 贮 赋 赋 赋

①给予，交给：~予|天~。②旧指田地税：田|~税。③我国古代一种文体：《赤壁~》。④做诗、词：~诗一首。

fù	12画 亻(rén)部
傅	左右 亻/尃(甫/寸)
	亻 伛 俌 傅 傅

①师傅，负责教导或传授技艺的人。②附着(zhuó)，使附着：皮之不存，毛将安~|~粉(抹粉)。

fù	12画 宀(mián)部
富	上下 宀/畐(一/口/田)
	宀 宫 富 富

①财产多，与"贫"、"穷"相对：~裕|~有|~翁。②资源财产的总称：财|~|源(自然资源，如森林、矿藏等)。③多，充足：~饶|丰~|~于想象力。

同义 富强—强盛/富裕—富有、富饶、富足
反义 富—穷/富贵—贫贱/富强—贫弱/富裕—贫穷、贫困

fù	13画 月部
腹	左右 月/复(𠂉/日/夂)
	月 腹 腹 腹

①肚子，在胸部的下面：~部|挺胸收~。②心里：~稿(心里打的文稿)|满~牢骚。③位在里边的：~地(内地，靠近中心的地区)。
同义 腹地—内地
反义 腹—背(bèi)

fù	13画 纟(mì)部
缚	左右 纟/尃(甫/寸)
	纟 绢 缚 缚 缚

捆绑：手无~鸡之力|束~(捆绑。引申为使受到约束、限制)。

fù	18画 覀(xià)部
覆	上下 覀/復(彳/复)
	覀 覀 覆 覆

①遮盖，蒙：~盖。②翻，倒(dào)过来：~舟|天翻地~(形容变化很大或闹得很凶)。
同义 覆盖—遮盖/覆灭—覆没(mò)

fù	18画 禾部/香部
馥	左右 香(禾/日)/复(𠂉/日/夂)
	禾 香 馥 馥 馥

香气浓：~郁(香气很浓)。
同义 馥郁—芬芳、芳香

名人名言　聪明人把希望寄托在事业上，糊涂人把希望寄托在幻想上。
阿拉伯谚语

G

ga

gā	6画 日部
旮	上下 九/日
	ノ九旮旮

①【旮旯儿】-lár 角落:门~|墙~。②狭窄偏僻的地方:山~|背~。

gā	14画 口部
嘎	左右 口/夏(百/戈)
	口呀嘎嘎

拟声词,模拟短促而响亮的声音:~巴一声树枝断了|鸭子~~叫|扁担压得吱~吱~响|汽车~的一声刹住了。

gà	7画 尢(wāng)部
尬	半包围 尢/介(人/儿)
	十九尬尬

【尴尬】gān- 见"尴"。

gai

gāi	8画 讠(yán)部
该	左右 讠/亥
	讠讠诙该

①应当:应~|说就说。②轮到:~你值日了。③欠:~他五块钱。④那个,指上文讲过的人或事物:~校|~生学习认真。⑤表示推测:妈妈~回来了吧!⑥加强语气:这里要是种几棵树,那~多美啊!

同义 应该—应当

gǎi	7画 己部
改	左右 己/攵
	乛己改改

①变动,更换:~变|~更~。②修改:~文章|这件衣服——还能穿。③纠正:~正缺点了就好。

同义 改变—改换、转变、更改/改革—改造、革新/改进—改善、改良/改正—纠正、更正

gài	4画 一部
丐	独体
	丁下丐

①乞求,讨乞。②讨钱、要饭的人:乞~。

组字 钙

gài	9画 钅(jīn)部
钙	左右 钅/丐
	钅钅钅钙

一种金属元素,银白色的晶体。钙的化合物石灰石、生石灰、石膏等,在工业、建筑和医药上用途很大。

多音字	11画 羊(羊)部
盖	上下 羊(丷/王)/皿
	丷䒑羊羔盖

㊀gài ①盖子,有遮蔽作用的器物:锅~|瓶~。②伞:华~(古代车上像伞的篷子)。③向下遮住,蒙上:遮~|上锅盖把被子~上。④建造:~房子。⑤打上印:~章|~印。⑥高出,压倒:海浪声把人们说话的声音~下去了|~世无双(世界第一)。⑦动物的甲壳:螃蟹~|乌龟~儿。
㊁gě 姓。

同义 ㊀盖章—盖印
反义 ㊀盖—揭/盖上—打开

人生是海洋,希望是舵手的罗盘,使人们在暴风雨中不致迷失方向。
〔法〕狄德罗

gài	12画 氵(shuǐ)部
溉	左右 氵/既(旣/旡)
	氵 沂 汧 溉

浇灌:灌~。

gài	13画 木部
概	左右 木/既(旣/旡)
	木 相 柢 概

①大略,总括:大~|~况|~括段落大意。②气度:气~。③一律:一~|~不由己。

同义 概况—概貌、概观/概括—综合、归纳、简要

反义 概况—详情/概括—详尽

提示 "概"不要读做 kǎi。

gan

多音字	3画 干部
干	独体
	二 干

㈠gān ①无水分或水分极少:~柴|~燥|油漆未~。②干的食品:饼~|鱼~儿|豆腐~儿。③枯竭,尽净,空虚:小河没水大河~|外强中~。④关连,涉及:不相~|这事与你何~?⑤冒犯,触犯:~涉|~犯。⑥白白地,徒然:~瞪眼|打雷不下雨。⑦拜认的亲戚关系:~妈|~亲。⑧指天干,历法中用的"甲"、"乙"、"丙"、"丁"、"戊"、"己"、"庚"、"辛"、"壬"、"癸"十个字,也做编排次序用。

㈡gàn ①事物的主体或主要部分:树~|骨~。②做,搞:~活儿|埋头苦~。③有才能的,善于办事的:~练|才~。④指干部:~群关系|提~。

同义 ㈠干脆—痛快、爽快、索性/干净—清洁、洁净/干涉—干预 ㈡干劲—劲头

反义 ㈠干—湿、潮/干旱—洪涝/干净—脏脏/干燥—潮湿 ㈡干部—群众/干流—支流

组字 旱、罕、竿、刊、汗、奸、杆、轩(xuān)、肝、秆、鼾、赶

gān	5画 一部/甘部
甘	独体
	一 廾 甘 甘

①甜,味道好,与"苦"相对:~泉|~露|同~共苦。②情愿,乐意:~愿|不~示弱。

同义 甘—甜/甘甜—甘美、香甜、甜美/甘愿—甘心、情愿

反义 甘—苦/甘甜—苦涩

组字 邯、柑、钳、甜、酣

多音字	7画 木部
杆	左右 木/干
	十 木 朾 杆

㈠gān 较长的棍状物:旗~|电线~|栏~儿。

㈡gǎn ①器物棍状的细长部分:笔~|秤~|烟袋~儿。②量词:一~枪|一~秤。

gān	7画 月部
肝	左右 月/干
	丿 月 肝 肝

①肝脏,人和高等动物的主要内脏器官之一,有储存养料、分泌胆汁、解毒等功能。②【肝胆】a.比喻真心诚意:~相照。b.比喻勇气,胆量:~过人。

gān	9画 木部
柑	左右 木/甘
	木 朾 柑 柑

常绿灌木或小乔木,初夏开花,白色。果实比橘子大,赤黄色,汁多味甜。种类很多:蜜~|广~。

脑筋急转弯 先天一般指与遗传因素有关,生来就具有的,那么后天是什么呢?(后天是明天的明天)

gan

gān	9画 竹(⺮)部
竿	上下 ⺮/干
	𥫗 竺 竿

竹竿,竹子的主干(gàn),竹棍儿:钓鱼~|晾衣~。

gān	13画 尢(wāng)部
尴	半包围 尢/监(⺊/皿)
	丆尢尬尴尴

【尴尬】-gà ①处境困难,不好处理:他觉得去也不好,不去也不好,真~。②神态不自然:大家你一言,我一语,说得他非常~。

gǎn	8画 禾部
秆	左右 禾/干
	千禾秄秆

稻麦等植物的茎:稻~儿高粱~儿矮~作物。

gǎn	10画 走部
赶	半包围 走(土/疋)/干
	土丰走赶

①追:追~|汽车~上了自行车|学先进,~先进。②加快速度,使不误时间:~快|~路|~任务。③驱使,驾驭:~羊|~马车。④撵,驱逐:驱~|~蚊子|把侵略者~出去。⑤遇到,碰到:巧~|~上好天气。⑥等到:~明儿再说|~寒假去姥姥家。

同义 赶快—赶紧、赶忙/赶走—赶跑、驱赶

gǎn	11画 攵(pū)部
敢	左右 耳/攵
	丆耳耳敢

①有勇气,有勇气做某事;勇~|~于向坏人坏事做斗争。②莫非,大概:~是他扫的地?③客气话,表示冒昧的请托:~问|~请|~烦。

同义 敢于—勇于
组字 憨、橄、瞰
提示 "敢"的首笔是横折,不要分成横、竖两笔。

gǎn	13画 心部
感	上下 咸(戊/口)/心
	厂厅咸咸感

①觉得:~觉|~想|~到很光荣。②感动:事迹~人。③情感,感想,因受刺激而引起的心理上的变化:自豪~|好~|百~交集。④对人家的好意或帮助表示谢意:~谢|~激|~恩。⑤中医指感受风寒:外~|内伤。

同义 感到—感觉、觉得/感动—激动、打动/感人—动人/感谢—谢谢
组字 撼、憾

gǎn	15画 木部
橄	左右 木/敢(耳/攵)
	木 朩 柑 橄

【橄榄】-lǎn ①橄榄树,常绿乔木,果实椭(tuǒ)圆形,两头稍尖,绿色,也叫青果,可以吃,也可以做药。②油橄榄,常绿小乔木,果实黑色。西方用它的枝叶作为和平的象征。

gàn	21画 立部
赣	左右 章(立/早)/贡(冬/贝)
	立 章 章 赣

①赣江,水名,在江西省。②江西省的别称:~剧。

歌后语 隔了夜的火笼——外面温温热,里头全不火。

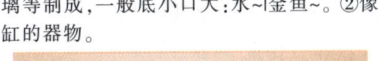

gang

gāng	4画 冂(jiōng)部
冈	半包围 冂/乂
	冂 冈 冈

较低而平的山脊：山~|景阳~。

组字 刚、纲、钢、岗

gāng	6画 刂(dāo)部
刚	左右 冈(冂/乂)/刂
	冂 冈 刚

①坚强，坚硬，与"柔"相对：~强|~毅|正不阿(ē)。②正好，恰巧：~好|~巧|~合适。③才，刚才：~下过雨|他~~出去。

同义 刚才—方才、刚刚/刚好—刚巧、正好、恰好/刚劲—刚健、苍劲/刚强—刚毅、坚强、顽强

反义 刚—柔/刚劲—柔弱/刚强—软弱、脆弱

gāng	7画 月部
肛	左右 月/工
	刀 月 肛 肛

肛门，直肠末端排泄粪便的出口。

gāng	7画 纟(mì)部
纲	左右 纟/冈(冂/乂)
	纟 纠 纲 纲

①提网的总绳，比喻事物的主要部分：大~|~目提~。②旧时成批运输货物的组织：茶~|盐~。

多音字

	9画 钅(jīn)部
钢	左右 钅/冈(冂/乂)
	钅 钊 钢 钢

㊀gāng 精炼过的含磷、硫等杂质极少，含碳量低于2%的铁，是工业上极重要的原料。
㊁gàng 在布、皮、石或缸沿上用力摩擦使锋利：把菜刀~一~。

gāng	9画 缶部
缸	左右 缶(午/凵)/工
	午 岳 缶 缸

①盛(chéng)东西用的器物，用陶、瓷、玻璃等制成，一般底小口大：水~|金鱼~。②像缸的器物。

gǎng	7画 山部
岗	上下 山/冈(冂/乂)
	丨 山 岗 岗

㊀gǎng ①高起的山坡：黄土~。②守卫的位置，职位：~位|站~|门~|下~。
㊁gāng 同"冈"。

gǎng	12画 氵(shuǐ)部
港	左右 氵/巷(共/巳)
	氵 洪 洪 港

①可以停泊大船的江海口岸：~口|~湾|军~。②固定航线上的大型机场：航空~|飞机抵~。③江河的支流：~汊(chà，河汊子)。④香港的简称：~澳同胞。

提示 右下部是"巳"，不是"己"或"已"。

gàng	7画 木部
杠	左右 木/工
	一 十 木 杠 杠

①较粗的棍子：铁~|木~|单~。②批改文字或阅读时画的直道儿：老师在作业上画了一道红~子。③用直线画去或标出：~去这个多余的句子。

谜语 牧童遥指杏花村 (成语：引人注目)
瞪眼睛，吹胡子 (成语：一鼓作气)

gao

gāo	10画 高部
高	上中下 亠/口/冋(冂/口)
	亠 亠 高 高

①从下到上距离大,与"矮"、"低"相对:~空|~山|~楼大厦。②高度:这棵树有两丈多~。③超过一般标准或平均程度:~温|~质量|~速公路。④等级、地位在上的:~年级|~等学府|~级知识分子。⑤敬词,称别人的事物:~见(称别人的见解高明)|~寿(问老人的年纪)。

同义 高傲—骄傲、傲慢/高超—高强/高贵—高尚、尊贵/高兴—愉快、开心、欢快

反义 高—低、矮/高傲—谦虚/高大—矮小/高贵—低贱/高尚—卑鄙、庸俗/高兴—忧愁、悲伤、难过/高涨—低落

组字 嵩、篙、搞、敲、稿、镐

gāo	10画 羊(䍛)部
羔	上下 羊(⺷/王)/灬
	丷 䒑 羊 羊 羔

①小羊:羊~|~羊(小羊。比喻天真、幼稚的人或弱小者)。②泛指动物的幼仔:鹿~|狼~。

组字 糕、羹

多音字	14画 亠(tóu)部/高部
膏	上下 高(亠/口/冋)/月
	亠 亠 亯 膏

㊀gāo ①肥或肥肉:~粱(肥肉细粮)。②脂肪,油:春雨如~|民脂民~(比喻人民用血汗换来的劳动果实)。③浓稠的糊状物:牙~|~药。
㊁gào ①把油加在车轴或机械上:在轴上~点儿油。②把毛笔蘸上墨汁在砚台上搌(tiàn)匀:~笔|~墨。

gāo	16画 竹(⺮)部
篙	上下 ⺮/高(亠/口/冋)
	⺮ 笞 笞 篙

撑船或搭脚手架等用的竹竿或木杆:撑~|竹~。

gāo	16画 米部
糕	左右 米/羔(⺷/王/灬)
	米 粀 粁 糕 糕

用米粉或面粉等制成的块状食品:蛋~|年~|~点。

gǎo	13画 扌(shǒu)部
搞	左右 扌/高(亠/口/冋)
	扌 扩 护 搞

做,干,弄,办:~卫生|~好团结|把问题~清楚|不~阴谋诡计。

同义 搞鬼—捣鬼

多音字	15画 钅(jīn)部
镐	左右 钅/高(亠/口/冋)
	钅 钅 钅 镐

㊀gǎo 刨土的工具:~头|十字~。
㊁hào 西周的国都,在今陕西省长安县西北。

gǎo	15画 禾部
稿	左右 禾/高(亠/口/冋)
	禾 秆 秱 稿

①谷类植物的茎秆:~荐(稻草等编的垫子)。②稿子,文字、图画的草底:草~|文~儿|先打~后抄正。

同义 稿费—稿酬

gào	7画 口部
告	上下 生/口
	丿 生 告

①通知,让人知道:~诉|~知通。②揭发

  人就像凌空翱翔的雄鹰,总喜欢把眼睛盯在高耸入云的目标上。
[古希腊]德谟克利特

控诉:~发|控~|~状。③请求:~假|~饶。④表明,称说:~辞|自~奋勇。⑤宣布或表示某种情况的出现:大功~成。
同义 告别—告辞、辞别/告发—揭发、检举
反义 告发—包庇
组字 窖、靠、浩、皓、酷、造

ge

gē	4画 戈部
戈	独体
	一 弋 戈 戈

古代的一种兵器,横刃长柄:挥~|大动干~。
组字 划、戏、找、我、伐、成

gē	8画 疒(nè)部
疙	半包围 疒/乞(ㄏ/乙)
	广 疒 疙 疙

【疙瘩】–da ①皮肉上长的小硬块:头上起了个~。②小球形或块状的东西:面~|土~。③不好解决的问题:思想~|心里有个~解不开。④别扭,不顺:这文章写得有点~。

gē	10画 口部
哥	上下 可/可
	一 可 픔 哥

①兄,同父母或亲属中同辈而年纪比自己大的男子:~~|堂~|表~。②称呼年龄与自己差不多的男子:王大~。
组字 歌

gē	10画 月部
胳	左右 月/各(夂/口)
	月 胳 胳

①【胳膊】–bo 上肢,肩膀以下手腕以上的部分。②【胳臂】–bei 同①。
同义 胳膊—胳臂(bei)、臂膀

gē	11画 鸟部
鸽	左右 合(人/口)/鸟
	丿 合 鸽 鸽 鸽

鸽子,鸟名,有野鸽、家鸽等多种,翅膀大,善于飞行:信~|和平~(鸽子是和平的象征)。

多音字	12画 扌(shǒu)部
搁	左右 扌/阁(门/各)
	扌 扪 搁 搁

㊀gē ①放,摆:少~点盐|把书~在桌子上。②停止,放下:耽~|~置(把事情放下不做)|这件事一~就是半年。
㊁gé 禁(jīn)受,承受:这根扁担~不住这么重的货物。

gē	12画 刂(dāo)部
割	左右 害(宀/丰/口)/刂
	广 宀 害 割

①切断,截下:~麦|~韭菜|~除。②舍去:~舍(shě)|~爱(舍去所爱的东西)。③分开,划去:~地|分~。
同义 割舍—舍弃
反义 割裂—衔接/割让—收复

gē	14画 欠部
歌	左右 哥(可/可)/欠(ㄣ/人)
	一 哥 哥 歌

①能唱的文词:~曲|诗~|唱~。②唱:~唱|~咏|高~一曲。③颂扬:~颂。
同义 歌唱—唱歌、歌颂
反义 歌颂—攻击、抨击

脑筋急转弯 做什么事情最开心?(开心手术)

ge

gé	9画 革部
革	上下 廿/甲
	廿 艹 苫 革

①去了毛并加工过的兽皮：皮~|制~|履(皮鞋)。②改变，更换：~新|变~|改~。③去掉，撤销：~职|~查办。
同义 革除—铲除、开除/革职—撤职
组字 鞋、靴、鞠、勒、靳、靶、鞍

gé	9画 门部
阁	半包围 门/各(夂/口)
	丶门阅阁

①类似楼房的建筑物：亭台楼~。②旧指女子的卧室：出~(出嫁)。③内阁，某些国家的最高行政机关：组~(组织内阁)|入~。
组字 搁

gé	10画 木部
格	左右 木/各(夂/口)
	十 木 杦 格

①划分成的空栏和框子：方~儿|布|每段开头要空两~。②标准，规范：合~|规~|破~录取。③品质，作风：品~|人~|风~。④阻碍，隔阂(hé)：~~不入(有抵触，不兼容)。⑤击，打：~斗|~杀。
同义 格斗—搏斗/格局—格式、样式/格外—分外、特别

多音字	12画 艹(cǎo)部
葛	上下 艹/曷(日/匃)
	艹 莒 葛 葛

㈠gé 多年生草本植物，花紫红色。茎可编篮做绳，纤维可织葛布。根可做药，提制淀粉。
㈡gě 姓。

多音字	12画 虫部
蛤	左右 虫/合(人/口)
	虫 虷 蛤

㈠gé ①【蛤蜊】-li 软体动物，体外有双壳，颜色美丽。生活在近海泥沙中，肉味鲜美。②【蛤蚧】-jiè 爬行动物，像壁虎，比壁虎大，尾部灰色，有红色斑点。可做药。
㈡há【蛤蟆】-ma 青蛙和癞蛤蟆的统称。

gé	12画 阝(fù)部
隔	左右 阝/鬲(一/口/用)
	阝 阝 阝 隔 隔

①遮断，分开：~断|~着一堵墙|山河阻~。②距离，相距：间(jiàn)~|~夜|远~重洋。
同义 隔阂—隔膜/隔离—隔绝
反义 隔离—接触
提示 "隔"右下方里面是"羊"，不是"羊"。

gé	13画 口部
嗝	左右 口/鬲(一/口/用)
	口 呵 唔 嗝

①胃里的气体吐出时发出的声音：打饱~儿。②横膈(gé)膜痉挛(jìng luán)，吸气后门突然关闭而发出的一种特殊声音。

gé	14画 月部
膈	左右 月/鬲(一/口/用)
	月 肝 胛 膈

膈膜，也叫横膈膜，人或哺乳动物胸腔和腹腔之间的膜状肌肉。

gé	15画 骨部
骼	左右 骨(骨/月)/各(夂/口)
	骨 骨 骼 骼

骨的统称：骨~。

歇后语 蛤蟆吞西瓜——开口不怕大

ge—gen

ge

多音字	3画 人部
个	独体
	丿 个

㈠gè ①量词：一~人|洗~澡|一~不留神打他~落花流水。②单独的：~别|~人|~体户。③身材或物体的大小：高~子|小~儿|馒头儿不小。
㈡gě 【自个儿】zì gěr 自己。
同义 ㈠个儿—个子/个性—性格、特性
反义 ㈠个别—普遍/个人—集体、大家/个性—共性

多音字	6画 夂(zhǐ)部
各	上下 夂/口
	丿 夂 各

㈠gè 每个，彼此不同的：~位同学|~种情况|~家一户。
㈡gě 特别，与众不同：这个人很~。
同义 ㈠各个—逐个、挨个
组字 客、咯、洛、骆、络、格、赂、烙、略、酪、路、貉、骼

gei

多音字	9画 纟(mì)部
给	左右 纟/合(人/口)
	纟 纥 给

㈠gěi ①送，交：我~他一支铅笔|老师~我一项任务。②替，为：我~王奶奶挑水|王东~我补课。③被：衣服~雨淋了。④让，使：这个座位应该~老大爷坐。⑤向：~姥姥祝寿|~老科学家献花。⑥与前面"把"字相应，可有可无：把我~批评了一顿。
㈡jǐ ①供应：供~|自~自足。②富裕，充足：家~人足。
同义 ㈠给以—予以、给(jǐ)予

gen

gēn	10画 木部
根	左右 木/艮
	十 木 杧 根

①植物茎干下部长在土里的部分：树~|草~。②物体的基部或下部：~基|墙~耳。③事物的本源：~源|祸~|追~究底(追究事情的原由)。④彻底：~治|~除|~绝。⑤代数方程式内未知数的值：求~|增~。⑥依据，作为根本：~据|无~之谈。⑦量词：一~火柴|一~木头|两~绳子。
同义 根本—基本/根基—基础/根据—依据/根绝—杜绝

gēn	13画 足(⻊)部
跟	左右 ⻊(口/止)/艮
	口 足 跙 跟

①脚或鞋袜的后部：脚~|高~儿鞋。②随在后面，紧接着：~随|~踪|~紧。③和，同，与：我~他是同桌。④对，向：他~我谈过这件事。
同义 跟随—追随、尾随、随从/跟踪—追踪、盯梢

gèn	6画 一部
亘	上中下 一/日/一
	一 百 亘

空间或时间上延续不断：绵~|~数十里|~古至今(从古到今)。

谜语　坐下说　（法律名词：免于起诉）
　　　长大要当飞行员　（包装用语：小心向上）

组字 垣、恒
提示 "亘"的韵母是前鼻音 en，"恒"的韵母是后鼻音 eng。

geng

gēng	8画 广部
庚	半包围 广/夬
	广 庐 庚 庚

①天干的第七位，用做顺序的第七。②年龄：同~|贵~（问别人年龄的敬词）。

组字 赓

gēng	10画 耒(lěi)部
耕	左右 耒/井
	三 耒 耒 耕

用犁把土地翻松：~地|~耘(yún，耕地和锄草，比喻辛勤劳动)|精~细作。
同义 耕地—耕种、耕作、耕耘

gēng	12画 广部
赓	半包围 庚(广/夬)/贝
	广 庐 庚 赓

继续：~续。

gēng	19画 羊(䒑)部
羹	上下 羔(䒑/灬)/美(䒑/大)
	䒑 羔 䔍 羹

①通常用蒸、煮等方法做成的汁状、糊状或冻状的食品：肉~|鸡蛋~。②【调羹】tiáo-　喝汤用的小勺子。也叫羹匙(chí)。

gěng	10画 土部
埂	左右 土/更
	土 圹 埂 埂

①田间稍稍高起的小路：田~|地~子。②长条形的高起的地方：一道小山~。③防水、拦水的建筑物：堤~|圩(wéi)~。

gěng	10画 耳部
耿	左右 耳/火
	耳 耵 耿 耿

①正直：~直|~介。②【耿耿】a.非常忠诚：忠心~。b.心里老想着：~于怀。
同义 耿直—正直

gěng	10画 口部
哽	左右 口/更
	口 呵 哽 哽

①声气阻塞：~咽(yè，哭时不能痛快地出声)。②食物堵住喉咙：吃得太急，~着了。
同义 哽咽—抽泣、呜咽

gěng	11画 木部
梗	左右 木/更
	十 木 梗 梗

①植物的枝或茎：花~|荷~|菠菜~。②直，挺着：~着脖子。③阻塞(sè)，阻碍：~阻|~塞(sè)|作~。
同义 梗概—简介/梗塞—梗阻
反义 梗塞—畅通
提示 "梗直"今统做"耿直"。

多音字	7画 一部
更	独体
	一 曰 更 更

㊀gèng ①再，重(chóng)：~上一层楼。②越发，愈加：~好地为人民服务|~美丽了。

㊁gēng ①改变，变换：~改变|万象~新。②经历：少不~事(年纪轻，经历的事不多)。③旧时一夜分五更：打~|半夜三~。
同义 ㊀更加—越发　㊁更—改变、改动

具有创造性独立思维的人才可能创立伟业。
[英]伯克

更换—改换、变换/更正—修正、改正、纠正
组字 便、埂、哽、梗、硬

gong

gōng	3画 工部
工	独体
	一丁工

①工人：矿~|技~|清洁~。②工业：化~|交系统。③工作，工程：做~|手~|开~。④一个人一天的工作：修这条路需要二十个~。⑤善于，擅长于：~书善画。⑥精细：~笔画。⑦技术：唱~。
同义 工夫(fu)—时间、时候/工整—整洁/工资—工钱、薪水
反义 工整—潦草
组字 空、功、攻、扛、江、红、杠、缸、虹、缸、贡

gōng	3画 弓部
弓	独体
	一コ弓

①射箭或发弹丸的器具：~箭|弹~。②像弓的器具：胡琴~子|弹棉花的绷~儿。③使弯曲：~腰|~着腿坐着。
组字 引、躬

gōng	4画 八部
公	上下 八/厶
	ノ八公

①属于国家或集体的，与"私"相对：~款|爱护~物|一心为~。②合情合理，不偏私：~正|~道|买卖~平|秉~办事。③让大家知道：~开|~布|~告。④共同的，一致认为的：~约|~数|~认。⑤属于国际间的：~海|~历。⑥对祖辈或老年男子的称呼：外~|叔~|老~~。⑦丈夫的父亲：~~|~婆。⑧雄性的：~牛|~鸡这只鸭子是~的。⑨我国古代五等爵位的第一位：~爵。
同义 公布—发布、宣布/公平—公正、公道、公允
反义 公—私、母/公家—个人、私人/公开—秘密、暗中/公平—偏袒、偏向
组字 瓮、翁、讼、松、松、颂、蚣

gōng	5画 工部
功	左右 工/力
	一丁功功

①贡献较大的成绩，与"过"相对：~劳|立~|将~补过。②成就，成效：成~|事半~倍。③勤奋努力：用~学习。④技巧，技术修养：唱~|武~|基本~。
同义 功夫—本领/功劳—功绩、功勋/功能—功用、职能、效能
反义 功—过/功劳—罪过/功勋—罪行

gōng	7画 工部
攻	左右 工/攵
	一丁功攻

①打击，进击，与"守"相对：进~|易守难~|~无不克。②指责，批评：群起而~之。③学习，钻研：~书|读|专~外语。
同义 攻击—攻打、进攻、抨(pēng)击/攻克—攻破、攻陷、攻占
反义 攻—守/攻击—防守、抵御、歌颂

多音字	8画 亻(rén)部
供	左右 亻/共(卄/八)
	亻供供

㊀ gōng 供给(jǐ)，准备着东西给需要的人使用：~应|提~|方便|~参考。
㊁ gòng ①向神佛或死者奉献祭品：~佛|遗像前~着鲜花。②奉献的祭品：上~。③受审的人交代案情：招~|~认|口~。
同义 ㊀供给(jǐ)—供应/供养—赡养 ㊁供

gong

认—招认
反义 ㈠供—求　㈡供认—抵赖

gōng	9画　宀(mián)部
宫	上下　宀/吕(口/口)
	宀宫宫

①帝王等的住所：~殿|故~|皇~。②神话中神仙的住所：龙~|月~|大闹天~。③某些庙宇的名称：雍和~|天后~。④一些文化娱乐场所的名称：少年~|文化~。
同义 宫殿—宫阙(què)、宫室、皇宫

gōng	10画　心(小)部
恭	上下　共(艹/八)/小
	艹共恭恭

严肃、谦逊有礼貌：~敬|~贺|洗耳~听(恭敬地听别人讲话。请人讲话时的客气话)。
同义 恭维—奉承
提示 "恭"的下面是"小"，不是"⺥"。在常用字和次常用字范围内，含有"⺥"的字，只有"恭"、"慕"、"添"、"舔"。

gōng	10画　虫部
蚣	左右　虫/公(八/厶)
	中虫蚣蚣

【蜈蚣】wú- 见"蜈"。

gōng	10画　身部
躬	左右　身/弓
	亻自身躬

①自身，亲自：~行(亲身实行)|事必~亲(什么事情都要亲自去做)。②弯下身子：~身拜。③身体，自身：鞠~|反~自省。

gōng	11画　龙部
龚	上下　龙/共(艹/八)
	龙龚龚

姓。

gǒng	6画　工部
巩	左右　工/凡
	丁工巩巩

牢固，使牢固：根基~固|~固胜利成果。
同义 巩固—稳固、坚固
组字 恐、筑

gǒng	7画　工部
汞	上下　工/水
	丁工于汞

金属元素。银白色液体，有毒。可制温度计、荧光灯等。也叫水银。

gǒng	9画　扌(shǒu)部
拱	左右　扌/共(艹/八)
	扌拱拱

①拱手，两手向上相合表示敬意。②两手合围：~抱。③围绕，环绕：~卫(环绕在周围保卫着)|众星~月。④(肢体)向上耸肩膀弯成弧形：~肩缩背。⑤成弧形的(建筑物)：~门|石~桥。⑥顶，向上钻或向前推：苗儿~出土了|猪用嘴~地。
同义 拱抱—环抱

gòng	6画　八部
共	上下　艹/八
	一艹共

①同，一齐：~同|同甘~苦|和平~处。②相同的，彼此都具有的：~识|~性。③总，合计：总~|一~种了一百棵树|捐款~计二百元。④共产党的简称。
同义 共存—共处、并存/共计—合计、总计/共同—协同、一同
反义 共同—单独/共性—个性

蛤蟆顶桌子——不自量力　歇后语

组字 龚、粪、供、拱、哄、洪、烘、恭

gòng	7画 工部
贡	上下 工/贝
	一 T 于 贡

①古代指臣民或属国向君主献东西：~品。②所进献的物品：进~|纳~。③【贡献】-xiàn a.拿出力量或物资献给国家和人民。b.对人民、人类社会所做的有益的事。
同义 贡献—奉献
反义 贡献—索取

gou

多音字	4画 勹(bāo)部
勺	半包围 勹/厶
	丿 勹 勺 勺

㈠gōu ①用笔画出符号，表示删(shān)除或截取：~销(取消,抹掉)|把这笔账~掉|把文中的中心句~出来。②描画，用线条画出图像的边缘：~出脸形|~画|~勒。③用水泥、灰等涂抹建筑物上砖石之间的缝：墙缝。④引起，招引：~起一段回忆。⑤结合，串通：~结|~搭。⑥我国古代称直角三角形较短的直角边：~股定理。
㈡gòu【勾当】-dàng 行为,事情(现多指坏事)。
同义 ㈠勾结—勾搭、勾通/勾勒—勾画 ㈡勾当—坏事
组字 沟、构、购、钩

gōu	7画 氵(shuǐ)部
沟	左右 氵/勺(勹/厶)
	氵 氵 沟

①水道：水~|阴~|渠。②像沟一样的洼处或坑道：垄~|壕~|交通~。③偏僻的山区：山~。

gōu	9画 钅(jīn)部
钩	左右 钅/勺(勹/厶)
	钅 钓 钩

①一端弯曲用于挂或取东西的器具：鱼~|秤~。②用钩子挂、取：把桶进井里的桶~上来。③汉字的一种笔画：横~(¬)|竖弯~(乚)。④一种缝纫、编织的方法：~贴边|~花|~网兜。

gōu	16画 竹(⺮)部
篝	上下 ⺮/冓(䒑/冉)
	笁 笁 笁 篝 篝

【篝火】-huǒ 原指笼子罩着的火,现指在野外燃烧的火堆。
同义 篝火—营火

gǒu	8画 艹(cǎo)部
苟	上下 艹/句(勹/口)
	艹 艿 苟

①马虎,随便：一丝不~|~同(随便地同意)。②姑且,暂时：~安(只顾眼前,暂且偷安)|~且偷生。③如果：~能制侵凌,岂在多杀伤。

gǒu	8画 犭(quǎn)部
狗	左右 犭/句(勹/口)
	丿 犭 犳 狗

①一种家畜(chù),听觉、嗅觉都很灵敏,善于看(kān)守门户。有的可训练成警犬或猎犬。②比喻帮助作恶的人：走~|~腿子。

gòu	8画 木部
构	左右 木/勺(勹/厶)
	木 朸 构

①组合,建造：~图|~造。②结成,组织(用于抽

谜语 居中容易 （成语：左右为难）　等失主 （成语：待人接物）
心思团圆 （成语：非分之想）

象事物):~思|虚~。③指文艺作品:佳|杰~。
同义 构成—组成/构造—结构

gòu	8画 贝部
购	左右 贝/勾(勹/厶)
	贝 贩 购

买:~买|采~|~销两旺。
同义 购—买/购买—购置
反义 购—销/购买—销售

gòu	9画 土部
垢	左右 土/后(厂/口)
	土 圹 圻 垢

①脏东西:污~|牙~。②脏,不干净:蓬头~面。③耻辱:忍辱含~(忍受耻辱)。

gòu	11画 夕部
够	左右 句(勹/口)/多(夕/夕)
	勹 句 够 够

①满足:~数|~多|~用。②腻(nì),厌烦:~了,别再说了。③达到:~得着|~格|~标准。
同义 够格—合格、及格

gu

多音字	7画 亻(rén)部
估	左右 亻/古(十/口)
	亻 什 估

㊀gū 推测,大致地推算:~计|~价|——~这亩小麦能打多少斤?
㊁gù【估衣】-yī 旧指出售的旧衣服。
同义 ㊀估计—估量、估摸

gū	8画 口部
咕	左右 口/古(十/口)
	口 叶 咕

拟声词:布谷鸟~叫|~咚一声,落在地上|端起水~嘟~嘟地喝下去。

gū	8画 氵(shuǐ)部
沽	左右 氵/古(十/口)
	氵 汁 沽

①买:~酒|~名钓誉(用某种手段骗取名誉)。②卖:待价而~。

gū	8画 子部
孤	左右 孑/瓜
	孑 子 孤 孤 孤

①小时候失去父母的:~儿。②单独:~立|寡老人|~苦伶仃。③古代帝王的自称:~家|~王。
同义 孤—单、独/孤单—孤独、单独/孤单—孤零零

gū	8画 女部
姑	左右 女/古(十/口)
	乚 女 妉 姑

①父亲的姐妹:大~|~夫。②丈夫的姐妹:~嫂|大~子。③丈夫的母亲:翁~(公婆)。④出家修行或从事迷信职业的妇女:尼~|三仙~。⑤暂且:~且(表示暂时)。例:这支旧钢笔~用一用。
同义 姑姑—姑妈、姑母/姑且—暂且、权且/姑丈—姑父、姑夫
组字 菇

gū	9画 车部
轱	左右 车/古(十/口)
	车 车 轩 轱

【轱辘】-lu ①车轮。②滚动,转(zhuàn)动:别让球~了。

名人名言 发明、创造使人们的生活更充实,生存更轻松。
[挪]班生

gu

gū	11画 艹(cǎo)部
菇	上下 艹/姑(女/古)
	艹 艾 茐 菇

菌类植物：蘑~|香~|冬~。

gū	12画 辛部
辜	上下 古(十/口)/辛(立/十)
	十 古 辜 辜

①罪，罪过：无~|死有余~（处死刑也抵偿不了他的罪过）。②违背，对不起：决不~负人民对我们的期望。

gū	14画 竹(竹)部
箍	上下 竹/扡(扌/匝)
	竹 筝 筛 箍

①用金属或竹篾束紧器物：~桶。②束紧器物的圈：铁~。

gǔ	5画 十部
古	上下 十/口
	十 古

①很久以前的时候：~代|~今中外。②经历久远的：~书|~画。③奇怪：~怪。

同义 古板—呆板、死板/古董—古玩/古怪—奇怪、怪异

反义 古—今/古板—灵活/古代—现代/古老—年轻

组字 苦、辜、估、咕、沽、姑、枯、轱、故、胡、骷、居、固

gǔ	7画 谷部
谷	上下 父(八/人)/口
	八 父 谷

①两山或两块高地之间的水道或狭长地带：山~|峡~|万丈深~。②庄稼和粮食的总称：五~|~物。③谷子，北方指粟，籽实碾去皮以后就成小米：~草|~穗儿。南方指稻，也指稻的籽实：稻~|糯~|粳~。

组字 俗、峪、浴、欲、裕

gǔ	8画 月部
股	左右 月/殳(几/又)
	月 肝 股

①大腿：悬梁刺~（形容勤学苦读）。②股份，指集合资金的一份：~票|~东（在企业、公司中入有股份的人）。③机关团体中的一个部门：财务~|人事~。④直角三角形中较长的一条直角边：勾~定理。⑤量词：一~线|一~劲|一~香味。

多音字	9画 骨部
骨	上下 冎/月
	口 円 冎 骨

㈠gǔ ①脊椎动物身体里的支架：~骼|脊椎|~头盖~。②起骨架作用的东西：钢~水泥|伞~|~子。③比喻人的品质和气概：~气|傲~|软~头。

㈡gū ①【骨朵儿】-duor 没有开放的花朵。②【骨碌】-lu 滚动，翻滚：一~从床上爬起来。

组字 猾、滑

gǔ	13画 鼓部
鼓	左右 壴(士/口/䒑)/支(十/又)
	士 吉 壴 鼓 鼓

①一种打击乐器，多为圆柱形，中间空，一面或两面蒙皮：腰~|手~|敲锣打~。②敲鼓：一~作气（形容做事时鼓起劲头，勇往直前）。③击，拍，弹：~掌|~琴|~瑟。④发动，使振作起来：~足干劲|~舞|~起勇气。⑤用风箱等扇(shān)：~风。⑥凸出，高起：~着腮帮|口袋装得~~的。

同义 鼓吹—宣扬、吹嘘/鼓动—发动、动员/

什么东西和你的左耳朵最像？（右耳朵）

gu—gua

鼓励—勉励、激励
反义 鼓—瘪(biě)/鼓动—劝阻/鼓励—打击

gù	8画 口(wéi)部
固	全包围 口/古(十/口)
	冂冃周固

①结实,牢靠:坚~稳。②坚硬:~体凝~。③坚决地,坚定地:~守阵地。④使结实、牢靠:~本|~防。⑤本来,原来:人~有一死。
同义 固定—稳定/固有—原有/固执—执拗
反义 固定—流动、活动

gù	9画 攵(pū)部
故	左右 古(十/口)/攵
	十古古故

①意外的事情:事~|变~。②缘故,原因:不知何~|不得无~缺席。③故意,存心:明知~犯。④过去的,原来的:~乡|依然如~。⑤老朋友:~人|~交|沾亲带~。⑥死亡:病~|~友。⑦所以:因下大雨,~推迟举行。
同义 故旧—故交、故人/故居—旧居/故乡—家乡/故意—有意
反义 故旧—新朋/故乡—他乡/故意—无意
组字 做

gù	10画 页部
顾	左右 厄(厂/卩)/页
	厂厅厄顾

①回头看,看:左~右盼|瞻前~后|环~(向四周看)。②照管,关心,注意:照~|~惜身体|奋不~身。③拜访,探望:三~茅庐。④商店或服务行业称消费者前来买东西或要求服务:~客|主~|欢迎惠~。
同义 顾虑—顾忌、担心/顾惜—顾全、爱惜
提示 "顾"的第四笔为竖提。

gù	12画 户部
雇	半包围 户/隹
	冫户雇雇

①出钱请人帮工:~工|~保姆。②出钱暂用别人的交通工具:~车|~一匹马。
同义 雇用—雇佣、雇请
反义 雇用—解雇、辞退

gua

guā	5画 瓜部
瓜	独体
	一厂爪瓜瓜

一年生草本植物,茎多蔓生。果实可吃,种类很多,如西瓜、南瓜、黄瓜、丝瓜等。
同义 瓜分—划分、分割/瓜熟蒂落—水到渠成
反义 瓜分—合并
组字 呱、狐、弧、孤
提示 "瓜"不要与"爪"相混。

多音字	8画 口部
呱	左右 口/瓜
	口听呱呱

㈠guā ①拟声词:~唧|听不懂他~啦~啦说什么|青蛙~~叫。②形容好:顶~~|~~叫。
㈡gū 【呱呱】-gū 形容婴儿的哭声:~落地。

guā	8画 舌部
刮	左右 舌(千/口)/刂
	千舌刮

①用刀等去掉物体表面的东西:~锅|~胡子。②榨取:~地皮(比喻榨取民财)|贪官污吏搜~民财。③吹:~起一阵狂风。

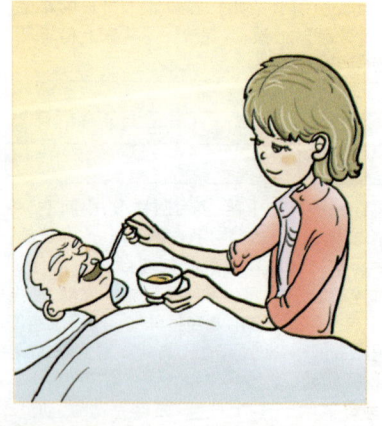

歇后语 初一的月亮——不明不白

gua—guai

guǎ	14画 宀(mián)部
寡	上中下 宀/亘/分(八/刀) 宀宦宾寡

①少，缺少，与"众"、"多"相对：沉默~言|众~悬殊。②妇女死了丈夫：~妇。③【寡人】-rén 古代帝王、诸侯的自称。

同义 寡—少/寡廉鲜耻—恬不知耻
反义 寡—多、众
提示 "寡"的中间是"亘"，不是"百"。

guà	8画 卜(bǔ)部
卦	左右 圭(土/土)/卜 土圭卦卦

占卜用的符号：八~(我国古代占卜时象征天、地、雷、风、水、火、山、泽八种自然现象的符号。用"—"代表阳，用"--"代表阴，用三个这样的符号组成八种形式，叫做八卦。八卦互相搭配又得六十四卦)。

guà	9画 扌(shǒu)部
挂	左右 扌/圭(土/土) 扌扩挂

①悬，吊在空中：悬~|~图|~钟。②钩住，连接：~钩。③惦记：记~|牵~|~念。④登记：~号|~失。⑤量词：一~鞭炮|一~珠子。

同义 挂花—挂彩、负伤/挂念—挂虑、牵挂/挂失—报失

guà	13画 衤(yī)部
褂	左右 衤/卦(圭/卜) 衤衤衤褂褂

上身的衣服：大~|子~|小~儿|马~儿(旧时男子穿在长袍外面的对襟短褂)。

guai

guāi	8画 丿(piě)部
乖	独体 千千乒乖乖

①小孩子听话，不淘气：小弟弟真~。②机灵，伶俐：~巧|这孩子嘴~。③反常，古怪，不顺：~僻(性格古怪孤僻)|~张(古怪，不通情理)。

同义 乖巧—伶俐、机灵

guǎi	8画 扌(shǒu)部
拐	左右 扌/另(口/力) 扌扪拐拐

①(走路)转变方向：~弯|走错了路，又~回来。②骗走人或财物：~骗|~带|一个小孩被坏蛋~卖了。③腿脚有毛病，走路不稳：他跌伤了，一~一~地走。④走路时帮助支持身体的棍子：~杖|~棍|架着双~。

同义 拐带—拐骗/拐棍—拐杖
反义 拐弯抹角—直截了当

guài	8画 忄(xīn)部
怪	左右 忄/圣(又/土) 丶忄忆怪

①奇异，不平常：奇~|~事|~模~样。②惊奇，觉得奇怪：大惊小~|少见多~。③很，非常：~可怜的|~好看的花儿。④责备，埋怨：责~|自己不努力，还能~谁呢？⑤神话传说中的妖魔：妖~|~物。

同义 怪诞—怪异/怪罪—责怪、见怪

 谜语　先前不努力，现在要用心（字：悫）
　　　王婆的本领（字：瓜）

guan

guan

guān	6画 八(丷)部
关	上下 丷/天
	丷 丷 关 关

①闭，合拢，与"开"相对：门~|~闭|把窗户~上。②拘禁：~押|把罪犯~进牢里。③放在里面不使出来：把鸟儿~在笼子里。④倒闭，停业：~厂|~店。⑤古代在险要的地方设立的守卫处所：~口|山海~|嘉峪~。⑥货物出口入口检验和收税的地方：海~|~税。⑦重要的转折点，不易度过的时间：共度难~|紧急~头。⑧起转折关联作用的部分：~节|~键。⑨牵连，联系：~系|~联|无~紧要。

同义 关—闭、掩/关闭—掩闭、封闭/关联—关系、联系/关心—关怀、关切、关注

反义 关—开、放/关闭—打开、敞开、开放

组字 郑、朕、联、送

多音字	6画 又部
观	左右 又/见
	又 邓 观

㊀guān ①看：~看|参~。②看到的景象：奇~|~|学校的面貌大大改~。③对客观事物的认识、看法：乐~|悲~|~人生（对人生的目的和意义的看法）。
㊁guàn 道教的庙宇：白云~。

同义 ㊀观—看/观察—观看、观测、察看/观赏—欣赏

guān	8画 宀(mián)部
官	上下 宀/吕
	宀 宀 官 官

①政府、军队里充任一定级别和职务的人员。现多用于军队和外交场合：军~|~员|外交~。②属于国家或政府的：~办|~方。③器官：五~|~感|~能（器官的功能）。

同义 官吏—官僚

反义 官—民

组字 营、管、馆、棺

多音字	9画 冖(mì)部
冠	上下 冖/冗(元/寸)
	一 冖 冠 冠

㊀guān ①帽子：衣~|王~|张~李戴。②像帽子的东西：鸡~子|树~|花~。
㊁guàn ①戴上帽子。②居第一位：~军|勇冠三军。③第一位：太平洋为四大洋之~。④在前面加上某种名号：~以皇后的桂冠(guān)。

guān	12画 木部
棺	左右 木/官(宀/吕)
	木 木 棺 棺

棺材，装死人的器具。

同义 棺材—棺木

guǎn	11画 饣(shí)部
馆	左右 饣/官(宀/吕)
	饣 饣 馆 馆

①招待宾客住的房舍：宾~|旅~。②某些服务性商店的名称：照相~|理发~|饭~。③一些文化活动的场所：文化~|图书~|体育~。④外交使节办公的场所：大使~|领事~。⑤旧时指教学的地方：家~。

guǎn	14画 竹(⺮)部
管	上下 ⺮/官(宀/吕)
	竹 竺 笁 管

①圆筒形中间空的东西：水~|血~|无缝钢~。②吹奏的乐器：~弦乐。③负责办理：~账|~伙食。④过问，干预：集体的事大家~|这件事你来~一~。⑤负责供给(jǐ)：~吃~住。⑥保证：~用|~保。⑦约束，教导：~束|~教。⑧管辖，管理：这个地区共~十个市、县。⑨把（与"叫"连用）。

没有远大的理想是不能生活的。

〔苏〕柯切托夫

guan—guang

大伙儿都~他叫"老班长"。⑩量词:一~毛笔。
同义 管束—约束、束缚、管教/管辖—统辖/管用—顶用、有用、中用
反义 管束—放纵/管用—无用

guàn	8画 贝部
贯	上下 毌/贝
	乚口四贯

①穿通,连接:~穿|全神~注|鱼~而入。②旧时指方孔钱穿在绳子上,每一千个叫一贯。③籍贯,祖居的或出生的地方。
同义 贯穿—贯串、贯通、贯注
组字 掼、惯
提示 "贯"的上面是"毌(guàn)",不是"母"。

guàn	11画 忄(xīn)部
惯	左右 忄/贯(毌/贝)
	丷忄忄忄惯

①习惯:~例|用洗~了冷水。②纵容,不管束:这孩子被~坏了|对子女不能娇生~养。
同义 惯例—常例、常规

guàn	20画 氵(shuǐ)部
灌	左右 氵/瓘(艹/吅/隹)
	氵汁浐灌灌

①浇水:~溉|浇~。②倒入,装进:~了一瓶开水|风从门缝~进来。③指录音:~唱片。
同义 灌溉—灌注、浇灌

guàn	22画 鸟部
鹳	左右 瓘(艹/吅/隹)/鸟
	艹苜荁鹳鹳

鸟名,形状像鹤,嘴长,脚长。常在水边活动,捕食鱼虾等。

guàn	23画 缶(fǒu)部
罐	左右 缶(午/凵)/瓘(艹/吅/隹)
	午缶鈽罐罐

盛东西或汲(jí)水用的瓦器。泛指各种圆筒形的器具:瓦~|玻璃~|茶叶~子。

guang

guāng	6画 小(⺌)部
光	上下 ⺌/兀
	丨⺌业光

①照耀在物体上能使人看见物体的那种物质:阳~|火~|灯~。②明亮:~明|~泽。③景物,景象:风~|观~|湖~山色。④荣誉:~彩|为国争~。⑤使发展,显扬:发扬~大。⑥敬词:~临(称客人来到)|~顾(称顾客到来)。⑦光滑,平滑:磨~桌面漆得很~。⑧一点不剩:精~|本子用~了|把敌人消灭~。⑨露着,无遮掩:~头|~着脚|~膀子。⑩单,只:不能~念不写|你自己也有错,不要~说别人。
同义 光复—收复/光滑—光溜、滑溜/光明—明亮、光辉、光芒/光荣—光彩、荣耀/光溜溜—光秃秃/光闪闪—光灿灿
反义 光复—沦陷/光滑—粗糙/光明—黑暗/光荣—可耻
组字 晃、恍、胱、觥

guāng	10画 月部
胱	左右 月/光(⺌/兀)
	月月'胪胱

【膀胱】páng- 见"膀"。

guǎng	3画 广部
广	独体
	丶广

①(面积范围)大,宽阔:~场地|~人稀。②多:

G

急转弯 脑筋

思思说他能在一秒钟内读完清华大学,人们都说他在吹牛。你认为他能做到吗?(能,思思只读"清华大学"四个字)

127

大庭~众。③扩大,使宽阔:~播|推~。
同义 广大—广阔、巨大、众多、广泛—普遍
反义 广—狭、窄/广大—狭小、窄小
组字 扩、犷、旷、矿

guǎng	6画 犭(quǎn)部
犷	左右 犭/广
	ノ 丿 犭 犷

粗野:粗~|~悍(hàn,粗野强悍)。

guàng	10画 辶(chuò)部
逛	半包围 狂(犭/王)/辶
	ノ 丿 犭 狂 逛 逛

随便走走,游览:游~|~公园。
同义 逛荡—游逛、游荡

gui

guī	5画 彐(jì)部
归	左右 丨/彐
	㇆ 丨 归 归

①回来,返回:~来|学成~国|满载而~。②还给:~还|完璧~赵。③趋向,结局:众望所~(众人所敬仰的)|殊途同~(比喻用不同的方法得到相同的结果)。④合并:~并|~类|把文具~在一起。⑤由,属:~属|这个清洁区~一班负责。⑥珠算中称一位数的除法:九~。
同义 归—回/归并—归拢、合并/归来—回来、返回/归纳—归结、综合、概括/归途—归程

多音字	7画 龟部
龟	上下 ク/电
	ク 多 龟 龟

㈠guī 乌龟,爬行动物,背、腹有硬甲,头、尾和脚能缩进甲里,水陆都能生活,寿命很长。龟甲也叫龟板,可入药。
㈡jūn 同"皲(jūn)":~裂。
㈢qiū【龟兹】-cí 汉代西域国名,在今新疆维吾尔自治区库车县一带。

guī	8画 见部
规	左右 夫/见
	二 夫 扣 规

①圆规,画圆形的工具:两脚~。②法规,章程:~则|章制度|常~。③劝告:~劝。④谋划,设法:~划|~定|~避(设法躲避)。
同义 规范—标准/规划—计划/规矩—老实
反义 规矩—放肆

guī	9画 门部
闺	半包围 门/圭(土/土)
	` 门 闺

①旧时女子的居室:~房|深~。②【闺女】-nü a.未出嫁的女子。b.女儿。

guī	11画 石部
硅	左右 石(丿/口)/圭(土/土)
	厂 石 砝 硅

非金属元素。有褐色粉末、灰色晶体等形态。可用来制硅钢等合金,是一种极重要的半导体材料。

guī	13画 王部
瑰	左右 王/鬼
	二 千 珀 珨 瑰 瑰

奇特,珍奇:~丽|~宝(特别珍贵的事物)。
同义 瑰宝—珍宝/瑰丽—艳丽
提示 "瑰"不要读做 guī 或 guì。

guǐ	6画 车部
轨	左右 车/九
	车 车 轧 轨

隔夜的黄豆——不进盐酱

①铺设火车道或电车道的钢材:钢~|铁~。②轨道,铁路:出~|卧~|无~电车。③比喻规矩、秩序等:常~|越~|步入正~。
同义 轨道—轨迹

guǐ	8画 讠(yán)部
诡	左右 讠/危(⺈/厄)
	讠 计 诂 诡

①欺诈,狡诈:~辩(无理强辩)|~计多端。②怪异,多变:~异|~秘。
同义 诡辩—狡辩/诡计—奸计/诡秘—隐秘
反义 诡辩—雄辩

guǐ	9画 鬼部
鬼	独体
	白 甶 鬼 鬼

①迷信的人以为人死后有灵魂,叫鬼:不信~神信科学。②阴险,不光明:~话|~祟祟。③见不得人的事:心中有~。④机灵:这孩子真~。⑤对小孩的爱称:小~。⑥对人的蔑称:烟~|酒~|小气~。⑦不好的,糟糕的:~天气|~地方。
同义 鬼头鬼脑—贼头贼脑
组字 傀、愧、瑰、槐、魄、魁
提示 "鬼"的上面不要写成"⺈",撇的下面不要写成"田"。

多音字	8画 木部
柜	左右 木/巨
	木 朾 柜 柜

㈠guì 柜子,装东西的家具,通常为长方体:衣~|书~|保险~。
㈡jǔ 柜柳,落叶乔木,果实两旁有翅,像元宝。枝条可以编筐等。

guì	8画 刂(dāo)部
刽	左右 会(亼/云)/刂
	亼 会 刽

【刽子手】-zi shǒu ①旧时处决死刑罪犯的人。②比喻镇压革命、屠杀人民的人。

guì	9画 贝部
贵	上下 虫/贝
	中 虫 贵

①价格高,与"贱"相对:昂~|这件衣服不~。②旧指地位高:~族达官|~人|~权。③敬词,称与对方有关的:~姓|~校|~国。④特别好,价值高:宝~|重~|这些文物非常珍~。⑤以某种情况为可贵:~在坚持|兵~神速|人~有自知之明。
同义 贵客—贵宾、嘉宾/贵重—名贵、宝贵
反义 贵—贱
组字 溃、遗
提示 "贵"的上面是"虫",不是"虫"。

guì	10画 木部
桂	左右 木/圭(土/土)
	木 杜 桂

①桂花树,又叫木犀(xī),常绿小乔木或灌木,花极香,供观赏,又可做香料。②肉桂,常绿乔木,树皮叫桂皮,有香气,可做药,又可做香料。③月桂树,常绿乔木,叶可做香料。④广西壮族自治区的别称。

guì	13画 足(⻊)部
跪	左右 ⻊(口/止)/危(⺈/厄)
	𧾷 𧿝 跧 跽 跪

屈膝,使膝盖着地:下~|~拜(磕头)。
同义 跪拜—叩拜
反义 跪—站

谜语　前是悬崖,后是深渊　(成语:进退两难)
　　　老虎偷了兔子的饭　(成语:寅吃卯粮)

gun—guo

gun

gǔn	13画 氵(shuǐ)部
滚	左右 氵/衮(亠/公/衣)
	氵 汸 浐 滚

①液体煮开了:水~了。②水流翻腾:波涛翻~|大江~东去。③旋转着翻动:~动|打~|雪球。④责令离开:~开!|侵略者~出去!⑤很,极:~圆|~烫。⑥一种缝纫方法:~边儿。

同义 滚热—滚烫/滚圆—浑圆、溜圆

gùn	12画 木部
棍	左右 木/昆(日/比)
	木 柯 柸 棍

①棍子,棒:木~|铁~|冰~儿。②称坏人:赌~|恶~。

guo

guō	10画 阝(yì)部
郭	左右 享(亠/口/孑)/阝
	亠 古 郭 郭

古代城外加筑的一道城墙:城~|东~。

guō	12画 钅(jīn)部
锅	左右 钅/呙(口/内)
	钅 钊 铝 锅

①煮饭、烧菜等的器具:铁~|铝~|高压~。②像锅的东西:烟袋~儿。

guō	14画 虫部
蝈	左右 虫/国(囗/玉)
	虫 虯 蚓 蝈 蝈

【蝈蝈】-guo 昆虫名,绿色或褐色,善跳跃。雄的能发出清脆的声音。对植物有害。

guó	8画 囗(wéi)部
国	全包围 囗/玉
	冂 冂 冃 囯 国

①国家:~内|祖~。②代表国家的:~旗|~歌。③属于本国的:~产|~货。④代表国家水平的:~手|~格。

同义 国家—国度/国境/国界/国事—国是、国务/国土—领土

组字 帼、蝈

guó	11画 巾部
帼	左右 巾/国(囗/玉)
	巾 忦 帄 帼 帼

古代妇女包头的巾、帕:巾~英雄(女英雄)。

guǒ	8画 l(gǔn)部
果	独体
	口 日 旦 果

①植物的果实:水~。②事情的结局:成~|恶~|前因后~。③果断,坚决:~敢|~决|~毅。④确实,真的:~然|~真|~不出所料。

同义 果断—果决/果然—果真/果毅—刚毅、坚毅

反义 果断—迟疑、犹豫

组字 巢、课、棵、稞、裸、颗、裹

guǒ	14画 亠(tóu)部
裹	上中下 亠/果/衣
	亠 亩 裏 裹

①包,缠:~伤口|~足不前(比喻停止不前进)。②卷,夹杂进去:洪水~走了庄稼|坏的~在好的里面。

同义 裹足不前—停滞不前

130   我坚决认为一个不断思索的有文化修养的人不可能站在政治之外。
　　　　　　　　　　　　　　　[苏]布哈林

反义 裹足不前—勇往直前
提示 "裹"中间"果"的末笔捺变为点。

多音字	6画 辶(chuò)部
过	半包围 寸/辶
	寸寸讨过

㊀guò ①经历一段空间或时间：~草地|小马~河|~年。②从一方转到另一方：~户|~录(把一个本子上的文字转抄到另一个本子上)。③经过某种处理方法：~秤|~滤|~目(看一看)。④超出：~半数|~期|太~分了。⑤错误：~错|将功补~。⑥次，回，遍：衣服洗了三~儿。⑦(guo)放在动词后，表示曾经或已经：看~|说~|吃~了。⑧(guo)与"来"、"去"连用，表示趋向：走~来|转~去。

㊁guō 姓。

同义 ㊀过错—过失/过程—进程、历程/过分—过度/过头/过去—从前、以往/过世—去世

反义 ㊀过—功/过错—功劳/过去—过来、现在、未来

脑筋急转弯 请什么东西不用付钱？(请假)

ha

多音字	9画 口部
哈	左右 口/合(人/口)
	口 吖 吟 哈

㈠hā ①张开嘴呼气：~了一口气。②形容大笑的声音：~~大笑。③表示得意或满意：~！难题解出来了。④稍微地弯(腰)：~腰。

㈡hǎ【哈达】藏族和部分蒙古族人民用来表示敬意或祝贺的一种白色丝巾。

㈢hà【哈什蚂】-shi mǎ 蛙类的一种，雌的腹内有脂肪状物质，中医用做补品。

同义 ㈠哈腰—弯腰、折腰

hai

hāi	13画 口部
嗨	左右 口/海(氵/每)
	口 咕 嗨 嗨 嗨

拟声词，常做歌词中的衬字：呼儿~哟|~啦啦！②同"咳"㈠。

多音字	7画 辶(chuò)部
还	半包围 不/辶
	丆 不 讠 还 还

㈠hái ①仍旧，依然：他~是那么勤奋|天~没亮。②更：他跑得比我~快。③再，又：~有一点没有考虑到。④差不多，过得去：~可以|进步~不小。⑤早已这样：~在三年级时我就读过这本书。⑥表示加强反问语气：你~没玩儿够？⑦表示对某件事物，没想到这样，而居然这样：看不出，他~真有两下子！

㈡huán ①回，恢复：~乡|千里江陵一日~|~原(恢复原状)。②送回借的东西：归~|送~|借东西要~。③回报：~礼|~击。

同义 ㈠还是—仍然、或者 ㈡还—回/还击—回击/还原—复原/还债—还账

反义 ㈡还—借/还债—借钱

hái	9画 子部
孩	左右 子/亥
	了 孑 孩 孩

儿童，也指子女：小~|子她只生一个女~。

同义 孩子—孩儿、孩童、儿童

反义 孩子—大人

hái	15画 骨部
骸	左右 骨(冎/月)/亥
	骨 骨 骸 骸 骸

①人骨：~骨(多指尸骨)|尸~。②指身体：病~|残。

同义 骸骨—尸骨、尸骸

hǎi	10画 氵(shuǐ)部
海	左右 氵/每(𠂉/母)
	氵 海 海 海 海

①靠近大陆比洋小的水域：东~沿|~。②大湖：里~|洱(ěr)~。③比喻人或事物数量多，连成一片：人~|林~|文山会~。④比喻容量大：~量(敬称人度量大或指酒量大)|夸下~口(说大话)。

同义 海产—水产/海外—国外

组字 嗨

名人名言 高深的学问是累积了前人智慧的总和。 〔法〕丰特内尔

hai—han

hài	6画 亠(tóu)部
亥	独体
	亠亥亥

①地支的第十二位。②旧计时法,亥时,晚上九点到十一点。
组字 刻、该、咳、骇、孩、核、赅、阂、氦

hài	9画 马部
骇	左右 马/亥
	刁马驴骇骇

害怕,吃惊:惊~|惊涛~浪(可怕的大浪)|~人听闻(使人听了震惊)。

hài	10画 气部
氦	半包围 气/亥
	气气氦氦

一种化学元素,通常条件下为气体。无色无臭,很轻,可用来填充气球或电灯泡等。

hài	10画 宀(mián)部
害	上中下 宀/丰/口
	宀宇宔害

①灾祸,坏处:灾~|祸~|抽烟对身体有~。②有损的:~虫|~鸟。③使受损伤:损~|~人己。④杀死:被|遇~。⑤生病,患:~病|~眼。⑥产生(不安的情绪)~怕~|羞~|臊(sào)。
同义 害病—生病、患病/害处—坏处/害怕—惧怕、恐惧、畏惧/害羞—害臊、怕羞
反义 害—益、利/害处—益处、好处/害怕—无畏/害羞—没羞
组字 割、辖、瞎、豁
提示 "害"的中间是"丰",不是"丰"。

han

hān	12画 酉(yǒu)部
酣	左右 酉/甘
	丆酉酣酣

①酒喝得很畅快:~饮。②痛快,激烈:~睡|~战(长时间紧张地战斗)。
同义 酣睡—沉睡、熟睡、鼾睡/酣战—激战

hān	15画 心部
憨	上下 敢(耳/攵)/心
	丆开耳敢憨

①呆,傻:~笑|~态。②老实,朴实:~厚(朴实,厚道)。
同义 憨厚—忠厚、厚道/憨笑—傻笑、痴笑
反义 憨厚—狡诈

hān	17画 鼻部
鼾	左右 鼻(自/丌)/干
	白臬鼻鼾

熟睡时很响的鼻息声:打~|~声如雷。

hán	7画 阝(yì)部/甘部
邯	左右 甘/阝
	廿甘邯邯

邯郸(dān),城市名,在河北省。

hán	7画 人部
含	上下 今(人/龴)/口
	人今含

①嘴里放着东西,不吐出来也不吞下去:嘴里~着一块糖|~着橄榄。②藏在里面,包括:包~|~着眼泪|这种蔬菜~有多种维生素。③带着、怀着(某种意思、感情等):~笑|~羞|~恨。
同义 含糊—含混、马虎/含蓄—委婉、包含/含义—意义、意思
反义 含—露/含糊—清楚、清晰、认真

一个流串犯被警察追到一条河边,无路可走,你猜一猜,他此时此刻想的最多的是现在、过去还是将来?(过去(即过河))

han

hán	8画 凵(kǎn)部
函	半包围 了/凵
	了 丆 氶 函

信件:~件|来~|~授(通过寄材料自学,然后通过考试的一种形式)。
组字 涵

hán	11画 氵(shuǐ)部
涵	左右 氵/函(了/凵)
	氵 汀 沥 涵 涵

①包含,包容:包~(请人原谅的客气话)|海~(请人特别原谅的敬词)|~养(能控制情感的修养)。②涵洞,铁路、公路下面排水的洞:桥~。
同义 涵养—修养

hán	12画 韦部/卓(gàn)部
韩	左右 卓(十/日/十)/韦
	十 卓 乾 韩

战国国名,在今河南省中部和山西省东南部一带。

hán	12画 宀(mián)部
寒	上下 寒(宀/卅/八)/冫
	宀 宝 审 宲 寒

①冷:~冷|~冬。②寒冷的季节,与"暑"相对:假|严~|酷暑。③害怕:心~|心惊胆~。④贫穷:贫~。⑤谦词:~舍(对别人说自己家里)。
同义 寒—冷/寒冷—冰冷
反义 寒—暑、热、暖/寒冷—炎热
提示 "寒"不要与"塞"相混。

hǎn	7画 冖(mì)部
罕	上中下 冖/八/干
	冖 罒 罕

稀少:稀~|~见|人迹~至。
同义 罕—少/罕见—少见、鲜(xiǎn)见
反义 罕见—常见
提示 "罕"的上面不要加一点。

hǎn	12画 口部
喊	左右 口/咸(戊/口)
	口 叮 咭 喊 喊

①大声叫:叫~|呐~|别把嗓子~哑了。②叫,招呼:老师~你去一下。
同义 喊—嚷、叫/喊叫—叫喊、呐喊、叫嚷/喊冤—鸣冤、叫屈

hàn	5画 氵(shuǐ)部
汉	左右 氵/又
	氵 汈 汉

①成年男子:老~|彪形大~|硬~。②汉族,我国人数最多的民族:~字|~语。③天河:银~(银河)|气吞~(极高的天空)。④朝代名。

多音字	6画 氵(shuǐ)部
汗	左右 氵/干
	氵 汀 汗

㈠hàn 从身体的毛孔里排泄出来的液体:~水|满头大~|~滴禾下土。
㈡hán【可汗】kè- 见"可"。
同义 ㈠汗流浃背—汗如雨下

hàn	7画 日部
旱	上下 日/干
	日 旦 旱

①长时间不下雨:~灾|抗~|~涝(lào)保丰收。②陆地上的,没有水的,与水无关的:~路|~田|稻~船。
同义 旱地—旱田/旱路—陆路
反义 旱—涝/旱地—水田
组字 捍、悍、焊

歇后语 蛤蟆嘴底下落苍蝇——自己送来的口食

han—hang

hàn	10画 扌(shǒu)部
捍	左右 扌/旱(日/干)
	扌扌押捍捍

保卫,抵御(yù):~卫|祖国|~御。
同义 捍卫—保卫

hàn	10画 忄(xīn)部
悍	左右 忄/旱(日/干)
	丶忄忄忄悍悍

①勇敢:强~|精~|~将。②凶暴:凶~|~然(蛮横粗暴的样子)。
同义 悍然—蛮横

hàn	11画 火部
焊	左右 火/旱(日/干)
	丶火炉焊

用熔化的金属连接零件或修补金属器物:~接|电~。

hàn	16画 扌(shǒu)部
撼	左右 扌/感(咸/心)
	扌扩折撼撼撼

摇动:摇~|~动|震~天地。
同义 撼动—摇动、摇撼、震撼

hàn	16画 十部/車(gàn)部
翰	左右 車(十/日/十)/翕(人/羽)
	十車軡翰翰

原指羽毛,借指毛笔、文字、书信等:~墨(笔和墨,借指文章书画等)|华~(敬称人的书信)。
组字 瀚

hàn	16画 忄(xīn)部
憾	左右 忄/感(咸/心)
	丶忄忄忄忄憾憾

失望,不满意:遗~|缺~|引以为~。
同义 憾事—恨事

hàn	19画 氵(shuǐ)部
瀚	左右 氵/翰(車/翕)
	氵汁淳瀚瀚

广大:浩~(广大繁多)|~海(古时称大沙漠)。

hang

hāng	5画 大部
夯	上下 大/力
	大夯夯

①砸实地基的工具:石~|铁~。②用夯砸:~地|~实。

háng	8画 木部
杭	左右 木/亢(亠/几)
	木杧杭

杭州,城市名,在浙江省,市西有西湖,是我国著名的风景区:苏~。

háng	10画 舟部
航	左右 舟/亢(亠/几)
	舟舟舮航

①船。②行,船在水里或飞机在空中行驶:~海|~空|宇~。

 谜语　海上风暴　　(成语:一波未平,一波又起)
　　　哥哥懒惰,弟弟勤劳　(成语:一不做,二不休)

hao

hao

háo	13画 艹(cǎo)部
蒿	上下 艹/高(亠/口/同)
	艹艹苩蒿蒿

蒿子,草本植物,叶如丝状,有特殊气味,花小。有的可入药,有的可做菜:香~|青~。

háo	11画 毛部
毫	上下 亯(亠/口/冖)/毛
	亠亠亯亳毫

①动物体表细长而尖的毛:~毛|狼~笔。②毛笔:挥~(用毛笔写字或画画)。③形容极少:~不利己|~无惧色。④单位名,10丝是1毫,10毫是1厘。⑤秤或戥(děng)子上的提绳:头~|二~。⑥方言。货币单位,即角。

同义 毫厘一丝毫、分毫
反义 毫不犹豫—犹豫不决
提示 "毫"不要与"豪"相混;"毫"不能作为基本字组字。

háo	14画 豕部
豪	上下 亯(亠/口/冖)/豕
	亠亯亳豪豪

①才能超群的人:~杰|文~(杰出、伟大的作家)。②值得骄傲:自~。③气魄大,爽快,无拘束:~放|~爽|~情壮志。④强横的,有特殊势力的:~门(旧指有钱有势的家庭)|土~劣绅|巧取~夺。

同义 豪放—奔放、豪爽/豪华—华丽、奢华/豪杰—英豪、英雄/豪情—激情
反义 豪华—简朴、简陋/豪杰—懦夫
组字 壕、嚎

háo	17画 土部
壕	左右 土/豪(亠/豕)
	土圹垮壕壕

①沟:战~|防空~。②护城河:城~。

háo	17画 口部
嚎	左右 口/豪(亠/豕)
	口吖嘺嘺嚎

大声叫:~叫|狼~。

多音字	6画 女部
好	左右 女/子
	乚女奷好

㈠hǎo ①让人满意的,与"坏"相对:~孩子|~人|~事。②友爱,和睦:友~|和~。③容易,便于:这支笔真~用|打个电话回去,让家里放心。④完,完成:准备~了|做~作业再去玩儿。⑤很,极:这把刀~快|这小孩~机灵|~险哪!⑥表示问候:您~!|晚上~。⑦表示赞同、肯定、结束等语句:~,就按你的意思办!⑧(身体变)健康,(疾病)消失:病~了。
㈡hào 爱,喜欢,与"恶(wù)"相对:爱~|动脑筋|~逸恶劳(喜欢安逸,厌恶劳动)。

同义 ㈠好吃—可口/好处—益处/好看—美丽、漂亮、体面/好听—动听、悦耳/好像—犹如、如同、仿佛、似乎/好意—好心、善意/好运—幸运 ㈡好逸恶劳—好吃懒做
反义 ㈠好—坏、歹/好处—坏处、害处/好心—恶意/好运—背运、厄运/好转—恶化 ㈡好—恶(wù)/好逸恶劳—吃苦耐劳

hǎo	9画 赤部
郝	左右 赤(土/小)/阝
	土扌赤郝郝

姓。

人生像一本书,愚人哗啦哗啦地翻它,而贤者潜心细读。
[德]G.凡保罗

hao—he

多音字	5画 口部
号	上下 口/丂
	口㠯号

㊀hào ①名称：国~|牌~。②记号，标志：暗~|信~|问~。③排定的次序或等级：挂~|编~|第一~。④命令：发~|施令。⑤某种特殊的人员：病~。⑥军队或乐队里所用的喇叭：队~|军~。

㊁háo ①呼喊：呼~|北风怒~。②大声哭：~哭|哀~。

同义 ㊀号称—宣称、称做/号令—命令/号召—召唤 ㊁号叫—喊叫、呼叫

hào	10画 耒(lěi)部
耗	左右 耒/毛
	三耒耖耗

①减少，减弱，消耗：损~|消~|费。②拖延：~时间。③不好的消息：死~|噩(è)~(指亲人或敬爱的人死亡的消息)。

同义 耗费—消耗

hào	10画 氵(shuǐ)部
浩	左右 氵/告(生/口)
	氵浐浩浩

①广大：~大|~劫(大灾难)|~~荡荡。②多，繁多：~如烟海(形容文献、资料等多得无法计数)。

同义 浩大—巨大、盛大/浩荡—浩瀚、浩渺
反义 浩大—微小

hào	12画 白部
皓	左右 白/告(生/口)
	白皀皓皓

洁白，明亮：~齿|~首(白头，指老人)|~月当空。

同义 皓首—白头/皓月—明月

he

hē	8画 口部
呵	左右 口/可(丁/口)
	口呵呵呵

①大声批评：~斥|~责。②呼气，哈气：~气|~

欠(疲惫时张口呼吸)|冻坏了，~一~手。③表示惊讶：~，真了不起！④【呵呵】拟声词，形容笑：笑~。

同义 呵斥—呵责/呵护—爱护、保护

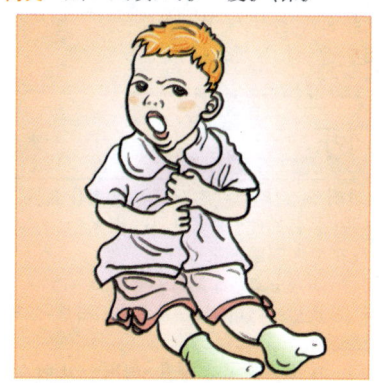

多音字	12画 口部
喝	左右 口/曷(日/匃)
	口呵喝喝喝

㊀hē 吃液体或流质食物：~水|~稀饭|不要大吃大~。

㊁hè 大声喊叫：吆~|~彩|大~一声。

同义 ㊀喝—饮、呷(xiā)   ㊁喝彩—叫好
提示 "喝"的右下方是"勾"，不是"匈"。

hé	5画 禾部
禾	独体
	二千禾

①谷类作物的统称，也特指水稻：~苗|锄~日当午。②古代特指粟(谷子)。

组字 季、委、利、和、酥

多音字	6画 人部
合	上下 人/合(一/口)
	人仌合

㊀hé ①闭，对拢，与"开"相对：~眼|~抱|~拢。②共同，聚集，与"分"相对：~力|~唱|联~。③总共，全：~计|~家欢乐。④相符，不违背：符~|~理|~格。⑤折算，等于：折~|1米~3市尺。

脑筋急转弯 一只脚的鸡叫独脚鸡，四只脚的鸡叫什么？(田鸡)

137

he

㊁ gě 我国旧时容量单位,1 升的 1/10。
同义 ㊀ 合并—合拢、归并/合家—全家/合适—适合、适当/合算—划算/合作—协作
反义 ㊀ 合—开、张、离、分/合并—分开/合法—非法、违法/合作—单干
组字 拿、盒、答、拾、哈、洽、恰、鸽、蛤

hé	7画 亻(rén)部
何	左右 亻/可 (丁/口)
	亻仁何何

①什么:~人|为~|有~不可? ②为什么:~不早说?|~必如此? ③哪里:从~而来?|~去~从(指在重大问题上采取什么态度)。④哪样,怎样:如~!|~如? ⑤怎么:~至于此!|蒙汉情深~忍别!⑥多么:用心~其毒也!|明月~皎皎(jiǎo)!
同义 何处—哪里、哪儿/何时—几时/何止—岂止
组字 荷

多音字	8画 禾部
和	左右 禾/口
	丿 禾 和

㊀ hé ①相处、配合得好:~好|~谐|兄弟不~。②平静,不猛烈:平~|温~|心平气~。③平息争端:~解|调~|讲~。④几个数加起来的总数:~数|总~|3 与 5 的是 8。⑤连带,连同:~盘托出(比喻全部说出来)|~衣躺下。⑥竞赛不分胜负:~棋|一局|三胜一负一~。⑦跟、同:东郭先生~狼。⑧对,向:要敢于~坏人坏事做斗争。
㊁ hè ①跟着唱或说:附~(盲目地跟着别人说或做)|一唱一~(比喻互相配合,互相呼应)。②依照别人所作诗词的题材和体裁而写作:~诗。
㊂ huó 在粉状物中加液体搅拌或揉弄使粘在一起:~面|~泥。
㊃ huò ①把粉状或粒状物混合在一起,或加水搅拌:~药|~鸡食。②洗衣服换水的次数:衣裳还要再洗一~。③煎药加水的次数:头~药|这药已经煎了两~。
㊄ hú 打麻将、斗纸牌用语,表示赢了。

同义 ㊀ 和蔼—和气/和好—友好、和解/和睦—和谐、融洽/和煦—和暖、温暖
反义 ㊀ 和蔼—粗暴、蛮横/和睦—不和/和平—战争/和煦—寒冷

hé	8画 氵(shuǐ)部
河	左右 氵/可 (丁/口)
	氵汀河河

①水道的通称:淮~|运~|护城~。②指银河:~外星系。③专指黄河:~套平原|~西走廊。
同义 河山—江山、山河

多音字	10画 艹(cǎo)部
荷	上下 艹/何 (亻/可)
	艹艹芢荷荷

㊀ hé 荷花。见"莲"。
㊁ hè ①扛,背(bēi):~锄(扛着锄头)|~枪实弹。②负担,承担:负~|重~。③用在书信末尾表示客气:感~|为~。

多音字	10画 木部
核	左右 木/亥
	木杧柊核

㊀ hé ①果实中坚硬并包含果仁的部分:桃~|枣~。②像核的东西:细胞~。③指原子核、核能等:~武器|~电站。④仔细地对照、审查:~算|~对|~考。
㊁ hú 同㊀①②,用于某些口语词,如杏儿、煤核儿。

歇后语 合金钢的钻头——专打硬的角色

he—hen

同义 ㊀核对—核查、审核/核心—中心
反义 ㊀核心—外围

hé	11画 皿部
盒	上下 合(人/口)/皿
	人 合 盒 盒

①底盖相合的盛东西的器具：饭~儿|文具~。②量词：一~火柴|一~糕点。

hè	9画 贝部
贺	上下 加(力/口)/贝
	フ 加 贺

庆祝,道喜：庆~|祝~|~年片。
同义 贺喜—道喜

hè	14画 赤部
赫	左右 赤(土/小)/赤(土/小)
	土 赤 赤 赫

显著,盛大：显~|~~有名。

hè	14画 衤(yī)部
褐	左右 衤/曷(日/匃)
	衤 衤 衤 衤 褐 褐

①粗布或粗布衣服。②黑黄色：~煤|铁矿。

hè	15画 鸟部
鹤	左右 雀/鸟
	亠 丷 雀 雀 鹤 鹤

鸟名。颈、腿细长,翅膀大,善飞,叫的声音很高,很清脆。生活在水边,吃鱼、虾等。常见的有白鹤、灰鹤等。~发童颜|鹤立鸡群(比喻才能、品貌出众)。
同义 鹤发—白发

hè	17画 土部
壑	上下 叡(睿/又)/土
	亠 卢 宎 叡 壑

山沟,山谷：沟~|千山万~。

hei

hēi	12画 黑部
黑	上下 里/灬
	四 曱 甲 里 黑

①像煤或墨的颜色,与"白"相对：~板|云|乌~。②昏暗：~夜|屋子里~洞洞的。③秘密的,不合法的：~市|~货。④坏,阴险狠毒：~心。
同义 黑暗—昏暗/黑发—乌发、青丝/黑洞洞—黑沉沉、黑糊糊、黑黝黝/黑油油—黑漆漆、黑糊糊、黑黝黝
反义 黑—白/黑暗—光明/黑夜—白天
组字 墨、嘿、默

hēi	15画 口部
嘿	左右 口/黑(里/灬)
	口 叩 呷 哩 嘿

①叹词：a.表示惊奇或赞叹：~,小象的力气真大呀!|~,这花好香啊!b.表示招呼或提起注意：~,别磨蹭了!|~,当心汽车! ②【嘿嘿】拟声词,形容笑声：他~地笑着。

hen

hén	11画 疒(nè)部
痕	半包围 疒/艮
	广 疒 疒 痕

物体上留下的印迹：~迹|伤~|茶杯上有一道裂~。
同义 痕迹—印痕

| 谜语 | 转眼到首都 | (字:署) | 来客脱帽进门去 | (字:阁) |
| | 一来就当先生 | (字:帅) | 翻开日记写心得 | (字:悟) |

hen—heng

hěn	9画 彳(chì)部
很	左右 彳/艮
	彳彳彳很很

非常,表示程度深:~大|~用功|好得~。

hěn	9画 犭(quǎn)部
狠	左右 犭/艮
	丿犭犭狠狠

①凶恶,残忍:凶~|~心|~毒~~。②抑制情感,下定决心:~着心把房子送了人。③严厉:对敌人要~|~打击侵略者。④全力:~抓教育。
同义 狠心—狠毒/决心—铁心
反义 狠毒—善良

hèn	9画 忄(xīn)部
恨	左右 忄/艮
	丶丶忄忄忄恨恨

①怨,仇视:怨~|仇~|~之入骨。②懊悔,遗憾:悔~|遗~|~事。
同义 恨事—憾事/恨不得—巴不得
反义 恨—爱

heng

hēng	7画 亠(tóu)部
亨	上中下 亠/口/了
	亠亠古亨亨

顺利,通达:万事~通。
组字 烹、哼
提示 不要与"享(xiǎng)"相混。

多音字	10画 口部
哼	左右 口/亨(亠/口/了)
	口口吖哼

㊀hēng ①发出痛苦的声音:他受了重伤,却没有~一声。②随口低声地唱:他一边走一边~着歌儿。
㊁hng 表示不满意、不信任或瞧不起:~,这套把戏骗得了谁!

héng	9画 忄(xīn)部
恒	左右 忄/亘(一/日/一)
	丶丶忄忄忄恒恒

①永久,固定不变的:永~|~温(不变的温度)。②恒心:有~|持之以~(有恒心地坚持下去)。③经常的,普通的:~言|~态。

多音字	15画 木部
横	左右 木/黄(艹/由/八)
	木栉栉横横

㊀héng ①与地面平行的,与"竖"、"直"相对:~梁|~匾(biǎn)。②东西方向的,与"纵"相对:~渡太平洋。③左右方向的,与"竖"、"纵"、"直"相对:~写|~队。④与物体的长的一边垂直的,与"竖"、"纵"相对:~渡长江|人行~道|~截面。⑤交错杂乱:洪水~流|血肉~飞。⑥粗暴,不讲理:~加阻拦|~行霸道。⑦汉字的一种笔画"一":"工"字是两~一竖。
㊁hèng ①凶暴,不讲理:蛮~|强~|专~。②不吉利的,意外的:~事|~祸(意外的祸患)|~财。
同义 ㊀横贯—横穿/横竖—横直、反正(zhèng)/横眉怒目—横眉竖眼 ㊁横暴—凶暴、强暴
反义 ㊀横—竖、直、纵

只有尊重自己的人,才会尊重别人。

[美]亨利·詹姆斯

heng—hong

héng	16画 彳(chì)部
衡	左中右 彳/奧(ク/田/大)/亍
	彳 徫 徫 衡

①称重量的器具。②称物体的重量：~其轻重|~器(称重量的器具)。③考虑，比较，评定：~量|权~利弊。④不倾斜，不偏重：平~|均~。

同义 衡量—权衡、斟酌

hong

hōng	8画 车部
轰	上下 车/双(又/又)
	一 车 轰 轰

①拟声词：突然~的一声巨响，震得山摇地动。②用大炮或炸弹破坏：~击|~炸|炮~。③驱逐，赶走：~麻雀|把他~出去。

多音字	9画 口部
哄	左右 口/共(丗/八)
	口 火 烘 烘

㈠hōng 很多人同时发出声音：~传(纷纷传说)|~堂大笑。
㈡hǒng ①骗人：~骗|你别~我。②逗，引人高兴：她把孩子~笑了。
㈢hòng 吵闹，喧嚷：一~而散|起~。

同义 ㈡哄骗—蒙骗、欺骗
提示 "哄动"今统做"轰动"。

hōng	10画 火部
烘	左右 火/共(丗/八)
	丶 火 烘 烘

①用火烤干或向火取暖：~衣服|把香菇~干|~手。②衬托：~托(用某种事物做陪衬，使主要事物更明显突出)。
同义 烘托—烘衬、衬托

hóng	5画 弓部
弘	左右 弓/厶
	一 弓 弘

①广大，广博。现在通常写做"宏"。②使广大，发扬：~扬。

同义 弘扬—发扬
组字 泓

多音字	6画 纟(mì)部
红	左右 纟/工
	纟 红 红

㈠hóng ①像鲜血那样的颜色：~领巾|绿树~花|脸~了。②象征进步革命：又~又专|~色少年。③象征喜庆、光荣、成功：~榜|开门~。④受到宠信，重用：大~人。⑤红利：分~。
㈡gōng【女红】旧指女子所做的缝纫、刺绣等工作。也做"女工"。

同义 ㈠红火—旺盛、热闹/红心—忠心、丹心/红彤彤—红扑扑、红艳艳
反义 ㈠红火—冷清/红润—苍白

hóng	7画 宀(mián)部
宏	上下 宀/厷(ナ/厶)
	宀 宏 宏

大，广大：~大|~伟|~愿(伟大的志愿)|~图(远大的计划)。

同义 宏大—巨大/宏图—雄图/宏伟—雄伟
反义 宏观—微观

hóng	8画 氵(shuǐ)部
泓	左右 氵/弘(弓/厶)
	氵 泓 泓

①水深而广。②量词。清水一道或一片叫一泓。

脑筋急转弯 什么样的河，人们永远也渡不过去？(银河)

hong—hou

多音字	9画 虫部
虹	左右 虫/工
	中 虫 虹 虹

㊀hóng 雨后天空出现的彩色圆弧，有红、橙、黄、绿、青、蓝、紫七种颜色。是由大气中的小水珠经日光照射发生折射和反射而形成的。这种圆弧常出现两个：红色在外，紫色在内，颜色鲜艳的叫虹，也叫正虹；红色在内，紫色在外，颜色较淡的叫霓（ní），也叫副虹。

㊁jiàng 义同㊀。限于单用。

hóng	9画 氵(shuǐ)部
洪	左右 氵/共(廿/八)
	氵 洪 洪

①大：~水 l ~福（大福气）l ~亮。②大水：山~l ~峰 l 防~。

同义 洪亮—响亮、嘹亮
反义 洪涝—干旱/洪亮—微弱

hóng	11画 氵(shuǐ)部/鸟部
鸿	左右 氵(氵/工)/鸟
	氵 汈 鸿

①鸿雁，就是大雁：~毛（鸿雁的毛，比喻轻微的事物）。②指书信：来~（来信）。

提示 "鸿福"今统做"洪福"。

hou

多音字	9画 亻(rén)部
侯	左右 亻/矦(亠/矢)
	亻 亻 侯 侯

㊀hóu ①我国古代五等爵位（公、侯、伯、子、男）的第二位：~爵 l ~封。②泛指做大官的人：~门。

㊁hòu 闽侯，县名，在福建省。

组字 喉、猴

hóu	12画 口部
喉	左右 口/侯(亻/矦)
	口 叮 吁 喉

也称喉头，上通咽头下连气管的器官，有呼吸和发音的功能：~咙 l 咽~。

hóu	12画 犭(quǎn)部
猴	左右 犭/侯(亻/矦)
	丿 犭 犷 猴

猴子，哺乳动物，种类很多，形状有点像人，有尾巴，行动灵活，成群地生活在山林里，吃野果、野菜等。

hǒu	7画 口部
吼	左右 口/孔(子/乚)
	口 叮 吘 吼

①猛兽大声叫：狮~。②人因发怒而叫喊：~叫 l 怒~。③泛指发出强烈的声响：风在~，马在叫。

hòu	6画 厂(hǎn)部
后	半包围 厂/口(一/口)
	一 厂 厂 后

①在背面的，与"前"相对：~门 l ~背 l 房前屋~。②未来的，较晚的，与"前"、"先"相对：~天 l 今~l 先来~到。③次序靠近末尾的：~排 l ~十名。④下一代，子孙：~代 l ~辈。⑤帝王的妻子：皇~l 王~l 母~。

同义 后辈—后代、晚辈/后果—结果/后悔—懊悔、悔恨/后进—落后/后面—后边、后头/后退—倒退

反义 后—前、先/后方—前方、前线/后来—

 河里的泥鳅种，山上的狐狸王——老奸巨猾

起先、起初/后退—前进
组字 垕

hòu	9画 厂部
厚	半包围 厂/𠯑(日/子)
	厂厂厚厚

①扁平物体上下的距离:~度|地上的雪足有半尺~。②扁平物体上下的距离大,与"薄"相对:~纸|这件棉衣很~。③大,深,重,浓:~望(很大的期望)|~礼|这茶味挺~。④老实,不刻薄(bó):忠~|老实|~道。⑤重视,注重:优~|~此薄彼(重视一方,轻视另一方)。⑥过分地:未可~非(不要过分地否定)。
同义 厚待—优待/厚道—忠厚
反义 厚—薄/厚道—刻薄

hòu	10画 亻(rén)部
候	左右 亻/矦(⊥/矢)
	亻亻𠂇候

①等待:等~|~车室|听~处理。②看望,问好:问~|致~。③时节,一段时间:~鸟|时~|气~。④事物变化的情况或程度:征~|火~。
同义 候—等
提示 "候"不要与"侯"相混。

hu

hū	5画 丿(piě)部
乎	独体
	一丷𠄌乎

①文言助词,表示疑问,相当于"吗"、"呢":可~(行吗)?|然~?(对吗?)②文言叹词,相当于"啊":天~!③于(放在动词或形容词后):合~情理|异~寻常|出~意料。
组字 呼
提示 "乎"的末笔是竖钩,不是弯钩。

hū	8画 口部
呼	左右 口/乎
	口口吖呼

①向外出气,与"吸"相对:~气|~吸。②喊:~喊|高~|大声疾~。③叫:~唤|称~|直~其名(直接叫人家的姓名)。④拟声词:寒风~~地刮着。
同义 呼唤—呼喊、召唤/呼啸—咆哮、怒吼/呼应—照应/呼吁—吁请、请求
反义 呼—吸

hū	8画 心部
忽	上下 勿/心
	丿勹勿忽

①粗心,不注意:~视|~略(没有注意到)|疏~。②忽然,突然地:~冷~热|灯~地灭了。
同义 忽然—突然、猛然、骤然/忽闪—扑闪/忽视—忽略、疏忽

hú	7画 囗(wéi)部
囫	全包围 囗/勿
	冂囚囫囫

【囫囵】-lún 完整,整个的:~吞枣(比喻不加分析地笼统接受)。

hú	8画 犭(quǎn)部
狐	左右 犭/瓜
	丿犭犷狐狐

狐狸,哺乳动物,嘴尖尾长,性狡猾多疑,遇到敌人时肛门放出臭气,乘机逃跑:~假虎威。

谜语　夫妻都病倒　(礼貌用语:对不起)
　　　再谈箭法　　(礼貌用语:谢谢)

hu

同义 狐疑—怀疑

hú	8画 弓部
弧	左右 弓/瓜
	弓 弧 弧 弧

圆周的一段：~形｜~线｜~度。

hú	9画 月部
胡	左右 古(十/口)/月
	十 古 胡 胡

①我国古代称北方和西方的民族：~人｜遗民泪尽~尘里。②泛指外国或外族的：~椒｜~桃｜~琴。③乱来，无道理：~来｜~闹｜~说八道。④胡子：~须｜八字~。⑤文言疑问词，为什么：~不归？

同义 胡来—胡闹、乱来/胡说—胡扯、乱说、瞎说/胡说八道—胡言乱语
组字 葫、湖、瑚、蝴、糊

hú	10画 士(士)部
壶	上中下 士/冖/业
	士 壴 壶 壶

一种口小腹大的盛液体的容器：水~｜茶~｜行军~。

hú	12画 艹(cǎo)部
葫	上下 艹/胡(古/月)
	艹 扩 荁 葫

【葫芦】-lu 一年生草木植物，花白色，果实可以吃，有的可以做器皿，也可以观赏。

hú	12画 氵(shuǐ)部
湖	左右 氵/胡(古/月)
	氵 汁 沽 湖

①陆地上的大片深水：~泊(pō)｜~西｜青海~。②浅绿：~色。

hú	13画 王部
瑚	左右 王/胡(古/月)
	二 干 珇 瑚

【珊瑚】shān- 见"珊"。

hú	15画 虫部
蝴	左右 虫/胡(古/月)
	虫 虫 虬 蚶 蝴

【蝴蝶】-dié 昆虫名，腹部瘦长，翅膀阔大，颜色美丽，常在花草间飞行，吸食花蜜，帮助传粉。种类很多，有的幼虫吃农作物，有的幼虫吃蚜(yá)虫。

多音字	15画 米部
糊	左右 米/胡(古/月)
	丷 米 籿 粘 糊

㊀hú ①粘(zhān)合：用白纸~窗户｜~信封。②粥类：玉米~。③【糊涂】-tu 不清楚，不明事理：爷爷虽老但不~。
㊁hù ①像粥一样的食物：辣椒~。②【糊弄】-nong a.随便应付，不认真做：做事要认真，可不能~。b.欺骗，蒙混：你别~人。
㊂hū 用较浓的糊状物涂抹缝(fèng)子、窟窿或物体表面：用水泥把墙缝~上。

同义 ㊀糊涂—模糊
反义 ㊀糊涂—清楚、明白

hǔ	8画 卢(虎)部
虎	半包围 卢/几
	卜 上 卢 卢 虎

①老虎，野兽名，性情凶猛。是野生珍稀保护动物，在我国主要有东北虎和华南虎。②形容勇猛、威武：~将。

同义 虎将—猛将

名人名言 能够打开世界之谜的钥匙——科学。 ［苏］高尔基

组字 唬、琥、彪

多音字	9画 氵(shuǐ)部
浒	左右 氵/许(讠/午)
	氵 汢 汻 浒

㊀hǔ ①水边。②【水浒传】shuǐ-zhuàn 元末明初施耐庵写的长篇章回小说，描写宋江等人被逼上梁山、聚众起义的故事。

㊁xǔ 浒墅(shù)关，地名，在江苏省。

hǔ	11画 口部
唬	左右 口/虎(虍/几)
	口 吀 呼 唬

虚张声势，夸大事实来吓人或蒙人：吓~|你别~人了。

hǔ	12画 王部
琥	左右 王/虎(虍/几)
	二 王 玗 珔 琥

【琥珀】-pò 古代松树脂落入地下所成的化石，黄褐色，透明，可做香料、药材和装饰品。

hù	4画 一部
互	独体
	一 工 互 互

彼此：~相|~利|~帮~学。

同义 互相—相互、交互/互助—互济

提示 “互”的第二笔是竖折，第三笔是横折。

hù	4画 户部
户	独体
	丶 ⺕ 户

①门：门~|夜不闭~。②人家：住~|农~|挨家挨~。③门第：门当~对。

组字 芦、护、沪、妒、驴、炉、庐、扈

hù	7画 扌(shǒu)部
护	左右 扌/户
	扌 扌 扩 护

①保卫：保~|爱~公物|~理伤员。②遮蔽，包庇：庇~|袒~|~短。

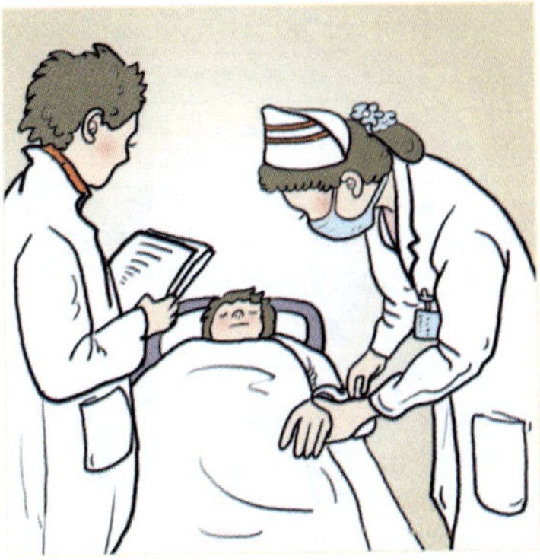

hù	7画 氵(shuǐ)部
沪	左右 氵/户
	氵 氵 沪 沪

上海市的别称：~剧|京~铁路。

hù	11画 户部
扈	半包围 户/邑(口/巴)
	户 戸 扈 扈

随从，跟随：~从(帝王或官吏的随从)。

hua

huā	7画 艹(cǎo)部
花	上下 艹/化(亻/七)
	艹 芢 花 花

①种子植物的繁殖器官，有各种形状和颜色，有的有香味：开~结果|绿树红~。②能美化环境、可供观赏的植物：养~|那一盆是月季~|爱护~木。③像花的东西：雪~|浪~|火~。④有花纹的、颜色或种类错杂的：~布|小~猫|~~绿绿。⑤作战或打斗受的伤：挂~。⑥模糊不清：头昏眼~|老眼昏~。⑦虚伪的、用来迷惑人的：要~招|~言巧语。⑧用掉：不乱~钱|~费|~了一节课把作业写完了。⑨指棉花：弹~|轧(yà)~机。

同义 花白—斑白/花卉—花草/花销—花费、开销/花样—式样、花招/花言巧语—甜言蜜语

反义 花哨—朴素

H

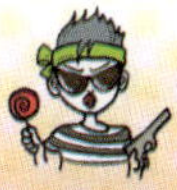

脑筋急转弯 我们知道马儿奔跑起来速度很快，可有一种马走起来速度很慢，它走一步需要一日，这是什么马？(中国象棋棋子的“马”)

huɑ

多音字	6画 十部
华	上下 化(亻/匕)/十
	亻亻化华

㊀huá ①光辉,光彩:~丽|光~|灯初放。②繁荣兴盛:繁~|荣~。③过分铺张:豪~|浮~|奢(shē)~。④事物里最重要、最好的部分:精~|英~|才~。⑤敬词,用于与对方有关的事物:~诞(生日)|~函(书信)。⑥(头发)花白:~发。⑦指中国:~东|~夏|~侨。
㊁huà 华山,五岳中的西岳,在陕西省。
同义 ㊀华贵—珍贵/华丽—华美
反义 ㊀华丽—质朴、朴实
组字 哗、桦

多音字	9画 口部
哗	左右 口/华(化/十)
	口叩吀哗

㊀huá 人多声音杂乱,吵闹:喧~|举座~然(所有在场的人都议论开了)。
㊁huā 拟声词:雨~啦~啦地下个不停|河水~~地向东流去。

huá	12画 犭(quǎn)部
猾	左右 犭/骨(呙/月)
	丿犭狆狆猾

不老实,狡诈,耍花招:狡~|奸~。

huá	12画 氵(shuǐ)部
滑	左右 氵/骨(呙/月)
	氵汩汩滑

①光溜:光~|溜|山路很~。②在光溜的物体上溜动:~冰|~雪|踩着果皮~倒了。③狡诈,不老实:刁~|耍~|~头|~油腔~调(形容说话轻浮,不实在)。
同义 滑稽—好笑/滑溜—滑腻、光溜/滑头—油滑
反义 滑稽—严肃、庄重/滑头—老实

huà	4画 亻(rén)部
化	左右 亻/匕
	亻亻化

①性质或形态改变:变~|消~|冰~了|整为零。②佛教、道教徒募集财物:~缘|~斋。③放在名词或形容词后面,表示转化成某种性质或状态:绿~|祖国|美~校园|电气~。
同义 画—绘/化脓—溃脓/化妆—打扮/化装—扮装、假扮/化险为夷—转危为安
反义 化合—分解
组字 华、花、货、讹、靴

多音字	6画 戈部
划	左右 戈/刂
	一戈戈划

㊀huà ①分开:~分|~清界限。②设计,打算:计~|规~|筹~。③拨给,转拨:~款|~账。
㊁huá ①用刀或其他东西刻、割或摩擦:手被玻璃~破了|~火柴。②拨水前进:~船|~桨。③合算:~算|~不来。
同义 ㊀划分—分割、区分/划清—分清/划一—一致 ㊁划算—合算
提示 "笔划"、"勾划"、"刻划"、"指手划脚"的"划",今统做"画"。

huà	8画 凵(kǎn)部
画	上下 一/画(田/凵)
	一両両画

①图:图~|漫~|买了一张~儿。②做图或写

  河滩里的鹅卵石——越滚越滑

hua—huan

~像|~了一张草图|~了两条直线。③汉字的一笔叫一画：笔~|"大"字是三~。
同义 画皮—伪装／画图—绘图、图画／画饼充饥—望梅止渴

huà	8画 讠(yán)部
话	左右 讠/舌(千/口)
	讠 讦 话

①语言：说~|普通~。②谈，说：~旧(谈往事)|~别(临别时的聚谈)|天涯碧草~斜阳。
同义 话别—叙别、道别／话旧—叙旧

huà	10画 木部
桦	左右 木/华(化/十)
	木 杧 桦 桦

白桦树，落叶乔木，树皮白色，容易剥离，木材致密，可做器具。

huai

huái	7画 忄(xīn)部
怀	左右 忄/不
	丷 忄 忆 怀 怀

①胸部，胸前：敞胸露~|~表扑进妈妈~里。②心意，心胸：胸~|襟~|坦白(心地纯洁，光明正大)。③思念：~念|~古(追念古代的事情)|缅~(追念)。④(心中)存有：~疑|~恨|心~远大理想。
同义 怀恨—抱恨／怀念—思念、想念／怀疑—疑心、猜疑、猜测
反义 怀疑—相信、信任

huái	9画 彳(chì)部
徊	左右 彳/回(口/口)
	彳 彳回 徊 徊

【徘徊】pái- 见"徘"。

huái	11画 氵(shuǐ)部
淮	左右 氵/隹
	氵 泞 淮 淮

淮河，水名，发源于河南省，流经安徽省，流入江苏省的洪泽湖。

huái	13画 木部
槐	左右 木/鬼
	木 柏 柳 槐

槐树，落叶乔木，花黄白色，果实长荚形。木材坚硬，可供建筑、造船、做家具等，花、果、根皮都可以做药。

huài	7画 土部
坏	左右 土/不
	土 圹 坏 坏

①恶劣，使人不满意的，与"好"相对：~人|~习惯。②东西受了损伤，被毁：破~|损|椅子~了。③坏主意：使~|一肚子~。④放在动词后，表示程度深：饿~了|真把我给笑~了。
同义 坏处—害处／坏人—坏蛋、歹徒、恶棍／坏事—勾当(gòu dàng)
反义 坏—好

huan

huān	6画 又部
欢	左右 又/欠(𠂉/人)
	丆 又 圴 欢

①快乐，高兴：~喜|~乐|~呼。②活跃，起劲：同学们真~|干得~|雨越下越~。
同义 欢乐—欢快、欢欣、欢喜、快乐
反义 欢—悲／欢乐—悲伤、哀伤、痛苦／欢笑—哀号／欢迎—欢送、谢绝

 谜语 讨论怎样改变面貌 (成语：谈何容易)
玄德在，忧虑除 (成语：有备无患)

huan

huán	8画 王部
环	左右 王/不
	一 二 F 玑 环 环

①圆圈形的东西：连~l铁~l吊~。②围绕：~
城l路山l~水绕。③周围：~顾l~境。
同义 环抱—环绕/环视—环顾

huǎn	12画 纟(mì)部
缓	左右 纟/爰(爫/友)
	纟 纟 纫 绥 缓

①慢，与"急"相对：~慢l动作~l花车~~
开来。②推迟：~期l几天去也不迟l刻不
容~。③(生理状态)恢复正常：大旱后下了
一场雨，庄稼都~过来了l~~气再干。④宽
松，不紧张：~和l~解。
同义 缓和—和缓/缓慢—迟缓、徐缓
反义 缓—急/缓慢—迅速、飞快/缓行—疾驶

huàn	4画 幺(yāo)部
幻	左右 幺/丿
	幺 幺 幻

①空虚的，不真实的：~想l~境l梦~。②奇异
地变化：~术(魔术)l~变~莫测。
同义 幻灭—破灭、毁灭/幻想—空想、梦想
反义 幻想—现实
提示 "幻"不要与"幼"相混。

huàn	9画 宀(mián)部
宦	上下 宀/臣
	宀 宀 宁 宦

①官吏的统称：官~l~海(比喻官吏争夺
功名富贵的场所)。②【宦官】皇宫里伺候
皇帝及其家族被阉割了的男人，通称太监。

huàn	10画 扌(shǒu)部
换	左右 扌/奂(⺈/冂/大)
	扌 护 护 换

①把自己的东西跟别人的东西对调：拿鸡
蛋~盐l调~l交~条件。②改变，更(gēng)改：~
人l~衣服l更~。
同义 换算—折算

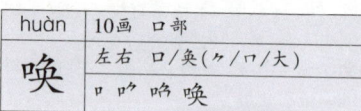

huàn	10画 口部
唤	左右 口/奂(⺈/冂/大)
	口 吟 唤 唤

叫，喊：呼~l~起民众l时刻听从人民的召~。
同义 唤—叫、喊/唤起—唤醒

huàn	10画 氵(shuǐ)部
涣	左右 氵/奂(⺈/冂/大)
	氵 汅 汍 涣

散开，消散：纪律~散l~然冰释(像冰遇到
热一样消融。比喻疑虑、误会等完全消除)。
同义 涣散—散漫、松散

huàn	11画 心部
患	上下 串/心
	吕 串 患

①灾祸：~难(nàn)l祸~l水~。②害病：~病l~
者(病人)l~气管炎。③忧虑，担忧：忧~l~得~
失(形容总是考虑个人得失)。
同义 患病—生病/患者—病人

huàn	11画 火部
焕	左右 火/奂(⺈/冂/大)
	丷 火 炒 焓 焕

①光明，光亮：学校面貌~然一新。②放射
(光芒)：精神~发。
同义 焕发—风发

一切科学就其研究的领域而言都是无穷的。
[法]帕斯卡尔

huàn	12画 疒(nè)部
痪	半包围 疒/奂(ク/口/大) 广疒病痪

【瘫痪】tān- 见"瘫"。

huang

huāng	7画 月部
肓	上下 亡/月 亠亡肓肓

【膏肓】gāo- 我国古代医学把心尖脂肪叫膏,心脏和隔膜之间叫肓,认为膏肓之间是药力达不到的地方：病入膏~(形容病情严重无法治好。也比喻事态严重到不可挽救的地步)。
提示 "肓"的下面是"月"不是"冃"或"目"。

huāng	9画 艹(cǎo)部
荒	上下 艹/㐬(亡/儿) 艹艹苦荒

①长满野草或无人耕种：~地|开~。②废弃,长期不学或不用：~废|~疏(因长久没有练习而生疏)。③冷落,偏僻：~凉|~岛|~无人烟。④收成不好或没有收成：~年灾|逃~。⑤严重缺乏的状况：煤~|房~。⑥不实在的,不正确的：~谬(miù)|~诞(极不真实,极不近情理)。
同义 荒废—荒疏、荒芜/荒凉—荒僻/荒谬—荒唐、荒诞
反义 荒凉—繁华/荒谬—正确
组字 谎、慌
提示 "荒"的草字头下面是"亡",不是"亠"。

huāng	12画 忄(xīn)部
慌	左右 忄/荒(艹/㐬) 忄忄忄忄慌

①忙乱,不沉着：~忙|~乱|惊~。②用在"得"后面,读轻声,表示受不了：憋得~|饿得~。
同义 慌忙—急忙、匆忙/慌张—慌乱、惊慌
反义 慌张—镇静、沉着、从容

huáng	9画 白部
皇	上下 白/王 白皇皇皇

①君主：~帝|~亲国戚。②大,盛大：~~巨著|富丽堂~。
同义 皇天—苍天
反义 皇天—后土
组字 徨、惶、煌、蝗、凰

huáng	11画 黄部
黄	上中下 艹/由/八 艹艹苦黄

①像向日葵那样的颜色：~澄澄|梅子~时日日晴。②指黄河：~泛区|引~工程。③事情没办成,计划落空：生意~了。④指色情的,淫秽的：扫~。
同义 黄昏—傍晚/黄灿灿—黄澄澄(dēng)/黄粱美梦—南柯一梦
反义 黄—青/黄昏—拂晓、黎明
组字 簧、潢、横、磺

huáng	11画 几(凢)部
凰	半包围 几/皇(白/王) 几凡凰凰凰

【凤凰】fèng- 见"凤"。

脑筋急转弯 什么字分开念不好,合起来不念好？("孬"字)

huang

huáng	12画 彳(chì)部
徨	左右 彳/皇(白/王)
	彳 徨 徨 徨 徨

【彷徨】páng– 见"彷"。

huáng	12画 忄(xīn)部
惶	左右 忄/皇(白/王)
	忄 忄 惶 惶 惶

恐惧,害怕:~恐|人心~~|~惑(疑惑害怕)。

同义 惶恐—惊恐

huáng	13画 火部
煌	左右 火/皇(白/王)
	火 炉 煌 煌 煌

明亮,光明:星火~~|辉~的成就。

huáng	14画 氵(shuǐ)部
潢	左右 氵/黄(艹/由/八)
	氵 汁 满 潢 潢

【装潢】装饰物品使美观。也指物品的装饰。

huáng	15画 虫部
蝗	左右 虫/皇(白/王)
	虫 蚰 蝗 蝗 蝗

昆虫,种类很多,有飞蝗、稻蝗、棉蝗等,常成群飞行,对农作物危害很大。通称蝗虫:~灾|灭~。

huáng	16画 石部
磺	左右 石(丆/口)/黄(艹/由/八)
	石 矿 碏 磺 磺

硫磺:硝~。

huáng	17画 竹(⺮)部
簧	上下 ⺮/黄(艹/由/八)
	⺮ 笁 箐 簧 簧

①乐器里用铜等做成的能振动发声的薄片:笙~|~乐器。②器物里面有弹力的部件:弹~|锁~。

huǎng	9画 忄(xīn)部
恍	左右 忄/光(⺌/兀)
	丷 忄 忄 恍

①忽然醒悟:~然大悟。②好像:~如梦境。③【恍惚】–hū a.神志不清,精神不集中:精神~。b.模模糊糊,不真切:~听到有人叫我。

多音字	10画 日(日)部
晃	上下 日/光(⺌/兀)
	日 旦 昇 晃

㊀huǎng ①明亮。②闪耀:太阳~得眼睛睁不开。③闪过:那个黑影儿一~就不见了。
㊁huàng 摇动,摇摆:摇~|~动|风刮得树枝来回~。

同义 ㊁晃动—晃荡、晃悠

huǎng	11画 讠(yán)部
谎	左右 讠/荒(艹/荒)
	讠 讦 谎 谎

①假话,骗人的话:撒(sā)~。②假,骗人的:~言|~称。

同义 谎言—谎话、假话
反义 谎言—真话、实话

huǎng	13画 巾部
幌	左右 巾/晃(日/光)
	巾 帆 帆 幌

【幌子】–zi ①商店门外的招牌或标志物。

猴子戴面具——装给别人看的

②为了进行某种活动所假借的名义。
同义 幌子—旗号

hui

huī	6画 火部
灰	半包围 ナ/火
	ナ ナ 灰

①物体燃烧后剩下的东西:炉~|烟~|草木~。②尘土:~尘。③特指石灰:抹~。④黑白之间的颜色:银~色。⑤失望,情绪低落:~心|溜溜|心~意懒。
同义 灰暗—昏暗、阴暗/灰白—花白/灰尘—尘土、尘埃/灰心—丧气、气馁(něi)
组字 炭、盔、诙、恢

huī	8画 讠(yán)部
诙	左右 讠/灰(ナ/火)
	讠 讠 诙 诙

诙谐,开玩笑,说话有趣。
同义 诙谐—风趣、有趣、幽默

huī	9画 扌(shǒu)部
挥	左右 扌/军(冖/车)
	扌 扩 挥 挥

①舞动,摇摆:~舞|~手|大笔一~。②指挥,发令调度:~师(指挥军队)。③洒,抹,甩出:~汗|~泪告别。④散,发散:~金如土(形容极端挥霍浪费)|发~|酒精容易~发。
同义 挥动—挥舞/挥发—蒸发
反义 挥霍—节约

huī	9画 忄(xīn)部
恢	左右 忄/灰(ナ/火)
	忄 忙 怀 恢

①宽广,广大:~弘|天网~~,疏而不漏(形容坏人一定受到惩罚)。②【恢复】回复原状:~健康。
同义 恢复—复原、回复

huī	10画 日部
晖	左右 日/军(冖/车)
	日 旷 晖 晖

阳光:朝(zhāo)~。

huī	12画 小(⺌)部
辉	左右 光(⺌/兀)/军(冖/车)
	⺌ 光 辉 辉

①闪耀的光:光~。②照耀,闪耀:~映|日月交~。
同义 辉煌—灿烂/辉映—映照、映衬

huī	17画 彳(chi)部
徽	左中右 彳/峚(山/系)/攵
	彳 彳 彷 徻 徽

标志:帽~|校~|国~。

huí	6画 囗(wéi)部
回	全包围 囗/口
	冂 回 回

①走向原来的地方:~家|~校。②掉转:~头|~心转意。③曲折,环绕,旋转:巡~|峰~路转。④答复,回报:~信|~话。⑤量词,指事情、动作的次数:一~生,二~熟|另一~事。⑥章回:《水浒》七十一~本。
同义 回—归、还/回报—报答、报效/回避—躲避、逃避/回答—答复、解答/回荡—回响/回顾—回忆、回想、回首/回击—还击、反击/回旋—盘旋
反义 回答—提问/回顾—展望
组字 茴、徊、蛔

谜语 两根电杆横山上 (字:彗)
争先恐后翻山种谷 (字:穑)

hui

huí	9画 艹(cǎo)部
茴	上下 艹/回(囗/口)
	艹 芢 苘 茴

【茴香】草本植物,茎叶供食用。果实可以做调味香料。

huí	12画 虫部
蛔	左右 虫/回(囗/口)
	虫 虮 蛔 蛔

蛔虫,寄生在人或动物肠道的一种蠕形动物,像蚯蚓而无环节,两端较尖,能引起多种疾病,损害人、畜健康。

huǐ	10画 忄(xīn)部
悔	左右 忄/每(𠂉/母)
	忄 忙 悔 悔 悔

后悔,懊恼过去做得不对:懊~|~恨|~改。
同义 悔改—悔悟、改悔/悔恨—后悔、懊悔、忏悔

huǐ	13画 殳(shū)部
毁	左右 臼(白/工)/殳(几/又)
	𠂉 白 皇 毁

①烧掉:烧~|焚~。②破坏,损害:~灭|摧~|过分吸烟把身体给~了。③诽谤,说别人的坏话:~谤|~誉(诽谤和称赞)。
同义 毁谤—诋毁、诽谤/毁坏—毁损、损坏/毁灭—消灭

反义 毁—誉/毁谤—赞扬、歌颂

huì	5画 十部
卉	上下 十/廾
	十 士 卉

草的总称:花~|奇花异~。

huì	5画 氵(shuǐ)部
汇	左右 氵/匚
	氵 汇 汇

①河流汇合在一起:~合|~成巨流。②聚集,综合:~报|~总|~集。③聚集而成的东西:词~|总~。④通过邮电局、银行等寄钱:~款|电~。
同义 汇报—报告/汇合—聚合/汇集—汇聚、聚集

多音字	6画 人部
会	上下 人/云(二/厶)
	人 仌 会

㈠huì ①聚集,合在一起:~合|~集。②集会,会议:开~|晚~|座谈~。③某些团体或组织:工~|协~|学生~。④城市(通常指行政中心):都~|(大城市)|省~。⑤彼此见面:~见|~客|~约。⑥理解,明白:~意|体~|误~。⑦能,可能:能说~道|我们的事业一定~成功。⑧时机:机~|适逢其~。⑨一小段时间:一~儿|这~儿|用不了多大~儿。
㈡kuài【会计】①管理和计算财务的工作。②管理和计算财务的人。
同义 ㈠会合—会师、聚合/会话—对话/会见—会面、会晤/会意—会心
组字 荟、刽、脍

huì	6画 讠(yán)部
讳	左右 讠/韦
	讠 讱 讳

①因有所顾忌而不敢说或不便说:忌~|直言不~。②忌讳的事情:犯了他的~了。

huì	9画 艹(cǎo)部
荟	上下 艹/会(人/云)
	艹 苁 荟 荟

  名人名言 人之知识,若登梯然,进一级,则所见愈广。 [宋]陆九渊

hui—hun

①草木繁盛。②【荟萃】-cuì 聚集:人才~|~一堂。

huì	9画	讠(yán)部
诲	左右	讠/每(𠂉/母)
	讠讠诲诲诲	

①教导,教育:教~|~人不倦(耐心教导人,从不厌倦)。②诱导,引诱:~淫|~盗。

huì	9画	纟(mì)部
绘	左右	纟/会(人/云)
	纟纟纟绘绘	

画,描写:~画|描~(描写)|~声~色(形容描写生动逼真)。

同义 绘画—图画、美术、绘图

huì	10画	贝部
贿	左右	贝/有(𠂇/月)
	贝贝𧶠贿	

用财物买通别人,也指用来买通人的财物:~赂(lù)|行~|受~。

huì	11画	⺕(jì)部
彗	上下	丰丰(丰/丰)/⺕
	丰丰彗彗彗	

扫帚(sào zhou)星:~星(绕太阳旋转的一种星体,拖着扫帚状的长尾巴)。

组字 慧

huì	11画	日部
晦	左右	日/每(𠂉/母)
	日旷昒昒晦晦	

①昏暗:~暗|~暝(昏暗)。②不明显:隐~|~涩(诗文意思不明显,难懂)。③夜晚:风雨如~。

同义 晦气—倒霉

huì	11画	禾部
秽	左右	禾/岁(山/夕)
	禾秂秽秽	

①肮脏:~土(垃圾)|污~。②下流丑恶:淫~|~闻(丑恶的名声)|~迹(丑恶的事迹)。

huì	12画	心部
惠	上下	叀/心
	一一亩叀叀惠	

①好处:恩~|实~(实际的好处或有实际的好处)。②给人好处:平等互~。③敬词,用于对方对自己的行动:~存(请保存)|~临(对人到来的敬称)。④温和,温柔:~风|贤~。

组字 穗

huì	15画	心部
慧	上下	彗(丰丰/⺕)/心
	三丰彗彗慧	

聪明,有才智:智~|聪~|早~。

hun

hūn	8画	日部/氏部
昏	上下	氏/日
	𠂉氏昏昏	

①天将黑的时候:黄~|晨~(早晚)。②暗,模糊:~暗|老眼~花。③神志不清:~头~脑|~沉沉。④失去知觉:~倒|他~过去了。

同义 昏暗—昏沉、灰暗、阴暗/昏迷—昏倒
反义 昏—晨/昏暗—明亮、亮堂/昏迷—苏醒
组字 婚

脑筋急转弯 四天三夜的露营活动,最令人难忘的是哪一夜?(宵夜)

hun—huo

hūn	9画 艹(cǎo)部
荤	上下 艹/军(冖/车)
	艹 艹 荁 荤

①肉食(鸡、鸭、鱼、肉等),与"素"相对:~菜丨~腥丨她不吃~爱吃素。②佛教徒带有刺激性气味的菜,如葱、韭、蒜之类。
反义 荤—素

hūn	11画 女部
婚	左右 女/昏(氏/日)
	乚 女 妒 妒 婚

①结婚,男女结为夫妻:~姻丨未~丨晚~。②婚姻:结~丨~约。

hún	9画 氵(shuǐ)部
浑	左右 氵/军(冖/车)
	氵 氵 浑 浑

①水不清,浊:~浊丨这水太~,不能喝。②全,满,整个的:~身丨~然一体。③糊涂,不明事理:~人丨~话丨真~。
同义 浑厚—淳厚 雄浑/浑身—全身、周身、遍体
反义 浑—清/浑浊—清澈

hún	11画 饣(shí)部
馄	左右 饣/昆(日/比)
	饣 饣 馄 馄 馄

【馄饨】-tun 一种用薄面片包馅、煮熟连汤吃的食品。

hún	13画 鬼部
魂	左右 云(二/厶)/鬼
	二 云 动 魂 魂

①迷信的说法,指能离开肉体而存在的精神:~魄丨灵~丨吓得~不附体。②指精神状态,情绪:心~不定。③指崇高的精神:忠~丨民族~丨军~。
同义 魂不附体—魂不守舍

多音字	11画 氵(shuǐ)部
混	左右 氵/昆(日/比)
	氵 沪 浔 混 混

㈠hùn ①掺杂在一起:~杂丨~合丨这是两码事,不能~为一谈。②冒充:蒙~过关丨鱼目~珠(比喻拿假的东西来冒充真的东西)。③只顾眼前,马虎度过:~日子。
㈡hún 同"浑"①③。
同义 ㈠混乱—杂乱、紊乱、纷乱/混淆—混杂、混同、搅混
反义 ㈠混同—区分/混淆—澄(chéng)清/混杂—纯粹
提示 "混"不要读做hǔn。

huo

多音字	17画 谷部
豁	左右 害(宀/丰/口)/谷(父/口)
	广 宀 害 豁 豁

㈠huō ①裂开,残缺:~了一个口子丨~唇。②不惜付出代价,舍弃:~出性命丨~出去了。
㈡huò ①开通,开阔,开朗:~达(气量大,性格开朗)丨心里~亮多了。②免去,除掉:~免。
同义 ㈡豁亮—敞亮、响亮
反义 ㈡豁亮—昏暗

huó	9画 氵(shuǐ)部
活	左右 氵/舌(千/口)
	氵 汗 活

①生存,有生命,与"死"相对:~命丨成~率丨人要~得有意义。②简直,逼真地:~像丨~灵~现。③不固定,可移动的:~塞丨~水丨~期存款。④生动自然,不死板:灵~丨~跃丨这一段写得

猴子下井取月亮——想得美

huo

很~。⑤工作:干~儿|脏~儿|抢着干。
同义 活—生/活动—运动、灵活、活泼—活跃/活捉—生擒、俘虏
反义 活动—固定/活泼—严肃、呆滞、死板
组字 阔

huǒ	4画 火部
火	独体
	丶丷火

①燃烧发出的光和焰:起~|打~|渔~。②比喻紧急:~速|~急。③枪炮弹药:军~|力开~。④红色的:~红|~鸡。⑤发怒:恼~|他~了|不要向同学发~。⑥中医指热症:上~|败~|虚~。⑦兴隆,热烈:生意~。
同义 火把—火炬/火候—时机/火热—炎热、炽热/火速—飞速、快速/火线—前线
反义 火热—冰冷、冰凉/火线—后方
组字 灭、灾、炎、炙、伙、秋、耿、灰、烧

huǒ	6画 亻(rén)部
伙	左右 亻/火
	亻亻'伙

①同伴:~伴|同~。②由同伴组成的集体:合~|成群结~。③共同,跟人合在一起:~同。④集体办的饭食:~食|~房|起~。⑤量词:一~人|三个一群,五个一~。
同义 伙伴—同伙、伴侣

huò	8画 戈部
或	半包围 弋/口(口/一)
	一丆戈或或

①或者,也许,表示不定的词:~许|~有希望。②表示选择关系:~去~留要尽快决定。③有人,有的:人固有一死,~重于泰山,~轻于鸿毛。
同义 或许—也许、或者
组字 惑、域

huò	8画 贝部
货	上下 化(亻/匕)/贝
	亻化化货

①商品:~物|百~|订~。②钱币:~币|通~(市场上流通的货币)。③贬称人:蠢~|笨~。

huò	10画 艹(cǎo)部
获	上下 艹/狄(犭/犬)
	艹艹犭获获

①捉住:捕~|俘~。②得到,取得:~得|~奖|不劳而~。③收割庄稼:收~(也比喻所得到的成果)。
同义 获得—取得、获取/获胜—得胜、取胜/获悉—得悉、得知

huò	11画 衤(shì)部
祸	左右 衤/呙(口/内)
	衤衤'祸祸

①灾难,与"福"相对:闯~|车~|~从天降(意想不到的灾祸突然发生)。②损害,使受灾难:~国殃民(使国家受害,人民遭殃)。
同义 祸害—祸患、祸乱、祸殃/祸首—罪魁、元凶、首犯
反义 祸—福

huò	12画 心部
惑	上下 或(戈/口)/心
	一丆或或惑

①心里不明白,不相信:疑~|大~不解。②欺骗,使迷乱:迷~|造谣~众。

huò	16画 雨部
霍	上下 雨/隹
	一币霍霍霍

①迅速,快:~地站起来|~然病愈。②【霍霍】a.拟声词:磨刀~。b.闪动的样子:电光~。

谜语 洋为中用 (民族:纳西) 我是对的 (学科:自然)
红叶满山 (地名:赤峰) 收入倍增 (国家:加纳)

jī

jī	4画 讠(yán)部
讥	左右 讠/几
	讠 讥

讽刺,挖苦:~讽丨~笑。

同义 讥讽—讽刺、嘲讽、挖苦/讥笑—取笑、嘲笑、嗤笑

反义 讥讽—称赞、夸赞

jī	5画 凵(kǎn)部
击	上下 卡/凵
	二卡击击

①打,敲,拍:~鼓丨~掌。②攻打:游~丨袭~丨迎头痛~。③碰撞,接触:冲~丨撞~丨目~(亲眼看见)。

同义 击败—击破、击溃、挫败/击毁—摧毁/击中—打中、命中

jī	5画 口部
叽	左右 口/几
	口 叽

①拟声词:小鸡~~叫。②【叽咕】-gu 小声说话。

jī	5画 饣(shí)部
饥	左右 饣/几
	饣 饥

①饿:~饿丨~渴丨~肠辘(lù)辘(形容肚子饿得咕咕作响)。②庄稼收成不好或没有收成:~荒。

同义 饥—饿/饥寒交迫—啼饥号寒、缺衣少食

反义 饥—饱/饥寒—饱暖、温饱/饥寒交迫—丰衣足食

jī	6画 土部
圾	左右 土/及
	土 圾 圾

【垃圾】lā- 见"垃"。

jī	6画 木部
机	左右 木/几
	木 机

①机器:洗衣~丨电视~丨起重~。②飞机:客~丨~场。③事物变化的关键,起枢纽作用的环节:生~丨危~丨事情有了转~。④十分重要的,需要保密的:~密丨~要。⑤机会,合适的时候:~遇丨时~丨勿失良~。⑥灵巧,灵活:~灵丨~警丨~智勇敢。⑦生活机能:有~体(具有生命的个体的统称,包括植物和动物)。⑧想法,念头:动~丨心~。

同义 机会—机遇、时机/机灵—机警、机智/机敏/机密—秘密/机械—机器、死板、拘泥(nì)

反义 机灵—迟钝、呆笨/机械—灵活

jī	6画 月部
肌	左右 月/几
	月 肌

肌肉,人或动物体的组织之一,附在骨头上或构成内脏器官:心~丨平滑~。

同义 肌体—身体、躯体

名人名言 知识和经验的这种不断进步,是我们伟大的力量。
[英]查·拜比吉

jī

jī	7画 石部
矶	左右 石(厂/口)/几
	厂 石 矶

突出江边的小石山,多用于地名:燕子~。

jī	7画 又部
鸡	左右 又/鸟
	又 又 鸡

一种家禽,公鸡能啼鸣报晓,母鸡能下蛋。

jī	10画 口部
唧	左右 口/即(艮/卩)
	口 叮 唧 唧

①(用液体)喷射:~筒|~他一身水。②拟声词:~~(虫叫声)|燕子~的一声飞过去。

jī	10画 禾部
积	左右 禾/只(口/八)
	禾 积 积

①聚集:~累(lěi)|~少成多。②长期形成的:~习(长期形成的习惯)|~劳成疾(长期经受劳累而形成的疾病)。③中医指小儿消化不良的病:食~|奶~。④乘法的得数:乘~。

同义 积存—储存、贮存/积累—积聚、积攒/积蓄—积储

反义 积极—消极/积累—消费/积蓄—消耗

jī	10画 女部
姬	左右 女/臣
	乚 女 女 姬 姬

①古代对妇女的美称。②旧时称妾(qiè):侍~|~妾。③旧时称歌女或舞女:歌~。

提示 "姬"的右边是"臣",不是"臣"。

jī	11画 土部
基	上下 其(甘/八)/土
	甘 甘 其 基

①建筑物的根脚:地~|墙~|路~。②起始的,根本的:~层(各种组织中最低的一层)|~数。③根据:~于上述理由。

同义 基本—根本、大体、主要/基础—基石、根基

多音字	12画 纟(mì)部
缉	左右 纟/耳(口/耳)
	纟 纟 纟 缉 缉 缉

㊀ jī 搜捕,捉拿:~拿|~私(检查走私活动,捉拿走私者)|通~(通令搜捕在逃的犯人)。

㊁ qī 一种缝法,一针对一针地缝:~鞋口。

同义 ㊀缉捕—缉拿、逮捕

jī	13画 田部
畸	左右 田/奇(大/可)
	田 畋 畸 畸

①不规则的,不正常的:~形。②数的零头:~零。③偏:~重~轻(指事物的发展不平衡)。

jī	14画 竹(⺮)部
箕	上下 ⺮/其(甘/八)
	⺮ 笐 箕 箕

①箕(bò)簸,用竹篾、柳条或铁皮等做的器具,用来扬糠麸(fū)或撮垃圾等。②不成圆形的指纹。

多音字	15画 禾部
稽	左右 禾/旨(尤/旨)
	禾 秆 秭 稽

㊀ jī ①停留:~留|~迟|~延时日。②查考,

早场、晚场、午夜场……,看哪一场电影的人最少? (清场)

ji

调查：~查|无~之谈（没有根据的话）。③计较，争论：反唇相~（反过来责问对方）。

㊁qǐ 稽首，古时叩(kòu)头的敬礼。

同义 ㊀稽查—检查/稽留—停留、滞留

jī	16画 氵(shuǐ)部
激	左右 氵/敫(身/攵)
	氵 氵冫 冫澋 激

①水流受到阻碍或震荡而溅起来：~起浪花。②因受刺激而感情冲动，使感情冲动：~动|刺~|用话~他。③急剧，猛烈：~烈|~战|~流。

同义 激昂—激扬、高昂/激动—冲动、感动、激荡/激愤—愤激、愤怒、义愤/激励—激发、鼓励/激烈—剧烈、猛烈、强烈/激情—豪情

反义 激昂—低沉/激动—冷静、平静

jī	17画 罒(wǎng)部
羁	上下 罒/𩇨(革/马)
	罒 罒 罒 羁

①马笼头：无~之马。②束缚：~押（拘留，拘押）。③停留外地：~旅（长期在外地做客）。

jí	3画 丿(piě)部
及	独体
	丿 乃 及

①到，达到：由表~里|~格|目之所~。②赶上：~时|~早。③比得上：糖不~蜜甜。④连词，和，同：图书、仪器、标本~其他。

同义 及时—适时、立时、即刻/及早—趁早、尽早

反义 及第—落第

组字 圾、吸、汲、级、极

jí	6画 土(士)部
吉	上下 士/口
	士 吉

幸运的，吉利的：~祥如意|良辰~日|万事大~|~庆。

同义 吉—祥/吉利—吉祥、吉庆

反义 吉—凶

组字 洁、结、桔、秸

jí	6画 氵(shuǐ)部
汲	左右 氵/及
	氵 氵 汲 汲

从井里打水，泛指从下往上取水：~水。

jí	6画 纟(mì)部
级	左右 纟/及
	纟 纠 级 级

①台阶：石~。②层：三十九~台阶|七~浮屠（七层的塔）。③等次：等~|初~|高~。④学校对学生的编制名称：年~|班~|升。

jí	7画 木部
极	左右 木/及
	木 朳 极

①顶端，尽头：登峰造~（比喻达到极点）|南~|阳~。②非常，达到最大限度：~好|妙~了|穷凶~恶。③竭尽：~力|~目远眺。④最高的，最终的：~刑|~端。

同义 极点—极限、顶点/极端—极度、极其/极目—放眼/极刑—死刑

jí	7画 卩(jié)部
即	左右 艮/卩
	彐 艮 即 即

①就是：蝉~知了(liǎo)。②立刻，就：立~|

158 歇后语 鸡蛋掉在油锅里——滑透了

一触~发。③当时或当场:~日|~席(当场)。④靠近:不~|不离可望而不可~。⑤假定,就算是:~使|~便。
同义 即将—行将、将要、就要/即刻—即时、立刻、立即/即使—即便、纵使
反义 即—离
组字 唧、卿、鲫
提示 "即"不要读做jǐ;左边是"皀",不是"艮"。

jí	9画 心部
急	上下 刍(⺈/ヨ)/心
	⺈ 刍 刍 急

①焦躁:焦~|~躁|别着~。②气恼,发怒:把他给惹~了。③匆忙:~忙|~于求成。④迅速,猛烈:~剧|~雨|他得了~病。⑤迫切,要紧:紧~|~事|加~电报。⑥紧急严重的事:告~|当务之~(当前最紧要急迫的事)。⑦对别人的困难赶快帮助:~人之难(nàn)。
同义 急促—急速、短促、匆促/急救—抢救/急剧—剧烈、急促/急忙—匆忙、连忙/急切—急迫、迫切
反义 急—缓/急促—缓慢、舒缓/急性—耐性/急躁—耐心
组字 隐、稳

jí	10画 疒(nè)部
疾	半包围 疒/矢(⺈/大)
	广 疒 疒 疾

①病:~病|眼~。②痛苦:~苦。③恨:~恶如仇(痛恨坏人坏事就像痛恨仇敌一样)。④疼痛:痛心~首(形容痛恨到极点)。⑤快,急速,猛烈:~走|~驰|风知劲草。
同义 疾—病、快/疾病—疾患/疾驰—飞驰、奔驰/疾苦—困苦/疾言厉色—声色俱厉
反义 疾苦—幸福/疾言厉色—和颜悦色
组字 蒺、嫉

jí	12画 一部
棘	左右 朿/朿
	一 丆 朿 棘

①酸枣树,落叶灌木。枝上多刺,果实小,味酸,种子可入药。②泛指多刺的灌木:荆~丛生。③(草木)刺人:~手(像荆棘那样刺手。比喻事情难办)。
同义 棘手—扎手、辣手

jí	12画 隹(zhuī)部
集	上下 隹/木
	亻 作 隹 集

①聚,会合,总合:聚~|~合|~会。②汇集单篇作品编成的书册:诗~|画~|选~。③定期交易的市场:赶~|~市。④完成:事已~|大业未~。
同义 集合—集聚、集中、集结、聚合/集体—团体、群体
反义 集—散/集合—解散/集体—个人/集中—分开、分散

jí	13画 车部
辑	左右 车/咠(口/耳)
	车 车 辑 辑 辑

①聚集,特指聚集材料编书:编~|~录(收集和抄录)。②聚集很多材料而成的书:丛书第一~。

jí	13画 女部
嫉	左右 女/疾(疒/矢)
	乚 女 妒 妒 嫉

因别人比自己强而憎恨:~妒(dù)|妒~|~恨。
同义 嫉妒—忌妒、妒忌

谜语　宽松点　(礼貌用语:不要紧)
　　　挠挠很开心　(音乐名词:打击乐)

jī

反义 嫉妒—羡慕
提示 "嫉"不要读做 jí。

jí	20画 竹(⺮)部
籍	上下 ⺮/耤(耒/昔)
	⺮ 竺 笁 籍 籍

①书，书册：书~|古~(古书)。②个人对国家或组织的隶属关系：国~|党~|学~。③登记隶属关系的册子：簿~|户~(户口册)。④籍贯，祖居的或自己出生的地方：原~|祖~。

多音字	2画 几部
几	独体
	丿 几

㈠ jǐ ①询问数目多少：~岁了？|读~年级？②表示不定的数目（二到九之间）：~本书|十~斤|所剩无~。

㈡ jī ①小桌子：茶~儿|窗明~净。②将近，差不多：歼敌~三千。

同义 几时—何时
组字 冗、朵、秃、讥、叽、饥、肌
提示 "几"做上偏旁时，横折弯钩变为横折弯，如"朵"、"没"、"铅"。

jǐ	3画 己部
己	独体
	𠃍 コ 己

①自己，对人称本身：舍~为人|各抒~见。②天干的第六位，用做顺序的第六。

反义 己—彼
组字 忌、记、妃、纪、杞、改、配、起
提示 "己"不要与"已"、"巳"相混。

jǐ	9画 扌(shǒu)部
挤	左右 扌/齐(文/儿)
	扌 护 挤

①用压力使排出：~牙膏|~牛奶。②人多的地方互相推、拥：~不进去|大家别，请排好队！③紧紧地挨着：拥~|人多地方小，太~了。④排斥：排~。

jǐ	10画 月部
脊	上下 ⺍/月
	⺍ 兴 脊

①背中间的骨头：~椎骨|~梁。②物体中间高起的部分：屋~|山~。

提示 "脊"不读 jí。

jì	4画 讠(yán)部
计	左右 讠/十
	讠 计 计

①核算：不~其数|数以万~。②测量或计算度数、时间等的仪器：体温~。③主意，策略：妙~|中~|百年大~。④谋划，打算：设~|划从长~议。⑤计较，考虑：不~名次。

同义 计策—计谋、策略、谋略/计划—规划、筹划、打算

jì	5画 讠(yán)部
记	左右 讠/己
	讠 记 记

①把印象保持在脑子里：~忆|~性|老师讲的课我都~住了。②把事情写下来：~录|~账|~大功。③记载事物的书册或文字：日~|游~|传(zhuàn)~。④想念：惦~|~挂。⑤标志，符号：~号|标~|暗~儿。

同义 记挂—牵挂、挂念/记号—符号、标记/记述—记叙/记载—记录
反义 记得—忘记

名人名言 想办成任何大事，都需集全身心于一点。
[俄]列夫·托尔斯泰

jì

jì	6画 亻(rén)部
伎	左右 亻/支(十/又)
	亻 仆 伎

①技巧,才能:~俩(liǎng,手段,花招)。②古代称以歌舞为生的女子。
同义 伎俩—手段、手腕

多音字	6画 纟(mì)部
纪	左右 纟/己
	纟 纪 纪

㈠jì ①记载:~事|要打破世界~录。②纪律:法~|军~。③年岁:年~。④古时把十二年算一纪,公历把一百年算一世纪。
㈡jǐ 姓。
同义 ㈠纪念—怀念

jì	7画 扌(shǒu)部
技	左右 扌/支(十/又)
	扌 扌 技

才能,本领,手艺:~术|~能|~巧绝~。
同义 技术—技巧、技能、技艺

jì	7画 己部/心部
忌	上下 己/心
	一 己 忌

①嫉妒,憎恨:~妒猜~|贤妒能。②怕,畏惧:顾~|肆无~惮(dàn,任意做坏事,一点儿也不顾忌)。③认为不适宜而避免:~口~食

酸辣。④戒,改掉(不良嗜好):~烟~酒。
同义 忌惮—顾忌、畏惧/忌妒—妒忌、嫉妒/忌讳—避讳
反义 忌妒—羡慕

jì	7画 阝(fù)部
际	左右 阝/示(二/小)
	阝 阝 际

①交界或靠边的地方:天~边|一望无~。②彼此之间:国~校|人~关系。③里边:脑~|胸~。④时候:在他陷入困境之~,各方伸出了援助之手。⑤来往接触:交~。

jì	7画 女部
妓	左右 女/支(十/又)
	乚 女 妓 妓

妓女,以卖淫为生的女子:娼~。

jì	8画 禾部
季	上下 禾/子
	禾 季 季

①一年分春夏秋冬四季,三个月为一季。②一段时间:~节|雨~|旺~。③末了(liǎo):~春(春季的最后一个月)|清~(清朝末年)。④兄弟排行中代表最小的:伯仲叔~(从老大到老四)|~弟|~父(小叔叔)。
同义 季节—时节、时令
组字 悸

jì	8画 刂(dāo)部/齐部
剂	左右 齐(文/刂)/刂
	文 齐 剂

①配合而成的药:药~|清凉~|杀虫~。②量词:一~药。

jì	9画 辶(chuò)部
迹	半包围 亦(一/小)/辶
	亠 亦 诉 迹

①脚印:踪~|足~|兽蹄鸟~。②留下的印痕:痕~|血~|笔~。③前人留下的事物(多指建筑,器物等):古~|陈~|遗~。
提示 "迹"不要读做jī。

脑筋急转弯 一个人空肚子最多可吃几个鸡蛋?(一个,吃第二个的时候就不是空肚子了)

jì

多音字 济 9画 氵(shuǐ)部
左右 氵/齐(文/小)
氵汐济

㈠jì ①渡,过河:同舟共~(比喻在困难的环境中,同心协力,战胜困难)。②用财物救助:救~|接~|劫富~贫。③补益:无~于事(对事情没有帮助)。

㈡jǐ ①济南,市名,在山东省。②【济济】众多:人才~~|~~一堂(很多人聚在一起)。

jì 既 9画 无(旡)部
左右 艮/旡
彐艮既既

①已经:~成事实|~往不咎(对过去做错的事不再责备)。②与"且"、"又"连用,表示两者并列:~美观又大方|~高且大。③既然,与"则"、"就"连用:~敢说,就敢做|~然接受了任务,就要努力完成。

组字 溉、慨、概
提示 "既"的左边是"艮",不是"艮";右边是"旡",不是"无"。

jì 继 10画 纟(mì)部
左右 纟/㡭(米/L)
纟继继

连续,接着:~续|~承|前仆后~。
同义 继承—承继、承袭、继续/继续—连续、延续、持续

反义 继续—中止、中断

jì 祭 11画 示部
上下 癶/示(二/小)
夕 癶 祭

①举行仪式,对死者表示追悼、敬意:~奠|公~|死难烈士。②供奉鬼神:~祀(sì)|~天|~祖宗。

组字 蔡、察
提示 "祭"的上面是"癶",不是"癶"。

jì 悸 11画 忄(xīn)部
左右 忄/季(禾/子)
忄忄悸悸悸

因害怕而心跳:惊~|心有余~(危险的事情过后,回想起来还感到害怕)。

jì 寄 11画 宀(mián)部
上下 宀/奇(大/可)
宀安寄寄

①通过邮局递送:~信|~钱|~给你一件衣服。②托付:~存|~放|希望~托在青少年一代。③依靠,依附:~居|~生|~宿。

同义 寄居—寄寓、借住/寄托—寄予、嘱托、托付

jì 寂 11画 宀(mián)部
上下 宀/叔(𠮷/又)
宀宋宋寂

①静,没有声音:~静|沉~|~然无声。②孤独,冷清:~寞|孤~。

同义 寂静—安静、清净、沉寂/寂寞—孤寂、寂静
反义 寂静—喧闹/寂寞—热闹

jì 绩 11画 纟(mì)部
左右 纟/责(主/贝)
纟纟结绩

①把麻搓(cuō)成线或绳:~麻|~纺~。②成就,贡献:成~|功|丰功伟~。
提示 "绩"不要读做jī。

歇后语 豁唇骡子卖了个驴价——吃亏就吃在嘴上了

jī—jiā

jì	13画 艹(cǎo)部
蓟	上下 艹/剂(鱼/刂)
	艹 苎 荁 蓟

多年生草本植物，茎叶多刺，春天出芽，花紫色，可入药。

jì	15画 鱼部
鲫	左右 鱼(ク/田/一)/即(艮/卩)
	鱼 鲄 鲫 鲫

鲫鱼，像鲤鱼，较小，无触须，生活在淡水里，是常见的食用鱼。

jì	16画 八部/匕部
冀	上下 北(크/匕)/異(田/共)
	丨 丬 背 冀

①希望：希~。②河北省的别称：~中地道战。

组字 骥

jì	19画 马部
骥	左右 马/冀(北/異)
	马 马 骥 骥

好马：老~伏枥。

jia

jiā	5画 力部
加	左右 力/口
	丁 力 加

①增多，几种事物并起来：增~|相~。②施以某种动作：~以保护|施~压力。③添上本来没有的：~引号|~注释。

同义 加紧—加快、加速—加剧—加深、加重/加强—增强/加入—参加、投入
反义 加—减/加快—放慢/加强—削弱/加入—退出/加重—减轻
组字 茄、驾、架、贺、嘉、咖、枷

多音字	6画 一部
夹	独体
	一 二 夹

㊀jiā ①从两旁用力，使东西固定：用钳子~住煤球|~着一本书。②两旁有东西限制住：~道欢迎|两座山~着一条河。③从两面来的：~攻|~击。④夹东西的器具：皮~儿|讲义~。⑤掺杂：~杂|~生饭(没有熟透的饭)。
㊁jiá 内外双层的(衣物)：~裤|~袄|~被。
㊂gā【夹肢窝】腋下。

同义 ㊀夹攻—夹击/夹杂—掺杂
组字 荚、侠、陕、挟、峡、狭、浃、颊

jiā	8画 亻(rén)部
佳	左右 亻/圭(土/土)
	亻 住 佳

好，美：~句|~音(好消息)|~作|~节。

同义 佳话—美谈/佳肴—美味/佳音—福音/佳作—杰作
反义 佳话—丑闻
提示 "佳"不要与"隹(zhuī)"相混。

jiā	9画 木部
枷	左右 木/加(力/口)
	木 朷 枷

旧时一种用木板做成的套在犯人脖子上的刑具：~锁(枷和锁是两种刑具。比喻所受的压迫和束缚)。

jiā	10画 宀(mián)部
家	上下 宀/豕
	宀 宁 字 家

①家庭，人家，住所：三口之~|访|老师很晚才回~。②谦称自己的长辈或年长的平

谜语	照哈哈镜	（礼貌用语：见笑）
	奖品全发完	（礼貌用语：赏光）

163

jiā

辈:~父|~兄。③有专门知识或技能的人:专~|科学~|表演艺术~。④经营某种行业或有某种身份的人家:店~|酒~|东~|管~。⑤学派:百~争鸣|儒~。⑥人工喂养的:~畜|~禽。⑦词尾(读轻声),指一类的人:孩子~|姑娘~。⑧量词:一~工厂。

同义 家书—家信/家属—家眷/家乡—故乡、故土

组字 嫁、稼

jiā	14画 士部
嘉	上中下 吉(士/口)/䒑/加(力/口) 士 吉 壴 嘉

①美好,善:~宾|~言。②夸奖,赞扬:~许(夸奖,赞许)|~奖|精神可~。

同义 嘉宾—贵宾、贵客/嘉奖—褒奖、奖励
反义 嘉奖—惩处
提示 "嘉"中间的部件是"䒑",不是"艹"。

jiá	9画 艹(cǎo)部
荚	上下 艹/夹 艹 芒 莁 荚

豆科植物的长形果实:豆~(豆角)|皂~|杨花榆~无才思。

jiá	12画 页部
颊	左右 夹/页 一 丁 夹 颊

脸的两侧:面~|两~。

jiǎ	5画 丨(gǔn)部
甲	独体 口 日 甲

①天干的第一位,用做顺序的第一。②名列第一位:桂林山水~天下。③一些动物身上的硬壳:~虫|龟~。④手指或脚趾上的角质硬壳:指~。⑤起保护作用的装备(用金属或皮革等做成):盔~|装~车。

组字 押、呷、钾、鸭、匣

多音字	10画 西(xià)部
贾	上下 西/贝 一 丙 西 贾

㈠jiǎ 姓。
㈡gǔ ①商人:商~。②卖:余勇可~(比喻还有多余的力量可以使出)。③做买卖:善~。

jiǎ	10画 钅(jīn)部
钾	左右 钅/甲 钅 钔 钾 钾

一种金属元素,银白色,质软,比水轻。钾的化合物用途很广,钾肥是极重要的肥料。

多音字	11画 亻(rén)部
假	左右 亻/叚(jiǎ) 亻 作 假 假

㈠jiǎ ①不是真实的,不是本来的,与"真"相对:~话|~牙|虚~。②借用,利用:狐~虎威(比喻借别人的威势吓唬人)|不~思索|~公济私。③如果:~如|~使。④据理推断,有待验证:~说|~设。⑤如果(与"如"、"使"、"若"连用):~如|~使|~若。
㈡jià 按规定或经请求暂时离开工作、学习场所:暑~|请~|~度|~村。

同义 ㈠假话—谎话、谎言/假冒—假充、冒充/假如—假若、假使/假想—想象、设想/假装—伪装、佯装 ㈡假日—假期
反义 ㈠假—真/假话—实话、真话/假意—真情、真心

名人名言 与朋友在一起,人更能思考,更善行动。　〔古希腊〕亚里士多德

jia—jian

多音字	6画 亻(rén)部
价	左右 亻/介(人/儿)
	亻 伩 价

㊀jià 价钱，商品所值的钱数：~格|物~|~廉物美。
㊁jie 词尾：震天~响|成天~闹。
同义 ㊀价格—价钱

jià	8画 马部
驾	上下 加(力/口)/马
	丆 加 驾

①把车套在牲口身上：~辕|轻就熟(比喻做熟悉的事)。②指车辆，借用为对人的敬词：劳~|临(指对方到来)|大~。③操纵，使开动：~驶|~飞机。

jià	9画 木部
架	上下 加(力/口)/木
	丆 加 架

①架子，用来支撑或放置物的东西：书~|床~|葡萄~。②搭，支撑：~桥|~电线。③搀(chān)扶：他腿伤了，我~着他去上学。④抵挡：招~。⑤相打，争吵：他因打群~被拘留|别吵~|劝~。⑥把人劫(jié)走：绑~。⑦量词：一~飞机|一~机器|一~葡萄。

jià	13画 女部
嫁	左右 女/家(宀/豕)
	𠃍 女 𡣋 嫁

①女子结婚：出~|人。②把祸害、怨恨等推到别人身上：转~危机|~祸于人(用手段把祸害或罪责转移到别人身上)。

jià	15画 禾部
稼	左右 禾/家(宀/豕)
	禾 秆 秱 稼

①种植(谷物)：~穑(sè，泛指耕作)。②泛指田里的农作物：庄~。

jian

jiān	6画 小部
尖	上下 小/大
	亅 小 尖

①细小锐利：~利|~锐。②细小锐利的一端：笔~儿|刀~儿。③像尖头的东西：塔~|脚~|鼻子~。④声音高而细：~嗓门儿|声怪叫。⑤感觉敏锐：眼~|耳朵~。⑥超出一般的人或物：拔~儿|冒~儿。
同义 尖刻—尖酸、刻薄/尖锐—尖利、锐利
反义 尖—秃
提示 "尖"的首笔是竖，不是竖钩。

jiān	6画 女部
奸	左右 女/干
	𠃍 女 奻 奸

①虚伪，狡诈：~笑|~计|~猾。②叛国投敌的人：汉~|内~|锄~。③对国家或君主不忠的：~臣。④男女间发生不正当的性关系：强~|犯~|~污。
同义 奸猾—奸诈、狡猾/奸猾—奸计—诡计
反义 奸—忠/奸猾—诚实、忠厚

jiān	7画 歹部
歼	左右 歹/千
	一 歹 歼

消灭(敌人)：~灭|围~|全~入侵之敌。

jiān	7画 土部
坚	上下 収(刂/又)/土
	刂 収 坚

三个石叫"磊"，三个火叫"焱"，三个人叫"众"，那么三个鬼应该叫什么？(救命)

jian

①硬,结实,牢固:~固|~硬|~不可破。②坚硬、牢固的东西:披~执锐。③不动摇:~定|~持|~守岗位。
同义 坚定—坚决、坚忍/坚固—坚实、牢固/坚强—刚强、顽强—坚毅—刚毅
反义 坚—脆/坚定—动摇/坚决—迟疑/坚强—软弱、脆弱/坚实—松散/坚硬—柔软
组字 铿

多音字	7画 门部
间	半包围 门/日
	丶门间间

㈠jiān ①当中:中~|天地~|朋友之~。②一定的时间、地点、范围:晚~|田~|人~。③房间:车~|洗澡~。④量词:一~房|安得广厦千万~。
㈡jiàn ①空隙:亲密无~。②隔开,不连接:~断|隔~|黑白相~。③挑(tiǎo)拨,使不和:离~|反~计。
同义 间谍—特务/间断—中断、中止/间隙—空隙
反义 ㈠间断—连续、延续/间接—直接

jiān	8画 户部
肩	半包围 户/月
	⺋户肩

①肩膀,脖子旁边胳膊上边的部分:~头|耸~|并~前进。②担负:~负|身~重任。
同义 肩负—担负、身负
组字 捐

jiān	8画 又部
艰	左右 又/艮
	フヌヌ²艰

困难:~难|~苦|任务~巨|不畏~险。
同义 艰苦—艰难、艰辛/艰深—高深
反义 艰巨—容易/艰苦—舒适/艰深—浅显

多音字	10画 皿部
监	上下 𠂉/皿
	𠂉监监

㈠jiān ①从旁严密注视观察:~视|~督|~考。②牢狱:~狱|牢~|收~。
㈡jiàn 帝王时代的官名或官府名:太~|国子~。
同义 ㈠监督—监察、督察/监工—工头/监禁—囚禁/监狱—监牢、牢狱、牢房
反义 ㈠监禁—释放
组字 蓝、篮、滥、槛、褴、尴

jiān	10画 八(丷)部
兼	上下 丷/兼
	丷䒑𠔌兼

①同时涉及或具有几方面的情况:德才~备|他是中队长~学习委员|~课。②加倍:~旬(二十天)|~程(一天走两天的路)。
同义 兼并—吞并、并吞
组字 谦、嫌、赚、歉、廉

jiān	11画 艹(cǎo)部
菅	上下 艹/官(宀/吕)
	艹芦苧菅

多年生草本植物,叶细长,花绿色,茎可造纸:草~人命(把人命看得同野草一样)。

jiān	13画 灬(huǒ)部
煎	上下 前(䒑/刖)/灬
	丷䒑前煎

①熬(áo):~药。②把食物放在少量热油里烧熟:~鱼|~豆腐。③量词,用于中药煎药的次数:头~药。

歇后语　昏官断案——各打五十大板

jian

jiǎn	8画 扌(shǒu)部
拣	左右 扌/东
	扌 拦 拣 拣

挑选:挑~|~选|~大的苹果给奶奶吃。

jiǎn	9画 艹(cǎo)部
茧	上下 艹/虫
	艹 苗 茧

某些昆虫的幼虫在变成蛹之前吐丝做成的壳。家蚕的茧是抽丝的原料。

jiǎn	9画 一部
柬	独体
	一 丙 乕 柬

信件、名片、帖子等的统称:请~。
组字 谏、阑

jiǎn	9画 亻(rén)部
俭	左右 亻/佥(人/𠅤)
	亻 价 伶 俭

节省,不浪费:~朴|勤~节约|省吃~用。
同义 俭朴—俭省、朴素
反义 俭—奢/俭朴—奢侈

jiǎn	10画 扌(shǒu)部
捡	左右 扌/佥(人/𠅤)
	扌 扒 护 捡

拾取:~柴|~粪|他~了一块手表还给失主。
反义 捡—扔、丢

jiǎn	11画 木部
检	左右 木/佥(人/𠅤)
	木 朴 栓 检

①查:~查|~验|~修机器。②约束,限制:言语失~|行为不~点。
同义 检查—检讨、检验/检举—揭发、举报
反义 检举—包庇

jiǎn	11画 冫(bīng)部
减	左右 冫/咸(戊/口)
	冫 汀 沅 减 减

①从原有数量中去掉一部分:~数|~价|削(xuē)~。②降低,衰退:~色|老将不~当年勇。
同义 减价—降价、削价/减弱—削弱/减速—降速/减缩—压缩、削减
反义 减—加、增、添/减轻—加重/减弱—加强、增强/减少—增加、增添

jiǎn	11画 刀部/八(丷)部
剪	上下 前(䒑/月)/刀
	丷 前 前 剪 剪

①剪刀,一种铰(jiǎo)东西的用具。②像剪刀的:火~|夹~。③用剪子铰:~头发|勤指甲|给果树~枝。④除掉:~灭|~除汉奸。
同义 剪除—铲除、消除/剪影—掠影

jiǎn	13画 竹(⺮)部
简	上下 ⺮/间(门/日)
	⺮ 竹 简 简

①古代写字用的竹片:竹~|~册。②书信:书~。③简单,使简单:~陋|~化精兵~政。④选择:~选|~拔人材。
同义 简单—简略、单纯、草率/简短—短小/简洁—简明/简练—简要、精练/简陋—粗陋/简易—简便
反义 简—繁/简单—复杂/简短—冗长/简洁—啰唆/简陋—豪华/简易—繁难

谜语	挥洒汗水忙植树 (字:杆)	种草植树凝爱心 (字:荣)
	拆掉围墙不忍心 (字:韧)	晴转雨天无污染 (字:清)

jian

jiǎn	14画 石部
碱	左右 石(厂/口)/咸(戊/口)
	石 矿 砅 碱 碱

①含氢氧根的化合物的统称。②纯碱的通称。可用来中和发面里的酸味或洗衣服去油腻。

多音字	4画 见部
见	独体
	冂 贝 见

㈠ jiàn ①看到：~到|~闻|看~。②会面：接~|会~|明儿~。③看得出，显出：~效|病已~好|~分晓。④看法：~解|高~|各抒己~。⑤接触，碰到：他一~光就流泪|汽油~了火就燃烧。⑥被，受到：~笑|~怪|~教。

㈡ xiàn 显露，通"现"：风吹草低~牛羊|读书百遍，其义自~。

同义 ㈠ 见谅—原谅、包涵/见面—会面、会见/见识—见闻、见解/见效—生效、奏效

反义 ㈠ 见效—失效

组字 觅、觉、观、现、视、砚、舰

jiàn	6画 亻(rén)部
件	左右 亻/牛
	亻 仁 仨 件

①量词：一~衣服|一~小事。②可以一一计算的事物：事~|案~|邮~。③文件：密~|急~|附~。

jiàn	8画 钅(shí)部
饯	左右 钅/戋
	钅 钅 钅 饯 饯

①用酒食请客送行：~行|~别。②糖浸渍(zì)过的果品：蜜~。

jiàn	8画 廴(yǐn)部
建	半包围 聿/廴
	一 亖 聿 建 建

①设立，创立：~国|~校。②建筑，修造：扩~|改~。③提出：~议。

同义 建立—建树、树立、成立/建议—提议/建造—建筑、修建

反义 建立—撤销、推翻/建设—破坏

组字 健、键、毽

jiàn	9画 艹(cǎo)部
荐	上下 艹/存(尢/子)
	艹 芗 荐 荐

①推举，介绍：推~|~举。②草，又指草席：草~。

jiàn	9画 贝部
贱	左右 贝/戋
	贝 贝 贱 贱 贱

①价钱低，与"贵"相对：~价|~卖|这双鞋真~。②指地位低下：低~|贫~|卑~。③谦词，称有关自己的：~姓。

组字 溅

jiàn	9画 刂(dāo)部
剑	左右 佥(人/业)/刂
	人 佥 剑

古代的一种兵器，一端尖，两面有刃：宝~|舞~。

jiàn	10画 氵(shuǐ)部
涧	左右 氵/间(门/日)
	氵 氵 涧 涧

夹在两山间的水沟：山~|溪~。

168

名人名言 一种理想就是一种力！ [法]罗曼·罗兰

jian

jiàn	10画 亻(rén)部
健	左右 亻/建(聿/乂)
	亻 亻⺊ 亻⺊ 伊 健 健

①强壮:~康|强~|体育~儿。②使强壮:~身|~胃。③善于:~谈(善于说话)|~步(善于走路)。

同义 健康——健壮、强健、正常/健全——完善、健康

反义 健全——残缺/健壮——衰弱、虚弱

jiàn	10画 舟部
舰	左右 舟/见
	丿 舟 舻 舰

军舰,战船:~队|巡洋~|航空母~。

多音字	12画 氵(shuǐ)部
溅	左右 氵/贱(贝/戋)
	氵 氵 溅 溅 溅

㈠jiàn 液体受冲激向四外射出,迸射:~了一身水|浪花飞~|口沫四~。

㈡jiān【溅溅】古同"浅浅"(jiān),流水声:黄河流水鸣~。

jiàn	11画 氵(shuǐ)部
渐	左右 氵/斩(车/斤)
	氵 浐 浐 渐

慢慢地,一步一步地:逐~|天气~~凉了|循序~进(依照次序逐步地向前)。

同义 渐渐——逐渐、慢慢

jiàn	13画 金部
鉴	上下 ⺍(刂/𠂉)/金(人/𠂉)
	刂 ⺍ 𡈼 䒺 鉴

①镜子:宝~|铜~。②照:光可~人|水清可~。③观察,审察:~定|~别|~赏文物。④可以使人警惕或引为教训的事:引以为~|~戒(可以使人警惕的事情)。⑤旧时书信的客套话,用在开头的称呼后,表示请对方看信:惠~|台~|钧~。

同义 鉴别——辨别、识别

jiàn	11画 讠(yán)部
谏	左右 讠/柬
	讠 讠⺊ 讠⺊ 讠⺊ 谏

旧时称规劝君主、尊长,泛指直言劝告,使改正错误:进~|直言敢~|从~如流(比喻善于接受正确的意见)。

jiàn	13画 钅(jīn)部
键	左右 钅/建(聿/乂)
	钅 钅⺊ 钅⺊ 键 键

①琴或机器上使用时按动的部分:琴~|~盘。②轮轴上的插销,使车轮不脱离轴的小铁棍。③【关键】比喻事物最紧要的部分或对事物发展起决定作用的环节:要过河,~是要解决桥或船的问题。④插门的金属棍子。

jiàn	12画 足(⻊)部
践	左右 ⻊(口/止)/戋
	口 ⻊ 践 践 践 践

①踩,踏:~踏(乱踩乱踏,比喻摧残)。②履行,实行:~约(履行约定的事情)|~言|~诺。

同义 践踏——蹂躏

jiàn	12画 毛部
毽	半包围 毛/建(聿/乂)
	毛 毛 毛⺊ 毽 毽

毽子,一种用脚踢的文娱体育用品:踢~。

脑筋急转弯 小亮问姥姥:"爸爸是哪里生的?""沈阳"。小亮又问:"妈妈是哪里生的?"回答:"南京。""那么我是哪里生的?"(妈妈的肚子里)

jian—jiang

jiàn	15画 竹(⺮)部
箭	上下 ⺮/前(⺍/月)
	⺮ 笁 笁 箭

古代一种兵器,用弓发射到远处,用金属做头。现多用于体育竞赛:射~。

jiang

jiāng	6画 氵(shuǐ)部
江	左右 氵/工
	氵 汀 江

①大河的通称:黑龙~|珠~。②特指长江:~左(长江下游以东)|大~南北。

反义 江河日下—蒸蒸日上

多音字	9画 爿(pán)部
将	左右 爿/爫(夕/寸)
	丬 爿 抄 将

㈠jiāng ①快要,就要:~要|即~|放假|大雨~临。②把:~祖国建设得更加富强。③拿:~功赎罪|~鸡蛋碰石头。④下象棋时攻击对方的"将"或"帅";~军(也比喻给人出难题,使人为难)。⑤用言语刺激:我~了他一下,他才向我说了真相。⑥保养,调养:~养|~息(休息和保养)。⑦带领,搀扶:扶~。⑧且,又:~信~疑。

㈡jiàng ①英勇善战或敢想敢做的人:虎~|闯~|小~。②军衔名,在元帅之下、校官之上:上~|中~|少~。③统率指挥:~兵。

同义 ㈠将就—凑合/将来—未来/将要—就要/将心比心—设身处地/将信将疑—半信半疑 将士—官兵

反义 ㈠将来—现在、过去

组字 蒋、锵

jiāng	9画 羊(⺷)部
姜	上下 ⺷(丷/王)/女
	丷 ⺷ 美 姜 姜

多年生草本植物,地下茎味辣,可供调味用,也可做药。

多音字	10画 水部
浆	上下 ⺼(丬/夕)/水
	丬 丬 丬 浆 浆

㈠jiāng ①比较浓的液体:豆~|泥~。②用米汤或粉浆等浸湿纱、布或衣被等,使干后硬挺:把被单~好了再晒。

㈡jiàng【浆糊】了~hu 也做糨糊。

jiāng	15画 亻(rén)部
僵	左右 亻/畺
	亻 俨 俨 僵

①硬直,不灵活:~硬|尸~|手冻~了。②意见不能调(tiáo)和,事情难以处理:~局|闹~了|~持不下。

同义 僵持—相持/僵硬—僵直、僵化—呆板

反义 僵硬—灵活

jiāng	16画 纟(mì)部
缰	左右 纟/畺
	纟 纲 缰 缰

缰绳,拴牲口的绳子:信马由~(骑着马无目的地闲逛。比喻随便溜达)。

jiāng	19画 弓部
疆	左右 弓(弓/土)/畺
	弓 弓 弱 疆

①边界:边~|~土。②止境,尽头:万寿无~(祝愿人健康长寿)。

歇后语 花被盖鸡笼——外面好看里面空

jiang

同义 疆场—战场、沙场/疆土—疆域、领土

jiǎng	6画 讠(yán)部
讲	左右 讠/井
	讠 讠 讲

①说：~故事｜~述。②解释，解说：~书｜课｜~解。③就某方面说：~贡献你比我大。④讲求，注意：~文明｜~卫生。⑤商谈，商议：~价儿｜~和。

同义 讲—说/讲解—讲授、解说/讲究—讲求、考究/讲述—叙述、叙说/讲演—演讲、演说

jiǎng	9画 大部
奖	上下 丬(爿/夕)/大
	丬 丬 奖

①称赞，表扬：夸~。②为了鼓励或表扬而给予的荣誉或财物：~励｜勤罚懒。

同义 奖—赏/奖惩—赏罚/奖励—奖赏、嘉奖
反义 奖—惩、罚/奖励—处分、惩罚、处罚

jiǎng	10画 木部
桨	上下 丬(爿/夕)/木
	丬 丬 桨

①划(huá)船的用具：船~｜划~。②像桨的东西：螺旋~。

jiǎng	12画 艹(cǎo)部
蒋	上下 艹/将(丬/夺)
	艹 艹 萨 蒋

姓。

jiàng	6画 匚(fāng)部
匠	半包围 匚/斤
	一 匚 斤 匠

①有手艺的人：石~｜木~｜能工巧~。②灵巧，巧妙：~心(巧妙的心思)。③在某个方面有突出成就的人：文学巨~。

多音字	8画 阝(fù)部
降	左右 阝/夅(夂/丰)
	阝 阝冬 降 降

㈠jiàng ①往下落，与"升"相对：~雨｜~落｜气温下~。②使往下落：~价｜~级。
㈡xiáng ①屈服，归顺：投~｜宁死不~。②使屈服，使驯服：一物~一物｜~龙伏虎(制服强大的敌手)。

同义 ㈠降—落/降低—减低、下降/降临—来临、来到/降落—下落、下降/降生—出生、诞生 ㈡降服—投降、归降
反义 ㈠降—升/降低—升高、提高/降落—起飞

jiàng	9画 纟(mì)部
绛	左右 纟/夅(夂/丰)
	纟 纟 绛 绛

深红色：~紫｜~色。

jiàng	13画 酉(yǒu)部
酱	上下 丬(爿/夕)/酉
	丬 丬 酱 酱

①用发酵的豆、麦等做成的一种调味品：~油｜豆瓣~｜甜面~。②用酱或酱油腌制：~萝卜｜~菜。③像酱的糊状食品：果子~｜虾~｜芝麻~。

谜语　什么叫"孬"　（口语：不好意思）
　　　一见如故　（食品：快熟面）

171

jiàng	16画 牛部
犟	上下 强(弓/虽)/牛
	弓 弘 强 强 犟

执拗,不听劝解:~脾气|这老头儿真~。

jiao

jiāo	6画 亠(tóu)部
交	上下 亠/父(八/乂)
	亠 六 亣 交

①付给,托给:~学费|~作业本|~付使用。②互相穿过:叉|两条线相~。③互相:~谈|~换|~流经验。④相互往来:~际|外|~谊|邦~正常化。⑤前后相接连:~接|春夏之~。⑥一齐,同时:饥寒~迫|风雨~加。⑦结交:~朋友。⑧朋友,交情:至~|一面之~|我和他没有深~。⑨生物配种:~配|~尾|杂~水稻。

同义 交叉—交错、交替/交换—对换、调换/交界—接壤/交谈—攀谈、叙谈/交往—来往、往来/交战—交锋、交兵、交火

组字 佼、郊、咬、狡、饺、绞、校、较、效、胶、皎、蛟、跤

jiāo	8画 阝(yì)部
郊	左右 交(亠/父)/阝
	亠 产 效 郊

城市周围的地区:市~|~外|~区|~游。

jiāo	9画 氵(shuǐ)部
浇	左右 氵/尧(戋/兀)
	氵 氵 浇 浇

①灌溉:~花|~菜。②淋,液体落下:往头上~了一盆冷水。③将液体注入模型:~铸|~制水泥板。

同义 浇灌—灌溉

jiāo	9画 女部
娇	左右 女/乔(天/丿)
	乚 女 妖 娇

①美丽可爱:~美|~媚|~艳。②柔嫩,脆

弱,也指怕苦怕累:~嫩|~气。③宠爱,过分爱护:~生惯养|别把孩子~坏了。

同义 娇媚—娇艳、妖媚/娇嫩—柔嫩

jiāo	9画 女部
姣	左右 女/交(亠/父)
	乚 女 妡 姣 姣

形容相貌美:~好。

jiāo	9画 马部
骄	左右 马/乔(天/丿)
	马 马' 驲 骄

①自满,自高自大:~兵必败|戒~戒躁。②猛烈:~阳似火。

同义 骄—傲/骄傲—傲慢、高傲、自豪/骄横(hèng)—骄纵、跋扈/骄阳—烈日

反义 骄傲—虚心、谦虚/骄兵必败—哀兵必胜

jiāo	10画 月部
胶	左右 月/交(亠/父)
	月 肜 胶 胶

①用动物的皮、角等制成的或植物分泌的黏性物质也有人工合成的:~水|万能~。②特指橡胶:~鞋|~皮。③像胶一样黏的东西:~泥。④粘合:合镜框坏了,把它~上。

名人名言 有了朋友,生命才显出它全部的价值。

〔法〕罗曼·罗兰

jiao

jiāo	12画 木部
椒	左右 木/叔(柬/又)
	木 木 材 椒

某些果实或种子的味道有刺激性的植物:花~|胡~|辣~。

jiāo	12画 虫部
蛟	左右 虫/交(亠/父)
	中 虫 蚊 蛟

蛟龙,古代传说中能发洪水的龙。

jiāo	12画 隹(zhuī)部
焦	上下 隹/灬
	亻 作 隹 焦

①东西烤黄或烧成炭样:饭烧~了|~头烂额(比喻十分狼狈)。②着急:~急|心~|万分~灼。③焦炭:煤~|炼~。

同义 焦急—焦灼、焦躁、着急/焦虑—忧虑
组字 蕉、憔、礁、瞧

jiāo	13画 足部
跤	左右 𧾷(口/止)/交(亠/父)
	𧾷 跂 跤 跤

跟头(tou),身体失去平衡而摔倒:跌了一~|摔~。

jiāo	15画 艹(cǎo)部
蕉	上下 艹/焦(隹/灬)
	艹 艾 萑 蕉

①香蕉,多年生草本植物,形状像芭蕉。果实长形,稍弯,果肉软而香甜,是普通果品。②【芭蕉】bā- 见"芭"。

jiāo	17画 石部
礁	左右 石(丆/口)/焦(隹/灬)
	丆 石 碓 碓 礁

江海里的岩石:~石暗|船触~了。

多音字	20画 口部
嚼	左右 口/爵(罒/罒/时)
	口 𪚥 啫 嚼

㊀jiáo 用牙齿把食物磨碎:菜没煮熟,~不动|细~慢咽(yàn)。
㊁jué 义同㊀,用于一些复合词:咀(jǔ)~(细嚼,比喻反复体会)。
㊂jiào 【倒嚼】dǎo- 反刍(chú),牛羊等把咽下的食物返回嘴里细嚼,然后再咽下去。

多音字	7画 角部
角	上下 ⺈/用(冂/キ)
	⺈ 夕 甬 角 角

㊀jiǎo ①牛、羊、鹿等头上长出的硬东西。②形状像角的东西:豆~|菱~。③古代军中吹的乐器:号~|鼓~。④从一点引出两条射线所构成的图形:锐~|直~|钝~。⑤物体边沿相接的地方:墙~儿|桌子~儿。⑥货币单位,1元钱的1/10。⑦量词:一~饼(整块的1/4)。
㊁jué ①竞争,争胜:~斗|~逐(武力竞争,争夺)|口~(吵嘴)。②演员在剧中扮演的人物:~色|主~|配~。

jiāo	8画 亻(rén)部
侥	左右 亻/尧(戈/兀)
	亻 亻 伫 侥

【侥幸】偶然得到成功或免去灾害。

盲肠炎是人体的一种易发病,一旦得了这种病,你能正确指出动手术在什么地方吗?(在医院里)

jiao

jiǎo	8画 亻(rén)部
佼	左右 亻/交(亠/父) 亻亠伀佼

①美好。②【佼佼】超出一般水平的:~者|庸中~(平常人中比较特出的)。

jiǎo	9画 犭(quǎn)部
狡	左右 犭/交(亠/父) 丿犭犭狡狡

奸猾,不老实,耍花招:~辩|~赖(狡辩抵赖)|~诈(狡猾奸诈)。
同义 狡辩—强辩、诡辩/狡猾—狡诈、刁滑、奸猾/狡赖—抵赖
反义 狡猾—老实、忠厚

jiǎo	9画 饣(shí)部
饺	左右 饣/交(亠/父) 饣饣饺饺

饺子,包成半圆形的、经过煮或蒸可吃的有馅面食。

jiǎo	9画 纟(mì)部
绞	左右 纟/交(亠/父) 纟纟纺绞

①扭结,拧:~麻绳|把毛巾~干。②用绳子把人勒死的一种酷刑:~刑|~架|~索。③量词,用于纱、毛线等:一~毛线|一~纱。
同义 绞尽脑汁—挖空心思

jiǎo	11画 矢部
矫	左右 矢(亠/大)/乔(天/丿) 亠矢矫矫

①纠正,把弯的弄直:~正|~形|~枉过正(纠正偏差超过限度)。②强壮有力:~健、~捷。
同义 矫健—强健、雄健

jiǎo	11画 白部
皎	左右 白/交(亠/父) 白白皎皎

洁白,明亮:~洁的月光|月光~~。

jiǎo	11画 月部
脚	左右 月/却(去/卩) 月胠脚脚

①人和动物身体最下部接触地面的肢体。②物体的最下部:山~|墙~|高~杯。
同义 脚步—步伐、步履/脚印—足迹

jiǎo	12画 扌(shǒu)部
搅	左右 扌/觉(⺌/见) 扌扌搅搅

①打扰,扰乱:打~|乱|胡~蛮缠。②拌:~拌|~匀|把锅里的菜~一~。
同义 搅动—搅拌、搅扰、搅乱/搅和—搅混、搅乱
反义 搅浑—澄清

jiǎo	13画 刂(dāo)部
剿	左右 巢(⺌/巛/果)/刂 ⺌果巢剿

讨伐,消灭:~匪|~灭|追~。
同义 剿灭—歼灭、消灭

jiǎo	16画 纟(mì)部
缴	左右 纟/敫(皂/攵) 纟纳绉缴

①交纳,交付:~税|~款|上~。②迫使交出,强行收取:~械|~了敌人两挺机枪。
同义 缴—纳/缴获—收缴/缴纳—交纳

歇后语 狐狸精转的——心眼儿稠

jiao—jie

jiào	5画 口部
叫	左右 口/丨
	口 叫 叫

①呼喊：~喊|怪~。②动物发出声音：鸡~。③称呼，称为：你~什么名字？④招呼，唤：老师~你去一下。⑤使，令：~我怎么不歌唱！|~人摸不着头脑。⑥被：他~爸爸批评了一顿|小偷~警察抓起来了。

同义 叫—喊、嚷/叫喊—叫嚷、喊叫

jiào	10画 车部
轿	左右 车/乔(夭/儿)
	车 轩 轿 轿

轿子，一种旧式交通工具，由人抬着走或由骡马驮着走：花~|上~|抬~。

jiào	10画 车部
较	左右 车/交(亠/父)
	车 轩 轿 较

①比较：~量(比较高低强弱)|不计~个人得失。②明显：彰明~著(形容极其明显)|~然不同。

同义 较量—比试/较真—顶真、认真
提示 "较"不要读做 jiǎo。

多音字	11画 攴(pū)部
教	左右 孝(耂/子)/攵
	土 孝 教 教

㊀jiào ①指导，培养：~育|~导|请~。②使，令：~高山低头，~河水让路。③宗教：佛|基督~|~徒。
㊁jiāo 传授：~书|~唱歌曲|妈妈~我洗衣服。

同义 ㊀教导—教诲、教育/教师—教员、老师、师长/教唆—唆使/教养—教育、修养
反义 ㊀教—学

jiào	12画 穴部
窖	上下 穴/告(丿/口)
	宀 穴 空 窖

①贮存东西的地洞：地~。②把东西贮存在地窖里：~白菜。

jiào	14画 酉(yǒu)部
酵	左右 酉/孝(耂/子)
	丁 酉 酢 酵 酵

发酵，利用微生物的作用使有机物起泡沫变酸，如做馒头、酒、醋等都要经过发酵：~母。

jie

jiē	6画 阝(fù)部
阶	左右 阝/介(人/刂)
	丨 阝 阶 阶

①台阶：石~|~梯。②等级：官~|军~|~级。

jiē	9画 比部
皆	上下 比(上/匕)/白
	丶 上 皆 皆

全，都：人人~知|比比~是(形容到处都是)|谁知盘中餐，粒粒~辛苦。

同义 皆—都、俱、均
组字 偕、谐、揩、楷

jiē	11画 扌(shǒu)部
接	左右 扌/妾(立/女)
	扌 扩 按 接 接

①连起来：连~|~骨|~电线。②连续，继续：~着说|~二连三。③接替：~班。④挨近，碰触：~近|交头~耳。⑤收，承受，托住：~到来信|~收|~受批评|~球。⑥迎接：~待|到机

谜语 渡江到南京 (地名：济宁)
杜康如水叮咚响 (地名：酒泉)

175

jie

场~外宾。

jiē	11画 禾部
秸	左右 禾/吉(士/口)
	禾 秆 秸 秸

农作物脱粒后剩下的茎:麦~|豆~|芝麻~。

jiē	12画 扌(shǒu)部
揭	左右 扌/曷(日/匂)
	扌 捍 揭 揭

①把盖在上面的东西拿起或把黏合的东西分开:~锅盖|~被子|把膏药从腿上~下来。②使显露:~露|~穿阴谋|~开宇宙的奥秘。③举起:~竿而起(高举义旗,起来反抗。泛指人民起义)。

同义 揭露—揭发、揭穿/揭晓—揭示、公布
反义 揭—捂、盖/揭发—包庇/揭露—掩盖

jiē	12画 彳(chì)部
街	左中右 彳/圭(土/土)/亍
	彳 彳 徍 街

①两边有房屋、比较宽阔的道路。通常指开设商店的地方:大~|小巷|~市|长安~。②【街坊】-fang 邻居。

多音字	5画 艹(cǎo)部
节	上下 艹/卩
	艹 艿 节

㊀jié ①物体各段之间相接的部位:竹~|

关~。②段落:章~|季~|~拍。③节日,节气:春~|清明~。④删减:~选|~录。⑤节约,俭省:~电|开源~流。⑥事项,事情:细~|生活小~。⑦操守:气~|晚~|高风亮~。⑧抑制,限制:~哀|~育|~制。⑨量词:一~车厢。

㊁jiē ①【节子】-zi 木材上的疤痕。②【节骨眼】-gu yǎn 比喻紧要的、关键的环节或时机。

同义 ㊀ 节录—摘录/节余—剩余/节约—节省、节俭/节制—控制、限制
反义 ㊀ 节余—亏空/节约—浪费/节制—放纵

jié	7画 力部
劫	左右 去(土/厶)/力
	十 去 刧 劫

①抢夺:抢~|趁火打~。②威逼,要挟:~持。③灾难:遭~|浩~(大灾难)。

同义 劫持—挟持/劫难—灾难

jié	8画 木部
杰	上下 木/灬
	十 木 杰

①才能超群的人:英雄豪~|俊~。②特异的,超过一般的:~作|詹天佑是~出的爱国工程师。

同义 杰出—卓越/杰作—佳作
反义 杰出—平凡

jié	9画 扌(shǒu)部
拮	左右 扌/吉(士/口)
	扌 扌 拮

【拮据】-jū 经济状况不好,缺少钱。

jié	9画 氵(shuǐ)部
洁	左右 氵/吉(士/口)
	氵 汁 洁

①干净:~净|清~|~白。②单纯,不贪:纯~|廉~。

同义 洁白—雪白、乳白/洁净—清洁、干净
反义 洁白—乌黑/洁净—肮脏

名人名言 人有了目标才会自然而然地伟大起来。　　[德]席勒

jie

多音字	9画 纟(mì)部
结	左右 纟/吉(士/口)
	纟 纠 结

㊀jié ①系(jì):~绳|~网|张灯~彩。②用绳、线等打成的扣:活~|蝴蝶~。③联合、组织:~合|~伴|~社(组织团体)。④凝聚:~冰|~晶|凝~。⑤结束,完了(liǎo):~业(结束学业)|~尾|~论。⑥一种保证负责的字据:具~|~完案。

㊁jiē ①植物长果实:开花~果|树上~满了桃子。②【结实】-shi a.坚固耐用:这双鞋挺~。b.健壮:这小孩长得多~!

同义 ㊀结构—构造/结果—结局、后果/结束—完结、完毕、终止/结尾—末尾 ㊁结实—健壮、牢固

反义 ㊀结—解/结果—原因/结合—分离/结束—开始/结尾—开头 ㊁结实—衰弱、松散

	jié	10画 木部
桔	左右 木/吉(士/口)	
	木 杧 桔	

①【桔梗】-gěng 多年生草本植物,花紫色,根可以做药。②【桔槔】-gāo 安在井上的打水工具。也叫吊杆。

提示 "桔"不是"橘"的简化字。

jié	11画 扌(shǒu)部
捷	左右 扌/建
	扌 扌 挿 捷 捷

①战胜,得胜:~报(胜利的消息)|大~|连战皆~。②快、迅速:敏~|矫~(矫健而敏捷)。③近便:~径。

同义 捷径—近路
反义 捷径—弯路

jié	13画 目部
睫	左右 目/建
	目 盯 睁 睫 睫

睫毛,眼皮边缘的细毛:目不交~(形容没有合眼)。

jié	14画 隹(zhuī)部
截	半包围 戈/隹
	十 耂 雈 截 截

①切断,割断:~成两段|~肢。②量词,段:一~儿木头|心凉了半~。③阻拦:牛跑了,把它~住|拦~|堵~。④(到一定期限)停止:~止|~稿。

同义 截击—阻击、拦击/截然—全然、完全

jié	14画 立部
竭	左右 立(一⺌)/曷(日/匃)
	二 ⺉ 竭 竭 竭

①尽,用尽:取之不尽,用之不~(形容非常丰富)|~力|~诚(极其诚恳)。②干涸,使干涸:枯~|~泽而渔。

同义 竭—尽/竭力—极力、尽力

jiě	8画 女部
姐	左右 女/且
	ㄑ 女 姐 姐

①同父母而比自己年纪大的女子:大~|~妹。②对比自己年纪大的同辈女性的称呼:表~|堂~。

多音字	13画 角部
解	左右 角(⺈/用)/⺃(刀/牛)
	⺈ 角 角 解

脑筋急转弯 小施拥有乔丹第一代到第十二代的篮球鞋,请问他最喜欢哪一双?(下一双)

jie

㊀jiě ①剖开，分开：~剖|分~|瓦~。②打开，松开：~扣子|~衣服。③消除，废除：~渴|~闷|~除。④分析，说明：~释|注~。⑤懂，明白：了~|理~|令人不~。⑥代数方程中未知数的值：公共~|此题无~。⑦演算：~题|~方程。⑧排泄大小便：~手。
㊁jiè 押送财物或犯人：押~|~送|把犯人~到劳改农场。
㊂xiè ①【解数】武术架势，也泛指手段，本事：使尽浑身~。②姓。
同义 ㊀解雇—解聘、辞退｜解救—拯救、挽救｜解闷—散闷、散心｜解散—遣散｜解说—解脱—摆脱 ㊁解送—押送、押解
反义 ㊀解—结/解雇—雇用、聘用/解散—成立、集合
提示 "解"的右下方是"牛"。

介	4画 人部
	上下 人/丿
	人 介

①处在两者之间：这条河~于两村之间|~绍。②放在心上：请不必~意。③正直，有骨气：耿~。④甲，硬壳：~胄(zhòu，铠甲和头盔)|~虫。⑤个（用于人）：一~书生|一~武夫。
同义 介意—在意
组字 芥、界、价、阶、尬

戒	7画 戈部
	半包围 戈/廾
	二 开 戒 戒 戒

①防备，警惕：~备|~骄~躁。②革除（不良嗜好）：~烟|~酒。③戒指：钻~（镶钻石的戒指）。
同义 戒备—防备
组字 诫、械

多音字 芥	7画 艹(cǎo)部
	上下 艹/介(人/丿)
	艹 艾 芥

㊀jiè 芥菜，二年生草本植物，开黄花，叶大多皱纹，种子有辣味，研成粉叫芥末，可做调味品。茎叶及块根可以吃。
㊁gài 芥蓝菜，一年生或二年生草本植物，叶柄长，叶片短而宽，是普通蔬菜。

届	8画 尸部
	半包围 尸/由
	㇆ 尸 局 届 届

①到（预定的时候）：~期|~时。②次，期：第一~|上~|应(yīng)~（指本期的，用于毕业生）。
同义 届时—到时

界	9画 田部
	上下 田/介(人/丿)
	田 畀 界

①两地相交的地方：边~|国~|两省交~。②一定的范围：眼~|境~|自然~。③一定的社会领域：教育~|文艺~。

诫	9画 讠(yán)部
	左右 讠/戒(戈/廾)
	讠 讠斤 诫 诫 诫

劝告，劝人注意：告~|劝~。

借	10画 亻(rén)部
	左右 亻/昔(艹/日)
	亻 仁 借 借

①暂用别人的财物：~钱|~用|~东西要还。

歇后语 鸡毛炒韭菜——乱七八糟

②把财物给别人暂用:把书~给他。③假托:~故|~口。④依靠,利用:凭~|~助。
同义 借故—托故/借问—请问/借助—凭借
反义 借—还

多音字	17画 艹(cǎo)部
藉	上下 艹/籍(耒/昔)
	艹 艿 荐 藉 藉

㈠jiè ①垫在下面的东西:以茅草为~。②垫,衬:枕~(交错地倒或躺在一起)。

㈡jí【狼藉】乱七八糟,破败:杯盘~|声名~。

jin

jīn	3画 巾部
巾	独体
	丨 冂 巾

擦东西或包裹、覆盖东西用的纺织品:毛~|围~|浴~。
同义 巾帼—妇女
组字 币、吊、帘、帅、布

jīn	4画 斤部
斤	独体
	丿 厂 斤

①市制重量单位,1斤为10两(旧制16两),合公制500克。②古代类似斧子的伐木工具:运~成风(比喻手法熟练、技术神妙)。
同义 斤两—分量

组字 芹、折、听、析、斩、所、祈、匠、近
提示 "斤"的韵母是前鼻韵母in,"听"的韵母是后鼻韵母ing(没有tin的音节)。

jīn	4画 人部
今	上下 人/㇇
	丿 人 今 今

①现在,当前:~天|现~|~春。②现代,与"古"相对:古~中外。
同义 今后—此后/今日—今天、今朝(zhāo)/今生—今世、现世
反义 今—昔、古/今日—当初/今生—来世/今朝—往昔
组字 含、贪、念、衾、吟、矜、黔
提示 以"今"为基本字的字,韵尾都是前鼻音in。

jīn	8画 金部
金	上下 人/㾕
	丿 人 今 今 余 金

①一种金属元素,通称金子或黄金,黄赤色,质软,是一种贵重金属。②金属的通称:五~合~。③钱:现~|基~|奖学~。④古代金属做的打击乐器,如锣等:鸣~收兵(敲起锣来,让士兵撤回。比喻战斗或活动结束)。⑤比喻尊贵、珍贵:~玉良言。⑥像金子的颜色:~灿灿|~色的阳光。⑦朝代名。
同义 金灿灿—金光光、金煌煌、金闪闪

jīn	9画 氵(shuǐ)部
津	左右 氵/聿
	氵 氵 津 津

①渡口:~渡|问~(打听渡口。比喻探问或尝试)。②口液,唾液:~液|生~止渴。③滋润,润泽:~润|~贴。④【津津】形容有滋味,有趣味:~有味|~乐道(很感兴趣地谈论)。
同义 津贴—补贴
反义 津津有味—索然无味

jīn	9画 矛部
矜	左右 矛/今(人/㇇)
	㇇ 予 矛 矜

谜语 欧美观光录 (古代名著:《西游记》)
      天下无战事 (外国民族:大和)

jīn

①可怜,心疼:~惜。②骄傲自夸:骄|自~其功。③拘谨,慎重:~持。

jīn	12画 竹(⺮)部
筋	上下 ⺮/肋(月/力)
	⺮ 笁 筋 筋

①肌肉的旧称:~肉|~骨。②皮下可以看得见的静脉管:青~。③肌腱或骨头上的韧带:牛蹄~|脚扭了~。④像筋的东西:钢~|面~|橡皮~。

jīn	18画 衤(yī)部
襟	左右 衤/禁(林/示)
	衤 衤 衤 襟

①衣服胸前的部分:衣~|对~|~飘带舞。②姐妹的丈夫间的关系:连~。③胸怀,抱负:胸~|~怀。

同义 襟怀—胸怀、胸襟

jǐn	4画 亻(rén)部
仅	左右 亻/又
	亻 仅 仅

只(zhǐ),才:他不~学汉语,还学日语|绝无~有|供参考。

jǐn	10画 糸(mì)部
紧	上下 ⺫/糸
	⺫ 紧 紧

①物体受到力的作用所形成的一种状态:弦绷得很~。②牢固,固定:把笔握~|拧~螺丝。③靠得很近,密切:~跟|~密。④急,急迫:~急|~迫任务很~。⑤使紧:~一~腰带。⑥缺少钱,不宽裕:手头~|~过几年~日子。

同义 紧凑—紧密、严谨/紧急—紧迫、急迫/紧张—慌张、激烈、短缺/紧巴巴—紧绷绷

反义 紧凑—松散/紧张—沉着、松弛、充足

jǐn	13画 钅(jīn)部
锦	左右 钅/帛(白/巾)
	钅 钅 锦 锦

①有彩色花纹的丝织品:~缎|~绣|~上添花(比喻使美好的事物更加美好)。②鲜明美丽:~霞|~鸡。

jǐn	13画 讠(yán)部
谨	左右 讠/堇(廿/里)
	讠 讠 讠 谨 谨

①小心,慎重:~慎|~防假冒。②恭敬,郑重:~赠|~向你们表示衷心的感谢|~启。

同义 谨慎—小心、审慎
反义 谨慎—粗心、冒失

多音字	6画 尸部
尽	上下 尺/丶
	𠃌 尸 尺 尽

㈠jìn ①完:无穷无~|想~办法。②达到极点:~头|~善~美。③全部用出,充分发挥:~力|~心|~其才。④尽力做到:~职|~义务。⑤都,全:墙上~是名人字画。⑥死:自~。

㈡jǐn ①极,最:~里头|~底层。②力求达到极点:~量|~早|~可能。③优先:座位先~老人坐。④老是:这几天~下雨。

同义 ㈠尽力—极力、竭力/尽情—纵情、忘情/尽头—终点、止境 ㈡尽管—只管/尽快—尽早

jìn	7画 辶(chuò)部
进	半包围 井/辶
	二 井 进 进

①向前移动,向前发展,与"退"相对:前~|~军|~步|~化。②从外面到里面:~教

没有技术,人类就不能保证地地道道的人类的生活水平。

[日]今道友信

jin—jing

室|~工厂。③收入,买入:~款|~货。④老式房子一宅之内分为前后几排,一排叫一进:这宅子是两~院子。⑤呈上,奉上:~献|向您~一言。⑥表示动作从外到里的趋向:走~教室|引~人才。

同义 进步—上进、先进、提高/进犯—侵犯、窜犯/进攻—攻击、攻打

反义 进—退、出/进步—退步、落后/进攻—防守、撤退/进行—停止

jìn	7画 辶(chuò)部
近	半包围 斤/辶
	厂 斤 诉 近

①空间或时间距离短,与"远"相对:附~|郊~|代史。②亲密:亲~|~亲。③接近,靠近:年~五十|平易~人。④差别小,差不多:两人年龄相~|~似。⑤浅显,容易懂:浅~|言~旨远(话说得浅显,含义深远)。

同义 近来—近日/近邻—邻居、邻里/近似—相近

反义 近—远

多音字	7画 力部
劲	左右 圣(ス/工)/力
	ス 圣 劲 劲

㈠ jìn ①力气,力量:他很有~|使~干。②精神,情绪:干~足|~头高。③神情,态度:瞧那高兴~儿。④趣味,兴味:聊天没~,不如看看书。

㈡ jìng 强而有力:~敌|苍~|~旅(强有力的队伍)。

同义 ㈠劲头—力气、干劲 ㈡劲敌—强敌/劲旅—雄师

jìn	10画 日部
晋	上下 亚/日
	丅 亚 晋 晋

①进,升:~见|~级(提级)|~升。②山西省的别称。③朝代名。

同义 晋—升、进/晋见—进见、参见/晋升—提升

反义 晋—降

jìn	10画 氵(shuǐ)部
浸	左右 氵/曼(彐/冖/又)
	氵 汀 浔 浸

①(在液体里)泡:~泡|~种。②(液体)渗入:汗水~湿了衣裳。

多音字	13画 示部
禁	上下 林(木/木)/示(二/小)
	木 林 梺 禁

㈠ jìn ①不许,制止:~止|严~吸烟。②法律或习惯上制止的事:犯~|违~品。③拘留,关押:拘~|监~|关~闭。④帝王居住的地方:宫~|紫~城。

㈡ jīn ①耐,受得住:这种布~穿|弱不~风。②忍住,抑制:不~(忍不住)|情不自~。

同义 ㈠禁止—禁绝

反义 ㈠禁止—准许、许可

组字 襟

jing

jīng	8画 艹(cǎo)部
茎	上下 艹/圣(ス/工)
	艹 艺 苤 茎

①植物体的一部分,一般上部生有叶、花、果实,下部与根相连,能输送、储存养料。②量词:数~白发。

急转弯 脑筋 你知道什么东西天气越热它爬得越高?(温度计)

181

jīng

jīng	8画 亠(tóu)部
京	上中下 亠/口/小 亠 亠 宁 京

①国家的首都：~城|~都。②特指我国首都北京：~剧|~广铁路。③【京族】-zú 我国的一个少数民族。

同义 京城—京都、京师

组字 景、凉、谅、掠、惊、琼、晾、鲸

jīng	8画 纟(mì)部
经	左右 纟/圣(又/工) 纟 纟 经 经

①纺织品上的纵线，与"纬"相对：~纱|~线。②地理学上假定的通过两极与赤道垂直的线：~度|东~|~纬仪。③中医指人体内气血运行的通路：~络|~脉。④指权威著作：~典。⑤宗教中称讲教义的书：佛~|圣~|念~。⑥治理，管理：~营|~理|~商。⑦通过，禁(jīn)受：~过|~历|~得起考验。⑧妇女的生理现象：月~|~期。

同义 经常—常常、时常/经过—过程、路过、通过/经历—阅历、经验

反义 经—纬/经常—偶尔

jīng	9画 刂(dāo)部
荆	左右 井(艹/开)/刂 艹 ⺍ 荓 荆

①落叶灌木，花小，蓝紫色。枝条可用来编篮筐、篱笆等。②古代用荆条做的刑具：负~请罪(表示主动向对方认错赔礼)。

jīng	10画 方部
旌	左右 方/生(丿/生) 亠 方 斿 旌

①古代用羽毛装饰的旗子。又指普通的旗子：~旗(各种旗子)。②表扬：~表(封建统治阶级对遵守封建礼教的人的表扬)。

jīng	11画 忄(xīn)部
惊	左右 忄/京(亠/口/小) 丶 忄 忄 惊

①害怕，心情紧张：~慌|~恐|吃~。②出乎意料的感觉：~喜|~奇。③惊动，使受惊：~扰|打草~蛇|恐~天上人。④骡马等因惊吓而狂奔：马~了。

同义 惊动—惊扰、惊慌—惊惶、慌张/惊恐—惊骇、惶恐/惊奇—惊异、惊讶

反义 惊慌—镇静、从容

jīng	12画 日部
晶	品字形 日/日日(日/日) 日 日 晶

①光亮，明亮：~莹|亮~~。②水晶：茶~|墨~。③晶体：结~。

同义 晶莹—晶亮

jīng	13画 目部
睛	左右 目/青(圭/月) 目 旷 旷 睛

眼珠：目不转~|画龙点~。

jīng	14画 十部
兢	左右 克(十/口/儿)/克(十/口/儿) 十 古 克 兢

【兢兢】小心谨慎的样子：战战~|~业业(形容做工作小心谨慎，认真踏实)。

jīng	14画 米部
精	左右 米/青(圭/月) 丶 米 米 精

①经过提炼或挑选的：~盐|~矿。②物质中最好的部分，提炼出来的东西：~华|~品。

歇后语 鸡上架——蹲在老地方

jing

③细,细密:~细|~密|打细算。④聪明,心细:~明|这孩子真~。⑤精通,熟练掌握:~于绘画|博而不~。⑥精神,精力:聚~会神|没打采。⑦完美,最好:~彩|~良|~益求~(好了还求更好)。⑧很,非常:~瘦|~湿|~光。⑨神话传说中的妖怪:妖~|白骨~。

同义 精彩—出色/精练—简练/精确—准确、确切/精细—精致、精巧、精美/精湛—精深、精辟

反义 精—粗/精华—糟粕/精练—啰唆/精美—粗劣/精细—粗糙

jīng	16画 鱼部
鲸	左右 鱼(ク/田/一)/京(亠/口/小)
	鱼 鱼 鲸 鲸

生活在海洋里的哺乳动物,形状像鱼,胎生,用肺呼吸,是当今世界上最大的哺乳动物。俗称鲸鱼。

jǐng	4画 一部
井	独体
	二 井

①人工挖成的能取水的地下深洞:水~。②形状像井的:天~|矿~。③整齐,有秩序:~然|~~有条。④人口集中居住的地方,家乡:乡~|离乡背~。

同义 井然有序—井井有条

反义 井然有序—杂乱无章

组字 讲、阱、耕、进
提示 "井"的韵母是后鼻音 ing,"进"的韵母是前鼻音 in。

jǐng	6画 阝(fù)部
阱	左右 阝/井
	阝 阝 阱

捕野兽或防御敌人用的陷坑:陷~。

jǐng	11画 页部
颈	左右 乇(又/工)/页
	又 乇 颈

脖子,头和躯干相连接的部分:~项|长~鹿|引~高歌。

jǐng	12画 日部
景	上下 日/京(亠/口/小)
	日 旦 景 景

①风景,景物:夜~|雪~|一年好~君须记。②情形,情况:情~|~象|背~。③尊敬,佩服:~仰(敬重仰慕)|~慕。

同义 景况—情况、境况/景色—景致、景物、风景/景象—气象/情景/景仰—敬仰、仰慕

组字 影、憬

jǐng	15画 忄(xīn)部
憬	左右 忄/景(日/京)
	丷 忄 忄 忄 憬 憬

觉悟,醒悟:~悟。

jǐng	19画 言部
警	上下 敬(苟/攵)/言(亠/二/口)
	艹 敬 敬 警

①注意可能发生的危险:~戒|~备|~惕。②使人注意:~告。③危急的情况或事情:火~|报~。④感觉敏锐:机~|~觉。⑤警察的简称:民~|交通~。

同义 警告—告诫/警戒—警卫、戒备/警惕—警觉

反义 警惕—麻痹

谜语　当今男子的话　(语文名词:现代汉语)
　　　说了又说　　　(电视名词:频道)

jīng

jìng	8画 彳(chì)部
径	左右 彳/巠(⺈/工)
	彳 径 径 径

①小路：山~｜曲~｜远上寒山石~斜。②比喻门路、方法：门~｜捷~（能较快达到目的的方法）。③直径，连接圆周上两点并通过圆心的线段：半~｜口~。④直接：~直｜~行处理｜~向上级反映。
同义 径直—径自

jìng	8画 冫(bīng)部
净	左右 冫/争(⺈/㧑)
	冫 冷 净 净

①清洁：干~｜洁~｜~水。②使干净：~面｜~手。③空，光，没有剩余：饭吃~了｜钱花~了。④纯：~利｜~重。⑤只，单，仅仅：不要~考虑个人的得失。⑥全：沙滩上~是贝壳。⑦戏曲角色，扮演性格刚烈或粗暴的人物，通称花脸：生旦~丑。
反义 净—脏

jìng	10画 疒(nè)部
痉	半包围 疒/巠(⺈/工)
	广 疒 疒 痉 痉

【痉挛】-luán 就是抽筋。发作时，肌肉收缩，如胃痉挛等。

jìng	10画 立部
竞	上下 立(⺈一)/兄(口/儿)
	二 立 音 竞

比赛，互相争胜：~赛｜~走｜争~｜百花~放。
同义 竞赛—比赛

jìng	11画 立部
竟	上下 音(立/日)/儿
	二 音 音 竟

①终了(liǎo)，完毕：继承先烈未~的事业。②到底，终于：有志者事~成｜究~毕。③整，从头到尾：~日（整天）。④居然，表示出乎意料：~然｜小草~能把压在它上面的石块掀翻。
同义 竟然—居然
组字 境、镜

多音字	12画 青部
靓	左右 青(⺈月)/见
	二 丰 青 靓

㊀jìng 修饰，打扮：~妆。
㊁liàng 方言。漂亮，好看。

jìng	12画 攵(pū)部
敬	左右 苟(艹/句)/攵
	艹 芍 苟 敬 敬

①尊重，有礼貌：尊~｜孝~｜~重。②严肃而有礼貌：~意｜~请光临。③有礼貌地送上：~酒｜~茶。
同义 敬礼—行礼/敬佩—钦佩、佩服/敬仰—景仰、仰慕/敬重—崇敬、尊崇
反义 敬—罚/敬重—轻慢

jìng	13画 立部
靖	左右 立(⺈一)/青(⺈月)
	二 立 立 靖 靖

①安定：地方平~。②使安定：~乱（平定乱子）。

名人名言 一个能思想的人，才真是一个力量无边的人。
　　　　　　　　　　　　　　　　　　〔法〕巴尔扎克

jing—jiu

jìng	14画 青部
静	左右 青(主/月)/争(夕/尹)
	二 十 静 静

①安定不动,与"动"相对:~止|动~|结合|风平浪~。②没有声音:寂~|悄悄更深夜~。③使安定:~下心来。
同义 静默—沉默/静悄悄—静幽幽
反义 静—动、闹/静止—运动/静悄悄—闹嚷嚷、闹哄哄

jìng	14画 土部
境	左右 土/竟(音/儿)
	土 圵 培 境

①边界:国~|驱逐出~。②地方,一定的地区范围:身临其~(亲身到了那个地方)|如入无人之~。③遭遇到的状况:~况|~地|处~。
同义 地—境界、地步/境况—情况、景况/境遇—遭遇、际遇

jìng	16画 钅(jīn)部
镜	左右 钅/竟(音/儿)
	钅 钅 镜 镜

①镜子,能照见形象的用具。②利用光学原理制成的器具:眼~|放大~|望远~。③比喻用来借鉴的东西:以史为~。

jiong

jiǒng	8画 辶(chuò)部
迥	半包围 冋(冂/口)/辶
	冂 同 迥 迥

①差别很大:~异|~别|~然不同。②远:山高路~。

jiǒng	9画 火部
炯	左右 火/冋(冂/口)
	灬 火 灯 炯

光明,明亮:目光~~|一双大眼睛~~有神。

jiǒng	12画 穴部
窘	上下 穴/君(尹/口)
	穴 宀 宛 窘

①贫穷:困~|~迫|他过去生活很~。②为难,使为难:~境|他喊错人了,~得满脸通红|别~他了。
同义 窘迫—穷困

jiu

jiū	5画 纟(mì)部
纠	左右 纟/丩
	纟 纠 纠

①缠绕:~纷(争执的事情)|~缠不休。②改正:~偏|~正。③集合,聚集:~合|~集。
同义 纠正—改正、修正

jiū	7画 鸟部
鸠	左右 九/鸟
	丿 九 鸠 鸠

①鸟名,形状像鸽,常见的有斑鸠、山鸠等。②聚集。
提示 "鸠"的第二笔横折弯钩变为横折提。注意与"鸩(zhèn)"的区别。

jiū	7画 穴部
究	上下 穴/九
	穴 宀 究

①仔细探求,追查:研~|查~|追~。②到底:终~。③【究竟】a.到底:~如何?b.结果:知道个~。
同义 究竟—到底、结果

脑筋急转弯 阿伍骑摩托车为什么不用戴安全帽?(因为阿伍骑的是游乐场的电动摩托车)

jiu

jiū	9画 走部
赳	半包围 走(士/儿)/丨
	丰 走 赳 赳

【赳赳】形容雄壮威武的样子：雄~。

jiū	12画 扌(shǒu)部
揪	左右 扌/秋(禾/火)
	扌 扚 揪 揪

①用手抓住或拉住：~头发|~着绳子往上爬|把坏蛋~出来。②【揪心】心里紧张，担忧。

jiǔ	2画 丿(piě)部
九	独体
	丿 九

①数目字：八加一等于~。②形容多数：~霄|~死一生。③从冬至起每九天是一个"九"，从一"九"数起，数到九"九"为止：数~|三~严寒。

同义 九霄—九天、重霄/九州—神州、中国/九死一生—死里逃生

组字 杂、旮、旯、究、轨、旭

jiǔ	3画 丿(piě)部
久	独体
	丿 夂 久

①时间长：好~不见了|~经锻炼|历史悠~。②时间的长短：你来多~了？

同义 久别—久违、阔别/久久—许久、好久

久远—长久、长远
反义 久—暂/久远—短暂
组字 灸、玖、疚

jiǔ	7画 王部
玖	左右 王/久
	二 于 玖 玖

①玉名。②"九"的大写。

jiǔ	7画 火部
灸	上下 夂/火
	夂 夂 灸 灸

中医的一种治疗方法，用烧着的艾绒熏烤身体的穴位：针~。

提示 "灸"不要与"炙"相混，第三笔捺变为点。

jiǔ	9画 丨(gǔn)部/韭部
韭	独体
	丨 丰 护 韭

韭菜，多年生草本植物，丛生，叶细长而扁，开小白花。叶和花都是蔬菜。

jiǔ	10画 氵(shuǐ)部
酒	左右 氵/酉
	氵 沂 洒 酒

用粮食、水果等发酵酿成的饮料，含有酒精，有刺激性，多喝对身体有害。

同义 酒家—酒店、酒楼、酒馆/酒徒—酒鬼、醉鬼

jiù	5画 丨(gǔn)部
旧	左右 丨/日
	丨 旧 旧

①过去的、过时的，长期使用过的，与"新"相对：~中国|脑筋~|~衣服。②老交情，老朋友：故~|念~。③原先的、以往的：~案|~居。④原有的人、事物或状况：守~|叙~。

同义 旧—故、陈/旧地—故地/旧交—旧友、故交/旧事—往事

反义 旧—新/旧俗—新风

鸡娃吃黄豆——咽不下

歇后语

jiu—ju

jiù	6画 白部
臼	独体
	⺈ ⺇ 𠁼 臼 臼

①舂米的器具，多用石头做成，样子像盆。②像臼的：~齿。
组字 舀、舅、鼠、柏

jiù	8画 口部
咎	上下 处(夂/卜)/口
	夂 夂 处 咎

①罪过，灾祸：~由自取（罪过、灾祸是由自己招来的）。②责备，处分：既往不~（以往的过失不再责备）。
反义 咎—休
提示 "咎"不要读做jiū。

jiù	8画 疒(nè)部
疚	半包围 疒/久
	广 疒 疚 疚

①久病。②因觉得对不起人而痛苦：内~|负~。

jiù	11画 攵(pū)部
救	左右 求/攵
	十 寸 求 救

①帮助，使脱离困难或危险：~济|抢~|~死扶伤。②采取措施终止灾难或危险：~火|~亡。

同义 救国—救亡/救济—接济、周济/救援—救助、援助
反义 救国—卖国

jiù	12画 亠(tóu)部
就	左右 京(亠/口/小)/尤
	亠 亨 就 就

①凑近，挨近：~着电灯看书。②到，开始从事：~座|~学|~业|~职。③依照情况，顺便：~近入学|~地解决。④成功，完成：成|造~人才。⑤随同着吃下去：红烧肉~饭|萝卜~酒。⑥立刻，马上：我这一去|水~开了。⑦即使，表示假设：~算你有理，也不能盛气凌人|你~是不说，我也知道。⑧单，只：这道题~他一个人会做。⑨表示坚决：我~不信我学不会。
同义 就学—求学、读书/就要—即将、快要/就医—就诊、看病/就义—捐躯、牺牲
反义 就—避、推/就业—失业/就职—辞职

jiù	13画 白部
舅	上下 白/男(田/力)
	⺈ ⺇ 𠁼 舅 舅

①母亲的弟兄：~~|~父|母~。②妻子的弟兄：妻~|小~子。③古代称丈夫的父亲：~姑（公婆）。

ju

jū	8画 扌(shǒu)部
拘	左右 扌/句(勹/口)
	扌 扚 拘

①逮捕或扣押：~捕|~留|~押。②约束，限制：~束|不~多少。③不变通，固执：~泥(nì)|~礼。
同义 拘捕—逮捕/拘留—拘禁、拘押/拘束—拘谨、约束
反义 拘留—释放/拘束—大方、潇洒、放纵

jū	8画 尸部
居	半包围 尸/古(十/口)
	⼀ 尸 屋 居

谜语 来日到山西 （字：亚） 头等进入国际 （字：囻）
党员都有它 （字：口）

ju

①住，住宿：~住|~民|寄~。②住的地方：旧~|新~|鲁迅故~。③在，处在：~于首位|后来~上。④占：二者必~其一。⑤任，当：~功自傲|自~（自以为具有某种身份）。⑥存，怀着：~心不良。⑦储存，积蓄：奇货可~。

同义 居—寓/居然—竟然/居心—用心、存心
组字 剧、据、锯、踞

jū	8画 马部
驹	左右 马/句（勹/口）
	马 驴 驹

①初生的马、驴、骡：马~子|驴~子。②少壮的马：千里~。

jū	17画 革部
鞠	左右 革（艹/中）/匊（勹/米）
	艹 茁 靮 鞠

①养育，抚养：~养|~育。②弯曲：~躬。③古代的一种皮球：蹴（cù）~（踢球）。

jú	7画 尸部
局	半包围 尸/句（丁/口）
	丁 尸 冃 局

①部分：~部。②某些机关，企业的名称：公安~|教育~。③棋盘，又指下棋或某些比赛一次叫一局：棋~|平~。④事情的形势、情况：时~|~结。⑤拘束，狭小：~促|~限。⑥圈套：骗~。

同义 局部—部分/局促—拘束、急促/局势—局面、形势/局限—限制
反义 局部—整体/局促—大方、自然

jú	11画 艹（cǎo）部
菊	上下 艹/匊（勹/米）
	艹 芍 菊

菊花，多年生草本植物，秋天开花，种类很多，供观赏。有的花可以做药，也可以做饮料：春兰秋~。

jú	16画 木部
橘	左右 木/矞（矛/冏）
	木 杧 柧 桰 橘

橘子树，常绿乔木，初夏开花，白色。果实味酸甜，可以吃，果皮可入药。

多音字	8画 口部
咀	左右 口/且
	口 叩 咀 咀

㈠jǔ【咀嚼】—jué ①用牙齿磨碎食物。②比喻反复体会。
㈡zuǐ "嘴"俗做"咀"。一些地名中的"咀"不可以与"嘴"互换，如"尖沙咀"。
提示 "咀"不是"嘴"的简化字。

jǔ	8画 氵(shuǐ)部
沮	左右 氵/且
	氵 汩 沮 沮

①阻止：~其成行。②颓丧：~丧。
同义 沮丧—懊丧、灰心
反义 沮丧—得意、振作

jǔ	9画 矢部
矩	左右 矢（广/大）/巨
	广 矢 矩 矩

①画方形的工具：~尺（曲尺）。②规则，法则：规~|循规蹈~（遵守规矩，缺乏创造性，常用于贬义）。

jǔ	9画 丶(zhǔ)部
举	上下 兴（丷/八）/十
	丷 兴 쓮 举

①向上抬，向上托：~手|~重|~头望明月。

名人名言 不管你喜不喜欢思考，人类就是因思考而存在。
[英]谭普尔

②动作,行为:~动|一~两得。③发起,兴起:~行|办画展。④提出:~例|列~了许多事实。⑤推选,推荐:选|大家推~他做代表。⑥全:~国欢腾|~世闻名。
同义 举办—兴办、开办/举动—举措、行动/举国—全国/举荐—推荐、引荐

jù	4画 匚(fāng)部
巨	半包围 匚/㇆
	一 𠃍 𠃎 巨

大,非常大:~大|~变|~幅油画。
同义 巨大—庞大、粗大、宏大
反义 巨—细/巨大—微小、细小
组字 拒、柜、炬、矩、距
提示 "巨"不要与"臣"相混,以"巨"为基本字的字,除"柜"以外都读 ju。

多音字	5画 勹(bāo)部
句	半包围 勹/口
	丿 勹 句

㈠jù ①由词或短语构成,具有语言停顿并且带有语气、语调,能表达一个完整意思的语言使用单位:~子|语~|造~。②量词:一~话|两~诗。
㈡gōu 用于"句践"(春秋时越王名)、"高句丽"(古国名)。
组字 苟、拘、狗、驹、够

jù	7画 扌(shǒu)部
拒	左右 扌/巨(匚/㇆)
	扌 扩 拒 拒

①抵挡,抵抗:抗~|~敌|~捕。②回绝,不接受:来者不~|~不执行。
同义 拒绝—回绝、谢绝
反义 拒绝—接受、答应

jù	8画 八部
具	上下 且/八
	冂 目 且 具

①器物:工~|文~|用~。②有(多用于抽象事物):~备|~有|初~规模。③量词:一~尸体。
同义 具体—详细/具有—具备、拥有
反义 具体—抽象、笼统
组字 俱、惧、飓
提示 "具"的上面是"且",不是"且"。

jù	8画 火部
炬	左右 火/巨(匚/㇆)
	丶 火 炉 炬

①火把:火~|目光如~。②烧:付之一~(一把火烧光)。③蜡烛:蜡~成灰泪始干。

jù	10画 亻(rén)部
俱	左右 亻/具(且/八)
	亻 们 俱 俱

全,都:面面~到|万事~备。

jù	10画 刂(dāo)部
剧	左右 居(尸/古)/刂
	𠃍 尸 居 剧

①戏:戏~|京~|~场。②厉害,猛烈:~烈|~痛|病情加~。
同义 剧变—急变、骤变/剧烈—强烈、猛烈、激烈/剧增—激增、猛增
反义 剧烈—平和

什么老鼠用两只脚走路?(米老鼠)

ju—juan

多音字	11画 扌(shǒu)部
据	左右 扌/居(尸/古)
	扌扌扌护据

㈠jù ①凭借，依靠：~险固守｜~点。②按照，根据：~依｜~理力争（根据正确的道理，尽力争辩）。③占有：占~｜盘~｜~为己有。④可以用做证明的事物：凭~｜证~｜论~。
㈡jū【拮据】jié– 见"拮"。
同义 ㈠据守—防守、镇守

jù	11画 足(足)部
距	左右 足(口/止)/巨(匚/コ)
	𧾷𧾷距距

①离开，相隔：~离｜相~不远｜~今已有数百年。②公鸡脚爪后面突出像脚趾的部分。
同义 距离—差距、间距、相距

jù	11画 忄(xīn)部
惧	左右 忄/具(且/八)
	丷忄忄忄惧

害怕：恐~｜毫不畏~｜临危不~（遇到危险时，一点也不害怕）。
同义 惧怕—害怕、畏惧

jù	12画 风部
飓	半包围 风(几/乂)/具(且/八)
	几风飓飓

飓风，热带海洋上的强烈风暴，风力常达十级以上，并伴有暴雨。

jù	13画 钅(jīn)部
锯	左右 钅/居(尸/古)
	钅钅钅锯

①用薄钢片做的有齿可以切割东西的器具：手~｜电~｜拉~。②用锯切割：~木头｜~钢管。

jù	14画 耳部
聚	上下 取(耳/又)/氺
	丌月取聚聚聚

会合，集合：~集｜欢~｜~精会神地听老师讲课。
同义 聚—集、汇/聚集—聚合、聚拢/聚精会神—全神贯注
反义 聚—散/聚集—分散/聚精会神—心不在焉
提示 "聚"的第十笔是竖，不是弯钩。

juan

juān	10画 扌(shǒu)部
捐	左右 扌/肙(口/月)
	扌扌捐捐

①用财物帮助：~助｜~款募~。②献出，舍弃：~躯（为正义事业献出生命）｜~弃（舍弃，抛弃）。③旧时一种税收：房~｜车~｜苛~杂税。
同义 捐弃—抛弃、丢弃/捐躯—献身、牺牲/捐赠—捐献、赠送/捐助—资助

juān	10画 氵(shuǐ)部
涓	左右 氵/肙(口/月)
	氵氵涓涓

细小的流水：~流｜~滴（极少量的水。比喻极小或少量的东西）。

juān	10画 女部
娟	左右 女/肙(口/月)
	乚女妇娟

秀丽，美好：~秀。

歇后语　姜太公钓鱼——愿者上钩

juan—jue

juān	12画 鸟部
鹃	左右 口/月/鸟 口 月 鹃 鹃

【杜鹃】①鸟名,又叫杜宇、布谷或子规,上体黑灰色,尾巴有白色斑点,吃害虫,是益鸟。②常绿或落叶灌木,也叫映山红,春天开花,红色,供观赏。

多音字	8画 卩(jié, e)部
卷	上下 关/卩 丷 一 关 卷

㈠juǎn ①把东西弯转裹成圆筒形:~帘子|把草席~起来。②裹成圆筒形的东西:烟~儿|行李~儿。③强力裹住或掀起:风~雪花|狂风~着巨浪。④量词:一~纸|一~铺盖。
㈡juàn ①书本:手不释~|开~有益(读书就有好处)。②全书的一部分:第一~|上~。③考试答题用的纸:试~|答~。④机关里保存的文件:案~|~宗(分类保存的文件,也指保存文件的纸夹子)。⑤可以卷起展开的字画:画~。
组字 倦、圈

juàn	10画 亻(rén)部
倦	左右 亻/卷(关/卩) 亻 亻' 仁 倦

①疲劳:疲~|困~。②厌烦:厌~|诲人不~(形容教人特别耐心)。

juàn	10画 纟(mì)部
绢	左右 纟/月(口/月) 纟 纟 绢

①一种薄而结实的丝织品。②【手绢】shǒu~ 手帕。

juàn	11画 目部
眷	上下 关/目 丷 一 眷 眷

①想念,关心:~念|~恋故土。②亲属:亲~|家~|~属(家属,亲属)。
同义 眷恋—留恋、眷念、怀念/眷属—亲属、家属

jue

juē	15画 扌(shǒu)部
撅	左右 扌/厥(厂/欮) 扌 扩 护 护 撅

①翘起:~嘴|~尾巴|小辫子~得老高。②折(zhé):~一根树枝|~断竿子。

jué	6画 冫(bīng)部
决	左右 冫/夬 冫 冫 冲 决

①水冲破堤岸:~口|~堤。②确定,拿定主意:~心|~表|犹豫不~。③一定,绝对:~不后退|不获全胜,~不收兵。④决定最后胜负:~赛|~战。⑤执行死刑:枪~|处~。
同义 决心—决意、决计

jué	6画 讠(yán)部
诀	左右 讠/夬 讠 讠 讠 诀

①窍门,高明的办法:秘~|妙~|~窍。②简短顺口的便于记忆的语句:口~|~歌。③辞别,多指不再相见的离别:~别|永~。
同义 诀窍—窍门、秘诀

jué	7画 扌(shǒu)部
抉	左右 扌/夬 扌 扌 扌 抉

挑出,剔出:~择(挑选,选择)。
同义 抉择—选择

谜语　山中挖空围起田　(字:画)
　　　推倒小山来植树　(字:档)

191

jue—jun

多音字	9画 见部
觉	上下 䒑(丷/冖)/见
	丷 䒑 觉

㊀jué ①器官对外界刺激的感受和辨别：视~|错~|嗅~。②感到：~得不对劲|不知不~。③醒悟：~醒|~悟。
㊁jiào 睡眠：睡大~|睡午~。
同义 ㊀觉察—察觉、发觉—觉得—感到/觉悟—觉醒、醒悟
反义 ㊀觉悟—迷惑
组字 搅

jué	9画 纟(mì)部
绝	左右 纟/色(⺈/巴)
	纟 纟 纟 绝

①断：~望|络绎不~。②尽，穷尽：赶尽杀~|弹尽粮~。③走不通的，没有出路的：~路|~处逢生。④独特的，达到极点的：~技|~招。⑤极，最：~密|~妙|~大多数。⑥完全，绝对：~无此意。⑦一定，无论如何：~不动摇|~不允许违法乱纪。⑧绝句，我国旧体诗的一种：五~|七~。
同义 绝技—绝招/绝交—断交/绝路—死路/绝望—失望/绝无仅有—独一无二
反义 绝对—相对/绝路—活路、生路/绝望—希望

多音字	10画 亻(rén)部
倔	左右 亻/屈(尸/出)
	亻 伊 伊 伊 倔

㊀jué【倔强】-jiàng 固执，强硬的样子。
㊁juè 性情耿直，态度生硬：~头~脑|这孩子真~。

jué	11画 扌(shǒu)部
掘	左右 扌/屈(尸/出)
	扌 护 护 掘 掘

挖，刨：~土|井挖。

jué	11画 山部
崛	左右 山/屈(尸/出)
	丨 屵 屵 崛 崛

高起，突起：~起。

jué	15画 犭(quǎn)部
獗	左右 犭/厥(厂/欮)
	丿 犭 犭 猇 獗

【猖獗】chāng- 闹得很凶：没有蛇，田鼠就非常~。

jué	17画 爪(爫)部
爵	上中下 爫/罒/时(艮/寸)
	爫 爫 严 爵 爵

①古代的酒器。②爵位，君主国家封贵族的等级，分公、侯、伯、子、男五等。
组字 嚼

jun

jūn	6画 冖(mì)部
军	上下 冖/车
	冖 写 军

①武装部队：~队|陆~|~官。②军队的编制单位，是师的上一级：~长|两个~的兵力。③泛指有组织的集体：劳动大~。
同义 军队—部队/军火—武器
组字 荤、晕、浑、挥、浑、辉

名人名言 耳闻之不如目见之，目见之不如足践之，足践之不如手辨之。
[汉]刘向

jun

jūn	7画 土部
均	左右 扌/勺(勹/丶)
	土 圴 均

①均匀,相等:平~|人~|收入~势|~力敌(双方力量相等)。②都,全:各科成绩~居全班第一。
同义 均匀—平均、匀称

jūn	7画 口部
君	半包围 尹/口
	乛 ⺕ 尹 君

①古代称帝王、诸侯等:国~|暴~|~主。②敬词:诸~。③指有道德有学问的人:~子。
同义 君主—君王、皇帝
反义 君子—小人
组字 窘、郡、裙、群

jūn	9画 钅(jīn)部
钧	左右 钅/勺(勹/丶)
	钅 钓 钧

①古代的重量单位,一钧为三十斤:千~一发(fà,比喻极其危险)。②敬词(对尊长或上级):~安|~鉴(表示请尊长或上级知晓,用于书信)。

jūn	11画 艹(cǎo)部
菌	上下 艹/囷(囗/禾)
	艹 芦 菌 菌

低等植物的一大类,不开花,没有茎和叶子,种类很多:细~|病~|真~。

jùn	9画 亻(rén)部
俊	左右 亻/夋(厶/八/夂)
	亻 仫 俊 俊

①才智出众:~杰|~彦(yàn,才智出众的人)|英~。②容貌美丽:~秀|~俏|这孩子长得多~呀!
同义 俊杰—豪杰/俊美—俊秀、俊俏
反义 俊—丑/俊美—丑陋

jùn	9画 阝(yì)部
郡	左右 君(尹/口)/阝
	⺕ 尹 君 郡 郡

我国古代行政区域名,秦以前比县小,从秦朝起比县大。

jùn	10画 山部
峻	左右 山/夋(厶/八/夂)
	丨 屵 岐 峻

①山高而陡:~峭|~险|崇山~岭。②严厉:严~|~刑~法。
同义 峻峭—陡峭
反义 峻峭—平缓

jùn	10画 马部
骏	左右 马/夋(厶/八/夂)
	马 驴 驴 骏

骏马,走得快的好马。

jùn	12画 立部
竣	左右 立(亠/丷)/夋(厶/八/夂)
	亠 立 竓 竣 竣

完毕,完成:~事|~工|工程告~。
同义 竣工—完工
反义 竣工—开工、动工

急转弯 脑筋 什么是万能的?(人)

ka

多音字	8画 口部
咖	左右 口/加(力/口)
	口 叨 叻 咖

㊀kā【咖啡】-fēi 常绿灌木或小乔木,产在热带,花白色,果实红色,种子可制饮料。也指这种饮料。

㊁gā【咖喱】-lí 一种调味品。

多音字	5画 卜(卜)部
卡	上下 上/卜
	丨 卜 上 卡 卡

㊀kǎ ①卡车,载重的大汽车:十轮~。②卡片,小的纸片:资料~。③热量单位卡路里的简称,1卡就是1克水温度升高1摄氏度所需的热量。

㊁qiǎ ①为收税或警备在交通要道设立的检查站或岗哨:关~边~哨。②夹东西的器具:头发~子。③夹在中间,塞住:抽屉~住拉不出来。

kai

kāi	4画 一部
开	独体
	一 二 于 开

①把关闭的东西打开,与"关"、"闭"相对:~门~口~幕。②通,使通:想不~路先锋。③使显露出来:~采~矿。④舒展:花~了~心~颜。⑤写出:~药方~发票。⑥建立,设置:~工厂~旅馆。⑦发动,操纵:~车~炮~动。⑧(液体)沸,滚:水~了。⑨举行,举办:~会。⑩起始:~学~演。⑪扩大,开发:~展~源节流。⑫解冻,融化:河~了。⑬取消,解除:~戒~禁。⑭支付:~支~销。⑮启程:部队~走了。⑯指十分之几的比例:四六~。⑰印刷上指相当于整张纸的几分之一:八~纸十六~本。⑱放在动词后面表示效果:议论~了睁~眼。

同义 开办—兴办、举办/开发—开辟、开拓、开支、开销/开工—动工/开荒—开垦、拓荒/开始—开头、开端/开通—开明/开心—高兴、快乐

反义 开—关、闭、合/开放—凋谢、关闭、封闭/开工—竣工/开始—结束/开头—结尾/开通—保守/开心—伤心、忧郁

组字 刑、形、妍、研

kāi	12画 扌(shǒu)部
揩	左右 扌/皆(比/白)
	扌 扩 捛 揩

擦,抹:~汗~鼻涕~油(比喻占便宜)。

kǎi	8画 几部
凯	左右 岂(山/己)/几
	丨 山 岂 凯

胜利的乐曲:~歌(军队得胜回来奏的乐曲)~旋(得胜归来)。

kǎi	12画 忄(xīn)部
慨	左右 忄/既(日/无)
	丶 忄 忄 忾 慨

①气愤:愤~。②豪爽,不吝啬:慷~允(慷慨地答应)。③感叹,叹息:~叹~感~(有所感触而叹息)。

当认识一件事物的目的达到后,就可以说它被领悟了。

[意]阿奎那

kai—kan

多音字	13画 木部
楷	左右 木/皆(比/白)
	木 木' 木" 楷 楷

㈠kǎi ①典范,榜样:~模。②楷书,现在通行的汉字手写正体字:~体|正~|小~。

㈡jiē 楷树,也叫黄连木,落叶乔木,果实长圆形,红色。木材可做器具。

同义 ㈠楷模—模范、模样

kan

kān	5画 刂(dāo)部/干部
刊	左右 干/刂
	二 干 刊

①刻:~石|~印。②排印出版:创~|停~|~行。③杂志之类的读物或报纸的栏目:~物|期~|文艺副~。④发表,登载:~登|~载。⑤削除,修改:~误。

同义 刊登—刊载、登载

提示 "刊"的左边是"干",不是"千"。

kān	11画 力部
勘	左右 甚/力
	甘 其 勘 勘

①校(jiào)对,对校订正:~误(书刊印出后更正错误)|校~|~正。②实地查看,探测:~探|~测|~察地形。

同义 勘探—勘测、勘察/勘误—勘正、正误

kān	12画 土部
堪	左右 土/甚
	土 圵 堪 堪

①可以,能够:~当重负|不~设想。②经得起,能忍受:难~|狼狈不~。

kǎn	7画 土部
坎	左右 土/欠(ㄏ/人)
	土 坎 坎

①低陷不平的地方:坑~。②田野里像台阶一样的东西:土~儿|田~儿。③【坎坷】-kě 道路不平的样子,比喻不得志:~不平|一生~。

同义 坎坷—崎岖

反义 坎坷—平坦

kǎn	8画 亻(rén)部
侃	左右 亻/侃(口/儿)
	亻 伊 伊 侃

①理直气壮,从容不迫的样子:~~而谈。②闲谈,聊天:~大山。

kǎn	9画 石部
砍	左右 石(丆/口)/欠(ㄏ/人)
	丆 石 矴 砍

①用刀、斧等劈、剁:~柴|~伐|~头不要紧,只要主义真。②削减,除去:~价|文章太长,被~掉三分之一。

多音字	14画 木部
槛	左右 木/监(ㄨ/皿)
	木 朴 槛 槛

㈠kǎn 门槛,门限,门框挨着地面的横木或石条。

㈡jiàn ①栏杆,栏板。②关禽兽的栅栏,囚笼:兽~|~车(古代运送野兽或囚犯的车)。

多音字	9画 目部/手(扌)部
看	半包围 手/目
	三 看 看

㈠kàn ①瞧,瞅:~黑板|~电视。②观察并加以判断:我~没错。③探问,问候:~望|~病人。④对待:~待|另眼相~。⑤医治:大夫把我的

急转弯 脑筋 一个农场没有养鸡,为什么会有蛋吃? (虽然没有养鸡,却养了鸭)

kan—kang

病~好了。⑥照料;照~。⑦先试试以观察它的结果:先做做~|别急,想想~。⑧提防,小心:吃慢点,~噎着。

㊁kān ①守护,照管:~门|~家|~机器。②监视,看管:~押|把犯人~起来。

同义 ㊀看—望、瞧、瞅、观、顾、视/看穿—看破、看透/看待—对待/看法—观点、见解/看见—看到、瞧见/望见—探望 ㊁看护—守护、护理/看守—防守/看管、看押—关押、拘押

kàn	16画 目部
瞰 左右	目/敢(月/攵)
	日 目 ⺼ 瞰

望,俯视,往下看:俯~|鸟~(从高处往下看。也指概述事物)。

kang

kāng	11画 广部
康 半包围	广/隶
	亠 庐 庐 康

①安乐,身体好:安~|健~|~复。②富裕,丰盛:奔小~。

同义 康复—痊愈/康乐—安乐/康庄大道—阳关大道

组字 慷、糠

kāng	14画 忄(xīn)部
慷 左右	忄/康(广/隶)
	丷 忄 忄 忄 慷

【慷慨】-kǎi ①情绪激昂:~陈词。②大方,肯用财物帮助人:他待人很~。

同义 慷慨—大方、激昂
反义 慷慨—吝啬、小气

kāng	17画 米部
糠 左右	米/康(广/隶)
	丷 扩 护 耕 糠

①从稻、谷子等籽实上碾下来的皮或壳:米~。②发空,内部变松:~心儿|萝卜~了(萝卜因失掉水分而空心)。

多音字	6画 扌(shǒu)部
扛	左右 扌/工
	扌 扌 扛

㊀káng 用肩膀承担物体:~着枪|~锄头|那根杉木被他~走了。

㊁gāng ①用两手举(重物):力能~鼎。②方言。抬(东西):一桶水两人~。

kàng	4画 亠(tóu)部
亢	上下 亠/几
	亠 亢

①高:歌声高~。②骄傲,自大:不卑不~(既不自卑也不自大)。③极度,高度:~奋(极度兴奋)。

反义 亢—卑
组字 坑、抗、吭、杭、肮、炕、航

kàng	7画 扌(shǒu)部
抗	左右 扌/亢(亠/几)
	扌 扩 抗

①抵挡:~洪救灾|~日战争。②拒绝,不接受:~命|~拒|~税。③对等,不相上下:~衡(不相上下,抵得过)|分庭~礼(行平等的礼节。比喻平起平坐或互相对立)。

同义 抗衡—对抗/抗拒—抵抗、违抗
反义 抗拒—服从、坦白

 歇后语 井里丢石头——不咚(不懂)

kang—ke

kàng	8画 火部
炕	左右 火/亢(亠/几)
	丶丶火 炉 炕

①北方人用砖或土坯(pī)砌成的当床铺的台,下面有洞,连通烟囱,可以烧火取暖:热~。②方言。烤,烘干:把湿鞋~干。

kao

kǎo	6画 老(耂,lǎo)部
考	半包围 耂/丂
	十 土 耂 考

①测试,测验:~试|~语文。②调查,检查:~察|查~。③仔细地想:思~|~虑。④推求,研究:~古|~证。⑤称已死的父亲:先~|~妣(已死的父母)。

同义 考查—检查、考试、测试/考究—讲究/考虑—思考、盘算

组字 拷、烤、铐

提示 "考"的最后不要加一横。

kǎo	9画 扌(shǒu)部
拷	左右 扌/考(耂/丂)
	扌 扩 护 拷

(用刑具)打:~打|~问(拷打审问)。

同义 拷问—刑讯

kǎo	10画 火部
烤	左右 火/考(耂/丂)
	丶丶火 灶 烤 烤

①凭借火、电、太阳等使干或使熟:~鸭|~白薯|电~箱。②靠近火等热源取暖:~手|~火。

kào	11画 钅(jīn)部
铐	左右 钅/考(耂/丂)
	钅 钅 铐 铐

①手铐,锁住手腕的刑具。②使戴上手铐:把犯人~起来。

kào	15画 非部
靠	上下 告(丿/口)/非(丰/丰)
	丿 告 告 靠 靠

①凭借别人或物支撑着使不倒,挨近:背~背|~拢|船~岸。②依赖:不能~天吃饭|~双手去创造。③信得过:可~|~不住。

同义 靠近—靠拢、接近

ke

多音字	8画 土部
坷	左右 扌/可(丁/口)
	土 圹 坷 坷

㈠kē【坷垃】-lā 土块。
㈡kě【坎坷】kǎn- 见"坎"。

kē	8画 艹(cǎo)部
苛	上下 艹/可(丁/口)
	艹 艹 苎 苛

①苛刻,过于严厉,刻薄:~求|~责。②烦琐,繁重,使人难以忍受:~政(残酷统治人民的政治)|~捐杂税(繁重的捐税)。

同义 苛刻—刻薄、尖刻/苛政—暴政
反义 苛政—仁政

kē	9画 木部
柯	左右 木/可(丁/口)
	木 杧 柯 柯

①斧子的柄。②草木的枝茎。

kē	9画 禾部
科	左右 禾/斗
	丿禾 禾 科

①学术或业务的类别:~目|学~|文~。②机关内部的办事部门:行政~|财务~。③动植物

谜语	男兵	(地名:武汉)
	大家都笑你	(地名:齐齐哈尔)

的分类:猫~|豆~。④判处:~刑|~税|~以罚金。⑤法律条文:金~玉律。

反义 科学—迷信

组字 蝌

kē	12画 木部
棵	左右 木/果
	木 朾 杆 棵

量词,用于植物:一~树|一~小草|种了几~向日葵。

kē	13画 禾部
稞	左右 禾/果
	禾 利 程 稞

青稞,麦的一种,产在西藏、青海等地,是藏族人民的主要食粮。

kē	14画 页部
颗	左右 果/页
	口 旦 果 颗

量词,用于圆形或粒状的东西:一~珍珠|一~心|粒粒归仓。

kē	15画 石部
磕	左右 石(丆/口)/盍(去/皿)
	丆 石 砝 磕 磕

①碰撞在硬东西上:~破了头|茶杯~裂了|~头(旧时跪拜礼)。②把东西往硬物上碰:~烟袋。

同义 磕头—叩头、跪拜

kē	15画 目部
瞌	左右 目/盍(去/皿)
	目 眹 瞌 瞌

困倦,想睡觉:打~睡。

kē	15画 虫部
蝌	左右 虫/科(禾/斗)
	中 虫 蚪 蚌 蝌

【蝌蚪】-dǒu 青蛙一类动物的幼体,身体椭圆,有长尾,黑色。生活在水中。

多音字	7画 士部
壳	上中下 士/冖/几
	十 声 壳

㊀ké 坚硬的外皮:花生~儿|鸡蛋~儿|子弹~|拾贝~。

㊁qiào 义同㊀,用于地壳、甲壳、躯壳等。

多音字	9画 口部
咳	左右 口/亥
	口 吖 咳 咳

㊀ké 咳嗽,呼吸器官受刺激而引起的一种症状:干~|百日~|止~糖浆。

㊁hāi ①表示惋惜或后悔:~,我真粗心!②招呼人,提醒人注意:~,下雨了,快进来!

多音字	5画 口部
可	半包围 丁/口
	一 口 可

㊀kě ①同意,准许:许~|认~。②能够:~大~小|牢不~破的友谊。③值得:~爱|~怜|~贵。④适合:~口|~心|~人意。⑤可是,却:人虽小,志气~不小。⑥表示疑问:你~知道?⑦表示强调:老师~好了|这本书~有趣了。⑧大约:年~二十。

㊁kè【可汗】-hán 古代鲜卑、突厥、回纥(hé)等族君主的称号。

同义 ㊀可耻—无耻、羞耻/可贵—珍贵、宝贵/可靠—牢靠/可口—适口、好吃/可怜—同情、怜悯/可能—恐怕、也许/可怕—吓人、害怕/可是—但是/可恶—可恨、厌恶/可

  荣誉,就是不懈的努力。

[法]于·列那尔

ke—ken

笑—好笑
反义 〇可耻—光荣/可恶—可爱
组字 苛、哥、奇、何、阿、坷、呵、河、柯

kě	12画 氵(shuǐ)部
渴	左右 氵/曷(日/匃)
	氵汨渴渴

①口干想喝水：口~|饥~。②比喻很迫切：~望|~念(非常想念)|~求。
同义 渴望—热望、盼望、希望

kè	7画 十部
克	上中下 十/口/儿
	十古克

①能：~勤~俭。②攻取，战胜：~复(战胜而收回失地)|攻无不~。③抑制，制服：~己奉公(严格要求自己，一心为人民)|以柔~刚。④限定：~期(限定日期)|~日完工。⑤消化：~食。⑥质量单位 1 千克的 1‰。
同义 克服—战胜、克制/克制—控制、抑制
反义 克制—放纵
组字 兢

kè	8画 刂(dāo)部
刻	左右 亥/刂
	亠亥亥刻

①用刀子雕或挖：雕~|图章|~舟求剑(比喻拘泥固执，不知变化)。②十五分钟为一刻。③时间，时候：此~|即~|时~~。④不厚

道：~薄|~毒|尖~。⑤形容程度很深：深~|~苦。
同义 刻板—呆板、古板、刻薄—苛刻、尖刻/刻画—描绘、刻苦—勤奋、俭朴
反义 刻板—灵活/刻薄—厚道

kè	9画 宀(mián)部
客	上下 宀/各(夂/口)
	宀安客

①客人，与"主"相对：贵~|~厅。②出门在外：~居|~商。③某些行业对服务对象的称呼：顾~|乘~|~满。④奔走各地从事某种活动的人：政~|说(shuì)~|刺~。⑤独立于意识之外的：~观|~体。
同义 客—宾/客气—谦让、客套/客人—宾客、来客、来宾
反义 客—主/客观—主观/客人—主人、东道
组字 额

kè	10画 讠(yán)部
课	左右 讠/果
	讠讯讵课

①教学的科目：~程|~文|语文~。②按计划进行的分段教学活动：上~|十分钟。③教学的时间单位：~时。④旧时赋税的一种：国|完粮交~。⑤征收捐税：~税|以重税。
同义 课外—课余/课业—功课、学业

kè	13画 口部
嗑	左右 口/盍(去/皿)
	口吐嗑嗑

用门牙咬开有壳的或硬的东西：~瓜子。

ken

kěn	8画 止部
肯	上下 止/月
	止止肯

①骨节上的肉，比喻关键、要害的地方：中(zhòng)~(切中要害)。②同意，许可：首~(点头答应)|说了半天，他还是不~。③愿意，乐意：~下苦功|~帮助人。
同义 肯定——一定、确定

脑筋急转弯 开垃圾车的王司机，今晚开车出去后，街头巷尾却没有半个人出来倒垃圾，为什么？（因为他今晚开的不是垃圾车）

199

ken—kong

反义 肯定—否定
组字 啃

kěn	9画 艮(gèn)部
垦	上下 艮/土
	⁼彐艮垦垦

翻土，开荒：~荒|开~|农~。
同义 垦荒—垦殖、开荒、拓荒

kěn	10画 艮(gèn)部
恳	上下 艮/心
	⁼彐艮恳

真诚：诚~|勤~|~切|~求。
同义 恳切—诚恳/恳求—恳请、请求

kěn	11画 口部
啃	左右 口/肯(止/月)
	口 口⁺ 口⁺ 啃

①从较硬的东西上一点一点地咬下来：~骨头|~老玉米。②攻读，钻研：~书本。

keng

kēng	7画 土部
坑	左右 扌/亢(亠/几)
	土 扩 坑

①低洼的地方：水~|泥~。②活埋：~杀|秦始皇焚(fén)书~儒(rú)。③陷害人：~害|~骗|~人。④地洞,地道：~道|矿~。

同义 坑害—坑骗、陷害/坑坑洼洼—凹凸不平

多音字	7画 口部
吭	左右 口/亢(亠/几)
	口 吖 吭

㊀ kēng 出声,说话：一声也不~。
㊁ háng 喉咙,嗓子：引~高歌。
同义 ㊀吭声—吭气、做声、吱声

kēng	12画 钅(jīn)部
铿	左右 钅/坚(𫝀/土)
	钅 钅 铿 铿

【铿锵】-qiāng 拟声词。声音响亮而有节奏：~悦耳|~有力。

kong

多音字	8画 穴部
空	上下 穴/工
	宀 穴 空 空

㊀ kōng ①里面没有东西：~房间|~袋子|两手~~。②没有内容,不合实际：~话|文章~洞无物。③白白地,毫无结果的：~忙|~欢喜。④天空：航~|晴~万里。⑤没有：~前绝后。
㊁ kòng ①使空,腾出来：~出一间房子|文章每段开头要~两格。②没有被利用的：~房|~地|~白。③没有被占用的时间或地方：今天我没~儿|抽~|填~。④缺,欠：亏~|~额。
同义 ㊀空洞—空泛/空旷—空阔/空气—大气、气氛/空想—幻想/空洞洞—空荡荡、空落落
㊁空隙—间(jiàn)隙/空闲—闲暇、清闲、悠闲
反义 ㊀空虚—充实
组字 控、腔

kǒng	4画 子部
孔	左右 子/乚
	⁻了子孔

①小洞,眼儿：鼻~|针~。②通达的：交通道。③量词,用于窑洞：一~土窑。
同义 孔洞—孔穴、孔眼/孔隙—缝隙
组字 吼

  白开水画画——轻描谈写

kong—ku

kǒng	10画 心部
恐	上下 巩(エ/凡)/心
	丆 巩 恐

①害怕,怕:~惧|~慌|争先~后。②吓(xià)唬:~吓(hè)。③大概,估计:~怕|~非如此。
同义 恐吓—恫吓、威吓/吓(xià)唬—恐慌、惊慌/恐惧—恐怖、惧怕/恐怕—也许、可能
反义 恐慌—镇静、沉着/恐惧—无畏

kòng	11画 扌(shǒu)部
控	左右 扌/空(穴/エ)
	扌 扌空 控

①告状,告发罪恶:~告|~诉|指~。②节制,操纵:~制|遥~(远距离操纵控制)。
同义 控告—指控、告发/控制—操纵、掌握、抑制

kou

kōu	7画 扌(shǒu)部
抠	左右 扌/区(匚/メ)
	扌 扌又 抠

①用手指或细小的东西挖:把掉在砖缝里的豆粒~出来。②向狭窄的方面深究,过分地深究:~字眼儿|死~书本。③雕刻(花纹):~花儿。④方言。小气,吝啬:这人真~。

kǒu	3画 口部
口	独体
	丨 冂 口

①嘴:漱~|病从~入。②器物通外面的部分:瓶~|碗~|枪~|窗~。③进出通过的地方:门~|出~|关~。④破裂的地方:伤~|决~。⑤锋刃:刀~。⑥语言,说话:~才|诛笔伐。⑦人口:户~|拖家带~。⑧量词:一~井|一~锅|四~人。
同义 口吃—结巴/口气—口吻/口角(jiǎo)—嘴角/口角(jué)—吵嘴/口蜜腹剑—两面三刀
反义 口是心非—心口如一
组字 古、只、台、吉、叩、扣、如、右、启
提示 "口"及大口框的字第二笔是横折,不是横折钩。

kòu	5画 口部
叩	左右 口/卩
	口 口冂 叩

①敲打:~门。②磕头:~头|~首|~谢。③询问,打听:~问。
同义 叩头—叩首、叩拜

kòu	6画 扌(shǒu)部
扣	左右 扌/口
	扌 扣

①套住,搭住:~纽扣把门~上。②衣纽:纽~|衣~。③绳结:活~儿。④器物口朝下放,覆盖:把碗~在桌上|用箩筐把小鸡~住。⑤扣留,强留下来:~押|把坏蛋~起来。⑥从中减除:~除|不折不~。⑦朝下击打:~球|~篮。
同义 扣留—扣押、拘留

kòu	11画 宀(mián)部
寇	上下 宀/冦(元/攴)
	宀 宀完 寇

①盗匪,侵略者:敌~|戚继光率兵抗击倭(wō)~。②敌人入侵:~边(侵犯边境)。

ku

kū	9画 木部
枯	左右 木/古(十/口)
	木 朴 枯

谜语	五一观光	(古代诗人:陆游)
	味辣可治病	(古代诗人:辛弃疾)

201

ku—kua

①水分全没了,水干了:~干|树~|井~。②单调,没有趣味:~燥|~寂(枯燥寂寞)。③干瘦:~瘦。
同义 枯黄—焦黄/枯萎—干枯/枯燥—无味
反义 枯—荣/枯萎—茂盛/枯燥—有趣

kū	10画 犬部
哭	上下 吅(口/口)/犬
	吅 哭 哭

因悲痛或激动而流泪,大多伴有声音:痛~|泣~|激动得~了起来。
同义 哭泣—抽泣/哭笑不得—啼笑皆非
反义 哭—笑

kū	13画 穴部
窟	上下 穴/屈(尸/出)
	穴 宀 窂 窋 窟

①洞,洞穴:~窿|石~。②某种人聚集的地方:匪~|魔~|贫民~。
同义 窟窿—孔洞、漏洞、亏空

kū	14画 骨部
骷	左右 骨(冖/月)/古(十/口)
	冎 骨 骷 骷

【骷髅】-lóu 没有皮肉毛发的尸骨或头骨。

kǔ	8画 艹(cǎo)部
苦	上下 艹/古(十/口)
	艹 艹 苦

①像胆汁、黄连的味道:~瓜|良药~口利于

病。②艰辛,痛苦:辛~|吃~耐劳|孤~伶仃。③为某种事物所苦:雨~爷爷|于不会用电脑。④使受苦:他家失火,~了自己,也害了邻居。⑤耐心地,尽力地:~学|~战|~~哀求。
同义 苦楚—痛楚、痛苦/苦闷—苦恼、烦闷/苦难—灾难
反义 苦—甜、甘、乐/苦闷—快活/苦难—幸福/苦涩—甜蜜、甘甜
提示 参看"若"的提示。

kù	7画 广部
库	半包围 广/车
	广 庐 库

贮存东西的房屋或地方:仓~|粮~|车~|水~。
组字 裤

kù	12画 衤(yī)部
裤	左右 衤/库(广/车)
	衤 衤 裤 裤

裤子:长~|短~|西~。

kù	14画 酉(yǒu)部
酷	左右 酉/告(丷/口)
	冂 酉 酢 酷

①残忍,暴虐:残~|~刑。②极,非常:~热|~爱|~似。
同义 酷爱—热爱/酷热—酷暑、炎热/酷似—活像/酷刑—毒刑、严刑
反义 酷爱—痛恨/酷热—严寒

kua

kuā	6画 大部
夸	上下 大/亏(一/丂)
	大 大 夸

①说大话:~口|~大|驳斥浮~风。②称赞:奖|好人好事有人~。
同义 夸大—夸张/夸奖—夸赞、称赞/夸口—吹牛/夸耀—炫耀
反义 夸大—缩小/夸奖—批评
组字 垮、挎、胯、跨

名人名言 勤能补拙是良训,一分辛劳一分才。 华罗庚

kua—kuan

kuǎ	9画 土部
垮	左右 土/夸(大/亏)
	土 圹 圬 垮

①倒塌,坏:房子~了|洪水冲~了堤坝|别把身体累~了。②溃败:~台|敌人被打~了。
同义 垮台—倒台、崩溃

kuà	9画 扌(shǒu)部
挎	左右 扌/夸(大/亏)
	扌 扩 扲 挎

①胳膊弯起来挂或钩(东西):~着篮子|~着奶奶的胳膊。②把东西挂在肩头或腰里:~着书包|腰里~着枪。

kuà	10画 月部
胯	左右 月/夸(大/亏)
	月 肸 胯 胯

腰和大腿之间的部分:~骨|~下。

kuà	13画 足(𧾷)部
跨	左右 𧾷(口/止)/夸(大/亏)
	𧾷 跃 跨 跨

①抬脚向前或向旁边迈:~进大门一步|~过那条水沟。②骑:~上骏马|小孩~着门槛|骝(liú)马新~白玉鞍。③越过时间或地区之间的界限:~跃|~年度|~地区。
同义 跨越—跨过、超越

kuai

kuài	7画 土部
块	左右 土/夬
	土 扫 块

①成团成疙瘩的东西:糖~儿|土~|~根。②量词:一~布|一~石头|一~肉。
同义 块头—个子、个儿

kuài	7画 忄(xīn)部
快	左右 忄/夬
	丶 忄 忄 快

①速度高,与"慢"相对:飞~|~车|时间过得真~。②赶紧:赶~|~去救火。③将,就要,接近:作业~做好了|生日~到了。④锋利:~刀剪子不~了,该磨一磨。⑤干脆,直截了当:爽~|说得痛~。⑥高兴:~乐|心情愉~|大~人心。
同义 快活—快乐、愉快、欢快/快速—快捷、迅速/快慰—欣慰、宽慰/快要—就要、即将
反义 快—慢、钝/快活—痛苦、忧伤
组字 筷

kuài	10画 月部
脍	左右 月/会(人/云)
	月 肸 胁 脍

切得很细的肉或鱼:~炙人口(比喻好的诗文人人传诵)。

kuài	13画 竹(⺮)部
筷	上下 ⺮/快(忄/夬)
	筘 筘 筘 筘 筷

筷子,夹取食物或其他东西的细棍儿:竹~|火~子(金属做的夹炭火的细棍儿)。

kuan

kuān	10画 宀(mián)部
宽	上中下 宀/艹/见
	宀 宊 宽 宽

①阔,与"窄"相对:阔~|敞|这条街很~。②放松,使松缓:放~|~心。③不严,从轻:~大处理|坦白从~。④物体横的方面的距离:~度|长

脑筋急转弯 越是听不清越是用它堵耳朵的东西是什么?(助听器)

kuan—kuang

方形有两条~。⑤富裕:~裕|他手头比过去~多了。

同义 宽敞—宽阔、宽广、宽大/宽厚—厚道、浑厚/宽恕—饶恕/宽裕—宽绰、富裕

反义 宽—窄、严/宽恕—严惩/宽慰—忧伤/宽裕—贫困

提示 "宽"的末笔是竖弯钩,不要再加一点。

kuǎn	12画 欠部
款	左右 耂(士/示)/欠(𠂉/人)
	十 耂 款 款

①经费,钱财:~项|存~|汇~。②法令或规章条文里分的项目:条~|第二条第一~。③书画、信件头尾上的名字:上~(被赠送者或写信对象的名字)|下~(赠送者或写信人的名字)|落~(题写名字)。④诚恳:~待|~留。⑤缓,慢:~步|点水蜻蜓~~飞。

同义 款待—招待、接待/款留—挽留/款式—式样、花样

kuang

kuāng	6画 匚(fāng)部
匡	半包围 匚/王
	一 三 匡 匡

①纠正:~正|~谬(miù,纠正错误)。②救,扶助:~救|~助|~扶。

同义 匡正—改正、纠正/匡助—匡扶、扶助

组字 筐、哐、框、眶

kuāng	12画 竹(⺮)部
筐	上下 ⺮/匡(匚/王)
	⺮ 竺 筐 筐

用竹子、柳条、荆条等编的盛东西的器具:竹~|箩~|菜~。

kuáng	7画 犭(quǎn)部
狂	左右 犭/王
	丿 犭 犷 狂 狂

①发疯,精神失常:发~|疯~|~人。②放怀的,无拘束地:~欢|~喜。③极端的自高自大:~妄|~言。④猛烈:~风暴雨|~浪|~奔。

同义 狂暴—凶暴、暴烈/狂奔—飞奔/狂澜—巨浪、惊涛

反义 狂暴—温和/狂奔—慢行/狂澜—微波

kuàng	7画 日部
旷	左右 日/广
	日 旷 旷

①空阔:空~地|人稀|野~天低树。②(心境)开阔,开朗:心~神怡(yí,心情开朗,精神愉快)|~达(心胸开阔,想得开)。③荒废,耽搁:~课|~工。

同义 旷课—缺课/旷野—原野

kuàng	7画 冫(bīng)部
况	左右 冫/兄(口/儿)
	冫 汩 况

①情形:情~|状~|近~。②连词,表示更进一层:天都黑了,~且又下雨,你就在这儿住下吧|夜里都这么热,何~白天。③比方:比~|以古~今。

同义 况且—何况

kuàng	8画 石部
矿	左右 石(丆/口)/广
	厂 石 矿 矿

①埋藏在地下的各种矿物:~藏|煤~|铁~。②开采矿物的场所:~井|山下~。

同义 矿藏(cáng)—宝藏(zàng)

  歇后语 烤糊了的饼子——放在碗里盘里都是一个味儿

kuang—kui

kuàng	10画 木部
框	左右 木/匡(匚/王)
	木 栏 柜 框

①门框,门窗周围的架子。②器物周围的边:镜~儿|眼镜~子。③框框,周围的圈儿,比喻原有的范围、固有的格式:打破旧~~。④加上框:把这幅书法作品~起来。⑤限制,约束:灵活些,不能~得太死。

提示 "框"不读 kuāng。

kuàng	11画 目部
眶	左右 目/匡(匚/王)
	目 旷 眶 眶

眼的四周:眼~|热泪盈~。

kui

kuī	3画 二部/一部
亏	上下 一/丂
	一 二 亏

①受损失,支出超过收入:吃~|~损。②缺少,欠:理~|~秤。③辜负,对不起:人~~地,地不~人。④幸而,多亏:幸~|~了你的帮忙。⑤表示讥讽:~你还是学生,连礼貌都不懂。

同义 亏本—赔本、折(shé)本/亏待—慢待/亏损—亏空、亏折(shé)

反义 亏—盈/亏本—盈利/亏空—节余/亏损—盈余

组字 污

kuī	11画 皿部
盔	上下 灰(ナ/火)/皿
	广 广 灰 盇 盔

①用金属或其他材料制作的保护头部的帽子:~甲|头~|钢~。②盆子一类的器皿:瓦~。

同义 盔甲—铁甲

kuī	13画 穴部
窥	上下 穴/规(夫/见)
	穴 窥 窥

从小孔、缝隙或隐蔽处偷看,暗中察看:~视|~探|~测。

同义 窥视—窥见、窥探

kuí	9画 大部
奎	上下 大/圭(土/土)
	大 本 夲 奎

星宿(xiù)名,二十八宿之一。

kuí	12画 艹(cǎo)部
葵	上下 艹/癸(癶/天)
	艹 艿 芄 葵

①向日葵,一年生草本植物,花序盘状,花常向日。种子可吃,又可榨油。②蒲葵,常绿乔木,叶大,可做扇子,叫蒲扇、葵扇、芭蕉扇。

kuí	13画 鬼部
魁	半包围 鬼/斗
	白 白 鬼 鬼 魁

①居首位的人或事物:夺~(争夺第一名)|罪~祸首(作恶犯罪的首恶分子)。②身材高大:~梧|~伟。

同义 魁梧—魁伟、高大

反义 魁梧—矮小、短小

kuǐ	11画 亻(rén)部
傀	左右 亻/鬼
	亻 伯 伊 傀

【傀儡】-lěi ①木偶戏里的木头人。②比喻受人摆布的人或组织:~政府。

谜语	仰泳比赛	(成语:背水一战)
	空中降落山上	(名胜:八达岭)

kui—kuo

kuì	12画 氵(shuǐ)部
溃	左右 氵/贵(虫/贝)
	氵沖溃溃

①大水冲破堤坝：~堤|~决。②散乱，垮台：~散|~败|~不成军。③冲破包围：~围。④皮肉腐烂：~烂|~疡(yáng)。
同义 溃败—溃退/溃烂—糜烂、化脓/溃逃—溃散

kuì	12画 忄(xīn)部
愧	左右 忄/鬼
	忄忄忄愧

羞惭，因有过错或未尽到责任而感到不安：惭~|问心无~|王老师不~是模范班主任。
同义 愧疚—惭愧
反义 愧疚—无愧、不愧

kun

kūn	8画 土部
坤	左右 土/申
	土坤坤

①八卦之一，代表地：乾(qián)~(天地)。②女性的：~鞋|~包。

kūn	8画 日部
昆	上下 日/比(匕/匕)
	日旦昆昆

①哥哥：~仲(zhòng)(兄弟)。②子孙，后代：后~。③众多：~虫(虫类的总称)。④【昆仑】我国的最大山脉之一，西起帕米尔高原，横贯西藏、新疆之间，东延到青海省。
组字 馄、混、棍

kǔn	10画 扌(shǒu)部
捆	左右 扌/困(囗/木)
	扌扣捆捆

①用绳子等缠紧，打结：~绑|把行李~上。②量词：一~麦子|一~柴火|一~报纸。
同义 捆绑—捆扎
反义 捆绑—松绑、解开

kùn	7画 囗(wéi)部
困	全包围 囗/木
	冂困困

①陷在艰难痛苦中：为病所~。②穷苦，艰难：~难|~境。③包围：围~|把敌人~在山沟里。④疲乏：~乏。⑤想睡：~了就去睡吧！
同义 困乏—困倦、疲乏/困惑—迷惑/困难—困苦、困窘、艰难
反义 困难—富裕、容易
组字 捆

kuo

kuò	6画 扌(shǒu)部
扩	左右 扌/广
	扌扩扩

放大，张大：~音器|大范围|~充设备|校~在~建。
同义 扩大—扩充、扩展、扩张
反义 扩充—缩减、裁减、压缩/扩大—缩小/扩张—收缩

kuò	9画 扌(shǒu)部
括	左右 扌/舌(千/口)
	扌扩扩括

①扎，捆：~约肌(在肛门、尿道等靠近开口的地方，能收缩、扩张的肌肉)。②包容：包~|总~、概~。③加上符号：这句话要用括号~起来。

人的天性犹如野生的花草，求知学习好比修剪移栽。
〔英〕弗·培根

kuo

提示 "括"不读 guā。

kuò	12画 门部
阔	半包围 门/活(氵/舌)
	丶门门阔

①面积宽广：宽~|广~|海~天空。②时间长，距离大：~别|~步。③富裕，排场大，生活奢侈：~气|摆~。

同义 阔—宽/阔别—久别、久违/阔步—大步/阔气—阔绰

反义 阔—窄、狭/阔气—简朴

kuò	13画 广部
廓	半包围 广/郭(享/阝)
	广庨廓廓

①物体的周围：轮~|耳~。②空阔：寥(liáo)~(高远空阔)。③肃清，扫除干净：~清残余土匪。

急转弯 脑筋 小王、小李整天去跳别人家的窗户，却没人去管他。为什么？
(他们是消防队员)

la

lā	8画 土部
垃	左右 土/立(一/ㄙ) 土圹垃

【垃圾】脏土或扔掉的废物:~箱|不要乱倒~。

多音字	8画 扌(shǒu)部
拉	左右 扌/立(一/ㄙ) 扌圹拉

㊀lā ①牵,拖,扯:~车|纤(qiàn)手~手。②拖长,使延长:~长声音|~大距离。③拉拢,招揽:~关系|~交情|~买卖。④用车运:~肥料|~了一趟煤。⑤帮助:他有困难,应该~他一把。⑥排泄粪便:~屎。⑦演奏乐器的一种方法:~二胡|~手风琴。⑧连累,牵连:自己做的事,不要~上别人。⑨闲谈:~话|~家常。
㊁lá 用刀划破或割开:~了一个口子|~下一块肉。

同义 ㊀拉—拖/拉拢—笼络
反义 ㊀拉—推/拉拢—排挤
组字 啦

多音字	11画 口部
啦	左右 口/拉(扌/立) 口吖啦

㊀lā 拟声词:哗~~|雨哩哩~~地下个不停。

㊁la 用在句末,表示语气:下雪~!|我们胜利~!

lá	6画 日部
旯	上下 日/九 日尸旯

【旮旯】gā lár 见"旮"。

lǎ	12画 口部
喇	左右 口/剌(朿/刂) 口呵唻喇

①【喇叭】-ba a.一种用嘴吹的管乐器。也叫唢呐。b.有扩音作用、形状像喇叭的东西:汽车~|高音~。②【喇嘛】-ma 西藏、内蒙古等地藏传佛教的僧侣。

là	12画 月部
腊	左右 月/昔(卄/日) 月肸腊腊

腊月,农历十二月:~八(农历十二月初八)|~肉(腊月或冬天腌制风干或熏干的肉)|~味。

là	14画 虫部
蜡	左右 虫/昔(卄/日) 中蚶蜡蜡

①动物、植物或矿物所产生的一种油质,易熔化,不溶于水,可做工业原料和蜡烛等:蜂~|白~|石~。②蜡烛:点~。

là	14画 辛部
辣	左右 辛(立/十)/束 立享辢辣

①姜、蒜、辣椒等的味道:酸甜苦~。②辣味刺激(感官):~得满头大汗。③狠毒:手段毒|心狠手~。

同义 辣手—棘手、毒手/辣丝丝—辣酥酥、辣乎乎

提示 注意与"棘(jí)"的区别。

名人名言 谁不用脑子去思索,到头来他除了感觉之外将一无所有。
[德]歌德

lai

lái	7画 一部
来	独体
	一丆㐄来

①从别的地方到这里，与"去"、"往"相对：你从哪里~?｜北京~电。②从过去到现在：从~｜向~｜自古以~。③现在以后；将｜未~｜~年（明年）。④表示大约估计的数目：五十~岁。⑤做某一动作(代替动词)：再~一个｜你们做游戏，我也~。⑥在动词后，表示动作的趋向：进~｜下~｜一只蝴蝶飞过~了。⑦在诗歌里用做衬字：二月里~好风光。

同义 来宾—来客／来历—来头、来路／来临—来到、到来／来往—交往、往来、来回、来去

反义 来—去、回、往／来临—过去／来日—昔日、往日

组字 莱、睐

lái	10画 艹(cǎo)部
莱	上下 艹／来
	艹艾莱莱

【莱菔】-fú 萝卜。

lài	12画 目部
睐	左右 目／来
	目䀆䀈睐

看，向旁边看：青~(形容重视，赏识)。

lài	13画 刀(⺈)部
赖	左右 束／负(⺈／贝)
	一丆䍜赖

①依赖，依靠：信｜要提前完成任务，有~大家共同努力。②抵赖，不承认以前的事：~账｜事实摆在面前，~是~不掉的。③诬赖，硬说别人有错误：自己做错了，不能~别人。④责备，怨：自己不努力还能~谁？⑤留在某处不肯走开或不讲道理：~着不走｜耍无~。⑥坏：这个办法真不~。

同义 赖账—赖债

反义 赖—好

组字 懒、癞

lài	18画 疒(nè)部
癞	半包围 疒／赖(束／负)
	疒疠瘌癞

①癞病，即麻风病。②因生癣疥等皮肤病而毛发脱落的病：~狗。③像生了癞的：~蛤蟆。

lan

lán	5画 八(丷)部
兰	上下 丷／二
	丷㝉兰

①兰花，常绿多年生草本植物，丛生，叶子细长，花味清香，供观赏。种类很多，有草兰、建兰等。②兰草，多年生草本植物，叶长卵形，边沿有锯齿，有香气，秋末开紫花，可供观赏。

组字 拦、栏、烂

lán	7画 山部
岚	上下 山/风(几/乂)
	丨屵岗岚

山中的雾气：山~｜晓~。

lán	8画 扌(shǒu)部
拦	左右 扌／兰(丷／二)
	扌扞拦

①阻挡，不让通过：~挡｜阻~｜一条河~住了去路。②正对着：~腰斩断。

 农夫养了10头牛,为什么只有19只角？(有一头犀牛)

lan

同义 拦—挡/拦挡—拦阻、拦截、阻挡/拦击—阻击、截击

lán	9画 木部
栏	左右 木/兰(丷/二)
	木 栏 栏

①栏杆,遮挡用的东西:木~|铁~|栅(zhà)~。②家畜(chù)的圈(juàn):牛~|猪~。③报刊版面上按内容或性质划分开的部分:专~|文艺~。④表格分项的格子:籍贯~|备注~。⑤张贴报纸、布告之类的装置:报~|宣传~。

lán	11画 女部
婪	上下 林(木/木)/女
	木 林 埜 婪 婪

贪,不满足:贪~。

lán	12画 门部
阑	半包围 门/柬
	丶 门 闩 间 阑

晚,将尽:岁~(一年将尽)|夜~人静|~珊(将尽,衰落)。

组字 澜

提示 "阑"的里面是"柬",不是"東"。

lán	13画 艹(cǎo)部
蓝	上下 艹/监(丷/皿)
	艹 蓝 蓝 蓝

①颜色像晴天天空那样:蔚~|~色的海洋。②蓼(liǎo)蓝,一年生草本植物。从叶子提制的靛(diàn)青可做染料,叶子可做药。

同义 蓝图—计划/蓝盈盈—蓝莹莹、蓝晶晶

lán	15画 氵(shuǐ)部
澜	左右 氵/阑(门/柬)
	氵 氵 浔 浔 澜

波浪:波~壮阔|巨~|狂~|死水微~。

lán	16画 竹(𥫗)部
篮	上下 𥫗/监(丷/皿)
	𥫗 篮 篮 篮

①用竹、藤、柳条等编的盛东西的器具:竹~|花~|菜~子。②篮球架上带网的铁圈:投~|补~。

lǎn	9画 见部
览	上下 丷(刂/𠂉)/见
	刂 丷 览

看,阅:阅~|游~|展~|一~表。

组字 揽、缆、榄

lǎn	12画 扌(shǒu)部
揽	左右 扌/览(丷/见)
	扌 扩 护 揽

①把持,独占着不让别人参与:大权独~。②拉到自己这边或自己身上:包~|招~生意|他把责任都~到自己身上。③搂抱:~腰|妈妈把小弟~在怀里。④捆,拢住(松散的东西):用绳子把柴火~上点儿。⑤摘取:可上九天~月。

lǎn	12画 纟(mì)部
缆	左右 纟/览(丷/见)
	纟 纟 纱 缆

①许多股拧成的粗绳或铁索,供拴船、缆车、通电等用:~绳|船~|电~。②用绳子拴(船):~舟。

歇后语 嗑瓜子嗑出虾米来——碰到好人(仁)了

lan—lang

lǎn	13画 木部
榄	左右 木/览(⺍/见) 木 杧 柠 榄

【橄榄】gǎn- 见"橄"。

lǎn	16画 忄(xīn)部
懒	左右 忄/赖(束/负) 忄 忄 忄 懒

①不勤快，爱劳动：~惰|~汉|好(hào)吃~做。②疲乏：~洋洋|伸~腰。③不愿意；身体不舒服，~得起床。
同义 懒虫—懒汉/懒惰—懒散、怠惰
反义 懒—勤/懒惰—勤奋、勤劳、勤快

làn	9画 火部
烂	左右 火/兰(⺍/二) 丷 火 灿 烂

①煮得透熟：牛肉煮~了。②松软，稀软：~饭|~泥田。③腐坏：腐~|~白菜。④破碎，残破：破~|破铜~铁。⑤极，非常：课文背得~熟。⑥头绪乱：~摊子。
同义 烂漫—绚烂、天真/烂熟—熟透、纯熟

làn	13画 氵(shuǐ)部
滥	左右 氵/监(⺍/皿) 氵 汼 滥 滥

①河水漫出河道：泛~成灾。②过度，没有节制：~用职权|宁缺毋(wú)~(宁可不足，也不降低标准凑数)。

lang

láng	8画 阝(yì)部
郎	左右 良/阝 ⻖ 艮 郎 郎

①对某种人的称呼：放牛~|货~|女~。②旧时妻子称丈夫。③称别人的儿子：令~。④古代官名：侍(shì)~|员外~。
同义 郎中—医生、大夫
组字 啷、榔、锒、螂、廊
提示 "郎"的左边是"良"，不是"艮"。

láng	10画 犭(quǎn)部
狼	左右 犭/良 丿 犭 犷 狼 狼

哺乳动物，形状像狗，耳朵直立，尾巴下垂，毛黄灰色。性凶狠，能伤害人畜。
同义 狼狈—尴尬、窘迫/狼藉(jí)—杂乱、混乱
反义 狼吞虎咽—细嚼慢咽

láng	11画 王部
琅	左右 王/良 二 千 玎 琅 琅

【琅琅】拟声词，金石碰撞的声音或响亮的读书声音：书声~。

láng	11画 广部
廊	半包围 广/郎(艮/阝) 广 庐 庐 廊

屋檐下的过道或独立的有顶的过道：走~|游~|长~|画~。

láng	12画 木部
榔	左右 木/郎(艮/阝) 木 杧 根 榔 榔

【榔头】-tou 锤子。

láng	14画 虫部
螂	左右 虫/郎(艮/阝) 虫 虾 蚼 螂 螂

见"螳(táng)"、"蚂(mǎ)"。

谜语	长望天空 (礼貌用语：久仰) 一路笑声 (礼貌用语：道喜)

lang—lao

lǎng	10画 月部
朗	左右 良/月
	亠良朗

①明亮,光线充足:明~|晴~|豁然开~。②声音清晰响亮:~读诗歌|~诵。
同义 朗诵—朗读、诵读
反义 朗读—默读
提示 "朗"的左边是"良",不是"良"。

làng	10画 氵(shuǐ)部
浪	左右 氵/良
	氵汁浪浪

①水波:波~|海~|长江后~推前~。②像波浪的东西:声~|麦~|茫茫草原绿~无边。③放纵,没有节制:~荡|~费。
同义 浪涛—波浪、波涛—浪潮—风潮/浪荡—放荡、放浪/浪费—铺张、挥霍
反义 浪荡—检点/浪费—节约、俭省

lao

lāo	10画 扌(shǒu)部
捞	左右 扌/劳(艹/冖/力)
	扌扩捞捞

①从水或其他液体里面取东西:~鱼|打~|水中捞月|~出炸排骨。②用不正当的手段取得:趁机~一把。

láo	7画 艹(cǎo)部
劳	上下 艹/冖(艹/冖)/力
	艹艹劳劳

①劳动,人类创造物质或精神财富的活动:多~多得|不~而获是可耻的。②疲劳,辛苦,辛勤:~苦|任~任怨(不辞劳苦,不怕埋怨)。③烦劳(请人做事用的客气话):有~|~驾,把车挪开。④功绩:功~|勋~(很高的功劳)|~绩。⑤慰劳,用言语或实物慰问:~军。
同义 劳动—劳作/劳苦—劳顿、劳累、劳碌
反义 劳—逸/劳苦—安逸/劳作—休息
组字 捞、唠、涝、痨
提示 部件"艹"读láo,又读yíng。

láo	7画 宀(mián)部
牢	上下 宀/牛
	宀宀牢

①养牲畜的圈(juàn):亡羊补~(比喻发生错误后,及时纠正,补救,以免再错)。②监狱:监~|~狱|坐~。③结实,坚固,经久:~固|~不可破|记得~。
同义 牢房—牢狱、监狱/牢固—坚固、稳固、结实/牢记—铭记/牢靠—可靠、牢固/牢骚—怨言、抱怨

lǎo	6画 老部
老	半包围 耂/匕
	十耂耂老

①岁数大,与"少(shào)"、"幼"相对:~人家|~大娘|~当益壮。②对老年人的尊称:吴~|您~。③过时的,陈旧的:~式|~旧|~房子。④经历长,有经验:~兵|~手|~练。⑤原来的,早就存在的:~地方|~厂|~朋友。⑥不嫩:~笋|韭菜太~了|鸡蛋煮~了。⑦长久,总是:~没见面了|天~不下雨。⑧极,很:~早|~远|太阳~高了。⑨词头,用于称人或排行(háng)次序,某些动植物名:~师|~大|~虎。
同义 老练—老成、老到、干练/老年—晚年、暮年/老师—教师、导师、师长/老实—诚实、规矩/老乡—同乡/老小—老少、老幼、童叟

强大的勇气,崭新的意志——这就是希望。

[德]马丁·路德

lao—le

反义 老—少、小、幼、新、嫩/老练—幼稚/老师—学生/老实—狡猾、淘气、顽皮
组字 佬、姥
提示 "耂"的名称叫老字头。

lǎo	8画 亻(rén)部
佬	左右 亻/老(耂/匕)
	亻伊伊佬

成年的男子(含轻蔑意):阔~|乡巴~。

lǎo	9画 女部
姥	左右 女/老(耂/匕)
	乚女奵奵姥

㊀lǎo【姥姥】外祖母。
㊁mǔ ①年老的妇人。②【天姥山】山名,旅游胜地,在浙江东部。

lào	10画 口部
唠	左右 口/劳(艹/力)
	口吖唠唠

说,闲谈:坐下,慢慢~|咱俩—一~。

lào	10画 火部
烙	左右 火/各(夂/口)
	丷火炵烙

①用烧热的金属器具烫东西:~衣服。②把面食放在器物上烤熟:~饼。

lào	10画 氵(shuǐ)部
涝	左右 氵/劳(艹/力)
	氵汸涝涝

①雨水过多,作物被淹,与"旱"相对:~灾|防~|旱~保丰收。②积在田里的过多的雨水:排~。
反义 涝—旱

lào	13画 酉(yǒu)部
酪	左右 酉/各(夂/口)
	丆酉酪酪

①半凝固的奶制品:奶~。②用果实做的糊状食品:杏仁~|山楂~。

le

多音字	5画 丿(piě)部
乐	独体
	一二斤乐

㊀lè ①欢喜,快活:欢~|趣|心里~得开了花。②愿意,喜欢:~善好施|喜闻~见(喜欢听,乐意看)。③笑:把他逗~了|~得合不拢嘴。
㊁yuè 音乐:奏~|一曲|~器。
同义 ㊀乐观—乐天、愉快/乐意—愿意/乐呵呵—乐陶陶、乐悠悠、乐滋滋、乐融融
反义 ㊀乐—哀、悲、苦、忧/乐观—悲观
组字 栎、烁、砾

多音字	11画 革部
勒	左右 革(廿/革)/力
	廿苎勒勒

㊀lè ①套在牲口头上带嚼子的笼头:马~。②收住缰绳不让牲口前进:悬崖~马(比喻到了危险的边缘及时醒悟回头)。③强制,逼迫:~令(强制人执行命令)|~索(用威胁手段强取别人财物)。④刻:~石。
㊁lēi 用绳捆住并拉紧:把行李~紧点。
同义 ㊀勒令—命令、喝令、强令/勒索—敲诈

脑筋急转弯 小秦朝一个方向一直走下去,最终会到哪里?(回到原地)

lei

léi	13画 雨部
雷	上下 雨/田
	一 雨 雷 雷

①云层放电时发出的巨大响声：春~|电闪~鸣。②爆炸式的武器：地~|鱼~|手~。

同义 雷同—相同
组字 蕾、擂、镭

léi	18画 钅(jīn)部
镭	左右 钅/雷(雨/田)
	钅 钅 镭 镭 镭

一种放射性元素，银白色，有光泽，质软。可用于治疗癌症和皮肤病。

léi	19画 亠(tóu)部
羸	上中下 亡/口/朋(月/羊/凡)
	亠 言 亩 羸 羸

瘦；身体~弱。

lěi	9画 厶(sī部)/土部
垒	上下 厽(厶/厽)/土
	厶 厽 垒 垒

①军营的围墙，防御工事：营~|对~（指两军相持或体育竞赛中双方交锋）。②把砖、石、土等堆砌起来：~墙|~窝|猪圈(juàn)。

lěi	15画 石部
磊	品字形 石(厂/口)/砳(石/石)
	厂 石 砳 磊

①石头多。②【磊落】心地光明坦白：光明~。

lěi	16画 艹(cǎo)部
蕾	上下 艹/雷(雨/田)
	艹 艹 蕾 蕾 蕾

花骨朵，含苞(bāo)未放的花：花~|蓓(bèi)~。

lěi	17画 亻(rén)部
儡	左右 亻/畾(田/畕)
	亻 伊 僵 儡

【傀儡】kuǐ- 见"傀"。

多音字	6画 月部
肋	左右 月/力
	月 肋 肋

㊀lèi 胸部的两旁：~骨|两~。
㊁lē【肋脦】-de 衣裳肥大，不整洁。

lèi	8画 氵(shuǐ)部
泪	左右 氵/目
	氵 泪 泪

眼泪：~珠|汪汪|满脸~痕。

同义 泪水—泪花、泪珠、眼泪

lèi	9画 米部
类	上下 米/大
	丷 米 类

①种(zhǒng)，相同或相似事物的组合：种~|归~|~型。②相似，好像：~似|人猿|画虎不成反~犬。

同义 类似—近似

多音字	11画 田部
累	上下 田/糸
	田 田 累 累

㊀lèi ①疲劳，使疲劳：劳~|不怕苦和~|别~了孩子。②操劳：~了大半辈子，该歇歇了。
㊁lěi ①积聚，堆积：成千~万|积~|~计。②屡次，连续：~次（屡次）|~建战功。③牵

口吃甘蔗登楼梯——节节甜来步步高

连:连~|牵~|~及。
㊁léi ①【累累】连续成串:果实~。②【累赘】-zhui a.多余:这段话显得有些~。b.使人感到多余的事物:阴天带雨伞是个~。
同义 ㊀积累—积累、积聚 ㊁累赘—多余、麻烦、负担

多音字	16画 扌(shǒu)部
擂	左右 扌/雷(雨/田)
	扌 扩 捶 擂 擂

㊀lèi 擂台,古时候比武的台子:摆~|打~。
㊁léi ①研磨:~钵(bō,研东西的器皿)|~成粉末。②打:~鼓|自吹自~(比喻自我吹嘘)。

leng

多音字	12画 木部
棱	左右 木/夌(土/八/夂)
	木 杧 梼 棱

㊀léng ①物体的两个平面连接的部分:桌子~儿。②物体上一条条地凸起来的部分:瓦~|搓板的~儿|没(mò)在石~中。
㊁líng【穆棱】mù- 县名,在黑龙江省。

léng	13画 木部
楞	左右 木/罗(四/方)
	木 栌 楞 楞

①同"棱"㊀。②【楞场】-chǎng 木材采伐运输过程中,汇集、堆积和转运的场所。

lěng	7画 冫(bīng)部
冷	左右 冫/令(人/丶)
	冫 冫 冷 冷

①温度低,与"热"相对:寒~|~水|冰冰~。②寂静,不热闹:~落|下雪天,街上~~清清。③不热情,苛刻:~淡|对敌人~酷无情|对同学可不能~言~语。④生僻,少见的:~僻|~字。⑤不受欢迎的,没人过问的:~门|~货(不流行或不畅销的货物)。⑥突然而来的,暗中的:~不防|~箭|~枪。⑦看不起,轻蔑:~笑|横眉~对。⑧比喻灰心,消沉:心灰意~。
同义 冷淡—冷漠、淡漠/冷静—镇静、沉着/冷落—冷清/冷冰冰—冷飕飕、冷丝丝、冷森森
反义 冷—热、暖/冷淡—热情、亲热/冷静—激动、冲动/冷落—热闹、繁华/冷冰冰—热乎乎

lèng	12画 忄(xīn)部
愣	左右 忄/罗(四/方)
	忄 忄 愣 愣

①发呆:发~|他~住了。②鲁莽,冒失:~小子|~头~脑。③偏偏,竟然:叫他别去,他~要去。

li

多音字	10画 口部
哩	左右 口/里
	口 叩 呷 哩

㊀lī ①【哩哩啦啦】零零散散或断断续续的样子:他不会挑水,一地洒了一地|雨~下了一天。②【哩哩啰啰】说话啰唆,叫人听不清楚。
㊁li ①跟"呢"(ne)相同,只用于非疑问句:山上的积雪还没有化~。②用于列举,跟"啦"相同:桌子~椅子~,都修理好了。

lí	9画 厂部
厘	半包围 厂/里
	厂 厄 厙 厘

①单位名:a.市制1尺的1/1000。b.市制1

谜语 黄昏(地名:洛阳) 入夜就做梦(字:林)

两的1/1000。c.市制1亩的1/100。②小数名:a.1的1/100。b.年利率1厘按1/100计,月利率1厘按1/1000计。③治理,整理:~正(改正)丨~定(整理规定)。
组字 喱

lí	10画 犭(quǎn)部
狸	左右 犭/里
	ノ犭犭犭狸狸

狸猫,即豹猫,哺乳动物,形状与猫相似,性凶猛。

lí	10画 亠(tóu)部
离	上下 离(亠/凶)/内
	亠 卣 离 离

①分开,分别,与"合"相对:分~丨~别形影不~。②相距,隔开:距~丨学校~公园不远丨~儿童节只有两天了。③缺少:植物生长~不开太阳。
同义 离别—分别、别离/离开—分开/离奇—古怪、奇特/离异—离婚
反义 离—合/离奇—平淡、平常
组字 禽、篱、漓、璃
提示 "离"的下面是"内",不是"内"。

lí	11画 木部
梨	上下 利(禾/刂)/木
	禾 利 梨

梨树,落叶乔木,花白色,种类很多,果实是普通水果。

lí	11画 牛部
犁	上下 利(禾/刂)/牛
	禾 利 犁 犁

①耕地的农具。②用犁耕地:用新式犁田。

lí	12画 口部
喱	左右 口/厘(厂/里)
	叮 咂 咟 喱

【咖喱】gā- 见"咖"。

lí	13画 氵(shuǐ)部
漓	左右 氵/离(亠/凶)
	氵 汁 涵 漓

①【淋漓】lín- a.湿淋淋地往下滴:大汗~、鲜血~。b.畅快,尽情:痛快~丨~尽致(形容文章或说话详尽透彻)。②漓江,水名,在广西壮族自治区。

lí	14画 王部
璃	左右 王/离(亠/凶)
	王 玢 琍 璃 璃

见"玻(bō)"、"琉(liú)"。

lí	15画 水(氺)部
黎	上下 称(禾/勺)/佘(人/氺)
	禾 称 黎 黎

①众:~民(民众,百姓)。②等到,接近:~明。
同义 黎民—平民、百姓/黎明—凌晨、拂晓
反义 黎明—黄昏
提示 "黎"的右上方是"勺",不是"勿"。

lí	16画 竹(⺮)部
篱	上下 ⺮/离(亠/凶)
	⺮ 笁 篱 篱

篱笆,用竹、苇、树枝等编成的遮拦物:竹~茅舍丨~落疏疏一径深。

名人名言 耐心和恒心总会得到报酬的。

[美]爱因斯坦

黧	20画 黑部
	上下 利(禾/力)/黑(里/灬)
	利 利⺈ 黐 黧 黧

黑里带黄：面目~黑。
同义 黧黑—黝(yǒu)黑

礼	5画 礻(shì)部
	左右 礻/乚
	丶 礻 礼

①社会生活中由风俗习惯而形成的为大家共同遵守的仪式及行为方式：典~|婚~|观~台。②表示尊敬的态度或言语、动作：敬~|行队~|懂~貌。③表示祝贺或敬意的赠品：~品|~物|以优异成绩向祖国献~。
同义 礼让—谦让/礼物—礼品/礼仪—礼节

李	7画 木部
	上下 木/子
	木 李 李

李树，落叶乔木，花白色，果实叫李子，是普通水果。

里	7画 里部
	独体
	口 曰 甲 里

①市制长度单位，1里为150丈，合500米。2里为1公里。②衣物的内层，与"面"相对：衣裳~儿|被~儿。③里面，内部，与"外"相对：屋子~|书包~。④家乡：故~(家乡、老家)|乡~。⑤街坊：邻~|~弄。
同义 里程—路程、行程/里弄(lòng)—里巷、胡同(tòng)
反义 里—外、表、面
组字 量、童、埋、哩、狸、理、鲤、厘、锂

理	11画 王部
	左右 王/里
	二 千 理 理 理

①物体上自然的条纹：肌~(皮肤上的纹理)|木~。②道理，事物的规律：合~|~由|真~。③管理，办：~家|~财处~。④整理，修整：~发|把书包里的东西~一~。⑤对别人的言行表示态度或意见：~睬|答~|置之不~。⑥自然科学，有时特指物理：~工科|数~化。
同义 理当—理应/理会—理睬、理解、了解/理想—志向、满意
反义 理论—实践/理想—现实

锂	12画 钅(jīn)部
	左右 钅/里
	钅 钊 钾 锂

一种金属元素，银白色，质软，是金属中比重最轻的，用于原子能工业，制特种合金和蓄电池等。

鲤	15画 鱼部
	左右 鱼(⺈/田/一)/里
	鱼 鱼 鲔 鲤 鲤

鲤鱼，体梭形，嘴边有长短触须各一对。是我国重要的淡水鱼类。

力	2画 力部
	独体
	丁 力

①改变物体运动状态的作用叫做力：向心~|摩擦~。②力量，能力，功能：人~|脑~|理解~。③专指体力：大~士|用~干。④尽力，努力：~争上游|工作不~。
同义 力量—力气、能力、效力/力求—力图
组字 夯、务、穷、劝、肋、边、历、荔

脑筋急转弯 在仅容一车通过的隧道中，一辆游览车从左端进入，另一辆车从右端进入，但都平安驶出隧道，为什么？(不是同时进入隧道)

lì

历	4画 厂部
	半包围 厂/力
	厂厉历

①经历,经过:~程|~尽千辛万苦|~时八年。②经历过的事:简|履|~来~。③指过去的每一个或每一次:~年|~届。④遍,一个一个地:~访各校|~数侵略者的罪行。⑤历法:公|~农~。⑥记载年、月、日和节气的书、表、册、页等:日~|挂|台~。

同义 历程—过程、进程/历次—每次/历来—向来、素来、从来

组字 雳、沥

厉	5画 厂部
	半包围 厂/万
	厂厅厉

①严格,切实:~行节约。②严肃:正言~色(语言严正,脸色严肃)。③凶狠,粗暴:严~|~害。④猛烈:雷~风行(形容办事严格,行动迅速)。

同义 厉害—剧烈、凶猛
反义 厉害—平和、温和
组字 励

立	5画 立部
	上下 亠/丷
	亠宀立

①站:~正|起~|坐~不安。②竖起来,使直立:竖~|把竹竿~起来。③建立:~功|~志|树~远大理想。④制定:~法|订~|~合同。⑤存在,生存:自~|独~|势不两~。⑥马上,立刻:~刻|~即执行。

同义 立—站/立刻—立即、即刻、马上
反义 立—破/立体—平面
组字 亲、音、笠、位、垃、拉、泣、粒

吏	6画 一部
	独体
	一一吏吏

旧时代的官员:贪官污~|廉~。
组字 使

多音字

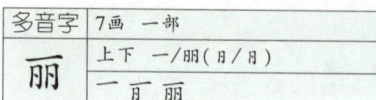

丽	7画 一部
	上下 一/丽(日/日)
	一丌丽

㊀lì 好看,漂亮:美|~秀|~山河壮|~风日~。

㊁lí ①【高丽】朝鲜历史上的王朝。②【丽水】县名,在浙江省。

提示 "丽"上面是一横,不要写成两个短横。

励	7画 力部
	左右 厉(厂/万)/力
	厂厉励励

鼓舞,劝勉:鼓~|勉~|激~。

利	7画 禾部
	左右 禾/刂
	禾利

①锋利,锐利:~刀|~剑|爪子尖~。②好处,与"害"、"弊"相对:~益|~弊|做对人民有~的事。③使得到好处:毫不~己,专门~人。④顺当,方便:顺~|便~|失~。⑤利息,贷款或储蓄所得的息金:本~|两清|放高~贷是违法行为。⑥利润,生产或营业所赚的钱:薄~多销|暴~。

同义 利弊—利害(hài)、得失/利索—利落、麻利/利诱—引诱、诱惑/利令智昏—利欲熏心

组字 莉、梨、犁、俐、痢

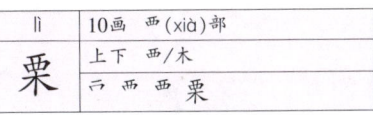

lì	7画 氵(shuǐ)部
沥	左右 氵/历(厂/力)
	氵汇沥沥

①液体一滴一滴地落下:~血披肝~胆(比喻对人非常忠诚)。②过滤:把水~干。

lì	8画 亻(rén)部
例	左右 亻/列(歹/刂)
	亻伢例

①从前有过的可以用来比照或依据的同类事物:先~|范~|史无前~。②规则,标准:条~|体~(文稿的编写格式)。③按规定执行的:~假|~会|~行公事。④性质相同的事物中有代表性的,可以用来说明情况或证明道理的事物:举~|事~|~题。
同义 例如—比如、譬如/例子—例证

lì	8画 隶部
隶	独体
	㐬肀聿隶

①附属,属于:~属。②封建时代官府的差(chāi)役:~卒。③隶书,汉字的一种字体:~体。④社会地位低下被役使的人:奴~|仆~。
同义 隶属—直属、归属
组字 康、逮
提示 "隶"的左下方是点、提。

lì	9画 艹(cǎo)部
荔	上下 艹/荔(力/劦)
	艹芴荔荔

【荔枝】常绿乔木,果实外壳有疙瘩,果肉色白多汁,味甜美,是普通水果。

lì	9画 亻(rén)部
俐	左右 亻/利(禾/刂)
	亻俐俐

【伶俐】见"伶"。

lì	10画 艹(cǎo)部
莉	上下 艹/利(禾/刂)
	艹莉莉

【茉莉】mò- 见"茉"。

lì	10画 西(xià)部
栗	上下 西/木
	一西西栗

①栗子树,落叶乔木,果实叫栗子,味甜,可以吃。木材可供建筑和做器具用。②因寒冷或害怕而发抖:战~|不寒而~(形容非常恐惧)。

lì	10画 石部
砾	左右 石(丆/口)/乐
	丆石砾砾

小石子,碎石:瓦~|砂~。

lì	11画 竹(𥫗)部
笠	上下 𥫗/立(亠/䒑)
	𥫗笠笠

斗笠,用竹篾等编的遮阳挡雨的帽子:孤舟蓑~翁。

lì	11画 米部
粒	左右 米/立(亠/䒑)
	丷米粒粒

①细小成颗的东西:米~儿|豆~儿|颗~|归仓。②量词:一~米|两~子弹。

lì	12画 雨部
雳	上下 雨/历(厂/力)
	雨雳雳

【霹雳】pī- 见"霹"。

谜语	陕西山西都不赖	(成语:秦晋之好)
	此曲只应天上有	(成语:不同凡响)

li—lian

lì	12画 疒(nè)部
痢	半包围 疒/利(禾/刂) 广疒疥痢

痢疾，一种肠道传染病，症状为发烧、腹痛，粪便中有血液、脓或黏液；赤~(粪便带脓或黏液)。

lian

lián	7画 辶(chuò)部
连	半包围 车/辶 二车诓连

①相接：山~山骨肉相~。②一个接一个地，不间断：~演三场|雨~下数日。③带，包括：~带|~滚带爬|~你在内十人。④就是，即使(后面常用"都"、"也"与它相应)：~饭我都不会做。⑤军队的编制单位，是营以下排以上的一级。
同义 连接—衔接/连累—牵连/连忙—急忙、赶紧、赶快/连绵—连亘(gèn)、绵延/连续—继续、延续、接连
反义 连绵—中断/连续—间断
组字 莲、涟、链、鲢

lián	8画 忄(xīn)部
怜	左右 忄/令(人/㇇) 丶忄忄怜

①同情：可~|~惜|~悯(对别人的不幸表示同情)。②爱：~爱|遥~小儿女，未解忆长安。
同义 怜爱—疼爱、钟爱/怜悯—怜惜、可怜、同情
反义 怜惜—厌弃

lián	8画 穴部
帘	上下 穴/巾 宀穴穷帘

①用布、竹、苇等做的遮门窗的东西：门~|窗~|珠~。②旧时商店做标志的旗帜：酒~。

lián	10画 艹(cǎo)部
莲	上下 艹/连(车/辶) 艹艼莲莲

多年生草本植物，生长在浅水中。叶子大而圆，叫荷叶。花有粉红、白色两种，叫莲或荷花。种子叫莲子，包在花托内，合称莲蓬。地下茎叫藕。藕和莲子可以吃。藕节和荷叶都可以入药。也叫荷、芙蕖(fú qú)或菡萏(hàn dàn)：接天~叶无穷碧。

lián	10画 氵(shuǐ)部
涟	左右 氵/连(车/辶) 氵泸涟涟

①水面被风吹起的波纹：清~|~漪(yī，细小的波纹)。②泪流不止的样子：泣涕~~。

lián	12画 耳部
联	左右 耳/关(丷/天) 丅丆耳耳联

①连接，结合：~合|~欢|~系。②对子：对|~春~|挽~。
同义 联系—联络/联想—想象

lián	13画 广部
廉	半包围 广/兼(丷/兼) 广庐庠廉

①不贪污：~洁|~政|清~。②便宜，价钱低：~价|价格低。
同义 廉价—低价、贱价/廉洁—廉正、廉明

不论做什么事情，最重要的是要有一股子干劲和实际行动。
　　　　　　　　　　　　[日]渡边美智雄

lian—liang

清廉
反义 廉价—高价/廉洁—贪婪
组字 镰

lián	15画 鱼部
鲢	左右 鱼/连(车/辶)
	鱼 鲐 鲜 鲢

鲢鱼,头小鳞细,腹部色白,是我国重要的淡水鱼类。也叫白鲢。

lián	18画 钅(jīn)部
镰	左右 钅/廉(广/兼)
	钌 钌 铲 镰 镰

镰刀,收割庄稼和割草的农具。

liǎn	11画 攵(pū)部
敛	左右 佥(𠆢/䒑)/攵
	𠆢 佥 敛

①收起,收住:~容(收起笑容,神情变得严肃)|~足(收住脚步,不再前进)。②约束:~迹(隐蔽起来,不敢再出头露面)。③聚集,征收:~财|~钱|横征暴~。

liǎn	11画 月部
脸	左右 月/佥(𠆢/䒑)
	月 脸 脸

①面孔,头的前部:洗~|~蛋。②某些物体的前部:鞋~儿|门~儿。③面子:~面|丢|没~见人。④表情:笑~|变~|翻~不认人。

同义 脸—面/脸红—害臊、害羞/脸面—面孔、情面/脸色—面色、气色

liàn	8画 纟(mì)部
练	左右 纟/东
	纟 纩 练 练

①白绢:澄江静如~。②反复学习,连续操作:~习|~功|勤学苦~。③经验多,工作熟悉:熟~|老~。

同义 练习—演习、操练、习题

liàn	9画 火部
炼	左右 火/东
	灬 火 灶 炼

①用火烧制使物质纯净或坚韧:~钢|~焦。②琢磨词句使精当、简洁:~字|~句。③通过实践,使素质提高:锻~|磨~|~好本领。

liàn	10画 心部/亠(tóu)部
恋	上下 亦/心
	亠 亣 亦 恋

①想念不忘,不忍分离:依~|留~|~~不舍。②未婚男女相爱:~爱。

同义 恋恋不舍—依依不舍

liàn	12画 钅(jīn)部
链	左右 钅/连(车/辶)
	钅 钅 钅 链

用金属小环连起来制成的像绳子的东西:铁~|表~|车~。

liang

liáng	7画 丶(zhǔ)部
良	独体
	丶 彐 良 良

①好:~好|优|~善。②很,甚:~久|~多|用心~苦。

同义 良好—优良、出色/良久—很久、许久、好久/良心—良知、天良
反义 良好—不良、恶劣/良性—恶性
组字 食、狼、娘、浪、粮、酿、跟

脑筋急转弯 一出租车司机驾车在马路上奔驰,突然被一位警察拦住了。他没违反任何交通规则,警察拦他干什么?(警察要坐出租车回家)

liang

多音字	10画 冫(bīng)部
凉	左右 冫/京(亠/口/小)
	冫 广 冴 凉

㊀liáng ①温度较低,不热:~水|~爽|秋天到了,天气~了。②用于消暑避热的:~席|~鞋|~亭。③灰心或失望:心里~透了。
㊁liàng 放一会儿,使热量散发:刚倒的开水,~一会儿再喝。
同义 凉爽—凉快/凉丝丝—凉飕飕
反义 凉—暖、温/凉爽—闷热

liáng	11画 木部
梁	上下 汓(氵/刀)/木
	氵 氿 汓 梁

①支撑屋顶的横木:屋~|栋~。②物体上隆起或成弧形的部分:山~|鼻~|桥~。③器物上面便于提携的弓状物:茶壶~儿|篮子的提~儿断了。④朝代名。
提示 "梁"的右上方是"刅",不是"刃"。

多音字	12画 日部/里部
量	上下 旦/里
	口 旦 昙 量

㊀liáng ①用器具计算东西的多少或大小、长短等性质:丈~土地|测~|~体温。②估计,考虑:估~。
㊁liàng ①计算东西体积多少的器具的总称。②限度:饭~|酒~。③数量:雨~|产~|保质保~。④估计,衡量:~力而行|~体裁衣。

liáng	13画 米部
粮	左右 米/良
	丷 米 料 粻 粮

①可吃的谷类、豆类、薯类等:食~|杂~满仓。②作为农业税的粮食:完~|交公~。

liáng	13画 米部
梁	上下 汓(氵/刀)/米
	氵 氿 汓 梁

①精美的饭食:膏~(肥肉和细粮),泛指精美的食物)。②【高粱】gāo- 粮食作物,茎高,籽粒可供食用,也可以酿酒。
提示 "粱"不要与"梁"相混。

liǎng	7画 一部
两	独体
	一 丆 丙 两

①数目字,二,常用于成对的事物:~个人|~只眼睛|分成~半。②双方:~便(彼此便)|~不管。③表示不定的数目(十以内):有~下子|我说~句。④市制重量单位,1斤等于10两:他文明经商,从不短斤少~。
同义 两回事—两码事/两面三刀—口蜜腹剑
反义 两面三刀—表里如一
组字 俩、辆

多音字	9画 亻(rén)部
俩	左右 亻/两
	亻 伷 俩 俩

㊀liǎ 【伎俩】jì- 手段,花招:识破敌人的~。
㊁liǎ 两个(后面不能再用量词):父子~|买~苹果|咱~一块走。

liàng	9画 亠(tóu)部
亮	上下 高(亠/口/冖)/几
	亠 古 亮 亮

①光线足,有光泽:~堂|明~|闪~。②发出亮光:天~了|~着灯。③光线:屋里没有一

歇后语 快刀斩乱麻——一刀两断

liang—liao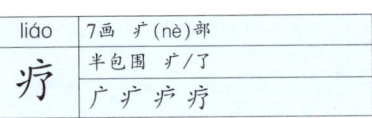

点~儿。④显露,显示:~相(xiàng)|~分|把底儿~出来。⑤明朗,清楚:心明眼~|打开窗子说~话。⑥声音响:洪~响|歌声多嘹~。
同义 亮—明/亮光—光线/亮堂—明亮、敞亮/亮晶晶—亮闪闪、亮光光、亮铮铮、亮堂堂
反义 亮—暗、黑

liàng	10画 讠(yán)部
谅	左右 讠/京(亠/口/小)
	讠 讠广 谅 谅

①宽容:原~|体~|解。②推想,料想:~必|~他不敢来。
同义 谅解—体谅

liàng	11画 车部
辆	左右 车/两
	车 车 轫 辆 辆

量词,用于车:一~|汽车|两~坦克。

liàng	12画 日部
晾	左右 日/京(亠/口/小)
	日 旷 晾 晾

把东西放在太阳下晒干或通风处吹干:~晒|~衣服|把葡萄~干。

liàng	14画 足(⻊)部
踉	左右 ⻊/(口/𠆢)/良
	𠀊 𠀊 跙 踉 踉

【踉跄】-qiàng 走路摇摇晃晃不稳的样子。
同义 踉跄—蹒跚

liao

liáo	5画 辶(chuò)部
辽	半包围 了/辶
	丶 辽 辽

①远:~阔|~远。②朝代名。
同义 辽阔—广阔、宽广/辽远—遥远
反义 辽阔—狭窄、窄小

liáo	7画 疒(nè)部
疗	半包围 疒/了
	广 疒 疒 疗

医治:治~|医~|诊~所|~养院。
同义 疗养—休养

liáo	11画 耳部
聊	左右 耳/卯(卯/卩)
	丿 耳 耶 聊 聊

①姑且:~以自慰 (姑且用来安慰自己)。②略微,稍微:~表寸心(略微表示一点心意)|~胜于无(比没有稍微好一点)。③依赖:民不~生。④兴趣,意味:无~。⑤闲谈:闲~|上班时间别~天。
同义 聊且—姑且
提示 "聊"的右边是"卯(mǎo)",不是"卬(áng)"。

liáo	14画 亻(rén)部
僚	左右 亻/尞(大/日/小)
	亻 伏 佚 倅 僚

①官吏:官~。②旧时指在一起做官的人:同~。

liáo	14画 宀(mián)部
寥	上下 宀/廖(羽/彡)
	宀 宀 宕 寥

①空旷,寂静:~阔|寂~。②稀少:~~无几|~

谜语 船上演出 (成语:载歌载舞) 天亮再说 (成语:不明不白)
苦于冷落 (成语:不甘寂寞)

liao

若晨星(少得像早晨的星星)。
同义 寥若晨星—寥寥无几
反义 寥若晨星—多如牛毛

多音字	15画 扌(shǒu)部
撩	左右 扌/尞(大/日/小)
	扌扩扩挤撩

㈠liáo 挑逗,招惹:~拨|春色~人。
㈡liāo ①提,掀起:~衣服|把帘子~起来。②用手往上洒水:先~点儿水再扫。

	15画 口部
嘹	左右 口/尞(大/日/小)
	口吥吥嗲嘹

【嘹亮】声音清晰响亮:我们的歌声多么~|小号兵吹响了~的冲锋号。
同义 嘹亮—响亮、洪亮

多音字	15画 氵(shuǐ)部
潦	左右 氵/尞(大/日/小)
	氵汁汰溇潦

㈠liáo ①【潦草】草率,马虎:工作不能|字写得太~。②【潦倒】-dǎo 情绪低落,不得意:穷困~。
㈡lǎo ①雨水大。②路上的流水,积水。
同义 潦草—草率/潦倒—失意、落魄
反义 潦草—工整/潦倒—得意、得志

liáo	15画 纟(mì)部
缭	左右 纟/尞(大/日/小)
	纟纠纠纹缭缭

①缠绕,围绕:炊烟~绕|眼花~乱。②用针斜着缝:~贴边|~缝(fèng)。
同义 缭乱—纷乱/缭绕—旋绕

多音字	16画 火部
燎	左右 火/尞(大/日/小)
	火炒炒烯燎

㈠liáo 烧,越烧越广:星星之火,可以~原(一点儿火星可以使广大原野烧起来。比喻有生命力的弱小事物迅速发展壮大)。
㈡liǎo 挨近火而被烧焦(多指毛发):火~

眉毛(比喻情况紧急)|火把头发~了。

多音字	2画 乙部
了	独体
	一了

㈠liǎo ①完了,结束:~结|事情已经~了(le)。②明白,知道:~解|明~|一目~然。③在动词后,与"不"、"得"连用,表示可能或不可能:做得~|这本书我看不~。
㈡le ①用在动词或形容词后面,表示动作或变化已经完成:买~一本书|受到~表扬。②用在句末表示情况变化或肯定语气:下雪~|我们就要毕业~。
同义 ㈠了解—理解、调查/了结—了却
组字 辽、疗
提示 "了"不读 liào;第二笔是竖钩,不是弯钩。

liào	10画 米部
料	左右 米/斗
	丷米米料

①估计,猜想:~想|预~|意~之外。②处理,照顾:~理家务|照~。③材料,可供制造其他东西的物质:原~|木~|衣裳~子。④可供饮用或调味的食品:饮~|作~|调~。⑤喂牲口的谷物:饲~|草~。⑥烧料,一种熔点较低的玻璃。⑦量词,药物配方全份叫一料。
同义 料理—处理、办理/料想—预料

 为了人民,放弃自己的利益,这就是生命的"开花"。
巴金

liao—lie

liào	14画 扌(shǒu)部
撂	左右 扌/罾(田/各)
	扌 捛 撂

放下：~下书包就干起家务。

liào	14画 广部
廖	半包围 广/廖(叕/参)
	广 广 庐 廖

姓。

liào	17画 目部
瞭	左右 目/尞(大/日/小)
	目 旷 旷 睁 瞭

瞭望，从高处向远处看：~望台|~望塔|~望哨。

同义 瞭望—眺望

liào	17画 钅(jīn)部
镣	左右 钅/尞(大/日/小)
	钅 钅 铑 铬 镣

锁住双脚的刑具：脚~|铁~|~铐。

lie

多音字	9画 口部
咧	左右 口/列(歹/刂)
	口 叮 呀 咧

㈠liě 嘴向旁边斜着张开：~着嘴笑|龇(zī)牙~嘴。
㈡liē【咧咧】①用于"骂骂咧咧"、"大大咧咧"等词语。②-lie 方言。乱说，乱讲：瞎~。

liè	6画 歹部
列	左右 歹/刂
	一 歹 列

①顺次序排，摆：~队|~出名单|排~。②排成的行(háng)：行~|前~。③归，安排：~入甲等。④类：不在此~(不在这一类)。⑤众，各：~位|周游~国。⑥量词：一~火车。

同义 列车—火车/列举—罗列/列位—诸位、各位

组字 烈、裂、例、洌、咧

liè	6画 力部
劣	上下 少/力
	丨 少 劣 劣

坏，恶，与"优"相对：恶~|低~|土豪~绅。
反义 劣—优
提示 "劣"不要读做 lüè。

liè	8画 冫(bīng)部
洌	左右 冫/列(歹/刂)
	冫 冫 洌 洌

寒冷：北风凛(lǐn)~。

liè	10画 灬(huǒ)部
烈	上下 列(歹/刂)/灬
	一 歹 列 烈

①很猛的，很强的：激~|强~|~火|~日。②为正义而牺牲的：~士|先~。③刚强正直：刚~。

同义 烈火—烈焰、大火/烈日—骄阳

liè	11画 犭(quǎn)部
猎	左右 犭/昔(艹/日)
	丿 犭 狞 猎 猎

①打猎，捕捉禽兽：~虎|渔~(捕鱼和打猎)。②打猎的：~人|~狗。③搜寻，追求：~奇|猎取功名。

同义 猎人—猎手

大人上班迟到的理由是塞车，小孩子上学迟到的理由是什么？
(妈妈睡过头了)

lie—lin

多音字	12画 衣部
裂	上下 列(歹/刂)/衣(亠/从)
	歹 列 列 裂 裂

㈠liè 破裂，分开：~开|~缝|破~。
㈡liě 敞开，向两旁分开：衣服没扣好，~着怀。
同义 ㈠裂缝—缝隙

lin

līn	8画 扌(shǒu)部
拎	左右 扌/令(人/㇇)
	扌 扲 拎 拎

用手提：~一桶水|~着一篮子菜。

lín	7画 阝(yì)部
邻	左右 令(人/㇇)/阝
	人 令 邻 邻

①住处相连或靠近的人家：四~|左~右舍。②(位置)接近：~近|~居|友好~邦。③古代五家为邻。
同义 邻邦—邻国/邻近—附近、接近/邻居—邻里、街坊
提示 "邻"不要读做 líng。

lín	8画 木部
林	左右 木/木
	十 木 林

①成片生长的树木或竹子：树~|竹~|海~。②聚集一起的同类人或事物：民族之~|石~。③林业：农~牧副渔。
组字 梦、婪、森、焚、楚、霖、彬、淋、琳、麻

lín	9画 丨(gǔn)部
临	左右 刂/品(𠂉/品)
	刂 帅 临 临

①到，来：来~|夜幕降~|身~其境。②挨着，靠近，面对：~近|~河|~危不惧。③将要，就要：~走|~死。④照着字画描摹：~帖|~画。⑤封建时代帝王上朝：~朝|~政。
同义 临近—接近、靠近/临时—暂时/临渴

掘井—临阵磨枪
反义 临时—长期、永久
提示 "临"的左边是"刂"，不是"刂"或"丬"；右下方是"吅"，不是"皿"或"囬"。

多音字	11画 氵(shuǐ)部
淋	左右 氵/林(木/木)
	氵 淋 淋

㈠lín 浇，液体落在身上或东西上：~浴|雨~湿了头发|~漓。
㈡lìn ①过滤：~盐。②淋病，一种性病。
同义 ㈠淋漓尽致—酣畅淋漓

lín	12画 王部
琳	左右 王/林(木/木)
	二 干 珠 琳

①美玉。②【琳琅】-láng 美玉：~满目(比喻优美珍贵的东西很多)。

lín	14画 米部
粼	左右 㷠(米/舛)/巛
	米 㶟 㶟 粼

【粼粼】形容水或石明净的样子：波光~|白石~。

lín	16画 雨部
霖	上下 雨/林(木/木)
	雫 雫 霏 霖

连续不断的大雨：~雨|秋~|甘~(适时有益于农作物的雨)。

腊月里卖镰刀——知冬不知夏

lin—ling

lín	17画 石部
磷	左右 石(丆/口)/粦(米/舛) 丆石砕磷磷

非金属元素。常见的有白磷、红磷：白磷可制烟幕弹、燃烧弹，红磷可制安全火柴等。

lín	20画 鱼部
鳞	左右 鱼(ク/田/一)/粦(米/舛) 夕鱼鮻鳞鳞

①鱼类、爬行动物等身体表面的小薄片：鱼~|~甲。②像鱼鳞的：遍体~伤(伤痕密得像鱼鳞)。

lǐn	15画 冫(bīng)部
凛	左右 冫/禀(亠/回/示) 冫汁凛凛

①寒冷：~冽(冷得刺骨)。②严肃，威严：威风~~|大义~然（形容为了正义事业坚强不屈）。

lǐn	17画 木部
檩	左右 木/禀(亠/回/示) 木檩檩檩

屋上托住椽子的横木。

lìn	7画 文部
吝	上下 文(亠/乂)/口 亠亢吝

小气，该用的财物舍不得用：~啬|~惜(过分爱惜)。

同义 吝啬—小气
反义 吝啬—大方、慷慨

lìn	10画 贝部
赁	上下 任(亻/壬)/贝 亻仁任赁

租用，租借：租~|出~|~房子。

lìn	21画 足(𧾷)部
躏	左右 𧾷(口/止)/蔺(艹/阄) 𧾷跻跻躏躏

【蹂躏】róu- 见"蹂"。

ling

líng	7画 亻(rén)部
伶	左右 亻/令(人/ᐱ) 亻仐伶伶

①旧社会称戏曲演员：~人|坤~(女演员)|优~。②【伶仃】–dīng 孤独，无依靠：孤苦~。③【伶俐】–lì 聪明，灵活：这孩子真~。

同义 伶仃—孤单、孤独/伶俐—聪明
反义 伶俐—笨拙/伶牙俐齿—笨嘴拙舌

líng	7画 彐(jì)部
灵	上下 彐/火 彐彐灵

①效验：~验|~丹妙药|这药真~！②聪明，敏捷：~活|机~|心~手巧。③活动迅速，反应敏捷：这台机器最~|失~。④旧时称神或关于神仙的：神~|~怪。⑤关于死人的：~车|~堂。⑥灵魂，精神：亡~|英~|心~。

同义 灵活—灵便、灵巧、活络/灵敏—敏锐
反义 灵活—呆板、死板/灵敏—迟钝/灵巧—笨拙/灵通—闭塞

 谜语 因失败而心焦 (成语：不胜其烦)　60分钟已过去 (成语：时不再来)
陌生的单身汉 (成语：不识一丁)

ling

líng	8画 艹(cǎo)部
苓	上下 艹/令(人/龴)
	艹 芐 苓 苓

①指茯苓。②古书上说的一种植物。

líng	9画 王部
玲	左右 王/令(人/龴)
	二 王 玪 玲

【玲珑】-lóng ①器物精巧细致:小巧~。②灵活机敏:娇小~。
同义 玲珑—精巧、灵巧
反义 玲珑—粗陋、笨拙

líng	10画 钅(jīn)部
铃	左右 钅/令(人/龴)
	钅 钅 钤 铃

①用金属制成的能发声的响器:~铛|上课~|响了|掩耳盗~(比喻蠢人自己欺骗自己)。②像铃的东西:杠~|哑~|棉~。

líng	10画 冫(bīng)部
凌	左右 冫/夌(土/八/夂)
	冫 冫 冫 冫 凌

①冰:冰~|滴水成~。②侵犯,欺压:欺~|辱|盛气~人。③升高,高出:~空|壮志~云|驾。④迫近:~晨。⑤杂乱:~乱。
同义 凌晨—黎明、拂晓/凌乱—杂乱、纷乱/凌辱—侮辱

反义 凌晨—黄昏、傍晚/凌乱—整齐

líng	10画 阝(fù)部
陵	左右 阝/夌(土/八/夂)
	阝 阝 阡 陵

①大土山:丘~。②大坟墓:黄帝~|十三~|中山~。

líng	11画 耳部
聆	左右 耳/令(人/龴)
	丨 目 耹 聆

听:~听|~取(听取)。
同义 聆听—倾听

líng	11画 艹(cǎo)部
菱	上下 艹/夌(土/八/夂)
	艹 艹 荌 菱

①一年生草本植物,花白色,果实有硬壳,有角,叫菱或菱角,可以吃。②【菱形】邻边相等的平行四边形。

líng	11画 虫部
蛉	左右 虫/令(人/龴)
	虫 虫 蚁 蛉

①【白蛉】昆虫名,比蚊子小,吸人畜的血,能传染黑热病等。②【螟蛉】míng- 泛指稻螟蛉、棉铃虫等多种鳞翅目昆虫的幼虫。古人用于比喻养子、义子。

líng	11画 羽部
翎	左右 令(人/龴)/羽(习/习)
	人 勹 翎 翎

鸟的翅和尾上的长而硬的羽毛:雁~|野鸡~。

líng	11画 羊部
羚	左右 羊/令(人/龴)
	丷 艹 羚 羚

羚羊,哺乳动物,种类很多,四肢细长,蹄小而尖。

良好的开端,等于成功一半。
[古希腊]柏拉图

ling—liu

líng	13画 雨部
零	上下 雨/令(人/丶)
	雨 雪 零 零

①落：~落|凋~|感激涕~(感激得落下了眼泪)。②整数以外的小数目：~头|~数。③细碎的，部分的，与"整"相对：~钱|不买~食|存整取。④数的空位，也写做"0"：三百~八斤。⑤没有，无：只有决心没有行动，等于~。⑥温度计上表示水结冰的度数：~度|~下一度。

同义 零落—脱落、衰落、稀疏/零星—零碎、零散

反义 零—整/零售—批发

líng	13画 齿部
龄	左右 齿(止/凶)/令(人/丶)
	卜 ㄣ ㄣ 龄 龄

①岁数：年~|学~|高~。②年数，年限：工~|军~|教~。

líng	8画 山部
岭	左右 山/令(人/丶)
	丨 山 屿 岭

①有路通往山顶的山：翻山越~|崇山峻~。②大山脉：秦~|大兴安~。

lǐng	11画 页部
领	左右 令(人/丶)/页
	人 令 邻 领

①脖子：~巾|引~而望(伸长脖子看)。②衣领：圆~|翻~。③纲要，要点：纲~|要~。④带，引导：带~|率~|~头。⑤所拥有的，管辖的：~土|~有。⑥接受，取得：~情|~款|~取。⑦了解，明白：~会|~悟。⑧量词：一~草席。

同义 领—带/领会—领悟、理会/领取—提取/领受—接受、承受/领土—领域、国土

反义 领取—支付

lìng	5画 口部
另	上下 口/力
	口 另 另

另外，别的，以外：~想办法|~一回事。

同义 另外—此外

组字 别、拐

多音字	5画 人部
令	上下 人/丶
	人 今 令

㈠lìng ①上级指示下级：通~全国|命~|排担任警戒。②上级对下级的指示：法~|军~。③使，叫：~人钦佩。④时节，季节：时~|夏~营。⑤美好：~名|~德|~闻。⑥敬词，称对方的亲属：~尊(称对方的父亲)|~堂(称对方的母亲)|~爱(称对方的女儿)。⑦古代官名：县~。

㈡lǐng 量词，机器造的整张纸，500张为1令。

组字 零、伶、冷、邻、拎、岭、怜、玲、铃、聆、领、羚、龄

liu

多音字	13画 氵(shuǐ)部
溜	左右 氵/留(卯/田)
	氵 氿 溜 溜

㈠liū ①滑行：~冰|从滑梯上~下来。②光

重复现成的东西并不困难，微小的创造却不容易。
王朝闻

229

liu

滑:~光|这块石头很滑~。③偷偷跑开:别让坏蛋~掉|他趁大家不注意~走了。

㈡liù ①急流:急~|河里水~很大。②顺房檐流下的水:檐~。③量词,排,条:一~五间房|一~烟跑出来(形容很快地跑出来)。

同义 ㈠ 溜达—散步、转悠/溜光—光溜、光滑

反义 ㈠ 溜光—粗糙

liú	6画 文部
刘	左右 文(亠ノㄨ)/刂
	亠 文 刘

姓。

组字 浏

liú	9画 氵(shuǐ)部
浏	左右 氵/刘(文/刂)
	氵 氵 氵 浏

【浏览】-lǎn 大略地阅览:这篇文章我只~了一遍,印象不深。

liú	10画 田部
留	上下 卯(ㄨ/刀)/田
	卩 卯 留 留

①停在某个地方:停~|~校任教。②注意力放在上面:~心|~意。③舍不得离开:~

恋。④不使离开:~客|挽~。⑤接受,收容:收~|别人送的礼物他从不~下。⑥保存,保留:自~底稿|刀下~人。⑦遗留:祖先给我们~下了丰富的文化遗产。⑧留学:~美|~洋。

同义 留恋—依恋、眷恋、怀恋/留神—留心、留意

组字 溜、榴、遛、瘤

liú	10画 氵(shuǐ)部
流	左右 氵/㐬(亠厶儿)
	氵 氵 氵 流

①液体移动:江水向东~|血~汗。②江河的流水:河~|急~|支~。③像水流动的东西:电~|寒~|气~。④传播:~传|~行歌曲|万古~芳(好名声永远流传)。⑤趋向坏的方面:做事情要讲效果,不要~于形式。⑥流动,移动,运转:~通|~星|~转。⑦派别:~派(指学术、文艺方面的派别)。⑧品级,等级:一~产品。⑨旧时刑法的一种,把犯人送到边远地区服劳役:~放。

同义 流动—流淌、移动—流浪—流离、流落/流利—流畅/流连—留恋/流露—表露、显露/流亡—逃亡/流言—谣言/流行—风行、盛行

反义 流动—静止、固定/流露—隐藏/流芳百世—遗臭万年/流离失所—安居乐业

liú	11画 王部
琉	左右 王/㐬(亠厶儿)
	二 王 玙 琉

【琉璃】-li 一种涂在砖、瓦等上面的有色的釉(yòu)料:~瓦。

liú	12画 石部
硫	左右 石(丆/口)/㐬(亠厶儿)
	丆 石 硫 硫

非金属元素,淡黄色结晶体,易燃,可用来做硫酸、火柴、火药、农药等。通称硫磺。

歇后语 辣椒炒豆腐——外辣里软

liu—long

多音字	13画 饣(shí)部
馏	左右 饣/留(⺈/田)
	饣 饣 馏 馏

㊀liú 用加热等方法使液体中的不同物质分离或分解：蒸~|干~。

㊁liù 把凉了的熟食蒸热：把冷馒头~~再吃。

liú	14画 木部
榴	左右 木/留(⺈/田)
	木 木 柳 榴 榴

【石榴】shí liu 落叶灌木或小乔木，花红色，果实球状，内有很多种子，可以吃。根、皮可入药。

liú	15画 疒(nè)部
瘤	半包围 疒/留(⺈/田)
	广 疒 疖 瘤 瘤

人或动物身上生的肉疙瘩：肿~。

liǔ	9画 木部
柳	左右 木/卯(⺈/卩)
	木 木 柳 柳

柳树，柳属的一种落叶乔木或灌木，种类很多。枝细长下垂，叶狭长，春天开花，黄绿色。种子带有白色绒毛，成熟后随风飞散，叫柳絮。咏~|暗花明。

多音字	4画 亠(tóu)部
六	上下 亠/八
	亠 六 六

㊀liù 数目字：五加一是~。

㊁lù 用于地名：~安(在安徽)，~合(在江苏)。

liù	13画 辶(chuò)部
遛	半包围 留(⺈/田)/辶
	⺈ 卯 留 溜 遛

①散步，慢慢走，随便走走：到街上~一~|~公园。②牵着牲畜或提着鸟笼慢慢走：他~马去了|~鸟。

long

lóng	5画 龙部
龙	独体
	丆 尤 龙 龙

①古代一些巨大的爬行动物：恐~。②我国古代传说中的一种神异动物，能兴云降雨。封建时代象征帝王或称关于皇帝的东西：~颜|~床|~袍。

组字：垄、茏、宠、聋、笼、陇、拢、咙、珑、胧、眬、庞

lóng	8画 艹(cǎo)部
茏	上下 艹/龙
	艹 艹 芒 茏 茏

【茏葱】-cōng 草木青翠茂盛的样子：林木~。也做"葱茏"。

lóng	8画 口部
咙	左右 口/龙
	口 吵 咙 咙

喉咙，咽头和喉头的统称。

lóng	9画 王部
珑	左右 王/龙
	二 于 玎 玲 珑

【玲珑】líng- 见"玲"。

| 谜语 | 确保飞行安全 | (成语：机不可失) |
| | 表扬他的言论 | (成语：夸夸其谈) |

231

long—lou

lóng	9画 月部
胧	左右 月/龙
	月 肌 胧 胧

【朦胧】méng- 见"朦"。

lóng	11画 龙部
聋	上下 龙/耳
	龙 龙 耸 聋 聋

耳朵听不见声音,听觉迟钝:他耳朵~了|~人(耳聋的人)|~哑学校。

多音字	11画 竹(⺮)部
笼	上下 ⺮/龙
	⺮ 笼 笼 笼

㈠lóng ①笼子,关养动物或装东西的器具:鸟~|鸡~。②旧时囚禁犯人的东西:囚~。③蒸食物的器具:蒸~|~屉。④把手插在袖筒里:~着手。

㈡lǒng ①遮盖,罩住:~罩。②比较大的箱子:箱~。③【笼统】不具体,不分明:问题回答得太~。

同义 ㈠笼络—收买、拉拢/笼统—含糊、含混/笼罩—遮盖、覆盖

反义 ㈠笼统—具体

lóng	11画 阝(fù)部
隆	左右 阝/夅(冬/生)
	阝 阵 降 降 隆

①盛大,气势大:~重。②程度深:~冬。③兴旺:~盛|生意兴~。④高,鼓起:~起|~鼻。

同义 隆冬—严冬、寒冬/隆起—凸起、鼓起

反义 隆冬—盛夏、炎夏/隆起—凹下、凹陷/隆重—草率

提示 "隆"的右边中间不要漏掉一横。

lóng	16画 穴部
窿	上下 穴/隆(阝/夅)
	宀 灾 窿 窿 窿

【窟窿】kū- 洞,孔:冰~|衣服上有一个~。

lǒng	7画 阝(fù)部
陇	左右 阝/龙
	阝 阮 陇 陇

甘肃省的别称:~海铁路。

lǒng	8画 扌(shǒu)部
拢	左右 扌/龙
	扌 扰 拢 拢

①聚到一块,总合:聚~|共~。②靠近:靠~|船~岸|谈不~。③合上:笑得合不~嘴。④收紧,使不松散:紧收~|用绳子把柴火~住。⑤梳理(头发):~一~头发。

同义 拢共—拢总

lǒng	8画 龙部
垄	上下 龙/土
	龙 龙 垄 垄

①田地分界的埂子:~界~。②耕地上培起的农作物的行(háng)或行与行间的空地:~沟|麦~。③像垄的东西:瓦~。

同义 垄断—把持、独占

反义 垄断—竞争

lou

lóu	9画 米部
娄	上下 米/女
	⺍ 米 娄 娄

星名,二十八宿之一。

组字 篓、搂、喽、缕、楼、数、镂、髅、屡

名人名言 智慧是美的,因为是创造;而创造的美的,因为是智慧。
[巴基斯坦]阿卜杜拉·侯赛因

lou—lu

lóu	13画 木部
楼	左右 木/娄(米/女)
	木 栏 楼 楼 楼

①两层以上的房屋：~房|教学~。②楼房的一层：一~|他住在五~。③某些店铺的名称：茶~|酒~。

lóu	18画 骨部
髅	左右 骨(冖/月)/娄(米/女)
	日 骨 骷 髅 髅

【骷髅】kū- 见"骷"。

多音字	12画 扌(shǒu)部
搂	左右 扌/娄(米/女)
	扌 扲 扲 搂

㊀ lǒu ①抱：~抱|把孩子~在怀里。②量词：两~粗的大树。
㊁ lōu ①用手或工具把东西往自己面前聚集：~柴火。②搜刮：~钱。③用手指往怀里拨：~枪机。

同义 ㊀搂抱—拥抱

lǒu	15画 竹(⺮)部
篓	上下 ⺮/娄(米/女)
	⺮ 筀 筀 篓 篓

用篾、荆条等编成的盛东西的器具：背~|油~|字纸~儿。

lòu	8画 阝(fù)部
陋	左右 阝/酉(丙/凵)
	阝 阿 陋 陋

①丑的，坏的，不文明的：丑~|~习|~规。②狭小：~室|~巷。③少，简略：简~|孤~寡闻(见闻少)。

同义 陋规—陈规/陋习—恶习

lòu	14画 氵(shuǐ)部
漏	左右 氵/扁(尸/雨)
	氵 沪 漏 漏

①物体从洞、缝里透过、滴下或流出：~气|~风|屋顶~水。②泄漏：~了风声|走~消息。③遗落：遗~|脱~|考试~了一道题。④漏壶，古代计时的器具，借指时刻：更(gēng)残~尽。

同义 漏洞—孔洞、破绽/漏风—透风、泄露/漏夜—深夜

lu

lū	15画 口部
噜	左右 口/鲁(鱼/日)
	口 呐 噜 噜

【噜苏】义同"啰唆"，指说话多而不干脆或事情烦琐、麻烦。

lú	5画 卜(⼘)部
卢	上下 卜/尸
	卜 占 卢

姓。

组字 垆、颅

lú	7画 艹(cǎo)部
芦	上下 艹/户
	艹 芏 芦

芦苇，也叫苇子，多年生草本植物，生在浅水里。茎中空，可以造纸、编席。根茎叫芦根，可入药：~花。

什么东西往上升永远掉不下来？(年龄)

lu

lú	7画 广部
庐	半包围 广/户 广广庐

简陋的房屋：茅~|~舍。

lú	8画 火部
炉	左右 火/户 ⺀火炉炉

烧饭、取暖或冶炼用的设备：煤气~|电~|炼钢~。

lú	9画 车部
轳	左右 车/卢(⺊/尸) 车车轳轳

【辘轳】lù lu 见"辘"。

lú	11画 页部
颅	左右 卢(⺊/尸)/页 ⺊卢卢颅

头盖，也指头：~骨|头~。

lǔ	7画 卜(⺊)部
卤	上下 ⺊/囟(囗/㐅) ⺊卢卤卤

①盐卤。②浓汁，汤羹：茶~|打~面。③用盐水、酱油等浓汁制作食品：~鸡|~煮豆腐。

lǔ	8画 卢(hū)部
虏	半包围 卢/力 ⺊卢虍虏

①俘获：俘~敌军|~获。②打仗时捉住的敌人：不虐待俘~。

同义 虏获—俘获、俘虏

lǔ	12画 鱼部
鲁	上下 鱼(⺈/田/一)/日 ⺈鱼鲁

①迟钝，愚笨：愚~|~钝。②莽撞，粗野：粗~|~莽。③周代诸侯国名。④山东省的别称。

同义 鲁莽—莽撞、轻率

多音字	7画 阝(fù)部
陆	左右 阝/击(キ/凵) 阝阝阵陆

㈠lù 高出水面的土地：~地|~军|水~交通。
㈡liù "六"的大写。

同义 ㈠陆路—旱路、旱道

lù	8画 彐(⺕, jì)部
录	上下 彐/氺 ⺕彐寻录录

①用笔或仪器记下来：记~|~像。②采取，任用：~取|~用收。③记载言行、事物的书册、文件：语~|回忆~|通讯~|备忘~。

同义 录取—录用
组字 剥、绿、禄、碌、氯
提示 "录"的下面是"氺"，不是"水"。

lù	10画 贝部
赂	左右 贝/各(夂/口) 贝赂赂

①贿赂，用财物买通别人。②财物。

lù	11画 鹿部
鹿	半包围 广/比(⺫/比) 广庐庐庐鹿

哺乳动物，种类很多。尾短，腿细长，毛黄褐色，有白斑，听觉、嗅觉很灵敏，性情温驯。雄的有枝状的角，个别种类雌的也有。

癞蛤蟆伸长脖子想吞月亮——想头倒不低

lu—lü

角。角可入药。
组字 辘

lù	12画 衤(shì)部
禄	左右 衤/录(彐/氺)
	衤 衤¹ 衤² 禄 禄

①古代官吏领取的钱粮：俸(fèng)~|高官厚~。②好处，报酬：无功不受~。

lù	13画 石部
碌	左右 石(丆/口)/录(彐/氺)
	丆 石¹ 石² 碌 碌

①平凡，平庸：庸~|没有志气，没有作为)|~~无为。②繁忙：忙~|劳。

lù	13画 足(⻊)部
路	左右 ⻊(口/止)/各(夂/口)
	口 足 跣 路

①道路：陆~|水~|公~。②路程：远~|十里~。③门路，途径：生~|活~儿|走投无~。④条理：思~。⑤地区，方面：南货|各~人马。⑥路线：一~公共汽车|分三~进军。⑦类型，等次：一~货色|哪一~病？

同义 路程—路途、行程/路费—旅费、盘缠/路过—经过、途经
组字 露

lù	15画 车部
辘	左右 车/鹿(广/比)
	车 轩 轩 辂 辘 辘

【辘轳】-lu ①安在井上绞动水斗的提水器具。②机械上的绞盘。

多音字	21画 雨部
露	上下 雨/路(⻊/各)
	雨 雨¹ 雩 露

㊀lù ①靠近地面的水蒸气，夜间遇冷凝结成的小水珠：~水|似珍珠月似弓。②室外，没有遮蔽：~天|~营|~宿。③显现，使显现：显~|暴~|揭~敌人的阴谋。④用花、叶子或果实等做的饮料等：橘子~|果子~|枇杷~。
㊁lòu 义同㊀③，用于一些口语：~马脚|馅儿~|光~|相~|怯。

lü

lú	7画 马部
驴	左右 马/户
	马 驴² 驴

一种家畜，像马，比马小，耳朵和脸都较长，能驮东西、拉车、供人骑乘：~唇不对马嘴。

lǚ	6画 口部
吕	上下 口/口
	⼁ 口 吕 吕

我国古代十二音律中六种音律的总称：六~|律~。
组字 营、侣、铝、间

lǚ	8画 亻(rén)部
侣	左右 亻/吕(口/口)
	亻 亻¹ 侣

同伴，伙伴：伴~。

多音字	10画 扌(shǒu)部
捋	左右 扌/孚(爫/寸)
	扌 扌¹ 捋 捋

㊀lǚ 用手指顺着抹过去，整理：~胡子|~麻绳。
㊁luō 握着东西，顺东西向一端移动：~树叶|~袖子。

谜语　来宾慢行（成语：不速之客）　更夫夸口（成语：夜郎自大）
　　　只烧中间（成语：不着边际）

lü

lǚ	10画 方部
旅	左右 方/㇓(㇒/㇄) 亠 𠂉 㫃 旅 旅

①出行在外，旅行：~客|~馆|~居美国。②军队的一种编制单位，在团以上师以下。③军队：军|劲~。④共同：~进~退。
同义 旅馆—旅店、旅社、客店
提示 "旅"的右下方是"氏"，不是"氏"。

lǚ	11画 钅(jīn)部
铝	左右 钅/吕(口/口) 钅 钌 铝

一种金属元素，银白色，质轻，易导电、传热。做日用器皿的铝通常叫钢精或钢种。铝合金是制造飞机、火箭等的重要材料。

lǚ	12画 尸部
屡	半包围 尸/娄(米/女) 尸 𡰣 屡 屡 屡

接连着，一次又一次：~次|~战~胜|~教不改。
同义 屡次—屡屡/屡次三番—三番五次
反义 屡见不鲜—少见多怪

lǚ	12画 纟(mì)部
缕	左右 纟/娄(米/女) 纟 纩 缕 缕 缕

①线：一丝一~|千丝万~。②一条一条地，详细地：~述(详细叙述)|条分~析(形容分析得深入细致，有条有理)。③量词：一~麻|一~炊烟。

lǚ	15画 尸部
履	半包围 尸/復(彳/复) 尸 𡰣 屡 履

①鞋：革~(皮鞋)。②踩，行走：如~薄冰(好像踩在薄冰上，比喻十分小心谨慎或处境危险)|~险如夷。③实行，执行：~约|~行合同。

lǜ	9画 彳(chì)部
律	左右 彳/聿 彳 彳 徍 律

①法则，规章：法~|遵守纪~。②约束：严于~己。③我国古代审定乐音高低的标准：音~|乐~。④旧诗的一种体裁：~诗|七~。

lǜ	10画 虍(hū)部
虑	半包围 虍/心 卜 卢 虎 虑

①想，思考：思~|考~|深思熟~。②担忧：顾~|无忧无~。
组字 滤

多音字

lǜ	11画 纟(mì)部
绿	左右 纟/录(彐/氺) 纟 纫 纾 绿 绿

㈠ lǜ 一般草和树叶的颜色：红花~叶|化祖国|~茵场上。
㈡ lù 用于"绿林"、"鸭绿江"等。
同义 ㈠ 绿阴—树阴/绿油油—绿莹莹、绿生生、绿茸茸
反义 ㈠ 绿灯—红灯/绿洲—沙漠

lǜ	12画 气部
氯	半包围 气/录(彐/氺) 气 气 氧 氯 氯

一种化学元素，在通常条件下为气体。黄

名人名言 书本上的知识外，尚需从活的人生中获得知识。
　　　　　　　　　　　　　　　　　　　　茅盾

lü—lüe

绿色,味臭有毒。可用于制造漂白剂、消毒剂、染料、塑料、农药等。

lǜ	13画 氵(shuǐ)部
滤	左右 氵/虑(卢/心)
	氵沪沪滤

使液体、气体经过纱、布、纸等除去杂质,变为纯净:过~|~纸。

luan

luán	9画 山部
峦	上下 亦/山
	亠亣亦峦

小而尖的山,泛指山峰:孤~|山~起伏|重~叠嶂。

luán	9画 子部
孪	上下 亦/子
	亠亣孪孪

一胎生两个婴儿:~生子|~生姐妹。

同义 孪生—双生

luán	10画 手部
挛	上下 亦/手
	亠亣挛挛

手脚弯曲不能伸开:痉~。

luǎn	7画 卩(jié)部
卵	左右 卵/卩
	𠂉𠂉卵卵卵

动植物的雌性生殖细胞,特指动物的蛋:鸡~|鸟~|以~投石(比喻自不量力,自取灭亡)。

luàn	7画 舌部
乱	左右 舌(千/口)/乚
	千舌乱

①没有秩序和条理:纷~忙|~杂~。②(心绪)不安宁:心慌意~。③混淆,使混乱:以假~真|扰~。④战争,社会动荡:战~|叛~|兵荒马~。⑤无节制,随便:~吃|别在公路上~跑。

同义 乱来—胡来、胡闹/乱说—胡说、瞎说、胡扯/乱糟糟—乱纷纷、乱麻麻

反义 乱—治

lüe

lüè	11画 扌(shǒu)部
掠	左右 扌/京(亠/口/小)
	扌扩㧏掠

①夺取,抢夺:~夺|~抢~。②轻轻擦过:燕子从稻田上~过|~浪而飞。

同义 掠夺—掠取、抢掠/掠影—剪影

lüè	11画 田部
略	左右 田/各(夂/口)
	田田畋略

①大致,简单,与"详"相对:大~|简~|文章次要部分应~写。②省去:省~|从~(按省略的办法处理)。③疏忽:忽~。④简要的叙述,概要:史~|事~(传记文本之一,记述人的生平的简要情况)。⑤计谋,计划:策~|雄才大~|孔明很有谋~。⑥侵犯,抢夺:侵~|攻城~地。⑦稍微:~知一二|~有好转。

同义 略微—稍微

反义 略—详

脑筋急转弯 去年NBA总决赛,谁只要一上场就非常卖力,汗流浃背,追着球满场跑,可是却没有得分?(裁判员)

237

lun

多音字	7画 扌(shǒu)部
抡	左右 扌/仑(人/匕)
	扌 扨 抡 抡

㊀lūn 手臂用力挥动：~拳|~起铁锤|~枪使棒。
㊁lún 选择，选拔：~材。

lún	4画 人部
仑	上下 人/匕
	ノ 人 仌 仑

①条理。②【昆仑】见"昆"。
组字 伦、论、抡、沦、纶、轮、囵

lún	6画 亻(rén)部
伦	左右 亻/仑(人/匕)
	亻 伀 伦 伦

①同类：不~不类(形容不正派或不规范)|无与~比(没有能比得上的)。②条理：语无~次。③人伦，封建礼教所规定的人与人之间的关系：~理|天~之乐。

lún	7画 囗(wéi)部
囵	全包围 囗/仑(人/匕)
	冂 冈 囵 囵

【囫囵】hú- 见"囫"。

lún	7画 氵(shuǐ)部
沦	左右 氵/仑(人/匕)
	氵 氵 沧 沦

①沉没(mò)，陷落：~落(流落)|国土~陷|~为殖民地。②丧失，消亡：~丧|~亡。
同义 沦陷—陷落
反义 沦陷—收复

多音字	7画 纟(mì)部
纶	左右 纟/仑(人/匕)
	纟 纟 纶 纶

㊀lún ①钓鱼用的线：垂~(钓鱼)。②某些合成纤维的名称：锦~|绦~。
㊁guān 纶巾，古代的一种头巾。

lún	8画 车部
轮	左右 车/仑(人/匕)
	车 轮 轮 轮

①车轮：三~车|~胎。②像车轮的东西：齿~|年~(木材的横断面呈现出的环形纹理)。③轮船：货~|渡远洋巨~。④循环替换：~流|~换|今天到我做值日生。⑤量词：一~红日|一~圆月|比赛进入第二~。
同义 轮换—轮流、轮番、替换

多音字	6画 讠(yán)部
论	左右 讠/仑(人/匕)
	讠 讠 论 论

㊀lùn ①分析问题和说明事理：~文|议~|争~不休。②分析问题和说明事理的话或文章：言~|社~。③学说，观点：无神~|唯物~|相对~。④评论，看待：品头~足|一概而~。⑤衡量，评定：~罪|~功行赏。⑥按照，就某方面来说：~理你要向他赔偿损失|~天算还是~件算？
㊁lún 《论语》，古书名，主要记载孔子和他的学生的言行，是儒家的经典著作。
同义 ㊀论述—论说、阐述

luo

luō	11画 口部
啰	左右 口/罗(罒/夕)
	口 吧 啰 啰

癞蛤蟆想吃天鹅肉——心高妄想

luo

【啰唆】-suō ①说话絮絮叨叨：他说话很~。②办事使人感觉麻烦：手续太多，真~。
同义 啰唆—麻烦、琐碎、唠叨
反义 啰唆—简洁

luó	8画 罒(wǎng)部
罗	上下 罒/夕
	罒罗罗

①捕鸟的网：天~地网。②张网捕捉：门可~雀(形容门庭冷落,宾客稀少)。③排列,散布：~列星~棋布。④一种细密的筛子或用这种筛子筛东西：绢~|面。⑤收集,搜寻：搜~|网~。⑥一种轻软的丝织品：~衣|遍身~绮者,不是养蚕人。⑦量词,12打(dá)是1罗。
同义 罗列—列举、陈列
组字 萝、箩、锣、逻、啰

luó	11画 艹(cǎo)部
萝	上下 艹/罗(罒/夕)
	艹艹萝萝

①通常指某些能爬蔓(wàn)的植物：藤~|女~|松~。②【萝卜】-bo 二年生或一年生草本植物。根圆柱形或球形,是普通蔬菜。种子可以入药。

luó	11画 辶(chuò)部
逻	半包围 罗(罒/夕)/辶
	罒罗逻逻

①巡查：巡~。②【逻辑】-ji 研究思维形式和规律的科学。

luó	13画 钅(jīn)部
锣	左右 钅/罗(罒/夕)
	钅钌锣锣

一种打击乐器,用铜做成,圆形,用槌子敲打而发声：~鼓喧天|敲~打鼓。

luó	14画 竹(⺮)部
箩	上下 ⺮/罗(罒/夕)
	⺮筝箩箩

用竹子编的底方口圆的器具,多用来盛粮食：~筐。

luó	14画 马部
骡	左右 马/累(田/糸)
	马骡骡骡

家畜,由马和驴子交配所生。生命力强,能拉车、驮东西。

luó	17画 虫部
螺	左右 虫/累(田/糸)
	虫蜩蠼螺

①一种软体动物,有硬壳,壳上有旋纹：海~|田~|~号。②螺旋形的指纹。

luǒ	13画 衤(yī)部
裸	左右 衤/果
	衤衤䄄裸

①没有遮蔽,光着身子：~露|~体。②没有东西包着的：~线(没有外皮的电线)。
同义 裸露—袒露
反义 裸露—遮盖

luò	9画 氵(shuǐ)部
洛	左右 氵/各(夂/口)
	氵氵洛

洛河,水名。①发源于陕西北部,流入渭河。②发源于陕西南部,流经河南入黄河。
组字 落

谜语　世界卫生日 (成语：扫除天下)　四海皆朋友 (成语：天下无敌)
　　　泼出去的水 (成语：不可收拾)

239

L

luo

luò	9画 马部
骆	左右 马/各(夂/口)
	马 驭 骆

【骆驼】-tuo 哺乳动物,身体高大,背上有驼峰,脚上有胼胝(pián zhī),耐饥渴,能驮重物在沙漠中远行。

多音字	9画 纟(mì)部
络	左右 纟/各(夂/口)
	纟 纺 络

㈠luò ①像网子那样的东西:网~|丝瓜~|橘子~。②(用网状物)罩或兜:用发网~住头发。③缠,绕:~纱|~线。④【络绎】-yì 前后接连不断:前往医院献血的人~不绝。

㈡lào【络子】①小网线袋。②绕线、绕纱的器具。

同义 ㈠络绎不绝—川流不息

多音字	11画 石部
硌	左右 石(丆/口)/各(夂/口)
	丆 石 砍 硌

㈠luò 山上的大石。
㈡gè 凸起的硬东西跟身体接触使身体感到难受或受到损伤:~脚|~牙。

多音字	12画 艹(cǎo)部
落	上下 艹/洛(氵/各)
	艹 艻 茨 落

㈠luò ①掉下来,往下降:~泪|飘~|太阳~山了。②衰败:衰~|破~|没(mò)~。③跟不上,掉在后面:~后|~选。④停留,住下:~脚|~户。⑤停留或聚居的地方:下~|村~。⑥归属:重任~在我们肩上。⑦得到:~实|~空。⑧古代指庆祝建筑物完工:新屋~成。⑨写上:~款(在书画、书信、礼品等上面写上名字、日期等)|~账。

㈡lào 用于一些口语词:~枕(睡觉时脖子扭伤)|~炕(病重)|~色(shǎi,衣、布等褪色)。

㈢là 丢下,跟不上,遗漏:丢三~四|他走得慢,~下好一段距离|这一段~了两个字。

同义 ㈠落—降/落成—竣工、完工/落后—后进、退步/落户—安家、定居/落空—泡汤/落难—遇难/落日—夕阳、残阳

反义 ㈠落—升、涨、起/落后—先进、进步/落空—实现/落选—当选、入选

luò	14画 扌(shǒu)部
摞	左右 扌/累(田/糸)
	扌 押 摞 摞

①重叠地往上放:把书~起来。②重叠着放起来的东西:砖~。

M

ma

mā	6画 女部
妈	左右 女/马
	乚 女 奴 妈

①称呼母亲。②对女性长辈的称呼：大~\|姑~\|舅~\|奶~。

多音字	11画 麻部
麻	半包围 广/林(木/木)
	广 庐 麻

㊀má ①草本植物，种类很多，有大麻、苎(zhù)麻、黄麻、亚麻等。麻的纤维：~绳\|~袋\|心乱如~。②芝麻：~油\|~酱。③表面不光滑：这种纸一面光，一面~。④感觉不灵或全部丧失：~木\|~痹\|~醉。⑤病名：风~疹。

㊁mā 形容天色微亮或微黑：天刚~~亮，清洁工就上班了\|~~黑。

同义 ㊀麻痹—麻木、疏忽/麻烦—烦琐、费事/麻利—敏捷、利索 ㊁麻麻亮—蒙蒙(mēng)亮

反义 ㊀麻烦—方便/麻痹—警惕

组字 嘛、魔、摩、磨

má	16画 虫部
蟆	左右 虫/莫(艹/日/大)
	虫 虷 蚄 蟆

【蛤蟆】há ma 见"蛤"。

mǎ	3画 马部
马	独体
	丁 马 马

①家畜，颈上有鬃，尾有长毛，供人骑或拉东西等。②大：~蜂\|~勺。

同义 马虎—草率/马上—立刻、立即/马到成功—旗开得胜

反义 马虎—认真、仔细

组字 骂、笃、冯、吗、妈、玛、码、蚂、闯

提示 "马"做左偏旁时末笔横变为提。

mǎ	7画 王部
玛	左右 王/马
	二 干 玗 玛

【玛瑙】-nǎo 矿物名，颜色美丽，质硬耐磨，可做轴承、研钵、装饰品等。

mǎ	8画 石部
码	左右 石(丆/口)/马
	丆 石 石 码

①代表数目的符号：号~\|数~\|价~（价目）。②计算数目的用具：砝~\|筹~。③指一件事或一类事：这是两~事\|那是另一~事。④垒起：~砖头\|~积木。⑤英美长度单位，1码等于0.9144米。

多音字	9画 虫部
蚂	左右 虫/马
	虫 虷 蚂

㊀mǎ ①【蚂蟥】-huáng 环节动物。体狭长而扁，背面暗绿色，生活在水田或池沼里，能刺伤皮肤，吸人畜的血。②【蚂蚁】-yǐ 昆虫名，多在地下做窝，成群住着，种类很多。

㊁mā【蚂螂】-lang 方言，蜻蜓。

㊂mà【蚂蚱】-zha 蝗虫的俗名。

 名人名言 修改小习惯，就等于修改自己的意识与性情。 　　　傅雷

ma—mai

mà	9画 马部
骂	上下 叫(口/口)/马
	叩吗骂

①用粗野或恶意的话指责、侮辱人：~街｜咒~｜不打人，不~人。②严厉责备：责~｜斥~。

多音字	6画 口部
吗	左右 口/马
	口叮吗

㈠ma ①用在句末表示疑问：你看过这本书~？②用在句子停顿处，点出话题：孩子~，都爱玩儿的。
㈡má 方言。什么：干~。
㈢mǎ【吗啡】-fēi 用鸦片做的麻醉药品，味很苦。有毒，医学上用来止痛。

ma	14画 口部
嘛	左右 口/麻(广/林)
	口吖呀嘛

助词，表示道理明显或期望、劝阻等：有病就去看医生~｜别那么激动~｜孩子~，都是爱玩的。

mai

多音字	10画 土部
埋	左右 土/里
	土坦埋埋

㈠mái ①用土或别的东西盖上：~藏｜~葬｜~地雷。②隐藏：~伏｜隐姓~名。
㈡mán【埋怨】-yuàn 因事情不如意而对人或事物表示不满，责怪：自己不努力怎能~考题太难？

同义 ㈠埋藏—蕴藏、隐藏/埋伏—潜伏/埋葬—安葬、下葬 ㈡埋怨—抱怨

mǎi	6画 乙部
买	独体
	一𠃍买

①用钱换东西，与"卖"相对：购~｜~本书。
②用财物拉拢：收~｜~通。

同义 买—购、置/买通—收买
反义 买—卖
组字 卖

mài	6画 辶(chuò)部
迈	半包围 万/辶
一丌迈迈

①跨步，抬脚朝前走：~步｜~进｜~过去。②年老：年~｜老~。

同义 迈进—跃进、猛进

mài	7画 麦部
麦	上下 丰/夂
	二丰主麦

粮食作物，有小麦、大麦、黑麦、燕麦等多种，籽实磨面供食用。通常专指小麦。

mài	8画 十部
卖	上下 十/买
	十士卢卖

①用东西换钱，与"买"相对：~菜。②背叛，出卖：~国贼｜~友求荣。③尽量使出来：~力｜~劲儿。④故意显示：~弄｜~乖（卖弄聪明）｜~功。

同义 卖—售/卖力—卖劲/卖弄—炫耀
反义 卖—买/卖国—爱国
组字 窦、读、续、赎、犊

脑筋急转弯 为什么小明出去运动不穿运动鞋？（穿溜冰鞋）

mai—man

多音字	9画 月部
脉	左右 月/永
	月肌肌脉脉

㊀mài ①血管：动~\|静~。②脉搏，动脉的跳动：诊~\|切~。③像血管那样分布的东西：山~\|叶~\|矿~。
㊁mò【脉脉】形容用眼神表达爱慕的情意：~含情。
同义 ㊀脉络—条理

man

mán	12画 虫部
蛮	上下 亦/虫
	亠亣亦㝠蛮

①粗野，不讲理：野~\|横(hèng)~\|不讲理。②鲁莽，强劲：干~\|劲。③我国古代称南方的民族。④很：~好\|~快。
同义 蛮横—强横／蛮劲—牛劲
反义 蛮干—巧干／蛮横—讲理

mán	14画 饣(shí)部
馒	左右 饣/曼(日/四/又)
	饣饣饣馒馒

【馒头】-tou 一种用发酵的面粉蒸成的食品，无馅。

mán	15画 目部
瞒	左右 目/满(艹/两)
	目𥄎瞒瞒瞒

隐藏真实情况：隐~\|欺~\|不~你说\|~上欺下。
同义 瞒骗—瞒哄、欺骗

mǎn	13画 氵(shuǐ)部
满	左右 氵/满(艹/两)
	氵汁洪满满

①充实，充盈，达到最大容量：客~\|爆~\|瓶子里装~了水。②使装满：~上这一杯。③达到一定限度：~月\|刑~释放\|16周岁。④全，整个：~头大汗\|~口答应。⑤觉得足够，符合心意：~足\|~意。⑥骄傲：自~招损，谦受益。
同义 满地—遍地／满身—周身、遍体／满意—中意、如意／满足—知足／满当当—满登登
反义 满—谦／满意—失望
提示 "满"不要写成上下结构。

màn	11画 日部
曼	上中下 日/四/又
	日曰冒曼

①远，延长：~延\|~声而歌。②柔美：轻歌~舞。
组字 蔓、幔、馒、漫、慢

多音字	14画 艹(cǎo)部
蔓	上下 艹/曼(日/四/又)
	艹苎䓍蔓

㊀màn ①植物细长能缠绕的茎：~草\|生植物枝~。②滋生，扩展：~延(像蔓草一样不断向周围扩展延伸)。
㊁wàn 义同㊀，用于口语：瓜~儿\|喇叭花爬~儿了。

màn	14画 巾部
幔	左右 巾/曼(日/四/又)
	巾帕帕幔

悬挂起来起遮挡作用的布、绸子、丝绒等：布~\|~帐\|战船上挂着~子。

歇后语　癞蛤蟆想飞——不是上天的料

man—mang

màn	14画 氵(shuǐ)部
漫	左右 氵/曼(日/四/又)
	氵 沪 泹 漫

①水满流出来:桶里的水~出来了。②淹没:洪水~过桥梁。③布满,遍布:~山遍野|~天风雪。④随便,不受拘束:~谈|~步|~游。⑤长,远:~长。

同义 漫步—信步/漫谈—纵谈/漫游—遨游
反义 漫长—短暂

màn	14画 忄(xīn)部
慢	左右 忄/曼(日/四/又)
	忄 慢 慢 慢

①迟缓,速度低,与"快"相对:~走|缓~|别急,~~说。②冷淡无礼,傲~|怠~|轻~(对人傲慢,不热情)。

同义 慢慢—徐徐、冉冉/慢吞吞—慢悠悠、慢腾腾
反义 慢—快、急/慢性—急性

mang

máng	6画 艹(cǎo)部
芒	上下 艹/亡
	艹 艹 芒

①谷类种子壳上的细刺:麦~|稻~。②像芒的东西:光~|锋~。③多年生草本植物,秆粗壮,叶细长有尖,可以造纸、编草鞋等。

máng	6画 忄(xīn)部
忙	左右 忄/亡
	丶 丷 忙 忙

①事情多,没空闲:~碌|~繁|工作~。②急迫,紧着做:急~|~着排练节目|你在~什么?

同义 忙碌—繁忙
反义 忙—闲/忙碌—清闲、安闲

máng	8画 亠(tóu)部/目部
盲	上下 亡/目
	亠 亡 盲 盲

①丧失视觉,看不见东西:~人。②对某种事物不认识或不能辨认:文~|色~|扫~运动。

多音字	8画 亠(tóu)部
氓	左右 亡/民
	亠 亡 甿 甿 氓

㈠máng【流氓】原指无业游民,后来指品质恶劣、不务正业、为非作歹的坏人。
㈡méng 古代称外来的百姓。

máng	9画 艹(cǎo)部
茫	上下 艹/汒(氵/亡)
	艹 艹 茫 茫

①形容没有边际、看不清楚:~~大海|渺~|迷~。②不知道,不明白:~然不知。

同义 茫茫—莽莽/茫然—不解
提示 "茫"不要写成左右结构。

mǎng	10画 艹(cǎo)部
莽	上下 艹/奔(犬/廾)
	艹 芝 茻 莽

①茂盛的草:草~|丛~。②茂盛:~原(草长得很茂盛的原野)。③粗鲁,冒失:鲁~|~撞|~汉。

同义 莽莽—茫茫/莽撞—鲁莽、冒失
组字 蟒
提示 "莽"的下面不要写成"奔"。

mǎng	16画 虫部
蟒	左右 虫/莽(艹/奔)
	虫 虻 蚈 蟒

也叫蚺(rán)蛇,一种大蛇,无毒,背有黄

谜语 哥哥知道 (地名:昆明) 普天同庆 (花名:合欢)
久雨初晴 (地名:贵阳)

褐色斑纹,腹白色,生活在近水的森林里,捕食小禽兽。

mao

máo	11画 犭(quǎn)部
猫	左右 犭/苗(艹/田)
	丿犭犲猫猫

哺乳动物,普通家畜,脚有利爪和肉垫,会捉老鼠。

máo	4画 毛部
毛	独体
	丿二三毛

①长在动植物皮上的丝状物,鸟类的羽毛:羊~|羽~|绒~。②东西上像毛的霉菌:馒头放久了长了~。③粗糙,未加工的:~坯|~铁。④不纯净的:~重。⑤粗心,不细致:~手~脚。⑥小,细微:~孩子|~~细雨。⑦惊慌,害怕:吓~了|心里直发~。⑧角,1元钱的1/10。
同义 毛病—疾病、缺点、失误/毛糙—粗糙/毛茸茸(róng)—毛乎乎、毛烘烘
反义 毛糙—光滑
组字 笔、髦、牦、耗、尾

máo	5画 矛部
矛	独体
	丶マ予矛

古代一种兵器,在长柄一端装有金属枪头:长~|卖~又卖盾。
同义 矛盾—抵触、分歧
组字 茅、柔
提示 "矛"不要与"予"相混。

máo	8画 艹(cǎo)部
茅	上下 艹/矛
	艹艼茅茅

茅草,多年生草本植物。可以覆盖屋顶,根茎可做药:竹篱~舍。
同义 茅屋—茅舍、茅庐、草屋

máo	8画 牛部
牦	左右 牛/毛
	丿牛牜牦

牦牛,哺乳动物,主要分布在青藏高原。身上有长毛,耐寒冷。当地人民用来拉犁和驮运货物。

máo	13画 钅(jīn)部
锚	左右 钅/苗(艹/田)
	钅钅铲锚锚

用铁做的停船器具,用链子连在船上,抛到水底,可以使船停稳:抛~|起~。

máo	14画 髟(biāo)部
髦	上下 髟(镸/彡)/毛
	一厂F髟髦

①古代儿童垂在前额的短头发。②【时髦】合乎时尚,时兴:她打扮得很~。

mǎo	5画 卩(jié)部
卯	左右 彡/卩
	丶匚卯卯

①地支的第四位。②旧计时法,卯时,早晨五点到七点。③器物接榫(sǔn)的地方凹入的部分:~眼|凿个~儿。
组字 柳、铆、聊
提示 "卯"不要与"印(áng)"相混。

名人名言 肯替别人想,是第一等学问。
[明]吕坤

mao—mei

mǎo	10画 钅(jīn)部
铆	左右 钅/卯(卩/卩)
	钅 钋 铆 铆

用钉子把金属物连在一起:~钉l~接l~工。

mào	8画 艹(cǎo)部
茂	上下 艹/戊
	艹 艹 艹 茂 茂

①植物旺盛:~密l根深叶~。②丰盛优美:声情并~。
同义 茂盛—茂密、旺盛
反义 茂盛—枯萎
提示 "茂"的下面是"戊",不是"戍"或"戌"。

mào	9画 冂部
冒	上下 冂/目
	冂 冃 冒 冒

①(液体或气体)透出,升起:~汗l~火l~烟。②顶着,不顾:顶风~雨l~险。③冲撞:~犯l~鲁莽,不慎重:~失l~昧。⑤用假的充当真的:~名l~充l~牌货。
同义 冒充—假冒、假充/冒犯—触犯、冲撞/冒火—恼火、发火/冒尖—拔尖/冒头—出头/冒失—鲁莽、轻率
反义 冒失—谨慎
组字 帽
提示 "冒"的上面是"冂(mào)"(第三、四两笔不与两边相接),不是"曰(yuē)"。

mào	9画 贝部
贸	上下 𠂉(𠂉/刀)/贝
	𠂉 𠂉 𠂉 贸

①交易,买卖:~易l农~l市场。②冒失或轻率的样子:不要~然做出决定。
同义 贸然—轻率/贸易—交易

mào	12画 巾部
帽	左右 巾/冒(冂/目)
	巾 巾冂 帽 帽

①帽子,戴在头上的用品:草~l军~l~徽。②作用或样式像帽子的东西:螺丝~儿l笔~l~钉。

mào	14画 豸(zhì)部
貌	左右 豸/皃(白/儿)
	豸 豸 豹 貌

①面容,长相(xiàng):面~l容~l相~。②外表,外观,样子:外~l有礼l学校新~。
同义 貌合神离—同床异梦
反义 貌合神离—志同道合
组字 藐
提示 "貌"的右边是"皃(mào)",不是"儿(ní)"。

me

me	3画 丿(piē)部
么	独体
	丿 乙 么

词尾:什~l怎~l那~l多~。

mei

多音字	7画 氵(shuǐ)部
没	左右 氵/殳(几/又)
	氵 氵几 没

㈠méi ①没有,无:~关系l这个孩子~爹~娘,得到很多人的关爱。②不够,不如:身高还~一米五l糖~蜜甜。③未,不曾:我~撒谎l他~去过上海。
㈡mò ①沉到水里:沉~。②隐藏:出~l隐~。③漫过,高过:~顶l小溪的水只有~膝深l稻

什么东西大力士他永远也举不起来?(他自己)

mei

子~了田埂。④把财物扣下:~收|抄~。⑤终,尽:~世(一辈子,永久)。⑥死:病~。

同义 ㊀没—无/没辙—无法/没关系—没什么、不要紧/没精打采—垂头丧气 ㊁没落—衰落、败落

反义 ㊀没—有/没羞—害臊/没精打采—神采奕奕 ㊁没—出/没落—兴盛

反义 眉开眼笑—愁眉苦脸
组字 媚、楣

méi	8画 王部
玫	左右 王/攵
	一 ⼆ 王 玖 玫

【玫瑰】-gui 落叶灌木,枝上有刺。花有紫红色、白色等多种,香味很浓,可以做香料,花、根可入药。

méi	8画 木部
枚	左右 木/攵
	木 朴 枚

量词,相当于"个",用于形体小的物体:一~奖章|一~邮票|不胜~举(一个一个地举不完)。

méi	9画 目部
眉	半包围 尸/目
	𠃜 尸 眉 眉

①眉毛,眼眶上边的毛:~眼|清目秀。②书页上方的空白处:书~|~批(在书眉或文稿上方写的批注)。

同义 眉目—眉眼、容貌/眉开眼笑—眉飞色舞

méi	10画 艹(cǎo)部
莓	上下 艹/每(𠂉/母)
	艹 艹 荺 苺 莓

草本植物,种类很多,常见的有草莓,花白色,果实红色,味酸甜。

méi	11画 木部
梅	左右 木/每(𠂉/母)
	木 朽 柠 梅 梅

落叶乔木,耐寒,初春开放,有白、红等颜色,花瓣多为五瓣,香味很浓。果实叫梅子,味酸可吃。

méi	12画 女部
媒	左右 女/某(甘/木)
	乀 女 妝 媒

①介绍婚姻的人:~人|做~。②使双方发生关系的人或物:苍蝇是传播疾病的~介|传~。

méi	13画 木部
楣	左右 木/眉(尸/目)
	木 杧 杧 楣 楣

门框上的横木:门~。

méi	13画 火部
煤	左右 火/某(甘/木)
	丷 灶 灶 煤

黑色或黑褐色的矿物,由古代植物压埋地下经久而成,是重要的燃料和化工原料。也叫煤炭或石炭。

méi	15画 雨部
霉	上下 雨/每(𠂉/母)
	一 雩 霏 霏 霉 霉

①霉菌,低等植物,常寄生或腐生在食物或衣物的表面,种类有白霉、青霉等。有的能制造药品和做工业原料等,有的能引起人或动植物的病害。②衣物、食品等受了潮热长霉菌:发~|~烂。

歇后语 老鸹飞到猪腚上——看见别人黑,看不见自己黑。

M

247

mei—men

měi	7画 母(毋)部
每	上下 𠂉/母
	𠂉 🈁 每 每 每

①各,全体中的任何个体:~人|~次|~节约一分钱。②表示反复的动作中的任何一次:~战必胜|~逢佳节倍思亲。③常常,往往:~~。
同义 每每—往往/每时每刻—无时无刻
组字 莓、霉、悔、海、海、悔、梅、晦、敏

měi	9画 羊(𦍌)部
美	上下 𦍌(丷/王)/大
	丷 䒑 ⺷ 𦍌 美

①漂亮,好看,与"丑"相对:~丽|风景优~。②好,善:~德/~味|两全其~。③使美丽:~容|化校园。④称颂,称赞:赞~。⑤得意:~滋滋的夸他几句,他就~得了不得。⑥美洲,美国的简称:北~|~籍华人。
同义 美—丽、俊、俏、好、佳/美好—美满、美妙/美谈—佳话/美味—美食、佳肴/美滋滋—美丝丝
反义 美—丑、恶/美好—丑恶/美丽—丑陋

mèi	8画 女部
妹	左右 女/未
	𡿨 𡿩 𡿪 妹

同父母或亲属中同辈而年纪比自己小的女子:~~|~堂|~表~。

mèi	9画 日部
昧	左右 日/未
	日 日 昕 昧

①糊涂,不明事理:愚~|蒙~|无知冒~。②隐藏,违背:拾金不~|~良心|挣~心钱。

mèi	12画 宀(mián)部
寐	上下 宀/寐(爿/未)
	宀 宀 宍 㝉 寐

睡,睡着(zháo):夜不能~|假~|梦~以求(睡梦中都在追求,形容迫切地希望)。
提示 "寐"的左下方是"爿"(pán),不是"丬"。

mèi	12画 女部
媚	左右 女/眉(尸/目)
	乚 女 妒 媚 媚

①美好,可爱:妩(wǔ)~(姿态美好)|春光明~。②巴结,讨好:谄(chǎn)~|~外(对外国奉承巴结)。
反义 媚骨—傲骨

mèi	14画 鬼部
魅	半包围 鬼/未
	白 𪚥 鬼 魅

①传说中的鬼怪:鬼~。②诱惑,吸引:这部影片很有艺术~力。

men

mén	3画 门部
门	独体
	丶 𠃜 门

①建筑物的出入口:校~|房~。②出入口上能开关的装置:铁~|红漆大~。③器物可以开关的部分:橱~|炉~儿。④形状或作用像门的东西:闸~|电~。⑤一般事物的类别:专~|分~别类。⑥诀窍,门路:窍~|~径|摸不着~儿。⑦家庭,家族:满~|双喜临~。⑧传统指跟师傅有关的:~徒|拜~。⑨量词:一~功课|一~大炮。
同义 门第—门户/门类—种类/门路—门

谜语　天涯若比邻 (成语:不远万里)
　　　难言 (成语:不易之论)

道、门径、窍门
反义 门庭若市—门可罗雀
组字 们、扪、问、闷、闻

mén	6画 扌(shǒu)部
扪	左右 扌/门
	扌 扪 扪 扪

按,摸:~心自问(摸着胸口自己问自己。表示反省)。
同义 扪心自问—反躬自问

多音字	7画 门部
闷	半包围 门/心
	、门门闷

㊀mèn ①心烦,不痛快:苦~|解~|~~不乐。
②密封,不透气:~罐车。
㊁mēn ①因空气不流通而感到不舒服:~热|气|屋里太~了,到外面散散步。②密闭使不透气:茶刚泡上,~一会儿再喝。③呆在家里不出门:别老~在家里,多参加点文体活动。④声音不响亮,不做声:~声|~气|~声不响。
同义 ㊀闷闷不乐—郁郁寡欢
反义 ㊀闷闷不乐—心花怒放 ㊁闷热—凉爽
组字 焖

mèn	11画 火部
焖	左右 火/闷(门/心)
	丷 火 灯 焖

盖紧锅盖,用小火把饭菜煮熟:~饭|一锅~肉。

men	5画 亻(rén)部
们	左右 亻/门
	亻 亻 们 们

词尾,表示人的复数:我~|你~|同学~|乡亲~。

meng

méng	11画 艹(cǎo)部
萌	上下 艹/明(日/月)
	艹 艹 萌 萌

①植物发芽:~芽(比喻事物刚发生或新生的事物)。②开始发生:~生|~发|故态复~(形容老毛病又犯了)。
同义 萌发—萌生

多音字	13画 艹(cǎo)部
蒙	上下 艹(艹/冖)/冢
	艹 苎 莒 蒙 蒙

㊀méng ①遮、盖:~住眼睛|~上一张纸。
②没有知识,愚昧:~昧。③受,遭受:~难|~受不白之冤。④形容雨点细密:~~细雨。⑤隐瞒:~蔽|~混。
㊁měng ①欺骗:你别~人|谁也~不了他。
②昏迷:他被球打~了。③乱猜:瞎~|这回被他~对了。
㊂měng ①【蒙古族】我国少数民族名,主要分布在内蒙古、辽宁、新疆、黑龙江、青海、河北、河南等地。②【蒙古】国名。
同义 ㊀蒙昧—愚昧/蒙难—遇难/蒙受—遭受 ㊁蒙骗—欺骗/蒙蒙亮—麻麻亮
反义 ㊀蒙昧—聪慧
组字 檬、朦
提示 "艹"下面不要漏写一横。

méng	13画 皿部
盟	上下 明(日/月)/皿
	日 明 明 盟

①政治集团之间、国家之间联合起来:~国|~约。②依据一定的信约结成的联合组

名人名言 尊重人的尊严,这是一件多么干净、多么美好的事啊!
　　　　　　　　　　　　　　　　[法]萨特

织:联~|同~。③发(誓):海誓山~|~个誓。④内蒙古自治区的行政单位,相当于各省的地区。

同义 盟誓—宣誓、发誓

méng	17画 木部
檬	左右 木/蒙(艹/冢)
	木 柠 柠 檬 檬

【柠檬】níng- 见"柠"。

méng	17画 月部
朦	左右 月/蒙(艹/冢)
	月 胪 胧 朦 朦

【朦胧】-lóng ①月光不明:月色~。②不清楚,模糊:烟雾~。

同义 朦胧—模糊
反义 朦胧—清晰

měng	11画 犭(quǎn)部
猛	左右 犭/孟(子/皿)
	丿 犭 犴 猛 猛

①气势壮,力量大:~烈|~士高歌~进。②凶暴:凶~|~虎下山。③忽然,突然:~然|~地站起来|~醒。

同义 猛进—奋进、突进/猛烈—剧烈、强烈、激烈/猛然—骤然、忽然/猛增—激增、剧增
反义 猛烈—平和、微弱/猛增—骤减

měng	13画 钅(jīn)部
锰	左右 钅/孟(子/皿)
	钅 钌 锰 锰

一种金属元素,灰赤色,有光泽,质硬而脆,用于炼钢和制造锰钢等合金。

měng	14画 虫部
蜢	左右 虫/孟(子/皿)
	中 虫 虻 蜢 蜢

【蚱蜢】zhà- 见"蚱"。

mèng	8画 子部
孟	上下 子/皿
	一 了 孟 孟

①农历每一季的第一个月:~春(正月)|~秋(七月)。②旧时兄弟排行(háng)的老大:~兄|~孙。

组字 猛、锰、蜢

mèng	11画 夕部
梦	上下 林(木/木)/夕
	木 林 梦 梦

①人睡着以后因身体内外的刺激而产生的影像活动。②做梦:~见。③比喻幻想:~想。

同义 梦幻—梦境、梦乡/梦寐—睡梦/梦想—幻想、空想、渴望

mi

mī	9画 口部
咪	左右 口/米
	口 叶 咪

猫叫声或呼猫声:小猫~~叫|老猫不见了,小华~~地呼叫着,到处寻找。

 什么东西不用的时候朝下,用的时候朝前?(钥匙)

mi

多音字	11画 目部
眯	左右 目/米
	目 旷 眯

㈠mī ①眼皮半闭：~着眼笑｜~缝着眼。②睡一会儿：他伏在桌上~了几分钟。

㈡mí 东西进入眼里，使眼睛流泪或一时睁不开：沙子~了眼。

mí	8画 弓部
弥	左右 弓/尔(㇇/小)
	弓 弘 弥

①满，遍布：~月(小孩儿满月)｜~漫(到处布满)｜~天大罪。②补，填：~补｜~缝。③更加：欲盖~彰(本想掩盖坏事的真相，反而暴露得更加明显)｜岁老根~壮。

同义 弥补—填补、补救/弥漫—充满、布满
组字 猕

mí	9画 辶(chuò)部
迷	半包围 米/辶
	米 迷 迷

①分辨不清或失去知觉：~路｜昏~不醒。②对某人或某种事物过度喜爱：~恋｜~沉。③过度喜爱某种事物的人：球~｜棋~｜小说~。④使陶醉，使迷惑：景色~人｜鬼~心窍。

同义 迷糊—模糊/迷惑—疑惑、糊(hù)弄/迷路—迷途/迷人—醉人、诱人
反义 迷糊—清楚、清醒/迷惑—醒悟
组字 谜

mí	11画 犭(quǎn)部
猕	左右 犭/弥(弓/尔)
	犭 犭 犭 狝 猕

【猕猴】哺乳动物，猴的一种，产在我国西南和亚洲南部等地。也叫恒河猴。

mí	11画 讠(yán)部
谜	左右 讠/迷(米/辶)
	讠 讠 谜 谜

①谜语：灯~｜画~｜~底。②还没有弄清楚或难以理解的问题：究竟有没有外星人，到现在还是一个~。

多音字	17画 麻部
糜	半包围 麻(广/林)/米
	广 广 麻 糜

㈠mí ①粥：肉~。②腐烂：~烂。③浪费。今做"靡"，如"靡费"、"奢靡"、"侈靡"。

㈡méi 糜子，一种像黍(shǔ)但没有黏性的谷物。

同义 ㈠糜烂—溃烂、腐烂
反义 ㈠糜烂—愈合

多音字	19画 麻部
靡	半包围 麻(广/林)/非(彐/⺻)
	广 麻 麻 靡 靡

㈠mí 浪费：~费｜奢~。

㈡mǐ ①无，没有：~日不思。②倒下：披~(草木随风倒下)｜风~(形容事物在一个时期里很流行)。

同义 ㈠靡费—浪费
反义 ㈠靡费—节约

mǐ	6画 米部
米	独体
	丶 ㇓ 半 米

①稻谷或其他植物籽实去了壳的物质：大~｜小~｜花生~。②长度单位，1米等于100厘米，合3市尺。旧称公尺。

组字 类、娄、粪、咪、眯、迷、屎、籽、粉、料、粘、粗、粒、栗、粤、粥、粮、粱、精、糊、糖、糕、糜、糟、糠、糅、粽、鄰、糙

歇后语 老鸦落在猪背上——一个赛过一个黑

mi—mian

mì	8画 爫(⺥)部
觅	上下 ⺥/见
	一⺥⺥⺥⺥觅

找,寻求:寻~|~食|~路。

mì	8画 氵(shuǐ)部
泌	左右 氵/必
	氵氿泌泌

分泌,生物体产生出某种物质:~乳|~尿。

多音字	10画 禾部
秘	左右 禾/必
	禾秆秘秘

㊀mì ①不公开的,不让大家知道的:~密|~诀(不公开的巧妙办法)|祖传~方。②保密:~而不宣。③闭塞,不通:便~(大便干燥、困难、次数少的症状)。④稀有的:~籍。
㊁bì【秘鲁】-lǔ 国名,在南美洲。
同义 ㊀ 秘诀—诀窍/秘密—机密、神秘、奥秘
反义 ㊀ 秘密—公开

mì	11画 宀(mián)部
密	上下 密(宀/必)/山
	宀宓宓密

①距离近,间隙小,与"稀"、"疏"相对:稠~|~植|这件毛衣织得很~。②精致,细致:精~|周~。③关系好,感情深:亲~|~友。④不公开的,不公开的事:秘~|~件|保~|严守国家机~。
同义 密封—密闭/密切—亲密、紧密/密密麻麻—密密丛丛
反义 密—稀、疏/密密麻麻—稀稀落落、稀稀拉拉

mì	14画 宀(mián)部
蜜	上下 密(宀/必)/虫
	宀宓宓蜜

①蜂蜜,蜜蜂采取花的甜汁酿成的东西。②甜美:甜言~语。

mian

mián	10画 目部
眠	左右 目/民
	目卩眠眠

①睡觉:睡~|失~。②某些动物在一段时间内不吃不动的现象:冬~|蚕~。

mián	11画 纟(mì)部
绵	左右 纟/帛(白/巾)
	纟纻绵绵

①丝绵,蚕丝结成的片或团,用来絮衣服。②单薄,柔软:~薄之力|~软。③连续不断:~延|~长|连~不断。④缠绕:缠~。
同义 绵延—绵连、绵亘、连绵
提示 "绵里藏针"的"绵",不要误为"棉"。

mián	12画 木部
棉	左右 木/帛(白/巾)
	木朾棉棉

①棉花,一年生草本植物,果实像桃,叫棉桃或棉铃。种子外有白色的絮,可以供纺织和絮衣被等。种子可榨油。②木棉,落叶乔木,生在热带、亚热带。果实内的纤维不能纺纱,可以做枕心、垫褥等。

| 谜语 | 爬山创纪录 (成语:登峰造极) |
| | 街上打手机 (成语:道听途说) |

mian—miao

miǎn	7画 刀(⺈)部
免	上下 ⺈/儿
	⺈⺈免免

①去掉,除去:~除|~费|罢~。②避开;避~|难|事先认真调查研究,以~做出错误结论。③不要,不可:闲人~进。
同义 免除—解除、消除/免得—省得、以免/免职—撤职、罢官
反义 免—任/免职—任职、复职
组字 冕、挽、娩、晚、勉
提示 中间不要误写成"口"。

miǎn	9画 力部
勉	半包围 免(⺈/儿)/力
	⺈⺈免免勉

①努力:勤~|奋~。②鼓励,劝人努力:互~|自~。③力量不够仍继续去做:~强(qiǎng)|~为其难(勉强地去做力所不及的事)。
同义 勉励—鼓励、劝勉/勉强—牵强、将就、凑合

miǎn	10画 女部
娩	左右 女/免(⺈/儿)
	乚女妒娩娩

分娩,妇女生孩子。

miǎn	11画 冃部
冕	上下 冃/免(⺈/儿)
	冂日冒冕

古代帝王、诸侯所戴的帽子,后来专指皇冠:加~(把皇冠加在君主头上,是君主即位时所举行的仪式)。
提示 "冕"的上面是"冃(mào)",不是"曰(yuē)"。

miǎn	12画 纟(mì)部
缅	左右 纟/面
	纟纟纩缅缅

遥远:~怀革命烈士|~想。
同义 缅怀—缅想、追忆

miǎn	13画 月部
腼	左右 月/面
	月肑腼腼

【腼腆】-tiǎn 害羞,难为情:这孩子见了生人很~。
同义 腼腆—害羞、拘束
反义 腼腆—大方、自然

miàn	9画 面部
面	独体
	一丆而面面

①脸:满~笑容|~孔。②向着,对着:背山~水|~壁而立。③当面:~谈|~交校长。④事物的外表,表层:桌~|被~儿。⑤几何学上称线移动所成的形迹,有长有宽,没有厚:平~|~积。⑥部位或方面:正~|片~|~俱到。⑦粮食磨成的粉:玉米~。⑧粉末:药~儿|粉笔~儿。⑨面条:挂~|拌~。⑩量词:一~镜子|一~旗|一~锣。
同义 面—脸、表/面孔—面庞、脸孔/面貌—相貌、景象/面前—眼前/面谈—面议
反义 面—点/面熟—面生
组字 缅、腼

miao

miáo	8画 艹(cǎo)部
苗	上下 艹/田
	艹苗苗

①初生的种子植物,某些蔬菜的嫩茎叶:

身体强健的主要标准在能忍耐劳苦。
[英]洛克

miao—mie

幼l麦l儿l蒜~。②形状像苗的:火l儿。③某些初生的饲养动物:鱼~l猪~。④疫苗:牛痘l卡介~。⑤子孙后代:他是王大爷家的一根独~。⑥比喻可培养成才的后辈:他是长跑的~子。
同义 苗条—细挑
反义 苗条—肥大、粗壮
组字 描、猫、瞄、锚

miáo	11画 扌(shǒu)部
描	左右 扌/苗(艹/田)
	扌 扩 描 描

①照底样画或写(多指用薄纸蒙在底样上画):~花l~图。②在原样上写、画或重复涂抹:~红l~眉。
同义 描绘—描画、描写、描述/描摹—临摹、描写

miáo	13画 目部
瞄	左右 目/苗(艹/田)
	目 旷 瞄 瞄

把目光集中在一点上,注意看:~准敌人,狠狠地打。

miǎo	9画 禾部
秒	左右 禾/少
	禾 利 秒 秒

①谷物种子壳上的芒。②计算时间、角度和经纬度的最小单位,1秒是1分的1/60。

miǎo	12画 氵(shuǐ)部
渺	左右 氵/眇(目/少)
	氵 沠 渺 渺

①水势辽远:烟波浩~。②微小:~小l不足道。③【渺茫】a.距离远而看不清楚。b.遥远的,没有把握的:这件事很~。
同义 渺小—微小、卑微
反义 渺小—伟大

miǎo	17画 艹(cǎo)部
藐	上下 艹/貌(豸/克)
	艹 芋 藐 藐

①小:~小。②轻视:~视。
同义 藐视—蔑视、轻视
反义 藐视—重视

miào	7画 女部
妙	左右 女/少
	乀 女 如 妙

①美、好:美~l~语l这一手真~。②奇巧,奥秘:奇l巧l奥~。
同义 妙—巧、好/妙手—高手、能手
反义 妙笔—败笔

miào	8画 广部
庙	半包围 广/由
	广 庐 庙

①旧时供祖宗神位的地方:宗~l~家。②供神佛或历史上有名人物的地方:龙王~l孔~l关帝~。③庙会,设在寺庙里或附近的集市:赶~。

mie

miē	9画 口部
咩	左右 口/羊
	口 吖 咩 咩

形容羊叫的声音:小羊~~叫着。

miè	5画 火部
灭	上下 一/火
	一 灭 灭

①熄灭,使熄灭:火~了l~灯。②淹没(mò)。

脑筋急转弯 什么报只印一份?(电报)

~顶(淹死)。③不存在,使不存在:自生自~|英雄功绩不可磨~|杀人~口。

miè	14画 艹(cǎo)部
蔑	上中下 艹/四/戍 艹 艹 芇 芦 茋 蔑

①轻微,小:~视|轻~(瞧不起,不放在眼里)。②造谣破坏别人名誉:诬~。③无,没有:~以复加(没有什么能够再增加的了,形容达到了顶点)。

同义 蔑视—藐视、轻视
反义 蔑视—重视
提示 "蔑"的下面是"戍",不是"戊"或"戌"。

miè	17画 竹(⺮)部
篾	上中下 ⺮/四/戍 ⺮ 筲 笢 笢 篾

竹子劈成的薄片,泛指劈成条的芦苇、高粱等茎皮:竹~子|席~儿。

min

mín	5画 乙部
民	独体 一 ⺜ ⺘ 尸 民

①人民:公~|~心|~主。②从事某种职业或从属某个民族的人:农~|牧~|藏~。③民间:~歌|~俗。④非军事的:~航|~用。

同义 民办—民营、私立/民愤—公愤/民歌—民谣/民众—群众、大众
反义 民办—公办、官办/民主—专制、独裁
组字 抿、岷、氓、眠

mín	8画 山部
岷	左右 山/民 丨 山 山 屿 岷

岷山,在四川省北部,绵延于川、甘两省边境。

mǐn	5画 皿部
皿	独体 丨 冂 皿 皿

器皿,碗、碟、杯、盘等用具的总称。

组字 孟、盘、盖、盆、监、盐、益、盛、盆、盗、盟、盏

mǐn	8画 扌(shǒu)部
抿	左右 扌/民 扌 扩 折 抒 抿

①稍微合上:~着嘴笑。②嘴唇轻沾碗或杯子,略微喝一点:~一口酒。③刷,抹:~头发。

mǐn	9画 门部
闽	半包围 门/虫 丶 门 问 闽

福建省的别称:~剧。

mǐn	10画 忄(xīn)部
悯	左右 忄/闵(门/文) 丶 忄 忄 悯 悯

对遭遇不幸的人表示同情:怜~|其情可~。

mǐn	11画 攵(pū)部
敏	左右 每(𠂉/母)/攵 亡 每 每 每 敏

①反应快,灵活:灵~|动作~捷|~感。②聪明:聪~。

同义 敏捷—麻利/敏锐—锐敏、灵敏、尖锐
反义 敏捷—迟缓/敏锐—迟钝

ming

míng	6画 夕部
名	上下 夕/口
	ノクタ名

①名字，人或事物的称呼：姓~|地~|美其~日。②声望：~誉|~声|闻~。③有名的：~画|~医|~人|~言。④说出：莫~其妙|不可~状(不能用语言形容)。⑤量词：1~代表|5~学生。
同义 名贵—贵重、珍贵/名人—名流、名家/名声—名气、名誉、声名、声誉/名堂—名目、花样/名望—声望
反义 名—实
组字 铭

míng	8画 日部
明	左右 日/月
	日明明

①亮，与"暗"相对：天~|月|柳暗花~又一村。②清楚，了解：~白|说~|去向不~。③公开，坦白：~显|有话~说|~人不做暗事。④视力：眼睛失~。⑤有眼力，观察事物能力强：眼~手快|精~强干。⑥第二(专指年或日)：~年|~日。⑦朝代名。
同义 明—亮/明白—明确、明了、清楚/明朗—晴朗、开朗/明亮—光亮、亮堂/明天—明日、未来/明显—显然/明晃晃—明闪闪

反义 明—暗/明白—糊涂/明朗—阴暗、阴沉/明里—暗中/明亮—昏暗、黑暗/明天—昨天、过去
组字 萌、盟

míng	8画 口部
鸣	左右 口/鸟
	口叨吩鸣

①(鸟兽、昆虫)叫：鸡~|鹿~|意欲捕~蝉，忽然闭口立。②发出声音，使发出声音：电闪雷~|~炮|~金收兵|~锣开道。③表达(情感)，发表(意见、主张等)：~谢(表示谢意)|~不平|百家争~(指不同观点的各种学派自由争论)。

míng	10画 冖(mì)部
冥	上中下 冖/日/六
	冖日旦冥

①昏暗：幽~。②愚昧：~顽。③深刻，深沉：~思苦想。④迷信的人指阴间，就是人死以后进入的世界：~府(阴间)。
同义 冥思—冥想
组字 瞑、螟

míng	11画 钅(jīn)部
铭	左右 钅/名(夕/口)
	钅钐钐铭

①古代的一种文体，常刻在器物上，用来记载事实或表示警戒：墓志~|座右~(写出来常放在座位右边有警戒、教育意义的格言)。②在器物上刻字。比喻永远记住：~刻|~记人民的嘱托。
同义 铭记—铭刻、牢记
反义 铭记—忘记、淡忘

míng	15画 目部
瞑	左右 目/冥(冖/日/六)
	目旷瞑瞑

闭上眼睛：~目(多指人死时心中没有牵挂)。

míng	16画 虫部
螟	左右 虫/冥(冖/日/六)
	虫虹蚂螟

谜语　家中无养猪，妙在少费时　(字：安)　　一月二十日，相聚在早晨　(字：朝)
　　　听起来像老大，看起来是老二　(字：乙)

ming—mo

【螟虫】昆虫名,是螟蛾的幼虫,种类很多,如三化螟、二化螟、大螟、玉米螟等。危害农作物。

mìng	8画 人部
命	上下 亼/叩(口/卩)
	人人人命命

①生命,寿命:救~|偿~|长~。②迷信指人一生中注定的贫富、寿数等:~运|~骗人。③上级对下级的指示:~令|奉~|在原地待~。④上级指示下级:~你团火速赶赴抗洪前线。⑤给予(名称等):~名|~题作文。
同义 命令—指令、勒令/命中—射中、击中

miu

miù	13画 讠(yán)部
谬	左右 讠/翏(羽/彡)
	讠讠讠谬

错误的,违背情理的:~论|~误|失之毫厘,~以千里(开头时错了一点点,结果就会造成很大错误)。
同义 谬误—错误、差错
反义 谬论—真理
提示 "谬"不要与"缪"相混。

mo

mō	13画 扌(shǒu)部
摸	左右 扌/莫(艹/日/大)
	扌扩描摸

①用手接触下或轻轻按着移动:我~了一下他的头抚~。②用手探取:~鱼|从口袋里~出手柄。③试探寻求:~底|~索出一套经验。④在黑暗中行进,试探着行动:~到敌人阵地|~黑。
同义 摸索—探索、寻找

mó	13画 饣(shí)部
馍	左右 饣/莫(艹/日/大)
	饣饣饣馍

馍馍,面制食品,通常指馒头。

mó	14画 艹(cǎo)部
摹	上下 莫(艹/日/大)/手
	艹艹莫募摹

仿效,照着样子写或画:把这个字~下来|临~|描~。

多音字	14画 木部
模	左右 木/莫(艹/日/大)
	木木栉模

㈠mó ①标准,规范:~型|~范|楷~。②仿照:~仿|~拟。③模范人物:劳~|英~。
㈡mú ①模子,使材料压制或浇灌成一定形状的工具:铜~儿|字~儿。②形状,样子:~样。
同义 ㈠模范—楷模、榜样/模仿—模拟、效仿、仿效/模糊—含糊、迷糊、混淆
反义 ㈠模糊—清晰、清楚

mó	14画 月部
膜	左右 月/莫(艹/日/大)
	月月胪膜

①生物体内像薄皮的组织:耳~|腹~|炎|竹~。②像膜的薄皮:塑料薄~。

多音字	15画 麻部
摩	半包围 麻(广/林)/手
	广广麻摩

㈠mó ①擦:~擦|~拳擦掌。②抚摸:按~|~

名人名言 没有适度的日常运动,便不可能永远健康。
[德]叔本华

弄。③接触，接近：~天岭|~肩接踵。④研究，探求：观~|揣(chuǎi)~(反复思考推求)。

㊁mā【摩挲】-sa 用手轻轻按着一下一下地移动：把头发~平。

同义 ㊀摩擦—冲突/摩登—时髦、时兴/摩天—参天

多音字	16画 麻部
磨	半包围 麻(广/林)/石(丆/口)
	广 广 麻 磨

㊀mó ①摩擦：~刀|~墨|膝盖~破了。②使受痛苦，纠缠：~难|折~|这孩子真~人。③拖延，耗时间：消~|洋工。④消灭，消失：永不~灭|百世不~。

㊁mò ①把粮食、饲料等弄碎的工具：石~|电~。②用磨(mò)弄碎：~面|~豆腐。

同义 ㊀磨炼—锻炼、锤炼/磨灭—消失、消灭/磨难—苦难

组字 蘑

提示 "磨擦"、"磨拳擦掌"的"磨"今统做"摩"。

mó	19画 艹(cǎo)部
蘑	上下 艹/磨(广/石)
	艹 广 麻 蘑

【蘑菇】-gu ①可以吃的菌类植物的通称。②动作慢或故意纠缠：已经打了上课铃，别~了|你别跟我~。

mó	20画 麻部
魔	半包围 麻(广/林)/鬼
	广 麻 麽 魔 魔

①迷信指害人性命、迷惑人的恶鬼：~鬼|妖~|恶~。②不平常的，奇异的：~术|~力。③因过度迷恋而陷入失去理智的状态：入~|着(zháo)~。

多音字	8画 扌(shǒu)部
抹	左右 扌/末
	扌 扌 抹

㊀mǒ ①涂：涂~|~药膏。②擦：~眼泪|他吃完饭用手~~嘴。③勾销，除去：杀~(一概不计，取消掉)|~零儿(不计算尾数)。

㊁mò ①涂上泥灰再弄平：往墙上~石灰。②紧挨着绕过：拐弯~角。

㊂mā ①擦：~布|~桌子。②用手按着并向某个方向移动：把帽子~下来|把翘起的书角~平。

同义 ㊀抹黑—丑化

mò	5画 一部
末	独体
	二 丰 末

①梢，尽头：~梢|秋毫之~(比喻极细小的事物)。②最后的：~期|~班车。③次要的，非根本的，与"本"相对：本~倒置。④细碎的东西：粉笔~|茶叶~儿。⑤传统戏曲里扮演中年男子的角色。

同义 末路—绝路、死路/末尾—末了、末端、末梢

反义 末—本/末尾—开头、开端

组字 茉、抹、沫、秣、袜

mò	8画 艹(cǎo)部
茉	上下 艹/末
	艹 苎 茉

【茉莉】-li 常绿灌木，夏季开白色小花，很香，常用来熏制茶叶。

mò	8画 氵(shuǐ)部
沫	左右 氵/末
	氵 汁 沫

液体形成的许多小泡：泡~|肥皂~儿|吐~。

  太阳和月亮在一起是哪一天？(明天)

mo—mou

四溅。

mò	8画 阝(fù)部
陌	左右 阝/百
	丆 阝 陌 陌

①田间的小路,泛指通路:阡~|~上桑正茂。②【陌生】生疏,不熟悉。
同义 陌生—生疏
反义 陌生—熟悉、熟识

mò	10画 艹(cǎo)部
莫	上中下 艹/日/大
	艹 苩 苢 莫

①不要:闲人~入|~笑家腊酒浑。②没有谁,没有什么:~不欢欣鼓舞|~大(没有比这个再大)。③不:变化~测|一等~展(比喻一点办法也没有)。④表示猜测或反问:这件事~非是他做的?|~不是(莫非)。
同义 莫大—极大/莫非—难道
组字 寞、摸、馍、漠、模、膜、蟆、募、墓、幕、暮、慕

mò	13画 氵(shuǐ)部
漠	左右 氵/莫(艹/日/大)
	氵 氵 浩 漠

①沙漠:大~|~北。②冷淡,不在意,不关心:~视|~然(态度冷淡,毫不关心的样子)|~不关心。
同义 漠视—无视

mò	13画 宀(mián)部
寞	上下 宀/莫(艹/日/大)
	宀 宀 穻 寞

寂静,冷清:寂~|~然|落~(寂寞,冷落)。

mò	15画 黑部
墨	上下 黑(里/灬)/土
	口 四 甲 黑 墨

①写字绘画用的黑色颜料:一锭(dìng)~|~汁。②写字画画或印刷用的各色颜料:红~|蓝~|油~。③书画,诗文:~宝(珍贵的字画)|遗~(死者留下的字画、文稿等)。④黑色:~镜。⑤比喻学问:胸无点~。

mò	16画 黑部
默	左右 黑(里/灬)/犬
	口 四 日 黑 默

①不说话,不明示:沉~|~无言|~读|~许。②默写:~生字。
同义 默读—默诵
反义 默读—朗诵

mou

多音字	6画 厶(sī)部
牟	上下 厶/牛
	厶 牟 牟

㈠ móu 想办法得到名利:~取暴利。
㈡ mù 用于地名:~平(在山东)|中~(在河南)。
同义 ㈠ 牟利—渔利/牟取—谋取
组字 眸

móu	11画 目部
眸	左右 目/牟(厶/牛)
	目 眇 眸 眸

眸子,眼睛中的瞳(tóng)人,泛指眼睛:凝~远望|明~皓(hào)齿(明亮的眼睛,洁白的牙齿)。

老虎挂念珠——变换着法儿来吃人

mou—mu

móu	11画 讠(yán)部
谋	左右 讠/某(甘/木)
	讠讲讲谋

①计划,计策,主意:~略\|计~\|阴~。②设法寻求:~求\|~幸福\|自~职业。③商量,商议:不~而合(没有经过商量而彼此的意见相同或行动一致)。

同义 谋划—策划/谋略—策略、计谋/谋杀—谋害/谋生—营生

mǒu	9画 甘部
某	上下 甘/木
	廿廿某

①代替特定的或不明确指出的人或事物:~工地发生事故\|~人\|~日\|~种原因。②代替自己或别人的名字:我王~人说话算数\|把东西退还张~。

组字 谋、媒、煤

mu

mǔ	5画 毋(母)部
母	独体
	ㄥㄣ母母

①母亲,妈妈:~女\|老~\|慈~。②对女性长辈的称呼:祖~\|姑~\|舅~。③雌性的,与"公"相对:~鸡\|~猪。④最初的,能产生出其他事物的东西:~校\|失败乃成功之~。

组字 每、毒、拇、姆

mǔ	7画 牛部
牡	左右 牛/土
	ㄥ 牛 牡 牡

①雄的,与"牝(pìn)"相对:~马\|~牛。②【牡丹】-dan 落叶乔木,花大、单生,通常深红、粉红或白色,是著名的观赏植物。根皮入药,叫丹皮。

mǔ	7画 亠(tóu)部
亩	上下 亠/田
	亠宀亩亩

土地面积单位,1亩等于10分,合60平方丈,100亩为1顷。

mǔ	8画 扌(shǒu)部
拇	左右 扌/母
	扌扎拇拇拇

拇指,手脚的大指头。

mǔ	8画 女部
姆	左右 女/母
	乚女姆姆姆

保姆,帮助人家照管孩子或料理家务的女工。

mù	4画 木部
木	独体
	一十才木

①树木:果~\|伐~\|独~不成林。②木材和木料的总称:杉~\|松~\|楠~。③用木料制成的:~桶\|~器。④棺材:棺~\|行将就~(快要进棺材了)。⑤感觉不灵敏,失去知觉:麻~\|舌头发~。

组字 朵、呆、条、宋、杰、休、沐、林、床、闲、困

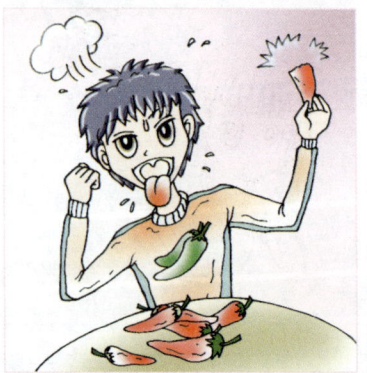

mù	5画 目部
目	独体
	冂月目

①眼睛:耳聪~明。②看:一~了然。③大项中再分的小项:项~。④目录:书~\|剧~。⑤名

谜语 左边加一是一千,右边加一是一百 (字:伯)
左边加一是一千,右边减一是一千 (字:任)

称,标题:题~。
同义 目的—目标/目睹—目击/目前—当前、眼前、眼下/目光如豆—鼠目寸光
组字 首、冒、泪、相、看、着

mù	7画 氵(shuǐ)部
沐	左右 氵/木
	氵汁沐

洗头发,泛指洗:栉(zhì)风~雨(比喻奔波辛苦)|~浴。
同义 沐浴—洗澡、沉浸

mù	8画 艹(cǎo)部
苜	上下 艹/目
	艹艹苜苜

【苜蓿】-xu 多年生草本植物,叶子长圆形,花紫色,结荚果。可以喂牲口、做肥料。

mù	8画 牛部
牧	左右 牜/攵
	亠牛牛牧

放养牲口:~羊|~童|畜(xù)~|~民。

mù	12画 艹(cǎo)部
募	上下 莫(艹/日/大)/力
	艹艹募募

广泛征集:~捐(征集捐款)|~兵(招兵)|招~(招收人员)。
提示 "募"的下面是"力",不是"刀"。

mù	13画 艹(cǎo)部
墓	上下 莫(艹/日/大)/土
	艹艹墓墓

埋死人的地方:坟~|公~|陵~|~碑。

mù	13画 艹(cǎo)部
幕	上下 莫(艹/日/大)/巾
	艹艹幕幕

①覆盖在上面或挂着的大幅布、绸、丝绒等:帐~|~布。②古代将帅办公的地方:~府。③戏剧的较完整的段落:独~剧。④内部的或见不得人的事情:内~|黑~。

mù	13画 目部
睦	左右 目/坴(土/八/土)
	目目'睦睦

亲近,相处得好:和~|亲~|~邻(与邻国或邻居友好相处)。

mù	14画 艹(cǎo)部
慕	上下 莫(艹/日/大)/小
	艹艹慕慕慕

①向往,敬仰:羡~|仰~|~名而来。②思念,依恋:思~。

mù	14画 艹(cǎo)部
暮	上下 莫(艹/日/大)/日
	艹艹暮暮

①傍晚,太阳落山的时候,与"朝(zhāo)"相对:~色(傍晚昏暗的天色)|朝三~四(比喻反复无常)。②晚,时间将尽:~春|~年|天寒岁~。
同义 暮年—晚年
反义 暮—晨、朝(zhāo)/暮气—朝气

mù	16画 禾部
穆	左右 禾/㣎(白/小/彡)
	禾秆秤穆穆

恭敬,庄严:肃~(严肃而恭敬)|静~(安静而庄严)。

名人名言 做一个给别人带来光明而无私地贡献自己一切力量的人,才是人生最大的幸福。 [苏]捷尔任斯基

na

ná	10画 人部/手部
拿	上下 合(人/口)/手
	八合拿拿

①取,握,搬:~信|~笔|把椅子~走。②强取,捉:~下敌人的阵地|捉~狗~耗子。③掌握,把握:~定主意|~不稳。④取得,领到:~第一|~工资。⑤装着,做出:~腔作势|~架子。⑥把:别人当猴子耍|~黑夜当白天。⑦用:~水喷地板|他常~自己的钱替同学买学习用品。

同义 拿获—抓获、捕获、捉住/拿手—擅长
反义 拿—放

多音字	9画 口部
哪	左右 口/那(月/阝)
	口叮叼哪哪

㈠nǎ ①表示疑问:~儿?|~里?|~个同学做的好事?②表示反问:没有大家的努力,~能取得这么大的成绩?③表示不确定:~里有困难就到~里去。
㈡něi "哪(nǎ)"的口语音。
㈢na "啊"受到前一字韵母n收音的影响而发生的变音:加油干~!|这道题真难~!
㈣né【哪吒】-zhā 中国古代神话里的神名。

同义 ㈠哪怕—即使

多音字	6画 阝(yì)部
那	左右 月/阝
	丁⺕那那

㈠nà ①指较远的人、时间、地方或事物:~人|~天|~里|~样。②表示连接上文说明后果,常与"如果"、"若是"等相应:如果没有文化知识,~就不能更好地为人民服务。
㈡nèi "那(nà)"的口语音。
㈢nā 姓。

组字 挪、哪、那、娜

nà	7画 口部
呐	左右 口/内
	口叮呐

【呐喊】大声叫喊:摇旗~|助威。
同义 呐喊—叫喊、呼喊

nà	7画 纟(mì)部
纳	左右 纟/内
	纟幻纳

①收进,归入:出~|入~计划。②交税款等:~税|~粮。③享受:~凉|~福。④接受:采~|~笑~。⑤用线细缝密扎:~鞋底。

同义 纳凉—乘凉/纳税—交税、上税
反义 纳—出、吐

nà	9画 钅(jīn)部
钠	左右 钅/内
	钅钊钠

一种金属元素,银白色,质地软。钠和它的化合物如食盐(氯化钠)、纯碱(碳酸钠)等在工业上用途很广。

多音字	9画 女部
娜	左右 女/那(月/阝)
	乚乄妠妠娜娜

名人名言 为他人,奉献一切;为自己,不要任何东西。
[瑞士]裴斯泰洛齐

na—nan

㊀nà 人名或译音用字。
㊁nuó ①【袅娜】niǎo- 见"袅"。②【婀娜】ē- 柔美的样子:~多姿。

nà	11画 扌(shǒu)部
捺	左右 扌/奈(大/示)
	扌扶捺捺

①按:~手印。②抑制:~着性子|按~不住心头的怒火。③汉字的一种笔画"乀":"大"字的第三笔是~。

nai

nǎi	2画 丿(piě)部
乃	独体
	丂乃

①是,就是:失败~成功之母。②就,于是:敌退,我~进。③才:于今~知两刃相割,利钝~知。④你,你的:~兄|~翁(你的父亲)。
同义 乃—是/乃至—甚至
组字 孕、扔、奶

nǎi	5画 女部
奶	左右 女/乃
	乀女奶奶

①乳房。②乳汁:牛~|~粉|喂~。③用自己的乳汁喂(孩子):~婴儿。
同义 奶—乳/奶名—小名、乳名

nài	8画 大部
奈	上下 大/示(二/小)
	大夲奈

①怎样,如何:无~|怎~(无奈)。②对付,处置:何~|他不得。
组字 捺

nài	9画 寸部/而部
耐	左右 而/寸
	丆而耐

禁得起,能忍受:~穿|~久|吃苦~劳|~烦|~着性子。
同义 耐烦—耐心、耐性/耐久—耐用

nan

nán	7画 田部
男	上下 田/力
	田罗男

①男性,与"女"相对:~生|~青年。②儿子:长~|次~。

nán	9画 十部
南	上下 十/冎(冂/羊)
	十冎冎南

方向,早晨面对太阳时右手的一边,与"北"相对:指~针|坐北朝~。
同义 南柯一梦—黄粱美梦/南辕北辙—背道而驰
反义 南—北
组字 喃、楠、献

多音字	10画 又部
难	左右 又/隹
	又歺难难

㊀nán ①不容易做,不好办,与"易"相对:艰~|困~|题。②不大可能:~怪|~免|~保。③使不好办:这道题把他~住了。④不好:~听|~看。
㊁nàn ①灾患,困苦:灾~|~民。②质问,责问:非~(质问,指责)|责~。

脑筋急转弯 天比较大,还是月比较大?(月比较大,因为一个月有三十天)

nan—nao

同义 ㊀难道—莫非/难过—难受/难免—未免、不免/难忍—难耐 ㊁难民—灾民
反义 ㊀难—易/难吃—可口/难看—漂亮/难受—舒服/难听—动听、悦耳 ㊁难—福
组字 摊、滩、瘫

nán	13画 木部
楠	左右 木/南(十/冂)
	木 朽 枏 楠

楠木,常绿乔木,木材坚固,有香气,是建筑和做船只、器物的贵重材料。

nang

náng	22画 一部
囊	上中下 㐅/㓁(口/口)/袠(罒/㐅)
	二 共 臺 囊 囊

①口袋:探~取物(比喻极容易)|解~相助(解开口袋拿出财物来帮助别人)。②像口袋的东西:喉~|胆~。

nao

náo	9画 扌(shǒu)部
挠	左右 扌/尧(戈/兀)
	扌 找 拢 挠

①阻止,扰乱:阻~。②弯曲,比喻屈服:不屈不~|百折不~。③用手指轻轻地抓:~痒痒。

nǎo	9画 忄(xīn)部
恼	左右 忄/甾(亠/凶)
	丶 忄 忙 恼

①发怒:~火|~怒。②苦闷,心烦:苦~|烦~。
同义 恼恨—怨恨/恼火—恼怒、冒火

nǎo	10画 月部
脑	左右 月/甾(亠/凶)
	月 肿 肭 脑

①脑子,人和高等动物中枢神经系统的主要部分,在颅腔里,分大脑、小脑、脑干三部分,主管感觉和运动。人的脑子是主管思想、记忆等心理活动的器官。②头部:摇头晃~。③思考、记忆等能力:既要动~,又要动手|他很有头~。④作用、形状或颜色像脑子的东西:电~|豆腐~儿。
同义 脑袋—脑壳、头颅/脑际—脑海/脑筋—脑子、头脑

nǎo	13画 王部
瑙	左右 王/甾(巛/甾)
	二 王 珆 瑙 瑙

【玛瑙】mǎ- 矿物名,颜色美丽,质硬耐磨,可做轴承、研磨用品、装饰品等。

nào	8画 门部
闹	半包围 门/市(亠/巾)
	丶 门 闩 闹

①不安静,声音杂乱:热~|喧~|~市。②争吵,扰乱:吵~|无理取~|孙悟空大~天宫。③戏耍,耍笑:~着玩儿。④发生(疾病或灾害):~病|~肚子|~水灾。⑤发作,发泄:~情绪|小孩~脾气。⑥干,搞,弄:~生产|问题~清楚了。
同义 闹病—生病、害病/闹事—惹事、生事/闹哄哄—闹嚷嚷
反义 闹—静/闹哄哄—静悄悄

歇后语 老母猪上夹道——进退两难

ne

nè	6画 讠(yán)部
讷	左右 讠/内
	讠 讷 讷

语言迟钝,不善讲话:口~|木~|~于言而敏于行(说话迟钝但行事敏捷)。

多音字	8画 口部
呢	左右 口/尼(尸/匕)
	口 吖 呢 呢

㈠ne ①表示疑问:你为什么不去~? ②表示确定的语气:他还没吃饭~。③表示动作正在进行:他写作业~。④用在句中表示停顿:现在~,比以前好多了。
㈡ní ①一种较厚的毛织品:~帽|~制服。②【呢喃】-nán 拟声词,常指燕子的叫声:~燕子语梁间。

nei

něi	10画 饣(shí)部
馁	左右 饣/妥(爫/女)
	饣 饣' 馁 馁 馁

①饥饿:冻~。②失去勇气:气~|自~|胜不骄,败不~。

nèi	4画 冂(jiōng)部
内	独体
	丨 冂 内 内

①里面,里边,与"外"相对:~衣|~部|校~。②妻子或妻子方面的亲属:~人|~弟。③内脏或体内:五~俱焚|~伤。④心里:~疚。
同义 内—里/内疚—愧疚、歉疚/内幕—内情
反义 内—外/内心—外表
组字 肉、讷、呐、纳、钠

nen

nèn	14画 女部
嫩	左右 女/敕(束/攵)
	乚 女 妁 婶 嫩

①初生而柔弱,与"老"相对:~叶|~芽|娇~。②食物烧制的时间短,容易嚼:这肉片炒得~。③颜色淡、浅:~黄|~绿。④幼稚,不成熟:这幅画还嫌稚~。
反义 嫩—老
提示 "嫩"的中间是"束",不是"束"。

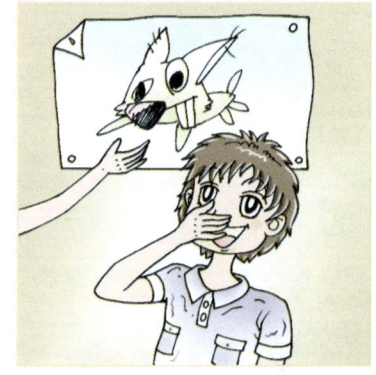

neng

néng	10画 厶(sī)部
能	左右 肯(厶/月)/匕(匕/匕)
	厶 育 育 能

①才干,本事:~力|耐各尽其~。②有才干的:~手|~人|~者多劳。③能够,会,可以:醋~杀菌|~文~武|不~随地吐痰。④能量的简称:电~|原子~|~源。
同义 能干—干练、精干/能耐—本领、本事/能手—能人、好手
反义 能干—无能/能人—庸人
组字 熊

谜语 老挝首都面貌改 (成语:万象更新)
开口不离神州事 (成语:言必有中)

ng

多音字	13画 口部
嗯	左右 口/恩(因/心)
	口 咽 咽 嗯

㊀ńg 又读ń,叹词,表示疑问:~,我的书呢?
㊁ňg 又读ň,叹词,表示不同意或出乎意料:~,这样不行!|~,你怎么又回来了?
㊂ǹg 又读ǹ,叹词,表示答应:~,就这么定了。

ni

nī	8画 女部
妮	左右 女/尼(尸/匕)
	ㄑ 女 妒 妒 妮

【妮子】女孩子。

ní	5画 尸部
尼	半包围 尸/匕
	一 尸 尸 尼

尼姑,在寺庙里修行的女佛教徒:~庵|僧~。
组字 呢、泥、妮、昵

多音字	8画 氵(shuǐ)部
泥	左右 氵/尼(尸/匕)
	氵 沪 沪 泥

㊀ní ①土和水的混合物:~土|烂~。②像泥的东西:印~|枣~|蒜~。
㊁nì ①用土、灰等涂抹:~墙|~炉子。②死板,不灵活:拘~。
同义 ㊀泥坑—泥潭/泥土—土壤

ní	10画 亻(rén)部
倪	左右 亻/兒(白/儿)
	亻 亻 伫 伲 倪

开端,边际:端~(事情的眉目,头绪)。
提示 "倪"不能简化为"伲"。

ní	16画 雨部
霓	上下 雨/兒(白/儿)
	雨 雫 霄 雪 霓

雨后出现在虹外侧的弧形光环,因形成时阳光先在水滴中比虹多反射一次,所以颜色比虹淡,色带排列是内红外紫,与虹相反。也叫副虹。

nǐ	7画 扌(shǒu)部
拟	左右 扌/以(㠯/人)
	扌 扌 扒 拟

①初步计划,起草:~订计划|~提纲|~稿。②打算,计划:~于下周举行校运动会。③仿照,模仿:模~|~人。
同义 拟订—草拟

nǐ	7画 亻(rén)部
你	左右 亻/尔(𠂉/小)
	亻 亻 伱 你

称谈话的对方,也泛指其他人:~好|追我赶。
同义 你—您、尔、汝、乃、君、公/你死我活—有你无我
反义 你—我

nì	9画 日部
昵	左右 日/尼(尸/匕)
	日 日 䁥 䁥 昵

亲热,亲近:亲~|~爱。
同义 昵称—爱称

nì	9画 辶(chuò)部
逆	半包围 㠯(㠯/丷)/辶
	丷 屰 逆 逆

①朝相反的方向,与"顺"相对:~风|~水行

得有个目标去不断地追寻,让希望点燃起光明。

[英]佩欣斯·斯特朗

ni—nian

舟。②抵触,不顺从:忠言~耳(诚恳的劝告听起来不好受)|~子。③背叛,背叛者:叛~|~产(背叛国家民族利益者的财产)。④预先:~料。⑤不顺利:~境。
同义 逆料—预料/逆贼—叛逆/逆转—倒转、恶化/逆子—孽子
反义 逆—顺/逆子—孝子

nì	10画 匚(fāng)部
匿	半包围 匚/若(艹/右)
	一 丆 严 匿

隐藏,躲避:隐~|~名信|销声~迹(形容隐藏起来或不公开露面)。

nì	13画 月部
腻	左右 月/贰(弍/贝)
	月 胙 腻 腻 腻

①食物油脂过多:油~|肥~。②细致,光滑:细~。③因之多而厌烦:~烦|听~了|玩~了。④积污,污垢:尘~。⑤又黏又滑:抹布用久了,摸着发~。
同义 腻烦—腻味、厌烦
提示 "腻"的右边不要多一撇。

多音字	13画 氵(shuǐ)部
溺	左右 氵/弱(弓/弓)
	氵 沼 溺 溺

㊀nì ①淹没:~水|~死。②过分,沉迷无度:~爱(过分宠爱)|~信|不能沉~于玩乐而忘了工作、学习。
㊁niào ①小便。②排泄小便。
同义 ㊀溺爱—宠爱

nian

niān	8画 扌(shǒu)部
拈	左右 扌/占(卜/口)
	扌 扌 拈

用手指搓捏或拿东西:~胡须|~花|信手~来(随手拿来)。形容写文章时词汇或材料丰富,不用思考。

niān	14画 艹(cǎo)部
蔫	上下 艹/焉(正/灬)
	艹 艹 芢 苫 蔫

①植物失去水分而萎缩:花~了|菜~了。②没精神,不活泼:发~|他不再像初来时那么~了。

nián	6画 丿(piě)部
年	独体
	丿 上 午 年

①地球绕太阳一周的时间。平年365天,闰年366天。②年节:新~|过~|糖~饼。③时期:清朝末~|民国初~。④一年中庄稼的收成:~景|~成|瑞雪兆丰~。⑤岁数:~龄|~老|~轻力壮。⑥一生中按年龄划分的阶段:童~|少~|青~。
同义 年—岁/年成—年景/年华—时光/年纪—年龄、年岁、年事/年老—年迈、年高
反义 年老—年轻、年少
提示 "年"的下面是"牛",不是"牜"。

nián	17画 禾部/黍部
黏	左右 黍(禾/氺)/占(卜/口)
	禾 秂 黍 黏 黏

像胶水或糨糊所具有的能使物体粘合的性质:~液|~性|这种米很~。

niǎn	11画 扌(shǒu)部
捻	左右 扌/念(今/心)
	扌 扌 拎 捻

①用手指搓:~线|~麻绳。②用纸、布条等搓成的像线绳的东西:纸~|灯~儿|药~子。

脑筋急转弯 什么花飘着开,什么花走着开,什么花空中开?(雪花、浪花、礼花)

nian—niao

niǎn	15画 扌(shǒu)部
撵	左右 扌/辇(𰀃/车)
	扌扲捵撵

①赶走:~出去\|把羊~出菜地。②追赶:我终于~上了他。

niǎn	15画 石部
碾	左右 石(丆/口)/展(尸/㞋)
	丆石矴碾碾

①碾子,把东西压碎或压平的工具:石~子\|汽~子。②用碾子轧:~米\|~药。

niàn	4画 一部
廿	独体
	一廿廿

二十:~四史。
提示 "廿"不要读做 èr shí。

niàn	8画 心部
念	上下 今(人/丶)/心
	人今念

①惦记,常常想起:惦~\|想~\|怀~。②念头,想法,心思:一~之差(一个念头错了)\|杂~\|转~。③诵读:~信\|~诗\|~报纸。④指上学:~小学\|她在大学~书。⑤"廿"的大写。
同义 念书——读书、学习/念头——想法、想头
组字 捻、鲶

niang

niáng	10画 女部
娘	左右 女/良
	乚女妇娘娘

①母亲:爹~\|~家。②称跟母亲同辈或年长的已婚妇女:婶~\|老大~。③称年轻的女子:姑~\|新~。

niàng	14画 酉(yǒu)部
酿	左右 酉/良
	丆酉酉酿酿

①利用发酵作用制造:~酒\|~造。②蜜蜂做蜜:~蜜。③逐渐形成:酝~\|~成水灾。④酒:佳~。

niao

niǎo	5画 鸟部
鸟	独体
	丿ク鸟鸟

脊椎动物的一类,温血卵生,用肺呼吸,全身有羽毛,后肢能行走,前肢变成翼,一般能飞。有的两翼退化不会飞,如鸵鸟。
同义 鸟瞰——俯瞰、俯视/鸟鸣——鸟语
组字 鸡、鸣、鸵、袅、鸭、鹅、鹭、鸳

niǎo	10画 衣部
袅	上下 鸟/衣(亠/𧘇)
	丿ク鸟袅袅

①【袅袅】a.烟气缭绕上升的样子:炊烟~。b.细长柔软的东西轻轻摆动的样子:垂杨~。c.形容声音延长不绝:余音~。②【袅娜】-nuó a.形容草木柔软细长。b.形容女子姿态优美。

多音字	7画 尸部
尿	半包围 尸/水
	𠃜尸尿尿

㊀niào ①小便:撒~。②排泄小便:小孩儿~床。
㊁suī 小便(限于名词):一泡~\|~脬(膀胱)。

歇后语 老牛掉在水井里——有劲使不上

nie

niē	10画 扌(shǒu)部
捏	左右 扌/里(日/土)
	扌 把 捏 捏

①用拇指和其他手指夹住:~着粉笔|手里~着针。②用手指把软的东西做成一定的形状:~饺子|~泥人。③假造,虚构:~造事实。④握:~在手掌心里|~一把汗。

同义 捏造—编造、假造
提示 "捏"的右下方是"土",不是"工"。

niè	10画 耳部
聂	上下 耳/双(又/又)
	丁 耳 耳 聂

姓。
组字 摄、慑、镊、蹑

niè	15画 钅(jīn)部
镊	左右 钅/聂(耳/双)
	钅 钊 钼 锃 镊

①镊子,拔除毛、刺或夹取细小东西的器具。②用镊子拔除或夹取:把刺儿~出来。

niè	17画 足(ß)部
蹑	左右 ß(口/止)/聂(耳/双)
	早 趵 跙 踌 蹑

①放轻(脚步):~手~脚|~着脚走进房间。②追随:~踪(追踪)。③踩,踏:~足其间(参加到里面去)。

niè	19画 艹(cǎo)部
孽	上下 薛(艹/辥)/子
	艹 广 萨 孽 孽

①罪恶,坏事:罪~|造~(泛指干坏事)|作~。②妖怪,比喻恶人,恶势力:妖~|余~(残余的坏分子或恶势力)。
同义 孽子—孽种、逆子

nin

nín	11画 心部
您	上下 你(亻/尔)/心
	亻 伱 你 您

"你"的敬称。

ning

多音字	5画 宀(mián)部
宁	上下 宀/丁
	宀 宀 宁

㈠níng ①平安,安定:安~|~静。②使安定:息事~人。③南京市的别称。
㈡nìng 宁可,情愿:~愿|~死不屈。
同义 ㈠宁静—安静、平静 ㈡宁可—宁肯、宁愿
反义 ㈠宁静—喧闹、喧哗
组字 拧、咛、狞、泞、柠

níng	8画 口部
咛	左右 口/宁(宀/丁)
	口 咛 咛

【叮咛】dīng- 再三嘱咐:妈妈一再~,在学校里一定要和同学搞好团结。

níng	8画 犭(quǎn)部
狞	左右 犭/宁(宀/丁)
	丿 犭 犷 狞

(面目)凶恶可怕:~笑|狰~(样子凶狠)。

谜语 树干画完后 (成语:添枝加叶)
书生拿笤帚 (成语:斯文扫地)

ning—niu

níng	9画 木部
柠	左右 木/宁(宀/丁)
	木 柠 柠

【柠檬】-méng 常绿小乔木,产在热带、亚热带。果实也叫柠檬,味酸,可做饮料,果皮可提取柠檬油。

níng	16画 冫(bīng)部
凝	左右 冫/疑(疋/龰)
	冫 浐 凝 凝

①气体变成液体或液体变成固体:~结|~固。②聚集,集中:~思|~视|~神。
同义 凝固—凝结/凝练—精练/凝聚—聚集、积聚/凝视—凝望、注视
反义 凝固—融化

多音字	8画 扌(shǒu)部
拧	左右 扌/宁(宀/丁)
	扌 护 拧

㈠níng ①控制着物体向一方扭转:~螺丝|~墨水瓶盖。②颠倒,错:"杯水车薪"被他说~了。③别扭,对立:他俩越说越~。
㈡nǐng ①握住物体的两端向相反的方向用力:~毛巾|~成一股绳。②用手指捏住皮肉扭动:在他腿上~了一把。
㈢nìng 倔强:~脾气。

nìng	8画 氵(shuǐ)部
泞	左右 氵/宁(宀/丁)
	氵 沪 泞

【泥泞】①有烂泥难走:道路~。②淤积的烂泥:车轮陷入~。

niu

niǔ	7画 女部
妞	左右 女/丑
	乚 奵 奵 妞 妞

女孩子:大~|小~|他家有个~儿。

niú	4画 牛部
牛	独体
	丿 一 二 牛

①家畜名,我国产的以黄牛、水牛为主。力量很大,能耕田、拉车。肉和奶可吃,角、皮、骨可做器物。②比喻倔强、固执或骄傲:~脾气|~气。
同义 牛劲—蛮劲、牛性/牛鬼蛇神—妖魔鬼怪
组字 牢、件、牺、牲、牧
提示 "牛"做左偏旁时,笔顺是:丿一二牛。

niǔ	7画 扌(shǒu)部
扭	左右 扌/丑
	扌 扣 扣 扭 扭

①掉转方向:~过脸来|~头就走。②身体摇摆:~秧歌|他一~一~地走了。③用力拧:他把绳子~断了。④扭伤筋骨:腿~伤了|~了腰。⑤揪住:打~成一团。
同义 扭断—拧断

niǔ	7画 纟(mì)部
纽	左右 纟/丑
	纟 纠 纠 纽 纽

①可以把衣物扣起来的东西:~子|~扣衣~。②器物上可以抓住提起或系挂的部分:秤~|印~。③联结,联系:~带。④事物的关键:枢~。

播种科学,得利的是人民。

[俄]门捷列夫

niu—nu

niǔ	9画 钅(jīn)部
钮	左右 钅/丑
	钅 钅 钅 钅 钮 钮

器物上起开关、转动或调节等作用的部件：电~|旋~|按~。

nong

nóng	6画 、(zhǔ)部
农	独体
	一 亠 农 农

①种田：~业|~活|~事。②农业：务~。③农民：菜~|果~。

同义 农村—乡村、乡下/农户—农家、庄户/农活—农事/农历—阴历、夏历/农民—农夫、农人

反义 农村—城市/农历—公历、阳历

组字 浓、脓

nóng	9画 氵(shuǐ)部
浓	左右 氵/农
	氵 氵 浓 浓

①含某种成分多，与"淡"相对：~茶|~烟|墨水很~。②程度深：兴趣很~|感情~厚。

同义 浓厚—浓重、浓郁、深厚/浓密—稠密

反义 浓—淡/浓厚—淡薄、稀薄/浓密—稀疏/浓郁—清淡

nóng	10画 月部
脓	左右 月/农
	月 胪 脓 脓

皮肉发炎腐烂所形成的黄白色黏液，是死亡的白血球、细菌和脂肪等的混合物：疖子化~了。

多音字	7画 王部
弄	上下 王/廾
	二 干 王 弄

㈠nòng ①玩，戏耍，逗：玩~|戏~|把他给~笑了。②做，搞：~饭|这道题我~懂了|你把闹钟~坏了。③耍、炫耀：~手段|舞文~墨（玩弄文字技巧）。

㈡lòng 小巷，胡同：~堂|里~。

同义 ㈠弄堂—胡同、里弄

反义 ㈠弄虚作假—实事求是

nu

nú	5画 女部
奴	左右 女/又
	乀 乁 奴 奴

①受压迫、剥削的失去人身自由的人：~隶|农~。②像对待奴隶一样地使用：~役。③旧时女子自称。

同义 奴才—奴仆、走狗/奴颜婢膝—奴颜媚骨

反义 奴—主/奴才—主子/奴仆—主人

组字 努、怒

nǔ	7画 力部
努	上下 奴(女/又)/力
	乀 乁 奴 努

①尽量使出（力气）：~力|~把劲儿。②凸出，鼓起：~嘴|金刚~目。

同义 努力—勤奋、尽力

nù	9画 心部
怒	上下 奴(女/又)/心
	乀 乁 奴 怒

①生气，气愤：~气愤|~恼~。②形容气势强盛：~涛（翻滚的大浪）|狂风~号|心花~放。

脑筋急转弯 人能登上珠穆朗玛峰，有一个地方却永远登不上。那是什么地方？（自己的头顶）

nu—nuo

同义 怒吼—咆哮/怒气冲天—怒发冲冠
反义 怒—喜/怒气冲冲—喜气洋洋

nü

nǚ	3画 女部
女	独体
	ㄑ 女 女

①女性,与"男"相对:~同学|男~平等。②女儿:幼~|独生子~。
组字 安、妥、要、妆、汝、好、姓

nuan

nuǎn	13画 日部
暖	左右 日/爰(爫/𠂇)
	日 旷 䁔 暖

①不冷也不太热:温~|春~花开|风吹得游人醉。②使变温暖,使变热:~~身子|~酒。
同义 暖和—温暖/暖洋洋—暖烘烘、暖融融
反义 暖—凉、寒、冷/暖和—寒冷/暖洋洋—冷冰冰

nüe

多音字	8画 疒(nè)部
疟	半包围 疒/𠂉
	广 疒 疟 疟

㈠nüè 疟疾,一种定时发冷发热的传染病,是由疟蚊把疟原虫传染到人的血液里而引起的。
㈡yào 疟子,就是疟疾。

nüè	9画 虍(hū)部
虐	半包围 虍/𠂉
	𠂉 卢 虐 虐

残暴:暴~|奴隶主~待奴隶|不准~待儿童!

nuo

nuó	9画 扌(shǒu)部
挪	左右 扌/那(月/阝)
	扌 扫 挪 挪

移动:~动|~步|不能~用公款。
同义 挪动—移动

nuò	10画 讠(yán)部
诺	左右 讠/若(艹/右)
	讠 讦 诺 诺

①答应的声音,表示同意:唯唯~~。②应允,答应:许~|~言(答应过别人的话)。

nuò	17画 忄(xīn)部
懦	左右 忄/需(雨/而)
	忄 忄 懦 懦

软弱无能:~弱|怯~(胆小怕事)|~夫(软弱无能的人)。
同义 懦弱—软弱、怯懦
反义 懦夫—勇士、壮士/懦弱—坚强、刚强

nuò	20画 米部
糯	左右 米/需(雨/而)
	米 籿 糯 糯

糯稻,稻的一种,米富于黏性:~米。

o—ou

o

o

ō	15画 口部
噢	左右 口/奥(𠂢/大)
	口 吖 响 噢

叹词,表示了解或醒悟:~,我明白了。

多音字	10画 口部
哦	左右 口/我
	口 呼 哦 哦

㈠ó 叹词,表示惊奇、疑问等:~!这小孩懂两个国家的语言?

㈡ò 表示忽然明白:~,原来是这样!|~,我想起来了。

㈢é 低声地念(诗文):吟~。

ou

ōu	6画 讠(yán)部
讴	左右 讠/区(匚/乂)
	讠 讠 讴 讴

①歌唱:~歌(歌颂,赞美)。②民歌,歌曲:吴~(吴语区的民歌)|越~。

同义 讴歌—歌颂

ōu	8画 欠部
欧	左右 区(匚/乂)/欠(𠂉/人)
	一 又 欧 欧

欧洲,世界七大洲之一:~美|西~。

ōu	8画 殳(shū)部
殴	左右 区(匚/乂)/殳(几/又)
	一 又 殴 殴

击,打:~打|斗~|~伤。

ōu	9画 鸟部
鸥	左右 区(匚/乂)/鸟
	一 又 鸥 鸥

水鸟名,羽毛多为白色,生活在湖海上,捕食鱼螺等。常见的有海鸥、银鸥等。

ǒu	7画 口部
呕	左右 口/区(匚/乂)
	口 吖 呕

吐(tù):~吐|~血|作~(比喻非常厌恶)。

同义 呕血—吐血

ǒu	11画 亻(rén)部
偶	左右 亻/禺
	伊 偶 偶 偶

①用木头或泥土等做的人像或动物等:~像|木~。②双,成对,与"奇(jī)"相对:~数|无独有~。③碰巧,不经常的:~然|~尔|~发事件。

同义 偶尔—偶然、有时|偶合—巧合

反义 偶—独、单|偶尔—经常|偶然—必然、经常|偶数—奇数

ǒu	18画 艹(cǎo)部
藕	上下 艹/藕(耒/禺)
	艹 藕 藕 藕

莲的地下茎,肥大有节,中间有许多管状小孔,可以吃:~断丝连(藕已折断,丝还连着。比喻没有彻底断绝关系)。

谜语 四退八进一(字:日) 孔子登山(字:岳)

P

pa

pā	9画 足(⻊)部
趴	左右 ⻊(口/止)/八
	𠄌 ⻊ 趴

①脸朝下卧倒：~在地上。②身子向前倾靠在东西上：~在桌子上看书。

pā	11画 口部
啪	左右 口/拍(扌/白)
	口 吖 啪 啪

拟声词，形容开枪、鼓掌、放爆竹及物体相碰撞等的声音：劈~|劈哩~啦|~的一声枪响。

pá	8画 木部
杷	左右 木/巴
	木 朳 杞 杷

【枇杷】pí- 见"枇"。

pá	8画 爪部
爬	半包围 爪/巴
	厂 爫 爬 爬

①脸朝下手脚一齐着地行进，虫类行走：小孩在地上~|蛇~进洞里。②攀登：~山|~树|~竿。

多音字	10画 耒(lěi)部
耙	左右 耒/巴
	三 耒 耒 耙

㈠pá ①耙子，聚拢谷物、柴草或平土地的用具。②使用耙子：~草|地~好了。
㈡bà ①把土块弄碎的农具。②用耙弄碎土块：~地。

pá	12画 王部
琶	上下 珏(王/王)/巴
	二 王 琴 琶

【琵琶】pí- 见"琵"。

pà	8画 巾部
帕	左右 巾/白
	口 巾 帕 帕

包头或擦手脸用的小块纺织品：手~|头~。

pà	8画 忄(xīn)部
怕	左右 忄/白
	丷 忄 怕 怕

①害怕：小偷~警察|不~苦和累。②恐怕，或许：晚上~有雷雨|他走了几年没音信，~是出事了。

同义 怕人—吓人、可怕/怕羞—害羞、害臊

pai

pāi	8画 扌(shǒu)部
拍	左右 扌/白
	扌 拍 拍

①用手掌或片状物打：~手|~球|~蚊子。②乐曲的节奏：打~子|节~。③拍打东西的用具：电蚊~|球~|~子。④摄影：~电影|~照|~摄。⑤发出(电报等)：~电报。⑥奉承：~马屁。

名人名言 读书，所以开茅塞、除鄙见、得新知、增学问、广识见、养性灵。
—林语堂

pai—pan

同义 拍马—奉承、巴结/拍卖—甩卖/拍手—鼓掌/拍照—拍摄、摄影

多音字	11画 扌(shǒu)部
排	左右 扌/非(刂/卡)
	扌 扌¹ 扌² 扌ⁿ 排

㊀pái ①按序摆放,摆成行列:~列|~队一群大雁~成"人"字。②排成的行列:前|~后~。③一种水上运输工具:木~|竹~。④军队的编制单位,是连以下班以上的一级。⑤除去,推开:~除|~水|山倒海(形容力量强,声势大)。⑥排练,练习演戏:~戏|彩~(化装排练)。⑦量词:一~房子|一~树。

㊁pǎi 排子车,也叫大板车,一种用来搬运东西的人力车。

同义 ㊀排除—消除、清除/排挤—排斥/排解—排遣、调解/排练—排演

反义 ㊀排斥—吸引/排挤—拉拢/排泄—摄取、吸收

pái	11画 彳(chì)部
徘	左右 彳/非(刂/卡)
	彳 彳¹ 彳² 彳ⁿ 徘

【徘徊】-huái 来回地走。比喻犹豫不决:~不前。

同义 徘徊—彷徨

pái	12画 片部
牌	左右 片/卑(甶/十)
	丿 片 片¹ 牌 牌

①做标志用的板,上面多有文字或符号:招~|车~|门~。②商标:解放~汽车|名~产品|冒~货。③古代兵士打仗时遮护身体的东西:挡箭~|盾~。④词曲的调子:词~|曲~。⑤娱乐或赌博的用具:扑克~|桥~|玩纸~。

同义 牌匾—匾额

pài	9画 氵(shuǐ)部
派	左右 氵/辰(厂/辰)
	氵 氵¹ 派 派

①水的支流:茫茫九~。②派别,集团:宗~|流~|党~。③分配,指定,命令:~工作|~人出差|~兵。④作风,风度:气~|正~|很有~头。⑤量词:一~胡言|一~欣欣向荣的景象。

同义 派别—派系、宗派/派遣—差遣、指派/派头—气派

反义 派出—召回

pài	12画 氵(shuǐ)部
湃	左右 氵/拜(手/手)
	氵 氵¹ 氵² 湃

【澎湃】péng- 见"澎"。

pan

pān	15画 氵(shuǐ)部
潘	左右 氵/番(釆/田)
	氵 泙 潘 潘

姓。

pān	19画 手部
攀	上下 樊(木/㐅/木)/手(大/手)
	木 木¹ 林 樊 攀

①抓住东西往上爬:~登|~树。②设法接触,拉扯:~谈(拉扯闲谈)。③结交(地位高的人):~亲|不敢高~。

同义 攀登—登攀/攀谈—交谈、叙谈

pán	11画 皿部
盘	上下 舟/皿
	丿 舟 盘 盘

①盘子,扁而浅的盛放东西的器具:茶~

老王在擦桌子,擦了半天,仍觉得脏,为什么?(因为老王的老花镜是脏的)

pan—pang

儿|和~托出（比喻全部说出）。②像盘的物品：磨|~棋|~转|~光~。③环绕,回绕：~旋|~绕|杠子（在杠子上旋转运动）|~山公路。④垒,砌：~灶|~炕。⑤查问或清点：~查|~点（清点存货）。⑥量词：一~磨|一~机器。

同义 盘绕—缠绕、环绕/盘算—打算、考虑/盘问—盘查、查问/盘旋—回旋

pán	15画 石部
磐	上下 般(月殳)/石(厂口)
	丹舟舟般磐

巨石：坚如~石。

pán	17画 足(𧾷)部
蹒	左右 𧾷(口止)/㒼(艹兩)
	𧾷 𧾷 𧾷 蹒 蹒

【蹒跚】-shān 走路缓慢、摇摆的样子：步履~|~学步。
同义 蹒跚—跟跄

pàn	7画 刂(dāo)部
判	左右 半/刂
	丷丷半判

①分辨,断定：~别|~断|~明。②明显(不同)：前后~若两人。③评定裁定：~卷|裁~。④判决,司法机关对案件做出决定：~案|审~|~处徒刑。
同义 判断—判定、断定

pàn	9画 目部
盼	左右 目/分(八刀)
	目盼盼盼

①想望,期望：~望|~天晴。②看：左顾右~（向左右两边看）。
同义 盼望—期望、希望、期盼

pàn	9画 又(zhǔ)部
叛	左右 半/反(厂又)
	丷半叛叛

背离本来的一方,投靠敌对的另一方：~变|~徒|~背。
同义 叛变—叛乱、背叛、反叛/叛逆—背叛/叛徒/叛卖—出卖

pàn	10画 田部
畔	左右 田/半
	田田'田'畔

①田地的界限。②（江湖、道路等）旁边：湖~|鸭绿江~。
提示 "畔"不读 bàn。

pang

pāng	6画 丿(piě)部
乓	独体
	厂斤丘乓

①拟声词：~的一声枪响了|~的一声把门关上。②【乒乓】pīng- 见"乒"。
提示 "乓"不读 bāng。

pāng	13画 氵(shuǐ)部
滂	左右 氵/旁(亠方)
	氵汁沱滂

【滂沱】-tuó a.雨下得很大的样子：大雨~。b.比喻眼泪流得很多：涕泗~。

páng	7画 彳(chì)部
彷	左右 彳/方
	彳彳彷彷

【彷徨】-huáng 走来走去,不知往哪里走好。比喻犹疑不决：~不定|走改革之路决不~。
同义 彷徨—徘徊

pang—pao

páng	8画 广部
庞	半包围 广/龙
	广庀庞庞

①非常大(指形体或数量):~大|~然大物(形体大而笨重的东西)。②多而杂乱:~杂。③脸盘:面~。
同义 庞大—巨大、宏大
反义 庞大—细小、微小

páng	10画 方部
旁	上下 亠/方
	亠产旁旁

①旁边,左右两侧:身~|听街道两~都是树。②其他,另外:~人|~证|~的事。③汉字的偏旁:木字~|提土~。
同义 旁边—边缘、边沿/旁人—别人、他人
反义 旁边—中间
组字 傍、谤、滂、榜、膀、磅、镑、螃

多音字	15画 石部
磅	左右 石(丆/口)/旁(亠/方)
	石矿磅磅

㊀ páng【磅礴】-bó ①(气势)盛大,雄伟:气势~。②扩展,充满:~于全世界。
㊁ bàng ①英美制重量单位,1磅等于453.6克,0.9072市斤。②磅秤:过~。③用磅秤称:~一~有多重。

páng	16画 虫部
螃	左右 虫/旁(亠/方)
	虫虻螃螃

【螃蟹】-xiè 节肢动物,水陆两栖,全身有甲壳,第一对脚叫螯,横爬行,腹部分节,俗叫脐。种类很多,有河蟹、梭子蟹等。肉可食,味鲜美。

多音字	9画 月部
胖	左右 月/半
	月胖胖胖

㊀ pàng 人体内脂肪多,与"瘦"相对:肥~|他长得很~。

㊁ pán 安详,舒适:心广体~(原指心胸开阔,体态安详舒适,现指心情安适,没有牵挂而身体发胖)。
同义 ㊀胖—肥/胖墩墩—胖乎乎
反义 ㊀胖—瘦

pao

pāo	7画 扌(shǒu)部
抛	左右 扌/抛(九/力)
	扌打抛抛

①扔,投:~球|~砖|~锚。②丢下,舍弃:他被~在后面了|~弃。③压低价格大量出售商品:~售。④暴露:~头露面。
同义 抛弃—丢弃、遗弃
反义 抛—拾/抛弃—拾取

páo	8画 口部
咆	左右 口/包(勹/巳)
	口叭咆咆

【咆哮】-xiào 猛兽怒吼。比喻人、动物大怒喊叫或水流奔腾轰鸣:老虎在林中~|黄河在~。
同义 咆哮—怒吼

páo	10画 衤(yī)部
袍	左右 衤/包(勹/巳)
	衤衲袍袍

带大襟的中式长衣服:长~|棉~儿|龙~(皇帝穿的长袍)。

谜语　莫到老大徒伤悲 (教育名词:希望小学)
　　　男女一共24人 (体育项目:混合双打)

多音字	12画 足(𧾷)部
跑	左右 𧾷(口止)/包(勹巳)
	𧾷 𧾷 𧾷 跑

㈠pāo ①奔,快步前进:~步|赛~|飞~。②逃走:逃~|~得了和尚~不了庙。③漏出:~气|~电|~油。④走,去:~路|~了一趟北京。⑤为某种事物而奔走:~码头|~材料。
㈡páo 走兽用脚刨地:~槽(牲口刨槽根)。

多音字	8画 氵(shuǐ)部
泡	左右 氵/包(勹巳)
	氵 氿 氿 泡

㈠pào ①气体在液体内鼓起的球体:~沫|肥皂~|锅里的水冒~了。②像泡的东西:灯~|手掌磨了个~。③用液体浸物品:茶~饭|把草药浸~在酒里。④呆在某处不想离开,故意消磨时间:~网吧|~病号。
㈡pāo ①鼓起的松软的东西:豆腐~儿|眼~。②量词,用于屎和尿。
同义 ㈠泡汤—落空

多音字	9画 火部
炮	左右 火/包(勹巳)
	丷 火 灼 炮

㈠pào ①发射炮弹的重型武器:高射~|迫击~|~台。②爆竹:鞭~|~仗。③爆破土石时装了炸药的凿眼:在岩壁上打眼放~。
㈡páo【炮制】①把中药原料加工成药物。②比喻胡乱编造。
㈢bāo ①烘烤,焙:把湿衣服~干。②用猛火急炒:~羊肉。
同义 ㈠炮火—战火、烽火/炮击—炮打、轰击/炮仗—爆仗、爆竹

pei

	8画 口部
呸 pēi	左右 口/丕(不一)
	口 叮 叮 呸

叹词,表示斥责或唾弃:~!一派胡言。

	9画 月部
胚 pēi	左右 月/丕(不一)
	月 肝 肝 胚

初期发育的生物幼体:~胎(初期发育的动物体。比喻事物的开始)。

	10画 阝(fù)部
陪 péi	左右 阝/咅(立口)
	阝 阡 陪 陪

①跟随在一块,做伴:~伴|同~客人参观。②从旁协助:~审。
同义 陪衬—烘衬、衬托/陪同—陪伴、随同、伴同/陪葬—殉葬

	11画 土部
培 péi	左右 土/咅(立口)
	土 坛 培

①在根基部分堆上土,使得到保护或加固:~土|将堤坝加高~厚。②栽种,训练教育:栽~|~养|~育。
同义 培养—培育、培植

	12画 贝部
赔 péi	左右 贝/咅(立口)
	贝 贮 赔

①补还给别人造成的损失:~偿|~款|损坏东西要~。②向人道歉或认错:~礼|~罪|向你~个不是。③亏损,与"赚"相对:~钱|~本。
同义 赔本—亏本、折(shé)本/赔礼—赔罪

名人名言 顽强的毅力可以征服世界上任何一座高峰。
[英]狄更斯

道歉
反义 赔—赚/赔本—盈利、赚钱

pèi	7画 氵(shuǐ)部
沛	左右 氵/市
	氵汇沛沛

充足,旺盛:精力充~|丰~。
提示 "沛"的右边是"市(fú)",不是"市"。

pèi	8画 亻(rén)部
佩	左右 亻/凧(几/帀)
	亻凧佩佩

①挂在身上:~带|~剑|腰~盒子枪。②敬服,服气:~服|钦~|精神可~。③古代衣带上的装饰品:玉~。
同义 佩服—钦佩、敬佩、拜服
提示 "佩"的右边里面是"帀(zā)",不是"币"。

pèi	10画 酉(yǒu)部
配	左右 酉/己
	丆酉酉配

①用适当的标准加以调和或拼合:~药|~颜色|搭~。②有计划地分派,安排:分~|~备。③把缺少的部分补足:~零件|~套|~钥匙。④衬托,陪衬:红花~绿叶|~角(jué)。⑤够得上,相称:他~当三好生|不相~。⑥古时候的一种刑罚:发~(把犯人押送到边远的地方去)。⑦结为夫妻:~偶|婚~。
同义 配备—装备、配置/配合—合作、协作
反义 配角—主角
提示 "配"的右边是"己",不是"巳"。

pen

多音字	12画 口部
喷	左右 口/贲(㞔/贝)
	口口叱喷

㊀pēn 物体受到压力或刺激而射出:~泉|~雾器|打~嚏。
㊁pèn ①【喷香】香味浓:~的白玉兰花。
②量词,用于开花结果或庄稼收获的次数:头~棉花|绿豆结二~|角了。
同义 ㊀喷射—喷发

pén	9画 皿部
盆	上下 分(八/刀)/皿
	八分盆盆

洗东西或盛东西的用具,底小,口大:脸~|澡~|花~。

peng

pēng	8画 扌(shǒu)部
抨	左右 扌/平
	扌扩抨抨

抨击,用语言或文字攻击(某人或某种言论、行动)。
同义 抨击—攻击
反义 抨击—歌颂
提示 "抨"不读 píng。

pēng	8画 忄(xīn)部
怦	左右 忄/平
	丷忄怦怦

拟声词,形容心跳:心~~直跳|~然心动。

pēng	10画 石部
砰	左右 石(丆/口)/平
	丆石砰砰

peng

拟声词,表示碰撞、爆裂等的声音:~的一声,热水瓶掉到地上。

pēng	11画 亠(tóu)部
烹	上下 亨(亠/口/了)/灬 亠 言 亨 烹

①煮:~调(做菜)|~饪(做饭做菜)。②一种做菜的方法,先用热油略炒,再加入调味品,迅速搅拌,随即出锅:~对虾。
同义 烹饪—烹调

péng	8画 月部
朋	左右 月/月 月 月 朋

①朋友:至爱亲~|高~满座。②结党,勾结:~比为奸(互相勾结干坏事)。③比,伦比:硕大无~。
同义 朋—友/朋友—友人、友好
反义 朋友—敌人
组字 崩、绷、棚、硼、鹏

péng	12画 彡(shān)部
彭	左右 壴(士/口/䒑)/彡 十 吉 壴 彭

姓。
组字 澎、膨

péng	12画 木部
棚	左右 木/朋(月/月) 木 棚 棚

①供瓜豆等植物爬蔓的架子:瓜~|豆~。②上面盖有席、布等,用来遮风雨或日光的设备,简陋的小屋:天~|凉~|牲口~。③天花板:顶~。

péng	13画 艹(cǎo)部
蓬	上下 艹/逢(夆/辶) 艹 芟 莑 莑 蓬

①飞蓬,多年生草本植物,开白花,叶边有锯齿,籽实中有毛。②松散,杂乱:~头散发|~松|乱~~。③【蓬勃】繁荣,兴旺:~发展|朝气~。

péng	13画 石部
硼	左右 石(丆/口)/朋(月/月) 丆 石 硼 硼

非金属元素,可用于原子能工业和生产特种钢等。硼的化合物(如硼砂、硼酸)用于医药、农业、玻璃工业等。

péng	13画 月部
鹏	左右 朋(月/月)/鸟 月 朋 朋 鹏

古代传说中最大的鸟:~程万里(比喻前途远大)。
同义 鹏程万里—前途无量

péng	15画 氵(shuǐ)部
澎	左右 氵/彭(壴/彡) 氵 氵 渻 澎

【澎湃】-pài ①形容波浪相撞翻滚:波涛汹涌~。②形容声势浩大,气势雄伟:热情~。

péng	16画 竹(⺮)部
篷	上下 ⺮/逢(夆/辶) ⺮ 竼 篝 篝 篷

①用竹篾、苇席、布等做成的挡风雨、遮太阳的设施:帐~|船~|~敞|~车。②船帆:扯起~来。

 老鼠吃猫——怪事

peng—pi

péng	16画 月部
膨	左右 月/彭(壴/彡)
	月 胪 腆 膨

胀,体积增大:~胀|~大。
同义 膨胀—膨大、胀大
反义 膨胀—收缩

pěng	11画 扌(shǒu)部
捧	左右 扌/奉(夫/キ)
	扌 扌 抆 捧

①两手托着:~着一碗茶。②奉承或替别人吹嘘:吹~|~场(指故意替别人的某种活动或局面吹嘘,助声势)。③量词(用于两手能捧起的东西):一~花生。
同义 捧场—吹捧

pèng	13画 石部
碰	左右 石(厂/口)/並(丷/亚)
	丆 石 石 䂱 碰

①撞击:~杯|~壁|~头|~破了。②相遇:~见|我在路上~到他了。③试试看:~机会|要努力,不能靠~运气。
同义 碰—撞/碰见—碰到、遇见/碰巧—凑巧、恰巧/碰头—碰面、会面

pi

pī	7画 扌(shǒu)部
批	左右 扌/比(匕/匕)
	扌 扌 扐 批

①用文字或符号判定是非、优劣、可否:~改作业|~准|审~。②批评,批判:挨了一顿~。③大量,大宗(买卖货物):~发。④量词:一~人|一~货。
同义 批驳—反驳、驳斥/批评—批判/批准—准许
反义 批发—零售/批评—表扬/批判—颂扬

pī	8画 土部
坯	左右 土/丕(不/一)
	土 圫 坏 坯

①没有烧制过的砖瓦、陶器等:砖~|瓦~。②砌墙用的土砖:打~|土~墙。③半成品:面~儿(煮熟而未加作料的面条)|~布(未经过印染加工的布)。

pī	8画 扌(shǒu)部
披	左右 扌/皮(广/又)
	扌 扌 扩 护 披

①搭盖在肩背上:~着大衣|红戴绿。②打开,散开:~卷(打开书)|~头散发。③(竹木等)裂开:竹竿~了。④劈开,劈去:~荆斩棘(比喻扫除前进的障碍,也比喻开创事业的艰难)。
同义 披露—公布、表露

多音字	15画 刀部
劈	上下 辟(启/辛)/刀
	尸 启 辟 辟 劈

㈠pī ①用刀斧等破开,砍:~木头。②(木、竹等)裂开:木板~了。③声音变得嘶哑:他的嗓子~了。④正对着:~面棍棒~头盖脸地来。⑤雷电击人或物:电线杆被雷~了。
㈡pǐ ①分开,分:~成三股|~一半给你。②扯下,使离开:~下虫咬的菜叶。③腿或指头尽量叉开:~开双腿。
同义 ㈠劈面—劈头、迎面

pī	21画 雨部
霹	上下 雨/辟(启/辛)
	丆 雪 雳 霹 霹

【霹雳】-lì 响声很大的雷。常比喻突然发生的事件:晴天~。

谜语 皇上乔迁 (唐代诗人:白居易) 过目成诵 (排球术语:背快)
　　　协作捕鱼 (电脑名词:互联网)

pi

pí	5画 皮部
皮	半包围 广/又
	一厂广皮

①动植物表面的一层组织:~肤|牛~|树~。②经过加工的兽皮:~鞋|~革。③表面:地|~水|~儿。④包在外面的东西:书|~包裹~。⑤薄片状的东西:粉|~豆腐|。⑥韧性大,不松脆:~糖饼|~了,吃起来不香。⑦不老实,淘气:调~|顽~|这孩子~得很。⑧指橡胶:橡~|~筋。

组字 坡、披、彼、波、玻、破、被、颇、跛、疲

pí	8画 木部
枇	左右 木/比
	木木朼枇

【枇杷】-pá 常绿乔木,叶子长椭圆形,有锯齿,花白色,果实球形,黄色,味甜。叶可入药。

pí	10画 疒(nè)部
疲	半包围 疒/皮(广/又)
	疒疒疒疒疲

劳累:~劳|~倦|精~力尽。

同义 疲倦—疲劳、疲乏、疲惫/疲沓—拖沓

pí	11画 口部
啤	左右 口/卑(甶/十)
	口呐啤啤

【啤酒】一种用大麦做主要原料的低度酒。

pí	12画 比部/王部
琵	上下 珏(王/王)/比(匕/匕)
	二于珏琵琵

【琵琶】-pá 弦乐器,用木做成,下部长椭圆形,上有长柄,有四根弦。是流行的一种民族乐器。

pí	12画 月部
脾	左右 月/卑(甶/十)
	月胪胛脾

脾脏,人和动物的内脏之一,在胃的左下侧,椭圆形,赤褐色,有过滤血液、更新血球等功能。

同义 脾气—脾性、性情

pǐ	4画 匚(fāng)部
匹	半包围 匚/儿
	一兀匹

①相当,比得上:~配|~敌(双方力量相当)。②单独:天下兴亡,~夫有责|单枪~马。③量词:一~布|两~马|三~骡子。

同义 匹敌—对等

提示 "匹"的第三笔是竖弯钩,不是竖弯,与"四"的里面不同。

pǐ	12画 疒(nè)部
痞	半包围 疒/否(不/口)
	广疒疠痞

①肚子里长的硬块,是脾脏肿大的缘故:~块|~积。②流氓:~子|地~|~棍。

pì	7画 尸部
屁	半包围 尸/比(匕/匕)
	㇇尸屁屁

①从肛门排出的臭气。②比喻没用或微不足道的事物:~大的事。③泛指任何事物(多用于贬义):看个~。

名人名言 人类最高的道德是什么?那就是爱国心。

[法]拿破仑

pi—piao

pì	15画 亻(rén)部
僻	左右 亻/辟(启/辛)
	亻亻′伊僻

①冷落的,离中心地区远的:偏~|~荒|穷乡~壤。②不常见的,极少用的:冷~|这些字很生~。③性情古怪,不合群:孤~|怪~|乖~。

同义 僻静—幽静、背静
反义 僻静—喧闹、喧哗

pì	20画 言部
譬	上下 辟(启/辛)/言(亠/二/口)
	尸启辟譬

打比方,比喻:~喻|~如。

同义 譬如—比如、例如

pian

piān	11画 亻(rén)部
偏	左右 亻/扁(户/冊)
	亻亻′伊偏

①歪,斜,与"正"相对:~着头|太阳~西了。②不全面,不公正:~向|~心|~信。③冷僻:~僻|考试出不出~题。④偏偏,与愿望、预料或一般情况不同:不凑巧|叫你别去,你~要去。

同义 偏差—差错/偏见—成见/偏僻—荒僻/偏袒—偏心、偏向/偏远—边远
反义 偏—正/偏袒—公平

piān	15画 竹(⺮)部
篇	上下 ⺮/扁(户/冊)
	⺮竺笃篇

①结构完整的文章:字词句段~|~章结构。②成部著作的组成部分:上~|第二~|~末。③量词:一~文章。

piān	15画 羽部
翩	左右 扁(户/冊)/羽(习/习)
	丿户扁翩

【翩翩】①轻快地飞舞的样子:~起舞。②形容潇洒、大方:风度~|~少年。

多音字	4画 片部
片	独体
	丿丿′户片

㈠piàn ①平面薄的物体:刀~|卡~|明信~。②切削成薄片:~豆腐干|~土豆皮儿。③少,零星:~刻|~言(简短的几句话)。④指较大范围内划分的较小范围:分~|包干。⑤指电影:拍~|故事~。⑥量词:一~树叶|一~汪洋|一~深情。
㈡piān 同㈠①,用于相片儿、唱片儿、画片儿、影片儿等。

同义 ㈠片刻—片时、顷刻
反义 ㈠片刻—多时、良久/片面—全面

piàn	12画 马部
骗	左右 马/扁(户/冊)
	马马′驴骗

①欺蒙:欺~|~人。②用欺蒙的手段谋得:~钱|~局(骗人的圈套)|~子。

同义 骗局—圈套、陷阱

piao

多音字	14画 氵(shuǐ)部
漂	左右 氵/票(覀/示)
	氵氵′沪湮漂

㈠piāo 浮在液体上面,浮在水面上顺水或顺风移动:~浮|~流|河面上~着一只小船。
㈡piǎo ①用水加药物使东西变白:~白。

 哪种动物像猫一样大小,和老虎一个长相?(小老虎)

piao—pin

②用水冲洗除去杂质：~洗|把衣服~一~。

㊁piào【漂亮】-liang①好看，美：这座房子很~。②出色：这一仗打得真~。

同义 ㊀漂—浮/漂流—漂浮、漂移、漂泊
㊁漂亮—美丽、好看

反义 ㊁漂亮—丑陋、难看

piāo	15画 风部
飘	左右 票(覀/示)/风(几/乂)
	丆覀票飘飘

①随风摆动或飞动：~扬|~舞|雪花~。②无根底，不踏实：文章写得发~|工作作风有点~。

同义 飘零—飘落、流浪/飘扬—飘舞、飘动、飘荡

piáo	14画 女部
嫖	左右 女/票(覀/示)
	ㄑㄑ妇娉嫖

男性玩弄妓女的腐化行为：~客。

piáo	16画 瓜部
瓢	左右 票(覀/示)/瓜
	丆覀票瓢瓢

舀水或取东西的器具：水~|饭~|~泼大雨。

piǎo	16画 目部
瞟	左右 目/票(覀/示)
	目眇眇瞟瞟

斜着眼看：~了他一眼。

piào	11画 覀(xià)部
票	上下 覀/示(二/小)
	丆覀票票

①纸币：钞~|零~。②做凭证用的纸片：车~|选~|邮~。③被强盗绑架用做抵押的人质：绑~儿。

组字 剽、漂、嫖、缥、骠、瞟、飘、镖、瞟、瓢、鳔

pie

多音字	14画 扌(shǒu)部
撇	左右 扌/敝(㪍/攵)
	扌扩抪抪撇

㊀piē①丢开，抛弃：~开|~弃|不能~下他不管。②由液体表面舀取：~油。

㊁piě①平着向前扔：~球|~手榴弹。②汉字的一种笔画"丿"：先|后撇。③量词：两|胡须。④下唇向前伸，嘴角向下，表示轻视、不相信或不高兴：~嘴|嘴一~便哭了起来。

piē	16画 目部
瞥	上下 敝(㪍/攵)/目
	丷丬尚敝瞥

很快地大略看看：~见|一~|只是~了一眼。

pin

pīn	9画 扌(shǒu)部
拼	左右 扌/并(丷/开)
	扌扌扞拼

①合在一起，连起来：~音|东~西凑|把两块板子~在一起。②尽全力干，豁出去：~刺刀|~搏|~命工作。

同义 拼凑—凑合/拼死—拼命

pin—ping

pīn	9画 女部
姘	左右 女/并(丷/开) ㄑ 女 妒 妒 姘

非夫妻而同居的不正当的男女关系：~居。

pín	8画 贝部
贫	上下 分(八/刀)/贝 分 分 贫 贫

①穷，与"富"相对：~穷|~苦|脱~致富。②缺乏，不足：~血|词汇~乏。③话多，刻薄，使人讨厌：耍~嘴|这话你说过多少遍了，听着怪~的。

同义 贫—穷/贫瘠—瘦瘠/贫民—穷人/贫穷—贫困、贫苦、穷困

反义 贫—富/贫乏—丰富/贫瘠—肥沃、富饶/贫贱—富贵/贫民—富豪/贫穷—富裕、富有/贫弱—富强

pín	13画 页部
频	左右 步(止/少)/页 卜 ㅏ 止 步 频

屡次，连续多次：~繁|~招手|捷报~传。

pǐn	9画 口部
品	品字形 口/叩(口/口) 口 吕 品

①物品，物件：商~|奖~|纪念~。②等级，种类：~级|上~|精~|~种。③品质：~德|人~好。④辨别或评论好坏、优劣：~味|~茶|~评。

同义 品德—品行、品格、品质/品味—品尝、玩味/品种—品类、种类

pìn	13画 耳部
聘	左右 耳/甹(由/丂) ㄱ 月 职 聆 聘

①请人担任工作：~请|校外辅导员|招~人才。②旧时指定亲或女子出嫁：~礼|姑娘~出。

同义 聘用—聘任、聘请
反义 聘用—辞退、解雇

ping

pīng	6画 丿(piě)部
乓	独体 丆 丘 乒

①拟声词：~的一声。②【乒乓】-pāng a.拟声词：雹子打在屋顶~乱响。b.指乒乓球。

提示 "乒乓"不要读做 bīng bāng。

píng	5画 一部
平	独体 一 丆 立 平

①不倾斜，没有高低凹凸：~地|~水|如镜。②使平：把操场高的地方~一~|整土地。③高低相同或不分胜负：男女~等|~局。④公正，均等：公~|~均~分。⑤安定，安静：~安|风~浪静|~心静气。⑥征服，镇压：~定|~叛|~息暴乱。⑦经常的，一般的：~时|~凡|~民百姓。⑧平声，汉语四声之一。

同义 平安—安全、安然/平常—平时、寻常/平凡/平静—安静、安宁/平均—均匀、均衡/平生——生、平素

反义 平安—危险、凶险/平常—特别/平淡—离奇/平凡—伟大、杰出/平和—剧烈/平缓—陡峭/平静—喧闹、激动/平坦—崎岖

组字 苹、评、坪、抨、怦、砰、秤

285

谜语　抓起杠铃得冠军 （成语：一举成名）
　　　冠军看来没有我 （成语：一览无余）

ping—po

píng	7画 讠(yán)部
评	左右 讠/平
	讠 评 评 评

①议论：~论｜~议批~。②判定：~定｜~分｜~选。③评论的话或文章：好｜~短~。
同义 评定—评判/评论—评说

píng	8画 土部
坪	左右 土/平
	土 坪 坪 坪

平坦的场地：草~。

píng	8画 艹(cǎo)部
苹	上下 艹/平
	艹 艹 苹 苹

【苹果】落叶乔木，叶椭圆形，花白色，果球形，味甜，是普通水果。

píng	8画 几部
凭	上下 任(亻/壬)/几
	亻 仁 任 凭

①靠在东西上：~栏远眺。②依靠，仗着：~借｜~着双手去创造幸福。③根据：~票入场｜~成绩录取。④证据：~证｜文｜口说无~。⑤任，由，不管：任~听｜~方向错了，~你跑多快，也不能到达目的地。
同义 凭借—凭仗、依靠/凭据—凭证、证据

多音字	9画 尸部
屏	半包围 尸/并(丷/开)
	尸 屏 屏

㊀píng ①遮挡：~蔽（像屏风似的遮挡着）。②遮挡物：围｜~风（挡风用的东西）。③挂在墙上分条的字画：~条｜四扇。
㊁bǐng ①除去，排除：~除｜~弃不用。②憋住气，暂不呼吸：~气｜~息凝视。

píng	10画 瓦部
瓶	左右 并(丷/开)/瓦
	丷 并 瓶 瓶

口小腹大的容器，多用玻璃、陶瓷等做成：花~｜酒~｜墨水~。

píng	11画 艹(cǎo)部
萍	上下 艹/泙(氵/平)
	艹 艹 萍 萍

浮萍，水草，叶子浮在水面，根垂在水里。可做药，也可做饲料和绿肥：~踪（比喻行踪不定）｜~水相逢（比喻互不认识的人偶然相遇）。

po

pō	8画 土部
坡	左右 土/皮(广/又)
	土 坡 坡 坡

①地势倾斜的地方：山~｜陡~｜上~。②倾斜：~度｜这块板要~着放。

pō	8画 氵(shuǐ)部
泼	左右 氵/发(犮/又)
	氵 沙 泼 泼

①用力把水或其他液体向外倒或洒：~水。②野蛮，不讲理：撒~｜~妇。

pō	11画 皮部
颇	左右 皮(广/又)/页
	一 厂 尸 颇

①偏，不正：偏~（偏于一方面，不公正）。

由早晨可知全天，由童年可知成年。
　　　　　　　　　　　　　［英］弥尔顿

po—pou

②比较：~冷|成绩~佳。

pó	11画 女部
婆	上下 波(氵/皮)/女 氵氵波波婆

①称奶奶辈或年老的妇女：阿~|外~|老太~。②婆婆，丈夫的母亲：公~|~媳。③从事某些职业的妇女：巫~|媒~。

多音字	8画 辶(chuò)部
迫	半包围 白/辶 白白迫迫

㊀pò ①用强力压制，硬逼：压~|逼~|饥寒交~(形容生活极端贫困)。②接近，逼近：~近|~在眉睫。③急促：急~|~切从容不~。

㊁pǎi 【迫击炮】从炮口装弹，以曲射为主的火炮。

同义 ㊀迫近—逼近/迫切—急切、急迫

pò	9画 王部
珀	左右 王/白 二王 珀珀

【琥珀】hǔ- 见"琥"。

pò	10画 石部
破	左右 石(丆/口)/皮(广/又) 了矿矿矿破

①碎，不完整：~碎|打~了一个碗|袜子~了。②分开，使裂开：~成两半|势如~竹。③超出：~例|~纪录|突~定额。④使损坏：~坏|~釜沉舟(比喻下决心干到底)。⑤攻下，打败：攻~|~城|大~敌军。⑥揭穿，使露出真相：~案|~除迷信|识~敌人的阴谋。⑦花费，耗费：~费|~工夫。⑧表示瞧不起：~戏|这~玩意儿谁要？⑨整的换成零的：一百元的票子~成两张五十元的。

同义 破败—破烂/破坏—损坏、毁坏/破绽—漏洞

反义 破财—发财/破除—树立/破坏—爱护、建设/破旧—崭新/破灭—实现

pò	11画 米部
粕	左右 米/白 ⺌ 米 粕 粕

米渣滓：糟~(比喻没有用的东西)。

pò	14画 白部
魄	左右 白/鬼 白的 魄 魄

①迷信指依附在人体上的精神：魂~|丧魂失~(形容极为害怕)。②精神，精力：气~|体~(体格和精力)|~力(做事果断，决心大、敢于负责的作风)。

同义 魄力—气魄

pou

pōu	10画 刂(dāo)部
剖	左右 音(立/口)/刂 立 音 剖

①切开，破开：~腹|解~|把西瓜~开。②分析，分辨：~析|~明事例。

同义 剖析—分析

 鸡鹅百米赛跑，鸡比鹅跑得快，为什么却后到终点站？(鸡跑错了方向)

pu

多音字	4画 亻(rén)部
仆	左右 亻/卜
	亻亻卜

㈠pū 向前倒下：前~后继（前面的倒下了，后面的紧跟上来。形容英勇战斗，不怕牺牲）。

㈡pú ①受雇供使唤的人：~人｜女~。②旧时男子谦称自己。多用于书信。③【仆仆】形容旅途劳累的样子：风尘~。

同义 ㈠仆—奴/仆人—佣人、奴仆
反义 ㈠仆—主/仆人—主人

pū	5画 扌(shǒu)部
扑	左右 扌/卜
	扌扌扑

①轻打，拍：身上~了一层痱子粉｜打衣服上的尘土｜~着翅膀。②猛击，进攻：~灭烈火｜直~敌阵。③用上全部心力：王老师一心~在教学上。④冲：~到妈妈怀里｜香气~鼻｜和风~面。

同义 扑闪—忽闪

多音字	12画 钅(jīn)部
铺	左右 钅/甫
	钅钅钅铺铺

㈠pū 展开，摊平：~床｜~路｜~上一层沙子。
㈡pù ①商店：店~｜当~。②床：床~｜卧~。③旧时的驿站，现在用于地名：三十里~。

同义 ㈠铺张—浪费 ㈡铺子—商店、店铺
反义 ㈠铺张浪费—勤俭节约

pū	15画 口部
噗	左右 口/業(业/关)
	口口噗噗噗

拟声词：~的一声把蜡烛吹灭｜子弹把尘土打得~~直冒烟｜咏一声笑出来。

pú	9画 勹(bāo)部
匍	半包围 勹/甫
	勹匋匍匍

【匍匐】-fú ①用手足在地上爬着前进：~前进。②胸腹朝下卧着：不要~在床上看书。

组字 葡

pú	11画 艹(cǎo)部
菩	上下 艹/音(立/口)
	艹芏菩

①【菩萨】-sà a.佛教指地位仅次于佛的人。也泛指神佛。b.比喻心肠慈善的人。②【菩提树】常绿乔木，叶卵形，花隐在花托中，果实扁圆，黑紫色。树干的乳汁可制硬橡胶。

pú	12画 艹(cǎo)部
葡	上下 艹/匍(勹/甫)
	艹芍萄葡葡

【葡萄】-táo 藤本植物，茎有卷须，叶子像手掌，花小，黄绿色，果实圆形或椭圆形，成串，味酸甜，是普通水果。

pú	13画 艹(cǎo)部
蒲	上下 艹/浦(氵/甫)
	艹艹蒲蒲蒲

香蒲，多年生草本植物，生于浅水或池沼中。叶长而尖，可以编席、蒲包和蒲扇，花穗的绒毛叫蒲绒，可做枕心，根茎可以吃。

pú	16画 王部
璞	左右 王/業(业/关)
	三王玗璞璞

歇后语 老鼠眼——就看鼻子尖儿

288

pu

含玉的石头,也指没雕琢过的玉石:~玉浑金(比喻天然美质)。

多音字	6画 木部
朴	左右 木/卜
	一十木朴朴

㈠pǔ 不加修饰的:~实|~素|俭~|质~。
㈡pò 朴树,落叶乔木,花淡黄色,果实黑色。木材可做器具。
㈢pō【朴刀】古代一种窄长有短柄的刀。
㈣piáo 朝鲜民族的姓。

同义 ㈠朴实—踏实、朴素、纯朴/朴素—简朴、素净
反义 ㈠朴实—浮夸、华丽、虚伪/朴素—奢侈、艳丽

pǔ	10画 土部
埔	左右 土/甫
	土坷埔埔

【黄埔】地名,在广东省:~军官学校。

pǔ	10画 囗(wéi)部
圃	全包围 囗/甫
	冂同圃圃

种植菜蔬、花草、瓜果的园子:花~|苗~。

pǔ	10画 氵(shuǐ)部
浦	左右 氵/甫
	氵沪浦浦

水边或河流入海的地区。多见于地名。

pǔ	12画 日部
普	上下 並(丷/亚)/日
	丷并普普

广泛,全面:~遍|~通|~选|~及九年义务教育。

同义 普通—一般、平常
反义 普遍—个别/普通—特别、突出
组字 谱

pǔ	14画 讠(yán)部
谱	左右 讠/普(並/日)
	讠讦谱谱

①按照事物的类别、系统编制的表册:家~|年~(按年月记载个人生平事迹的书)。②用来指导练习的格式或图形:棋~|画~。③歌曲声调符号的记录:歌~|曲~|简~。④给歌词作曲:~曲|写~。⑤大致的标准,把握:他做事有~儿|心里没个~|太离~。

同义 谱曲—作曲

多音字	18画 氵(shuǐ)部
瀑	左右 氵/暴(日/共/水)
	氵沪瀑瀑

㈠pù 瀑布,水从高山陡直地流下来,远看好像挂着的白布:飞~|流泉。
㈡bào 瀑河,水名,在河北省。

多音字	19画 日部
曝	左右 日/暴(日/共/水)
	日晒曝曝

㈠pù 晒:一~十寒(晒一天,冻十天。比喻没有恒心)。
㈡bào【曝光】①使感光纸或照片在一定条件下感光。②披露(隐秘的事):这起坑农事件在媒体上~后,引起轰动。

谜语 一人奏笛一人打鼓 (成语:大吹大擂)
电扇开了六十分 (成语:风行一时)

qi

qī	2画 一部
七	独体
	一七

数目字:白色的光是由红、橙、黄、绿、蓝、靛、紫一种颜色的光组成的。
同义 七拼八凑—东拼西凑
提示 "七"的首笔是横,不是撇,书写时略向右上方倾斜。在去声字前读阳平,如"七岁"、"七件"。

qī	7画 氵(shuǐ)部
沏	左右 氵/切(+/刀)
	氵沏沏

用开水冲泡:~茶。
提示 "沏"不读 qì。

qī	8画 女部
妻	上下 妻/女
	彐彐妻妻妻

男子的配偶:夫~|~离子散。
组字 凄
提示 "妻"的第三笔横要与第二笔横折相交,第五笔竖与第四笔横相接不相交。

qī	9画 木部
柒	上下 氿(氵/七)/木
	氵氵氿柒

数目字"七"的大写。
提示 "柒"不要与"染"相混。

qī	10画 木部
栖	左右 木/西
	木栌栖栖

①鸟停留在树上:~息。②泛指居住、停留:两~(有时在水中生活,有时在陆地上生活)|水~|~身(暂时居住)。

qī	10画 冫(bīng)部
凄	左右 冫/妻(妻/女)
	冫冫凄凄凄

①寒冷:风苦雨(恶劣的天气)。比喻悲凄凉的境遇)。②悲伤:~惨|~苦。③冷落寂静:~清|~凉。
同义 凄凉—凄惨、苍凉

qī	11画 戈部
戚	半包围 戊/未(上/小)
	厂厅戚戚戚

①亲戚,因婚姻联成的关系。②忧愁,悲伤:休~与共(形容彼此同甘共苦)。
组字 嘁

qī	12画 月部
期	左右 其(甘/八)/月
	甘其期

①规定的时间:定~|按~|~限|~完成。②一段时间:学~|暑~|潜伏~。③约定时间:不~而遇(事先没有约定而意外地遇见)。④届,刊物出版的号数:培训班办了两~|《小学生》第四~。⑤盼望,等待:~望|~待。
同义 期待—期望、等待
提示 "期"不读 qí。

  热爱人民是最必要的品德,只有真心实意地爱人民,才能耐心地解决各种问题。
〔印〕英·甘地

qī 欺 12画 欠部

左右 其(甘/八)/欠(ク/人)

甘 其 欺 欺

①欺骗:自~~人(欺骗自己,也欺骗别人)|~世盗名(欺骗世人,盗取名誉)。②欺负,压迫,侮辱:~侮|~凌(欺负,凌辱)|~人太甚(把人欺负得太厉害了)。

同义 欺负—欺侮、欺凌、欺压/欺骗—欺诈、蒙骗、哄骗

qī 嘁 14画 口部

左右 口/戚(戌/未)

口 呀 嘁 嘁

拟声词,细小杂乱的说话声,多叠用:会议开始了,会场上~~喳喳的声音顿时停了下来。

qī 漆 14画 氵(shuǐ)部

左右 氵/桼(木/余)

氵 汁 漆 漆

①漆树,落叶乔木。②用漆树皮的黏液制成的涂料是天然漆,还有一种是人造漆。③用漆涂抹:~家具。

同义 漆黑—乌黑
反义 漆黑—雪白

qí 齐 6画 文部

上下 文(亠/乂)/川

亠 文 齐

①整齐:庄稼长得~|参差不~。②达到同样的高度:菜叶和垃圾~着车帮。③同样,一致,使一致:~名|~心协力。④一起,同时:万箭~发|~动员。⑤完全,不缺:~全|材料已备~|人都到~了。⑥朝代名,周代诸侯国名。

同义 齐全—齐备/齐心—同心、一心
组字 荠、剂、挤、济、脐

qí 祁 6画 礻(shì)部

左右 礻/阝

礻 礻 祁 祁

用于地名:~县(在山西)|~阳(在湖南)|~门(在安徽)。

qí 其 8画 八部

上下 甘/八

廿 甘 丼 其

①他,他们:不能任~自流|劝~努力学习。②他的,他们的:各得~所(每个人都得到适当的安置)|~貌不扬(指人的外貌不漂亮)|人尽~才,物尽~用。③那,那个,那样:~间(那中间)|若无~事|不乏~人(不缺少那样的人)。④词尾:极~|忧~。

同义 其中—其间
组字 基、箕、棋、斯、期、欺

多音字 奇 8画 大部

上下 大/可(丁/口)

大 太 杏 奇

㈠qí①少见的,特殊的,非常的:~闻|~迹|~耻大辱。②出人意料的,难以预测的:~兵|~袭(出其不意地打击别人)。③惊异:~怪|惊~|不足为~。④特别:~丑无比。

㈡jī数目不成双的,与"偶"相对:一、三、五、七、九是~数。

同义 ㈠奇怪—奇异、奇妙、奇特
反义 ㈠奇数—偶数
组字 寄、倚、崎、骑、椅、畸
提示 "奇"的第三笔捺变为点。

 急转弯 脑筋 小明的妈妈有三个孩子,老大叫大明,老二叫二明,老三叫什么?(小明)

qi

qí	8画　止部
歧	左右　止/支(十/又)
	ト止此歧

①岔，从大路分出的(小路)：~路|~途(岔路，比喻错误的道路)。②有差别，不一致：意见分~|~视|~义。
同义 歧途—歧路、岔路
反义 歧途—正道

qí	8画　礻(shì)部
祈	左右　礻/斤
	礻礻祈祈

①迷信的人向神求福：~祷。②请求：~求|望敬~照准(请求批准)。
同义 祈祷—祷告/祈求—企求

多音字	9画　艹(cǎo)部
荠	上下　艹/齐(文/儿)
	艹芊芋荠

㈠qí【荠荠】bí- 见"荸"。
㈡jì 荠菜，二年生草本植物，花白色。茎叶嫩时可以吃，全草可以入药。

qí	10画　月部
脐	左右　月/齐(文/儿)
	月肸脐

①胎儿肚子中间跟胎盘连着的管子叫脐带。胎儿出生以后，脐带脱落的地方叫肚脐。②螃蟹腹部下面的甲壳：团~(雌的)|尖~(雄的)。

qí	11画　田部
畦	左右　田/圭(土/土)
	田町畦畦

为了便于耕作而用田埂分成的小块地：菜~|田~|种了几~马铃薯。

qí	11画　山部
崎	左右　山/奇(大/可)
	山崎崎崎

【崎岖】-qū 形容山路高低不平：山路~|~不平。
同义 崎岖—坎坷
反义 崎岖—平坦

qí	11画　马部
骑	左右　马/奇(大/可)
	马驮骑骑

①两腿左右叉开坐：~马|~驴|~自行车。②骑兵，也泛指骑马的人：轻~(装备轻便的骑兵)|铁~(精锐的骑兵)。③给人骑的马：坐~。

qí	12画　王部
琪	左右　王/其(甘/八)
	三王琪琪

美玉。

qí	12画　王部
琦	左右　王/奇(大/可)
	三王琦琦

①美玉。②珍奇，美好：~行(美好的品德)。

qí	12画　木部
棋	左右　木/其(甘/八)
	木棋棋棋

文娱用品，如围棋、象棋、跳棋等：~逢敌手(比喻双方本领差不多)。

歇后语　老王卖瓜——自卖自夸

qi

qí	14画 方部
旗	左右 方/其(⺮/其)
	方 方 旃 旗

①旗子:国~|队~|彩~。②特指属于满族的:~人|~袍。③内蒙古自治区的行政区划单位,相当于县。

同义 旗号—幌子/旗鼓相当—势均力敌/旗开得胜—马到成功

qí	18画 鱼部
鳍	左右 鱼(⺈/田/一)/耆(老/日)
	鱼 𩵋 鲝 鳍 鳍

鱼类和其他水生脊椎动物(如鲸)的运动器官,由刺状的硬骨或软骨支撑薄膜构成。

qǐ	3画 乙部
乞	上下 ⺊/乙
	ノ 𠂉 乞

向人讨、要、求:~怜|~食|~求。

同义 乞求—央求、恳求/乞讨—讨乞、要饭
反义 乞讨—施舍
组字 吃、屹、迄、疙、乾
提示 "乞"的末笔是横折弯钩,不是横折捺钩。

qǐ	6画 山部
岂	上下 山/己
	丨 山 岂 岂

①哪里,如何,怎么:~敢!|~有此理? ②难道:~有意乎?|~在多杀伤?
组字 凯、皑

qǐ	6画 人部
企	上下 人/止
	人 个 企 企

①踮着脚看:~足而待。②希望,盼望:~望|~待|~求(希望得到)。

同义 企盼—盼望/企求—祈求/企图—图谋、打算

qǐ	7画 木部
杞	左右 木/己
	木 杞 杞

杞国,周代诸侯国名,在今河南省杞县:~人忧天(比喻多余的忧虑)。
提示 不要读成jǐ。

qǐ	7画 户部
启	半包围 户/口
	丷 户 启

①打开:~封|~门|~齿(开口)。②开始:~用|~程。③开导:~发|~迪(开导、启发)。④陈述,说明:~事(向人说明事情的文字)。⑤简短的书信:书~|小~。

同义 启发—启示、启迪

qǐ	10画 走部
起	半包围 走(土/㐄)/己
	土 耂 走 起

①由躺而坐或由坐而站:~床|~立。②取出:~钉子|~货。③上升,涨大:~伏|劲面~了。④长出:~痱子|手上~了泡。⑤开始:~先|~笔|~点。⑥发生:~火|~风|~作用。⑦发动:~义|揭竿而~(泛指人民起义)。⑧拟定:~草文件|~稿。⑨建造,建立:~房子|白手~家(形容基础或条件很差而创立起一番事业)。⑩量词:一~案件|两~事故。⑪在动词后,表示动作的趋向或开始:举~红旗|跳~舞来。⑫在动词后,同"得"、"不"连用,表示能或不能担得了或够格:经得~考验|看不~。

同义 起初—起先、开头/起劲—带劲、来劲/

谜语 紧紧拿着自个儿看
老佛爷驾到住顶层

(成语:固执己见)
(成语:后来居上)

qi

起因—原因
反义 起—落、伏/起初—后来/起点—终点/起飞—降落/起因—结果

qǐ	11画 纟(mì)部
绮	左右 纟/奇(大/可)
	纟 纫 结 绮

①有花纹或图案的丝织品：~罗|遍身罗~者。②美丽：风光~丽。
提示 不要与"倚"、"猗"、"椅"、"漪"(都读yī)读音相混。

qì	4画 气部
气	独体
	丿 ⺅ 气 气

①没有一定的形状、体积，能自由散布的物体：蒸~|煤~|毒~。②特指空气：~压|给轮胎充~|打开窗户透透~。③气息，呼吸：~喘吁吁|断~。④鼻子闻到的味：香~|烟~。⑤精神状态：勇~|志~|生~|勃勃。⑥习气，作风：官~|娇~。⑦冷热阴晴等自然现象：天~|节~|秋高~爽。⑧怒，使发怒：他生~了|你别~我了。⑨恼怒的情绪：怒~|消消~。⑩中医指能使人体器官正常发挥机能的原动力：元~|~血。⑪中医指某种病象：湿~|脚~。
同义 气氛—氛围/气愤—气恼、愤怒/气概—气派/气馁—灰心/气魄—气势、魄力/气象—景象、气候/气呼呼—气冲冲、气鼓鼓
组字 汽、忾、氦、氢、氖、氧、氨、氮

qì	6画 辶(chuò)部
迄	半包围 乞(丿乙)/辶
	丿 乞 讫 迄

①到：~今为止。②一直，始终：~无回信|~未成功。
同义 迄今—至今

qì	7画 廾(gǒng)部
弃	上下 六(亠/ㄙ)/廾
	亠 六 弃

舍去，扔掉：放~|丢~|抛~|~权。

qì	7画 氵(shuǐ)部
汽	左右 氵/气
	氵 汀 汽 汽

①液体或固体受热变成的气体。②特指水蒸气：~船|~轮机。

qì	8画 氵(shuǐ)部
泣	左右 氵/立(亠/丷)
	氵 氵 泣

①无声或小声哭：哭~|抽~|~不成声。②眼泪：~下如雨饮~。

qì	9画 大部
契	上下 轫(丰/刀)/大
	三 丰 轫 契

①契约，证明买卖、抵押、租赁等关系的合同、文书、字据：地~|房~|~据。②合得来，符合：~合|~友(情意相投的朋友)|配合默~。
同义 契约—契据
组字 楔
提示 "契"的右上方是"刀"，不是"刃"。

qì	9画 石部
砌	左右 石(丆/口)/切(ョ/刀)
	石 石 砌 砌

①用泥灰粘合砖、石，使一层一层垒起来：~墙|~灶|堆~。②台阶：雕栏玉~。

思考是创造一个世界的首要工作。
[法]加缪

qi—qian

qì	16画 口部
器	上中下 叫(口/口)/犬/叫(口/口) 叫 哭 哭 器

①用具：~皿丨瓷~丨电~。②器官：呼吸~丨消化~。③度量，才干：~量丨成~丨大~晚成。④重视，看重：~重。

同义 器具—器物/器重—看重、重视
反义 器重—看轻、轻视、小看
提示 "器"中间的"犬"要写得比上下部件略宽，捺不要写成点。

qì	16画 心部
憩	上下 舌(舌/自)/心 二 舌 舐 憩

休息：小~丨休~丨游~。
提示 "憩"的右上方是"自"，不是"白"或"甘"。

qia

qiā	11画 扌(shǒu)部
掐	左右 扌/臽(⺈/臼) 扌 护 护 掐 掐

①用手指用力夹，用指甲按或截断：大夫在我额上~了一会儿，我的头就不疼了丨不能~公园里的花儿。②割断，截去：~电线。③用的虎口及手指紧紧捏住：~住歹徒的脖子。④量词，拇指和另一手指尖相对握着的量：一~儿韭菜。

qià	9画 氵(shuǐ)部
洽	左右 氵/合(人/口) 氵 汐 汐 洽

①与人联系，商量：~谈丨商~丨接~。②和协，不抵触：气氛融~丨意见不~。
同义 洽谈—洽商

qià	9画 忄(xīn)部
恰	左右 忄/合(人/口) 忄 忄 忄 恰

①正好，刚刚：~好丨~巧丨~~相反。②合适，适当：~当丨~如其分（指对待人或办事掌握的分寸正合适）。
同义 恰当—适当、得当/恰巧—恰好、凑巧/恰如其分—恰到好处
反义 恰当—不当、失当

qian

qiān	3画 十部
千	独体 丿 二 千

①数目字，十个百。②比喻很多：~方百计丨~军万马。
同义 千方百计—想方设法
组字 仟、阡、忏、纤、歼、迁

qiān	5画 亻(rén)部
仟	左右 亻/千 亻 仁 仟

数目字"千"的大写。

qiān	5画 阝(fù)部
阡	左右 阝/千 阝 阡 阡

田间南北方向的小路：~陌。

qiān	6画 辶(chuò)部
迁	半包围 千/辶 一 千 汗 迁

①转移，搬家：~移丨~居。②变动，改变：变~丨

急转弯 脑筋 放大镜不能放大的东西是什么？（放大镜本来就不能把任何东西放大，只是看到东西变大了）

295

qian

事过境~(事情已经过去,环境也改变了)。
同义 迁居—移居、搬家/迁移—迁徙、搬迁

qiān	9画 大部
牵	上中下 大/宀/牛 大 ㄊ 杢 牵

①拉,拉着向前:手~手|~着一只狗。②连带,连累:~连这个案子|~涉到十几个人。③惦记:~挂。
同义 牵挂—挂念/牵连—牵涉、牵扯、连累
提示 "牵"的第三笔捺变为点。

qiān	10画 钅(jīn)部
铅	左右 钅/㕣(几/口) 钅 钐 铅

①一种金属元素,青灰色,质软而重,熔点低,耐腐蚀。用于制造合金、蓄电池、铅字等。②铅笔心(用石墨等制成)。

qiān	12画 讠(yán)部
谦	左右 讠/兼(丷/兼) 讠 讠' 诺 谦

虚心,不自高自大:~虚|~让|~逊。
同义 谦虚—谦逊、谦恭、虚心/谦让—礼让、推让
反义 谦虚—骄傲、傲慢、自满

qiān	13画 竹(⺮)部
签	上下 ⺮/佥(人/丷) ⺮ 欠 笒 签

①亲自写姓名或画上符号:~名|~字|~署文件。②简要地写出(意见、要点等):~注意见|~条。③作为标志用的纸片:标~|书~儿。④用竹木等做的细棍或细片:竹~|牙~儿。⑤刻有文字符号用来赌博、占卜或决定先后、胜负的竹片或细棍:抽~|求~。
同义 签订—订立/签名—签字

qián	9画 八(丷)部
前	上下 丷/刖(月/刂) 丷 首 前

①正面的:~门|窗~|向~|齐步走。②过去的:~年|以~|~所未有。③将来的:~途|~程|~景。④从前的(指曾经有过,现已不存在的):~夫|~人。⑤次序在先的:~排|~三名。⑥向前行进:勇往直~(勇敢地一直向前进)|裹足不~。
同义 前辈—先辈、长辈/前程—前途、前景/前往—前去/前夕—前夜/前线—前方、前沿/前所未有—史无前例
反义 前—后/前进—后退、倒退、退缩
组字 剪、煎、箭

qián	10画 虍(hū)部
虔	半包围 虍/文(一/乂) ⺊ 广 虏 虔

恭敬:~诚(多指对宗教信仰)|~心|~敬。

qián	10画 钅(jīn)部
钱	左右 钅/戋 钅 钅' 钱 钱

①货币:铜~|一分~。②费用,款子:车~|书本~|一笔~。③财物:~财|有~有势。④圆形像钱的东西:榆~。⑤原市制重量单位,1两的1/10。

qián	10画 钅(jīn)部
钳	左右 钅/甘 钅 钅† 钳 钳

①钳子,夹东西的用具:老虎~。②夹住,限制,约束:~口(闭口不说话)|~制(用强力限制)。

歇后语 老渔翁钓鱼——坐等

qian

qián	11画	乞(gàn)部
乾	左右	乞(十/日/十)/乞(ㄣ/乙)
	十古乞乾	

①八卦之一,代表天;~坤(天地)。②旧称男性的:~宅(婚姻中的男家)。
提示 "乾"读gān时是"干"的繁体字。

qián	15画	氵(shuǐ)部
潜	左右	氵/替(扶/日)
	氵氵潜潜	

①隐入水中:~水|~泳。②隐藏:~伏|~藏。③秘密地:~行追捕~逃的罪犯。
同义 潜伏—潜藏、埋伏/潜逃—逃跑/潜心—专心、悉心
反义 潜伏—暴露
提示 "潜"不读 qiǎn。

qián	16画	黑部
黔	左右	黑(里/灬)/今(人/㇆)
	口日甲黑黔	

①黑色:~首(古称老百姓)。②贵州省的别称:~驴之技(比喻虚有其表,实际上没有什么本领)。

多音字	8画	氵(shuǐ)部
浅	左右	氵/戋
	氵氵浅浅	

㊀qiǎn ①从上面到底或从外面到里面距离小,与"深"相对:~水|~碟子|这个院子很~。②程度不深,难度小:~显|这道题很~|功夫。③颜色淡:~绿色|~黄。④时间短:年代~|相处的日子还~。
㊁jiān【浅浅】流水声。
同义 浅薄—浅陋、轻浮/浅显—浅近、浅易
反义 ㊀浅—深/浅薄—渊博/浅显—深奥、艰深

qiǎn	13画	辶(chuò)部
遣	半包围	𠳋(业/曰)/辶
	口戸肀書譜遣	

①派,送,打发:派~|调兵~将|~送。②排解,发泄:排~|消~(做一些事解闷或度过空闲时间)。
同义 遣散—解散
组字 遣
提示 "遣"不要与"遗"相混。

qiǎn	15画	讠(yán)部
谴	左右	讠/遣(𠳋/辶)
	讠讠讠谴谴	

责备(多用于比较重大的事情):~责侵略者侵犯别国领土。
同义 谴责—声讨

qiàn	4画	欠部
欠	上下	㇇/人
	丿㇇欠	

①借了没还,该给的没给:~钱|~债|~账。②不够,缺乏:~佳|身体~安|考虑~周。③身体一部分稍微向上移动:~身(稍微起身向前,表示恭敬)|~脚。④疲倦时张口呼气:打呵~|~伸(疲倦时打呵欠,伸懒腰)。
同义 欠缺—缺乏、短缺、缺陷/欠债—欠账、负债
反义 欠债—还债、还钱
组字 次、欢、坎、吹、饮、软、炊、砍、钦

谜语	交税 (教育名词:上课)	空难 (电脑名词:死机)
	卸货 (电脑名词:下载)	强行审讯 (电脑名词:硬盘)

qian—qiang

qian

多音字	6画 纟(mì)部
纤	左右 纟/千
	纟纟纤

㊀qiàn 拉船前进的绳子：~绳拉~。
㊁xiān 细小，细：~细丨~巧(细巧、小巧)丨~尘不染。

多音字	9画 艹(cǎo)部
茜	上下 艹/西
	艹艹茜茜

㊀qiàn ①茜草，多年生蔓草，根红色，可做染料，也可入药。②红色：~纱。
㊁xī 音译女子名字用字。

qiàn	10画 亻(rén)部
倩	左右 亻/青(主/月)
	亻仁伫倩

①美丽：~装丨~影。②请人代做：~人执笔。

qiàn	11画 土部
堑	上下 斩(车/斤)/土
	车轩斩堑

①护城河，壕沟：~壕(防御用的壕沟)丨天~(隔断交通的天然壕沟，多指长江)。②比喻挫折：吃一~，长一智(受一次挫折，便得到一次教训，增长一分才智)。

qiàn	12画 山部
嵌	上下 山/欿(甘/欠)
	屮岩岩嵌

把东西卡在空隙里，起到装饰作用：镶~丨~花丨~金丨~石。

qiàn	14画 欠部
歉	左右 兼(丷/秝)/欠(宀/人)
	丷兰筝歉

①对不起人的心情，觉着对不起人：道~丨~疚丨深致~意。②收成不好：庄稼~收丨~年(歉收的年份)。

同义 歉疚—内疚、抱歉/歉年—荒年
反义 歉年—丰年/歉收—丰收

qiang

多音字	7画 口部
呛	左右 口/仓(人/巳)
	口叭吟呛

㊀qiāng 水或食物进入气管而引起咳嗽并突然喷出：水喝~了丨吃得太急，~着了。
㊁qiàng 烟或刺激性气体使鼻子、嗓子等感到难受：烟~嗓子丨大葱味~得人打喷嚏。

qiāng	7画 羊(羌)部
羌	独体
	丷羊羌

①【羌族】我国少数民族名，主要分布在四川省。②我国古代西部的民族。

qiāng	8画 木部
枪	左右 木/仓(人/巳)
	木朴枪枪

①发射子弹的武器：手~丨机~丨冲锋~。②杆子上装有金属尖头的兵器：红缨~丨长~。③像枪的东西：焊~丨水~。

同义 枪决—枪毙

qiāng	12画 月部
腔	左右 月/空(宀/工)
	月旷肪腔

①动物身体中空的部分：口~丨腹~丨胸~。②器物中空的部分：炉~丨锅台~子。③乐曲的调

名人名言 一个目标达到之后，马上立下另一个目标，这是成功的人生模式。
[美]戴尔·卡耐基

qiang—qiao

子：唱~|花~|高~。④说话的声音、语调等：京~(北京口音)|学生~|南~北调。⑤话：开~|答~。

qiāng	14画 钅(jīn)部
锵	左右 钅/将(扌/夺)
	钅 钅 钑 锵

拟声词，形容金属或玉石等撞击的声音：锣声~~。

多音字	12画 弓部
强	左右 弓/虽(口/虫)
	弓 弘 弹 强

㈠qiáng ①健壮，有力量，与"弱"相对：~大|壮富~。②使健壮，使强大：~身|富国~兵。③坚定，刚毅：坚~|顽~。④程度高：事业心~|理解力很~|~烈。⑤有余力，多一些：一半~。⑥尽力，硬拼：~打精神|~攻。⑦粗暴，蛮横：~横|不畏~暴。⑧好：他的数学比你~。
㈡qiǎng 迫使，勉强：~迫|~辩|~词夺理。
㈢jiàng 固执，任性：倔~。
同义 ㈠强暴—凶暴/强化—加强/强烈—猛烈、激烈/强盛—富强/强壮—强健、健壮 ㈡强辩—狡辩/强迫—逼迫
反义 ㈠强—弱/强大—弱小/强化—弱化、削弱/强烈—微弱、柔和/强盛—衰落/强壮—衰弱、虚弱
提示 "勉强"、"牵强"、"强求"、"强颜"、"强词夺理"、"强人所难"等的"强"读 qiǎng。

qiáng	14画 土部
墙	左右 土/啬(亩/回)
	土 圤 圢 墙 墙

用砖、石或土等筑成的支撑房顶或隔开内外的建筑物：~壁|土~|围~|~城~。

qiáng	14画 艹(cǎo)部
蔷	上下 艹/啬(亩/回)
	艹 艹 莕 蔷 蔷

【蔷薇】-wēi 落叶灌木，枝上多刺，夏初开花，有红、黄、白等色，味芳香，可供观赏。花、果、根可以做药或制香料。

多音字	7画 扌(shǒu)部
抢	左右 扌/仓(人/巳)
	扌 扌 抡 抢

㈠qiǎng ①夺，夺取(他人的东西)：~夺|~球|~劫。②赶快，突击：~修河堤|~收小麦。③争先：~先|~着干重活。④刮，擦去(表面的一层)：磨剪子~菜刀|膝盖上~去了一层皮。
㈡qiāng ①碰，撞：呼天~地(大声叫天，用头撞地。形容极端悲痛)。②同"戗"。
同义 ㈠抢—夺、争/抢劫—抢掠、夺、打劫/抢救—急救/抢先—争先

qiāng	11画 足(足)部
跄	左右 足(口/止)/仓(人/巳)
	口 趴 跄 跄

【跄跄】liàng- 见"踉"。

qiao

多音字	10画 忄(xīn)部
悄	左右 忄/肖(⺌/月)
	丶 忄 忄 悄

㈠qiāo【悄悄】①形容寂静或声音很低：教室里静~。②形容行动不让人觉察：~离开。
㈡qiǎo ①忧愁：~然落泪。②无声或声音很低：低声~语|~然无声。
同义 ㈠悄悄—偷偷

脑筋急转弯 一个数字，前面的数去掉是十三，后面的数去掉是四十，这个数是多少？(四十三)

qiao

qiāo	13画 足(䟦)部
跷	左右 䟦(口/止)/尧(戈/兀)
	𧾷𧾷𧾷跷跷

①抬起(腿),竖起(指头):~脚|~起大拇指称赞。②[高跷]踩着有踏脚装置的木棍表演的一种游艺。也指这种游艺所用的木棍。

qiāo	14画 钅(jīn)部
锹	左右 钅/秋(禾/火)
	钅钅钅钅'锹

挖土或铲取东西的工具:铁~。

qiāo	14画 高部
敲	左右 高(亠/口/冋)/攴(卜/又)
	亠高高敲

①击打,使发出声音:~门|~锣。②敲竹杠,讹诈财物或抬高价格:~诈。
同义 敲诈—勒索

qiáo	6画 丿(piě)部
乔	上下 夭/丿
	一彡夭乔

①高:~木(主干明显而高大的树木)。②做假,装:~装打扮(改变原来的外形,使人不认识自己)。
同义 乔迁—迁居、搬家
组字 荞、侨、娇、骄、桥、轿、矫

qiáo	8画 亻(rén)部
侨	左右 亻/乔(夭/丿)
	亻亻亻侨侨

①居住在国外:~居|~民|~胞。②居住在国外的人:华~|归~|外国~民(居住在中国的外国人)。
同义 侨胞—侨民/侨居—旅居

qiáo	9画 艹(cǎo)部
荞	上下 艹/乔(夭/丿)
	艹艹芥荞

荞麦,一年生草本植物,叶子三角形。籽实黑色,呈三棱形,磨成面粉供食用。

qiáo	10画 木部
桥	左右 木/乔(夭/丿)
	木朽朽桥

架在水上或空中便于通行的建筑物:南京长江大~|独木~|天~。

qiáo	15画 忄(xīn)部
憔	左右 忄/焦(隹/灬)
	忄忄忄憔

[憔悴] -cuì 黄瘦,脸色不好:面容~。

qiáo	17画 目部
瞧	左右 目/焦(隹/灬)
	目睄睄瞧

看:~见|~不起|你~,喇叭花开了。
同义 瞧—看、瞅、望、视、瞥/瞧不起—看不起

qiǎo	5画 工部
巧	左右 工/丂
	一エ巧

①技术,技艺:技~。②灵敏,手艺好:~妙|~灵|她生就一双~手。③虚假:花言~语。④恰好,正好:恰~碰|真是~得很。
同义 巧—妙/巧合—偶合
反义 巧—拙、笨
组字 窍

歇后语　白骨精扮新娘——妖里妖气

qiao—qie

qiào	9画 亻(rén)部
俏	左右 亻/肖(⺌/月)
	亻亻'亻'俏

①漂亮：俊~l~丽l打扮得真~。②货物的销路好：~货。

同义 俏丽—美丽、俊俏

qiào	10画 山部
峭	左右 山/肖(⺌/月)
	丨山山'峭

①(山)高而陡：陡~l悬崖~壁。②严厉，严峻：~直(刚直严峻)。

同义 峭壁—绝壁、悬崖

qiào	10画 穴部
窍	上下 穴/巧(工/丂)
	穴空窍

①孔洞，窟窿：七~(指耳、目、口、鼻的七个小孔)l一~不通(比喻一点也不懂)。②比喻事情的关键：门儿l诀~儿。

同义 窍门—诀窍

多音字	12画 羽部
翘	半包围 尧(戈/兀)/羽(习/习)
	一弋尧翘

㈠qiào 物体一头向上扬起：~起大拇指l~尾巴(比喻骄傲自大)。

㈡qiáo ①抬起，向上：~首l~望。②板状物因由湿变干而弯曲不平：木板晒~了。

同义 ㈡翘首—昂首、抬头

qiào	15画 扌(shǒu)部
撬	左右 扌/毳(毛/毛)
	扌扌'托'撬'撬

用棍棒或刀、锥等拨、挑：~石头l把门~开。

qie

多音字	4画 刀部
切	左右 ㇗/刀
	一七切切

㈠qiē 用刀割开：~肉l把瓜~开。

㈡qiè ①符合，贴近：作文要~题l身利益。②紧迫，急：迫l~急l求胜心~。③切实，必须：~不可大意l~记。④摩擦：咬牙~齿。

同义 ㈡切合—符合、适合

反义 ㈡切题—离题

组字 窃、彻、沏、砌

提示 "切"的左边是"㇗"，不是"土"。

多音字	8画 艹(cǎo)部
茄	上下 艹/加(力/口)
	艹艹'芀'茄

㈠qié 茄子，一年生草本植物，是普通蔬菜。

㈡jiā 音译用字：雪~(一种较粗较长用烟叶卷成的卷烟)l~克。

qiě	5画 一部
且	独体
	丨冂月且

①而且，又：既快~好。②表示暂时：暂~l~慢l~不说这件事。③尚且，还，都：秦王~不怕，何况廉将军？④将近：年~九十。⑤且…且…，表示一面这样，一面那样：~歌~舞l~战~退。

组字 诅、阻、助、咀、沮、姐、组、祖、租、粗

qiè	8画 立部
妾	上下 立(亠/⺌)/女
	亠立妾妾

①旧社会男子正妻以外的配偶。②旧时女子对自己的谦称。

谜语　来人是他 (字：他)　居心不良 (字：亚)
　　　林海无边 (字：梅)　有点良心 (字：恳)

组字 霎、接

qiè	8画 忄(xīn)部
怯	左右 忄/去(土/厶)
	丨忄忄怯

胆小,害怕,缺乏勇气:胆~|~懦(胆小怕事)|~场(在人多的场合发言、表演等感到紧张,不自然)。
同义 怯懦—怯弱、胆怯
反义 怯懦—勇敢
提示 "怯"不读què。

qiè	9画 穴部
窃	上下 穴/切(土/刀)
	穴空窃窃

①偷:偷~|盗~|~贼。②用非法手段取得:~据|~国(篡夺国家政权)。③偷偷地,暗中:~笑|~听|~私语。④谦词,称自己:~职|~以为不可。
同义 窃—偷/窃国—篡位/窃听—偷听/窃贼—小偷

qin

qīn	9画 钅(jīn)部
钦	左右 钅/欠(⺈/人)
	钅钅钦

①恭敬,尊重:~佩|~仰(钦佩,敬仰)。②旧时指皇帝亲自(做某事):~定(皇帝裁定的)|~赐(皇帝给的)|~差大臣。

同义 钦佩—敬佩、佩服

qīn	9画 亻(rén)部
侵	左右 亻/爰(彐/冖/又)
	亻尸侵侵

①侵犯,夺取别人的权利:~占|~吞|打击~略者。②接近,临近:~晨(天快亮的时候)。
同义 侵犯—侵略、进犯/侵蚀—腐蚀/侵吞—侵占

多音字	9画 立部
亲	上下 立(⺊/丷)/朩
	亠立亲

㈠qīn ①有血统或婚姻关系的人:~属|~戚|~人。②特指父母:父~|母~。③血缘关系最近的:~娘|~兄弟。④婚姻:~事|定~。⑤感情深厚,关系密切,与"疏"相对:~密|~爱的祖国。⑥本身,用自己的:~自|~眼看见|~身体会。⑦用嘴接触表示喜爱:妈妈~我的脸。
㈡qìng【亲家】-jia 夫妻双方的父母互相间的关系或称呼。
同义 ㈠亲近—亲密、亲热、亲昵、亲身—亲自/亲属—亲眷/亲信—心腹
反义 ㈠亲—疏、仇/亲近—疏远/亲热—冷淡/亲人—仇人
组字 新
提示 "亲"的末笔是点。

qín	7画 艹(cǎo)部
芹	上下 艹/斤
	艹艹芹

芹菜,一年或二年生草本植物,夏天开花,白色,是普通蔬菜。

qín	10画 禾部
秦	上下 夫/禾
	三夫表秦

①周代诸侯国名。②朝代名,秦始皇嬴政所建立。③陕西省的别称。
组字 榛、臻

许多人的品德高尚往往是实践的结果,而不是天性使然。
[古希腊]德谟克利特

qin—qing

qín	12画 王部
琴	上下 珏(王/王)/今(人/ㄅ)
	二 F 珏 琴

一种古老的弦乐器,也指某些乐器:风~|口~|钢~。

qín	12画 人部
禽	上下 人/离(凶/禸)
	人 今 含 禽 禽

鸟类的总称:家~|飞~|珍~异兽。

组字 擒

qín	13画 力部
勤	左右 堇(廿/里)/力
	苷 荁 堇 勤 勤

①做事尽力,不偷懒:~劳|~快|~奋学习。②经常,次数多:~剪指甲|~看报|雨水~。③在规定时间内的工作:出~|缺~|考~(考查出勤情况)。④分派的公共事务:~务|内~|外~。

同义 勤劳—勤奋、勤快、勤勉、勤恳/勤俭—节俭、俭省

反义 勤—懒/勤俭—奢侈/勤劳—懒惰

qín	15画 扌(shǒu)部
擒	左右 扌/禽(人/禸)
	扌 扩 擒 擒

捕捉:~拿|生~(活捉)|~贼先~王。

同义 擒—抓、捉、拿—擒拿—擒获、生擒

反义 擒—纵

qǐn	13画 宀(mián)部
寝	上下 宀/𠬶(爿/㑒)
	宀 宀 宀 寝

①睡觉:废~忘食|~食不安。②睡觉的地方:就~|入~。

同义 寝室—卧室

提示 "寝"的左下方是"丬",不要与"寐"的左下方相混。

qìn	7画 氵(shuǐ)部
沁	左右 氵/心
	氵 氵 沁 沁

①渗入:~人心脾。②透出:额头~出汗珠。

同义 沁人心脾—沁人肺腑

qing

qīng	8画 青部
青	上下 圭/月
	二 F 主 青

①绿色或蓝色:~草|~苔|~天。②黑色:~布|~丝(指黑头发)。③青草或未成熟的庄稼: 踏~(春天到郊外散步游玩)|~黄不接(旧粮已经吃完,新庄稼还没有成熟)。④青年:~春|~工|老中~结合。

同义 青翠—青绿、青葱、翠绿、苍翠/青天—蓝天

反义 青—黄、老/青翠—枯黄/青丝—白发

组字 倩、请、猜、清、情、晴、睛、精、蜻

qīng	9画 车部
轻	左右 车/圣(又/工)
	车 车 轩 轻

①分量小,与"重"相对:担子~。②程度浅:~伤不下火线|病得不~。③数量少:年纪~。④用力小:~声|~脚步。⑤不重视:~视|看~|敌。⑥随便,不庄重:~率|~浮。⑦装备简单:~装|~骑兵。⑧负担不重,感到舒服:~松|~快|~音乐。

同义 轻浮—轻飘/轻快—轻盈、轻巧/轻视—轻蔑/轻率—冒失、鲁莽/轻易—容易/

不破时人们犯愁,破了才高兴,这是什么?(案子)

qing

轻飘飘—轻悠悠

反义 轻—重/轻便—笨重/轻浮—稳重/庄重/轻视—重视/轻率—慎重/轻飘飘—沉甸甸/轻松—紧张、繁重

qīng	9画 气部
氢	半包围 气/圣(又/工)
	气 气 氢 氢

一种化学元素，通常条件下为气体，是现在所知道的元素中最轻的，无色、无味、无臭，与氧化合成水。能燃烧，工业上用途很广，液态氢可做火箭的高能燃料。

qīng	10画 亻(rén)部
倾	左右 亻/顷(匕/页)
	亻 亻 亻 倾

①歪，斜：~斜|身体向前~。②趋向，偏于某一方面：~向|左~|右~。③倒塌：~覆|大厦将~。④全部倒出来：~盆大雨|箱倒箧。⑤全部拿出，毫无保留：~吐|~销(大量廉价地出售商品)。

同义 倾倒—倾覆/倾诉—倾吐/倾听—聆听/倾向—趋向/倾斜—歪斜/倾泻—倾注、奔泻

提示 "倾"不读qǐng。

qīng	10画 卩(jié)部
卿	左右 㐅/即(艮/卩)
	㐅 卯 卿 卿

①古代高级官名：上~|公~。②古代君主称呼大臣：爱~。③古代夫妻或朋友之间表示亲爱的称呼。

提示 "卿"的左边是"㐅"。

qīng	11画 氵(shuǐ)部
清	左右 氵/青(主/月)
	氵 氵 氵 清

①纯净，不含杂质，与"浊"相对：~洁|溪水~澈。②安静：~静|~幽。③单纯：~唱(不化妆的戏曲演唱形式)|~茶一杯。④明白：~楚|分~是非。⑤尽，完：~除|~欠。⑥查点：~点|~查。⑦公正，廉洁：~白|~廉。⑧凉爽：~凉|~爽。⑨朝代名。

同义 清澈—清亮、明澈/清楚—明白/清洁—洁净、干净/清贫—清苦、贫穷/清闲—空闲、悠闲/清醒—苏醒/清早—清晨

反义 清—浑、浊/清澈—混浊/清楚—模糊/清洁—肮脏/清贫—富有/清闲—繁忙/清醒—昏迷/清早—黄昏

qīng	14画 虫部
蜻	左右 虫/青(主/月)
	中 虫 蚌 蜻

【蜻蜓】-tíng 昆虫名，俗叫蚂螂。有两对翅膀，腹部细长，常在水边捕食蚊子等小飞虫，是益虫。~点水(比喻做事肤浅不深入)。

qíng	11画 忄(xīn)部
情	左右 忄/青(主/月)
	丶 忄 忄 忄 情

①感情：热~|深~厚谊。②爱情：~歌|谈~说爱。③情面：求~|说~|毫不留~。④状况：~况|病~|灾~。⑤道理，常情：通~达理。

同义 情况—情形、情景、状况/情绪—心绪、心情/情谊—友谊/情愿—甘愿、愿意

qíng	12画 日部
晴	左右 日/青(主/月)
	日 日 旷 昑 晴

天空无云或少云，阳光充足：~朗|~空|纵有~明无雨色。

同义 晴朗—晴好、晴和、明朗

反义 晴朗—阴暗、阴沉

歇后语　两股道上跑的车——撞不上

qing—qiu

qíng	16画 手部
擎	上下 敬(苟/攵)/手 艹苟敬擎

向上托，举：~天柱｜高~｜红旗荷尽已无~雨盖。

qǐng	8画 匕部
顷	左右 匕/页 一匕匕顷

①土地面积单位，100 亩是 1 顷：千~良田｜一碧万~。②短时间：~刻｜少~｜有~。③刚才：~接来信。

同义 顷刻—片刻
组字 倾
提示 "顷"不读 qīng，左边是"匕"。

qǐng	10画 讠(yán)部
请	左右 讠/青(土/月) 讠讠讠请

①求：~求｜~假｜~教。②邀，约人来：邀~｜客｜~医生。③敬词，表示要求别人做某种事：~坐｜~问｜敬~批评指正。

同义 请教—讨教、求教/请求—恳求、央求、要求/请帖—请柬/请问—借问

qìng	6画 广部
庆	半包围 广/大 广广庆

①庆祝，祝贺：~贺｜~功大会。②可庆祝的事：国~｜校~。

同义 庆—贺/庆祝—庆贺

qiong

qióng	7画 穴部
穷	上下 穴/力 宀宀穷穷

①缺乏财物：贫~｜~苦｜~人。②偏远：~乡僻壤。③极端：~凶极恶。④尽，完了：无~｜无尽｜理屈词~。⑤用尽，使尽：~毕生精力从事研究｜兵黩武。⑥彻底：~究｜~追猛打。

同义 穷—贫/穷尽—尽头/穷困—穷苦、贫困
反义 穷—富/穷困—富裕/穷人—富豪

qióng	8画 穴部
穹	上下 穴/弓 宀宀宀穹穹

①天空中间隆起四周下垂的样子。泛指高起成拱形的。②天空：~苍(苍天)。

qióng	12画 王部
琼	左右 王/京(亠/口/小) 王王玙玙琼

①美玉。②美好的，精美的：~浆(美酒)｜~楼玉宇(美好华丽的房屋)。

qiu

qiū	5画 一部
丘	独体 厂斤丘

①土山，土堆：土~｜沙~｜~陵地带。②坟墓：~墓。③量词：一~田。

组字 乒、乓、兵、岳、邱、蚯

qiū	7画 阝(yì)部
邱	左右 丘/阝 厂斤邱邱

姓。

qiū	9画 禾部
秋	左右 禾/火 二禾秋秋

谜语	全球狂欢 （成语：极乐世界）	金鼓齐鸣 （成语：进退两难）
	赤足走路 （成语：脚踏实地）	

305

qiu—qu

①四季中的第三季：~风|~高气爽。②庄稼成熟的时节：麦~。③年：千~万代|一日不见，如隔三~。④指某个特定的时期（多指不好的）：多事之~。

组字 愁、揪、瞅、锹、鳅

qiū	11画 虫部
蚯	左右 虫/丘
	中 虫 虾 蚯

【蚯蚓】–yǐn 也叫曲蟮，一种生长在土里的虫子，身体柔软，圆而长，由许多环节构成。它能使土壤疏松、肥沃，是益虫。

qiū	17画 鱼部
鳅	左右 夕(鱼/田/一)/秋(禾/火)
	鱼 鲜 鲜 鳅

泥鳅，鱼名，口小，有须，体圆，尾扁，背青黑色，皮上有黏液，喜欢钻在泥里。

qiú	5画 囗(wéi)部
囚	全包围 囗/人
	冂 囚 囚

①拘禁关押：被~。②被关押的人：~犯|死~。

同义 囚犯—囚徒、犯人、罪犯/囚禁—监禁、拘禁

反义 囚禁—释放

qiú	7画 一部
求	独体
	一 十 求 求

①想办法得到：追~|寻~|~学。②请人帮助：请~|恳~|~教。③要求：精益~精|~全责备。④需要：需~|供不应~。

同义 求教—请教、讨教/求情—说情、讲情/求饶—讨饶/求学—就学/求助—求援、求救

反义 求—供

组字 裘、球、救

qiú	9画 八(丷)部
酋	上下 丷/酉
	丷 艹 酋 酋

①酋长，部落的首领。②盗匪或侵略者的头子：匪~|贼~。

组字 尊、奠

qiú	11画 王部
球	左右 王/求
	二 千 王 球 球

①圆形的立体物：~心|~体。②球形或接近球形的物体：棉~|眼|雪~儿。③指某些球形的体育用品：篮~|足~。④指地球，也泛指星体：全~|北半~|星。

qiú	13画 衣部
裘	上下 求/衣(一/仪)
	十 求 求 裘

皮衣：狐~|集腋成~（比喻积少成多）。

提示 "裘"的第二笔竖钩变为竖，第六笔捺变为点。

qu

多音字	4画 匚(fāng)部
区	半包围 匚/乂
	一 丆 又 区

㈠qū ①划分，分别：~别|~分。②地区，区域：山~|特~|工业~。③行政区划单位：自治~|市辖~。

㈡ōu 姓。

同义 ㈠区别—区分、差别

反义 ㈠区分—混同

组字 讴、抠、呕、岖、怄、驱、枢、鸥、殴、欧、躯

名人名言 凡是天性刚强的人，必定有自强不息的力量。

[法]罗曼·罗兰

qu

多音字	6画 丨(gǔn)部
曲	独体 冂日曲曲

㈠ qū ①弯,与"直"相对:弯~|~线|~折。②使弯:弯腰|~背。③弯曲的地方:河~。④不合理,不正确:~解|歪~。⑤酿酒或制酱时引起发酵的东西:红~。

㈡ qǔ ①歌曲:~调|戏~。②歌谱:这支歌是他作的~。

同义 ㈠曲—弯/曲折—弯曲/曲直—是非
反义 ㈠曲—直/曲折—一笔直
组字 蛐

qū	7画 山部
岖	左右 山/区(匚/乂) 丨山屿岖

【崎岖】qí- 见"崎"。

qū	7画 马部
驱	左右 马/区(匚/乂) 马马驭驱

①赶(牲口):扬鞭~马。②赶走:把侵略者~逐出境。③奔跑:并驾齐~(齐头并进,不相上下)。④迫使:~使。
同义 驱车—驾车、开车/驱使—促使/驱逐—驱赶、赶走

qū	8画 尸部
屈	半包围 尸/出(屮/凵) 𠃍尸屈屈

①弯曲,与"伸"相对:~曲|能~能伸。②使弯曲—指可数|~膝投降。③低头,认输,妥协:~服|宁死不~。④冤枉,被误解:委~|叫~冤。⑤理亏:理~词穷。
同义 屈服—屈从、妥协/屈辱—耻辱
反义 屈—伸/屈服—反抗

qū	9画 衤(shì)部
祛	左右 衤/去(土/厶) 衤衤衤祛

除去,除掉:~疑|~除|~痰剂。

qū	11画 虫部
蛆	左右 虫/且 虫虫蛆蛆

苍蝇的幼虫,白色,身体柔软,有环节,多在粪便和腐烂的东西上活动。

qū	11画 身部
躯	左右 身/区(匚/乂) 身身躯躯

身体:身~|~体|为国捐~(为国家献出生命)。
同义 躯体—身体、身躯

qū	12画 走部
趋	半包围 走(土/疋)/刍(ク/ヨ) 土丰趋趋

①快走:~前疾~而过。②倾向,向一定方向发展:~向|大势所~(整个局势发展的趋向)|局势~于缓和。③鹅或蛇伸头咬人。
同义 趋向—趋势

qū	12画 虫部
蛐	左右 虫/曲 虫蚰蛐蛐

【蛐蛐儿】"蟋蟀(xī shuài)"。

qú	11画 木部
渠	上下 洰(氵/巨)/木 氵氵洰渠

人工开的水道:沟~|水到~成(比喻条件成熟,事情就会顺利完成)。
同义 渠道—水道、沟渠

 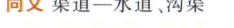 有人向你问路,你最怕听到什么?(请问这是地球吗?)

307

qu—quan

qǔ	8画 耳部
取	左右 耳/又
	丆 FF 耳 取

①拿:到裁缝店~衣服|提~|领~。②得到:~得文凭|~信于民(取得人民的信任)。③采用,接受:采~|吸~教训|听~群众意见。④寻求:~暖|~乐。⑤挑选:录~|道上海赴北京。⑥招致:自~灭亡|咎由自~(灾祸是由自己招来的)。

同义 取代—代替、替代/取得—获得、得到/取胜—得胜、获胜、告捷/取消—撤销/取笑—嘲笑

反义 取—舍、存/取出—存入/取得—失掉/取信—失信

组字 娶、最、聚、趣

qǔ	11画 女部
娶	上下 取(耳/又)/女
	丆 耳 取 娶 娶

把女子接到家里成婚,与"嫁"相对:~妻|~媳妇|嫁~。

qǔ	17画 齿部
龋	左右 齿(止/凶)/禹
	⺊ ⺊ 龀 龋 龋

因口腔不清洁,食物残渣腐蚀牙齿形成空洞:~齿。

同义 龋齿—蛀牙

qù	5画 土部
去	上下 土/厶
	十 土 去

①往,与"来"相对:~学校|~来|自由|给他~封信。②相差,距离:相~甚远|~今十余年。③离开:~职|留|~世。④已过的,特指刚过去的一年:~年|~冬今春。⑤除掉,减掉:~皮|~病|一下五~四。⑥在动词后,表示趋向:上~|出~。⑦在动词后,表示持续:向前跑~|让人说~。⑧去声,汉语四声之一。

同义 去掉—除去、减掉/去年—去岁、上年/去世—逝世、辞世

反义 去—来、留/去掉—加上、添上/去世—在世、健在

组字 丢、罢、却、劫、法、怯、砝

qù	15画 走部
趣	半包围 走(土/人)/取(耳/又)
	土 丰 赳 趣

①兴味:兴~|~味|乐~。②有兴味的:~闻|~事。③志向,意向:志~|旨~(主要目的和意图)。

同义 趣味—兴趣、兴味

quan

多音字	11画 囗(wéi)部
圈	全包围 囗/卷(共/巳)
	冂 冃 閂 圈

㈠quān ①环形,环形的东西:铁~|画了一个~儿。②范围,领域:生活|文艺~。③画环形:这字写错了,被老师~了个记号。④包围:用篱笆把菜地~起来。
㈡juàn 养家畜等的栅栏:猪~|羊~。
㈢juān 关闭:把鸡~起来。

同义 ㈠圈套—陷阱、骗局

 老鼠钻到风箱里——两头受气

quan

quán	6画 木部
权	左右 木/又
	一十木权

①权力，职责范围内支配和指挥的力量：政~|职~|为人民掌~。②权利，依法享有的利益：选举~|公民~|人~。③有利的形势：主动~|制空~。④暂且，姑且：~且死马当活马医。⑤衡量：~衡利弊。⑥衡量利弊，随机应变：~谋|通~达变。⑦威势：~门|~臣。⑧古代指秤锤。

同义 权衡—衡量/权力—权柄、职权/权利—权益/权术—权谋
反义 权利—义务

quán	6画 人部
全	上下 人/王
	人合今全

①齐备，完整不缺：齐~|完~|这本书不~。②保全，使完整不缺：成~|顾~大局。③整个，遍：~国|~神贯注。④都：~对|~到。

同义 全部—全体、整个/全才—通才/全家—合家/全局—大局/全面—全盘、通盘/全身—浑身、周身/遍体/全神贯注—聚精会神
反义 全—缺/全部—部分、局部/全面—片面/全神贯注—心不在焉
组字 拴、栓、痊

quán	11画 疒(nè)部
痊	半包围 疒/全(人/王)
	广疒疖疹痊痊

病好了，恢复健康：~愈。

quǎn	4画 犬部
犬	独体
	一大犬

狗：猎~|警~|鸡~不宁|柴门闻~吠。
同义 犬—狗
组字 突、臭、伏、吠、状、厌

quán	9画 白部
泉	上下 白/水
	白白泉泉

①地下流出的水：~水|温~|矿~。②水源：源~(比喻知识、力量、感情等的来源或产生的原因)。
同义 泉源—水源、源泉、来源

quàn	4画 又部
劝	左右 又/力
	フ又劝劝

①讲明事理，使人听从：~说|~导|~他不要赌博。②勉励：~勉|~学。
同义 劝告—劝说、规劝/劝解—劝导/劝阻—劝止
反义 劝阻—鼓动

quán	10画 手部
拳	上下 关/手
	丷关拳

①拳头：双手握~|~打脚踢。②拳术，一种徒手的武术：打~|太极~。③肢体弯曲：~曲|~着腿。

多音字	8画 刀部
券	上下 关/刀
	丷关券券

㊀quàn ①票据或做凭证的纸片：债~|证~|入场~。②拱券的券(xuàn)的又音。
㊁xuàn 拱券，门窗、桥梁等建筑物上砌成弧形的部分。
提示 "券"不读 juàn，下面是"刀"。

谜语 单身户 （成语：自成一家） 长期缺勤 （成语：旷日持久）
家住太行 （成语：开门见山）

309

que

què	10画 缶(fǒu)部
缺	左右 缶(𠂉/山)/夬
	𠂉 缶 缷 缺

①短少,不够:~少|~乏资源|短~。②残破:~口|残~。③不完美,不完善:~点|~陷。④空额(指职位):补~。⑤该到未到:~席|~课。

同义 缺点—缺陷、短处、毛病/缺乏—缺少、短缺/缺课—旷课/缺漏—脱漏、遗漏

反义 缺—足、余/缺点—优点、长处/缺乏—充足、过剩/缺席—出席

qué	16画 疒(nè)部
瘸	半包围 疒(疒/加)/肉(内/八)
	广疒疠疠瘸瘸

腿脚有毛病,走路时一脚高一脚低:~腿|一~一拐。

què	7画 卩(jié)部
却	左右 去(土/厶)/卩
	十 去 却 却

①向后退:退~|望而~步。②使向后退:~敌。③推辞,拒绝:推~|好意难~。④去,掉:忘~|冷~了一桩心事。⑤表示转折:他年纪虽小,~很有志气。

多音字	11画 小部
雀	上下 小/隹
	𠆢 少 崔 雀 雀

㈠què 麻雀,泛指与麻雀同类的小鸟。身体小,翅膀长,嘴粗短,吃粮食和昆虫。
㈡qiāo 雀子,脸上的黑斑。也叫雀(què)斑。
㈢qiǎo 口语音,义同㈠:小麻~儿。

què	12画 石部
确	左右 石(丆/口)/角(⺈/用)
	丆 矿 确 确

①真实,实在:~实|正~|千真万~。②坚定,肯定:~定|~信|~保丰收。

同义 确立—建立、树立/确切—准确、贴切/确认—认可、承认/确实—的确/确信—坚信

què	13画 鸟部
鹊	左右 昔(卝/日)/鸟
	卝 昔 䳃 鹊

喜鹊,鸟名,背黑褐色,肩、颈、腹等处白色,翅有大白斑,尾巴长,叫声响亮。~巢鸠占(比喻强占他人的住处或其他财产)。

多音字	13画 门部
阙	半包围 门/欮(屰/欠)
	丶 门 阙 阙

㈠què ①皇宫门前两边的楼,也指宫门:~楼|城~。②泛指帝王的住所:宫~。
㈡quē ①过失,缺陷:~失。②空缺:~如(空缺)。

qun

qún	12画 衤(yī)部
裙	左右 衤/君(尹/口)
	衤 衤 衦 裙

①一种围在腰部以下、没有裤腿的服装:~子|连衣~。②像裙子的东西:围~。

名人名言 生活里总有让人做出英雄业绩的地方。 〔苏〕高尔基

qun

qún	13画 羊部
群	左右 君(尹/口)/羊(䒑/千) ⇁ 君 群 群

①聚集在一起的人或物：人~|羊~|建筑~。②成群的，众多的：~山|居~|西沙~岛。③众多的人：~起而攻之|武艺超~。④量词：一~孩子|一~牛。

同义 群众—大众、公众、民众
反义 群众—干部

 急转弯 脑筋　一个人被老虎穷追不舍，突然前面有一条大河，他不会游泳，但他却过去了，为什么？(他晕过去了)

R

ran

rán	12画 灬(huǒ)部
然	上下 犬(夕/犬)/灬 ク 夕 妖 然

①是,对:不以为~(不认为是对的)。②这样,那样:当~l要虚心,不~就会落后l不尽~(不全是这样)。③可是,但是:~而l虽取得很大成绩,~亦存在不少缺点。④词尾,表示状态:忽l骤~l黯~。
同义 然而—但是/然后—而后、之后
组字 燃
提示 "然"开头的部件是"夕"。

rán	16画 火部
燃	左右 火/然(犬/灬) 火 炒 燃 燃

①烧:~烧l~料。②点火使烧着:~灯l~香l放鞭炮。
同义 燃烧—焚烧
反义 燃烧—熄灭

rǎn	5画 冂(jiǒng)部
冉	独体 冂 内 冉 冉

【冉冉】慢慢地:一轮红日~升起。

同义 冉冉—慢慢、徐徐

rǎn	9画 木部
染	上下 氿(氵/九)/木 氵 氿 染

①用颜料着色:~布l印~l~发。②传上(疾病)或沾上(坏习惯):~病l传~l一尘不~。
同义 染病—患病、得病
提示 "染"的右上方是"九"。

rang

ráng	22画 瓜部
瓤	左右 襄(一/四/衣)/瓜 亠 襾 襄 瓤

①瓜果内部包着种子的肉、瓣儿:西瓜~儿l橘子~儿。②某些东西的内部:信~儿。

rǎng	20画 土部
壤	左右 土/襄(一/四/衣) 土 坤 壊 壤

①土壤,能生长植物的松软的泥土:沃~。②地:天~之别(比喻相隔很远,差别极大)。③地区,地方:接~(交界)l穷乡僻~。

rǎng	20画 扌(shǒu)部
攘	左右 扌/襄(一/四/衣) 扌 护 摌 摂 攘

①抢夺:~夺l~为己有。②排斥,抵抗:~除l~外(抵抗外来的敌人)。

多音字	20画 口部
嚷	左右 口/襄(一/四/衣) 口 呸 喏 嚷 嚷

㊀rǎng ①大声说话或喊叫:叫~l老师在办公,请别~。②争吵:他跟同学~了起来。
㊁rāng【嚷嚷】①吵闹,大声说笑:闹~乱~。②把事情传出去:这事别往外~。

名人名言 人可以攀登任何高处,但为此需要决心和信心。 〔丹〕安徒生

rang—ren

ràng	5画 讠(yán)部
让	左右 讠/上
	讠 讠 让

①把方便或好处给别人：~座\|~路\|退~。②索取一定代价，把东西给人：出~\|转~。③请：把他~进屋里来。④叫：~他讲个故事。⑤被：~你说对了\|衣服~雨给淋湿了。⑥容许：不~他走\|~我安静一会儿。⑦任凭：~他哭去。

同义 让步—退让、妥协
反义 让—争、抢

rao

ráo	9画 饣(shí)部
饶	左右 饣/尧(尤兀)
	饣 饣 饶 饶

①丰富充足，多：富~\|丰~\|有风趣。②宽恕：~恕\|他一次吧!\|求~。③额外增添：再~一个。

同义 饶恕—宽恕、宽饶

rǎo	7画 扌(shǒu)部
扰	左右 扌/尤
	扌 扌 扰

使混乱，打搅：搅~\|干~\|骚~(使不安宁,扰乱)。

同义 扰乱—搅乱、搅扰、骚扰

脑筋急转弯　什么人的手最长(贪心不足的人)

rào	9画 纟(mì)部
绕	左右 纟/尧(尤兀)
	纟 纟 绕 绕

①缠：~线。②围着转：~场一周\|地球~着太阳转。③走弯曲的路，不直截了当：~远道\|他~了一个圈子，才说到正题。

提示 统读 rào。

re

rě	12画 艹(cǎo)部
惹	上下 若(艹/右)/心
	艹 艹 若 惹

招引，逗引：招~\|祸\|~人发笑。②触犯：别~动物园里的动物\|~不起。

同义 惹祸—闯祸/惹事—生事、滋事

rè	10画 灬(huǒ)部
热	上下 执(扌/丸)/灬
	扌 扌 执 热

①温度高，与"冷"相对：~水\|炎~\|天~。②使热，使温度升高：把饭~一~再吃。③体温升高：发~\|退~。④情意深：亲~\|~情\|~爱。⑤非常羡慕，很想得到：眼~。⑥受人欢迎的：~门儿\|~货。⑦某一时期人们广泛参与某种活动的现象：自考~\|旅游~。

同义 热爱—酷爱/热闹—喧闹/热情—热忱、热心/热乎乎—热烘烘、热腾腾/热辣辣—火辣辣
反义 热—冷、寒、凉/热爱—憎恨、仇恨/热闹—冷清、冷落、安静/热情—冷淡/热乎乎—冷冰冰

ren

rén	2画 人部
人	独体
	丿 人

①有语言，能制造工具并能使用工具进行劳动的高等动物：~类\|男~。②成年人：长大

ren

成~。③别人：助~为乐丨无我有。④每个人，一般人：爱美之心，~皆有之。⑤指某种人：商~丨仆~丨主持~。⑥指人的品质、性格或名誉：他~老实丨丢~。⑦指人手、人才：这里真正需要~。⑧指人的身体：我今天~不舒服。

同义 人间—人世、世间/人民—公民、国民/人人—众人、个个

反义 人工—天然、自然/人祸—天灾/人间—天上

组字 个、认、队、闪、囚

rén	4画 亻(rén)部
仁	左右 亻/二
	丿亻仁

①同情，友爱：~爱(同情、爱护和乐于助人的思想感情)丨~慈(仁爱慈善)。②果核或动植物等硬壳里较柔软的部分：杏~丨花生~丨虾~儿。

同义 仁慈—仁爱、慈善

反义 仁慈—残忍/仁政—暴政

rěn	7画 心部
忍	上下 刃/心
	丁刀忍忍

①把某种情绪或感觉按住不让表现：~耐丨~不住丨~受烈火的燃烧。②狠，忍心：残~丨于心何~?

同义 忍耐—忍受、容忍

rèn	3画 刀部
刃	独体
	丁刀刃

①刀剪等的锋利部分：刀~丨卷~。②刀：利~丨白~战。③用刀杀：手~奸贼。

组字 忍、纫、韧

rèn	4画 讠(yán)部
认	左右 讠/人
	讠讣认

①认得，识别：~字丨~不出丨清字形。②承认，表示同意或肯定：~错丨否丨~公。③和没有关系的人建立某种关系：~干亲丨~老师。

同义 认得—认识/认为—以为、觉得/认真—当真

反义 认真—马虎、草率、潦草

多音字	6画 亻(rén)部
任	左右 亻/壬
	亻仁仟任

㊀rèn ①相信，依赖：信~。②使用，委派：~用丨委~丨~命。③担负，承受：担~丨~课丨~劳~怨。④职务，职责：就~丨肩负重~。⑤由着，听凭：~性丨~意。⑥随便，不论：~何困难都能克服丨~什么难题都难不倒他。

㊁rén 用于地名：~丘市(在河北省)丨~县(在河北省)。

同义 ㊀任教—执教/任凭—听凭、听任/任意—随意

反义 ㊀任—免/任用—罢免

组字 凭、赁

rèn	6画 纟(mì)部
纫	左右 纟/刃
	纟纠纫纫

①用针缝，做针线活儿：缝~。②用线穿针：~针。

rèn	7画 韦部
韧	左右 韦/刃
	弓韦韧韧韧

又柔软又结实，不易折断：~性丨坚~丨柔~。

 歇后语 两手拍屁股——光打光

ri

rì	4画 日部
日	独体
	丨冂日日

①太阳:~出l红~。②白天:~班l夜以继~。③一昼夜,一天:多~不见l改~再谈。④每天,一天天:~记l益提高。⑤某一段时间,某一天:往~l来~方长l生~。

同义 日光—阳光/日子—日期
反义 日—夜
组字 旦、杳、香、旧、阳、间

ren

rèn	7画 饣(shí)部
饪	左右 饣/壬
	饣饪饪饪

烹饪,做饭做菜。

rèn	7画 女部
妊	左右 女/壬
	𠃌𠃌女妊妊妊

妊娠,怀孕:~妇。

reng

rēng	5画 扌(shǒu)部
扔	左右 扌/乃
	扌扔扔

①抛,投掷:~手榴弹l把球~过来。②丢弃,抛弃:不乱~纸屑l这事我早就~到脑后了。

réng	4画 亻(rén)部
仍	左右 亻/乃
	亻仍仍

还是,依然:~然l~旧l他虽然病了,~坚持上班。

同义 仍然—仍旧、依然

rong

róng	6画 戈部
戎	半包围 戈/十
	一二于戎戎

①军队,军事:~装(军装)l~马(军马,借指从军、作战)。②我国古代称西方的民族。

同义 戎装—军装
组字 绒、贼

róng	9画 艹(cǎo)部
茸	上下 艹/耳
	艹艿茸茸

①【茸茸】形容草或毛发等又短又软又密:绿~的草地l松鼠翘着一条毛~的大尾巴。②【茸毛】植物体上的细毛。③鹿茸,雄鹿的嫩角,是贵重的中药:参~蜂皇浆。

róng	9画 艹(cǎo)部
荣	上下 艹(艹/冖)/木
	艹芇荣

①草木茂盛,引申为兴盛:一岁一枯~l欣欣向~(泛指事业兴旺,蓬勃发展)l繁~昌盛。②光荣,受人尊重:~誉l~幸(光荣而幸运)l~获一等奖。

同义 荣幸—幸运/荣耀—光荣
反义 荣—辱/荣誉—耻辱
组字 嵘

谜语 只准往里看 "眼"怎么变成"限" (三字口语:别见外)(成语:以耳代目)

315

rong

róng	9画 纟(mì)部
绒	左右 纟/戎(戈/丿)
	纟纟纤绒绒

①柔软细小的毛：~毛|驼~|鸭~。②带绒毛的纺织品：丝~|灯心~。

róng	10画 宀(mián)部
容	上下 宀/谷(父/口)
	宀宊容

①装，包含：~器|~纳|包~。②面貌，神态，事物的外观：~貌|笑~|市~。③让，允许：~许|不~分说。④对人度量大：宽~|~忍。
同义 容貌—相貌、面貌/容忍—忍耐、忍受/容许—允许、许可/容易—轻易
反义 容许—禁止/容易—困难、艰巨
组字 蓉、溶、榕、熔

róng	12画 山部
嵘	左右 山/荣(艹/木)
	丨屵嵘嵘

【峥嵘】zhēng- 见"峥"。

róng	13画 艹(cǎo)部
蓉	上下 艹/容(宀/谷)
	艹艹荌蓉

①【芙蓉】fú- 见"芙"。②成都市的别称。

róng	13画 氵(shuǐ)部
溶	左右 氵/容(宀/谷)
	氵汈浓溶

①在水或其他液体中化开：~化|~解|~液。②【溶溶】水宽广的样子：江水~。
同义 溶化—溶解

róng	14画 木部
榕	左右 木/容(宀/谷)
	木栌梓榕

①榕树，常绿乔木，树大，树干分枝多，有气根。生长在热带和亚热带，木材可做器具。②福州市的别称。

róng	14画 火部
熔	左右 火/容(宀/谷)
	火灯炉炵熔

固体受热到一定温度变成液体：~化|~解|~点。

róng	16画 鬲(gé)部
融	左右 鬲(一/口/冂)/虫
	鬲鬲鬲融

①固体受热变软或变成流体：~化|春天到了，冰雪渐渐消~。②调和，合成一体：~合|~为一体。③流通：金~(货币的流通)。
同义 融合—融会、交融/融化—融解、消融
反义 融化—凝固
提示 "融"的左下方里面是"䒑"。

róng	4画 冖(mì)部
冗	上下 冖/几
	冖冘冗

①多余无用的：~员(指机关里多余人员)|文词~长。②事情多，繁杂：~杂|烦~|~务缠身。
反义 冗长—简短
组字 沉

书籍能改造人，但这是一个漫长和潜移默化的过程。
〔苏〕爱伦堡

rou

róu	9画 矛部
柔	上下 矛/木
	亠 矛 矛 柔

①软,不硬:~枝|~软。②温和,不强烈,与"刚"相对:温~|~和以~克刚。
同义 柔和—温和/柔弱—软弱
反义 柔和—强烈/柔软—坚硬/柔弱—坚强、刚劲
组字 揉、蹂

róu	12画 扌(shǒu)部
揉	左右 扌/柔(矛/木)
	扌 扩 挣 揉

①按摩,用手来回擦或搓:腿扭了,~一~|不要用手~眼睛。②搓搓,团弄:~面。

róu	16画 足(𧾷)部
蹂	左右 𧾷(口/止)/柔(矛/木)
	𧾷 𧾷 跊 蹂

【蹂躏】-lìn 踩,践踏,比喻用暴力凌辱、侵害:帝国主义~中国人民的时代已经一去不复返了。
同义 蹂躏—践踏

ròu	6画 肉部
肉	半包围 内/人
	冂 内 肉

①人或动物体内红色、柔软的物质:肌~|皮开~绽。②果实中可以吃的部分:果~|荔枝~。
同义 肉体—身体
反义 肉体—精神

ru

rú	6画 女部
如	左右 女/口
	𡿨 𡿨 女 如

①符合,依照:~愿|~期完成。②像,相似:~此|坚强~钢。③比得上:我不~他。④如果:~不努力,就要落后。⑤表示超过:今年强~去年。⑥表示举例:我国有许多古迹闻名于世,~长城、兵马俑等。⑦词尾,表示状态:突~其来。
同义 如此—如许、这样/如果—如若、假如、倘若/如何—怎样、怎么/如今—现今、现在/如期—按期/如同—好像/如意—中意、称心
组字 茹、恕、絮

rú	9画 艹(cǎo)部
茹	上下 艹/如(女/口)
	艹 艿 茈 茹

①吃:~素|~毛饮血(原始人连毛带血生吃禽兽)。②忍受:含辛~苦(忍受辛苦)。

rú	16画 亻(rén)部
儒	左右 亻/需(雨/而)
	仴 儒 儒 儒

①旧时指读书人:~生|老~|~将(有读书人风度的将帅)。②儒家,春秋战国时代以孔子、孟子为代表的一个学派:~术|~教。

rú	20画 虫部
蠕	左右 虫/需(雨/而)
	虫 虾 蠕 蠕

像蚯蚓那样慢慢地爬行:~动|~~而动。

rǔ	6画 氵(shuǐ)部
汝	左右 氵/女
	氵 氿 汝 汝

你,你的:~等|~辈。

脑筋急转弯 什么水不是水?(水银)

ru—rui

rǔ	8画 乙部
乳	左右 孚(⺥/孑)/乚
	⺥孚孚乳

①乳房，分泌奶汁的器官。②奶汁：牛~|代~粉|~白色。③像奶汁的东西：豆~。④初生的，幼小的：~牙|~燕。
同义 乳汁—奶水

rǔ	10画 辰部
辱	上下 辰(厂/辰)/寸
	厂尸辰辱

①羞耻，与"荣"相对：羞~|耻~|荣~与共。②使受到羞耻：侮~|骂|中国人民不可~。③玷污：~没(mò)|不~使命。
同义 辱没—玷污
组字 褥、缛、蓐
提示 "辱"是上下结构，但做基本字时，变为半包围结构，如"褥"、"缛"、"蓐"。

rù	2画 人部
入	独体
	丿入

①进，从外到内，与"出"相对：~场|病从口~。②参加：~学|~队|加~。③收入：量~为出。④合乎，合于：~时|~情|~理。
同义 入—进/入迷—着迷/入时—时髦/入手—着手/入伍—参军
反义 入—出/入伍—退伍/入席—退席/入选—落选

rù	15画 衤(yī)部
褥	左右 衤/辱(辰/寸)
	衤礻褥褥

床上铺垫的东西：~子|单被~。

ruan

ruǎn	6画 阝(fù)部
阮	左右 阝/元(一/兀)
	阝阝阮

指阮咸，一种弹拨乐器。

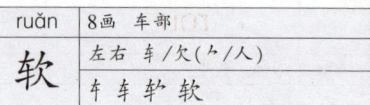

ruǎn	8画 车部
软	左右 车/欠(⺈/人)
	车车软软

①柔，与"硬"相对：柔~|~木|绸子比布~。②柔和：~语|~风。③不坚强：~弱|不要欺怕硬。④没有力气：两腿发~。⑤容易被感动或动摇：心~|耳朵~。
同义 软弱—懦弱、柔弱
反义 软—硬/软弱—坚强/软绵绵—硬邦邦

rui

ruǐ	15画 ⺾(cǎo)部
蕊	上下 ⺾/蕊(心/忄)
	⺾芯蕊蕊

花蕊，花心，植物的生殖器官的一部分，分雄蕊和雌蕊两种。
提示 注意不要与"芯(xīn)"相混。

ruì	12画 钅(jīn)部
锐	左右 钅/兑(⺍/兄)
	钅钅锐锐

①刀锋尖而快，与"钝"相对：~利|尖~。②感觉灵敏：敏~|目光~利。③锐气，勇往直前的气势：养精蓄~(养息精神，积蓄力量)。④急剧：~减|~进。
同义 锐利—锋利、尖利、尖锐
反义 锐—钝

歇后语 两手托刺猬——扔出去舍不得，托在手里刺得痛。

rui—ruo

ruì	13画 王部
瑞	左右 王/耑(山/而)
	二 王 王' 瑞

吉祥,好预兆:祥~(好事情的预兆)|~雪兆丰年。

ruì	14画 目部/卜(⺊)部
睿	上下 庐(⺊/冖)/睿(⺜/目)
	⺊ 庐 宎 睿

通达,有远见:聪明~智。

run

rùn	7画 门部
闰	半包围 门/王
	丶 门 闫 闰

地球公转一周的时间为365天5时48分46秒。阳历一年为365天,所余的时间约每4年积累成一天,加在2月里。农历一年为354天或355天,所余的时间约每3年积累成一个月,加在某一年里。这样的办法在历法上叫做闰。

组字 润

rùn	10画 氵(shuǐ)部
润	左右 氵/闰(门/王)
	氵 汀 润 润 润

①不干燥,湿:湿~|泽|滋~。②使不干燥:~肠|~喉片。③细腻,光滑:光~|脸色红~。④利益,好处:利~|分~。⑤修饰,使有光彩:~色(修饰文字)。

同义 润色—润饰、修饰/润泽—润滑、滋润

ruo

ruò	8画 艹(cǎo)部
若	上下 艹/右(ナ/口)
	艹 艿 若

①如果,假如:~无文化,就不能融入现代生活。②好像:~有~无|旁~无人。③你:~辈。

组字 惹、匿、诺、喏

提示 下面是"右",不要与"苦"相混。

ruò	10画 弓部
弱	左右 弓(弓/冫)/弓(弓/冫)
	弓 弓 弱

①力气小,势力差,与"强"相对:~小|虚~|不甘~。②年纪小:老~病残。③不足,稍微少一点:十分之一~。

同义 弱化—削弱、减弱/弱小—微弱、贫弱/弱智—低能

反义 弱—强/弱小—强大

组字 溺

谜语　保证得第一　(地名:包头)
　　　赞翼德　　　(修辞:夸张)

sa

sā	5画 亻(rén)部
仨	左右 亻/三 亻 仨

三个(后面不能用量词):兄弟~。

多音字	15画 扌(shǒu)部
撒	左右 扌/散(耂/攵) 扌 扌 撒 撒

㊀sā ①放,放开:~手|~网|~腿就跑。②故意表现,尽量发挥:~娇|~泼(大哭大闹,蛮不讲理)|~酒疯。
㊁sǎ ①散播,散布:~种。②散落,洒:米~了|别把汤~了。
同义 ㊀撒谎—说谎、瞎说/撒赖—撒泼、耍赖/撒气—出气、泄恨/撒手—松手、放手
提示 "撒"的中间是"卄"。

sǎ	9画 氵(shuǐ)部
洒	左右 氵/西 氵 氵 洒 洒

①使液体分散落下:~水|喷~农药。②东西散落:饭粒~了一桌。
同义 洒脱—潇洒、自然

反义 洒脱—拘束、拘谨

sà	4画 一部
卅	独体 一 十 卅

三十:五~运动。
提示 "卅"不读sān shí,第二笔是撇。

sà	9画 立部
飒	左右 立(亠/丷)/风(几/乂) 亠 立 飒 飒

①【飒飒】形容风声:秋风~。②【飒爽】豪迈矫健的样子:英姿~。

sà	11画 艹(cǎo)部
萨	上下 艹/萨(阝/产) 艹 艹 萨 萨

【菩萨】pú- 见"菩"。

sai

sāi	13画 月部
腮	左右 月/思(田/心) 月 胆 胆 腮

脸颊的下半部。也叫腮帮子:鼓着~吹竽|尖嘴猴~。

多音字	13画 宀(mián)部
塞	上下 寒(宀/卅/八)/土 宀 宀 审 寒 塞

㊀sāi ①堵,填满:把漏洞~住|抽屉里~满了旧书。②堵住器物口子的东西:瓶~儿|软木~儿。
㊁sè 同㊀①,用于若干书面词语:阻~|闭~|责~|搪~。
㊂sài 边界上的险要地方:边~|关~|~外(古时候指长城以外的地区)。
同义 ㊀塞—堵 ㊂塞北—塞外

果断就获得信心,信心就产生力量,力量是胜利之母。
[德]亨利希·曼

sāi	17画 鱼部
鳃	左右 鱼(𠂊/田/一)/思(田/心) 鱼 鱼 鲃 鳃

鱼的呼吸器官,在头部两侧。

sài	14画 宀(mián)部
赛	上下 寒(宀/龷/八)/贝 宀 宀 审 赛

①比赛:预~|决~|智力竞~。②胜过,比得上:一个~两个口算~过笔算。③旧时祭祀酬报神灵的恩赐:~神。

san

sān	3画 一部
三	独体 一 二 三

①数目字:王林、李明、吴晓刚~人去了书店。②再三,多次:~番五次|~令五申(再三命令告诫)。

同义 三思—深思

sān	8画 厶(sī)部
叁	上中下 厶/大/三 厶 夳 叁

数目字"三"的大写。

提示 "叁"不要与"参"相混。

sǎn	6画 人部
伞	上下 人/半 人 个 伞 伞

①遮雨或挡太阳的用具,中间有柄,可张可合:雨~|阳~|纸~。②像伞的东西:降落~。

多音字	12画 攵(pū)部
散	左右 昔(龷/月)/攵 廾 昔 㪚 散

㈠sàn ①分开,由聚集而分离,与"聚"相对:~会|分~|解~。②散布,分给:~花|~发文件|花儿~出芳香。③排遣,消除:~心(使心情舒畅,解闷)|~闷。

㈡sǎn ①没有约束,松开:~漫|松~|绳子~了。②零碎的:零~|~装|~记。③药末:丸~膏丹|六—~。

同义 ㈠散布—散播、分布/散步—溜达/散发—分发/散心—散闷、解闷

反义 ㈠散—集、聚/散开—聚拢

组字 撒

sang

多音字	8画 十部
丧	上下 圭/𠄌 十 㐀 圭 表 丧

㈠sāng 与死了人有关的事:~事|治~(办理丧事)|~葬。

㈡sàng 丢掉,失去:~失|~命|~权辱国(丧失了主权,使国家蒙受耻辱)。

同义 ㈠丧事—后事 ㈡丧生—丧命/丧失—失去

反义 ㈠丧事—喜事

sāng	10画 又部
桑	上下 叒(又/双)/木 又 叐 叒 桑

落叶乔木,叶子可以喂蚕。果实叫桑葚(shèn),味甜,可以吃。木材可以做家具,皮可以造纸。

组字 操、嗓

sang—se

sǎng	13画 口部
嗓	左右 口/桑(叒/木)
	口 吖 唻 嗓

①喉咙:~子疼。②人的发音器官发出的声音:~音|~门儿|尖~。

同义 嗓子—嗓音

sao

sāo	12画 扌(shǒu)部
搔	左右 扌/蚤(叉/虫)
	扌 扌 扠 搔

挠,用手指甲轻抓:~痒|~~后脑勺(sháo)|白头~更短。

sāo	12画 马部
骚	左右 马/蚤(叉/虫)
	马 驭 驭 骚

①扰乱,使不安定:~扰|~乱。②泛指诗文:~人(诗人)。③行为放荡不正派:卖弄风~。④我国古代伟大的爱国诗人屈原的代表作《离骚》的简称。

同义 骚乱—骚动、动乱/骚扰—扰乱

多音字	17画 月部
臊	左右 月/喿(品/木)
	月 肙 腭 臊

㊀sāo 狐臭味或像尿的气味:狐~|尿~气。

㊁sào 害羞:害~|~得满脸通红。

多音字	6画 扌(shǒu)部
扫	左右 扌/彐
	扌 扫 扫

㊀sǎo ①用笤帚等清除尘土、垃圾等:~地。②消除,清除:~盲(扫除文盲)|~雷(清除地雷、水雷)。③向左右很快地移动:~射|~视。④全,所有的:~数归还。

㊁sào【扫帚】扫(sǎo)地的用具。

同义 ㊀扫除—清除/扫视—环视、环顾/扫尾—收尾/扫兴—败兴 ㊁扫把—扫帚

sǎo	12画 女部
嫂	左右 女/叟(申/又)
	乚 女 妇 妇 嫂

①哥哥的妻子:~子|~~。②泛称年纪不大或与自己年龄相仿的已婚妇女:杨二~|祥林~。

se

多音字	6画 色部
色	上下 ク/巴
	ク 名 争 色

㊀sè ①颜色:红~|彩~|五光十~。②脸色,脸上表现出的神气、样子:神~|气~|和颜悦~(形容态度温和可亲)。③情景,景象:景~|夜~|湖光山~。④种类:各~各样|花~品种。⑤物品的成分、质量:这种茶叶成~好。⑥指女子的美貌:姿~。⑦情欲:~鬼|酒~之徒。

㊁shǎi 同㊀①,用于一些口语:落~儿|掉~|买一包红~。

同义 ㊀色彩—色泽、颜色
组字 绝、艳

sè	10画 氵(shuǐ)部
涩	左右 氵/涩(刃/止)
	氵 氿 浔 浔 涩 涩

①使舌头感到麻木不好受的滋味:不熟的柿子吃起来很~。②不润滑:粗~|轮轴发~,该上油了。③(文章)不顺畅,难读难懂:艰~

歇后语 　柳条穿王八——一条枝上的货

文字晦~。

sè	11画 十部
啬	上下 耂/回(口/口)
	十 耂 啬啬

小气,该用的财物舍不得用:吝~。
组字 蔷、墙

sè	13画 王部
瑟	上下 珏(王/王)/必
	二 干 瑟瑟瑟

①一种古弦乐器。②【瑟瑟】a.形容秋风的声音:秋风~。b.形容颤抖:~发抖。c.形容碧绿色:半江~半江红。

sen

sēn	12画 木部
森	品字形 木/林(木/木)
	十 木 朩 森

①树木多而密:~林。②形容阴暗可怕:阴~。③【森严】整齐严肃,(防备)密:戒备~。

seng

sēng	14画 亻(rén)部
僧	左右 亻/曾(丷/四/日)
	亻 亻 僧 僧 僧

和尚,出家修行的男性佛教徒:~人|~侣。

sha

shā	6画 木部
杀	上下 乂/朩
	丶 乂 杀

①使失去生命:~敌|~猪|谋~案。②战斗:~出重围。③消除,消减:~暑气|~价。④药物等刺激身体感觉疼痛:肥皂水~眼睛|这药水抹在伤口上~得慌。⑤在动词后,表示程度深:笑~人|愁~人。

同义 杀—宰/杀害—杀死、残杀、残害
反义 杀—生
组字 刹
提示 "杀"的下面是"朩"。

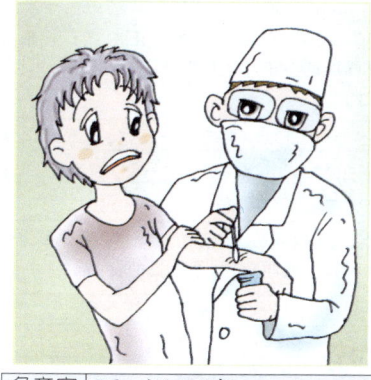

多音字	7画 氵(shuǐ)部
沙	左右 氵/少
	氵 氵 沙 沙

㈠shā ①非常细小的石粒:~土|~滩。②像沙的东西:豆~|蚕~。③声音发哑:~哑|~音。

㈡shà 经过摇动把东西里的杂质集中,以便清除:把大米里的沙(shā)子一~。

同义 ㈠沙场—战场、疆场/沙哑—嘶哑
反义 ㈠沙漠—绿洲
组字 莎、娑、鲨

shā	7画 纟(mì)部
纱	左右 纟/少
	纟 纱 纱 纱

①用棉、麻等纺的比较松的单根丝,可以捻线、织布:棉~|~厂。②用纱织的稀疏的织品:窗~|~布。③像纱布一样的织品:铁~。

shā	9画 石部
砂	左右 石(丆/口)/少
	丆 石 砂 砂

①细碎的石粒。②像砂粒的东西:~糖|~矿。

谜语　两口一条心　(字:患)　多心才害怕　(字:巩)
　　　一来就作恶　(字:歹)　周末晚会　(字:名)

sha—shai

多音字	10画 艹(cǎo)部
莎	上下 艹/沙(氵/少)
	艹 艹 莎 莎

㊀shā 人名、地名用字。
㊁suō 莎草，多年生草本植物，茎三棱形，开黄褐色小花。地下的块茎叫香附子，可以入药。

shā	15画 鱼部
鲨	上下 沙(氵/少)/鱼(⺈/田/一)
	氵 氵 鲨 鲨

鲨鱼，也叫鲛，生活在海洋里，种类很多，性凶猛。鳍叫鱼翅，是珍贵的食品。

shá	11画 口部
啥	左右 口/舍(人/舌)
	口 叭 啥 啥

什么：~事？|不管干~都在行(háng)。
提示 "啥"不读shà。

shǎ	13画 亻(rén)部
傻	左右 亻/叟(囟/八/夂)
	亻 伵 傻 傻

①呆，愚蠢：~子|说~话|吓~了。②死心眼，不灵活：~干|~劲。
同义 傻—蠢、笨、愚、痴/傻笑—痴笑、憨笑/傻子—傻瓜、呆子/傻呵呵—傻乎乎
提示 "傻"的右上方是"囟"。

多音字	12画 厂部
厦	半包围 厂/夏(页/夂)
	厂 厉 厦 厦

㊀shà ①大房子：广~|高楼大~。②屋子后面突出的部分：前廊后~。
㊁xià【厦门】福建省的一座海滨城市。

多音字	13画 灬(huǒ)部
煞	上下 敎(⺈/夂)/灬
	⺈ 夂 敎 煞

㊀shà ①很，极：~费苦心|脸色~白。②迷信指凶神：~气|凶神恶~。

㊁shā ①结束，止住：~尾|~车|话说一半突然~住。②勒紧：~一~腰带。③损坏，削弱：~风景。
同义 ㊀煞白—刷(shuà)白、苍白

shà	16画 雨部
霎	上下 雨/妾(立/女)
	雨 雰 霎 霎

极短的时间，一会儿：~时一~。
同义 霎时—刹那

shai

shāi	12画 竹(⺮)部
筛	上下 ⺮/师(丿/帀)
	⺮ 笳 筛 筛

①筛子，用竹子或铁丝等做成的一种有多均匀细孔的器具，可以把细的东西漏下去，粗的留在上面。②用筛子过东西：~米|~豆。
同义 筛选—挑选

shài	10画 日部
晒	左右 日/西
	日 昕 晒 晒

①太阳光照射：太阳~得人汗流浃背。②通过阳光照射使热或使干：~太阳|~衣服。

让你的理想高于你的才干，你的今天才有可能超过昨天，你的明天才有可能超过今天。　　　［黎］纪伯伦

shan

shān	3画 山部
山	独体
	丨 凵 山

①地面上由土石构成高起的部分：高~丨火~。②形状像山的东西：冰~。③蚕蔟(cù)：蚕上~了。④房屋两头的墙：~墙。

同义 山峰—山脉丨山沟—山谷丨山河—河山、国土丨山峦—峰峦丨山头—山顶

组字 仙、讪、汕、灿

多音字	7画 木部
杉	左右 木/彡
	十 木 杉

㊀shān 常绿乔木，树干高而直，叶子细小而尖，果实球形。木材供建筑和做器具。
㊁shā 义同㊀，用于杉木、杉篙等。

shān	7画 刂(dāo)部
删	左右 册/刂
	刀 刑 册 删

去掉（文字中不妥当的部分）：~改丨~节丨~掉这一句。

同义 删节—删略
反义 删—增

shān	8画 衤(yī)部
衫	左右 衤/彡
	衤 衤 衫

①上衣，单褂：衬~丨汗~丨羊毛~。②泛指衣服：长~丨衣~。

shān	8画 女部
姗	左右 女/册
	く 女 姗 姗

【姗姗】形容走路缓慢从容(只能叠用)：~来迟。

shān	9画 王部
珊	左右 王/册
	二 千 珊 珊

【珊瑚】-hú 一种腔肠动物所分泌的石灰质的东西，形状像树枝，有红、白等颜色，可做装饰品。

shān	12画 足(足)部
跚	左右 𧾷(口/止)/册
	𧾷 𧾷 跚 跚

【蹒跚】pán- 见"蹒"。

shān	14画 火部
煽	左右 火/扇(户/羽)
	火 炉 炉 煽

①摇动扇子或其他片状物，使将火吹旺：~炉子丨~风点火。②鼓动别人做不好的事：~动闹事丨~风点火。

同义 煽动—挑(tiǎo)动

shān	17画 月部
膻	左右 月/亶(亠/回/旦)
	月 脖 膻 膻

像羊肉的气味：~气丨~味。

shan

shǎn	5画 门部
闪	半包围 门/人
	`丶门门闪`

①天空的电光：~电打~。②光亮忽然显现或忽明忽暗：电~|雷鸣灯光一~|星光~~。③突然产生：~现|~念。④快速躲避：~开|躲~。⑤动作过猛伤了筋肉：~了腰。⑥(身体)猛然晃动：踩着西瓜皮，身子~了一下，摔倒了。

同义 闪光—发光/闪烁—闪耀

shǎn	8画 阝(fù)部
陕	左右 阝/夹
	`丆阝阡陕`

陕西省的简称。

shàn	5画 讠(yán)部
讪	左右 讠/山
	`讠讦讪讪`

①讥笑：~笑。②难为情,不好意思：脸上发~。

shàn	6画 氵(shuǐ)部
汕	左右 氵/山
	`氵汕汕汕`

【汕头】市名,在广东省。

多音字	8画 艹(cǎo)部
苫	上下 艹/占(卜/口)
	`艹节苫苫`

㈠shàn (用席、布等)遮盖：用塑料布把谷子~上|~布(遮盖货物用的大雨布)。
㈡shān 草帘子,草垫子：草~。

shàn	8画 疒(nè)部
疝	半包围 疒/山
	`广疒疒疝`

疝气,病名,种类很多,通常指阴囊肿大的病。也叫小肠气。

多音字	10画 户部
扇	半包围 户/羽(彐/彐)
	`⺀户户扇`

㈠shàn ①产生风的用具：折~|芭蕉~|电~。②指可以开合的板状或片状的东西：门~|隔~。③量词：一~门|一~磨|两~窗子。
㈡shān 摇动扇子或其他片状东西,使风：~扇(shàn)子|把火~大点。

组字 煽

shàn	12画 羊部
善	上中下 羊/䒑/口
	`䒑羊盖善`

①善良,品质或言行好：来者不~|尽~尽美。②好的行为、品质：行~。③友好：友~|~亲~。④熟悉：面~。⑤良好的,高明的：~策。⑥长于,能做好：能歌~舞|英勇~战。⑦容易,好(hào)：~变|多愁~感(容易发愁或伤感)。⑧做好,办好：~始~终。⑨好好地：~自保重。

同义 善意—善心、好意/善于—长于、擅长/善始善终—有始有终

反义 善—恶/善良—凶恶/善始善终—虎头蛇尾

组字 膳、鳝

歇后语 六月里的梨疙瘩——有点酸

shan—shang

shàn	16画	扌(shǒu)部
擅	左右	扌/亶(亠/回/旦)
	扌扩擅擅	

①超越职权,自作主张:~自处理/~离职守。②善于,具有某种专长:~长书法。
同义 擅长—善于、长于、拿手
提示 "擅"的右下方是"旦"。

shàn	16画	月部
膳	左右	月/善(羊/䒑/口)
	月胖膳膳	

饭食:午~|用~|~宿(吃饭和住宿)。
同义 膳食—饮食、饭食

shàn	17画	贝部
赡	左右	贝/詹(广/言)
	贝贮贮赡	

①供给人财物,供养:父母年老,子女有~养的义务。②富足,足够。
同义 赡养—奉养、供奉

shàn	20画	鱼部
鳝	左右	鱼/𠂊/田/一)/善(羊/䒑/口)
	鱼鲜鳝鳝	

鳝鱼,也叫黄鳝。形状像蛇,身体黄色有黑斑,无鳞,肉可以吃。

shang

shāng	6画	亻(rén)部
伤	左右	亻/㐆(𠂉/力)
	亻仁伤伤	

①身体受到损害的地方:刀~|内~|光荣负~。②损害:~害|~感情|~筋动骨。③妨碍:无~大体(对事物的主要方面没有妨碍)。④悲哀:悲~|~心|~感。⑤因某种原因而得病:~风|~寒。⑥因无节制而感到厌烦:~食|喝酒喝~了。
同义 伤风—感冒/伤害—损害、妨害/伤心—悲伤、难过/伤员—伤兵、伤号
反义 伤害—保护、爱护/伤心—开心、高兴

shāng	11画	亠(tóu)部
商	上中下	亠/丷/冏(冂/白)
	亠亠产商商	

①商量,一起交换意见:协~|面~|有要事相~。②生意,买卖:~业|经~|通~口岸。③做买卖的人:~人|~贩|打击奸~。④除法运算中的得数:十除以二,~是五。⑤朝代名。
同义 商店—商号、商铺/商量—商谈、商讨、商议
提示 "商"不要与"啇(dī)"相混。

shǎng	10画	日部
晌	左右	日/向(冂/口)
	日 日 昀 晌	

①一天里的一段时间,也指一个白天:停了一~|干了半~|活儿上半~。②正午:~午|歇~(午睡)。
同义 晌午—中午、正午

shǎng	12画	贝部/小(⺌)部
赏	上下	尚(⺌/冂/口)/贝
	丨⺌尚赏	

①赞扬,奖励:赞~|奖~|~罚分明。②奖赏的东西:领~。③因喜欢某种东西而观看:~花|~月|观~。④地位高的人或长辈给地位低的人或晚辈财物:~赐|~给他一匹马。⑤敬词:~光(用于请对方接受自己的邀请)|~脸(用于请对方接受自己的要求或赠品)。

谜语　一个眼睛三张嘴　(字:目)
　　　有话就讲　　　　(字:讲)

同义 赏—奖/赏赐—赐予/赏光—赏脸/赏罚—奖惩
反义 赏—罚

多音字	3画 卜(卜)部
上	独体
	丨卜上

㊀shàng ①高处，位置在高处的，与"下"相对：~不着天,下不着地|~游|~层。②等级高的：~级|~等货。③次序或时间在前的：~集|~半年。④向上面：缴|~升。⑤搽，涂抹：~药|~颜色。⑥由低处到高处，登：~楼|~山。⑦向前进，迎着困难~。⑧表示达到目的：过好日子|学习成绩~去了。⑨登载，记上：~报|~账。⑩进呈，缴：~书|~税。⑪进入：~车|~场。⑫达到一定程度或数量：~年纪|成千~万。⑬到，去：~街|~北京。⑭到规定时间开始工作或学习：~班|~课。⑮添补，增加：~货|~水。⑯安装：~刺刀|~螺丝。⑰拧紧：上弦。⑱旧指皇帝：~大悦。⑲用在名词后面，表示某时间、地方、范围(读轻声)：早~|身~|课堂~。⑳用在名词后面，表示某一方面(读轻声)：组织~|思想~。

㊁shǎng 汉语四声之一：~声。

同义 ㊀上场—出场/上当—上钩,受骗/上告—上诉/上进—进步/上门—登门/上任—到任/上升—升高/上演—演出
反义 ㊀上—下/上去—下来/上升—下降/上司—下属
组字 忐,让

shàng	8画 小(⺌)部
尚	上下 ⺌/冋(冂/口)
	丨⺌尚尚

①还(hái)：~小|~早|成绩~好。②推崇，注重：崇~|~武(注重军事或武术)。③社会上流行的风气：风~|时~。
组字 倘,徜,淌,敞,趟,躺
提示 "尚"做上偏旁时，要写成变体"⺌"

(第四笔竖变为点,第五笔横折钩变为横钩)。

多音字	14画 小(⺌)部
裳	上下 尚(⺌/冋/口)/衣(亠/化)
	丨⺌尚裳

㊀shang【衣裳】衣服。
㊁cháng 古代指裙子。

shao

shāo	10画 扌(手)部
捎	左右 扌/肖(⺌/月)
	扌扌扌捎

顺便给别人带东西或传话：~带|~个口信。

shāo	10画 火部
烧	左右 火/尧(戈/兀)
	丶火炒烧

①使东西着火：燃~|野火~不尽。②加热使物体起变化：~水|~饭|~炭。③烹调方法：茄子|~鸡。④体温升高：感冒发~。⑤比正常高的体温：打了针,~退了。⑥肥料超量使植物枯萎或死亡：菜苗被尿~死了。
同义 烧—焚,燃/烧饭—做饭/烧毁—焚毁

shao

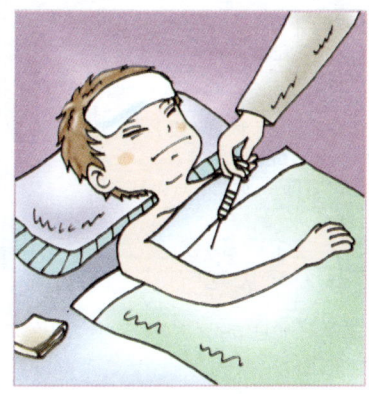

sháo	11画 木部
梢	左右 木/肖(⺌/月)
	木 朾 朾 梢

①树梢,树枝的末端。②条状物的末尾:眉~|鞭~。

多音字	12画 禾部
稍	左右 禾/肖(⺌/月)
	禾 和 和 稍

㈠shāo 略微:~微|~许|请~候。
㈡shào【稍息】由立正姿势变为休息姿势的口令。
同义 ㈠稍—略/稍微—稍许、稍稍、略微

sháo	3画 勹(bāo)部
勺	独体
	丿 勹 勺

一种有柄的可以舀取东西的器具:饭~|铁~。
组字 芍、约、灼、钓、的、酌、豹

sháo	6画 ⺿(cǎo)部
芍	上下 ⺿/勺
	⺿ 芍 芍

【芍药】多年生草本植物,花像牡丹,供观赏。根可以做药。

sháo	14画 音部
韶	左右 音(立/日)/召(刀/口)
	立 音 韵 韶

美好:~光(美好的春光,比喻美好的青年时代)|~华。

多音字	4画 小部
少	独体
	丨 丿 小 少

㈠shǎo ①数量小,与"多"相对:~数|~许|~说多干。②短缺,丢失:缺~|屋里的东西~了一件。③暂时,稍微:~等|~候|~安毋躁(稍微耐心地等待一下,不要急躁)。④欠:~你的钱我一定会还。
㈡shào ①年纪轻,与"老"相对:~年|男~|女~|壮。②旧时称有钱人家的儿子:~爷|阔~|恶~。
同义 ㈠少见—罕见、鲜(xiǎn)见/少量—少许、小量/少陪—失陪
反义 ㈠少—多/少量—大量、大批/少见多怪—屡见不鲜 ㈡少—老、长/少壮—老大
组字 劣、省、抄、吵、沙、妙、纱、炒、砂、钞、秒
提示 "少"的第一笔是竖。

shào	7画 阝(yì)部
邵	左右 召(刀/口)/阝
	刀 召 邵 邵

姓。

shào	8画 纟(mì)部
绍	左右 纟/召(刀/口)
	纟 纠 纫 绍

①接续,继续。②联系,引荐:介~。

四个4可变成4+4+4/4=9,那么5个9又怎么变成10?
(9+99/99=10)

shao—she

shào	10画 口部
哨	左右 口/肖(⺌/月) 口 叭 吵 哨

①巡逻、警戒、防守的岗位：岗~|~兵|~所。②哨子，一种用金属等做成的能吹响的器物：吹~|集合。③鸟叫：黄莺(yīng)在树林里~个不停。

she

shē	11画 大部
奢	上下 大/者(耂/日) 六 奞 奢 奢

①奢侈，花费大量钱财，追求过分享受：~华(奢侈豪华)|~靡(奢侈浪费)。②过分的，过高的：~望(过高的希望)|~求。
同义 奢侈—奢靡、奢华、浪费
反义 奢—俭/奢侈—节俭、朴素

shē	11画 贝部
赊	左右 贝/佘(人/示) 贝 贮 赊 赊

买卖货物时延期付款或收款：~购|~欠|~账。
同义 赊欠—赊账
提示 "赊"的右边是"佘(shé)"。

shē	12画 人部/田部
畲	上下 佘(人/示)/田 八 今 畲 畲

【畲族】我国少数民族名，主要分布在福建、浙江、江西、广东等省。
提示 "畲"的上面是"佘(shé)"。

shé	6画 舌部
舌	上下 千/口 一 千 舌

①舌头：张口结~|唇焦~敝。②像舌头的东西：帽~|火~。
同义 舌战—辩论
组字 刮、话、括、活、恬、敌、适

多音字	11画 虫部
蛇	左右 虫/它(宀/匕) 中 虫 虻 蛇

㈠shé 爬行动物，身体细长，有鳞无足。捕食蛙、鼠等小动物。种类很多，有的有毒：画~添足(比喻做多余的事，反而不恰当)。
㈡yí【委蛇】wēi~ 见"委"。

shè	6画 讠(yán)部
设	左右 讠/殳(几/又) 讠 讯 设

①建立，布置：~立|~置|~防(布置防卫的武装力量)。②筹划：~法(想办法)|赵州桥是李春~计的。③假定，假想：~正方形的边长为x厘米|~想|~身处地。
同义 设备—装备/设想—想象、着想/设置—设立/设身处地—将心比心

shè	7画 礻(shì)部
社	左右 礻/土 礻 礻 社 社

①古代指土地神或祭土地神的地方：~稷(jì，古代君王祭祀的土神和谷神。后来用国家的代称)。②指某些机构或团体：供销~|出版~|集会结爱心~。
同义 社稷—江山、国家/社交—交际

歇后语　　蓬子的耳朵——摆设

she

多音字	8画 人部
舍	上下 人/舌(千/口)
	人 今 全 舍

㈠shè ①房屋,住所:宿~|校~。②谦称自己的家:~间|寒~|~下。③谦词。用于对人称自己的亲戚或年纪小、辈分低的亲属:~亲|~弟|~侄。④古代行军三十里叫一舍:退避三~(比喻对人让步或回避)。⑤饲养禽畜的简易建筑:鸡~|猪~。

㈡shě ①丢开,抛弃:~弃|~己救人|四~五入。②把财物送给穷人或出家人:施~|~粥。

同义 ㈠舍弃—放弃、抛弃、割舍/舍身—献身、牺牲/舍不得—不舍得

反义 ㈠舍—取/舍己救人—损人利己

组字 啥

提示 "舍"的中间是"干"。

shè	10画 身部
射	左右 身/寸
	亻 自 身 射

①用推力或弹力快速发出:~箭|~击|~门。②液体受到压力喷出:喷~|注~。③放出(光、热、电等):光芒四~|反~|折~。④(话里的意思)有所指:影~|借甲说乙,暗指)。

同义 射中—命中、击中

组字 谢、榭、麝

shè	10画 氵(shuǐ)部
涉	左右 氵/步(止/少)
	氵 汁 沖 涉 涉

①从水里走过,渡:跋山~水|远~重洋。②经历:~险|~世不深。③牵连,关连:这个案子牵~到很多人|~及(牵涉到)|~嫌(有牵涉到某事的嫌疑)。

同义 涉及—波及、牵涉

shè	11画 赤部
赦	左右 赤(土/小)/攵
	土 赤 赤 赦

免除刑罚:~免|大~|特~|十恶不~(形容罪大恶极,不能赦免)。

shè	13画 扌(shǒu)部
摄	左右 扌/聂(耳/双)
	扌 扫 押 摄

①吸取:~影|~像机|~取养料。②保养:~生(保养身体)。③代理(多指统治权):~政(代理君王管理国家)。

同义 摄取—吸取/摄影—拍摄、拍照、照相

反义 摄取—排泄

shè	13画 忄(xīn)部
慑	左右 忄/聂(耳/双)
	丶 忄 恒 慑

害怕,使害怕:~服(因害怕而屈服)|威~(用武力使人感到害怕)。

shè	21画 鹿部
麝	半包围 鹿(广/比)/射(身/寸)
	广 产 庐 唐 鹿 麝

哺乳动物,也叫香獐子,没有角,雄的脐部有香腺,分泌的麝香是名贵药材,也可做香料。

谜语 拆西边补东边 (字:扑)
只需一日到山西 (字:亚)

shei

shéi	10画 讠(yán)部
谁	左右 讠/隹 讠讠讠许谁

又读 shuí。①哪个，什么人：~是值日生？②任何人，无论什么人：~也不能违反纪律。

shen

shēn	5画 丨(gǔn)部
申	独体 丨冂曰申

①地支的第九位。②旧计时法，申时，指下午三点到五点。③陈述，说明：~请三令五~。④上海的别称。
同义 申报—上报、呈报/申述—申说
组字 审、伸、坤、押、呻、绅、神

shēn	7画 亻(rén)部
伸	左右 亻/申 亻们但伸

舒展开，延展：~手|~展|~缩|延~。
同义 伸展—扩展、延伸
反义 伸—缩

shēn	7画 身部
身	独体 亻自身身

①身体：~躯|~心(身体和精神)。②物体的主要部分：船~|机~。③生命：奋不顾~|舍~救人。④本人，亲身：本~|~临其境|以~作则(用自己的行动做榜样)。⑤人的地位：~份|~败名裂(地位丧失，名誉扫地)。⑥品德修养：修~养性。⑦量词：我做了一~儿新衣服。
同义 身—体/身材—体形/身高—身长/身体—身躯、躯体
反义 身—心
提示 "身"做左偏旁时，末笔撇与第三笔相接而不相交。

shēn	8画 口部
呻	左右 口/申 口叮呷呻

【呻吟】-yín 人因痛苦而发出声音。

shēn	8画 纟(mì)部
绅	左右 纟/申 纟纠细绅

绅士，旧时地方上有势力、有地位的人，一般是地主或退职官僚：乡~。

shēn	10画 女部
娠	左右 女/辰(厂/辰) 乚女妒娠娠

胎儿在母体中微动。泛指怀孕：妊~(即怀孕)。

shēn	11画 氵(shuǐ)部
深	左右 氵/罙(冖/八/木) 氵汅沉深深

①往下或往里的距离大，与"浅"相对：~水|这条巷子很~。②从表面到底的距离：江心十米~。③久，时间长：~更半夜|夜~了。④程度高的：~奥|~仇|~情厚意。⑤颜色浓：~灰|颜色太~。⑥很，十分：~感不安|~信不疑。
同义 深奥—高深、艰深/深长—深远/深厚—浓厚/深情—厚意/深思—幽思、熟虑
反义 深—浅/深奥—浅显、通俗/深厚—浅

名人名言 万事从小处做起，逐渐积累，然后方能成大事。
〔日〕武田信玄

薄/深刻—肤浅

shén 神	9画 礻(shì)部
	左右 礻/申
	礻 衤 衤 神

①宗教称万物的创造者，迷信的人指被崇拜的人死后的精灵：~仙|~灵|不信鬼~信科学。②特别高超的：~医|~算|~枪手。③特别稀奇的：~秘|~奇|~乎其~(神秘奇妙到极点)。④心思，精力，注意力：精~|出~|聚精会~。⑤气色，表情：~情|~态|瞧姐姐那个~儿，准有什么心事。⑥机灵，聪明：这孩子可~了。

同义 神采—神情，神色，神气/神秘—奥秘/神奇—奇妙/神速—飞速/神往—向往/神州—九州、中国

反义 神—形/神采奕奕—没精打采

shěn 沈	7画 氵(shuǐ)部
	左右 氵/冘
	氵 汀 沙 沈

【沈阳】市名，在辽宁省。

shěn 审	8画 宀(mián)部
	上下 宀/申
	宀 宀 宙 审

①详细，周密：~慎(周密谨慎)。②检查，核对，评定：~查|~核|~稿。③讯问案件：~问|~讯|提~。

同义 审查—审核/审问—审讯/审阅—审读

组字 婶

shěn 婶	11画 女部
	左右 女/审(宀/申)
	乚 女 婶 婶

①叔叔的妻子：~子|~~|~母。②称呼与母亲辈分相同而年纪较小的已婚妇女：张大~儿|王二~。

shèn 肾	8画 月部
	上下 臤(刂/又)/月
	刂 臤 肾

肾脏，人和动物的泌尿器官，左右各一个，在腰椎骨的两边。也叫腰子：急性~炎|这药能补~。

shèn 甚	9画 一部
	独体
	甘 甘 其 甚

①很，非常：~好|进步~快|成绩~佳。②超过，胜过：日~一日。③厉害，过分：欺人太~。④同"什么"：姓~名谁？|要它做~？

同义 甚至—乃至

组字 勘、堪、湛、斟

提示 "甚"的倒数第二笔是点。

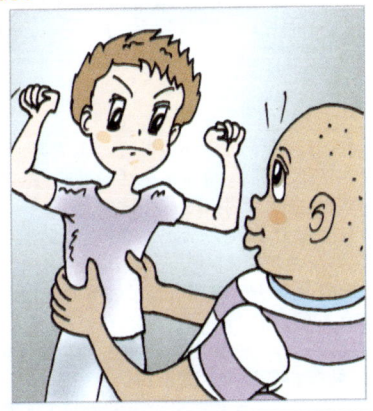

shèn 渗	11画 氵(shuǐ)部
	左右 氵/参(厽/大/彡)
	氵 汀 浐 渗

液体慢慢地透入或漏出：~水|雨水~入地里|头上~出汗珠。

同义 渗水—透水、漏水

shèn 慎	13画 忄(xīn)部
	左右 忄/真(十/且/八)
	丶 忄 愃 慎

小心：~重|谦虚谨~|不~跌倒。

同义 慎重—郑重

反义 慎重—轻率

急转弯　警察在追一个小偷，小偷跑到一座房子前就不见了。警察推开门，很快判断小偷不在房间，请问他依据什么做出的判断？(蜘蛛网)

sheng

shēng	4画 丿(piě)部
升	独体
	ノ二千升

①由低往高,从下向上移动:太阳~起来了。②提高:~级|晋~。③容量单位,容积等于1立方分米。④量粮食的器具,容量为1斗的1/10。

同义 升降—起落/升级—升格、晋级/升平—太平

反义 升—降、落/升高—降低/升值—贬值

shēng	5画 生部
生	独体
	丿二生

①生育:~孩子。②长出:~根发芽。③活着,生存:~还|起死回~。④维持生活的办法:谋~。⑤生命:丧~。⑥生平,一辈子:光荣的一~。⑦有生命力的:~龙活虎。⑧产生,发生:~效。⑨使燃烧:~火|~炉子。⑩未成熟,未加工炼制的:~瓜|~药。⑪没有经过烧煮的或烧煮没有熟的:~肉|夹~饭。⑫不熟悉的:~人|陌~|~字。⑬不熟练:~手。⑭很:~疼|~怕。⑮硬,勉强:~搬硬套。⑯正在学习的人:学~|师|招~。⑰传统戏曲里扮演男子的一种角色:老~|武~。

同义 生—活/生病—害病、患病/生俘—生

擒、活捉/生命—性命/生气—发火/生日—生辰、诞辰/生疏—陌生/生长—成长

反义 生—死/生病—康复/生产—消费/生存—死亡/生疏—熟悉

组字 笙、性、姓、牲、胜、甥

shēng	7画 士部
声	上下 士/尸
	十声吉声

①声音:笑~|歌~|课堂上鸦雀无~。②说出来,宣布:~称|~明|~讨。③名誉:名~|~望|~誉。④声母,字音开头的辅音:~韵相配。⑤声调:四~。

同义 声—音/声称—声言、宣称/声名—声誉、声望、名声/声势—气势/声讨—谴责/声音—声响

提示 "声"的上面是"士"。

shēng	9画 牛部
牲	左右 牛/生
	ノ牛牛牲牲

①家畜(chù):~口|~畜。②古代祭神用的牛、羊、猪等:献~|三~(古指用于祭祀的牛、羊、猪)。

shēng	11画 竹(⺮)部
笙	上下 ⺮/生
	竺竺笙笙

管乐器名,用若干根长短不同的带簧片的管子做成,用口吹奏。

shēng	12画 生部
甥	左右 生/男(田/力)
	ノ生𤰒𤰒甥

姐妹的儿女:外~|外~女。

shéng	11画 纟(糹)部
绳	左右 纟/黾(口/电)
	纟纠纫绳

①用两股以上的棉、麻纤维或棕、草等拧成的条状物:~索|~缆|~草。②约束,制裁:~之以法(用法律来制裁)。③墨绳,木工取直

歇后语 聋子拉二胡——胡扯

shēng—shì

用的器具：木直中(zhòng)~。④标准，准则：准~。

多音字	9画 目部
省	上下 少/目
	丨 ⺌ 省 省

㈠shěng ①节约：节~|吃俭用。②简略：~写|~称。③减少，免除：~了不必要的手续|~略。④全国第一级地方行政区域：辽宁~|福建~|~份。

㈡xǐng ①检查自己：反~|自~。②知觉，知道：不~人事。③觉悟，觉醒：~悟|发人深~(启发人深深思考而有所醒悟)。④看望(父母、尊亲)：~亲。

同义 ㈠省得—免得、以免/省会—省城/省事—省便、方便/省吃俭用—节衣缩食 ㈡省亲—探亲

反义 ㈠省—费/省事—费事/省吃俭用—铺张浪费

sheng	5画 又部
圣	上下 又/土
	フ 又 圣 圣

①最崇高的，最庄严的：神~|~地。②指学问、技艺有极高成就的人：诗~|棋~。③指圣人：~贤。④封建社会对帝王的尊称：~上|~旨。⑤宗教徒对所崇拜事物的尊称：~诞节|~经|~水。

同义 圣人—圣贤、贤人
组字 怪

shèng	9画 月部
胜	左右 月/生
	月 胀 胀 胜

①赢，与"败"、"负"相对：~利|取~|打~仗。②打败：以少~多。③超过：今~于昔|养花有益身心，~于吃药。④优美的：~景|游览~地。⑤优美的地方或境界：名~|引人入~。⑥能够担任，能够承受：~任|浑欲不~簪(zān)。⑦尽：不~感激。

同义 胜—赢/胜地—胜境、名胜/胜利—得胜、成功
反义 胜—败、负/胜利—失败

多音字	11画 皿部
盛	上下 成/皿
	厂 厅 成 盛 盛

㈠shèng ①兴旺：旺~|茂~|繁荣昌~。②热烈，大规模的：~大|~会|~况空前。③丰富，华美：丰~|~宴|穿着节日的~装。④深厚：情难却|~意。⑤广泛，程度深：~行(广泛流行)|~赞(极力称赞)。

㈡chéng ①把东西放进器具里：~饭。②容纳：这个礼堂能~一千人。

同义 盛大—浩大/盛怒—大怒、震怒/盛情—盛意/盛暑—酷暑
反义 盛—衰/盛世—乱世/盛夏—严冬

shèng	12画 刂(dāo)部
剩	左右 乘/刂
	千 禾 乖 乘 乘 剩

多余，余留下来：~余|~饭|只~一道题没有做。

同义 剩—余/剩余—盈余
反义 剩余—亏欠

shi

shī	3画 尸部
尸	独体
	フ コ 尸

①死人的身体：~体|首古~。②古代祭祀时代表死者受祭的人。③不做事情，空占职

谜语　说错一点　(字：议)　　种稻锄禾　(字：䅟)
　　　挥手告别　(字：军)　　齐心一点　(字：义)

335

shi

位:~位。
同义 尸体—尸首、尸骨、死尸

shī	5画 丿(piě)部
失	独体
	丿 仁 失

①丢:遗~|机不可~。②没有控制住:~火|足青年|百无一~。③找不着:迷~|方向|群之雁。④未达到目的:~望|~意。⑤错误,过错:过~|唯恐有~。⑥改变常态:~色|~声痛哭。⑦违背:~信|~约。
同义 失败—失利/失密—泄密/失陪—少陪/失去—失掉/失守—失陷、陷落/失望—绝望/失误—过失、错误
反义 失—得/失败—胜利、成功/失常—正常、如常/失密—保密/失去—得到/失望—希望/失业—就业
组字 轶、铁、秩、跌、迭

shī	6画 巾部
师	左右 丿/帀
	丿 丨 师 师

①传授知识或技术的人:老~|~傅|尊~重教。②掌握专门知识或技艺的人:医~|厨~|工程~。③榜样:前事不忘,后事之~。④军队的编制单位,是军以下旅以上的一级。⑤军队:出~|百万雄~|挥~南下。⑥对和尚的尊称:法~。⑦由师徒关系而产生的:~兄|~弟。⑧学习,效法:~古|~法。
同义 师表—表率、榜样/师长—教师、导师
反义 师—生、徒/师傅—徒弟
组字 筛、狮

shī	8画 讠(yán)部
诗	左右 讠/寺(土/寸)
	讠 讠 诗

一种文学体裁,言志、抒情,讲求韵律,追求意境,可以歌咏朗诵:古~|散文~。
同义 诗歌—诗篇

shī	8画 乙部
虱	半包围 飞/虫
	飞 飞 虱 虱

虱子,寄生在人、畜身上的一种昆虫,吸食血液,能传染疾病。

shī	9画 犭(quǎn)部
狮	左右 犭/师(丿/帀)
	丿 犭 犭 狮

狮子,哺乳动物,性凶猛,毛黄褐色,雄的脖子上有长毛,生活在山林里,捕食其他动物。多产在非洲和亚洲西部。

shī	9画 方部
施	左右 方/㐌(𠂉/也)
	亠 方 斿 施 施

①实行:~行~工|无计可~。②用上,加上:~肥|~粉|~加压力。③发布:发号~令。④给予:~礼|~恩。⑤把财物送给穷人或寺庙:~舍(shě)|~财|~布~。
同义 施舍—布施/施行—实行、执行
反义 施舍—乞讨

shī	12画 氵(shuǐ)部
湿	左右 氵/显(日/业)
	氵 氵 浔 湿

沾了水或含的水分多,与"干(gān)"相对:

名人名言 在这竞争激烈的世界里,每时每刻都要向前跑,停下来就会被人追上。
〔泰国〕陈卓森

shi

潮~l~润|衣服被雨淋~了。
同义 湿—潮/湿润—湿漉/湿漉漉—湿淋淋
反义 湿—干/湿润—干燥

shí	2画 十部
十	独体
	一十

①数目字：~指连心。②表示达到顶点：~分好看|~全~美。
同义 十分—万分、非常、特别/十拿九稳—万无一失
组字 早、什、计、叶、汁、针

多音字	4画 亻(rén)部
什	左右 亻/十
	丿亻什

㈠shí ①数目,十(多用于分数或倍数)：~一(十分之一)|~百(十倍或百倍)。②各种的,杂样的：~物。③杂物：家~(家用杂物)。
㈡shén【什么】①表示疑问：~事?|干~?②指不确定的事物：没有~问题|也别说。

多音字	5画 石部
石	半包围 丆/口
	一丆石

㈠shí ①构成地壳的坚硬物质,是矿物的集合体：~头|岩~。②用石制成的：~砚|~磨。③指石刻：金~。
㈡dàn 容量单位,1石是10斗(此义在古书中读shí,如"二千石")。
组字 岩、拓、磐、硕、碍、硬

shí	7画 日部
时	左右 日/寸
	日日时

①时间：~不我待。②计时单位：上午七~。③规定的时间：按~上课|准~到会。④较长的一段时间：~代|古~。⑤季节：四~|不误农~。⑥时候：平~|何~竣工?⑦当时,现在：~髦|~下|~事。⑧常常：~有出现。⑨有时候：天气~晴~雨。⑩时机：待~而动。
同义 时常—时时、经常、常常/时光—时间、

光阴/时候—时刻、时间、时分/时机—机会、火候/时髦—时兴/时新/时期—时代

多音字	7画 讠(yán)部
识	左右 讠/只(口/八)
	讠识识

㈠shí ①知道,认得：~趣|~字|认~|相~。②知识,所知道的道理：常~|学~。③见解：见~|卓~(卓越的见识)。
㈡zhì 记住：博闻强~(见闻广博,记忆力强)。
同义 ㈠识别—辨别/识破—看破、看穿/识趣—知趣

shí	8画 宀(mián)部
实	上下 宀/头
	宀宀宇实

①里面充满：虚~|~心铅球。②真,真诚：~话|~说|诚~。③实际,事实：如~反映情况|属~。④的确：属~不易。⑤种子,果子：果~|开花结~。
同义 实—真/实现—兑现/实行—实践、执行、履行/实验—试验/实在—实际
反义 实—虚/实现—破灭

多音字	9画 扌(shǒu)部
拾	左右 扌/合(人/台)
	扌扐扐拾

㈠shí ①捡,从地上拿起来：~麦穗|~金不

汽车在右转弯时,哪只轮胎不转?(备用轮胎)

shi

昧。②整理:收~房间。③数目字"十"的大写。
㊂shè 放轻脚步登上:~级而上。
同义 ㊀拾—捡
反义 ㊀拾—扔、抛、丢/拾取—丢弃、抛弃

多音字	9画 食部
食	上下 人/良
	人今食食

㊀shí①吃,吃饭:~肉饮|废寝忘~。②吃的东西:粮~|不吃零~|丰衣足~。③饲料:鸡~|猪~。④日、月亏缺或完全不见的现象:日~|月~|全~。⑤供人吃的:~盐|~糖。
㊁sì 拿东西给人吃。

shí	9画 虫(shí)部
蚀	左右 虫/虫
	人今钟蚀

损伤,亏损。腐~|侵~|~本(赔本儿)。
提示 "日蚀"、"月蚀"的"蚀"统做"食"。

shǐ	5画 丨(gǔn)部
史	独体
	口中史

①历史:现代~|~无前例。②古代记史的官:太~。
同义 史册—史书、史籍/史无前例—前所未有
组字 驶

shǐ	5画 矢部
矢	上下 ㇒/大
	㇒㇏矢

①箭:有的(dì)放~(比喻言论、行动有目标或有针对性)。②发誓:~口否认(坚决地不承认)|~志(发誓立志)。
组字 矣、医、知

shǐ	8画 亻(rén)部
使	左右 亻/吏
	亻亻佢使

①用:~劲|用这只笔很好~。②派,差遣,人前往:~支|~唤。③让,叫,令:~我受到教育|迫~敌人投降。④假如:假~。⑤驻外国或临时派往外国办事的外交人员:~节|大~|特~。
同义 使劲—用劲/使用—应用、运用/使者—使节

shǐ	8画 女部
始	左右 女/台(ㄙ/口)
	㇡女始始

①开始,起头,最初,与"终"相对:有~有终|~祖|原~社会。②才:好学~能进步。
同义 始末—原委、首尾/始终——直/始祖—鼻祖
反义 始—终

shǐ	8画 马部
驶	左右 马/史
	马驴驶驶

①车马等快跑:疾~而过。②开动交通工具:驾~汽车|轮船~入港口。

shǐ	9画 尸部
屎	半包围 尸/米
	㇕尸尸屎

①大便,粪。②眼、耳等的分泌物:眼~|耳~。

 聋子擂鼓——各打各的

shi

shì	3画 士部
士	独体 一十士

①古代介于大夫和庶民之间的阶层。②古代指读书人:寒~。③军人:~兵/~气。④军衔,在尉以下:上~|中~。⑤指某些专业人员:护~|医~。⑥对人的美称:烈~|壮~|女~。

同义 士兵—士卒、战士
组字 吉、志、声、仕、壮

shì	4画 氏部
氏	独体 ノ㇇𠂉氏

①姓氏,表明家族的字:张~三兄弟。②对名人专家的称呼:神农~|摄~表。

组字 昏、纸

shì	5画 示部
示	上下 二/小 二亍示

把事情告诉人或通过一定形式让人知道:告~|指~|~意|老师做~范。

同义 示范—示例
组字 奈、宗、际、标

shì	5画 一部
世	独体 一廿廿世

①人的一辈子:一生一~。②代,世系相传的辈分:第二十~孙|~~代代。③一代一代相传的:~袭|~医。④从先辈起就有交情的:~伯|~兄。⑤时代:近~|当~。⑥世界,社会:上~|人|公之于~。

同义 世间—世上、人间/世界—天下、全球
组字 泄、屉

shì	5画 亻(rén)部
仕	左右 亻/士 亻亻仕

旧时称做官:出~(做官)|~途(做官的道路)。

shì	5画 ⼇(tóu)部
市	上下 ⼇/巾 亠广市

①集中做买卖的地方:~场/夜~。②买或卖,做交易:愿为~鞍马|昨夜入城~。③城市:都~|~区|~民。④一种行政区划:直辖~|上海~。⑤属于市制的(度量衡单位):~斤|~尺。

组字 柿、闹

shì	6画 弋(yì)部
式	半包围 弋/工 一弍式式

①物体外形的样子:~样|新~。②特定的规格:格~|程~。③仪式,典礼:开幕~|阅兵~。④自然科学中表明某些规律的一组符号:算~|方程~。

同义 式样—样式、款式
组字 试、拭、轼
提示 "式"的捺钩上不要多一撇。

shì	8画 力部
势	上下 执(扌/丸)/力 扌扌执势势

①势力:威~|仗~欺人|权~。②事物的状态和趋向:地~|趋~|局~。③人的姿态、样子:姿~|装腔作~。

同义 势必—必将、必定/势均力敌—旗鼓相当

谜语　先出世保险　(成语:后生可畏)
　　　　逆水赛龙舟　(成语:力争上游)

339

shi

shì	8画 一部
事	独体
	一一一一事

①事情:公~|好~。②职业,工作:爸爸在城里做~。③变故,事故:出~|平安无~。④突发事件:九一八~变。⑤关系或责任:没有你的~了。⑥做,从事:不~生产|大~宣扬。⑦侍奉。

同义 事故—事端/事例—例子、例证/事情—事务、事宜/事实—现实、实际/事先—事前、预先

反义 事实—谣言/事倍功半—事半功倍

shì	8画 亻(rén)部
侍	左右 亻/寺(土/寸)
	亻什仕侍

伺(cì)候,陪伴:~立|~奉父母|~候病人。

同义 侍候—侍奉、伺候、服侍

shì	8画 饣(shí)部
饰	左右 饣/布(𠂉/巾)
	饣饣饬饰

①装点,使好看:装~|修~。②遮掩缺点、错误等:掩~|文过~非(用假话掩饰自己的过失、错误等)。③装饰品:首~|扮演:他在这部影片里~汉武帝。

同义 饰演—扮演

提示 "饰"的右边中间不要加一横。

shì	8画 讠(yán)部
试	左右 讠/式(弋/工)
	讠讠讠讠试试

①按着设想非正式地做:~验|用让我~一~。②考,测试:考~|~题。

同义 试卷—考卷/试图—打算/试验—实验、尝试

shì	8画 礻(shì)部
视	左右 礻/见
	礻礻初视

①看:~力|近~|注~。②看待,对待:重~|死如归。③观察,察看:监~|察~|巡~。

同义 视察—检查/视力—眼力

shì	9画 扌(shǒu)部
拭	左右 扌/式(弋/工)
	扌扌扌拭拭

擦:~泪|~汗|拂~。

shì	9画 木部
柿	左右 木/市(𠄌/巾)
	木木柿柿

落叶乔木,开黄白色花。果实叫柿子,味甜可吃。木材可做器具。

shì	9画 日部
是	上下 日/疋
	日早昰是

①表示判断、解释或分类:詹天佑~我国杰出的爱国工程师|鲸~哺乳动物。②表示存在:满身~汗|遍地~牛羊。③表示让步,含有"虽然"的意思:读~读了,但没有读懂。④表示适合:来的~时候。⑤表示凡是,任何:~集体的事都抢着干。⑥表示选择:你~吃馒头还~吃米饭?⑦表示加重语气,含有"的确"、"实在"的意思:他~病了|这办法~好、合理,与"非"相对:分清~非|老师说的~。⑧对,合理,与"非"相对:分清~非|老师说的~。⑨肯定的回答:~,我一定照办。⑩这,此:~日(这一天)|如~(如此,这样)。

同义 是非—曲直

知识像一张渔网,渔网愈宽愈牢,网住的鱼就愈多。
墨西哥谚语

shi

反义 是—非
组字 堤、提、题

shì	9画 辶(chuò)部
适	半包围 舌(千/口)/辶
	千舌话适

①切合，相合：~合|~宜|~用。②舒服：舒~|身体不~。③恰好正好：~逢其会(恰巧碰到那个时机)|~得其反（结果正好是所希望的反面）。④去，往：无所~从(比喻不知怎么办才好)。

同义 适当—恰当、妥当/适合—适应、符合/适宜—相宜、合适
反义 适当—失当、不当

shì	9画 忄(xīn)部
恃	左右 忄/寺(土/寸)
	丷忄忄恃

依靠，依仗：仗~|九州生气~风雷。

shì	9画 宀(mián)部
室	上下 宀/至(𠫔/土)
	宀宂宆室

①屋子，房间：教~|卧~。②机关团体内的工作单位：图书~|资料~。③家，家族：十~九空|皇~。④家属，妻子：妻~。

shì	10画 辶(chuò)部
逝	半包围 折(扌/斤)/辶
	扌折逝逝

①过去，消失(多指时间、水流)：消~|流~(像流水一样迅速过去)|光阴易~。②死亡(婉词)：~世|病~。
同义 逝世—去世

shì	10画 车部
轼	左右 车/式(弋/工)
	车车车轨轼

古代车厢前面的横木，供乘车人做扶手。

shì	12画 釆(biàn)部
释	左右 釆/𩁹(又/十)
	釆𥝋𥝋释

①说明，解说：解~|注~|~义。②解除，消除：~疑(解除疑难或消除疑虑)。③放开，放下：爱不~手|如~重负。④把关押的人放出：开~|保~。⑤佛教创始人释迦牟尼的省称。泛指关于佛教的：~教|~子(和尚)。
同义 释放—开释
反义 释放—逮捕、拘留、囚禁/释疑—质疑

shì	13画 口部
嗜	左右 口/耆(老/日)
	口吆咾嗜嗜

特别的爱好(hào)：~好|~学|侵略者~血成性。
同义 嗜好—喜好、爱好

shì	14画 言部
誓	上下 折(扌/斤)/言(亠/二/口)
	扌折折誓

①表示决心：~师|~与侵略者血战到底。
②表示决心的话：发~|宣~。

脑筋急转弯 一个还未写完的等式123456789=100，请插入两个减号和一个加号，使它们成为一个正确的等式。(123-45-67+89=100)

341

shou

shōu

shōu	6画 攵(pū)部
收	左右 丨/攵 丨丿屮收

①割取成熟的农作物：~成|丰~|秋~。②得到：~益|~效。③接到，接受：~发|接~|~养孤儿。④结束：~工|~尾|~场。⑤聚，合拢：~集|~拢|~敛口了。⑥要，取：~缴|~税|~费。⑦逮捕，拘禁：~监。⑧约束，控制：~心|~住脚步。
同义 收藏—保藏/收复—光复/收获—成/收集—搜集/收留—收容/收买—收购/收拾—整理/收受—接受
反义 收—放/收复—沦陷、割让/收购—出售/收获—播种/收入—支出/收缩—膨胀、扩张、舒张

shǒu	4画 手部
手	独体 一二三手

①人体上肢前端腕以下的部分。②拿着：人~一册。③小巧而便于拿着用的：~册|~机。④亲手：~抄|~书。⑤本领、技能或手段：心灵~巧|下毒~。⑥做某种事情或擅长某种技能的人：能~|选~|神枪~。⑦表示动作的开始或结果：着(zhuó)~|得~。
同义 手段—手腕、手法、伎俩/手足—弟兄
组字 拜、掰、拿、挚、拳、掌
提示 "手"的末笔是竖钩，不是弯钩；做左偏旁时，竖钩变为撇，如"拜"、"掰"。

shǒu	6画 宀(mián)部
守	上下 宀/寸 宀守守

①防卫，与"攻"相对：~卫|防~|易~难攻。②看(kān)护：看~|护~|~着病人。③遵循，依照：~纪律|遵~法。④保持：保~|~旧。⑤靠近，依傍：~着水的地方，要多种稻子。
同义 守候—等候/守护—守卫、保护/守旧—保守
反义 守—攻/守法—违法/守旧—创新
组字 狩

shǒu

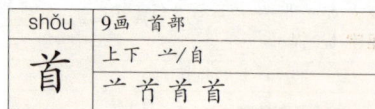

shǒu	9画 首部
首	上下 䒑/自 䒑䒑首首

①头：昂~挺胸|斩~。②领导人，领头的：~长|国家元~|罪魁祸~(作恶犯罪的首恶分子)。③第一，最高的：~次|~席代表。④最先，最早：~先|~创。⑤出头检举揭发：出~。⑥量词：古诗二~。
同义 首创—创始/首领—首脑、头领/首先—最先
反义 首—尾/首先—最后
组字 道

shòu	7画 寸部
寿	半包围 𡗗/寸 三𡗗寿

①长命，年岁大：人~年丰|~夭。②年岁，生命：长~|~命。③寿辰，生日：做~|拜~。④为死者准备的：~衣|~木。
同义 寿辰—寿诞、诞辰、生日
反义 寿—夭
组字 焘、筹、祷、畴、涛、铸

shòu	8画 爪(爫)部
受	上下 爫(⺥)/又 爫爫受

①收下，得到：~礼|接~|~教育。②忍耐：忍~|不了|活~罪。③遭到：~灾|遭~|~批评。④适合：吃(吃着有味)|~听(听着入耳)。

笼里的鸟儿——有翅难飞

shou—shu

同义 受害—被害、遇害/受奖—得奖、获奖/受凉—着凉/受骗—被骗、上当/受伤—负伤/受罪—遭罪
反义 受—授/受贿—行贿/受骗—行骗/受罪—享福
组字 授

shòu	9画 犭(quǎn)部
狩	左右 犭/守(宀/寸)
	犭犭犷狩

古代指冬季打猎。泛指打猎:~猎。
同义 狩猎—打猎

shòu	11画 扌(shǒu)部
授	左右 扌/受(爫/又)
	扌扌扩授

①给,交付:~旗l~奖l~予少年英雄的光荣称号。②把知识、技艺教给别人:~课l~函l面~。
同义 授奖—发奖、颁奖/授课—讲课、教课
反义 授—受/授奖—领奖/授课—听课

shòu	11画 隹(zhuī)部
售	上下 隹/口
	亻售售售

①卖:~货l~票员l销~。②施展(奸计):以~其奸(用来施展他的奸计)。

shòu	11画 八(丷)部
兽	上中下 丷/田/口
	丷甾兽兽

①有四条腿、全身长毛的哺乳动物:野~l飞禽走~。②比喻野蛮,下流:~性(比喻极端野蛮、残忍的性情)l~行。

shòu	14画 疒(nè)部
瘦	半包围 疒/叟(臼/又)
	疒疒疒疒瘦

①体内含脂肪少,肌肉不丰满,与"胖"、"肥"相对:~小长得又黑又~。②食用肉脂肪少:我喜欢吃~肉。③窄小:这鞋太~了,不能穿。④土地不肥沃:~田地很~,要好好改良。

同义 瘦弱—衰弱、软弱/瘦小—瘦削、消瘦
反义 瘦—胖、肥/瘦弱—肥壮、强健/瘦小—肥大/瘦削—肥胖

shu

shū	4画 乙部
书	独体
	乛乛书书

①成本的著作:图~l店。②信件:家~l信。③文件:申请l证~。④写字,记载:~法l~写。⑤字体:楷~l隶~。
同义 书房—书屋、书斋/书籍—书本、图书/书信—书简、书函

shū	7画 扌(shǒu)部
抒	左右 扌/予
	扌扌扌抒

抒发,尽量表达:~情l~写l各~己见(各人充分谈出自己的见解)。

shū	8画 木部
枢	左右 木/区(匚/乂)
	木木朽枢

①门上的转轴:户~。②事物的中心部分或关键部分:神经中~l交通~纽。

谜语 十五到来钱用光 (成语:花好月圆)
晚年到来直发胖 (成语:老成持重)

shu

shū	8画 又部
叔	左右 未(上/小)/又
	上 十 未 叔

①父亲的弟弟:三~l~父。②称呼跟父亲同辈而年纪比父亲小的男子:表l大~。③丈夫的弟弟:小~子l~嫂。④兄弟排行第三的:伯仲~季(四兄弟中从大到小的排列)。

组字 寂、督、淑、椒

shū	10画 歹部
殊	左右 歹/朱
	一 歹 殊 殊

①不同,差别:~途同归l悬~(相差很远)。②特别:特~l~勋(特殊的功绩)l~荣。③很,极:~为不安l~可敬佩。④断绝,死:~死战(拼命的战斗)。

shū	11画 木部
梳	左右 木/流(云/儿)
	木 朽 柠 梳

①梳子,整理头发的用具。②用梳子整理头发:~头l~洗。

shū	11画 氵(shuǐ)部
淑	左右 氵/叔(未/又)
	氵 汁 汁 淑

善良,美好(指妇女):~女l贤~。

shū	12画 人部
舒	左右 舍(人/吉)/予
	人 午 舒 舒

①展开,伸开:~展l~筋活血。②从容,缓慢:~缓。③开朗愉快:~服l~畅l~适。

同义 舒畅—欢畅/舒服—舒适、舒坦/舒缓—和缓/舒展—舒张

反义 舒—卷/舒畅—郁闷/舒服—艰苦、难受/舒缓—急促/舒张—收缩

shū	12画 疋(zhǐ,shū)部
疏	左右 正/流(云/儿)
	丆 下 正 跃 疏

①稀,与"密"相对:稀~l这席子打得太~。②关系不密切,与"亲"相对:~远l亲~远近。③去除阻塞使畅通:~通l~导。④分散,使变稀:~散。⑤没注意,粗心:~忽l~漏。⑥不熟悉:生~l人生地~。⑦空虚:才~学浅。⑧古书的注解:注~。

同义 疏—稀/疏忽—忽略、大意/疏散—分散、散开/疏松—松散/疏通—沟通、疏导

反义 疏—密、亲/疏导—堵塞/疏远—亲近

组字 蔬

shū	13画 车部
输	左右 车/俞(人/朋)
	车 轮 轮 输

①从一个地方运送到另一个地方:运~l出~l油管。②送给,捐献:捐~。③败,负,与"赢"相对:这场比赛红队~定了。

同义 输—负、败/输送—运送

反义 输—赢

shū	15画 艹(cǎo)部
蔬	上下 艹/疏(正/流)
	艹 芌 芖 荪 蔬

蔬菜,可以做菜吃的植物:布衣~食(形容生活俭朴)。

名人名言 品德是一面镜子,每个人都在里面显现出来。

〔德〕歌德

shú	10画 禾部
秫	左右 禾/术 一 千 禾 秫 秫

高粱(多指黏高粱):~米(高粱米)|~秸(高粱秆)。

shú	11画 子部
孰	左右 享(亠/口/子)/丸 一 亨 孰 孰 孰

文言代词。①谁,哪个:~能知之?|~胜~负。②什么:是可忍,~不可忍(如果这个可以容忍,还有什么不可以容忍呢)?

组字 塾、熟

shú	12画 贝部
赎	左右 贝/卖(十/买) 贝 贝 贩 赎 赎

①用财物换回抵押品:~当(dàng)。②用行动弥补,抵消:立功~罪。

shú	14画 土部
塾	上下 孰(享/丸)/土 古 亨 孰 孰 塾

旧时私人办的教学的地方:私~|村~|~师。

shú	15画 灬(huǒ)部
熟	上下 孰(享/丸)/灬 古 亨 孰 孰 熟

口语读 shóu。①食物烧煮到可吃的程度,与"生"相对:饭~了|菜要煮~了吃。②植物的果实或种子长到可收成的程度:成~|麦子~了。③程度深:睡~了|深思~虑。④认识,常见:~悉|~人|这地方我很~。⑤精通,有经验:~练|~能生巧。⑥经过加工炼制的:~铁|~皮子。

同义 熟练—纯熟、娴熟/熟睡—沉睡、酣睡/熟悉—熟识
反义 熟—生/熟练—生疏/熟悉—陌生、生疏

shǔ	12画 日部
暑	上下 日/者(耂/日) 口 早 暑 暑

①炎热:~热|避~|严寒酷~。②炎热的夏天:~去寒来|~假。
同义 暑—热
反义 暑—寒

shǔ	12画 黍部
黍	上下 禾/氽(人/水) 禾 禾 秂 黍

黍子,粮食作物,籽粒去皮后叫黄米,有黏性,可供食用或酿酒。
提示 "黍"的第五笔和末笔捺变为点。

多音字	12画 尸部
属	半包围 尸/禹 尸 居 居 属 属

㊀shǔ ①同一家族的:家~|亲~|眷~。②类别:金~|非金~。③有领属关系的:直~|附~|隶~。④归附,归某一方面所有:荣誉~于集体。⑤是:情况~实。
㊁zhǔ ①连接:前后相~。②专注,集中在一点上:~目(注目)|~意(注意)。
同义 ㊀属下—部下、下属
反义 ㊀属实—失实
组字 嘱、瞩

拳击冠军很容易被谁击倒?(瞌睡虫)

shu

shǔ	13画 罒(wǎng)部
署	上下 罒/者(耂/日)
	罒甲署署

①行政机关:公~|行~|海关总~。②布置,安排:部~。③签名,题字:~名|签~|命令。④暂时代理:~理。

同义 署名—签名
组字 薯、曙

shǔ	13画 罒(wǎng)部
蜀	上下 罒/勹(勹/虫)
	罒罒蜀蜀

①古代国名,三国之一:魏~吴三足鼎立。②四川省的别称:~绣|~锦。

shǔ	13画 鼠部
鼠	上下 白/臼
	𦣻𦣻臼鼠

老鼠,俗称耗子,哺乳动物,门齿发达,常咬衣物,又能传染疾病,害处极大。

同义 鼠目寸光—目光如豆
反义 鼠目寸光—高瞻远瞩
提示 "鼠"下面部件中是四个点。

shǔ	16画 艹(cǎo)部
薯	上下 艹/署(罒/者)
	艹苹茸薯薯

①甘薯,又叫白薯、红薯或番薯,草本植物,块根可以吃。②马铃薯,又叫土豆或山药蛋,草本植物,块茎可以吃。

shǔ	17画 日部
曙	左右 日/署(罒/者)
	日日䀛曙曙

天刚亮的时候:~色|~光(清晨的阳光,比喻光明的前途)。

同义 曙光—晨光、朝晖

多音字	5画 木部
术	独体
	一木术

㊀shù ①技艺,学问:技~|美~|医~|高明。②方法:战~|算~。
㊁zhú 白术,苍术,都是中药名。
组字 怵、述、秫

shù	6画 戈部
戍	独体
	厂斤戍戍

军队驻防:卫~|~边(驻防边境)。
提示 "戍"不要与"戌(xū)"相混。

shù	7画 一部
束	独体
	一亍束束

①捆住:~发(fà)|~腰|~皮带。②控制,限制:约~|~缚。③量词:一~鲜花。④聚集成条的东西:光~。⑤事情的结尾:结~。

同义 束缚—约束 束手无策——筹莫展
组字 赖、辣、速、敕
提示 "束"的声母是翘舌音sh,"速"的声母是平舌音s。

shù	8画 辶(chuò)部
述	半包围 术/辶
	术术述述

叙说,讲:讲~|叙~|复~课文。

shu

shù	9画 木部
树	左右 木/对(又/寸)
	木 权 树

①木本植物的总称:榕~|植~|造林。②种植,培养:十年~木,百年~人(比喻培养人才是长久之计,也形容培养人才很不容易)。③立,建立:~立|~雄心,立壮志。
同义 树立—建立、确立
反义 树立—破除

shù	9画 立部
竖	上下 収(刂/又)/立(亠/䒑)
	刂 収 竖 竖

①直立,直立的,与"横"相对:~立|路边~着电线杆|~井。②使直立:把竹竿~起来。③上下或前后的方向:~着画一根~线。④汉字的一种笔画"丨",也叫"直":先横后~。
同义 竖—直
反义 竖—横

shù	10画 心部
恕	上下 如(女/口)/心
	㇇ 女 如 恕

①原谅:宽~|饶~。②客套话,用于请对方不要计较或予以体谅:~我直言|~难从命。
提示 "恕"不要与"怒"相混。

shù	11画 广部
庶	半包围 广/庶(廿/灬)
	广 庐 庶

①众多:富~(物产丰富,人口众多)。②老百姓:~民(旧指老百姓)。
组字 蔗、遮

多音字	13画 攵(pū)部
数	左右 娄(米/女)/攵
	丷 娄 数 数

㊀shù ①数目:人~|次~|岁~。②数学上表示事物的量的基本概念:整~|小~|分~。③几,几个:~人|他~次受表扬。④劫数。迷信指注定的灾难:在~难逃。
㊁shǔ ①一个一个地计算:~不清|屈指可~(形容数目很少)|~不胜~(形容数目很多)。②相比最突出:~一~二|他最积极。③责备,列举过错:~说|把他~落(luo)了一顿。
㊂shuò 屡次:频~(次数多而密)|~见不鲜(形容事物经常见到,并不新鲜)。
同义 ㊀数量—数目、数额/数码—号码、数目 ㊁数说—数落、责备 ㊂数见不鲜—屡见不鲜

shù	14画 土部
墅	上下 野(里/予)/土
	甲 里 野 野 墅

别墅,建筑在郊区或风景优美的地方供居住休养的园林房屋。

shù	14画 氵(shuǐ)部
漱	左右 氵/欶(束/欠)
	氵 沪 浡 漱

含水洗口腔:~口。
提示 "漱"的声母是翘舌音sh,"嗽"的声母是平舌音s。

谜语	表扬他的言论	(成语:夸夸其谈)
	监狱固若金汤	(成语:牢不可破)

shua—shuai

shua

多音字	8画 刂(dāo)部
刷	左右 尸(尸/巾)/刂
	尸尸吊刷

㈠shuā①除去脏物或涂抹东西的用具：牙~|鞋~。②用刷子清除或涂抹：~牙|锅~粉。③淘汰,去掉差的:他在预赛中就被~掉了。④拟声词:风吹树叶~~响。
㈡shuà【刷白】颜色白而略微发青;脸色~。
同义 ㈠刷白—煞白

	9画 女部/而部
耍	上下 而/女
	而耍耍耍

①玩:玩~。②玩弄,表演:~猴|~大刀。③施展,卖弄(多含贬义):~无赖|~花招|~态度。④戏弄:别~人。
同义 耍赖—撒赖/耍弄—玩弄、戏弄

shuai

shuāi	10画 亠(tóu)部
衰	上中下 亠/田/以
	亠亠夸衣衰

人或事物由强变弱,与"盛"相对:~弱|~退|年老体~。
同义 衰老—苍老、老迈、年老/衰落—衰败、

衰退、败落/衰弱—虚弱、软弱、柔弱
反义 衰—兴、盛/衰老—年轻/衰落—兴盛、强盛/衰弱—强健、强壮
提示 "衰"的中间是"冉",不要与"衷"、"哀"相混。

shuāi	14画 扌(shǒu)部
摔	左右 扌/率(亠/玄/十)
	扌扩护挼摔

①用力往下扔:他把球往下一~。②很快地落下:出生不久的小麻雀从树上~下来。③因掉下而破损:不小心把花瓶~坏了。④跌倒:老大娘~倒了,快把她扶起来。
同义 摔—跌

shuǎi	5画 冂(jiǒng)部
甩	独体
	冂月甩

①挥动,摆动:~辫子|~胳膊。②扔:~手榴弹。③抛开,抛弃:~车|把跟踪的敌人~了。
同义 甩卖—拍卖

shuài	5画 巾部
帅	左右 刂/巾
	丨刂帅帅

①军队里最高的指挥官:元~|统~。②英俊,漂亮:小伙子长得好~|这身打扮真~。

多音字	11画 亠(tóu)部/十部
率	上中下 亠/玄/十
	亠玄玄率

㈠shuài①带领:~领|统~|~队。②轻易,不慎重:草~|他做事太轻~。③直爽,坦诚:直~|这人说话很坦率~。④大概,大略:~皆如此(大概都这样)。⑤模范:表~。
㈡lǜ 指两个相关的数在一定条件下的比值:效~|增长~|成活~。
同义 ㈠率领—带领/率先—首先/率直—直率、爽快
反义 ㈠率直—婉转、委婉
组字 摔、蟀

人,只要有一种信念,有所追求,什么艰苦都能忍受,什么环境也能适应。
——丁玲

shuai—shui

shuài	17画 虫部
蟀	左右 虫/率(亠/幺/十)
	虫 虫⺌ 蛀 蟀 蟀

【蟋蟀】xī- 见"蟋"。

shuan

shuān	9画 扌(shǒu)部
拴	左右 扌/全(人/王)
	扌 拴 拴 拴

用绳子系上:~马|~船|把牛~在树桩上。

shuān	10画 木部
栓	左右 木/全(人/王)
	木 栓 栓 栓

①器物上可以开关的部件:枪~|消火~。②塞子或像塞子的东西:瓶~|脑血~(脑血管被堵塞的一种疾病)。

shuàn	11画 氵(shuǐ)部
涮	左右 氵/刷(尸/刂)
	氵 汀 涓 涮

①摇动着冲洗:~瓶子|把衣服一~。②把肉片等在开水里放一下就取出来(蘸作料吃):~羊肉。

shuang

shuāng	4画 又部
双	左右 又/又
	又 双

①两个,一对:~方|思想劳动~丰收。②偶,与"单"相对:~号|~数。③加倍的:~份|~料。④量词:一~筷子。

同义 双生—孪生
反义 双—单

shuāng	17画 雨部
霜	上下 雨/相(木/目)
	雨 霜 霜 霜

①在摄氏0℃以下,接近地面的水汽在地面或物体上凝结成的微细冰粒:~冻|落乌啼~满天。②像霜的东西:柿~|砒(pī)~|珍珠~。③比喻白色:~鬓(两鬓的白发)|~刃。

shuǎng	11画 大部
爽	独体
	一 𡙻 爽

①明朗,清亮:秋高气~|神清目~。②痛快,坦白,开朗:~快|直~|性格豪~。③轻松,舒服:凉~|身体不~。④违背,差错,失误:~约(失约)|毫厘不~。

同义 爽快—痛快、干脆/爽朗—明朗、开朗

shui

shuǐ	4画 水部
水	独体
	丨 刁 水 水

①一种无色、无味、无臭的透明液体。②河流:汉~|湘~。③泛指一切水域,与"陆"相对:~产|~陆交通。④汁液:墨~|药~|汽~。⑤衣服洗的次数:这件衣服洗过两~了。⑥资金收入:薪~|贴~。

同义 水平—水准、程度/水灾—水患/水肿—浮肿/水到渠成—瓜熟蒂落
组字 沓、泵、泉、冰、尿

急转弯 脑筋 什么光没有亮度?(时光)

shui—shuo

shuì	12画 禾部
税	左右 禾/兑(⺍/兄)
	禾 利 税 税

国家向企业、集体或个人征收的钱或实物：~收丨务纳~。

shuì	13画 目部
睡	左右 目/垂
	目 盯 眄 睡 睡

闭目安息，大脑皮质处于休息状态：~觉(jiào)丨~眠丨沉~。

同义 睡梦—梦寐(mèi)
反义 睡—醒

shun

shǔn	7画 口部
吮	左右 口/允(厶/儿)
	口 吣 吮

聚拢嘴唇来吸：~吸丨婴儿~奶。

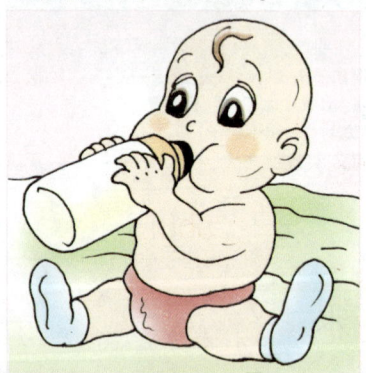

shùn	9画 页部
顺	左右 川/页
	丿 川 厂 顺

①向着同一个方向，与"逆"相对：~风丨~流而下。②沿，依次：~河边走丨~次丨~序。③随，趁便：~便丨~手关门。④整理，理顺：~一~头发丨把这一段文字~一下。⑤服从，依从：~从丨归~丨孝~。⑥适合，如意，没障碍：~心丨~利丨通~。

同义 顺从—听从、服从、依从/顺口—随口、信口/顺利—顺当/顺手—随手/顺心—称心/顺序—次序、顺次
反义 顺—逆/顺从—反抗、违抗/顺口—拗口/顺利—不顺、挫折/顺流—逆流/顺叙—倒叙

shùn	12画 爪(爫)部
舜	上下 爫(爫/冖)/舛(夕/丰)
	爫 严 夢 舜 舜

传说中我国原始社会末期部落联盟的首领，史称虞舜。

组字 瞬

shùn	17画 目部
瞬	左右 目/舜(爫/舛)
	目 睁 睁 瞬 瞬

一眨眼，眼珠儿一转：~间丨~息丨转~即逝(一转眼便消失)。

同义 瞬间—瞬息、转瞬、霎时

shuo

多音字	9画 讠(yán)部
说	左右 讠/兑(⺍/兄)
	讠 讠 讠 说

㈠shuō ①讲，用话表达意思：~话丨有~有笑。②解释：~明丨~解。③见解，观点，主张：学~丨著书立~。④责备，批评：数~丨他做错了事，被爸爸~了一顿。⑤介绍：~媒丨~合。
㈡shuì 说服别人，使听从自己的意见：游~(古代叫做"说客"的人，奔走各国，劝说君主采纳其政治主张)。
㈢yuè 同"悦"：学而时习之，不亦~乎(学了然后时时温习，不也很愉快吗)？

驴粪蛋——外面光

同义 ㊀说—讲、谈、道、叙、言/说谎—撒谎、扯谎/说明—阐明、证明
反义 ㊀说服—压服

shuò	9画 火部
烁	左右 火/乐
	火 烁 烁 烁 烁

光亮的样子：闪~。

shuò	10画 月部
朔	左右 屰(⺍/屮)/月
	丷 屰 朔 朔

①朔日，农历每月初一日：~望（朔日和望日，农历每月的初一和十五）。②北：~方|~风吹，林涛吼。

同义 朔风—北风、寒风
组字 塑、溯
提示 "朔"的声母是翘舌音 sh，"塑"、"溯"的声母是平舌音 s。

shuò	11画 石部
硕	左右 石(丆/口)/页
	丆 石 砑 硕

①大：~果（大的果实，比喻巨大的成绩)|丰~的成果。②【硕士】学位名，在学士之上，博士之下。

同义 硕大—巨大

si

sī	5画 乙部
司	半包围 ㇆/口(一/口)
	㇆ 刁 司

①主持，主管：~机|~法|各~其职。②部一级机关里的一个部门：礼宾~|~长。
同义 司空见惯—习以为常
组字 伺、词、饲、祠、嗣

sī	5画 一部
丝	上下 纟(乚/乚)/一
	乚 纟 丝

①蚕丝：春蚕到死~方尽。②像丝的东西：铁~|萝卜~儿。③单位名，10 丝等于 1 毫。④形容极少或极小：~毫|一~不苟。
同义 丝毫—分毫、毫厘
提示 "丝"下面是一横。

sī	7画 禾部
私	左右 禾/厶
	二 禾 私

①个人的，与"公"相对：~事|~信。②利己的：~心|自~|大公无~。③违法的：~货|走~。④暗地里，偷偷地：~下|窃窃~语。
同义 私立—私营、民办/私下—私自/私心—私念
反义 私—公

sī	9画 田部
思	上下 田/心
	口 田 思 思

①想，考虑，动脑筋：~考|沉~|三~而后行。②想念，挂念：~念|相~|低头~故乡。③心绪，心情：神~|愁~。④思路，思考的线索：文~（写文章的思路）。
同义 思—想/思考—思索、思量、思虑/思念—想念、怀念/思想—想法、思维、思量/思绪—思路、情绪
组字 崽、腮、鳃

谜语 　和君在一起　（字：程）　半推半就　（字：扰）
　　　姑娘别上当　（字：妇）　工作调动　（字：三）

sī

sī	12画 斤部
斯	左右 其(甘/八)/斤 甘甘其斯

这，这个，这里：~人|~时生于~，长于~。
同义 斯文—文雅
反义 斯文—粗鲁
组字 撕、嘶、厮

sī	14画 厂部
厮	半包围 厂/斯(其/斤) 厂厍厍厮

①旧时称男仆人：小~(未成年的男仆)。②旧时对人轻蔑的称呼：这~|那~。③互相：~打|~杀。

sī	15画 扌(shǒu)部
撕	左右 扌/斯(其/斤) 扌扩扩撕

扯开，用手使分裂或脱落：~碎|把纸张~成两半|~下墙上乱贴的广告。

sī	15画 口部
嘶	左右 口/斯(其/斤) 口叶咧嘶

①(马)叫：马~|战马~鸣。②沙哑：~哑|声力竭(声音喊哑，力气用尽，形容拼命叫嚷)。
同义 嘶哑—沙哑

sǐ	6画 一部
死	半包围 歹/匕 一歹歹死

①生命终止，与"生"、"活"相对：~亡|战~|枯~。②坚决，不顾性命：~不悔改|~拼|~守阵地。③表示达到了极点：乐~人|恨~了。④不流动，不灵活：~水|~眼|不要那么~板。⑤不通的：~胡同|把路堵~了。⑥不可调和的：~敌|~对头。
同义 死—亡、故、逝/死板—呆板、刻板/死人—死尸/死亡—丧命/死战—血战
反义 死—生、活/死板—灵活、活泼/死亡—出生、生存

sì	3画 已(巳)部
巳	独体 フコ巳

①地支的第六位。②旧计时法，巳时，上午九点到十一点。
组字 导、异、包
提示 "巳"的第三笔与第一笔相接。

sì	5画 囗(wéi)部
四	全包围 囗/儿 冂四四

数目字：东、西、南、北~个方向。
同义 四处—四外、到处/四周—四围、四邻、周围
提示 "四"的第四笔是竖弯，与"匹"的里面不同。

sì	6画 土部
寺	上下 土/寸 十土寺寺

①古代官署名：大理~(中央司法机关)。②寺院，佛教出家人居住的地方：少林~|姑苏城外寒山~。③伊斯兰教徒做礼拜的地方：清真~。
组字 等、侍、诗、持、峙、待、恃、特、痔
提示 "寺"的声母是平舌音s，"侍"、"诗"、"持"、"峙"、"恃"、"痔"的声母都是翘舌音sh。上面

名人名言 能力永远和它的发挥有关，不论这种发挥是现实的或很可能会实现的。
　　　　　　　　　　　　　　[英]休谟

是"土",不是"士"。

多音字 似	6画 亻(rén)部
	左右 亻/以(⼂/人)
	亻化似似

㈠sì ①像,如同:相~|类~|红叶~火。②似乎,好像,表示不确定:~曾相识|~觉不妥。③表示比较,有超过的意思:一天好~一天。

㈡shì【似的】与某种事物或情况相似,相当于"一样":雨像筛豆~落下来。

同义 似乎—好像、好似、仿佛

多音字 伺	7画 亻(rén)部
	左右 亻/司(⼚/口)
	亻们伺伺

㈠sì ①观察,探察:~敌|窥(kuī)~。②守候,等候:~机而动。

㈡cì【伺候】-hou 供使唤,照料:奶奶病了,爸妈精心~她。

同义 ㈡伺候—侍候

sì 饲	8画 饣(shí)部
	左右 饣/司(⼚/口)
	饣饣饲饲

喂养:~鸡|~料|~养员。

sì 肆	13画 长(镸)部
	左右 镸/聿
	⼘镸镸肆

①不顾一切,任意去做:放~|~意|~无忌惮。②旧时指铺子,商店:茶房酒~。③"四"的大写。

sì 嗣	13画 口部
	左右 咼(口/冂)/司(⼚/口)
	口冂冎冎嗣

①接续,继承:~位(指继承君位)|~子(过继的儿子)。②子孙:后~|子~。

同义 嗣后—以后/嗣位—继位

song

sōng 松	8画 木部
	左右 木/公(八/厶)
	木松松

①常绿乔木,种类很多,叶子针形,木材用途很广:青~|苍~|翠柏。②稀散(sǎn),不紧密,与"紧"相对:~散|疏~|头发蓬~。③不紧张,不严格:轻~|宽~|~懈。④放开,解开:~手|~绑。⑤有钱,宽裕:这个月可以~一些,去买几件衣服。⑥用鱼、瘦肉等做成的茸毛或碎末状的食品:鱼~|肉~。

同义 松弛—松软、松懈/松劲—放松

反义 松—紧、严/松弛—紧张/松劲—使劲/松软—坚实/松散—紧密、严谨

sōng 嵩	13画 山部
	上下 山/高(⼇/口/冋)
	丨山屵嵩嵩

①山大而高,高:~峦|~呼(高呼万岁)。②【嵩山】五岳中的中岳,在河南省登封市北,山下有著名的少林寺。

sǒng 怂	8画 心部
	上下 从(⼂/人)/心
	人从怂

【怂恿】-yǒng 从旁鼓动别人去做(某事)。

sǒng 耸	10画 耳部
	上下 从(⼂/人)/耳
	⼂⼴竺耸

①高起,直立:~立|高~入云。②使害怕,使

song—sou

吃惊:危言~听(故意说吓人的话使听的人吃惊)。
同义 耸立—矗立、屹立
提示 "耸"的上面是"从"。

sòng	6画 讠(yán)部
讼	左右 讠/公(八/厶)
	讠讠讼

①在法庭上辩论,打官司:诉~。②争辩,争论:争~|聚~纷纭(大家互相争论,意见不一致)。

sòng	7画 宀(mián)部
宋	上下 宀/木
	宀宁宋

①周代诸侯国名。②朝代名。③宋体字,最通行的印刷字体:仿~。

sòng	9画 辶(chuò)部
送	半包围 关(丷/天)/辶
	丷关送送

①把东西运到别处:~信|~货上门。②赠给:赠~礼品|~给你一束鲜花。③陪伴人到某地:~行|~别恕不远。④丢掉,丧失:~命|断~前程。
同义 送别—送行
反义 送—迎、接/送别—迎接

sòng	9画 讠(yán)部
诵	左右 讠/甬(乛/用)
	讠讠讠诵诵

①念出声来:朗~|~读。②背诵:过目成~(看过一遍就能背下来。形容记忆力特别强)。③述说:称~|传~。
同义 诵读—朗读、朗诵

sòng	10画 页部
颂	左右 公(八/厶)/页
	八公公颂

①赞扬:赞~|扬~|歌~。②以颂扬为内容的文章或诗歌:《黄河~》。③祝愿:祝~|敬~|教安。
同义 颂—赞/颂歌—赞歌/颂扬—赞扬、歌颂
反义 颂扬—攻击、批判

sou

sōu	12画 扌(shǒu)部
搜	左右 扌/叟(甶/又)
	扌扌扫扫搜

①寻找:~寻|~索|~集。②检查:~查|~身|~捕。
同义 搜集—收集/搜罗—收罗、网罗/搜索—搜寻

sōu	13画 风部
飕	半包围 风(几/乂)/叟(甶/又)
	风风飑飕飕

①风吹(使变干或变冷):湿衣服被风~干了。②拟声词。形容风声:冷风~~吹来。

sōu	15画 舟部
艘	左右 舟/叟(甶/又)
	舟舟舟舟艘

量词,指船只:一~货轮|两~军舰。

麻包里装钉子——露头

sòu	14画 口部
嗽	左右 口/欶(束/欠)
	口 吅 㖄 嗽

咳嗽：干~|~~嗓子。

su

sū	7画 艹(cǎo)部
苏	上下 艹/办
	艹 艿 苈 苏

①植物名，指紫苏或白苏。紫苏可以做药，白苏子可以榨油。②昏迷后醒过来：~醒|死而复~。③指江苏省：~北|~剧。④指江苏苏州：~绣。⑤指苏维埃：~区。

同义 苏醒—清醒
反义 苏醒—昏迷

sū	12画 酉(yǒu)部
酥	左右 酉/禾
	酉 酉 酥 酥

①酥油，从牛羊奶里提制的脂肪，可食用，也可点灯。②某些松脆的食品：杏仁~。③软弱无力：手脚~软。

sú	9画 亻(rén)部
俗	左右 亻/谷(父/口)
	亻 俨 伀 俗

①风俗：习~|民~|移风易~。②大众化的，广泛流行的：~话|通~读物。③低级趣味的：~气|庸~|~不可耐(庸俗得叫人忍受不了)。④佛教指没出家的人(区别于出家的佛教徒)：僧~|还(huán)~。

同义 俗话—俗语、常言/俗气—庸俗、粗俗
反义 俗—雅/俗气—高雅、雅致

sù	7画 讠(yán)部
诉	左右 讠/斥
	讠 诉 诉

①叙说：告~|~说|~苦。②控告：控~|上~|起~。

同义 诉说—陈述

sù	8画 聿部
肃	独体
	⺻ 肀 肃 肃

①恭敬：~立|~然起敬。②严肃，认真庄重：气氛~穆。③彻底清除：清~|反(肃清反革命分子)。

同义 肃静—肃穆
组字 萧、箫、啸

sù	10画 糸(mì)部
素	上下 龶/糸
	二 キ 素 素

①本色，白色：~服|~丝。②不华丽：~净|朴~。③本来的，原有的：~质|~材(文艺创作的原始材料)。④事物的基本成分：因~|元~。⑤蔬菜类的食品，与"荤"(肉食)相对：~食|吃~。⑥平常，一向：平~|~来|~不相知。

同义 素常—平常、平日/素来—向来、从来/素养—素质、修养
反义 素—荤

谜语　周末南北齐种树　（字：枯）
　　　拆掉围墙种上草　（字：苇）

su—suan

sù	10画 辶(chuò)部
速	半包围 束/辶
	一 束 㓜 谏 速

①快：迅~|火~|~战~决。②速度：风~|光~|车~。③邀请：不~之客(不请自来的人)。
同义 速—快
反义 速—缓、迟

多音字	11画 宀(mián)部
宿	上下 宀/佰(亻/百)
	宀 疒 宿 宿

㊀sù ①住，过夜，晚上睡觉：住~|~舍|夜~山寺。②年老的、有长期经验的：~将(久经沙场的指挥官)。③平素的、一向有的：~怨(旧仇)|~疾(老毛病)。
㊁xiǔ 夜：住了一~|谈了半~。
㊂xiù 我国古代的天文家把天上某些星的集合体叫做宿：星~|二十八~。
同义 ㊀宿营—扎营

sù	12画 西(覀,xià)部
粟	上下 西/米
	覀 覀 覀 粟

谷子，一年生草本植物，花小而密集，去了壳叫小米。旧时泛称谷类：沧海一~(比喻非常渺小)。
提示 "粟"不要与"栗"相混。

sù	13画 土部
塑	上下 朔(屰/月)/土
	丷 屶 朔 塑 塑

①用泥土或石膏等做成人或物的形象：~像|雕~|~造。②塑料：~胶|软~。

sù	13画 氵(shuǐ)部
溯	左右 氵/朔(屰/月)
	氵 氵 泸 溯 溯

①逆着水流走：~河而上。②追求根源，追念从前：追~(比喻探索事物的由来)|回~(回顾，回忆)。

suan

suān	14画 酉(yǒu)部
酸	左右 酉/夋(厸/夂)
	丙 酉 酐 酔 酸

①像醋的气味或味道：~梅汤|这菜又~又辣。②悲伤：心~|~楚(辛酸苦楚)。③微痛乏力：腰~腿疼|脚站~了。④旧时讽文人迂腐：穷~|~秀才。⑤化学上的一类物质：硫~|硝~|盐~。
同义 酸楚—痛楚、苦楚

suàn	13画 艹(cǎo)部
蒜	上下 艹/祘(示/示)
	艹 艽 荠 蒜

大蒜，多年生草本植物，开白花。地下茎通常分瓣，味辣。可以吃，也可以入药。

suàn	14画 竹(⺮)部
算	上中下 ⺮/目/开
	⺮ 笞 筲 算

①根据已知数按数学方法求出未知数：账|口~|能写会~。②计划，谋划：打~|盘~|神机妙~(形容计谋高明)。③推测，预料：推~|我~着他该到家了。④认做，当做：大家吃吧，我请客。⑤算数，承认有效：说话~话|我说的不~，听听你们的意见。⑥作罢，不要再提：~了，他不是故意的。⑦总算：我~把原因找到

名人言 健康是智慧的条件，是愉快的标志。
[美]爱默生

了。
同义 算计—计算、打算
提示 "算"的下面是"艹(gǒng)"。

sui

suī	9画 口部
虽	上下 口/虫
	口吕吊虽

①虽然:年纪~小,但很懂事。②即使:为人民而死,~死犹荣。
组字 强

suí	11画 阝(fù)部
隋	左右 阝/育(左/月)
	阝阝阵隋隋

朝代名,公元581—618年,杨坚所建。

suí	11画 阝(fù)部
随	左右 阝/遀(有/辶)
	阝阝随随

①跟着:跟~|追~。②任凭:~意|你的便。③顺从,依顺:依~|客~主便。④顺便:~手关门。⑤不拘,不论:~处|~时不要~地吐痰。⑥立刻,马上:~叫~到。
同义 随便—随意/随处—到处/随从—跟随/随和—温和、和气/随口—顺口/随手—顺手/随同—陪同/随意—任意
反义 随和—粗暴

suǐ	21画 骨部
髓	左右 骨(冎/月)/遀(肓/辶)
	冎骨骨骨骨髓

①骨髓,骨头里面柔软像胶的东西:敲骨吸~(比喻刻毒的剥削)。②像骨髓的东西:脑~。③植物茎的中心部分。④比喻事物的精华:精~。
提示 "髓"右边与"随"的右边不同。

suì	6画 山部
岁	上下 山/夕
	丨山岁岁

①计算年龄的单位,一年为一岁:我六~入学。②年:去~|~月|~平安。③年成:富~(丰收的年成)|歉~。
同义 岁—年/岁数—年龄/岁月—年月、时光
组字 秽

suì	10画 示部
祟	上下 出(屮/山)/示(二/小)
	屮中出岜祟

①迷信指鬼怪或鬼怪带来的灾祸:祸~。②暗中捣乱或行动不光明:作~(暗中捣鬼)|鬼鬼~~(偷偷摸摸)。
提示 "祟"不要与"崇"相混。

多音字	12画 辶(chuò)部
遂	半包围 㒸/辶
	丷芍㒸谖遂

㈠suì ①称心,如意:~心|~意|~愿。②成功:这个坏蛋虽杀人未~,但也触犯刑律,受到了惩罚。③就,于是:打针后疼痛~止。
㈡suí 义同㈠①:半身不~(身体一侧发生瘫痪)。
组字 隧

suì	13画 石部
碎	左右 石(丆/口)/卒(亠/从/十)
	丆石矿碎碎

①完整的东西破成小片或小块:~破|花瓶打~了。②使成小片或小块:~石机|粉

急转弯 1到9这几个数,谁最勤快,谁最懒? (1最懒,2最勤(一不做二不休))

sui—suo

身~|骨|~尸。③零星,不完整:~布|零|事情琐~。④说话没完没了:嘴~。

suì	14画 阝(fù)部
隧	左右 阝/遂(㝹/辶)
	阝阝阝隧隧

隧道,凿通山石或在地下挖沟所成的通道。

suì	17画 禾部
穗	左右 禾/惠(叀/心)
	禾稻种穗穗

①谷类植物聚生在茎顶的成条状的花或果实:稻~|高粱~儿。②用丝线、布条或纸条等扎的向下垂的装饰品:灯~|旗~儿。③广州市的别称。

sun

sūn	6画 子部
孙	左右 孑/小
	乛了孑孙

①儿子的子女:~子|~女。②第三代以后的各代:曾~(孙子的儿子)|玄~(孙子的孙子)|子子~~。③跟孙子同辈的亲属:外~|侄~。

sǔn	10画 扌(shǒu)部
损	左右 扌/员(口/贝)
	扌扩损损

①减少,失去:亏~|~兵折将。②使蒙受损失:~害|~公肥私。③损坏:破~|缺~|完好无~。④刻薄,用刻薄的话挖苦人:嘴~|这话真~人。⑤毒辣:这办法真~。

同义 损害—损伤、伤害、危害/损耗—消耗、亏耗/损坏—损毁、毁坏、破坏

反义 损—补、益、增/损害—爱护、保护

sǔn	10画 竹(⺮)部
笋	上下 ⺮/尹
	⺮笁等等笋

竹子刚从土里长出的嫩芽,可以做菜吃:雨后春~(比喻新事物大量涌现)。

suo

suō	10画 口部
唆	左右 口/夋(厶/八/夂)
	口吖吟唆

指使或挑(tiāo)动(别人去做坏事):~使|教~|~犯。

同义 唆使—教唆

suō	10画 女部
娑	上下 沙(氵/少)/女
	氵沙娑娑

【婆娑】pó- 盘旋舞蹈的样子:~起舞|树影~。

suō	11画 木部
梭	左右 木/夋(厶/八/夂)
	木杧柠梭

梭子,织布时牵引纬线(横线)的工具:穿~(比喻来往不停)。

suō	13画 ⺿(cǎo)部
蓑	上下 ⺿/衰(一/口/伙)
	⺿艹莁莁蓑

蓑衣,用草或棕毛制成的雨衣:孤舟~笠翁。

歇后语 麻袋里的菱角——硬要钻出来

suō	13画 口部
嗦	左右 口/索(宀/系)
	口 吣 嗦 嗦

【哆嗦】duō suo 见"哆"。

suō	14画 纟(mì)部
缩	左右 纟/宿(宀/佰)
	纟 纩 缩 缩

①由大变小,由长变短:~小|收~|热胀冷~。②往里收,向后退:龟~|退~|不要畏~。③节省,减少:节衣~食|~减。
同义 缩减—削减、裁减、缩小—压缩
反义 缩—胀、伸/缩短—延长/缩减—增加/缩小—扩大、放大、夸大

suǒ	8画 斤部
所	左右 户/斤
	' 厂 户 所

①地方:住~|处~|公共场~。②机关或其他办事机构的名称:研究~|派出~|诊疗~。③量词:一~房子|一~学校。④放在动词前,指示动作的对象:~见~闻|一无~有。⑤放在动词前,与"为"或"被"相应,表示被动:为人民~拥护|不被困难~吓到。
同义 所以—因此、因而/所有—一切、全部

suǒ	10画 十部
索	上下 宀(十/冖)/系
	十 宀 索 索

①粗绳子或粗链子:绳~|绞~|铁~|桥~。②寻找,探求:搜~|摸~|思~。③讨取,要:~取|~钱|敲诈勒~。④寂寞,没有趣味:~然无味。⑤单独,

孤独:离群~居(离开同伴而孤独地生活)。
同义 索性—干脆
反义 索取—奉献/索要—奉送、赠送
组字 嗦

suǒ	11画 王部
琐	左右 王/贞(⺌/贝)
	二 王 玎 玎 琐

细小,零碎:~碎|烦~|~事。
同义 琐碎—繁细、琐屑

suǒ	12画 钅(jīn)部
锁	左右 钅/贞(⺌/贝)
	钅 钊 钋 锁

①加在门、箱等上面使人不能随便开的金属器具:铁~|什么钥匙开什么~。②用锁关住:~门|~上自行车。③封闭:封~|~龟蛇~大江。④链子:柳(jiā)~|~链|~镣。⑤一种针脚很密的缝纫方法:~扣眼|~边。

谜语 多点好 (字:艮) 话说中国 (牙膏:白玉)
      植树节 (字:直) 巴黎市长 (称谓:法官)

ta

tā	5画 亻(rén)部
他	左右 亻/也
	亻亻仂他

①第三人称,一般指男性,有时泛指,不分性别。②另外的、别的:~乡|~人。③虚指:睡~一觉|干~一场。④指另外的:留做~用。
同义 他人—别人/他乡—外乡、异乡
反义 他人—自己/他乡—本乡、本土

tā	5画 宀(mián)部
它	上下 宀/匕
	宀宁它

专指人以外的事物:牛吃稻秧了,我把~赶走|你要爱护这本书,~是我刚从书店买回来的。
组字 佗、沱、驼、鸵、蛇、舵
提示 "它"的下面是"匕"。

tā	6画 女部
她	左右 女/也
	乚女如如她

①女性的第三人称:~是我妈妈。②称祖国、国旗等,表示敬爱。

tā	13画 土部
塌	左右 土/昻(日/羽)
	土圹坍塌

①倒下,陷下:倒~|房子~了|公路~方了。②凹陷:~鼻梁。③安稳,镇定:~下心来。
同义 塌陷—下陷、沉陷

tǎ	12画 土部
塔	左右 土/荅(艹/合)
	土圹垯塔

①一种多层尖顶的佛教建筑物:宝~。②像塔的建筑物:水~|灯~|纪念~。

tà	14画 木部
榻	左右 木/昻(日/羽)
	木朾榾榻

床:竹~|病~|下~(住宿)。

多音字	15画 足(𧿹)部
踏	左右 𧿹(口/止)/沓(水/日)
	𧿹趵踏踏

㊀tà ①用脚踩:践~|大~步前进。②亲自到实地去:~看|~勘(工程设计前到现场勘察地形或地质情况)。
㊁tā【踏实】-shi ①切实,不虚浮:他工作很~。②(情绪)安定,稳定:任务完成就~了。
同义 ㊀踏—踩　　㊁踏实—扎实、实在
反义 ㊁踏实—浮躁、虚浮

tà	17画 足(𧿹)部
蹋	左右 𧿹(口/止)/昻(日/羽)
	𧿹趵趵蹋

①踢:~鞠(鞠是古代的一种皮球)。②【糟蹋】见"糟"。

学习知识要善于思考、思考、再思考。
[美]爱因斯坦

tai

tāi	9画 月部
胎	左右 月/台(厶/口)
	月 胪 胎

①人或哺乳动物母体内的幼体：~儿|怀~。②量词，用于怀孕或生育的次数：一对夫妇只生一~。③事情的开始，根源：祸~。④器物的坯(pī)子：泥~。⑤衬在衣被里的东西：棉花~。⑥轮胎：内|外~。

多音字	5画 口部
台	上下 厶/口
	厶 台

㈠tái ①用于讲话、演出等的设施(多高于地面)，高而平的建筑物：讲~|主席~|亭~楼阁。②像台的东西：井~|窗~儿。③某些器物的底座：灯~|蜡~。④桌子或类似桌子的器物：写字~|梳妆~。⑤量词：一~戏|一~电视机。⑥敬词，旧时用于称呼对方或跟对方有关的动作：兄~|鉴~|启~。⑦台湾的简称：~胞。
㈡tāi 用于地名：~州|天~(均在浙江)。

同义 ㈠台阶—阶梯
组字 苔、怠、冶、抬、治、怡、始、贻、胎

tái	8画 扌(shǒu)部
抬	左右 扌/台(厶/口)
	扌 扒 抬

①举，提高：~起头|~脚。②使上升：~价。③共同用手或肩搬运东西：~担架|~石头。④抬杠(gàng)，争辩：他俩又~了。

同义 抬杠—争辩、斗嘴/抬头—举头、昂首、翘首
反义 抬头—低头、垂头

多音字	8画 艹(cǎo)部
苔	上下 艹/台(厶/口)
	艹 艾 苔

㈠tái ①苔藓(xiǎn)，植物的一类，根、茎、叶的区别不明显，常贴于阴湿处生长，通常叫青苔。
㈡tāi 舌苔，舌面上滑腻的东西，它的颜色反映某些病征。

tài	4画 大部
太	独体
	一 ナ 大 太

①表示程度过分或极高：~长|~棒了。②用于否定，相当于"很"，最：不~好|不~想。③极高，极大：~空|~学(我国古代设在京城的最高学府)。④身份最高或辈分更高的：~老师(老师的父亲或父亲的老师)。

同义 太平—升平、平安、安宁
反义 太平—动乱
组字 态、汰

tài	7画 氵(shuǐ)部
汰	左右 氵/太
	氵 汀 汰 汰

淘汰，把差的、没有用的除去：淘~|优胜劣~。

tài	8画 心部
态	上下 太/心
	一 大 态 态

①形状，样子：形~|状~|~婆。②情况：事~|动~。

tài	10画 水(氺)部
泰	上下 夫/氺
	三 夫 泰 泰 泰

平安，安定：安~|康~|国~民安。
组字 傣

实验室里放着酒精灯和一只蜡烛，动手操作时，请问应该先点燃什么？(火柴)

361

tan

tan

tān	8画 贝部
贪	上下 今(人/ㇷ)/贝
	人 今 含 贪

①不知足,追求:~玩|~多|~便宜。②利用职务之便非法取得财物:~污|~官污吏。
同义 贪吃—贪嘴,嘴馋/贪官—赃官、污吏/贪婪—贪心
反义 贪官—清官、廉吏/贪婪—廉洁、清廉

tān	13画 扌(shǒu)部
摊	左右 扌/难(又/隹)
	扌 扩 摊 摊

①铺开,摆开:把谷子~开晒|把问题~到桌面上来谈。②把糊状物放在锅上使成薄片:~煎饼|~鸡蛋。③摆在地上或用席、板设的售货处:~子|水果~|儿~贩。④分担(财物):~派|分~。⑤遇到,碰上:这件事偏让他~上了。⑥量词:一~血|一~稀泥。

tān	13画 氵(shuǐ)部
滩	左右 氵/难(又/隹)
	氵 汉 浐 滩 滩

①水边泥沙淤积的平地或水中的沙洲:沙~|海~|河~。②水浅多石而水流很急的地方:险~。

tān	15画 疒(nè)部
瘫	半包围 疒/难(又/隹)
	广 疒 瘫 瘫 瘫

【瘫痪】-huàn 由于神经机能发生障碍,身体的一部分不能活动或活动困难:风~|偏~。

tán	7画 土部
坛	左右 土/云(二/厶)
	土 圫 坛

①古代用于举行祭祀(sì)、誓师等大典的高台:天~|地~|登~拜将。②用于种花等的土台子:花~。③指文艺界、体育界或舆论阵地:文~|体~|论~。④坛子,一种口小肚大的陶器:酒~|醋~子。

tán	8画 日部
昙	上下 日/云(二/厶)
	日 旦 昙

【昙花】常绿灌木,花白色,晚上开放,开的时间很短,可供观赏:~花一现(比喻事物一出现很快就消失)。

tán	10画 讠(yán)部
谈	左右 讠/炎(火/火)
	讠 讠' 谈 谈

①说,对话:~话|交~|~判。②言论:奇~怪论|无稽之~(没有根据的话)。
同义 谈论—议论/谈天—聊天、闲谈/谈笑—说笑

tán	13画 疒(nè)部
痰	半包围 疒/炎(火/火)
	广 疒 疒 痰 痰

气管和支气管分泌的含有某些病菌的黏液:不随地吐~|~盂。

tán	14画 讠(yán)部
谭	左右 讠/覃(覀/早)
	讠 讥 谭 谭 谭

姓。

盲人打灯笼——照人不照己

tan

tán	15画 氵(shuǐ)部
潭	左右 氵/覃(覀/早)
	氵汈潭潭潭

①深水池:桃花~水深千尺|龙~虎穴(比喻极其险恶的环境)。②深水坑:泥~。③深:~渊。

tán	17画 木部
檀	左右 木/亶(亠/回/旦)
	木桧檀檀

①檀树,落叶乔木,果实有翅,木质坚硬。②檀香,常绿乔木,木材坚硬,极香,可做香料和器具,也可入药。③紫檀,常绿乔木,木质坚硬,可做器具。

tǎn	7画 心部
忐	上下 上/心
	卜上 忐 忐

【忐忑】-tè 心神不定:~不安。

tǎn	8画 土部
坦	左右 土/旦(日/一)
	土 坦 坦 坦

①宽而平:平~|~途(平坦的道路)。②心里平静:~然。③开朗,直率(shuài),不隐瞒:~率|襟怀~白。

同义 坦白—坦率、直率、招供
反义 坦白—抗拒、隐瞒

tǎn	10画 衤(yī)部
袒	左右 衤/旦(日/一)
	衤 衤 袒 袒

①脱掉或敞开上衣,露出上身:~露|~胸。②偏护,庇护:~护|偏~。

同义 袒护—庇护、包庇/袒露—裸露
反义 袒露—遮盖、掩盖

tǎn	12画 毛部
毯	半包围 毛/炎(火/火)
	三 毛 毛 毯

毯子,厚实有毛绒的纺织品:毛~|棉~|地~|壁~。

tàn	5画 口部
叹	左右 口/又
	口 叹 叹

①叹气:~息|长吁短~。②吟咏,有节奏地诵读:咏~|一唱三~。③发出赞美的声音:赞~|~为观止(赞叹所见的事物好到了极点)。

同义 叹服—佩服、拜服/叹气—叹息/叹惜—惋惜

tàn	9画 山部
炭	上下 山/灰(厂/火)
	丶 屵 岸 炭

①把木材和空气隔绝,加高热烧成的一种黑色燃料:木~|雪中送~(比喻在别人急需的时候给以帮助)。②煤:煤~。

组字 碳

tàn	11画 扌(shǒu)部
探	左右 扌/罙(冖/八/木)
	扌 扩 护 探

①寻求,侦察,试图发现:~索|勘~|侦~敌情。②做侦察工作的人:密~|敌~。③看望:~望|~视|亲访友。④(头或上身)伸出:~头|脑行车时不要~身车外。⑤摸出:~囊取物。

同义 探亲—省(xǐng)亲/探索—探求、探究、摸索/探讨—研讨、商讨/探听—探问、打听/探望—探视、看望

谜语　家家实行责任制 (成语;无所不包)
　　　坚持就医永健康 (成语;长治久安)

363

tan—tang

tàn	14画 石部
碳	左右 石(丆/口)/炭(山/灰) 丆石石¹碳碳

非金属元素,有石墨、金刚石、无定形碳三种形态,是构成有机物的主要成分,在工农业上和医药上有广泛用途。

tang

tāng	6画 氵(shuǐ)部
汤	左右 氵/㐆 氵汐汤

①热水:赴~蹈火(比喻不避艰险)。②熟食的汁液,汁液多的菜肴:菜~|米~|豆腐~。③中药的汤剂:黄连~。
组字 荡、烫

táng	10画 广部
唐	半包围 广/肀(丰/口) 广户户庐唐

①虚夸,不切实际:荒~。②朝代名。
组字 塘、搪、糖
提示 "唐"的第四笔与第五笔、第六笔与第七笔都要相交。

táng	11画 小(⺌)部
堂	上下 ⺌/口/土 丨⺌⺌¹尚堂堂

①房屋,某种活动专用的房屋:欢聚一~|礼~|课~|人民大会~。②正房:~屋。③过去官府中审案办事的地方:大~|过~。④旧时尊称别人的母亲:令~。⑤同祖父或更远的亲属关系:~兄|~妹。⑥量词:一~课|一~家具。
组字 膛、瞠、螳

táng	12画 小(⺌)部
棠	上下 ⺌/口/木 丨⺌⺌¹尚棠

①棠梨树,落叶乔木,果实味酸。也叫杜树。②海棠树,落叶小乔木,春天开花。果实叫海棠,可以吃。

táng	13画 土部
塘	左右 土/唐(广/肀) 土圹圹圹塘

①水池:池~|荷~|苇~。②堤岸,堤坝:河~|海~。③形状像坑的东西:澡~|火~。

táng	13画 扌(shǒu)部
搪	左右 扌/唐(广/肀) 扌扩扩护搪

①抵挡:~饥|~风。②敷衍,应付:~塞(sè)|~账。③用泥土或涂料均匀地涂抹:~炉子。
同义 搪塞—敷衍、应付

táng	15画 月部
膛	左右 月/堂(⺌/土) 月月¹胖膛膛

①胸腔:胸~|开~(剖开胸膛)。②某些器物中空的部分:炉~|枪~。

táng	16画 米部
糖	左右 米/唐(广/肀) 米扩扩糖糖

①从甘蔗、甜菜、米、麦等提制出来的甜的东西:红~|白~|麦芽~。②碳水化合物:葡萄~。③糖果:奶~。

  人制造着书籍,而书籍也在某种意义上制造着人。
何其芳

tang—tao

táng	17画 虫部
螳	左右 虫/堂(⺌/土)
	虫 虫¹ 虫² 螳 螳

【螳螂】-láng 昆虫名,前脚发达,好像镰刀,头为三角形。捕食害虫,对农作物有益。

多音字	10画 亻(rén)部
倘	左右 亻/尚(⺌/冋)
	亻 亻' 亻' 侉 倘

㈠tǎng 假使,如果:~若|~使|~然(倘若)。
㈡cháng【倘佯】-yáng 今统做"徜徉"。
同义 ㈠倘若—倘使、如果

tǎng	11画 氵(shuǐ)部
淌	左右 氵/尚(⺌/冋)
	氵 氵' 沪 淌 淌

流:~眼泪|浑身热汗直~|伤口在~血。

tǎng	15画 身部
躺	左右 身/尚(⺌/冋)
	身 身' 身² 躺 躺

倒下,平卧,也指物体倒在地上:~在床上|把竹梯~下来。

tàng	10画 火部
烫	上下 汤(氵/㐃)/火
	氵 氻 汤 烫

①温度高:开水很~。②热得使皮肤感觉疼痛:~手|~伤。③用热的物体使另外物体的温度或状态起变化:~酒|把衣服~平。④烫头发:电~。

多音字	15画 走部
趟	半包围 走(土/人)/尚(⺌/冋)
	⺀ 走 赻 赹 趟

㈠tàng ①量词:他来了一~|这一~火车是去上海的|练了一~拳。②行进中的队伍:跟不上~。
㈡tāng ①从浅水里或草地上走过去:~水过河。②用犁等农具翻地除草:~地。

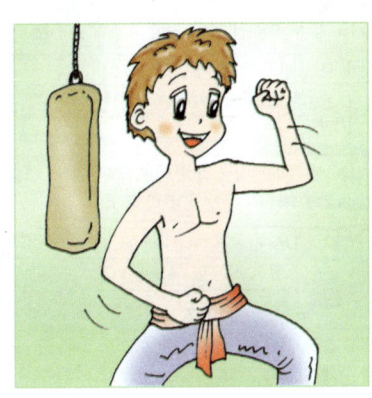

tao

多音字	5画 口部
叨	左右 口/刀
	口 叨 叨

㈠tāo 受到(别人的好处):~光(客套话,受到好处,表示感谢)|~教(客套话,受到指教,表示感谢)。
㈡dāo ①【叨叨】-dao 没完没了(liǎo)地说。②【叨唠】-lao 翻来覆去地说。
㈢dáo【叨咕】-gu 小声地说个没完:上课呢,你们别~了。

tāo	10画 氵(shuǐ)部
涛	左右 氵/寿(声/寸)
	氵 氵' 浐 涛

大波浪:波~|海~|惊~骇浪。

tāo	11画 扌(shǒu)部
掏	左右 扌/匋(勹/缶)
	扌 扌' 掏 掏

①挖:~洞。②用手或工具伸进去取:~手绢|~鸟蛋|~粪。

tāo	13画 氵(shuǐ)部
滔	左右 氵/舀(爫/臼)
	氵 氵' 汍 滔 滔

①大水漫流,充满:波浪~天|罪恶~天。②【滔

脑筋急转弯 晓寒最不爱上课,可有一样课他从不讨厌,你知道那是什么课吗?(下课)

tao

滔】a.大水滚滚:江水~。b.连续不断:~不绝。

tāo	14画 韦部
韬	左右 韦/舀(爫/臼)
	𢎘 𢎘 𢎘 𢎘 韬 韬

①弓或箭的套子。②用兵的谋略:~略。③隐藏:~光养晦(隐藏才能不外露)。

táo	9画 辶(chuò)部
逃	半包围 兆(丿/㇂)/辶
	丿丿兆逃逃

①逃跑,逃走:~脱|追歼~敌。②躲避,避开:~难|~荒|罪责难~。
同义 逃避—躲避、回避/逃窜—窜逃、流窜/逃命—逃生/逃跑—逃走、逃脱、潜逃/逃亡—流亡、亡命/逃学—逃课

táo	10画 木部
桃	左右 木/兆(丿/㇂)
	木 朴 杙 桃 桃

①桃树,落叶乔木,春天开花,花白色或粉红色。果实是普通水果。核仁可入药。②形状像桃子的东西:棉花~儿。③指核桃:~酥。

táo	10画 阝(fù)部
陶	左右 阝/匋(勹/缶)
	阝 阝 阵 陶 陶

①用黏土烧制的器物:~俑|~器。②比喻教育,培养:熏~|冶情操。③快乐:~然|~醉。
同义 陶冶—熏陶/陶醉—沉醉

táo	11画 艹(cǎo)部
萄	上下 艹/匋(勹/缶)
	艹 芍 萄 萄

【葡萄】pú- 见"葡"。

táo	11画 口部
啕	左右 口/匋(勹/缶)
	口 叮 啕 啕

【号啕】háo- 大声哭:~大哭。

táo	11画 氵(shuǐ)部
淘	左右 氵/匋(勹/缶)
	氵 汀 淘 淘

①洗去杂质:~米|~金。②清除泥沙、渣滓等:~井|~水缸。③顽皮:~气|这小孩很~。
同义 淘气—调皮、顽皮
反义 淘气—老实

tǎo	5画 讠(yán)部
讨	左右 讠/寸
	讠 计 讨

①(对敌人或反叛者)发动攻击:征~|伐声~。②研究:~论/研~/探~。③要,索取:~饭|~账|~还血债。④求,请求:~饶|~教。⑤惹,引起:~厌|~人喜欢|自~苦吃。⑥娶:~媳妇。
同义 讨伐—征伐、征讨/讨好—巴结、奉承/讨教—请教、求教/讨论—议论、商讨/讨饶—求饶、告饶/讨厌—厌恶、讨嫌
反义 讨厌—喜欢、喜爱、可爱

tào	10画 大部
套	上下 大/镸
	大 太 夲 套 套

①罩在外面的东西:外~|手~儿|枕~。②罩上:~上一件毛衣。③模仿,照做:~公式|生搬硬~。④已成固定格式的办法或话语:客~|俗~|~语(客套话)。⑤用绳子等做成的环:绳子|牲口~。⑥用套拴系:~车。⑦用计谋、手段引出,骗取:~出他的真心话|~购物资。⑧互相衔接或重叠:~种|~间|~色。⑨笼络:~近乎。⑩量词,用于成组的事物:一~家具|一~制服|一套办法。

歇后语 毛猴子捞月亮——白忙一场

te

tè	7画 心部
忑	上下 下/心
	一下忑忑

【忐忑】tǎn- 见"忐"。

tè	10画 牛部
特	左右 牜/寺(土/寸)
	一牛牜特

①不平常的，超出一般的：~殊|~色|独~。②专门，单一：~地|~邀|~意。③指特务：敌~|匪~。④非常：~棒|跑得~快。
同义 特别—特殊、格外、尤其/特长—专长/特地—特意/特点—特色、特征、特性/特异—奇异、奇特
反义 特殊—普通、一般、平常

teng

téng	10画 疒(nè)部
疼	半包围 疒/冬(夂/冫)
	广疒疼疼

①痛：~痛|头~|肚子~。②喜爱，爱惜：~爱|心~|妈妈最~我。
同义 疼爱—怜爱、钟爱

téng	13画 月部
腾	左右 月/䒑(䒑/马)
	月胖胖腾

①跳跃，奔驰：欢~|万马奔~|~跃。②上升：~空而起|~云驾雾|升~。③空出来，挪移：~出一间房子|~出半天时间。④用在动词后，表示动作的反复连续(读轻声)：折~|倒~|闹~。
同义 腾飞—飞腾、飞跃

téng	13画 言部
誊	上下 夹/言(䒑/二/口)
	䒑兰夹誊誊

抄写，转录：~写|~清|把稿子~一遍。
同义 誊写—誊抄、抄写
提示 "誊"不要与"誉"相混。

téng	18画 艹(cǎo)部
藤	上下 艹/滕(月/㥁)
	艹艿萨藤藤

①蔓生植物名，有白藤、紫藤等多种。②泛指植物的蔓(wàn)：瓜~|葡萄~。

ti

tī	10画 刂(dāo)部
剔	左右 易(日/勿)/刂
	日旦易剔

①从骨头上刮肉：~骨头|把肉~干净。②从孔、缝里挑(tiāo)出东西：~牙|~指甲。③挑出(不好的东西)：~除|把烂苹果~出来。

tī	11画 木部
梯	左右 木/弟(丷/弟)
	木朴格梯梯

①供人上下用的器具或设备：楼~|软~|电~。②像梯子的：~形|~田。

tī	15画 足(𧾷)部
踢	左右 𧾷(口/止)/易(日/勿)
	𧾷𧾷趴踢踢

用脚触击：~球|~毽子|~开绊脚石。

谜语 一人来到日月潭 (名胜：大明湖)
人心都是肉长的 (地名：怀柔)

tí

多音字 提　12画　扌(shǒu)部
左右　扌/是(日/疋)
扌扪捍提

㊀ tí ①垂手拿着(有提梁或绳套的东西):~水|~篮。②使向上或向前:~高|~升|~前。③指出或举出:~醒|~问|~意见。④说:过去的事就别~了。⑤取出:~取|~款|~货。⑥把犯人从押解的地方带出来:~审|~讯。⑦汉字的一种笔画"一",就是"挑"(tiāo):"习"字最后一笔是~。

㊁ dī【提防】-fang 小心防备:~扒手行窃。

同义 ㊀ 提倡—倡导、倡议/提纲—纲要/提前—提早/提取—领取/提升—提拔、晋升/提高/提问—发问/提要—摘要/提议—建议

反义 ㊀ 提高—降低/提前—推迟/提问—回答

啼　12画　口部
左右　口/帝(亠/巾)
口叶啦啼

①哭,出声地哭:~哭|哭哭~~。②某些鸟兽叫:猿~|月落乌~霜满天。

同义 啼—哭/啼笑皆非—哭笑不得
反义 啼—笑

题　15画　页部
半包围　是(日/疋)/页
日旱是题

①题目,写作或讲演内容的总名目:标~|命~(出题目)。②练习或考试时要求解答的问题:试~|算~|应用~。③写上,签署:~词|~名。

蹄　16画　足(⻊)部
左右　⻊/帝(亠/巾)
⻊⻊跻跻蹄

马、牛、羊等生在趾端的角质物。也指有蹄动物的脚:猪~|牛~|马不停~(比喻一刻也不停留地前进)。

多音字 体　7画　亻(rén)部
左右　亻/本
亻什休体

㊀ tǐ ①全身或身子的一部分:身~|四~(四肢)。②事物的本身或全部:物~|积整~。③形式,规格:字~|文~。④亲身实践或经历:~会|~验。⑤设身处地地替人着想:~谅|~恤。⑥制度:~制|~政(国家政权的构成形式或制度)。

㊁ tī【体己】-ji ①家庭成员个人积蓄的财物。②亲近的:~话。

同义 ㊀ 体会—体验、体味/体谅—谅解/体面—光荣、好看/体态—体形、身材/体现—表现、反映/体无完肤—遍体鳞伤

反义 ㊀ 体面—羞耻

屉　8画　尸部
半包围　尸/世
⼀尸屉屉

①桌、柜等家具上的抽斗:抽~。②炊具中蒸食品的格架:笼~|蒸~。

剃　9画　刂(dāo)部
左右　弟(丷/弗)/刂
丷丬肖弟剃

用刀刮去毛发:~头|~光|~须刀。

同义 剃头—理发

涕　10画　氵(shuǐ)部
左右　氵/弟(丷/弗)
氵沪泮洴涕

①眼泪:痛哭流~|~零(流泪)。②鼻涕:~泪交流。

善良的心就是太阳。

　　　　　　　　　　[法]雨果

tì	11画 忄(xīn)部
惕	左右 忄/易(日/勿)
	丶丨忄恺惕惕

小心谨慎:警~。

tì	12画 日部
替	上下 夫夫(夫/夫)/日
	二夫替替

①代,代理:代~|顶~|~班。②为,给:~你高兴|~祖国争光。③衰败:衰~|兴~(兴盛和衰败)。
同义 替代—代替、顶替、取代
组字 潜

tì	17画 口部
嚏	左右 口/疐(龸/田/疋)
	口吐嗟嚏嚏

【嚏喷】-pen 也叫"喷嚏(pēn-)",鼻腔受到刺激而猛烈喷气,同时发出声音。感冒时容易发生。

tian

tiān	4画 一部/大部
天	独体
	一二天

①天空:蓝~|满~彩霞。②位置在顶部,架设在上空的:~窗|~桥|~线。③一昼夜的时间,有时专指白天:今~|白~|黑夜忙不停。④一天里的某一段时间:五更~|~不早了。⑤季节,时令:春~|三伏~。⑥天气,气候:~冷|阴~。⑦天生的:~才|~资聪颖。⑧自然界:~灾|人定胜~。⑨迷信的人指神佛仙人所住的地方:~堂|西~|老~爷。
同义 天边—天际、天涯/天才—天资、天分、天赋、奇才/天空—天上、天宇/天良—良心、良知/天然—自然/天壤—天渊/天地/天真—纯真、幼稚
反义 天—地/天边—眼前/天才—蠢材/天然—人工/天上—地下、人间/天堂—地狱/天灾—人祸
组字 吞、蚕

tiān	11画 氵(shuǐ)部
添	左右 氵/忝(天/小)
	氵沃添添添

增加:增~|置教具|为建设祖国~砖加瓦。
同义 添—加、增/添补—增补、补充/添色—增色、生色
反义 添—减、去
提示 "添"的右上方是"天",不是"夭",右下方是"小",不是"水"。

tián	5画 田部
田	独体
	丨冂冃田田

①种农作物的土地:水~|稻~|耕~。②蕴藏矿物的地带:油~。
同义 田地—土地、地步
组字 亩、男、奋、备、胃、思、累、雷、佃、细、甸

tián	9画 忄(xīn)部
恬	左右 忄/舌(千/口)
	丶丨忄忭恬

①安静:~静。②安然,满不在乎:~不为怪(觉得很平常,不奇怪)|~不知耻(干了坏事不在乎,不觉得羞耻)。
同义 恬静—安静、宁静
反义 恬静—嘈杂、喧闹

能够使我们的眼睛透视一堵墙的是什么?(窗户)

tian—tiao

tián	11画 舌部
甜	左右 舌(千/口)/甘
	千舌甜甜

①像糖或蜜的滋味,与"苦"相对:甘~|~食|津津。②使人感觉舒服的:~言蜜语|睡得~|这孩子嘴真~。
同义 甜—甘/甜美—甘甜、蜜甜/甜丝丝—甜津津、美滋滋/甜言蜜语—花言巧语
反义 甜—苦/甜美—苦涩/甜蜜—辛酸、痛苦

tián	13画 土部
填	左右 扌/真(十/且/八)
	扌扩填填

①塞满或垫平凹陷的地方:~沟|~坑|把洼地~平。②补充:这一科技成果~补了国内一项空白。③填写,在空白表格内按照项目写:~表|~志愿书。
同义 填空—填充
反义 填—挖/填埋—挖掘

tǎn	12画 月部
腆	左右 月/典(曲/八)
	月肿腆腆

①(胸部或腹部)挺起:~胸|~着大肚子。②丰厚:不~之物(不丰厚的东西)。

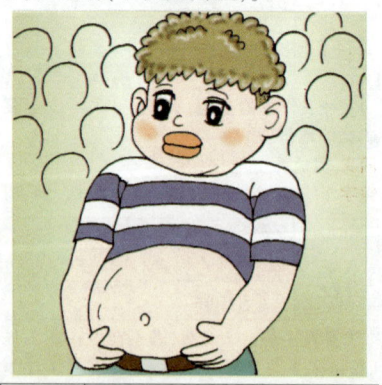

tiǎn	14画 舌部
舔	左右 舌(千/口)/忝(天/小)
	千舌舔舔舔

用舌头轻擦或沾取东西:猫~着腿上的毛|狗~倒在地上的米汤。

tiao

多音字	9画 扌(shǒu)部
挑	左右 扌/兆(丬/㇄)
	扌扌扚扚挑

㊀tiāo ①用肩膀担:~水|~重担。②担的东西:空~子|货~儿。③选,拣:~选|~大的苹果给爷爷、奶奶|百里~一。④量词:一~水|一~儿萝卜。
㊁tiǎo ①用竿子等支起:把帘子~起来。②用尖细的东西往外拨:~灯心|~刺。③惹起,引起:~动|~战|~起事端。④汉字的一种笔画"㇀",也叫提。
同义 ㊀挑食—偏食/挑选—挑拣、选择、筛选/挑三拣四—挑肥拣瘦 ㊁挑拨—挑唆/挑动—煽动/挑衅—寻衅
反义 ㊁挑拨—调解/挑战—应战

tiáo	7画 夂(zhǐ)部
条	上下 夂/朩
	㇒夂冬条

①植物的细长枝:枝~|柳~儿。②细长的东西:面~|纸~儿|布~儿。③细长的形状:~纹呢|花~儿布。④项目,分项目的:宪法第一~|例~|~款。⑤简单的文书、字据:便~|借~|留言~。⑥次序,层次:~理|井井有~。⑦量词:一~大河|两~腿|头版有五~新闻。
同义 条理—脉络
提示 "条"的下面是"朩",不是"木"。

tiáo	8画 辶(chuò)部
迢	半包围 召(刀/口)/辶
	刀刀迢迢

【迢迢】形容路远:千里~。

tiáo	11画 竹(⺮)部
笤	上下 ⺮/召(刀/口)
	⺮笁笤笤

【笤帚】-zhou 扫垃圾、尘土等的用具。

歇后语 没骨头的伞——支撑不开

tiao—ting

tiǎo	11画 穴部
窕	上下 穴/兆(ㄓ/㇀)
	宀宀宎窕窕

【窈窕】yǎo- 见"窈"。

tiào	11画 目部
眺	左右 目/兆(ㄓ/㇀)
	月目目目眺眺

向远处看：~望|远~。
同义 眺望—瞭望

tiào	11画 米部
粜	上下 出(屮/㇀)/米
	屮中出粜

把粮食卖出去：~米|二月卖新丝，五月~新谷。

tiào	13画 足(⻊)部
跳	左右 ⻊(口/㇀)/兆(ㄓ/㇀)
	足趴趴跳跳

①腿用力，使身体突然离开原来的地方：~高|~远|~跃。②猛地弹起：球~到界外。③一起一伏地动：~动|心~|眼~。④越过：~级|读书时遇到生字要查字典，不要~过去。

tie

多音字	8画 巾部
帖	左右 巾/占(⺊/口)
	口巾帕帖

㊀tiē ①妥当，合适：妥~。②顺从：服~|俯首~耳(形容驯服听命的丑态)。
㊁tiě 写字、画画用的样本：碑~|字~|画~。
㊂tiè 请客的书面通知：~子|请~|红~。

tiē	9画 贝部
贴	左右 贝/占(⺊/口)
	贝贝贴贴

①粘(zhān)，把一种薄片状的东西粘合在另一种东西上：粘~|~邮票|~标语。②紧挨，靠近：~身|衣服|~着耳朵说话。③补助：~补|每月~他二百元钱。④补助的钱：津~|房~。⑤量词：一~膏药。
同义 贴近—挨近、接近、亲近/贴切—确切、恰当/贴心—知心

tiě	10画 钅(jīn)部
铁	左右 钅/失
	钅钅铁铁

①一种金属元素，质坚硬，有光泽。在工业上用途广泛，可以炼钢，制造各种器械、用具。②指武器：手无寸~。③形容坚硬，坚强：~拳|铜墙~壁|~人。④形容确定不移或坚定不移：~证|~的纪律。⑤形容强暴或精锐：~蹄|~骑(精锐的骑兵)|~军。
同义 铁窗—监牢/铁心—狠心

ting

tīng	4画 厂部
厅	半包围 厂/丁
	一厂厅

①聚会、招待客人或娱乐等用的大房间：客~|餐~|会议~|舞~。②机关单位名称：公安~|教育~。

tīng	5画 氵(shuǐ)部
汀	左右 氵/丁
	氵汀汀

水边或水中的平地，小洲：沙~|绿~。

谜语 省用粉笔应靠谁 (节日：教师节)
      近在咫尺 (物理名词：短路)

ting

tīng	7画 口部
听	左右 口/斤
	口 吖 听

①用耳朵接收声音：~报告|~说读写|上课专心~讲。②服从，接受：~指挥|言~计从|正确的话要~。③任凭，随：~凭|~其自然(任凭自然发展，不去干预)。④等候：~候|~回音。⑤治理，审理：~政(封建帝王上朝处理政事)。⑥金属做的密封罐、筒等的英文"tin"音译，常做量词：一~饼干|一~啤酒。
同义 听从—服从、依从/听候—等候/听凭—听任/听说—耳闻/听信—轻信/听其自然—听天由命
反义 听从—违抗

tíng	6画 廴(yǐn)部
廷	半包围 壬/廴
	二 千 廷 廷

朝廷，帝王接受朝见办理公事的地方。也指封建王朝的最高统治机构：宫~|清~(清朝中央政府)。
组字 霆、挺、蜓、艇、庭
提示 "廷"不要与"延"相混，以"廷"为基本字的字都读ting，以"延"为基本字的字韵母都是an。

tíng	9画 亠(tóu)部
亭	上下 高(亠/口/冖)/丁
	亠 古 高 亭

①亭子，有顶无墙、供休息用的建筑物，多建筑在公园里或路旁。②像亭子一样的建筑物或结构简单的小房子：书~|售货~。③适中，均匀：调配得很~匀。
组字 停、婷

tíng	9画 广部
庭	半包围 广/廷(壬/廴)
	广 庀 庄 庭 庭

①正房前的院子：前~|~院。②厅堂：大~广众(指人很多的公共场所)。③审判案子的地方：法~|开~。
同义 庭院—院子、院落

tíng	11画 亻(rén)部
停	左右 亻/亭(亠/丁)
	亻 亻亠 停 停 停

①止住，不动：~止|雨~了|列车进站后~了下来。②停留：在上海~了两天。③(车船等)放置，留在某处：车~在路边|江心~着一艘轮船。④妥当：~妥|准备~当。
同义 停留—滞留、逗留/停战—停火、休战/停止—停息、中止
反义 停泊—航行/停止—进行、继续/停滞—发展

tíng	12画 虫部
蜓	左右 虫/廷(壬/廴)
	虫 虫二 虫廴 虫廷 蜓

【蜻蜓】qīng- 见"蜻"。

tíng	12画 女部
婷	左右 女/亭(亠/丁)
	女 女亠 婷 婷 婷

【婷婷】形容人或花木美好。

tíng	14画 雨部
霆	上下 雨/廷(壬/廴)
	雨 雪 雪 霆 霆

暴雷，响声很大的雷：雷~。

名人名言 一个人努力的目标越高，他的才能就发展越快，对于社会就更有效果。 [苏]高尔基

ting—tong

tǐng	9画 扌(shǒu)部
挺	左右 扌/廷(壬/廴) 扌 扌 扌 挺 挺

①硬而直:笔~|~立|直~~地躺着。②伸直或凸出:~起腰|昂首~胸。③能力不够还坚持做:他在劳动中受了伤,还硬~着不休息。④很:~好|~坚强。⑤量词,一~机关枪。
同义 挺—脾/挺拔—挺直、峭拔—挺立—直立、矗立

tǐng	12画 舟部
艇	左右 舟/廷(壬/廴) 舟 舟 舟 艇 艇

比较轻便的船,也指某些军用船只:炮~|潜水~|登陆~。

tong

多音字	10画 辶(chuò)部
通	半包围 甬(マ/用)/辶 マ 甬 诵 通

㈠tōng①没有阻碍,可以穿过或到达:~过|车|四~八达。②清除阻碍,使穿过:~炉子|~阴沟。③互相来往,联系:~商|~信|电话。④了解,懂得:~晓|精~|他~四国文字。⑤对某一方面很精通的人:中国~|万事~。⑥普遍,一般:~常|普~|~用。⑦整个,全部:~共|~宵(一整夜)。⑧告诉,传达:~知|~报。⑨文章写得合语法、合事理,读起来流畅:~顺|文理不~。⑩勾结:串~|一气。
㈡tòng 量词:说了一~|打了三~鼓。
同义 ㈠—通常—平常、一般/通畅—通顺、流畅、畅通/通风—通气、透风/通过—经过/通亮—通明、透亮/通通—统统/通途—坦途/通宵—彻夜
反义 通—堵/通畅—生涩、阻塞/通亮—昏暗/通俗—深奥

多音字	6画 冂(jiǒng)部
同	半包围 冂/吉(一-口) 冂 冂 同

㈠tóng①一样,没有差别:~样|~班|~等看待。②一齐,一起:一~|~学|~生死,共患难。③和,跟:老师~我们共度儿童节|今天的天气~昨天一样。④跟…相同:~上|~前。
㈡tòng【胡同】hú- 巷子。
同义 ㈠同伴—伙伴/同情—怜悯/同学—同窗/同样——样、相同/同意—赞成、准许
反义 ㈠同—异/同意—反对
组字 筒、洞、恫、桐、铜

tóng	7画 彡(shān)部
彤	左右 丹/彡 月 月 丹 彤

红色:红~|~云。
同义 彤云—阴云、红霞

tóng	10画 木部
桐	左右 木/同(冂/吉) 木 杣 杣 桐

落叶乔木,有泡(pāo)桐、油桐、梧桐、白桐、紫桐等多种。

tóng	11画 钅(jīn)部
铜	左右 钅/同(冂/吉) 钅 钊 钊 铜

一种金属元素,赤色有光泽,容易传热导电。可制造多种合金(如黄铜、白铜)、电工器材、器皿、机械等。

tóng	12画 立部
童	上下 立(亠/业)/里 亠 立 咅 音 章 童

什么东西肥得快,瘦得更快?(气球)

tong—tou

①小孩：儿~|~年|牧~。②旧指未成年的男仆：书|家~。③秃：~山（没有草木的山）。
同义 童子—儿童、孩童
组字 撞、幢、憧、瞳

tóng	17画 目部
瞳	左右 目/童(立/里)
	目 旷 旷 睁 瞳 瞳

瞳孔，又叫瞳人，眼球中央能随光线的强弱缩小或扩大的圆孔。

tǒng	9画 纟(mì)部
统	左右 纟/充(云/儿)
	纟 纟 纻 统

①总括，各方面合起来：~率|~一|~计。②事物的连续关系：传~|血~系~。③管辖：~兵|~治。
同义 统共—总共、一共/统率—统领/统统—通通
反义 统一—分裂、分歧

tǒng	10画 扌(shǒu)部
捅	左右 扌/甬(マ/用)
	扌 扌 捅 捅

①戳，刺：~个洞|~马蜂窝（比喻惹祸。也指处理难办的事）。②戳穿，揭露：把问题全~出来了|~老底儿。

tǒng	11画 木部
桶	左右 木/甬(マ/用)
	木 杠 桶 桶

盛水或其他东西的器具，用木头、铁皮、塑料等做的：水~|油~。

tǒng	12画 竹(⺮)部
筒	上下 ⺮/同(冂/𠮛)
	⺮ 竹 筲 筒

①粗竹管：竹~。②形状像竹筒的器物：笔~|烟~|爆破~。③衣服、鞋袜等的筒状部分：袖~|袜~|长~。

tòng	9画 忄(xīn)部
恸	左右 忄/动(云/力)
	忄 忄 忊 恸 恸

极悲哀（指痛哭）：哭|~哀。

tòng	12画 疒(nè)部
痛	半包围 疒/甬(マ/用)
	广 疒 疒 疷 痈 痛

①伤病等引起的难受的感觉：头~|腰酸腿~。②悲伤：悲~|哀~|沉~。③表示程度极深：~哭|~恨|~饮。
同义 痛苦—痛楚、苦痛/痛快—爽快、畅快
反义 痛恨—酷爱/痛苦—快乐、幸福/痛快—烦恼、忧愁

tou

tōu	11画 亻(rén)部
偷	左右 亻/俞(人/刖)
	亻 伫 伫 伶 偷

①暗中拿人东西，占为自己的：~窃|~钱。②偷东西的人：小~|惯~。③暗中，悄悄地：~看|~溜走。④挤出，抽（时间）：~空(kòng)|忙里~闲。⑤苟且，只顾眼前，得过且过：~安|~生。
同义 偷—盗、窃/偷看—窥视/偷窃—偷盗、盗窃/偷听—窃听/偷偷—悄悄/偷闲—偷空

tóu	5画 丶(zhǔ)部
头	独体
	丶 二 头 头

①脑袋：抬起~|砍~不要紧，只要主义真。②头发，发式：梳~|剃~|小分~。③事物的起点，终点或尖顶：起~|尽~|山~。④物品的残

存部分：布~|粉笔~儿。⑤前面的，以前：领~|他在~里走|~两年。⑥第一：~等|~版~条新闻。⑦首领：~目|土匪~|流氓~子。⑧量词：一~牛|两~驴。⑨词尾(读轻声)：木~|念~|里~。

同义 头—首/头领—头目、头子、头头/头颅—脑袋/头脑—脑筋、头绪

反义 头—尾/头目—喽啰

组字 买、卖、卖

提示 "头"的末笔是点，不是捺。

tóu	7画 扌(shǒu)部
投	左右 扌/殳(几/又)
	扌扌投

①抛，扔：~石|篮|~掷手榴弹。②跳进去(自杀)：~江|~井|~火。③放入，送进：~票|~资。④找上去，加入：~奔|~师|~入战斗。⑤光线射到：~射|~影。⑥寄，递送：~寄|~递|~稿。⑦合得来，迎合：~情|~意合|~其所好(迎合别人的爱好)。

同义 投案—自首/投奔—投靠/投考—报考/投降—投诚、归降、屈服

反义 投降—抵抗

tòu	10画 辶(chuò)部
透	半包围 秀(禾/乃)/辶
	禾秀秀透透

①穿通，通过：~光|~风|穿~。②私下告诉：~个信儿|~漏|~露风声。③深入，彻底：深~|彻~|把道理讲得很~。⑤显露：白里~红。⑥达到充分的程度：苹果熟~了|恨~了。

同义 透彻—深入/透风—透气、通风/透亮—通亮、透明/透露—透漏、泄露

反义 透彻—肤浅/透亮—昏暗

tu

tū	5画 丨(gǔn)部
凸	独体
	丨丨丿凸凸

突起，比四周高，与"凹"相对：~出|凹~|不平|挺胸~肚。

反义 凸—凹

tū	7画 禾部
秃	上下 禾/几
	二禾秀秃

①没有头发，鸟兽头或尾没有毛：~顶|~尾巴鸡。②物体失去尖端：~针|笔尖~了。③(树木)没有枝叶，(山)没有树木：~树|~山。④(文章等)结构不完整：文章一开头就有点~。

tū	9画 穴部
突	上下 穴/犬
	宀穴穴突突

①忽然：~然|天气~变|~发事故。②超出，冲破：~围|~破|左冲右~。③高于周围，凸出：~起|表现~出。④烟囱：灶~|曲~徙薪(把烟囱改弯，把柴火搬开，以免发生火灾。比喻事先采取措施，防止危险发生)。

同义 突出—突起、鼓起、杰出/突变—骤变、剧变/突然—忽然

反义 突出—平常、普通/突围—包围

tú	8画 囗(wéi)部
图	全包围 囗/冬(夂/冫)
	冂冈图图

①用线条、色彩表现出来的形象：画~|地~|看~作文。②谋划，思虑：~谋|企~。③谋取，希望得到：贪~|不~名利。④计划，谋略：宏~|雄~。

同义 图画—绘画、画图/图谋—谋划、计谋/图书—书籍

谜语　"涅"怎么变成"日"
　　　投石冲破水底天

(土地名词)水土流失
(物理名词)波动

tu

tú	10画 彳(chì)部
徒	左右 彳/走(土/朩)
	彳 彳 彳 徒

①步行：~步。②空的：~手。③白白地：~劳(白费力)|~然。④只，仅仅：~有虚名|家~四壁(形容极端贫穷)。⑤徒弟：学~|工。⑥同一派系或信仰同一宗教的人：党~|教~|信~。⑦某种人(含贬义)：匪~|歹~|酒~。⑧徒刑，剥夺犯人自由的刑罚，分有期徒刑和无期徒刑两种。

同义 徒步—步行/徒弟—弟子、学徒/徒劳—徒然、枉然/徒手—空手
反义 徒—师/徒弟—师傅

tú	10画 辶(chuò)部
途	半包围 余(人/禾)/辶
	人 余 徐 途

道路：路~|征~|长~汽车|做事不能半~而废。

同义 途经—路过/途径—路径、门径、门路

tú	10画 氵(shuǐ)部
涂	左右 氵/余(人/禾)
	氵 氵 涂 涂

①把颜色或油漆等抹在物体上：~抹|口红|上一层红漆。②乱写或乱画：别在墙壁上乱~。③抹去：~改|把错字~掉。

tú	11画 尸部
屠	半包围 尸/者(耂/日)
	尸 尸 屠 屠

①宰杀牲畜：~宰|~场。②残杀：~杀|~城(攻破城后大规模屠杀城里的居民)。

同义 屠杀—残杀/屠宰—宰杀

tǔ	3画 土部
土	独体
	一 十 土

①土壤，泥土：沙~|~山。②土地：国~|领~。③本地的：~产|~话。④指民间生产的，出自民间的，与"洋"相对：~专家|~布。⑤不开通，不时兴：~里~气|~头~脑。

同义 土地—田地、领土/土话—土语、方言/土壤—泥土
反义 土—洋/土气—洋气
组字 圣、吐、杜、牡、肚、灶、社

多音字	6画 口部
吐	左右 口/土
	口 吐 吐

㈠tǔ ①使东西从嘴里出来：不要随地~痰|~出骨头。②露出，放出：麦子~穗了|蚕~丝。③说出：~字清楚|~露真情。
㈡tù ①消化道或呼吸道里的东西不受控制地从嘴里呕出：呕~|~血。②比喻被迫退出赃物：~赃|~款。

反义 ㈠吐—吞、纳

tù	8画 刀(⺈)部
兔	上下 ⺈/兔
	⺈ 各 兔 兔 兔

哺乳动物，有家兔和野兔。耳长尾短，上唇中间裂开，后腿比前腿长，善跳跃，跑得快。

组字 冤、逸

  人们不仅有权爱国，而且爱国是个义务，是一种光荣。
徐特立

tuan

tuān	12画 氵(shuǐ)部
湍	左右 氵/耑(山/而)
	氵氵沿湍

①急流的水:急~。②水势急:~急|~流(湍急的流水)。

tuán	6画 囗(wéi)部
团	全包围 囗/才
	冂用闭团

①圆形的:~扇|~花图案。②球状的东西:饭~儿|菜~子。③会合,相聚:~结|~圆。④有组织的集体:代表~|参观~。⑤揉弄,使成球形:~泥球儿。⑥军队的编制单位,是营的上一级。⑦青少年的政治组织:儿童~|共青~。⑧量词:一~毛线|一~麻。

同义 团聚—团圆/团体—集体
反义 团结—分裂/团聚—离散/团体—个人

tui

tuī	11画 扌(shǒu)部
推	左右 扌/隹
	扌扌扩扩推推

①抵住物体用力使移动:~车|门~磨。②使工具向前移动进行工作:用刨子~光|~头(理发)。③使事情开展:~广|~销|~行。④根据已知的情况判断别的:~测|~理|以此类~。⑤辞退,让给:~辞|~让。⑥摆脱脱责任:~托|~卸。⑦延迟:~延|~迟|往后~几天。⑧举荐,选举:~举|~选|~荐。⑨指出某人某物的优点:~许(称赞)|~重(重视,钦佩)|~崇。

同义 推测—推度(duó)、推断、推想、揣测/推迟—推延、延迟/推辞—推却、拒绝/推荐—举荐、引荐/推进—推动、促进/推举—推选、选举/推敲—琢磨、斟酌/推让—谦让/推卸—推脱
反义 推—拉、拖、就/推迟—提前/推辞—接受/推翻—建立/推卸—承担

tuí	13画 页部
颓	左右 秃(禾/几)/页
	二禾秃颓

①崩坏,倒塌:~垣(yuán)断壁。②衰败,败坏:~败(衰落,腐败)|~风败俗。③意志消沉,精神不振:~丧(情绪低落,精神不振)|~唐。

同义 颓败—衰败/颓废—颓丧
反义 颓败—兴盛/颓废—振作
提示 "颓"的第七笔横折弯钩变为横折提。

tuǐ	13画 月部
腿	左右 月/退(艮/辶)
	月月⺼胆腿腿

①人或动物用来支撑身体和行走的部分:大~|小~|后~。②器物下部像腿的部分:桌子~儿|床~儿。

tuì	9画 辶(chuò)部
退	半包围 艮/辶
	⺋艮很退

①向后移动,与"进"相对:后~|撤~。②离开:~学|~伍|~休。③送还,不接受:~票|~还多找的钱。④脱落,下降,消失:~色|~潮|~烧。⑤使向后移动:击~|~兵。

同义 退步—落后/退却—退缩、畏缩、撤退/退让—让步/退伍—退役
反义 退—进/退步—进步/退却—进攻/退缩—前进/退伍—入伍
组字 腿、褪

脑筋急转弯 一条凳子横在你面前,你该怎么过去?(搬开它)

tui—tuo

tuì	13画 虫部
蜕	左右 虫/兑(⿰/兄) 虫 虫' 虫ソ 蜕 蜕

①蛇、蝉等脱皮：~皮\|~化（比喻人腐化变坏）。②蛇、蝉等脱下的皮：蛇~\|蝉~。
同义 蜕化—腐化、堕落

多音字	14画 衤(yī)部
褪	左右 衤/退(艮/辶) 衤 衤¹ 衤⁺ 褪 褪

㊀tuì ①颜色由深变浅：这衣服一洗就~色。②鸟兽脱毛：~毛。
㊁tùn ①使穿着、套着的东西脱离、下一只袖子\|狗~了套跑了。②藏在袖子里：~着手\|袖子里~着一本书。

tun

tūn	7画 口部
吞	上下 天/口 一 天 吞

①不嚼或略嚼，整个咽到肚子里：~药片\|囫囵~枣。②忍受不出声：忍气~声。③侵占、兼并：~没(mò)\|并不准侵~国家财产。
同义 吞—咽(yàn)/吞并—并吞/吞没—侵吞、淹没
反义 吞—吐(tǔ)
提示 "吞"的上面是"天"，不是"夭"。

tún	4画 一部
屯	独体 一 亠 屮 屯

①聚集，储存：~粮。②驻扎：~兵\|驻~。③村庄：皇姑~。
组字 吨、饨、纯、盹、钝、顿、囤

tún	7画 饣(shí)部
饨	左右 饣/屯 饣 饣¹ 饣⁺ 饨

【馄饨】hún tun 见"馄"。

tún	11画 月部
豚	左右 月/豕 月 肝 肟 豚 豚

小猪，也泛指猪：丰年留客足鸡~。

tún	17画 月部
臀	上下 殿(屏/殳)/月 尸 屏 殿 臀

屁股：~部\|~围。
提示 不要读成"殿(diàn)"。

tuo

tuō	6画 扌(shǒu)部
托	左右 扌/乇 扌 扌⁻ 扦 托

①用手掌向上承着东西：两手~着下巴。②衬，垫：衬~。③承着器物的东西：茶~儿\|花~儿。④寄，请人代办：~儿所\|人买东西\|~运。⑤借故推辞：推~\|~故。⑥依赖：~您的福。
同义 托词—借口，托故/托付—委托、付托、嘱托

tuō	8画 扌(shǒu)部
拖	左右 扌/㐌(⿰/也) 扌 扌⁻ 扦 拖 拖

①拉着物体使移动：~船\|把木头从水里~上来。②拖延，拉长时间：今天的事不要~到明天办。③在后面垂着、带着：~着辫子\|狐

歇后语 梦里吃蜜——想得甜

狸~着尾巴逃走了。
同义 拖—拉/拖累(lěi)—连累、牵累/拖延—耽搁
反义 拖—推/拖拉—利索

tuō	11画 月部
脱	左右 月/兑(丷/兄)
	月 月' 肸 脱

①取下,去掉:~帽|~衣服。②(毛发、皮等)掉下:~发|~皮。③离开:~离|~险。④遗漏:~漏|~误|~了几个字。
同义 脱漏—遗漏、缺漏/脱手—出手/脱逃—逃脱、逃走

多音字	6画 马部
驮	左右 马/大
	丆 马 马 驮

㊀tuó 用背负载:马~货物|~运粮食。
㊁duò 牲口驮(tuó)的成捆的货物:把马背上的~子卸下来。

tuó	8画 氵(shuǐ)部
沱	左右 氵/它(宀/匕)
	氵 氵' 沪 沱

①沱江,长江的支流,在四川。②【滂沱】páng- 见"滂"。

tuó	8画 马部
驼	左右 马/它(宀/匕)
	马 驴 驴 驼

①骆驼。②身体向前曲,背脊突起像驼峰:~背。

tuó	10画 鸟部
鸵	左右 鸟/它(宀/匕)
	勺 鸟 鸯 鸵

鸵鸟,现存鸟类中最大的鸟,高可达二三米,头小颈长,翅短不能飞,走得很快,生活在沙漠中。

tuǒ	7画 爪(爫)部
妥	上下 爫/女
	爫 爫 妥 妥

①适当,合适:~当|~善处理|~为保管。②齐备,完毕:事已办~|车已备~。
同义 妥当—适当/稳妥、妥帖—恰当、贴切/妥协—让步、屈服
反义 妥协—斗争
组字 馁、绥

tuǒ	12画 木部
椭	左右 木/隋(阝/有)
	木 朴 柳 椭

椭圆,长圆形。

多音字	8画 扌(shǒu)部
拓	左右 扌/石(丆/口)
	扌 扩 拓

㊀tuò 开辟,扩充:开~|~荒(开荒)|把公路~宽。
㊁tà 在刻铸文字、图像的器物上,蒙上一层纸,拍打后使凹凸分明,涂上墨,显出文字、图像来:~印|~片。
同义 ㊀拓荒—开荒、垦荒

tuò	11画 口部
唾	左右 口/垂
	口 吖 吚 唾 唾

①唾液,通常称口水,口腔里的消化液。②用力吐口水:~手可得(往手上吐口水。比喻容易得到)|~弃。
同义 唾骂—斥骂、责骂/唾沫—唾液、口水/唾弃—鄙弃

谜语	一周内调动	(字:星)
	国庆上云南	(字:去)

wa—wai

wa

wā	9画 扌(shǒu)部
挖	左右 扌/宅(穴/乙)
	扌 扩 护 挖

掘,掏:~井|~土|~防空洞。
同义 挖—掘/挖掘—发掘/挖苦—讥笑、嘲讽/挖空心思—绞尽脑汁
反义 挖—补、填/挖掘—填埋/挖苦—夸奖、夸赞

多音字	9画 口部
哇	左右 口/圭(土/土)
	口 吐 吐 哇

㊀wā 拟声词,形容哭叫声或呕吐声等:打得鬼子~~叫|~的一声吐了。
㊁wa 表示语气:说得妙~!|劲头多足~!

wā	9画 氵(shuǐ)部
洼	左右 氵/圭(土/土)
	氵 汁 汢 洼

①低于四周的地方:水~儿。②低凹,陷入:~地|陷~|眼眶~进去。
同义 洼陷—凹陷、下陷

wā	12画 虫部
蛙	左右 虫/圭(土/土)
	虫 虫 虾 蛙

两栖动物,种类很多,常见的有青蛙等。幼体叫蝌蚪,逐渐变化成蛙。前肢短,后肢长,善跳跃,能游水。捕食昆虫,对农作物有益:井底之~(比喻见识短浅的人)。

wá	9画 女部
娃	左右 女/圭(土/土)
	乚 女 奵 娃

①小孩子:~子|女~儿|胖~~。②方言。某些幼小的动物:猪~|鸡~。

多音字	4画 瓦部
瓦	独体
	一 厂 瓦 瓦

㊀wǎ ①盖屋顶的建筑材料:~片|添砖加~。②用陶土烧成的:~盆|~罐。③瓦特,电的功率单位。
㊁wà 盖瓦片:~瓦(wǎ)。
同义 ㊀瓦解—崩溃
反义 ㊀瓦全—玉碎
组字 瓶、瓮
提示 "瓦"的第三笔是横折弯钩。

wà	10画 衤(yī)部
袜	左右 衤/末
	衤 衤 衤 袜

袜子,穿在脚上的针织品,用布、纱线等做成。
提示 "袜"的右边是"末"。

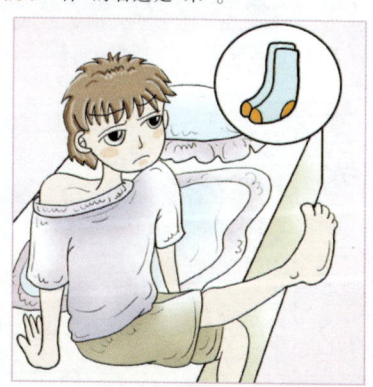

wai

wāi	9画 一部
歪	上下 不/正
	丆 才 否 否 歪

日日行,不怕千万里;常常做,不怕千万事。
　　　　　　　　　　　　　　[清]金缨

①不正，偏斜：~斜|桌子摆~了。②不正当的，不正派的：~理|~风邪气。
同义 歪—斜/歪风—妖风、邪气/歪斜—倾斜
反义 歪—正/歪风—正气/歪斜—端正

wài	5画 夕部
外	左右 夕/卜
	ㄅ夕外外

①外边，表面，与"内"、"里"相对：校~|~表。②别处的：~乡|~地|~省。③指外国：~语|~宾|闻名中~。④关系疏远的：~人不要见~。⑤称母亲、姐妹、女儿方面的亲戚：~公|~甥|~孙。⑥不在一定范围内的：另|~除~|例~。⑦非正式的，不正规的：~号|~传(zhuàn)。
同义 外表—外部、外貌、外观、表面/外号—绰号/外面—外边、外头
反义 外—内、里、中/外表—内心/外国—本国/外患—内乱、内忧/外围—中心
提示 "外"的第三笔点不要与第二笔横撇相交。

wan

wān	9画 弓部
弯	上下 亦/弓
	一亦弯弯

①不直，曲，与"直"相对：~曲|稻穗~~像金钩。②曲折的部分：拐了个~|吓~。③使弯曲：~引|~腰。
同义 弯—曲/弯路—弯道、曲径/弯曲—曲折
反义 弯—直/弯曲—笔直
组字 湾

wān	10画 刂(dāo)部
剜	左右 宛(宀/㔾)/刂
	宀夗剜剜

用刀等挖：~肉补疮（比喻用有害的方法来急救，只顾眼前，不顾后果）。

wān	12画 氵(shuǐ)部
湾	左右 氵/弯(亦/弓)
	氵汗沣湾湾

①水流弯曲的地方：水~|汾河~。②海洋伸入陆地的部分：港~|渤海~|波斯~。③使船停住：把船~在桥下。

wān	14画 虫部
蜿	左右 虫/宛(宀/㔾)
	虫蚣蜿蜿

【蜿蜒】-yán ①蛇类爬行的样子。②（山脉、河流、道路等）弯弯曲曲地向前延伸的样子：长城像一条巨龙~在崇山峻岭之间。

wān	15画 豆部
豌	左右 豆(一/口/丷)/宛(宀/㔾)
	口豆豇豌豌

【豌豆】一年或二年生草本植物，开白花。种子和嫩茎、叶可吃，根上有根瘤，可以做肥料。

wán	3画 丿(piě)部
丸	独体
	丿九丸

①小而圆的东西：弹~|泥~|肉~子。②专指丸药：~散膏丹。
组字 执、孰

脑筋急转弯：外国人的什么东西比中国人的长？（名字）

wan

wán	7画 宀(mián)部
完	上下 宀/元(一/兀) 宀宁宇完

①齐全：~整｜~备｜~璧归赵。②尽，没有了：吃~｜蜡烛烧~了。③结束，了结：~毕｜生字写~了。④做成：~成｜~工。⑤交纳：~税｜~粮。
同义 完毕—完结、结束/完工—竣工/完好—完整/完满—圆满/完美—完善/完满—完全—全部、齐全
反义 完工—开工、动工/完整—残缺
组字 院、皖、浣

wán	8画 王部
玩	左右 王/元(一/兀) 二王玕玩

①游戏：~耍｜别在公路上~。②进行某种体育活动：~皮球｜~牌。③观赏：游山~水。④可供观赏的物品：古~。⑤耍弄，使用：~花招｜~手段。⑥轻视，不严肃地对待：~忽职守(不严肃认真地对工作)。
同义 玩弄—戏弄、提弄/玩赏—欣赏、观赏/玩耍—戏耍、游戏/玩味—品味

wán	10画 页部
顽	左右 元(一/兀)/页 元元元顽

①愚昧无知：愚~。②固执，不易制服：~

固｜~敌。③坚硬，坚强：~强。④调皮，淘气：~皮｜~童。
同义 顽固—固执、死硬/顽皮—调皮、淘气/顽强—坚强、刚强
反义 顽皮—老实、规矩/顽强—软弱、懦弱
提示 "顽"的第四笔竖弯钩变为竖提。

wǎn	8画 宀(mián)部
宛	上下 宀/㚖(夕/㔾) 宀宁宛宛

①曲折：~转。②好像：~如｜~然｜音容~在(声音、容貌好像还在)。
同义 宛如—宛若、宛似、仿佛
组字 剜、惋、婉、腕、碗、蜿、豌

wǎn	10画 扌(shǒu)部
挽	左右 扌/免 扌扩护挽挽

①拉：手~着手｜~弓当~强。②卷起(衣服)：~起袖子。③设法使情况好转或恢复原状：~救｜~回力｜~狂澜(比喻尽力扭转危险的局势)。④哀悼死人：~歌｜~联。
同义 挽救—拯救/挽留—款留

wǎn	11画 日部
晚	左右 日/免(㚖/㔾) 日旷晚晚晚

①太阳落山的时候：傍~｜~饭｜从早忙到~。②夜间：夜~｜~间新闻｜工作了一整~。③迟：来~了，真对不起｜亡羊补牢，未为~矣。④时间靠后的：~年｜~期。⑤后来的：~辈。
同义 晚—迟/晚辈—小辈、后辈/晚年—暮年、老年/晚期—末期、后期/晚上—晚间、夜晚、夜间
反义 晚—早/晚点—正点/晚霞—朝霞

wǎn	11画 忄(xīn)部
惋	左右 忄/宛(宀/㚖) 丷丨忄忄忭惋

叹惜：~惜。
同义 惋惜—可惜

歇后语 逆水行舟——不进则退

wan—wang

wǎn	11画 女部
婉	左右 女/宛(宀/夗) 丨乚女妒婏婉

①温和而曲折：~言相劝\|~谢（婉转地拒绝）\|委~动听。②美好。
同义 婉转—委婉、悠扬

wǎn	12画 白部
皖	左右 白/宛(宀/元) 白白旷皖

安徽省的别称。

wǎn	13画 石部
碗	左右 石(丆/口)/宛(宀/夗) 丆石矿碎碗

①盛饮食的器具：饭~\|搪瓷~。②像碗的东西：轴~儿。

多音字	3画 一部
万	独体 一丁万

㊀wàn ①数目，十个千。②形容数量很大：~物\|千军~马。③很，非常，绝对：~全之策\|~~不能。
㊁mò【万俟】-qí 复姓。
同义 ㊀ 万分—十分、非常/万无一失—百发百中
组字 迈、方

wàn	12画 月部
腕	左右 月/宛(宀/夗) 月旷胪腕

手掌和前臂相连接的部分：~力\|~关节。

wang

wāng	7画 氵(shuǐ)部
汪	左右 氵/王 氵汀汪汪

①(水)深广：~洋大海。②(液体)聚集在一个地方：地上~着水。③量词(用于液体)：两~泪水\|一~~血。④【汪汪】a.眼里充满眼泪的样子：两眼泪~。b.拟声词，狗叫声。

wáng	3画 亠(tóu)部
亡	独体 丶亠亡

①逃走：逃~\|流~\|~命之徒。②死，死去的：伤~\|死\|~友\|~父。③丢失：~羊补牢。④灭亡：~国。
同义 亡—死/亡故—死去、死亡/亡命—逃亡、流亡
反义 亡—存、兴
组字 芒、妄、忘、育、盲、忙、氓

wáng	4画 王部
王	独体 一二干王

①君主：国~。②最高的爵位：亲~。③头领：占山为~。④一族或一类中居首位的或最强的：蜂~\|花中之~\|~牌。
同义 王朝—朝廷、朝代
组字 全、弄、皇、狂、汪、柱、旺、匡、闰

wǎng	6画 冂(jiǒng)部
网	半包围 冂/从(乂/乂) 冂冈冈网

①用绳线等结成的捕鱼捉鸟的器具：渔~\|撒~。②用网捕捉：~鱼\|~鸟。③像网的东西：电~\|铁丝~\|蜘蛛~。④像网一样的组织或系统：通信~\|法~。⑤互联网：~吧\|上~。

谜语
早日腾飞为改革（字：协）
村前楼西留半影（字：彬）

wang—wei

wǎng	8画 木部
枉	左右 木/王
	木 杆 杆 枉

①弯曲,歪斜:矫~过正(纠正偏差超过了应有的限度)。②歪曲,破坏:~法(执法的人歪曲、破坏法律)。③冤屈,受屈:冤~。④白白地:~然|~费心机|~送性命。
同义 枉费—白费、空费/枉然—徒然、徒劳

wǎng	8画 彳(chì)部
往	左右 彳/主
	彳 彳 彳 往 往

①去,到:来~|~返|~内地旅游。②过去的,从前的:~昔|~年|~事。③朝,向:~西看|一群大雁~南飞。④向(某处去):有的~南,有的~北。
同义 往—去、向/往后—今后、以后/往来—往返、过往、交往/往日—往昔、从前/往往—常常、每每
反义 往—来、返、复

wǎng	11画 忄(xīn)部
惘	左右 忄/罔(冂/芒)
	丷 忄 忄 忄 惘 惘

不得意,不顺心:~然(心里好像失掉了什么东西的样子)|~迷~(分辨不清,不知该怎么办)。

wàng	6画 女部/亠(tóu)部
妄	上下 亡/女
	亠 亡 妄 妄

①荒诞,不合理:狂~|~念。②胡乱非分(fèn)的,轻率:~作主张|求轻举~动。
同义 妄想—妄图、幻想

wàng	7画 心部
忘	上下 亡/心
	亠 亡 忘 忘

不记得:~记|~怀|~却。
同义 忘记—忘却、忘怀、遗忘
反义 忘—记/忘怀—想念/忘记—记得

wàng	8画 日部
旺	左右 日/王
	日 旺 旺 旺

盛,兴盛:~盛|兴~|花儿开得正~。
同义 旺盛—茂盛、充沛
反义 旺季—淡季

wàng	11画 王部
望	上下 朙(亡/月)/王
	亡 朙 望 望 望

①看,往远处看:仰~|遥~|一~无际。②拜访:看~|探~。③希望:盼~|指~|不要悲观失~。④名誉,名望:威~|声~|德高~重。⑤向,朝:老师~我点点头。⑥农历每月十五日:~日。
同义 望—看、瞧、瞅/望梅止渴—画饼充饥
提示 "望"的第三笔竖折变为竖提。

wei

wēi	6画 刀(⺈)部
危	上下 ⺈/厄(厂/㔾)
	⺈ 广 产 危 危

①不安全,与"安"相对:~险|~急|不顾个人安~。②损害:~害|~及生命。③高:~楼高百尺。④人将死:病~|临~。⑤端正:正襟~坐(整理好衣服,端正地坐着。形容恭敬、严肃的样子)。
同义 危害—损害/危险—危急
反义 危—安/危险—安全、平安

  当自己决心办一件事时,要坚决办到底,不可有任何畏缩情绪。
[尼日利亚]哈吉·阿布巴卡·伊芒

wei

组字 诡、桅、脆、跪

wēi	9画 戈部
威	半包围 戌/女 厂戌反威威

①使人敬畏的力量或气魄：~力\|~望\|~武。②凭借力量或势力使畏惧：~胁\|~逼利诱。
同义 威逼—威迫、威胁—胁迫/威风—威严、威武/威吓(hè)—恫吓、恐吓/吓(xià)唬/威望—威信、声望

wēi	11画 亻(rén)部
偎	左右 亻/畏(田/氏) 亻俨偎偎

紧挨在一起，亲密地靠着：~依\|孩子~在妈妈的怀里。

wēi	13画 彳(chì)部
微	左中右 彳/𡭗(山/一/几)/攵 彳𢖩𢔇微

①小、细小：~小\|~风\|无~不至。②少，稍稍：稍\|~笑。③衰落：衰~。④低下：卑~。⑤精妙深奥：~妙\|~言大义（精妙的语言里所包含的深远意义）。
同义 微—细、小/微薄—菲薄/微贱—低贱、卑贱/微妙—奥妙、玄妙/微小—细小
反义 微薄—丰厚/微观—宏观/微贱—高贵/微弱—强烈、强劲/微小—巨大
组字 薇

wēi	16画 艹(cǎo)部
薇	上下 艹/微(彳/𡭗/攵) 艹艹萨薇薇

①也叫巢菜，多年生草本植物，花紫红色，种子和嫩茎、叶可以吃。②【蔷薇】qiáng—见"蔷"。

wēi	20画 山部
巍	上下 山/魏(委/鬼) 岁岁岁巍

高大：~峨\|~~昆仑山\|~然屹立。
同义 巍峨—巍然、巍巍

wéi	4画 韦部
韦	独体 二韦韦

熟的皮子。
组字 苇、伟、讳、纬、违、围

多音字	4画 丶(zhǔ)部
为	独体 丶丿为为

㈠wéi ①做，做出成绩：事在人~\|大有可~。②充当：选他~中队长\|拜他~师。③变成：化~灰烬\|一分~二。④是：1丈=10尺。⑤被：~之感动。⑥表示范围、程度：广~宣传\|大~高兴。⑦加强语气：极~重要。
㈡wèi ①替，给：~人民服务。②表示目的，为了：~全面实现小康社会而奋斗。③对，向：不足~外人道。④因为：~何？
同义 ㈠ 为难—犯难、刁难(nàn) ㈡ 为何—何故、何以
组字 伪

wéi	7画 辶(chuò)部
违	半包围 韦/辶 二韦讳违

①背(bèi)，反，不遵守：~背\|事与愿~\|法必究。②离别：久~。
同义 违背—违反/违法—犯法/违犯—触犯/违抗—对抗、抗拒

什么总是脱掉干衣服，换上湿衣服？（晾衣架）

wei

反义 违—奉/违法—守法、合法/违反—遵守、符合/违抗—听从、服从

wéi	7画 囗(wéi)部
围	全包围 囗/韦
	冂同用围围

①环绕，四周拦起来：~墙|包~。②四周：周|四~。③环绕一周的长度：腰~|胸~|臀~。④量词：a. 两只手的拇指和食指合拢来的长度。b. 两只胳膊合拢来的长度。
同义 围歼—围剿、聚歼/围拢—聚拢/围绕—环绕、盘绕

wéi	10画 木部
桅	左右 木/危(⺈/厄)
	木朽桅桅

桅杆，船上挂帆的杆子：船~|~顶|~灯。

多音字	11画 口部
唯	左右 口/隹
	口叫咋唯唯

㈠wéi ①只有，表示限定范围：~物论|~心主义|~物辩证法。②单，只，只是：~恐落后|他一心想着别人，~独没想到自己|节目十分精彩，~演出时间短了点。
㈡wěi 答应。【唯唯诺诺】连声答应，形容无原则地一味顺从：要有自己的见解，不要~的。

wéi	11画 巾部
帷	左右 巾/隹
	巾帅帷帷帷

围在四周做遮挡的布：~子|~幕（舞台上的幕布）|~幄（wò，古代军队里用的帐幕）。
同义 帷幕—帷幔、幕布、帐幕

wéi	11画 忄(xīn)部
惟	左右 忄/隹
	忄忄忙惟惟

①同"唯(wéi)"：~其|~妙~肖（形容描写得非常好，非常逼真）。②思考：退而深~。

wéi	11画 纟(mì)部
维	左右 纟/隹
	纟纠纬维维

①连接：~系。②保持，保护：~持|~护|~修。③思想：思~。
同义 维持—保持/维护—保护
反义 维护—破坏、败坏

wěi	6画 亻(rén)部
伟	左右 亻/韦
	亻仁伟伟

①高大：身体魁~。②卓越，超常：~大|~人|丰功~绩。
同义 伟岸—魁伟、高大/伟人—巨人
反义 伟大—渺小、平凡

wěi	6画 亻(rén)部
伪	左右 亻/为
	亻仪伪伪

①假，不真实，与"真"相对：虚~|~装|~造。②不合法的，非正统的：~政府|~军。
同义 伪—假/伪造—假造/伪装—画皮、假装
反义 伪—真

wěi	7画 艹(cǎo)部
苇	上下 艹/韦
	艹艼芋苇苇

芦苇，也叫苇子，多年生草本植物，生在浅水里。茎中空，可以造纸、编席。

  爬高梯摘月亮——空想

wei

多音字	7画 尸部
尾	半包围 尸/毛
	𠃍 尸 屄 尾

㈠wěi ①鸟、兽、虫、鱼等身体末端突出的部分:马~巴。②末端:末~l排~。③主要部分以外的部分,最后的部分:~数l扫~。④紧跟在后边:随~l其后。⑤量词,用于鱼:一~鱼。

㈡yǐ ①马尾上的毛:马~罗。②蟋蟀等尾部的针状物:三~儿(雌蟋蟀)。

同义 ㈠尾随—跟随、随从
反义 ㈠尾—头、首/尾声—前奏、序幕
组字 娓

wěi	7画 纟(mì)部
纬	左右 纟/韦
	纟纟纬纬

①纺织品上的横线,与"经"相对:~纱l~线。②地理学上假定的与赤道平行的线:北~l南~l~度。

反义 纬—经

多音字	8画 禾部
委	上下 禾/女
	二 禾 委 委

㈠wěi ①任用,把事情交给别人办:~任l托~l派~。②抛弃:~弃l~之于地。③不振作:~靡(精神不振,意志消沉)。④曲折:~婉(言词婉转)。⑤末尾:原~(事情从头到尾的经过)。⑥确实:~实l~系实情。

㈡wēi【委蛇】-yí ①敷衍,应付:虚与~。②同"逶迤(wēi yí)"。

同义 ㈠委托—托付/委婉—婉转
反义 ㈠委婉—直率、坦率/委靡—振作、振奋
组字 萎、倭、矮、魏

wěi	10画 女部
娓	左右 女/尾(尸/毛)
	ㄑㄑ女 娓 娓

【娓娓】形容说话不倦或动听:~而谈l~动听。

wěi	11画 艹(cǎo)部
萎	上下 艹/委(禾/女)
	艹 茅 芙 萎 萎

①干枯:枯~l~谢(花草干枯凋谢)。②衰落,衰退:经济~缩。

同义 萎缩—干枯、衰退
反义 萎缩—舒展、发展

wěi	12画 犭(quǎn)部
猥	左右 犭/畏(田/氏)
	丿 犭 犸 猥 猥

①下流,卑鄙:~亵(xiè,淫乱或做下流动作)。②杂乱,多:~杂。

wèi	3画 卩(jié)部
卫	独体
	𠃍 ㄗ 卫

①保护,防守:保~l自~l保家~国。②担负保护、防守工作的人员:警~l后~l门~。

同义 卫护—护卫、保护/卫生—干净、清洁
反义 卫生—肮脏

wèi	5画 一部
未	独体
	二 十 末 未

①没有:~成年l尚~成熟。②不:~便l~知可否。③地支的第八位。④旧计时法,未时,午后一点到三点。

谜语　南京市　(商业名词:小买卖)
　　　轻声细语　(体育项目:柔道)

wei

同义 未尝—未曾/未来—将来/未免—不免、难免

反义 未—已/未来—过去/未遂—得逞/未知—已知

组字 味、妹、昧、魅

wèi	7画 亻(rén)部
位	左右 亻/立(亠/丷)
	亻亇位

①位置：座~|部~|岗~。②职位，地位：岗~|名~|学~。③特指皇位：即~(开始做帝王)|在~|篡~。④数位：个~|十~|进~。⑤量词：两~客人|各~代表。

同义 位置—部位、地位/位子—座位、职位

wèi	8画 口部
味	左右 口/未
	口叮味味

①用舌头尝所得到的感觉：~道|苦~。②用鼻子闻所得到的感觉：气~|香~。③情趣：趣~|兴~|津津有~。④尝滋味，体会，研究：体~|耐人寻~。⑤某种菜肴：美~|海~。⑥量词，特指中药的种类：这个处方有五~中药。

同义 味道—滋味、兴趣

wèi	9画 田部
畏	上下 田/𧘇
	田甲畀畏

①害怕：~惧|~难|大无~的精神。②敬佩：敬~|后生可~(青年人很容易超过老一辈，他们是可敬畏的)。

同义 畏—惧、怕/畏惧—畏怯、恐惧/畏缩—退缩

组字 偎、喂

提示 "畏"的下面是"𧘇"，不是"衣"。

wèi	9画 田部
胃	上下 田/月
	田田胃胃

胃脏，人和某些动物消化器官的一部分，上连食道，下连十二指肠，能分泌胃液、消化食物。

同义 胃口—食欲、兴致

组字 谓、喟、猬

wèi	11画 讠(yán)部
谓	左右 讠/胃(田/月)
	讠讵谓谓

①说：可~(可以说)|所~(所说的)。②称呼，叫做：称|何~(什么叫做)。③意义：不要做无~的事。

多音字	11画 寸部
尉	左右 㞎(尸/示)/寸
	㇇尸㞎尉

㈠wèi ①尉官，军衔名，在校之下，士之上：上~|中~|少~。②古官名：县~|太~。
㈡yù 尉迟，复姓。

组字 蔚、熨、慰

wèi	12画 口部
喂	左右 口/畏(田/𧘇)
	口叩喂喂

①把吃的东西送进别人嘴里：~饭|给病人~药。②给动物东西吃，饲养：今天我~鸡|她是~猪能手。③表示打招呼的声音：~，你找谁？|~，不要乱扔纸屑。

同义 喂奶—哺乳/喂养—哺养、哺育

名人名言 在科学事业中，真正的天才是那些发明新的研究方法的人。

[英]伯·罗素

wei—wen

wèi	12画	犭(quǎn)部
猬	左右	犭/胃(田/月)
	ノイ犭猬猬	

【刺猬】cì wei 哺乳动物,身上长着硬刺,嘴很尖。夜间出来捕食昆虫和鼠、蛇等。对农业有益。

多音字	14画	艹(cǎo)部
蔚	上下	艹/尉(尽/寸)
	艹 艹 荨 荨 蔚	

㈠wèi ①茂盛,盛大:~然|~为大观(发展成为盛大壮观的景象)。②文采华美:云蒸霞~(形容绚烂华丽)。
㈡yù 蔚县,地名,在河北省。
同义 ㈠蔚蓝—天蓝、碧蓝、青蓝/蔚然成风—蔚成风气

wèi	15画	心部
慰	上下	尉(尽/寸)/心
	尸月尽慰慰	

①使心情安适:~问|~安|~劳前方战士。②心情安适:欣~(高兴而且感到安慰)。

wèi	17画	鬼部
魏	左右	委(禾/女)/鬼
	禾 委 魏 魏 魏	

①周朝国名。②三国之一。③北朝之一。
组字 巍

wen

wēn	12画	氵(shuǐ)部
温	左右	氵/昷(日/皿)
	氵 沪 温 温	

①不冷不热,暖和:~暖|~水|~带。②温度:体~|高~。③稍微加热,使不凉:~酒|把冷饭~一~再吃。④性情柔和:~和|~柔|~顺。⑤复习:~书|~习功课。
同义 温和(hé)—温暖、暖和、柔和、温柔/温顺—和顺、柔顺/温习—复习
反义 温—凉/温饱—饥寒/温和—寒冷、严厉、暴烈/温暖—寒冷/温柔—粗暴

wēn	14画	疒(nè)部
瘟	半包围	疒/昷(日/皿)
	广 疒 疖 瘟 瘟	

瘟疫,流行性急性传染病:猪~|鸡~。

wén	4画	文部
文	上下	亠/乂
	亠 亠 文	

①自然界的自然现象或人类社会的文化现象:天~|水~|人~。②字,文字:甲骨~|汉~|英~。③文章,公文:散~|作~|呈~。④非军事的,与"武"相对:~职|能~能武。⑤温和,不猛烈:~雅|~火。⑥掩饰:~过饰非(掩饰过失、错误)。⑦刺画花纹:~身|~脸。
同义 文化—文明、知识/文静—娴静/文雅—娴雅、风雅、斯文
反义 文—武、野/文明—野蛮/文雅—粗野、粗俗/文言—白话
组字 吝、紊、刘、坟、纹、蚊、这

wén	7画	纟(mì)部
纹	左右	纟/文(亠/乂)
	纟 纟 纹 纹	

①图案花样:花~。②条痕,皱痕:~路|指~|皱~。

脑筋急转弯 胖胖是个颇有名气的跳水运动员,可是有一天,他站在跳台上却不敢往下跳。这是为什么?(池里没有水)

wen—weng

wén	9画 门部
闻	半包围 门/耳
	丶冂冋闻闻

①听见,听到:耳~目睹(亲自听说、亲眼看见)丨百~不如一见。②听到的事情,消息:新~丨见~。③用鼻子嗅:~到一股焦味。④出名,有名望:~人。
同义 闻名—著名、有名、出名

wén	10画 虫部
蚊	左右 虫/文(亠/乂)
	虫虻蚊

蚊子,昆虫名,种类很多。雄的吸植物汁液,雌的吸人畜的血液,有的能传染疾病:~帐丨~香。

wén	12画 雨部
雯	上下 雨/文(亠/乂)
	雨零雯雯

成花纹的云彩。

wěn	7画 口部
吻	左右 口/勿(勹/ノ)
	口叨吻

①嘴唇:~合(上下唇相合,比喻完全符合)。②亲,用嘴唇接触表示喜爱:亲~丨妈妈的~。
同义 吻合—符合、切合

wěn	10画 文部
紊	上下 文(亠/乂)/糸
	亠文紊紊

乱:~乱丨有条不~。
同义 紊乱—杂乱、纷乱

wěn	14画 禾部
稳	左右 禾/急(刍/心)
	禾秋稳稳

①安定,固定:~定丨~固丨站~立场。②沉着(zhuó),不轻浮:~重这个人很沉~。③准确,可靠:~妥丨获冠军十拿九~。④使稳定:先~住他,再想办法报警。
同义 稳当—稳妥、妥当/稳定—安定、固定/稳固—牢固、坚固/稳健—稳重、雄健、矫健
反义 稳—动荡、波动/稳重—轻浮、浮躁、暴躁

wèn	6画 门部
问	半包围 门/口
	丶冂门问

①提出问题请人回答:请~丨~询丨~勤学好(hào)~。②慰问:~好丨~候。③审讯,追究:审~丨~案。④管,干预:不闻不~丨他从不过~别人的私事。⑤向,跟:他从不~人借东西。
同义 问好—问候、问安/问讯—讯问、询问
反义 问—答

weng

wēng	10画 羽部
翁	上下 公(八/厶)/羽(习/习)
	八公爷翁

①老年男子:老~丨渔~。②父亲:家祭无忘告乃~。③丈夫的父亲或妻子的父亲:~姑(公婆)丨~婿(岳父和女婿)。
组字 嗡

wēng	13画 口部
嗡	左右 口/翁(公/羽)
	口叭呤吟嗡

 青石板上钉钉——不动

weng—wo

拟声词,形容飞机响或昆虫叫的声音:飞机~~地飞过|苍蝇~~叫。

wèng	8画 瓦部
瓮	上下 公(八/厶)/瓦 八公公瓮瓮

一种口小腹大的陶器,用于盛水、酒等:水~|酒~。

wo

wō	10画 亻(rén)部
倭	左右 亻/委(禾/女) 亻仵倭倭倭

古代指日本:~寇(14—16世纪侵扰我国东南沿海的日本强盗)。

多音字	10画 氵(shuǐ)部
涡	左右 氵/呙(口/内) 氵沪浔涡

㈠wō ①漩涡,水流旋转时中间低洼的地方:水~。②像漩涡一样的形状:~轮机。
㈡guō 涡河,水名,发源于河南省,流至安徽省注入淮河。

wō	12画 口部
喔	左右 口/屋(尸/至) 口口喔喔

拟声词,形容公鸡叫的声音。

wō	12画 穴部
窝	上下 穴/呙(口/内) 宀穴窝窝

①禽兽或其他动物的巢穴:鸡~|马蜂~|狼~。②私藏坏人或赃物:~藏|~赃|~主。③坏人聚集的地方:贼~|土匪~。④洼陷的地方:眼~|心~|胳肢~。⑤郁积而得不到发作或发挥:~火|~工(因安排不好,劳力不能充分发挥作用)。⑥弄弯曲:把铁丝~成圆圈。⑦量词:一~小猪。
同义 窝藏—私藏、藏匿(nì)

wō	13画 虫部
蜗	左右 虫/呙(口/内) 虫虬蚂蜗蜗

蜗牛,一种软体动物,有螺旋形扁圆的硬壳,头部有两对触角。吃嫩叶,对农作物有害。

wǒ	7画 戈部
我	独体 二手我我我

自称,自己:~国|~校|忘~|劳动|自~批评。
组字 俄、哦、峨、饿、娥、鹅、蛾

wò	7画 氵(shuǐ)部
沃	左右 氵/夭 氵沪沃沃

①土地肥:肥~|~土|~野。②浇,灌溉:~田|血~中原|肥草。
同义 沃土—沃野

wò	8画 臣部
卧	左右 臣(匚/丨)/卜 一丂臣卧卧

①躺,趴,睡下:~床|~倒|仰~。②睡觉用的:~室|~铺。
同义 卧—躺/卧室—寝室

wò	12画 扌(shǒu)部
握	左右 扌/屋(尸/至) 扌扌握握

谜语
早先就业在西湖 (字:湿)
街中植树,八月飘香 (字:桂)

391

wo—wu

①用手拿或抓:~手l~笔l紧~手中枪。②主持,控制:掌l~l大权在~。

wu

wū	4画 丿(piě)部
乌	独体
	丿 𠂊 乌 乌

①乌鸦:~合之众l月落~啼霜满天。②黑色:~云l~黑l~亮的头发。③【乌有】没有,不存在:化为~。

同义 乌—黑/乌亮—黑亮
反义 乌黑—洁白
组字 呜、钨、坞

wū	6画 氵(shuǐ)部
污	左右 氵/亏(一/丂)
	氵 汙 污

①肮脏:~泥l~浊l~垢。②弄脏:~染l玷~。③贪赃,不廉洁:贪~l贪官~吏。④诬蔑,使受耻辱:~辱l~蔑。

同义 污点—污垢/污浊—污秽
反义 污浊—纯净、清新

wū	7画 工部
巫	独体
	一 丆 巫 巫

自称可以与鬼神交流、以替人祈祷骗取财物为职业的人:~婆l~师l女~。

组字 诬

wū	7画 口部
呜	左右 口/乌
	口 口' 口𠂊 呜 呜

拟声词:~的一声,轮船驶出海港l小孩~~地哭了。

同义 呜咽(yè)—哽咽

wū	9画 讠(yán)部
诬	左右 讠/巫
	讠 讠丅 讠𠀆 诬

凭空说别人做了某种坏事:~赖l~告l~蔑。

同义 诬蔑—诽谤、中伤/诬陷—诬害、陷害

wū	9画 尸部
屋	半包围 尸/至(⺍/土)
	𠃍 尸 屋 屋

①房子:房~。②房间:里~l北~。

同义 屋子—房间
组字 握

wú	4画 一部/无部
无	独体
	二 𠂇 无

①没有,与"有"相对:学~止境l从~到有。②不:~论l~须l~动于衷。③不论:事~大小,都要认真去做。

同义 无边—无际、无涯、无垠/无耻—可耻、羞耻/无故—无端/无论—不论、不管/无能—平庸、窝囊/无穷—无限、无量/无须—不必、不用/无知—愚昧/无可奈何—百般无奈
反义 无—有/无聊—有趣/无视—正视/无私—自私/无畏—恐惧、害怕/无意—有意、故意、存心
组字 芜、抚、妩

wú	4画 毋部
毋	独体
	𠃜 𠃌 毋 毋

不要,不可以:宁(nìng)缺~滥。

同义 毋宁—不如/毋庸—无须、不用

本来无望的事,大胆尝试,往往能成功。
　　　　　　　　　　　　　　　　[英]莎士比亚

wu

wú	7画 艹(cǎo)部
芜	上下 艹/无 艹艹艹芜芜

①乱草丛生：土地荒~。②比喻杂乱(多指文章)：~杂(杂乱，没有条理)。

wú	7画 口部
吾	上下 五/口 一丁五五吾

我，我们：~国|~辈(我们)。
组字 语、捂、悟、梧、晤、衙

wú	7画 口部
吴	上下 口/天 口吕旲吴

①周代诸侯国名。②三国时代的吴国。
组字 误、蜈、虞、娱

wú	11画 木部
梧	左右 木/吾(五/口) 木木木梧

梧桐，落叶乔木，木质轻而韧，可做乐器和器具，皮可造纸，叶可做药，种子可榨油。

wú	13画 虫部
蜈	左右 虫/吴(口/天) 虫虫虫蜈

【蜈蚣】-gōng 节肢动物的一科。身体长而扁，躯干由二十一节组成，每节有一对足，第一对足有发达的爪和毒腺。昼伏夜出，捕食小昆虫。

wǔ	4画 一部
五	独体 一丁五五

数目字：泰山、华山、衡山、恒山和嵩山，是我国的~座名山。
同义 五脏—五内/五颜六色—五彩缤纷
组字 吾、伍

wǔ	4画 十部
午	上下 𠂉/十 丿𠂉二午

①日中的时候，白天十二点。②旧计时法，午时，十一点到十三点：中|~休|~饭。③十二地支之一。
同义 午睡—午休/午夜—子夜、半夜

wǔ	6画 亻(rén)部
伍	左右 亻/五 亻亻伍伍

①军队：入~|退~|军人。②同伙：相与为~。③数目字"五"的大写。

wǔ	7画 女部
妩	左右 女/无 𡿨𡿨妩妩

【妩媚】-mèi (女子、花木等)姿态美好可爱：~多姿。
同义 妩媚—娇媚

wǔ	8画 止部
武	半包围 弋/止 二千武武武

①关于军事或暴力的，与"文"相对：~器|~装|动~。②关于搏斗技术的：~术|~功。③勇猛：英|威~。
同义 武断—独断、专断
组字 赋、鹉

脑筋急转弯 什么东西有五个头，但人不觉得它怪呢？(手，脚)

393

wu

wǔ	9画 亻(rén)部
侮	左右 亻/每(𠂉/母)
	亻仁侮侮侮

欺负,轻慢:~辱|欺~|中国人民不可~。
同义 侮辱—凌辱、欺侮

wǔ	10画 扌(shǒu)部
捂	左右 扌/吾(五/口)
	扌扌扩护捂

遮盖住或封住:把嘴~起来|放在罐子里~起来,免得走了味。

wǔ	13画 鸟部
鹉	左右 武(弋/止)/鸟
	一 𠂉 武 䳌 鹉

【鹦鹉】yīng- 见"鹦"。

wǔ	14画 丿(piě)部/夕部
舞	上下 無/舛(夕/㐄)
	二 無 無 舞 舞

①跳舞:~厅|载歌载~。②舞蹈:芭蕾~|印度~。③挥动,飘动:挥~|飘~。④耍弄:~弊(用欺骗的方式做违法乱纪的事情)。
同义 舞弊—作弊/舞动—舞弄、挥舞

wù	3画 兀部
兀	独体
	一 兀 兀

①高高地耸起:突~|危峰~立。②形容山秃,泛指秃:~鹫(jiù)。

wù	4画 勹(bāo)部
勿	半包围 勹/丿
	丿 勹 勿

别,不要:请~吸烟|请~自误。
组字 易、忽、吻、物、囫

wù	5画 戈部
戊	独体
	一 厂 戊 戊 戊

天干的第五位,用做顺序的第五。
组字 茂

wù	5画 夂(zhǐ)部
务	上下 夂/力
	丿 夂 务 务

①事,事情:任~|事~|公~。②从事,致力:~农。③追求,谋求:~实|不~虚名。④必须,一定:~必|~须|~请准时参加。
同义 务必—务须、必须/务农—种田、种地
组字 雾

wù	7画 土部
坞	左右 土/鸟
	土 圹 坞 坞

①四面高而中间凹的地方:山~|花~|船~。②村落周围用于防卫的小堡。

wù	8画 牛部
物	左右 牛/勿(勹/丿)
	一 牛 牤 物

①东西:~体|货~|爱护公~。②(文章或语言的)实际内容:言之有~|空洞无~。③自己以外的人或环境,多指众人:待人接~(与人相处)。
同义 物色—寻找
反义 物质—精神

  沙窝子想撑船——好事想绝了

wu

wù	9画 讠(yán)部
误	左右 讠/吴(口/天)
	讠 讠 误 误

①错:错~|~会|~差。②耽搁:耽~|~事|~了功课。③因自己做错而使人受害:~人子弟。④不是有意地:~伤。

同义 误—错/误会—误解
反义 误—正

wù	10画 忄(xīn)部
悟	左右 忄/吾(五/口)
	丷 忄 忄 忤 悟

理解,领会,觉醒:醒~|领~|觉~|终于~出其中的道理。

wù	11画 日部
晤	左右 日/吾(五/口)
	日 旷 晤 晤

见面:~面|~谈|会~。

wù	13画 雨部
雾	上下 雨/务(夂/力)
	币 雨 雴 雾 雾

①接近地面的水蒸气遇冷凝结后飘浮在空气中的小水点:云~|迷蒙|烟缭~绕。②像雾的东西:喷~器|狂暴的风刮起满天沙~。

同义 雾蒙蒙—雾腾腾

谜语 兔子的耳朵 (字:聊)
　　　靠手又用心 (字:择)

xi

xī	3画 夕部
夕	独体
	丿 夂 夕

①日落的时候：~阳|照朝(zhāo)~。②晚上：前~(前一天的晚上，比喻事情即将发生的时刻)|除~。

同义 夕阳—斜阳、残阳、落日
反义 夕—朝/夕阳—朝阳、朝日、旭日
组字 歹、岁、汐
提示 "夕"的后两笔不相交。

xī	6画 西部
西	独体
	一 兀 西 西

①方向，太阳落的一边，与"东"相对：夕阳~下|从东往~。②式样或内容属于西方(多指欧洲、美洲)的：~服|~医|~餐。

组字 茜、洒、栖、晒、牺

xī	6画 口部
吸	左右 口/及
	口 叨 叨 吸

①从口或鼻把气体引入体内：~气|~烟。②吸收，吸引：~尘器|棉花能~水|~铁石。

同义 吸收—吸取、接收、摄取/吸引—招引
反义 吸—呼/吸收—排除、排泄/吸引—排斥

xī	6画 氵(shuǐ)部
汐	左右 氵/夕
	氵 汐 汐

夜间的海潮：潮~。

xī	7画 巾部
希	上下 乂/布(厂/巾)
	丿 乂 产 希

盼望：~望|~准时参加|敬~指正。

同义 希望—期望、盼望、愿望
反义 希望—失望
组字 稀

xī	8画 日部
昔	上下 卝/日
	卄 芇 昔 昔

过去，从前：~日|今~对比|忆往~。

同义 昔日—往日、从前
反义 昔—今/昔日—今朝、来日
组字 借、措、猎、惜、腊、错、鹊、蜡、醋

xī	8画 木部
析	左右 木/斤
	木 朳 析

①分开：分崩离~(形容集团、国家等分裂瓦解)。②解释，辨别：分~|同义词辨~。

组字 淅、晰

xī	10画 牛部
牺	左右 牜/西
	亠 牛 牭 牺 牺

古代称做祭品用的牲畜(chù)：~牛。

同义 牺牲—捐躯、献身

名人名言 要培养一个人成才，很重要的一个因素在于思维，在于科学的思维。 ——高士其

xī	10画 自部
息	上下 自/心
	丿自息息

①呼吸时进出的气:气~|喘~|生命的最后一~。②停止,歇:停~|怒~|作~制度。③音信:消~|信~。④利钱:利~|年~|低~贷款。⑤繁殖,滋生:生~。⑥儿子:子~。
同义 息怒—消气
反义 息—作
组字 媳、熄

xī	11画 釆(biàn)部
悉	上下 釆/心
	丶丷悉悉

①知道:得~|熟~|来函敬~。②尽,全:~心(用尽所有的心思)|~数(shù)归公|不可~数(shǔ)。
同义 悉数(shù)—全数、如数/悉心—潜心、专心
组字 蟋

xī	11画 氵(shuǐ)部
淅	左右 氵/析(木/斤)
	氵汁汫淅

①淘米。②【淅沥】-lì拟声词,表示雨雪声或落叶声:雨~~地下着。

xī	11画 忄(xīn)部
惜	左右 忄/昔(艹/日)
	丶忄忄惜惜

①爱惜,重视:珍~|怜~。②舍不得:吝~|别(舍不得分离)|不~牺牲个人利益。③可惜,感到遗憾:痛~|惋~。

xī	12画 日部
晰	左右 日/析(木/斤)
	日旷晰晰

明白,清楚:读音~|雾退了,四周景物分外明~。

xī	12画 禾部
稀	左右 禾/希(乂/布)
	禾秆秄稀

①事物之间距离远、空隙大,与"密"相对:~疏|地广人~。②浓度小,含水分多的:~薄|~饭|~泥。③事物数量少或出现得少:~少|~奇|~罕|~客。
同义 稀—疏/稀薄—淡薄/稀罕—稀少、稀有/稀奇—新奇/稀稀拉拉—稀稀落落
反义 稀—密、稠/稀薄—浓厚/稀少—众多/稀奇—平常、普通/稀疏—稠密、浓密/稀稀拉拉—密密麻麻

xī	12画 尸部
犀	半包围 尸/牛(乂/牛)
	尸尸尸屋犀

犀牛,哺乳动物,生活在热带,形状有点像牛,全身几乎没有毛,皮粗厚多皱纹,鼻子上有一个或两个角。
同义 犀利—锐利、锋利

xī	13画 钅(jīn)部
锡	左右 钅/易(日/勿)
	钅钅钖锡

一种金属元素,银白色,质软。多用于镀铁、焊接金属或制造合金。

脑筋急转弯 阿明天天花很多钱,可是最后却成了百万富翁,为什么?
(他以前是亿万富翁)

xī	13画 氵(shuǐ)部
溪	左右 氵/奚(爫/幺/大)
	氵 氵 溪 溪

山里的小河沟，泛指小河沟：~水|小~流|~涧（山间的河沟）。

xī	14画 灬(huǒ)部
熙	上下 巸(𦣞/巳)/灬
	一 𦣞 巸 熙

①光明，兴盛。②【熙攘】-rǎng 形容人来人往，热闹拥挤。

同义 熙熙攘攘—熙来攘往

提示 "熙"的上面是"𦣞"和"巳"，不是"臣"和"已"。

xī	14画 火部
熄	左右 火/息(自/心)
	丷 火 炍 熄

火灭，灭火：~灭|~灯|火~了。

反义 熄灭—燃烧

xī	15画 口部
嘻	左右 口/喜(吉/䒑/口)
	口 叶 咭 嘻 嘻

①形容笑的声音或样子：~~哈哈|笑~~。②文言叹词，表示惊叹或赞美等：~，善哉！

xī	15画 月部
膝	左右 月/桼(木/氺)
	月 肸 脎 膝 膝

腿关节的前部，通称膝盖：促~谈心|卑躬屈~。

xī	15画 女部
嬉	左右 女/喜(吉/䒑/口)
	乚 女 姞 嬉 嬉

游戏，玩耍：~戏|~笑。

同义 嬉戏—游戏、玩耍

xī	17画 虫部
蟋	左右 虫/悉(采/心)
	虫 虫 蟀 蟋

【蟋蟀】-shuài 北方俗称蛐蛐儿，身体黑褐色，有长触角。雄的好斗，两翅膀摩擦能发声。吃植物的根、茎和种子，是害虫。

xí	3画 乙部
习	半包围 ㇆/冫
	㇆ 刁 习

①学过后再反复学、反复练：练~|自~|~题。②因经常接触而熟悉：~以为常。③习惯：积~|铲除不良~气|恶~。

同义 习以为常—司空见惯

组字 羽

xí	9画 广部
席	半包围 广/帀(廿/巾)
	广 产 庤 席

①用草或苇子等编成的用来铺床的东西：草~|炕~|凉~。②座位：~位|出~|来宾~。③成桌的饭菜：酒~|筵(yán)~。④量词：一~酒|一~话。

xí	11画 龙部
袭	上下 龙/衣(亠/𧘇)
	𠂇 九 尤 龙 袭

①袭击，趁敌人不备，给以攻击：夜~|空~|偷~。②侵，逼：寒气~人。③照着做，照着继续下去：抄~|沿~（照老样子办）|世~（指帝位、

歇后语 上天绣花——想得挺美

爵位等世代相传）。④量词，指成套的衣服：棉衣一~。

xí	13画 女部
媳	左右 女/息(自/心)
	ㄑ ㄠ 姮 媳

①儿子的妻子：~妇儿|~婆。②晚辈亲属的妻子(前面加晚辈称呼)：弟~|侄~|孙~。

多音字	9画 氵(shuǐ)部
洗	左右 氵/先(丿儿)
	氵 氵 汘 洗 洗

㊀xǐ ①用水等去掉脏东西：~衣服|~澡。②清除，使纯洁：清~。③弄清楚冤枉的事情：~雪|~冤。④照相的显影定影：冲~|~照片|~胶卷。⑤抢光，杀光：劫一空|血~。
㊁xiǎn 姓。
同义 ㊀洗涤—清洗/洗澡—沐浴

xǐ	10画 玉部
玺	上下 尔(⺈/小)/玉
	丆 尔 玺 玺 玺

印，自秦朝起专指皇帝的印：玉~。

xǐ	11画 彳(chì)部
徙	左右 彳/走(止/龰)
	彳 彳 衧 徙 徙

迁移：迁~|~居(搬家)。
提示 "徙"不要与"徒"相混。

xǐ	12画 士部
喜	上中下 吉/⺌/口
	十 吉 壴 喜

①高兴，快乐，与"怒"、"悲"相对：~欢|欢~|~出望外(出乎意料的高兴)。②值得庆贺的，使人高兴的：~事|~讯。③值得庆贺和高兴的事：报~|双~临门。④爱好(hào)：好~|爱好大~功。⑤适宜于：有的花~阴。
同义 喜欢—喜爱、喜庆—吉庆/喜事—好事/喜洋洋—喜滋滋—喜冲冲
反义 喜—怒、悲、忧/喜欢—讨厌、厌恶、忧愁、悲哀/喜剧—悲剧

组字 嘻、嬉、禧

xǐ	16画 礻(shì)部
禧	左右 礻/喜(吉/⺌/口)
	礻 礻 祥 禧 禧

幸福，喜庆：年~|恭贺新~。

xì	6画 又部
戏	左右 又/戈
	丆 又 戏 戏

①玩耍：游~儿~。②嘲弄，开玩笑：~弄|军中无~言。③戏剧，杂技：看~|京~|马~。
同义 戏弄—戏耍、玩耍、捉弄

多音字	7画 糸(mì)部
系	独体
	一 玄 孚 系

㊀xì ①关联，联结：关~|联~。②有联属关系的：~统|一~列|直~亲属。③高等学府中按学科分的教学单位：中文~|数学~。④拴，吊：~马把东西从窗口~上来。⑤是：确~事实|岳飞~民族英雄。⑥挂念：~念。
㊁jì 结，扣：~鞋带|~红领巾。
同义 ㊀系统—体系

xì	8画 纟(mì)部
细	左右 纟/田
	纟 纠 细 细

①条状物横截面或长条形两边距离小：~

谜语 砍掉左边是树，砍掉右边也是树，砍掉中间还是树。 （字：彬）

xi—xia

毛线l~l竹竿l~l眉大眼。②颗粒小的:~沙l~末。③声音小:嗓音~。④精致:瓷器精~l精雕~刻。⑤周密:胆大心~l仔~l精耕~作。⑥细小:~节l~微。

同义 细长—狭长、修长/细腻—细致、光滑/细心—精心/细小—细微、微小

反义 细—粗、大、巨/细长—粗短/细腻—粗糙/细小—巨大/细心—粗心

xì	12画 阝(fù)部
隙	左右 阝/㬰(小/日/小)
	阝阝阡隙

①裂缝:缝~l墙~。②空(kòng)着的地方,空闲的时间:~地(空地)l间(jiàn)~l空~。③机会,空(kòng)子:乘~l无~可乘。④感情上的裂痕:嫌~(因猜疑而产生的恶感)。

xia

xiā	9画 虫部
虾	左右 虫/下
	虫虫虫虾虾

节肢动物,身上有薄而透明的壳,腹部有很多环节。生活在水里,种类很多,可食用。

xiā	15画 目部
瞎	左右 目/害(宀/丰/口)
	目盱盱瞎

①眼睛失明:~子l~眼。②胡乱:~说l~忙了。

同义 瞎话—胡话、谎话/瞎说—瞎扯、胡说

xiá	7画 匚(fāng)部
匣	半包围 匚/甲
	一匚甲匣

①收藏东西的器具,通常指小型的、有盖可以开合:木~子l梳头~。②量词:一~点心。

xiá	8画 亻(rén)部
侠	左右 亻/夹
	亻亻侭侠侠

旧指有武艺、讲义气、肯舍己助人的人或行为:武~l游~l~骨。

xiá	9画 山部
峡	左右 山/夹
	山山山山峡峡

两山夹着的水道:~谷l山~l三~。

xiá	9画 犭(quǎn)部
狭	左右 犭/夹
	犭犭犭狄狭

窄,不宽阔,与"广"相对:~窄l~长l~路相逢(指仇敌相遇)。

同义 狭窄—窄/狭隘—狭窄、狭小/狭长—细长

反义 狭—广/狭隘—宽广、宽阔/狭小—宽大、宽广、广阔/狭义—广义

xiá	12画 辶(chuò)部
遐	半包围 叚(𠀉/㇇)/辶
	𠃜𠀉𠁁叚遐

①远,遥远:~迩(远近)l~方。②长久:~龄(高龄)l~寿。

xiá	13画 王部
瑕	左右 王/叚(𠀉/㇇)
	𤣩𤣩𤣩瑕瑕

玉上面的斑点,比喻缺点:~疵(cī,小缺点)l~瑜互见(比喻缺点优点都存在)l洁白无~。

  学习是劳动,并且应当永远是劳动,是充满了思想的劳动。
[俄]乌申斯基

xia—xian

xiá	13画 日部
暇	左右 日/叚(𠃜/㕚)
	日 旷 昀 睱 暇

空(kòng)闲:空~|无~|目不~接(形容东西很多很好,来不及看)。

xiá	14画 车部
辖	左右 车/害(宀/丰/口)
	车 轩 辖 辖

①大车轴头上穿着的小铁棍,用来卡住轮子使不脱落。②管理:管~|直~市。

xiá	17画 雨部
霞	上下 雨/叚(𠃜/㕚)
	雨 雪 雲 霄 霞

因受日光斜照而呈现的彩色的云:彩~|红~|晚~|光万道。

xiá	18画 黑部
黠	左右 黑(里/灬)/吉(士/口)
	甲 黑 黑 點 黠

聪明而狡猾:狡~|外痴内~。

xià	3画 一部
下	独体
	一 丁 下

①低处,位置在低处的,与"上"相对:楼~|水~|游。②等级低的:~等|~策。③次序靠

后的:~册|~月。④向下面:~达|~降。⑤表示属于一定范围、情况、条件等:部~|在这种情况~。⑥由高处到低处:山顺流而~。⑦降落:雨~|雪。⑧方位,方面:向四~一看两~里都同意。⑨开始做,用:~笔|~工夫。⑩攻克:攻~|连~两城。⑪(动物)生(卵或幼崽):~蛋|~崽。⑫少于或低于(某数):不~三百人。⑬去,到:~乡|~连队。⑭做出~结论|~定义。⑮退让:相持不~。⑯按时结束日常工作或学习:~课|~班。⑰放进去:~种|~网捕鱼。⑱颁发,投送:~命令|~帖子。⑲卸下,取下:~货|~装。⑳量词:打两~。

同义 下场—结局/下贱—低贱/下流—下落—下降、降落/着落/下手—着手、动手、助手/下种—播种

反义 下—上/下沉—上浮/下贱—高贵/下降—上升/下来—上去/下去—上来

组字 忑、吓、虾

多音字	6画 口部
吓	左右 口/下
	口 叮 吓

㈠xià ①害怕:~得发抖。②使害怕:~人|~唬(hu)|中国人民是~不倒的。
㈡hè 威胁:恐~|威~|恫(dòng)~。

同义 ㈡吓唬—恐吓(hè)、威吓(hè)

xià	10画 夂(zhǐ)部
夏	上下 百/夂
	一 百 頁 夏

①四季中的第二季:~天|盛~|~令营。②指中国:华~。③朝代名。

组字 厦

xiān

xiān	5画 亻(rén)部
仙	左右 亻/山
	亻 仙 仙 仙

神话中称有神奇本领、可以长生不老的人:神~|~境|八~过海。

脑筋急转弯 一只普通手表刚掉进大海,会不会停?(它不会停,它会一直沉下去)

401

xian

xiān	6画 儿部
先	上下 ㇒/儿
	㇒ 𠂉 生 先

①时间或空间在前的,与"后"相对:~来后到|~头部队。②前进,走在前面:争~恐后。③祖先,上代人:~人。④尊称死去的:~父|~烈。⑤起初,开始时:起~|原~|这件事是他提出的。

同义 先辈—先驱、前辈—先锋—前锋—先进—进步/先前—以前/先兆—前兆、预兆

反义 先—后/先进—后进、落后/先天—后天

组字 宪、洗、铣、选

xiān	11画 扌(shǒu)部
掀	左右 扌/欣(斤/欠)
	扌 扌 扩 扩 掀

①揭起,打开:~锅盖|~门帘。②翻腾,使翻倒:大海~起巨浪|把他~倒在地。③发动,兴起:~起学习新高潮。

xiān	13画 钅(jīn)部
锨	左右 钅/欣(斤/欠)
	钅 钅 钌 钌 锨

挖土或铲东西的工具:铁~|木~。

多音字	14画 鱼部
鲜	左右 鱼(⺈/田/一)/羊(丷/𠂉)
	鱼 鱼 鱼' 鲜

㈠xiān ①新的,不干枯的:新~|~鱼|~花。②味美:~味|~美。③明亮有光彩的:~红的太阳|颜色~艳。④新鲜的食物:时~|尝~。

㈡xiǎn 少:~见|~有|~为人知。

同义 鲜明—鲜亮、分明/鲜艳—明艳、艳丽 ㈡鲜—少

反义 鲜明—含糊/鲜艳—暗淡 ㈡鲜为人知—众所周知

组字 癣

xián	7画 门部
闲	半包围 门/木
	丶 门 闲 闲

①没有事情做,与"忙"相对:~暇|没有一工夫。②放着,不使用:~房|这块地~着怪可惜的,种上花生吧!③无关正事的:~谈|~话|~人免进。④安静:~静|~庭。

同义 闲谈—闲扯、闲聊/闲暇—空闲、空暇

反义 闲—忙

组字 娴

xián	8画 贝部
贤	上下 𦥑(⺈/又)/贝
	⺈ 𦥑 肾 贤

①有道德的,有才能的:~明|~人。②有道德,有才能的人:任人唯~|举~。③旧时敬词,用于平辈或晚辈:~弟|~侄。

同义 贤惠—贤淑/贤明—贤良

xián	8画 弓部
弦	左右 弓/玄(亠/幺)
	㇕ 弓 弦 弦

①弓上发箭的绳状物:弓~|箭在~上。②半圆的月亮:上~|下~。③发条:手表~断了。④直角三角形的斜边。⑤直线与圆相交,夹在圆周之内的部分。⑥乐器上发声的线:琴~。

xián	9画 戈部/口部
咸	半包围 戊/口(一/口)
	厂 咸 咸 咸

①全,都:老少~宜。②像盐的味道,含盐分多的,与"淡"相对:~鱼|~菜。

反义 咸—淡

组字 感、减、喊、缄、碱

xian

xián	9画 氵(shuǐ)部
涎	左右 氵/延(正/廴)
	氵 氵 汢 涎 涎

口水，唾沫：流~|垂~三尺(比喻羡慕，想得到)。

xián	10画 女部
娴	左右 女/闲(门/木)
	乚 乂 女 女 娴

①熟练：技术~熟|~于书画。②文雅：~雅|~静。
同义 娴雅—娴静、文雅

xián	11画 彳(chì)部
衔	左中右 彳/钅/亍
	彳 衔 衔

①马嚼子。②用嘴含，叼：~着烟斗|燕子~泥。③心里存着，怀着：~恨|~冤。④奉，接受：~命。⑤相连接：~接。⑥职务或级别的名号：头~|军~。
同义 衔接—连接
反义 衔接—割裂

xián	11画 身部
舷	左右 身/玄(亠/幺)
	月 舟 舟 舷

船、飞机等两侧的边儿，也指两侧：船~|左~|~窗|~梯。

xián	13画 女部
嫌	左右 女/兼(丷/肀)
	乚 妒 婊 婶 嫌

①可疑，猜疑：~疑|避~。②厌恶(wù)，不满意：~弃|这件衣服给他穿~小。③怨恨：挟~(怀恨)。
同义 嫌弃—厌弃

xiǎn	9画 日(曰)部
显	上下 日/业
	口 旦 昂 昂 显

①外露的，容易看出的：明~|~然|~而易见。②表现，表露：~现|~示|大~身手。③有权势、名声和地位的：~贵(旧指做大官，也指做大官的人)|~赫。
同义 显露—流露、表露|显示—表现|显现—显露、呈现、展现|显耀—炫耀、夸耀|显著—显然、明显
组字 湿

xiǎn	9画 阝(fù)部
险	左右 阝/佥(人/业)
	丂 阝 阝 险

①地形恶劣，难以通过：~峻|~阻。②要隘，不容易通过的地方：天~。③有遭到损害或失败的可能：惊~|冒~|~情。④狠毒：阴~|奸~。⑤几乎，差一点：~些上当|~遭不幸。
同义 险恶—险要、险峻、阴险
反义 险—夷

多音字	11画 钅(jīn)部
铣	左右 钅/先(土/儿)
	钅 钅 铣 铣

㈠xiǎn 有光泽的金属：~铁(生铁)。
㈡xǐ 用一种能旋转的多刃刀具切削金属工件：~床|~刀|~齿轮。

xiàn	7画 厶(sī)部
县	上下 且/厶
	冂 月 且 县

省级以下，乡镇以上的一种行政区划。
组字 悬

谜语　飞机遇险（成语：乘人之危）
　　　空车进关（成语：乘虚而入）

403

xian

xiàn	8画 王部
现	左右 王/见
	二 F 玑 现

①显露：显~|出~|~出真面目。②现在，目前：~状|~代化|~有条件。③当时，当场：~做~卖|~场直播。④当时就有的：把~金存入银行|~钱买~货。⑤现金：兑~。

同义 现金—现款、现钱、现钞/现在—现时、现今、当今

反义 现—隐/现实—理想、幻想/现在—过去、将来

xiàn	8画 阝(fù)部
限	左右 阝/艮
	阝 阝 阝 限 限

①指定的范围：期~|有~|界~。②指定范围：~期|~定只~五人上场。

同义 限期—定期、期限/限制—限定

xiàn	8画 纟(mì)部
线	左右 纟/戋
	纟 纟 线 线

①用棉、麻、毛、丝或金属等制成的细长的东西：棉~|毛~|电~。②像线的东西：视~|光~|红外~。③交通工具往返的通路：铁路~|航~。④边káng交界的地方：前~|海岸~|国境~。⑤比喻某种境况的边际：生命~|死亡~。⑥探求问题的途径或探听消息的人：~索|内~|眼~。⑦几何学上指一个点任意移动所构成的图形：直~|曲~|垂~。⑧量词，表示细小的：一~希望|一~生机。

同义 线路—路线

xiàn	9画 宀(mián)部
宪	上下 宀/先(牛/儿)
	宀 宀 宁 宪

①法令：~章。②宪法，国家的根本大法，具有最高的法律效力，是其他立法工作的根据：立~。

xiàn	10画 阝(fù)部
陷	左右 阝/臽(⺈/臼)
	阝 阝 阝 陷 陷

①掉进，沉下：~进泥潭|下~。②凹进；两眼深~。③想法子害人：~害|诬~。④攻破：冲锋~阵。⑤被攻破：~落|失~|沦~。⑥缺点：缺~。

同义 陷害—坑害、诬陷/陷阱—陷坑、圈套/陷落—陷于、陷入、沦陷

反义 陷害—搭救

xiàn	11画 饣(shí)部
馅	左右 饣/臽(⺈/臼)
	饣 饣 饣 馅 馅

包在面食、糕点等食品里面的肉、菜、糖等东西：饺子~儿。

xiàn	12画 羊部
羡	上下 羊(丷/王)/次(冫/欠)
	丷 ⺷ 羊 羡

羡慕，因喜爱而希望得到：临渊~鱼(比喻只有空想，不做实际工作)。

同义 羡慕—爱慕

反义 羡慕—忌妒、妒忌

xiàn	13画 犬部
献	左右 南(十/冂)/犬
	十 肀 南 献 献

①恭敬庄严地送给：~花|贡~|奉~|~礼。②表

  勤勉而顽强地钻研，永远可以使你百尺竿头更进一步。

[德]舒曼

现出来:~技。
同义 献计—献策/献技—献艺/献身—舍身、捐躯、牺牲

xiàn	13画 月部
腺	左右 月/泉(白/水)
	月 胪 胪 腺

生物体内能分泌某些化学物质的组织：汗~丨泪~丨甲状~。

xiang

xiāng	3画 乙部
乡	独体
	乙 乡 乡

①城市外的区域，与"城市"相对：下~丨城~。②自己生长的地方或祖籍：故~丨还~同~。③行政区划的基层单位：~政府丨~长。
同义 乡—村/乡村—农村/乡思—乡愁/乡土—故土/乡镇—市镇、集镇
反义 乡—城/乡村—城市、都市

多音字	9画 木部
相	左右 木/目
	十 木 相 相

㊀xiāng ①互相，动作由双方来：~助不~上下丨儿童~见不~识。②表示动作是一方对另一方的：~信丨~劝丨~告。③亲自看(是否中意)：~中(zhòng)丨左~右看。

㊁xiàng ①样子，容貌：~貌丨凶~丨儿照~。②察看：~马丨~机行事丨人不可貌~。③事物的外观或情况：星~丨真~。④辅助，也指辅助的人。⑤宰相，古代辅助皇帝管理国事的最高官职。⑥某些国家的官名：首~丨外务~。
同义 ㊀相比—相形、对比/相持—僵持/相逢—相遇/相互—互相、交互/相关—相干、有关/相近—相仿、近似/相似—相像/相同—同样、雷同 ㊁相貌—容貌/相片—照片
反义 ㊀相对—绝对/相同—相反/相信—怀疑、疑惑
组字 想、箱、霜、湘、厢

xiāng	9画 香部
香	上下 禾/日
	二 禾 香 香

①气味好，与"臭"相对：~气扑鼻丨鸟语花~。②味道好：饭~丨~甜可口。③舒服：睡得~这两天吃饭不~。④受欢迎，受重视：这种产品在国际市场很~丨有专业知识的人当农民很吃~。⑤香料或加香料做成的东西：檀~丨沉~丨蚊~。
同义 香甜—甘甜
反义 香—臭/香喷喷—臭烘烘
组字 馨

xiāng	11画 厂部
厢	半包围 厂/相(木/目)
	厂 厍 厢 厢

①正房前面两旁的房屋：~房丨东~丨西~。②像房子那样隔开的地方：车~丨包~。③靠近城的地方：城~丨关~。④边，方面：这~丨两~。

xiāng	12画 氵(shuǐ)部
湘	左右 氵/相(木/目)
	氵 泔 湘 湘

①湖南省的别称：~剧丨~绣。②湘江，发源于广西，经湖南流入洞庭湖。

脑筋急转弯 什么东西外表不大，却可以装得下比它大得多的东西？（电视机）

xiang

xiāng	15画 竹(𥫗)部
箱	上下 𥫗/相(木/目)
	𥫗 笁 箱 箱

①箱子,放置物品的方形器具:皮~|文件~|手提~。②像箱子的东西:信~|风~。

xiāng	22画 钅(jīn)部
镶	左右 钅/襄(亠/四/衣)
	钅 铲 铲 镶 镶

把东西嵌(qiàn)进去或在外围加边:~牙|嵌|~一道花边。

xiáng	8画 讠(yán)部
详	左右 讠/羊(丷/手)
	讠 讠 详 详

①周密,完备,与"略"相对:~细|写|~情。②清楚:地址不~。③说明,细谈:面~(当面细谈)|内~。

同义 详细—详尽、周详
反义 详—略/详细—简略、粗略

xiáng	10画 礻(shì)部
祥	左右 礻/羊(丷/手)
	礻 礻 祥 祥

吉利,幸运:吉~|~瑞。

xiáng	12画 羊部
翔	左右 羊/羽(习/习)
	丷 兰 羊 羿 翔

①盘旋地飞而不扇动翅膀:飞~|滑~。②详尽:~实(详细而确实)。

xiǎng	8画 亠部
享	上中下 亠/口/子
	亠 古 享 享

受用,得到满足:~受|~福|坐~其成。

同义 享受—享用、消受
反义 享福—受苦、受罪
组字 谆、郭、淳、孰、敦、鹑

xiǎng	9画 口部
响	左右 口/向(𠂊/口)
	口 叮 响

①声音:音~|~动。②发出声音:枪~|上课铃~了。③声音大:~亮|这面锣真~。④回声:回~|反~|~应。

同义 响亮—洪亮、嘹亮/响声—响动、声响、声音

xiǎng	9画 饣(shí)部
饷	左右 饣/向(𠂊/口)
	饣 饣 饷

过去指军警等的工资:军~|发~|领~。

xiǎng	13画 心部
想	上下 相(木/目)/心
	木 相 想 想

①动脑筋:~一~|~办法。②估计,认为:推~|猜~|我~他会变好的。③希望,打算:他~得到一把小提琴|他~去看电影。④怀念,惦记:~念|~家。

同义 想—思、念/想法(fǎ)—设法/想法(fa)—想头/想念—怀念、思念/想象—设想/想方设法—千方百计
反义 想念—忘怀

蛇钻窟窿——顾前不顾后

xiang—xiao

xiàng	6画 口部
向	半包围 丿/口
	丿 冂 向

①对着，朝着：~阳面 ~未来。②方向，目标：风~ | 航~ | 志~。③偏袒，袒护：奶奶~着小弟弟。④从来，一贯：~来 | 他一~表现不错。⑤介词，表示方向或对象：~前看齐 | ~雷锋学习。⑥从前：~日。⑦将近，临近：~晚。
同义 向来—从来、历来、一向/向往—神往
反义 向—背
组字 响、饷、晌

xiàng	9画 工部
项	左右 工/页
	一 工 工 项

①颈的后部：颈~ | ~戴银圈。②事物的种类或条目：~目 | 事~。③钱，经费：款~ | 进~（收入的钱）。④量词：一~任务 | 两~规定。

多音字	9画 己部
巷	上下 共(艹/八)/巳
	艹 艹 共 共 巷

㊀xiàng 小的街道，胡同(tòng)，里弄(lòng)：大街小~ | ~战。
㊁hàng 【巷道】采矿或探矿时挖的坑道。
同义 ㊀巷子—胡同、弄堂
组字 港
提示 "巷"的下面是"巳"，不是"巴"。

xiàng	11画 刀(勹)部
象	上下 勹/豖
	勹 ⺈ 罒 象 象

①哺乳动物，鼻子长，圆筒形，能卷曲，多有一对特长的门牙，突出唇外。产于我国云南南部及印度、非洲等热带地方。②形状，样子：形~ | 景~ | 气~万千。③模仿，仿效：~形 | ~声。
组字 像、橡、豫
提示 "象"的意义不要与"像"相混，如"好象"、"象样"、"象话"、"相象"等的"象"不要误为"象"。"⺈"的下面不要写成"罒"。

xiàng	13画 亻(rén)部
像	左右 亻/象(⺈/豖)
	亻 亻⺈ 侉 傍 像

①相似：他很~他爸爸 | 彩云~鸡冠花。②比照人物制成的图形：画~ | 雕~ | 塑~。③比如，如同：~这样的好同学是值得大家学习的。④好像，似乎：他的老毛病~要发作了。

xiàng	15画 木部
橡	左右 木/象(⺈/豖)
	木 木⺈ 柈 椓 橡

①橡树，也叫栎(lì)树，落叶乔木，果实叫橡子。②橡胶树，常绿乔木，树的乳汁可以加工成橡胶，广泛应用在工业和生活各方面。

xiao

多音字	9画 刂(dāo)部
削	左右 肖(⺌/月)/刂
	丨 ⺌ 肖 削

㊀xiāo 用刀斜着手切去物体外面的一层：~铅笔 | ~果皮。
㊁xuē 义同㊀，用于一些复合词：剥~ | ~减 | ~弱。
同义 ㊀削减—裁减、缩减、减少/削价—减价、降价/削弱—减弱、弱化
反义 ㊀削减—增加、补充/削价—提价、加价/削弱—增强、加强、强化

谜语 劳力缺少用牛替（字：芋）
日头隐去下起雨（字：雪）

407

xiao

xiāo	10画 辶(chuò)部
逍	半包围 肖(⺌/月)/辶
	丿⺌肖逍逍

【逍遥】-yáo 自由自在,无拘无束:~自在。
同义 逍遥—自在

xiāo	10画 氵(shuǐ)部
消	左右 氵/肖(⺌/月)
	氵氵氵消

①逐渐失去,散失:~失|冰雪~融|烟~云散。②灭掉,除去:~灭|~毒|取~。③度过(时光):~夜|~夏|~遣(做一些事解闷或度过空闲时间)。④花费:~费|~耗。⑤需要:只~一天|~说。
同义 消除—清除、铲除/消耗—损耗、耗费/消极—消沉/消灭—歼灭/消亡—消融—融化/消失—消逝/消散—消息—音信、新闻/消闲—消遣
反义 消费—积累、生产/消耗—积蓄/消极—积极/消融—凝固/消失—存在、产生

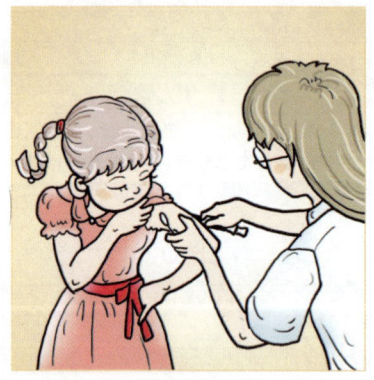

xiāo	10画 宀(mián)部
宵	上下 宀/肖(⺌/月)
	宀宀宀宵

夜:今~|春~|良~(美好的夜晚)|通~(整夜)。

xiāo	11画 艹(cǎo)部
萧	上下 艹/肃
	艹艹艹萧萧

冷落、没有生气的样子:~索(缺乏生机,不热闹)|~条(寂寞冷落,比喻不兴旺)。
同义 萧条—冷落、衰落
反义 萧条—繁华、繁荣、昌盛
组字 潇

xiāo	12画 石部
硝	左右 石(丿/口)/肖(⺌/月)
	丆石石矿硝

①硝石,矿物。可做炸药、化肥等。②用芒硝加黄米面处理毛皮,使皮板柔软:~皮子。

xiāo	12画 钅(jīn)部
销	左右 钅/肖(⺌/月)
	钅钅钅销

①熔化,烧掉:~毁。②去掉,除去:报~|撤~|吊~营业执照。③卖出:~售|畅~|购~两旺。④开支,花费:开~|花~。⑤销子,插在器物中使连接或固定的东西:插~。⑥插上销子:~上门。
同义 销—售
反义 销—购/销售—购买

xiāo	14画 竹(⺮)部
箫	上下 ⺮/肃
	⺮笁笁箫箫

一种用竹管做的竖着吹的乐器,也叫洞箫。

xiāo	14画 氵(shuǐ)部
潇	左右 氵/萧(艹/肃)
	氵氵氵潇潇

①形容水又清又深。②【潇潇】形容风雨声:风雨~。③【潇洒】自然大方,不拘束,有风度。
同义 潇洒—洒脱、大方
反义 潇洒—拘束

xiāo	15画 雨部
霄	上下 雨/肖(⺌/月)
	雨雨雨雨霄

①云:云~。②天空;重~(指极高的天空)|九~云外(比喻无限远的地方)。

名人名言 只有在劳动共和国里面,科学才能起到它的真正作用。
[德]马克思

xiao

xiāo	18画 口部
嚣	上中下 吅/口/页/吅/口/口
	吅 吅 咢 嚣

①大声叫嚷,吵闹:叫~|喧~。②放肆,猖狂:~张。
同义 嚣张—张狂、放肆
提示 "嚣"中间的"页"要写得比上下部件稍宽。

xiáo	11画 氵(shuǐ)部
淆	左右 氵/肴(㐅/有)
	氵 氵 沪 淆

搞乱,混杂:混~不清。
提示 读音不要与"肴(yáo)"混淆。

xiǎo	3画 小部
小	独体
	亅 小 小

①在体积、面积、数量、力量、强度等方面比不上一般的或比不上比较的对象,与"大"相对:~花|人太~|~声说话。②时间短:~坐|~住。③年纪小的人:大~都平安|上有老,下有~。④排行最后的:~儿子。⑤谦词,称自己或有关自己的人或事:~弟|~店。⑥轻视:~看。⑦稍微,略微:~试身手|~有名气。
同义 小辈—晚辈、后辈/小看—小瞧、轻视/小气—吝啬/小偷—窃贼、扒手/小心—当心、留心、谨慎
反义 小—大、老/小辈—长辈、前辈/小看—器重、重视/小气—大方、慷慨/小人—君子/小心—大意
组字 少、示、尘、尖
提示 "小"做上偏旁时,首笔竖钩变为竖,如"尘"、"尖"。

xiǎo	10画 日部
晓	左右 日/尧(㚤/兀)
	日 昕 晓 晓

①天刚亮时:拂~|天刚破~|春眠不觉~。②懂得,明白:~得|知~|家喻户~。③使人知道:动之以情,~之以理。

同义 晓得—懂得、知道、明白
反义 晓—夜

xiào	7画 耂(lǎo)部
孝	半包围 耂/子
	耂 耂 孝 孝

①尊敬并尽心奉养父母或长辈:~顺|~敬|~子。②在尊长死后一定时期内表示哀悼的礼俗:守~|满~。③丧服:戴~|穿~。
同义 孝顺—孝敬
组字 哮、教、酵

xiào	7画 小(⺌)部
肖	上下 ⺌/月
	丨 丨 ⺌ 肖

像,相似:子~其父|惟妙惟~(形容描写或模仿得非常好,非常像)。
组字 宵、霄、削、俏、捎、哨、蛸、消、悄、梢、硝、销、稍、艄、鞘、逍、屑

多音字	10画 木部
校	左右 木/交(亠/父)
	木 木 柊 校

㈠xiào ①学校:~园|~舍|~友。②军衔名,在将以下,尉以上:上~|中~|少~。
㈡jiào ①比较:~场(旧时操练和比武的地方)。②订正:~对|~订。
同义 ㈡校正—校改、校订

脑筋急转弯 什么人在刀刃上生活?(滑冰运动员)

409

xiao—xie

哮 xiào 10画 口部
左右 口/孝(耂/子)
口吡吟哮哮

①野兽吼叫：咆~。②气喘声：~喘病。

笑 xiào 10画 竹(⺮)部
上下 ⺮/夭
⺮竺笭笑

①露出快乐的表情，发出喜悦的声音：微~|欢~|哭~不得。②讥讽：讥~|嘲~|见~。
同义 笑柄—笑料/笑话—趣话、耻笑—见笑/笑脸—笑容、笑颜/笑嘻嘻—笑哈哈、笑眯眯、笑吟吟、笑呵呵
反义 笑—哭、啼/笑脸—愁容

效 xiào 10画 攵(pū)部
左右 交(亠/父)/攵
亠⺝交效

①模仿：仿~|~法|上行下~。②成果，功用：~果|~率|抢救无~。③尽，献出：~力|~忠|~劳(出力服务)。
同义 效仿—效法、仿效/效果—成效、功效/效劳—效力
反义 效果—动机

啸 xiào 11画 口部
左右 口/肃
口吖吓啸啸

①打口哨：长~。②动物拉长声叫：鸟~|虎~猿啼。③自然界发出的声音：北风呼~。④物体快速飞过发出声音：炮弹尖~着掠过山顶。

xie

些 xiē 8画 止部
上下 此(止/匕)/二
⺊止此些

①量词，表示不定量：一~|有~|多看~有益的书。②表示少许，略微：许少~|字写小~。
同义 些微—些许、少许、略微

楔 xiē 13画 木部
左右 木/契(㓞/大)
木机栶楔

【楔子】①插在器物的空隙里使它牢固的小木片等。②钉(dīng)在墙上挂东西用的木钉或竹钉。

歇 xiē 13画 欠部
左右 曷(日/匃)/欠(⺈/人)
日旲曷歇歇

①休息，有时也指睡觉：~息|一会儿再干~|晌(午睡)。②停止：~工|~~手|~业(停止营业)。
同义 歇凉—乘凉、纳凉/歇息—休息

蝎 xiē 15画 虫部
左右 虫/曷(日/匃)
虫虮蚂蝎蝎

【蝎子】一种节肢动物，口部有一对螯(áo)，胸部有四对脚，尾部有毒钩，能蜇人。捕食昆虫等。干的蝎子可做药。

协 xié 6画 十部
左右 十/办
十㐅协协

①共同，合：~商|~作|同心~力。②帮助：~助|~办|~理。③和谐：~调|~和。
同义 协定—协议/协商—协议、磋商/协助

生铁犁头——宁折不弯

辅助、帮助/协作—合作
提示 "协"的左边是"十",不是"忄"。

xié	6画 牙部
邪	左右 牙/阝
	一 二 牙 那 邪

①不正当:~恶|歪风~气|改~归正。②中医指引起疾病的因素及病理的损害:风~|寒~。③迷信指鬼神带来的灾祸:驱~|避~。
同义 邪恶—凶恶/邪路—邪道/邪念—邪心/邪气—歪风、妖风
反义 邪—正/邪路—正道/邪气—正气

xié	8画 月部
胁	左右 月/办
	月 肋 肋 胁

①从腋下到腰上有肋骨的部分:~下|两~。②逼迫,恐吓(hè):威~|迫~|从(被胁迫而随从别人做坏事)。
同义 胁迫—威迫、威逼

xié	9画 扌(shǒu)部
挟	左右 扌/夹
	扌 扌 挟 挟

①夹在胳膊底下:~泰山以超北海(比喻做不到的事)。②倚(yǐ)仗势力或抓住人的弱点强迫人服从:~制|~持|要(yāo)~。③心里怀着(怨恨等):~怨|~嫌(怀恨)。
同义 挟持—劫持

xie

xié	11画 亻(rén)部
偕	左右 亻/皆(比/白)
	亻 亻 件 偕 偕

共同,在一起:~同|~行|相~|白头~老(夫妻共同生活到老)。

xié	11画 斗部
斜	左右 余(人/禾)/斗
	人 仐 余 余 斜

歪,与平面或直线既不平行也不垂直:歪~|倾~|~阳|画儿贴~了。
同义 斜阳—夕阳、残阳、落日
反义 斜—直、正/斜阳—朝阳、旭日

xié	11画 讠(yán)部
谐	左右 讠/皆(比/白)
	讠 讠 讠 谐 谐

①协调,配合得好:~调|音调和~。②滑稽,说话有趣:诙~|~谈。
同义 谐调—和谐

xié	13画 扌(shǒu)部
携	左右 扌/隽(隹/乃)
	扌 扌 扩 携 携

①提,带:提~(搀扶,带领,比喻帮助、提拔)|~带|~枪。②拉着(手):~手(手拉手,比喻合作)。

xié	15画 革部
鞋	左右 革(廿/甲)/圭(土/土)
	廿 苦 芒 革 鞋

穿在脚上、接触地面的东西:布~|皮~|草~。

xiě	5画 冖(mì)部
写	上下 冖/与
	冖 冖 写 写

①写字:书~|听~|抄~。②写作:~诗|~文章。③绘画:~生(对着实物绘画)。
同义 写作—创作
组字 泻

谜语　南北同心　(字:吉)　　床前明月光　(字:旷)
　　　靠心去爱　(字:嗳)　　十八只老鼠　(字:李)

xie—xin

xiè	8画 氵(shuǐ)部
泄	左右 氵/世
	氵氵泄泄

①排出：排~|洪闸|水~不通(形容十分拥挤或包围严密)。②漏，露出：~气|~露秘密|~底。③尽量发出：发~|~私愤。
同义 泄露(lòu)—泄漏、走漏、透漏/泄密—失密/泄气—泄劲
反义 泄露—保守/泄密—保密

xiè	8画 氵(shuǐ)部
泻	左右 氵/写(冖/与)
	氵氵氵泻泻

①水向下急流：倾~|一~千里。②拉肚子：腹~|~肚子。

xiè	9画 卩(jié)部
卸	左右 缷/卩
	午车缷卸卸

①把东西去掉或拿下来：~货|装~|吊车|演员~装。②解除，推却：~任(官吏解除职务)|不能推~责任。
组字 御

xiè	10画 尸部
屑	半包围 尸/肖(⺌/月)
	𠃍尸尸屑

①碎末：木~|纸~|粉笔~。②细小，琐碎：事情琐~。③认为值得(用于否定)：不~一顾(不值得一看)。

xiè	11画 木部
械	左右 木/戒(戈/廾)
	木木杆械械

①器具：器~|机~。②武器：军~|缴~|~斗(用棍棒等武器打群架)。③旧指枷锁和镣铐等刑具。

xiè	12画 讠(yán)部
谢	左右 讠/射(身/寸)
	讠讠讠讠谢

①表示感激：感~|致~|~您。②道歉，认错：~罪。③推辞，拒绝：辞~|绝参观闭门~客。④凋落，脱落：花~了|凋~|~顶(头顶脱发)。
同义 谢绝—回绝、拒绝/谢谢—感谢
反义 谢绝—接受

xiè	14画 木部
榭	左右 木/射(身/寸)
	木相相榭榭

建在台上的房屋：水~|舞~歌台。

xiè	16画 忄(xīn)部
懈	左右 忄/解(角/牛)
	忄忄忄悄懈

松劲，不紧张：松~|~怠(dài，松散懈惰)。

xiè	19画 虫部
蟹	上下 解(角/牛)/虫
	角解解解蟹

节肢动物，水陆两栖，全身有甲壳，第一对脚叫螯，横着爬行。腹部分节，俗叫脐。种类很多，有河蟹、梭子蟹等。

xin

xīn	4画 心部
心	独体
	丶心心心

①心脏，人和高等动物体内主管血液循环的器官：~室|~冠~病。②指大脑，思想，感情等：~思|很开~|全~全意为人民服务。③中央或主要部分：中~|江~|工作重~。

语言和文化的条件促成了科学交流圈。 〔英〕贝尔纳

xīn

同义 心肠—心地/心腹—亲信/心怀—心胸、胸怀/心机—心计、计谋/心坎—心田/心房/心情—心绪/心境/心思—念头/脑筋/心意—情意
反义 心—口、身/心虚—胆壮
组字 芯、沁
提示 "心"的第二笔名称,宋体为竖弯钩,楷体为卧钩。

多音字	7画 艹(cǎo)
芯	上下 艹/心
	一 艹 芯 芯

㊀xīn 去皮的灯心草,俗称灯芯或灯草。可做油灯的灯心,也可做药。
㊁xìn【芯子】①物体的中心部分,如蜡烛的捻子,爆竹的引线等。②蛇的舌头。

xīn	7画 辛部
辛	上下 立(一丷)/十
	亠 立 辛 辛

①辣:~辣。②劳苦,艰难:~苦|艰~|~勤的园丁。③悲伤:~酸。④天干的第八位,用做顺序的第八。
同义 辛苦—辛劳、劳苦/辛勤—勤奋、勤劳/辛酸—心酸、悲痛
反义 辛苦—安逸/辛酸—甜蜜
组字 宰、梓、锌、辞

xīn	8画 斤部
欣	左右 斤/欠(𠂊/人)
	厂 斤 㒱 欣

快乐,喜欢:~喜|~慰|欢~|鼓舞。
同义 欣赏—观赏、喜欢/欣慰—快慰、宽慰/欣喜—欣然、欢喜/欣欣向荣—蒸蒸日上
反义 欣喜—忧伤
组字 掀、锨

xīn	12画 钅(jīn)部
锌	左右 钅/辛(立/十)
	钅 钅 钅 锌

一种金属元素,蓝白色,质脆。可用于制镀锌铁(白铁)、锌板和合金等。

xīn	13画 斤部
新	左右 亲(立/朩)/斤
	亠 亲 亲 新

①没用过的,与"旧"相对:~书|~衣服|崭~。②刚出现的:~风尚万象更~。③新人或新事物:迎~会|尝~。④刚刚结婚的:~娘。⑤最近,刚才:~近|~来的老师|~到的报纸。⑥使变成新的:耳目一~|自~(自觉地改正错误,重新做人)。
同义 新年—新春/新式—新型/新鲜—清新、新奇
反义 新—旧、陈、老/新风—旧俗/新式—老式/新鲜—陈腐
组字 薪

xīn	16画 艹(cǎo)部
薪	上下 艹/新(亲/斤)
	艹 艹 薪 薪

①柴草,柴火:釜底抽~(比喻从根本上加以解决)|抱~救火。②工资:~水|加~。
同义 薪水—薪金、工资、工薪

xīn	20画 士部 香部
馨	上下 殸(声/殳)/香(禾/日)
	十 吉 殸 馨 馨

散布得很远的香气:~香如兰之~。
同义 馨香—芳香、清香

脑筋急转弯 平平把鱼放在鱼缸里,不到十分钟鱼都死了,为什么?(鱼缸内没有水)

xin—xing

xìn	9画 亻(rén)部
信	左右 亻/言(亠/二/口)
	亻亻亻信信

①按照一定的格式把要说的话写下来给指定的对象看的东西:书~|~封|介绍~。②诚实,信用:~誉|言而有~|失~。③相信,信任:~赖|坚~|~仰。④消息:~息|口~|儿通风报~。⑤凭据:~物（作为凭据的物件）|印~（政府机关的图章）。⑥任凭,随便:~步（随意走动,散步）|~口开河（随便乱说）。⑦信石,砒(pī)霜。
同义 信步—漫步/信服—折服/信口—顺口、随口/信任—信赖、相信/信手—顺手、随手/信息—消息、音信/信心—信念/信仰—信奉/信誉—声誉、名誉
反义 信—疑/信任—怀疑

xìn	11画 血部
衅	左右 血/半
	血血血衅衅

缝隙,争端:挑(tiǎo)~|借口挑起冲突或战争)|寻~|故意找事,挑起争端)|~端（争端）。
提示 "衅"的右边是"半",不是"斗"。

xing

多音字	6画 八部
兴	上下 䒑/八
	䒑䒑兴

㈠xīng ①举办,发动:~办|~建工厂|~修水利|~师动众。②兴旺,与"衰"、"亡"相对:~盛|事业~旺。③流行,盛行:时~|不~这一套。④准许:不~骂人。⑤也许:~许明天我~去、~不去。⑥起来:夙(sù)~夜寐（早起晚睡）。
㈡xìng 兴趣,对事物感觉喜爱的情绪:高采烈|高~|扫~。
同义 ㈠兴办—创办、举办/兴旺—兴盛、兴隆、旺盛/兴修—兴建 ㈡兴趣—兴味、兴致、趣味
反义 ㈠兴—衰、亡/兴旺—衰败、衰落
提示 "兴"做上偏旁时末笔点变为捺,如"举"、"誉"。

xīng	9画 日部
星	上下 日/生
	日旱星星

①天空中发光或反射光的天体,通常指除日、月以外眼睛看到的发光的天体:恒~|卫~|危楼高百尺,手可摘~辰。②细小的:一~半点|零~小雨。③细小的东西:火~儿|唾沫~子。④秤杆上的标记:定盘~。⑤明星,演艺、体育等行业有建树的名人:歌~|追~族。
同义 星辰—星斗、星星
组字 惺、猩、腥、醒

xīng	12画 犭(quǎn)部
猩	左右 犭/星(日/生)
	犭犭犯猩猩

猩猩,哺乳动物,猿类,形状略似人,毛赤褐色,两臂长,没有尾巴,能直立行走,吃野果等。

xīng	12画 忄(xīn)部
惺	左右 忄/星(日/生)
	忄忄忄惺惺

①[惺惺] a.聪明,清醒。b.指聪明的人:惜~（聪明人爱聪明人）。②[假惺惺]虚情假意的样子。③[惺松] -sōng 刚睡醒尚未清醒过来的样子:睡眼~。

石子投入水里——没有回响

xing

xīng	13画 月部
腥	左右 月/星(日/生)
	月 肝 胜 腥 腥

①腥气,像鱼虾的气味:~臭|血~。②鱼、肉一类的食物:荤~|他不吃~。

xíng	6画 刂(dāo)部
刑	左右 开/刂
	二 开 刑

①刑罚,对犯人各种处罚的名称:徒~|缓~|死~。②对犯人的体罚:受~|动~|严~|拷打。

同义 刑场—法场/刑法—刑律
组字 型

xíng	6画 阝(yì)部
邢	左右 开/阝
	二 开 邢 邢

【邢台】-tái 地名,在河北省。

多音字	6画 彳(chì)部
行	左右 彳/亍
	彳 行 行

㈠xíng ①走:~走|步~|~军。②出行或与出行有关的:不虚此~|装~|李~|迹(行动的踪迹)。③流通,传递:~销|通~|流~。④做,办,从事:实~|礼~|医~。⑤举动,行为:品~|罪~|言~一致。⑥可以:~,就这么定了。⑦能干:你真~。⑧将要:~将就木(快要进棺

材)。⑨汉字字体的一种,介于草书和楷书之间:~书。

㈡háng ①行列,排:单~|直~|岸柳成~。②职业:~业|同~|外~。③某些营业机构:银~|商~。④亲属间的辈分次序:排~|您~几?|我~二。⑤量词:一~字|四~诗|两~柳树。

同义 ㈠行程—路程、里程/行动—行为、举动、行走/行窃—盗窃、偷窃/行踪—行迹、踪迹
反义 ㈠行—止

xíng	7画 彡(shān)部
形	左右 开/彡
	二 开 形

①样子:~状|~象|地~。②实体:~体|无~|~影不离。③表现,表露:喜~于色(内心的喜悦从脸上表现出来)。④对照,比较:相~见绌(chù,互相比较之下,就显出一方的不足之处)。

同义 形势—情势、局势/形式—样式/形状—形态、形象
反义 形—神/形式—内容

xíng	9画 土部
型	上下 刑(开/刂)/土
	二 开 型 型

①铸造器物的模子:模~。②样式,种类:小~|~体|~号。

提示 注意区别"形"(三角形)、"型"(节约型)的用法。

多音字	9画 艹(cǎo)部
荥	上下 艹(艹/冖)/水
	艹 艹 芐 荥

㈠xíng【荥阳】县名,在河南省。
㈡yíng【荥经】县名,在四川省。

xǐng	16画 酉(yǒu)部
醒	左右 酉/星(日/生)
	丌 酉 酌 醒 醒

①睡完或还没睡着:睡~了|躺了好半天还~着。②头脑由迷糊到清楚:清~|~悟|觉~。③酒醉、麻醉或昏迷后恢复正常:水果可以~酒|他苏~过来了。④明显,清楚:~目。

谜语 周末几度到北京 (字:吭)
      栽树不活留个坑 (字:哉)

xing—xiong

同义 醒目—显目、显眼/醒悟—觉醒、觉悟

xìng	7画 木部
杏	上下 木/口
	十木杏

杏树,落叶乔木,花白色或淡红色。果实叫杏儿或杏子,味酸甜,可以吃。种子叫杏仁,甜的可以吃,苦的可以入药:一枝红~出墙来。

xìng	8画 土部
幸	上中下 土/丷/干
	十土㐄幸

①幸福:荣~。②因得福或消灾而高兴:庆~(为意外地得到好的结局而高兴)|欣~|~事。③希望:~勿推却。④意外(得到成功或免去灾害);侥~|免于难(nàn)|~存者。⑤宠爱:~臣|宠~|得~。⑥旧时指帝王到达某地:巡~。

同义 幸福—甜蜜、美满/幸—幸好、幸而、多亏/幸运—走运、好运

反义 幸福—痛苦、悲伤、苦难/幸运—厄运、背运

xìng	8画 忄(xīn)部
性	左右 忄/生
	丶丨忄忄性性

①人或事物所具有的特质、功能、作用等:~质|斗争~|弹~。②脾气:~子|~情|急~。③性别:女~|雄~|异~。④有关生殖的:~器官。

同义 性格—性情/性命—生命

xìng	8画 女部
姓	左右 女/生
	乚女如妣姓

①表明家族系统的字:~名|~氏。②以…为姓:他~王。

xiong

xiōng	4画 凵(kǎn)部
凶	半包围 乂/凵
	丿乂凶凶

①不幸的,与"吉"相对:~事(丧事)|~多吉少。②庄稼收成不好:~年。③恶,残暴:这人很~|~恶|~狠。④厉害:闹得太~。⑤杀害或伤害人的行为:行~|~手。

同义 凶恶—凶残、凶狠、邪恶/凶手—凶犯/凶险—阴险、险恶

反义 凶—吉/凶恶—善良

组字 汹、酗、匈

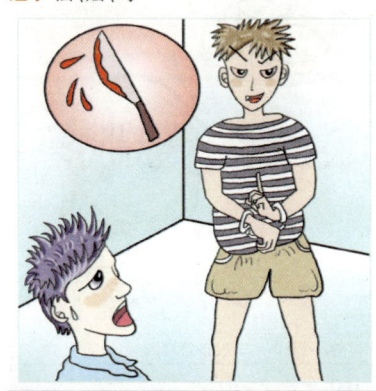

xiōng	5画 口部
兄	上下 口/儿
	口尸兄

①哥哥:~嫂|父~。②男性朋友间的尊称:老~|仁~。

组字 兑、竟、况、祝

xiōng	6画 勹(bāo)部
匈	半包围 勹/凶(乂/凵)
	勹勾匈匈

【匈奴】我国古代北方的民族。

组字 胸

xiōng	7画 氵(shuǐ)部
汹	左右 氵/凶(乂/凵)
	氵汈汹汹

①【汹汹】a.波涛声。b.形容气势凶猛:来势~。②【汹涌】水猛烈向上涌:波涛~。

一个人如果知道自己的弱点,那么他应当采取措施来克服它。
〔德〕马克思

xiong—xiu

xiōng	10画 月部
胸	左右 月/匈(勹/凶)
	月 肑 肑 胸

①胸膛,脖子以下肚子以上的部分:昂首挺~。②比喻思想、志向、气量等:~怀|~襟(气量,抱负)|心~开阔。

同义 胸怀—心怀、胸襟—襟怀

xióng	12画 隹(zhuī)部
雄	左右 厷(ナ/厶)/隹
	ナ 厷 旌 雄 雄

①公的,与"雌"相对:~性|~鸡|~蕊(ruǐ)。②强有力的:~师(强有力的军队)|~赳赳,气昂昂。③宏伟,有气魄的:~伟|~壮|~心。④实力强大的人或国家等:英~|战国七~(指秦、齐、楚、燕、韩、赵、魏七个强大的诸侯国)|群~。

同义 雄厚—丰厚、充足/雄健—雄劲、强健/雄心—壮心、壮志/雄伟—雄壮、宏伟

反义 雄—雌/雄厚—薄弱

xióng	14画 灬(huǒ)部
熊	上下 能(肀/匕)/灬
	厶 肀 能 熊

①哺乳动物,身体肥大,能爬树,也能直立行走。有黑熊、白熊、棕熊等。②[熊熊]形容火势旺盛。③[熊猫]珍稀的哺乳动物,我国的国宝。

xiu

xiū	6画 亻(rén)部
休	左右 亻/木
	亻 什 休

①歇息:~息|~假|公~。②停止:~学|罢~|西湖歌舞几时~。③别,不要:~想|~闲话~提。④吉利:~戚(欢乐和忧愁)。

同义 休息—歇息/休止—停止、终止

反义 休—戚/休息—劳作

xiū	9画 亻(rén)部
修	左右 亻/彡(攵/彡)
	亻 亻 攸 修

①装饰使整齐美观或恢复完好:~饰|装~|~理|电视机。②建造:~路|~建|~水利。③写,编写:~书(写信)|~史(编写历史)。④学习,锻炼:~业|自~|进~。⑤长(cháng):身材~长|茂林~竹。⑥指学佛学道:~行|~炼|~仙。

同义 修长—细长/修改—修正、改动/修建—修筑、建造/修理—修整、整治/修养—涵养、教养

反义 修长—粗短/修建—拆除

xiū	10画 羊(羋)部
羞	半包围 羋(丷/尹)/丑
	丷 羋 羞 羞 羞

①难为情:害~|~红了脸|~涩。②耻辱,感到耻辱:~耻|~辱|~与为伍(看不起某人,以与他在一起为耻)。③使难为情:把小孩~哭了|~脸。

同义 羞惭—羞愧/羞耻—可耻、无耻/羞辱—耻辱/羞涩—羞怯

反义 羞耻—体面、光彩

xiǔ	6画 木部
朽	左右 木/丂
	十 木 木 朽

①腐烂:腐~|~木。②磨灭:永垂不~。③衰

美国总统是怎么进白宫的?(走进去的)

417

老:老~。

xiù	7画 禾部
秀	上下 禾/乃
	千禾秀秀

①庄稼吐穗开花：高粱~穗了|六月六看谷~。②美丽：~丽|山清水~|他的书法十分~美。③特别好的：优~|~才。④特别好的人才：新~|后起之~。

同义 秀丽—秀美/秀气—清秀、文雅
反义 秀丽—丑陋
组字 诱、绣、锈、透

xiù	10画 衤(yī)部
袖	左右 衤/由
	衤袖袖袖

①袖子，衣服套在胳膊上的部分：长~|短~|衬衫拂~而去。②藏在袖筒里：~着手|~手旁观。

xiù	10画 纟(mì)部
绣	左右 纟/秀(禾/乃)
	纟纤绣绣

①用彩色丝线在绸、布上刺出花纹、图案等：花~|刺~|帽子上~了一只熊猫。②绣好的物品：湘~(湖南的刺绣)|苏~(苏州的刺绣)。

xiù	12画 钅(jīn)部
锈	左右 钅/秀(禾/乃)
	钅钅锈锈

①金属表面所生的氧化物：铁~|铜~。②生锈：门上的锁~住了。③锈病，植物的一种病害，茎叶上出现铁锈色斑点。

xiù	13画 口部
嗅	左右 口/臭(自/犬)
	口呐嗅嗅

用鼻子闻：~觉|骆驼用鼻子~，能辨别出方向。

xu

xū	6画 戈部
戌	独体
	一厂F戌戌

①地支的第十一位。②旧计时法，戌时，指晚上七点到九点。

多音字	6画 口部
吁	左右 口/于
	口吁吁

㊀xū ①叹气：长~短叹。②【吁吁】拟声词，形容喘气的声音：气喘~。
㊁yù 为某种要求而呼喊：~请|大声呼~。

xū	9画 彡(shān)部
须	左右 彡/页
	彡彡须

①应当，一定要：~知|务~|注意~必~遵纪守法。②胡子：胡~|~眉（胡须和眉毛，指男子）。③像胡须的东西：触~|根|玉米~。④等到，等待：~晴日，银装素裹，分外妖娆。

同义 须要—必须、务须
反义 须要—不必

xū	11画 虍(hū)部
虚	半包围 虍/业
	卜卢虎虚

①空，与"实"相对：空~|座无~席。②白白地：~度年华|不~此行（这一趟没白来）。③不真实的：~假|~荣心|~报产量。④不骄傲，谦~|心使人进步。⑤害怕，胆怯：做贼心~。⑥衰弱：~弱|身子太~了。⑦指政治思想、方针、政策等方面的道理：务~（就某项工作的思想、理论等方面的问题进行讨论研究）。

歇后语 拾着麦子打烧饼卖——净赚

xu

同义 虚构—编造/虚弱—衰弱、贫弱/虚伪—虚假/虚心—谦虚、谦逊
反义 虚—实/虚假—真实、实在/虚弱—健壮、强大/虚伪—真诚、诚实/虚心—骄傲、自满
组字 墟、嘘

xū	14画 土部
墟	左右 土/虚(声/业)
	圹圩圩圹墟墟

①原先有人聚居过、后来荒废了的地方：废~殷~。②集市,也做"圩"(xū)：~市|赶~。

xū	14画 雨部
需	上下 雨/而
	广雨雪需需

①应该有或必须有：急~|~求|按~分配。②要用的、不可少的东西：军~(军用的物资)|民~。
同义 需求—需要、要求
组字 儒、懦、孺、蠕

多音字	14画 口部
嘘	左右 口/虚(声/业)
	吖吁吁嘘嘘

㈠xū ①从嘴里慢慢地吐气：~气。②叹气：仰天而~。③火或蒸气的热力接触到物体：掀锅盖时小心热气~着手。
㈡shī 表示反对、制止等：~！别说话。

xú	10画 彳(chì)部
徐	左右 彳/余(人/禾)
	彳彳彳徐

缓、慢慢地：~步|清风~来|火车~~开动了。
同义 徐缓—缓慢/徐徐—慢慢、冉冉

xǔ	6画 讠(yán)部
许	左右 讠/午(亇/十)
	讠讣许许

①应允、认可：允~|可不~打人骂人。②称赞：赞~|推~为佳作。③预先答应给：~愿|

舅舅~我一本字典。④或者,可能：也~|或~|明天~会下雨。⑤表示大约的数目：几~|高两丈~。⑥这样；如：~。⑦表示程度：~多|~久。⑧指女子由家长主张,跟人订婚：~配|女儿已经~了人家。
同义 许多—好多/许久—久久、良久/许可—准许、容许、认可/许诺—承诺、允诺、答应
反义 许多—少许/许久—片刻

xù	6画 日部
旭	半包围 九/日
	丿九旭旭

早晨太阳才出来的样子：~日东升|朝(zhāo)~。
同义 旭日—朝阳
反义 旭日—夕阳

xù	7画 广部
序	半包围 广/予
	亠广广序

①排列的先后：次~|顺~|秩~。②在正式内容之前的：~幕|~文（写在著作正文之前的内容）。③排列次序：~次|~齿（按年龄的大小排次序）。④序文,正文之前介绍或评价书的内容的文章：请名家写了一篇~。
同义 序幕—序曲
反义 序幕—尾声

谜语 唐王酝酿退位 （古诗人：李商隐）
      黑旋风到中原 （古诗人：李白）

XU

xù	9画 又部
叙	左右 余(㇒/禾)/又 ㇒ 余 叙 叙

①说，谈话：~谈|~别(话别)|面~(当面谈话)。②记述：记~|~述|~事。③评定等级次序：~功(评定功绩)|~奖。
同义 叙别—话别、道别/叙谈—交谈、攀谈/叙述—叙说、讲述

xù	9画 忄(xīn)部
恤	左右 忄/血 丶丶忄恤恤

①同情，怜悯：体~|怜~。②救济：~金|抚~(给予精神安慰和物质帮助)。

多音字	10画 田部
畜	上下 玄(亠/幺)/田 亠 玄 畜 畜

㈠xù 饲养禽兽：~养|~牧。
㈡chù 人饲养的禽兽：家~|牲~|六~兴旺。
同义 ㈠畜养—饲养、驯养
组字 蓄

xù	11画 酉(yǒu)部
酗	左右 酉/凶(乂/凵) 丆 酉 酉 酗

喝酒无节制，撒酒疯：~酒。
提示 "酗"不要读做 xiōng。

xù	11画 纟(mì)部
绪	左右 纟/者(耂/日) 纟 纟 纱 绪 绪

①丝头，线头。②事情的开端：头~|工作已经就~|千头万~。③心情，思想：情~|心~|思~万千。

xù	11画 纟(mì)部
续	左右 纟/卖(十/买) 纟 纟 纱 续

①接连，接上前面的：连~|继~|集~。②添，再加：往灶膛里~把柴|~把茶上。

xù	12画 纟(mì)部
絮	上下 如(女/口)/糸 乚 夕 如 絮 絮

①棉絮，棉花的纤维：被~|吐~。②像棉絮的东西：柳~|芦~。③在衣、被里铺棉花：~被子|~棉衣。④说话啰唆：~叨(dao，说话啰唆)|~~不休。

xù	12画 女部
婿	左右 女/胥(疋/月) 乚 夕 如 妒 婿

①女婿，女儿的丈夫：翁~(岳父和女婿)。②丈夫：夫~|妹~(妹夫)。

xù	13画 艹(cǎo)部
蓄	上下 艹/畜(玄/田) 艹 芏 蓄 蓄

①积聚，储藏，保存：积~|储~|财~|水池养精~锐(养息精神，保存力量)。②留着不剃掉：~发|~须。③心里存有：~意(存心，早就有这个意思。指坏的意思)|~谋。
同义 蓄意—蓄谋、存心

xù	13画 灬(huǒ)部
煦	上下 昫(日/句)/灬 日 旳 昫 煦

温暖：~日|春风和~。

名人名言 方法不是一切，无论怎样好的学习方法都不能代替学习本身。
——杨献珍

xuan

xuān	7画 车部
轩	左右 车/干
	车 车 轩 轩

①高:~昂丨~然大波(比喻大的纠纷或风潮)。②有窗的长廊或小屋:雨来~。

xuān	9画 宀(mián)部
宣	上下 宀/亘(一/日/一)
	宀 宁 宣 宣

①发表,传播,公开说出:~布丨~告丨~传。②疏通:~泄。

同义 宣布—宣告、公布/宣称—声称/宣传—宣扬
组字 喧、渲

xuān	12画 口部
喧	左右 口/宣(宀/亘)
	口 吖 咥 喧

①声音大而杂乱:~闹锣鼓~天。②(许多人)大声说或叫:~嚷。

同义 喧闹—喧哗、热闹/喧宾夺主—反客为主
反义 喧闹—宁静、僻静、寂静

xuán	5画 亠(tóu)部
玄	上下 亠/幺
	亠 亠 玄

①深奥,难懂:~理丨~妙。②不真实,不可靠:他说的话太~了。③黑色:~狐丨~青。

组字 弦、炫、眩、舷

xuán	11画 心部
悬	上下 县(且/厶)/心
	日 旦 县 悬

①挂,吊:~挂丨空天花板上~着彩灯。②无着落,没结束:~案丨~而未决。③牵挂:~望(不放心地盼望)。④相距远,相差大:~隔丨~殊(相差很远)。⑤凭空设想:~拟(凭空虚构)丨~想。⑥公布:~赏。⑦危险:小渔船出海遇大风暴,真~!

同义 悬案—疑案/悬崖—峭壁、绝壁

多音字	11画 方部
旋	左右 方/𠂇(𠂉/疋)
	亠 亍 方 旋 旋

㈠xuán ①转动:~转丨螺~丨老鹰在山顶上空盘~。②回,归:凯~(胜利归来)。③不久:~即离去。④圈子:老鹰在空中打着~儿。
㈡xuàn ①打转转(zhuàn)的:~风。②转着圈切削;用车床、零件梨子要~掉皮吃。

同义 ㈠旋绕—缭绕、萦绕/旋转—转动、打转
组字 漩

xuán	14画 氵(shuǐ)部
漩	左右 氵/旋(方/𠂇)
	氵 沪 泸 淀 漩

水流旋转的圆窝:流水打着~儿丨~涡。

xuǎn	9画 辶(chuò)部
选	半包围 先(𠂇/儿)/辶
	𠂇 生 选 选

①挑拣:挑~丨~择丨~拔。②推举:推~丨~举丨~民。③被挑中的人或物,特指入选的汇编的作品:人~丨文~丨诗~。

同义 选举—推选、推举/选择—挑选、抉择

xuǎn	19画 疒(nè)部
癣	半包围 疒/鲜(鱼/羊)
	广 疒 痐 癣 癣

脑筋急转弯 为什么有的果树生长十几年也不结一个苹果?(那不是苹果树)

xuan—xue

感染霉菌而引起的皮肤病,患处常发痒:头~|脚~。
提示 "癣"不要读成 xiǎn。

xuàn	9画 火部
炫	左右 火/玄(一/幺)
	丷火炉炫

①强光照射:~目。②夸耀,故意显示:自~|其能|~耀。
同义 炫目—耀眼/炫耀—夸耀、显耀

xuàn	9画 纟(mì)部
绚	左右 纟/旬(勹/日)
	纟约绚绚

色彩华丽:~烂(光彩耀眼)|~丽(灿烂美丽)。
同义 绚烂—绚丽、灿烂
提示 "绚"不要读做 xùn。

xuàn	10画 目部
眩	左右 目/玄(一/幺)
	目目旷眩

①(眼睛)昏花,晕:~目|头晕目~。②迷惑,迷乱:~惑|~于名利。

xue

xuē	13画 革部
靴	左右 革(廿/里)/化(亻/匕)
	廿革靮靴

靴子,有长筒的鞋:马~|皮~|雨~。

xuē	16画 艹(cǎo)部
薛	上下 艹/辥(𠂤/辛)
	艹𦬆𦯄薛

姓。

xué	5画 穴部
穴	上下 宀/八
	宀宀穴

①窟窿,动物的窝:虎~|蚁~|居。②墓穴。③穴位,针灸的部位:太阳~|人中~。

xué	8画 子部
学	上下 䂊(⺌/冖)/子
	⺌䂊学学

①学习:好~|勤~苦练|拜师~艺。②模仿:~公鸡叫|猴子~人的动作。③学问,知识:博~|治~严谨。④学科:数~|语言~|解剖~。⑤学校:小~|大~|上~。
同义 学生—学子、桃李/学问—学识/学习—读书、上学,效法/学业—课业
反义 学—教/学生—老师

xuě	11画 雨部
雪	上下 雨/彐
	雨雪雪雪

①空中水蒸气在气温摄氏零度以下凝结、飘落的白色结晶体,多为六角形:~花|大~纷飞。②颜色、光彩像雪的:~白|~亮的眼睛。③除去,洗去:~恨|~耻(洗掉耻辱)|昭~(洗清冤枉)。
同义 雪白—乳白、洁白/雪亮—光亮、明亮
反义 雪白—乌黑、黝黑、漆黑

多音字	6画 血部
血	独体
	丿白血血

㊀ xuè ①血液,动物体内的一种红色液体,由红血球、白血球、血小板和血浆组成,有输送养分、带走废物、调节体温等作用:鲜~|~泊(pō)。②同一祖先的:~统(人类因

xue—xun

生育而自然形成的关系。凡是同一祖先的人为同一血统)l~亲。③比喻刚强热烈的精神或气质:~性l~热~沸腾。
㊁xiě 义同㊀,用于口语:出~了吐了两口~。
同义 ㊀血气—血性、精力—血统—血缘、血脉/血战—死战、奋战

xuè	11画	讠(yán)部
谑	左右	讠/虐(虍/㐄)
	讠 计 诈 谑 谑	

开玩笑:戏~l~而不虐(开玩笑而不伤人的感情)。

xun

xūn	9画	力部
勋	左右	员(口/贝)/力
	口 员 勋 勋	

①特殊功劳:功~l~章l屡建奇~。②有特殊功劳的人:开国元~。
同义 勋劳—勋绩、功勋

xūn	14画	灬(huǒ)部
熏	上下	重/灬
	一 亠 宀 币 重 熏	

①气味或烟气接触物品:用茉莉花~茶叶l蚊子烟~火燎(liǎo)。②用烟火烤制食品:~鱼l~肉。③气味刺激:臭气~人。④暖和:~风。
同义 熏陶—陶冶
组字 薰

xūn	17画	艹(cǎo)部
薰	上下	艹/熏(重/灬)
	艹 莒 䓕 蕈 薰	

①薰草,一种香草。②花草的香气。

xún	6画	勹(bāo)部
旬	半包围	勹/日
	勹 旬 旬	

①十天:上~l中~l下~。②十岁:年过六l八~老母。
组字 询、绚、殉

xún	6画	ヨ(jì)部
寻	上下	ヨ/寸
	一 ㄱ ヨ 寻 寻	

①找,探求:~求真理l明~白羽。②古代的长度单位,8尺为1寻。
同义 寻—觅、找/寻常—平常/寻求—追求/寻思—思索、考虑/寻衅—挑衅/寻找—寻觅
反义 寻常—特殊

xún	6画	辶(chuò)部
巡	半包围	巛/辶
	巛 巡 巡	

①来回查看:~逻l~夜。②量词,遍(用于给全座斟酒):酒过三~。
同义 巡视—巡查

xún	8画	讠(yán)部
询	左右	讠/旬(勹/日)
	讠 讠 询 询	

问,征求意见:~问l咨~(征求意见)。
同义 询问—查询、查问、打听

xún	12画	彳(chì)部
循	左右	彳/盾(厂/盾)
	彳 彳 循 循	

遵守,依照:遵~l~规蹈矩(遵守规矩)l~序渐进。
同义 循环往复—周而复始/循序渐进—由浅入深

谜语　　乖 (成语:乘人不备)　　重阳 (成语:一日千里)

423

xun

xùn	5画 讠(yán)部
训	左右 讠/川
	讠 讯 训 训

①教导,教练:教~|培~|练。②斥责:~斥|挨了一顿~。③可以作为准则的话:不足为~(不能当做榜样或标准)。④教导的话:校~|遗~。⑤解释(字词的意义):~诂(解释古书里字、词、句的意义)。

同义 训斥—斥责、指责

xùn	5画 讠(yán)部
讯	左右 讠/凡
	讠 讯 讯 讯

①问,审问:问~|审~。②消息,音信:通~|本报~。

同义 讯问—问讯、发问、审问

xùn	6画 氵(shuǐ)部
汛	左右 氵/凡
	氵 汛 汛 汛

①河流定期的涨水现象:潮~|春~|防~。②某些鱼类在一定时期内集中出现在一定海域的现象:鱼~。

xùn	6画 辶(chuò)部
迅	半包围 凡/辶
	乁 凡 讯 迅

速度快:~速|~猛(迅速而猛烈)|~跑|~即(立刻)。

同义 迅速—迅疾、迅捷、快捷
反义 迅速—缓慢、迟缓

xùn	6画 马部
驯	左右 马/川
	乛 马 马 驯

①顺从:~服|~良。②使顺从:~养|~兽|~马。

同义 驯服—驯良、顺从、制服/驯养—饲养、畜养

xùn	9画 辶(chuò)部
逊	半包围 孙(子/小)/辶
	了 孑 孙 逊 逊

①谦虚,有礼貌:谦~|出言不~(说话傲慢,不客气)。②不如,差:~色(差劲,比不上)|稍~一筹(稍微差一些)。③退避,退让:~位(皇帝让位)。

xùn	10画 歹部
殉	左右 歹/旬(勹/日)
	歹 殉 殉 殉

①为了某种目的而牺牲生命:~职(因公牺牲)|~国(为国家而献出生命)。②陪葬:~葬。

同义 殉国—殉难

名人名言 光有知识是不够的,我们还必须应用知识;光有意志是不够的,我们还必须见诸行动。
〔德〕歌德

ya

ya

yā	3画 八(丷)部
丫	独体
	丶丷丫

①树木分枝的地方，泛指物体上端或前端分叉的东西：~杈|枝|手|巴。②【丫头】- tou a.指女孩子。b.婢女。

yā	6画 厂部
压	半包围 厂/土
	厂厅压压

①从上往下用力：~住|玻璃被~碎了。②用威力制服，镇服：~迫|欺|镇。③搁置起来：积~。④抑制，制止：~住气|把火硬~下去。⑤超过，胜过：技~群芳|~倒一切。⑥逼近：大军~境|黑云~城。

同义 压缩—紧缩、减缩/压榨—榨取、搜刮/压制—抑制

反义 压服—说服/压缩—扩充

多音字	7画 口部
呀	左右 口/牙
	口吖呀呀

㊀yā ①表示惊疑：~，下雪了！②拟声词：门~的一声开了。
㊁ya "啊"受前一字韵母 a、e、i、o、ü 收音的影响而发生的音变：多美的花~！|你快点儿去~！

yā	8画 扌(shǒu)部
押	左右 扌/甲
	扌扣担押

①在文书契约上所签的名字或所画的符号：签|画~。②把财物交给人做担保：抵~|~金。③拘留：看(kān)~|把罪犯~起来。④跟随看管：~车|~送。

同义 押送—押解(jiè)、解送

yā	9画 牙部
鸦	左右 牙/鸟
	一二 牙 豻 鸦

乌鸦，鸟名，种类很多，身体黑色，嘴大，翅长。~雀无声(比喻没有一点声音)。

同义 鸦雀无声—悄然无声

反义 鸦雀无声—人声鼎沸

yā	10画 鸟部
鸭	左右 甲/鸟
	口甲 甲 鸭 鸭

鸭子，水鸟名，通常指家鸭，嘴扁、腿短，趾间有蹼(pǔ)，善游泳，不能高飞：春江水暖~先知。

yá	4画 牙部
牙	独体
	一 二 于 牙

①牙齿：门~|刷~。②形状像牙齿的东西：抽屉~子。③特指象牙：~雕|~筷。④旧时介绍买卖从中取利的人：~行(háng)。

组字 芽、穿、伢、讶、邪、呀、鸦、蚜、雅、迓

只要坚定不移地向着目标前进，就一定会达到目的。
[俄]列夫·托尔斯泰

ya

yá	7画 艹(cǎo)部
芽	上下 艹/牙 艹 芷 芽 芽

①植物的幼体,可以发育成茎、叶或花的那一部分:笋~儿|种子发~|~茶。②像芽的东西:肉~(伤口长好后,多长出来的肉)。

yá	10画 虫部
蚜	左右 虫/牙 虫 虹 蚜 蚜

昆虫名,蚜虫,也叫蜜虫、腻虫,吸食植物嫩茎、叶的汁液,对农业害处很大。

yá	11画 山部
崖	上下 山/厓(厂/圭) 山 岸 崖 崖

高地陡立的边,山边:山~|悬~|~缝。

yá	11画 氵(shuǐ)部
涯	左右 氵/厓(厂/圭) 氵 汀 泹 涯

①水边:水~|~岸。②边际,边缘:一望无~|天~海角(形容非常偏僻遥远的地方)。

yá	13画 彳(chì)部
衙	左中右 彳/吾(五/口)/亍 彳 彳 衔 衙 衙

旧时官吏办公的地方:~门|~役(衙门里的差役)。

多音字	9画 口部
哑	左右 口/亚 口 叩 哑 哑

㊀yǎ ①不能说话,说不出话:聋~|~口无言。②发音困难或不清楚:沙~|嗓子喊~了。③无声的:~剧|~铃(一种运动器械)。
㊁yā【咿哑】yī- 拟声词,小孩子学话的声音或摇桨的声音。

同义 ㊀哑口无言—张口结舌

yǎ	12画 牙部
雅	左右 牙/隹 口 牙 邪 雅 雅

①高尚的,不低俗的:文~|高~|~俗共赏。②敬词:~教(称对方的指教)|~意(高尚的情意或称对方的情意或意见)。③正规的,符合标准的:~声(指诗歌)|~言。④交情:无一日之~。

反义 雅—俗/雅致—俗气

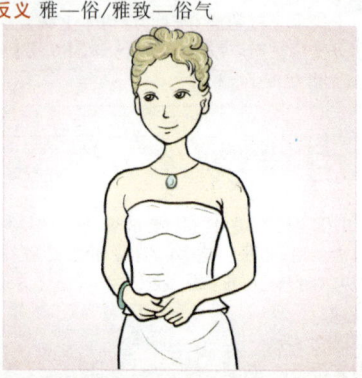

多音字	5画 车部
轧	左右 车/乚 一 车 车 轧

㊀yà ①碾,滚压:~棉花|~花机。②排挤:倾~(为争权夺利而互相排挤打击)。③拟声词,形容机器开动的声音:机声~~。
㊁zhá 用机器切或压:~钢。

yà	6画 一部
亚	独体 一 ㄒ 亚 亚

①次,次一等的:弟弟的成绩不~于我|军~|热带。②亚洲,世界七大洲之一:东~|~太地区。

组字 晋、恶、哑

yà	6画 讠(yán)部
讶	左右 讠/牙 讠 讦 讶 讶

惊奇,奇怪:惊~|~然。

脑筋急转弯 地震的时候什么地方最安全?(飞机上)

yan

多音字	9画 口部
咽	左右 口/因(口/大)
	口 叨 咽 咽

㊀yān 口腔深处通食道和喉头的部分,是消化和呼吸的共同通道:~头|~喉。
㊁yàn 使嘴里的食物等通过咽喉到食道里去:~唾沫|狼吞虎~。
㊂yè 声音因阻塞而低沉:哽~|呜~。
同义 ㊀咽喉—喉咙、要地

	yān	10画 月部
胭	左右	月/因(口/大)
	月 肌 胭 胭	

【胭脂】-zhi 一种红色的化妆品。

	yān	10画 火部
烟	左右	火/因(口/大)
	、火 灯 烟 烟	

①物质燃烧时所产生的气状物质:炊~|~囱。②像烟的东西:~雾|~霞。③烟气中的小颗粒凝聚成的黑灰:松~|锅~子。④烟气刺激(眼睛):眼睛被~得直流泪。⑤烟草,烟草制成品:~叶|香~。⑥鸦片:~土|虎门禁~。
同义 烟火(huo)—烟花、焰火/烟消云散—云消雾散

	yān	11画 灬(huǒ)部
焉	上下	正/灬
	下正正焉焉	

文言词。①相当于"这里"或"在这里":心不在~(思想不集中)|三人行必有我师~。②相当于"哪里"、"怎么":能如此~。③相当于"呢"、"啊":有厚望~(有很大的期望啊)。

	yān	11画 门部
阉	半包围	门/奄(大/电)
	`门闪阉阉	

①割去生殖腺:~猪|~鸡。②封建时代的太监:~党。

	yān	11画 氵(shuǐ)部
淹	左右	氵/奄(大/电)
	氵汁汫淹	

①水漫过或盖过:~没|~死|洪水~了庄稼。②皮肤被汗液浸渍。

多音字	12画 月部
腌	左右 月/奄(大/电)
	月肚脍腌

㊀yān 用盐等浸制食品:~肉|~菜。
㊁ā【腌臜】-za 不干净。

	yán	6画 廴(yǐn)部
延	半包围	正/廴
	丿下正延延	

①伸长:~长|蔓~|~年益寿(延长生命,增加岁数)。②推迟:~期|拖~|迟~。③聘请,请:~聘|~师|~医(请医生看病)。
同义 延长—延伸/延迟—延缓、推迟/延误—耽误/延续—继续、连续
反义 延长—缩短/延迟—提早/延续—停止、中止
组字 筵、诞、涎、蜒
提示 "延"的第四笔是竖折,不要分成竖、横两笔。

歇后语　双槌落鼓——一个音

yan

yán	7画 一部
严	独体
	一丅亚严

①紧密:~密|路被雪封得~~实实的|把罐子口盖~。②认真,不放松,与"宽"相对:~格|管得~|~办。③厉害:冬~|刑~酷。
同义 严寒—酷寒、苦寒/严紧—严密、严实/严峻—严肃/严厉、严重
反义 严—宽、松/严寒—酷热、炎热/严谨—松散/严厉—温和/严密—疏松/严肃—活泼、滑稽

yán	7画 言部
言	上中下 一/二/口
	亠言言

①话:语~|发~|名人名~。②说:有口难~|师采药去。③汉语的一个字:五~诗|万~书。
同义 言行一致—表里如一
反义 言行一致—言行不一
组字 信、喑、誉、誊

yán	8画 山部
岩	上下 山/石(丁/口)
	丨山岸岩

①高峻的山崖。②岩石,构成地壳的石头:石灰~|火成~|花岗~。

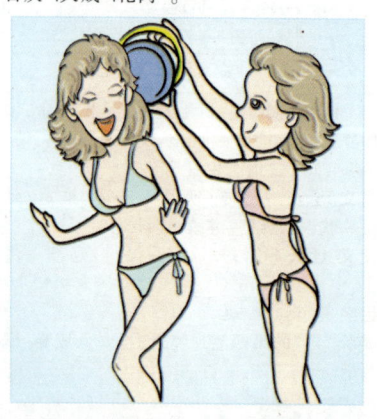

yán	8画 火部
炎	上下 火/火
	丷火炎

①天气热:~热|~夏|赤日~~似火烧。②细菌或病毒侵入体内引起的发热、肿痛等症状:发~|肝~|消~。③比喻有权有势的人:趋~附势。
同义 炎热—火热、酷热/炎夏—酷暑、盛夏
反义 炎热—严寒、寒冷/炎夏—严冬、隆冬
组字 谈、淡、氮、毯、痰

yán	8画 氵(shuǐ)部
沿	左右 氵/㕣(几/口)
	氵沊沿

①顺着,照着:~路|~街尽是高楼大厦。②边:边~|前~|河~儿。③靠近:~海|~岸。④依照以往的方法、规矩、式样等:~袭(照老样子继续下去)|这种方法已经~用多年,也该改革了。⑤在衣物的边上再加一条边:~鞋口。
同义 沿袭—因袭

yán	9画 石部
研	左右 石(丁/口)/开
	丆石矴研

①细磨,碾碎:~墨|~药。②思考,探求:~究|~讨|刻苦钻~。
同义 研讨—商讨、探讨

yán	10画 皿部
盐	上下 卦(土/卜)/皿
	土卦盐盐

食盐,有咸味的调味品,化学成分是氯化钠,有海盐、池盐、井盐等。

yán	11画 门部
阎	半包围 门/臽(𠂆/臼)
	丶丆阎阎阎

①【阎罗王】佛教指主管地狱的神。②【阎王】-wang a.阎罗王。b.比喻极凶恶的人。
同义 阎王—阎罗

谜语 空中航道已开通 (成语:有机可乘)
打开天窗说亮话 (成语:不明不白)

yan

yán	12画 虫部
蜒	左右 虫/延(正/廴)
	虫 虵 蚯 蜒

【蜿蜒】wān- 见"蜿"。

yán	12画 竹(⺮)部
筵	上下 ⺮/延(正/廴)
	⺮ 筥 筵 筵

①竹席。②酒席:~席|喜~|寿~。
同义 筵席—宴席、酒席

yán	15画 页部
颜	左右 彦(产/彡)/页
	立 产 彦 彦 颜

①面容,表情:容~|鹤发童~(形容老年人气色好,有精神)|开~(脸上显出高兴的样子)。②面子:无~见江东父老。③色彩:~料|五~六色。
同义 颜容—容颜、面容/颜色—色彩

yán	17画 木部
檐	左右 木/詹(广/言)
	木 柊 栌 栌 檐

①屋顶伸出的边沿部分:屋~|廊~|~前。
②覆盖物的边沿或伸出部分:帽~儿。

yǎn	8画 大部
奄	上下 大/电
	大 奁 奄 奄

【奄奄一息】气息微弱,快要断气。
组字 俺、掩、淹、鹌、阉

yǎn	9画 彳(chì)部
衍	左中右 彳/氵/亍
	彳 衍 衍

①发挥,延长:推~。②多余的(指文字):~文(因誊写、刻版、排版错误而多出来的字句)。③孳生:繁~。

yǎn	11画 扌(shǒu)部
掩	左右 扌/奄(大/电)
	扌 扩 掩 掩

①遮蔽,遮盖:~盖|遮~|~护。②关,合:大门虚~着|~卷(把书合起来)。③门窗等关闭时夹住东西:手被门~了。
同义 掩盖—掩饰、遮盖、遮掩/掩埋—埋藏、埋葬
反义 掩盖—揭露

yǎn	11画 目部
眼	左右 目/艮
	目 盯 眼 眼

①眼睛,视觉器官。②小孔洞,窟窿:炮~|泉~|针~儿。③要点,事物的关键所在:节骨~儿。④戏曲中的节拍:一板三~(比喻言语行为有条理,合规矩,不马虎)。
同义 眼光—目光、眼力、观点/眼前—面前、跟前、眼下、目前/眼巴巴—眼睁睁
反义 眼前—长远

yǎn	14画 氵(shuǐ)部
演	左右 氵/寅(宀/更)
	氵 沪 浐 演 演

①公开表现技艺:~唱|~戏|~表。②推广,发挥:~说|~讲。③按照一定程式练习或计算:~习|~算习题。④逐渐地发展变化:~变|~化|~进。
同义 演讲—演说、讲演/演算—运算

名人名言 人的知识愈广,人的本身也愈至臻完美。
[苏]高尔基

yan

yàn	6画 厂部
厌	半包围 厂/犬 厂厅厌厌

①满足:学而不~|贪得无~。②不喜欢,嫌恶(wù):~倦|~恶|讨厌|不~其烦(不嫌麻烦)。

同义 厌烦—腻烦/厌弃—嫌弃/厌恶—憎恶、讨厌

反义 厌弃—怜惜/厌恶—喜欢、爱好

yàn	9画 石部
砚	左右 石(丆/口)/见 丆石 矶 砚

砚台,写毛笔字研墨用的文具。

yàn	9画 立部
彦	半包围 产/彡 亠立产彦

古指德才兼备的人:俊~。

组字 谚、颜

yàn	10画 色部
艳	左右 丰/色(⺈/巴) 三丰 艳 艳 艳

色彩鲜明好看:鲜~|~丽|百花争~|~阳天(明媚的春天)。

同义 艳丽—瑰丽、绚丽

反义 艳丽—朴素

yàn	10画 日(日)部
晏	上下 日/安(宀/女) 日旻 晏 晏

①迟,晚:~起|早起~睡。②平静:河清海~。

yàn	10画 口部
唁	左右 口/言(亠/二/口) 口吖 唁 唁

吊丧,对死者的家属表示慰问:吊~|~电。

yàn	10画 宀(mián)部
宴	上中下 宀/日/女 宁宴宴宴

①用酒饭招待客人:~请|~客。②聚会在一起吃酒饭:~会|欢~。③酒席:设~招待外国元首。

同义 宴席—宴会、酒席、筵席

yàn	10画 马部
验	左右 马/佥(人/丷) 马 驴 骀 验

①察看,检查:考~|试~|测~|算~。②效果跟预期的相符:灵~|屡试屡~。

yàn	11画 讠(yán)部
谚	左右 讠/彦(产/彡) 讠讠 谚 谚

谚语,社会上流传的固定语句,用简单通俗的话反映出某种经验和道理。如"今冬麦盖三层被,来年枕着馒头睡"(说明"瑞雪兆丰年"的道理)。

yàn	12画 土部
堰	左右 土/匽(匚/晏) 垣 垣 堰 堰

较低的堤坝:都江~。

yàn	12画 厂部
雁	半包围 厂/倠(亻/隹) 厂 厅 雁 雁

大雁,候鸟,羽毛褐色,腹部白色,样子像鹅,群居在水边,飞行时排列成行。

什么枪可以把人打跑又不伤人?(发令枪)

yan—yang

yàn	12画 火部
焰	左右 火/臽(ク/臼)
	⺌火焓焰焰

①火苗：火~。②威风，气势：气~|凶~。

多音字	16画 灬(huǒ)部
燕	上中下 廿/北/灬
	廿䒑䒑䒑燕

㈠yàn 燕子，候鸟名，翅膀尖长，尾巴像张开的剪刀，背部黑色，肚皮白色，常在房梁上或屋檐下做窝。捕食害虫，是益鸟：似曾相识~归来。

㈡yān ①周代诸侯国名，在今河北省北部和辽宁省南部。②山名：~山。③燕京，旧时北京的别名。

yang

yāng	5画 丨(gǔn)部
央	独体
	口므央

①中心：中~。②恳求：~求|告只好去~人帮忙。③结束，完结：夜未~。

同义 央求—央告、恳求、请求
组字 英、盎、鸯、殃、映、秧

yāng	9画 歹部
殃	左右 歹/央
	歹歼歼殃

①灾祸：灾~|遭~。②损害：祸国~民(损害国家，危害人民)。

yāng	10画 鸟部
鸯	上下 央/鸟
	冖央夵鸯

【鸳鸯】yuān- 见"鸳"。

yāng	10画 禾部
秧	左右 禾/央
	二禾秆秧秧

①植物的幼苗：树~|儿茄子~。②特指稻苗：~田|拔~|插~。③某些植物的茎：瓜~|豆~|白薯~子。④某些初生的饲养动物：鱼~子|猪~子。

yáng	6画 扌(shǒu)部
扬	左右 扌/㐬
	扌扚扬

①举起，向上升：~手|~帆|趾高气~(骄傲的样子)。②在空中飘动：红旗飘~|飞~。③向上撒：~场(cháng，把打下来的谷物等扬起，借风力吹掉壳和尘土)。④传播，散布：宣~|名~四海|~言(故意说出要采取某种行动的话，含贬义)。⑤称赞：表~|赞~|颂~。

同义 扬名—驰名/洋洋得意—沾沾自喜
反义 扬—抑、弃

yáng	6画 羊部
羊	上下 ⺷/丰
	丷䒑羊

哺乳动物，家养的有山羊、绵羊等。毛、皮、角、骨都可做工业上的原料，肉和奶可食用。

组字 佯、详、洋、样、祥、翔、氧、痒

歇后语　水底捞月，天上摘星——想得到，办不到。

yang

yáng	6画 阝(fù)部
阳	左右 阝/日
	阝阝阳阳

①太阳,日光:~光|朝~。②山的南面,水的北面,与"阴"相对(下同):衡~(在衡山之南)|洛~(在洛河之北)。③凸出的:图章刻的是~文。④露出的,表面的:~沟|奉阴违。⑤指活人和人世的(迷信):~寿|~间。⑥带正电的:~极|~电。⑦指男性:体育界阴盛~衰的局面已经有了很大改观。

同义 阳光—日光/阳历—公历/阳关大道—康庄大道
反义 阳—阴

yáng	7画 木部
杨	左右 木/㐅
	十木朽杨

杨树,落叶乔木,种类很多,有白杨、大叶杨、小叶杨等。

yáng	8画 亻(rén)部
佯	左右 亻/羊(䒑/干)
	亻亻'佯佯

假装:~死|~攻(虚张声势地向敌方进攻)|~作不知。
同义 佯装—假装

yáng	8画 疒(nè)部
疡	半包围 疒/㐅
	广疒疡疡

溃烂:溃~。

yáng	9画 氵(shuǐ)部
洋	左右 氵/羊(䒑/干)
	氵汫洋洋

①比海更大的水域:海~|太平~|四大~。②广大,多:~溢|~~大观(形容数量、种类多得可观)。③外国:~人|~米|~面|留~(在外国留学)。④现代化的:土~结合。⑤银元:大~|小~。

yǎng	6画 亻(rén)部
仰	左右 亻/卬(亻/卩)
	亻伫仰仰

①头抬起,脸向上,与"俯"相对:~望|~泳|前俯后~。②敬慕:信~敬~|久~(客套话,仰慕很久)。③依赖:~赖|~仗(依靠)|~人鼻息(依赖人,按别人的意旨行事)。
同义 仰望—仰视/仰仗—仰赖
反义 仰—俯/仰望—俯视、俯瞰

yǎng	9画 八(䒑)部
养	上下 䒑/介
	䒑兰关养

①生孩子:生~|她~了一个女孩儿。②供给生活所需:~家|抚~子女|赡(shàn)~父母。③喂(动物),种(花草),使成长:饲~|~猪|~花。④培养:教~|~成良好的习惯。⑤滋补,休息:营~|身体疗~。⑥保护修补:保~|~路工。⑦不是亲生的:~子|~父。
同义 养分—营养/养活—供养
提示 "养"的上面不要写成"羊",下面不要写成"介"。

yǎng	10画 气部
氧	半包围 气/羊(䒑/干)
	气氕氧氧氧

一种化学元素,符号O。在通常条件下为气体,无色、无味、无臭,比空气重。能帮助

  相加起来和是十 （成语:三三两两）
天上雷响雁阵乱 （成语:一鸣惊人）

燃烧,是人和动植物呼吸所不可缺少的:缺~|给病人输~。

yǎng	11画 疒(nè)部
痒	半包围 疒/羊(丷/手)
	广疒疒痒

皮肤受到刺激需要抓挠的一种感觉:搔~|蚊子叮得身上直~~。

yàng	10画 木部
样	左右 木/羊(丷/手)
	木木′栏样

①形状:模~|式~|图~。②种类:各种各~|两~儿|都行。③做标准或代表的:~品|本|榜~。④情况,趋势:看~子,天会转晴。

同义 样子—榜样、形状—模样

yàng	10画 羊(羋)部
恙	上下 羋(丷/王)/心
	丷丷羊恙恙

病:安然无~|偶染微~(偶然得了小病)。

yàng	14画 氵(shuǐ)部
漾	左右 氵/羕(羋/永)
	氵洋洋洋漾

①水面微动:荡~|河水一~一~的。②液体太满而流出:~奶|菜汤都~出来了。

yao

yāo	3画 幺部
幺	独体
	幺幺幺

①小,排行最末的:~叔|~妹。②数目"一"的另一种说法(用于电话号码等)。

组字 幻、幼、吆

yāo	4画 大部
夭	独体
	一二天

①形容草木茂盛,只能用叠词:桃之~~。②未成年的人死去:~折|~亡。

同义 夭折—夭亡
反义 夭—寿
组字 乔、笑、沃、妖、袄、跃
提示 "夭"不要与"天"相混。

yāo	6画 口部
吆	左右 口/幺
	口叫吆吆

大声呼喊:~喝|喝五~六。

yāo	7画 女部
妖	左右 女/夭
	乚女妊妖

①迷信或传说中指害人的怪物:~怪|~精|~魔。②荒诞的,迷惑人的:~言惑众|~术。③装束、神态不正派:~艳|~里~气。④娇艳:~娆(ráo,娇艳美丽)。

同义 妖风—歪风、邪气/妖精—妖怪/妖魔鬼怪—牛鬼蛇神
反义 妖风—正气

yāo	13画 月部
腰	左右 月/要(覀/女)
	月胛胛腰腰

①人体的中部,肋骨以下胯(kuà)骨以上的部分:弯~|酸腿疼。②肾脏:~子。③裤、裙等围腰的部分:裤~。④事物的中部:山~。⑤中间狭小像腰的地势:海~|土~。

名人名言 只有不断地追求探索、永远不满足已取得成绩的人,生活才是美好的、有价值的。

萨帕林娜

yao

yāo	16画 辶(chuò)部
邀	半包围 敫(身/攵)/辶
	白臬敫邀邀

①约请：~请|特~代表|应~出席。②取得,求得：~功请赏|~准。③拦住,截住：~击|途中~截。

同义 邀—约、请、邀请—约请

yáo	6画 兀部
尧	上下 尧/兀
	一七尧尧

传说中上古帝王名：六亿神州尽舜~。

组字 侥、挠、饶、浇、绕、晓、烧

yáo	8画 月部
肴	上下 乂/有(ナ/月)
	丶亠肴肴

做熟的鱼肉等：菜~|酒~|佳~。

组字 淆

yáo	9画 女部
姚	左右 女/兆(丬/㇗)
	乚㚢奵姚姚

姓。

yáo	11画 穴部
窑	上下 穴/缶(午/山)
	宀穴窊窑

①制砖瓦、陶器等的建筑物：瓦~|石灰~。②为采煤而开凿的洞：煤~。③为居住挖建的洞：~洞。

yáo	12画 讠(yán)部
谣	左右 讠/䍃(爫/缶)
	讠讠讠谣

①口头流传的歌：歌~|童~|民~。②谣言,凭空捏造的话：造~|辟(pì)~(说明真相,驳斥谣言)。

同义 谣言—谣传、流言
反义 谣言—事实

yáo	13画 扌(shǒu)部
摇	左右 扌/䍃(爫/缶)
	扌扩摔摇

摆动：~摆|动~|把船~过来。

同义 摇—晃、摆/摇摆—摇晃、摇动
反义 摇头—点头

yáo	13画 辶(chuò)部
遥	半包围 䍃(爫/缶)/辶
	爫䍃遥遥

远：~远|~望|~领先|~知兄弟登高处。

同义 遥—远、遥望—展望、远看/遥远—辽远

yáo	14画 王部
瑶	左右 王/䍃(爫/缶)
	二干珌瑶瑶

美玉,也比喻美好：琼~(美玉,比喻别人赠的诗文)|~琴(镶玉的琴)。

yǎo	8画 木部
杳	上下 木/日
	十木杳杳

深远,见不到踪影：~无音信(形容一直得不到对方的信息)。

同义 杳无音信—音信全无

yǎo	9画 口部
咬	左右 口/交(亠/父)
	口吖哆咬

①上下牙齿对着夹住,切断或弄碎东西：

地球上什么地方的人口出生率最高？(产房)

yao—ye

紧牙关|被蛇~了一口。②狗叫:鸡叫狗~。③受责难(nàn)或受审讯时拉扯上无关或无辜的人:反~一口。④(某些器具)夹住或互相卡住:用钳子把水管接头处~紧。⑤读(字音):~字清楚。

yǎo	10画 爪(爫)部
舀	上下 爫/臼
	爫 舀 舀 舀

用瓢、勺等取东西:~水|~汤|~糠。
组字 滔 韬 稻 蹈
提示 "舀"不要与"臽(xiàn)"相混。

yǎo	10画 穴部
窈	上下 穴/幼(幺/力)
	穴 宓 窈 窈

【窈窕】-tiǎo ①形容女子美好的姿态:~淑女。②形容宫室、山水幽深的样子。

yào	9画 艹(cǎo)部
药	上下 艹/约(纟/勺)
	艹 苭 药 药

①防治疾病的物品:中~|西~|草~。②用药治病:不可救~(比喻坏到无法挽救的地步)。③有一定作用的化学物品:火~|农~。④毒死:~老鼠。

多音字	9画 西(覀)部
要	上下 覀/女
	一 覀 更 要 要

㈠yào ①希望得到,索取:他~一本字典|~账。②重大,值得重视的:~点|重~|紧~。③重大的、值得重视的东西:纲~|内容提~。④应该,必须:~坚持锻炼身体。⑤将要,将:天~下雨了。⑥如果:别人~有困难,我们就应该帮助|~不快走,就会迟到的。⑦请求:我~爸爸给我讲故事。⑧需要:你跑100米~多少秒?
㈡yāo ①求:~。②强迫,胁迫:~挟(xié)。
同义 ㈠要点—要领/要地—要冲、重地/要饭—讨饭/要紧—重要、严重 ㈡要求—请求,需求
组字 腰

水里的葫芦——两边摆

多音字	9画 钅(jīn)部
钥	左右 钅/月
	钅 钥 钥

㈠yào【钥匙】-shi 开锁的东西。
㈡yuè【锁钥】suǒ- ①比喻关键。②比喻军事要地:北门~(北方重镇)。

yào	15画 鸟部
鹞	左右 䍃(夂/缶)/鸟
	覀 䍃 鹞 鹞

①鹞鹰,形状像鹰,比鹰小。性凶猛,捕食小鸟。②【纸鹞】风筝。

yào	20画 小(⺌)部
耀	左右 光(⺌/兀)/翟(羽/隹)
	丨 光 光 耀 耀 耀

①光线照射:照~|眼|金光闪~。②向人显示(自己的长处):显~|夸~|武扬威(炫耀武力,显示威风)。③光荣:荣~。④光芒:光~夺目。
同义 耀眼—刺眼、夺目
提示 "耀"的第六笔竖弯钩变为竖提。

ye

yē	12画 木部
椰	左右 木/耶(耳/阝)
	木 柯 椰 椰

椰子树,常绿乔木,产在热带,树干直立,

ye

不分枝。果实叫椰子,可以吃,也可以榨油,果皮纤维可结网,树干可做建筑材料。

yē	15画 口部
噎	左右 口/壹(士/冖/豆)
	口叫吠噎噎

因吃得太急等原因,使食物堵住喉咙:吃慢点,当心~着|~废食(比喻因为出了点小毛病就停止应该做的事情)。

yé	6画 父部
爷	上下 父(八/乂)/卩
	八父爷爷

①祖父:~~。②父亲:娘闻女来。③敬称长辈或年长的男子:大~|二~。④旧时对主人或尊贵者的称呼:老~|少~。⑤迷信的人对神的称呼:土地~|财神~。

yě	3画 乙部
也	独体
	𠃍𠄌也

①表示同样:小学生~能搞发明创造。②表示加强语气(多用在否定句里):再~不调皮了|这话一点~不假。③表示转折或让步:即使下大雨,我~要上学去|我虽然没见过,~听人说过。④常见的文言虚词。

同义 也许—或许、可能
组字 他、地、池、弛、她、驰
提示 "也"的首笔是横折钩,不是横撇。

yě	7画 冫(bīng)部
冶	左右 冫/台(厶/口)
	冫冫冶

①熔炼金属:~炼|~金。②形容女子打扮得过分艳丽:~容(妖媚的容貌或打扮得很妖媚)|妖~。

yě	11画 里部
野	左右 里/予
	口田里野野

①郊外,村外:~外|~炊|田~。②界限,范围:分~(划分的范围、界限)|视~(眼睛所能看到的空间范围)。③不是饲养或栽种的:~兽|~花|~生。④不讲理,没礼貌,蛮横(hèng):粗~|撒~|~蛮。⑤不受约束:~性|这孩子都玩~了。⑥不当政的,与"朝"相对:下~(执政者被解职)|在~党。

同义 野蛮—粗野、蛮横
反义 野—朝(cháo)/野蛮—文明
组字 墅
提示 "野"的右边是"予",不是"矛"。

yè	5画 业部
业	独体
	丨业业

①工作:职~|就~|待~。②事业:创~|守~。③学业:修~|毕~|肄(yì)~。④行(háng)业:工~|农~|商~。⑤从事某种工作:~农|~商。⑥财产:产~|家~|~主。⑦已经:~竣工|~经批准。

同义 业绩—功绩
反义 业余—专业

yè	5画 口部
叶	左右 口/十
	口叶叶

①植物的营养器官之一,多呈片状:树~|菜~。②像叶子的东西:铜~|百~窗。③历史上较长时期的分段:20世纪中~。

yè	6画 页部
页	独体
	丆页页

勤俭节约历史久 (职务:省长)
天上有个月亮 (字:且)

ye—yi

①指书册中单张的纸:活~|插~。②量词:今天的作业在第20~|本子只剩3~没写。
组字 顺、顶、顷、项、须、颂、顾、顿、颁、烦、预、硕、领、颇、项、颊、颗、频、颜、颠、颤

yè	6画	丨(gǔn)部
曳	独体	
	曰曰电曳	

拉,牵引:~光弹|弃甲~兵(形容打败仗逃跑时的狼狈相)。
组字 拽

yè	8画	亠(tóu)部
夜	上下 亠/亻(亻/夊)	
	亠广疒疒夜	

从天黑到天亮的一段时间,与"日"、"昼"相对:~晚|昼~|~以继日。
同义 夜半—半夜、午夜/夜间—夜里/夜晚/夜色—夜景、暮色
反义 夜—日、昼
组字 掖、液、腋

yè	11画	氵(shuǐ)部
液	左右 氵/夜(亠/亻)	
	氵氵氵液液	

液体,有一定体积而没有一定形状的流动物质:血~|溶~|唾~。

yè	11画	讠(yán)部
谒	左右 讠/曷(日/匃)	
	讠讠讠谒谒	

拜见:~见|拜~|进~。
组字 蔼、霭

yè	12画	月部
腋	左右 月/夜(亠/亻)	
	月月脓腋腋	

夹(gā)肢窝,上肢同肩膀相连处靠里凹入的部分。

yi

yī	1画	一部
一	独体	
	一	

①数目字,最小的正整数。②专一,纯:~心~意。③满,全,整个:~屋子人|~身是胆。④相同:~样|大小不~。⑤另,又一种:杜鹃~名映山红。⑥每:~年一度。⑦某:~年闹水灾。⑧放在重叠的动词中间,表示稍微、轻微:走~走|说~说。⑨与"就"呼应:a.表示两事时间紧接:预备铃~响,他就走进教室。b.表示每逢:~看到别人有困难,他就主动去帮助。
同义 一般—普通、平常、一样—一道—一起、一同、一齐/一概——律/一生——世,终生/一向—向来/一再—再三/一刹那——瞬间、一眨眼/一箭双雕——举两得/一心一意—全心全意
反义 一般—出色、特殊/一心一意—三心二意
提示 "一"做序数或用在句尾时仍读第一声,如"第一"、"六月一日"、"长短不一";在第四声字前读第二声,如"一概"、"一世"、"一去不复返";在第一声、第二声、第三声字前

多音字	11画	扌(shǒu)部
掖	左右 扌/夜(亠/亻)	
	扌扩护挤掖	

㊀yè ①扶着别人的胳膊。借指鼓励和提拔:奖~|提~。②掖县,在山东省。
㊁yē 把东西塞进衣袋或夹缝里:把书~在书包里|把报纸从门缝里~进去。

名人名言 目标过高,失望也就无可避免。
凯勒

yī

读第四声,如"一生"、"一行"、"一走了之";在重叠词语中间读轻声,如"想一想"、"比一比"。

yī	6画 亻(rén)部
伊	左右 亻/尹
	丿亻伊伊伊

①他或她。②文言助词:下车~始(比喻刚到一个地方)。

yī	6画 衣部
衣	上下 亠/衣
	一亠ナ衣衣

①衣服:大~|睡~|棉~。②披或包在物体外面的东西:炮~|糖~。

组字 袭、哀、衰、衷、袋、装、依

yī	7画 匚(fāng)部
医	半包围 匚/矢(匸/大)
	一匚天医

①医生,大夫(dài fu):~师|军~|兽~。②治病:~疗|~院。③医学:中~|西~|~学。

同义 医生—医师、大夫/医治—医疗、治疗

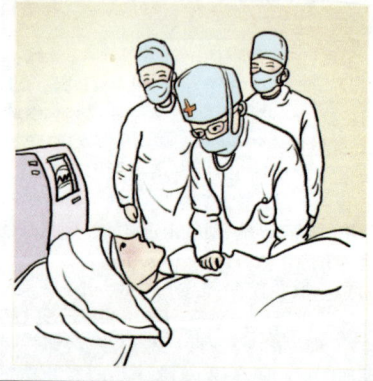

yī	8画 亻(rén)部
依	左右 亻/衣(亠/衣)
	亻亻亻仁依依

①靠,依靠:~傍|白日~山尽|相~为命。②按照:~照|~据|~法治国。③顺从,答应:~从|~顺|百~百顺。

同义 依次—挨次、顺次/依据—根据/依靠—依托、倚靠/依然—依旧、仍然/依照—按照、遵照/依依不舍—难舍难分

yī	12画 扌(shǒu)部
揖	左右 扌/咠(口/耳)
	扌扌扌扌揖揖

拱手礼:作~(两手抱拳到胸前,身子略行礼)。

yī	12画 士部
壹	上中下 士/冖/豆
	士声壹壹

数目字"一"的大写。

组字 噎

yí	5画 亻(rén)部
仪	左右 亻/义
	亻亻亻仪仪

①人的外表(如容貌、举止、风度等):~表|威~(使人敬畏的容貌、举止)。②仪式,按照程序进行的礼节:礼|~司~。③礼物:贺~|谢~。④仪器,供测绘、实验等用的有一定准则的器具:地动~|经纬~。

同义 仪表—仪器、仪容、仪态

yí	6画 大部
夷	独体
	一二弓弓弗夷

①平坦,平安:履险如~|化险为~。②弄平(建筑物等):~为平地。③我国古代称东部民族。④旧指外国或外国的。

反义 夷—险
组字 姨、胰

yí	7画 氵(shuǐ)部
沂	左右 氵/斤
	氵氵沂沂

沂河,水名,发源于山东省,流经江苏省入海。

yí	8画 忄(xīn)部
怡	左右 忄/台(厶/口)
	忄忄忄怡怡

什么东西最容易满足?(袜子)

yi

愉快:~然自得(dé,形容愉快、满足的样子)|心旷神~(心情开朗,精神愉快)。
同义 怡然—欣然、喜悦

yí	8画 宀(mián)部
宜	上下 宀/且
	宀宁宜宜

①合适,适当:适~|合~|不相~。②应当,应该:事不~迟|不~如此。
组字 谊

yí	9画 贝部
贻	左右 贝/台(厶/口)
	冂贝贻贻

①赠给。②遗留:~害(留下祸害)|~笑大方(让内行人笑话)|~误战机。

yí	9画 女部
姨	左右 女/夷
	乚乂妇姨姨

①母亲的姐妹:~妈。②妻子的姐妹:大~子|小~子。

yí	10画 月部
胰	左右 月/夷
	月肝胪胰胰

①胰腺,人和高等动物体内的一种消化腺,能分泌胰液帮助消化,还能分泌胰岛素,调节体内糖的代谢。②方言,肥皂:香~子|药~子。

yí	11画 禾部
移	左右 禾/多(夕/夕)
	禾和移移

①挪动,搬动:~动|迁~|转~。②改变,变动:坚定不~|风易俗(改变旧的风俗习惯)。
同义 移动—挪动/移居—迁居、搬家

多音字	12画 辶(chuò)部
遗	半包围 贵(虫/贝)/辶
	虫贵遗遗

㈠yí ①丢失:~失。②漏掉:~漏|~忘。③丢失的东西,漏掉的部分:路不拾~(东西掉在地上没有人捡走,形容社会风气很好)|补~。④留下,余下:~留|~憾|不~余力(把所有的力量全部使出来)。⑤死者留下的,过去留下的:~嘱|~产|~迹。⑥不自觉地排泄:~尿。
㈡wèi 赠送:~之千金|~之以书。
同义 ㈠遗漏—脱漏、缺漏/遗弃—丢弃、抛弃/遗失—丢失/遗忘—忘记/遗愿—遗志
反义 ㈠遗臭万年—流芳百世

yí	13画 页部
颐	左右 匝(匚/口)/页
	一コ臣臣颐

①面颊,腮:解~(脸上露出笑容)。②休养,保养:~神|~养。
提示 "颐"不要读做yì。左边是"匝(yí)",不是"臣"。

yí	14画 匕部
疑	左右 矣(匕/矢)/疋(マ/疋)
	丿矣蛭疑

①不相信:怀~|~惑|坚信不~。②难以解决的,不能断定的:~问|~案|质~(提出疑问)。
同义 疑案—悬案/疑惑—迷惑、困惑/疑问—疑团、疑云
反义 疑—信/疑惑—明白/疑心—相信
组字 凝

歇后语 水萝卜——皮红肚里白

439

yi

yí	18画	ヨ(jì,丑)部
彝	上中下	皿/糒(米/糸)/廾
		彑 彞 彝

①古代盛酒的器具，泛指祭器。②【彝族】我国少数民族之一，主要分布在云南、四川、贵州等省。

yǐ	1画	乙部
乙	独体	
		乙

天干的第二位，用做顺序的第二：~班|~级。

组字 艺、亿、忆

yǐ	3画	已部
已	独体	
		丁コ已

①停止，罢了：争论不~|如此而~。②已经，表过去：~阅|事~办妥|古~有之。

反义 已—未/已知—未知

yǐ	4画	人部
以	左右	∨/人
		∨ ∨ 以 以

①用，拿，把，将：动之~情，晓之~理|~身作则。②依，按照：~质论价。③因为：不~困难而退却。④目的在于：积极锻炼，~增强体质。⑤用在方位词前，表示时间、方位、数量的界限：天亮~前|长城~北|10~内。

同义 以后—之后、今后、往后/以免—免得、省得/以前—之前、先前、早先/以往—从前、过去、往日/以为—认为、觉得

组字 似、拟

提示 "以"的左边不要写成"厶(sī)"，首笔是竖提，末笔是点。

yǐ	7画	厶(sī)部
矣	上下	厶/矢(￠/大)
		厶 ㄙ 矣

文言助词，相当于"了"：俱往~(都过去了)。

组字 俟、埃、挨、唉

yǐ	9画	虫部
蚁	左右	虫/义
		虫 虫 蚁 蚁

蚂蚁，昆虫名，种类很多，多在地下做窝群居：~聚(比喻大量的人集合在一起)|千里之堤，溃于~穴(比喻小事或小处不注意就会酿成大祸或造成严重损失)。

yǐ	10画	亻(rén)部
倚	左右	亻/奇(大/可)
		亻 伫 倚 倚 倚

①靠着：~门。②仗恃，凭借：~势欺人|~老卖老(仗着年纪大，摆老资格)。③歪，偏斜：不偏不~。

同义 倚靠—依靠

yǐ	12画	木部
椅	左右	木/奇(大/可)
		木 杧 柠 梧 椅

有靠背的坐具：竹~|藤~。

yì	3画	亻(rén)部
亿	左右	亻/乙
		丿 亻 亿

数目，一万万：~万(泛指极大的数目)。

谜语 水源枯竭 (成语：原形毕露)
天下奇珍 (化妆品：大宝)

yi

yì	3画 、(zhǔ)部
义	独体
	、丶乂义

①公正的有利于人民的道理或举动:正~|大~凛然。②符合正义或公众利益的:~举|~演。③情谊:情~|无情无~。④意义,意思:字~|定~|含~。⑤无血缘关系而认做亲属的:~父|~子。
同义 义务—责任、无偿
反义 义务—权利
组字 仪、议、蚁

yì	4画 艹(cǎo)部
艺	上下 艹/乙
	一 艹 艺

①技能,技术:工~|技~|学~。②艺术:文~|曲~|~人。

yì	4画 忄(xīn)部
忆	左右 忄/乙
	丶丶忄忆

①回想,想念:回~|~往昔。②记住,不忘:记~。

yì	5画 讠(yán)部
议	左右 讠/义
	讠讠议议

①商量,讨论:商~|~定。②意见,主张:建~|提~|抗~。③批评,评论:非~|评~。
同义 议论—谈论、讨论、言论

yì	6画 山部
屹	左右 山/乞(丿/乙)
	丨山屹屹

山势高耸,比喻坚定不可动摇:~立|~然不动。
同义 屹立—耸立、矗立

yì	6画 亠(tóu)部
亦	上下 亠/小
	亠亠亣亦

也:~然(也是这样)|人云~云(人家怎么说,自己也怎么说,形容没有主见)。
组字 奕、迹
提示 "亦"不要与偏旁"亦(luán)"相混。

yì	6画 廾(gǒng)部
异	上下 巳/廾
	乛巳旦异

①不同:~口同声|~议(不同的意见)。②另外的,别的:~乡|~地|~国。③特别:~味|优~。④奇怪,惊奇:奇~|惊~。⑤分开:离~。
同义 异常—异样、非常/异乡—异地、他乡
反义 异—同/异常—正常/异样—同样

yì	7画 扌(shǒu)部
抑	左右 扌/卬(⺃/卩)
	扌扛扣抑

①按下,压制:~扬(声音高低起伏)|压~。②连词,表示选择,相当于"或是"、"还是"。
同义 抑制—压制、控制、按捺
反义 抑—扬

yì	7画 口部/巴部
邑	上下 口/巴
	口吕吕邑

①城市:城~|通都大~(大都会,大城市)。
②县。
组字 扈

真正的雄心壮志几乎全是智慧、辛勤、学习、经验的积累,差一分一毫也达不到目的。
维尔纳

yi

yì	7画 亻(chì)部
役	左右 亻/殳(几/又)
	亻 彴 彴 役

①战事:战~。②被迫的无偿劳动:劳~|苦~。③兵役,当兵的义务:现~|军人|预备~。④强迫使用:~使|奴~。⑤被强迫使用的人:仆~|衙~。

yì	7画 讠(yán)部
译	左右 讠/睾(又/幸)
	讠 讠 译 译

把一种语言文字按照原义改变成另一种语言文字:翻~|口~|~文。

yì	8画 日部
易	上下 日/勿(勹/丿)
	日 曰 旦 易

①不困难,好办,与"难"相对:容~|简~|来之不~。②改变,变更(gēng):移风~俗|~地(换一个地点)。③交换:交~|贸~。④和气:平~近人。

同义 易如反掌—轻而易举
反义 易—难/易如反掌—难于登天
组字 剔、惕、赐、锡
提示 "易"做基本字组字时,不能简化成"易(yáng)"。

yì	8画 讠(yán)部
诣	左右 讠/旨(匕/日)
	讠 讠 诣 诣

①到某地去看某人(多指长辈或所尊敬的人):~前请教。②(学问或技艺)所达到的程度:他数学造~很高。

yì	8画 马部
驿	左右 马/睾(又/幸)
	马 驭 驿 驿

旧时传递政府文书的人中途休息的地方:~站。

yì	8画 纟(mì)部
绎	左右 纟/睾(又/幸)
	纟 纫 经 绎

①抽出,理出头绪或线索:寻~(反复推求)|演~。②连续不断:络~不绝。

yì	9画 车部
轶	左右 车/失
	车 车 轫 轶

①超过:~群(超过一般人)|~才(突出的才干)。②散失:~事(史书不记载的事)|~闻。

yì	9画 大部
奕	上下 亦(亠/丷)/大
	亠 亦 亦 奕

①盛大。②【奕奕】精神焕发的样子:神采~。

yì	9画 疒(nè)部
疫	半包围 疒/殳(几/又)
	广 疒 疒 疫

瘟疫,流行性急性传染病的总称:防~|鼠~。

yì	10画 八(丷)部
益	上中下 ⺷/八/皿
	丷 丷 益 益

①好处,与"害"相对:利~|得~不浅|对人民

脑筋急转弯 做什么事每次都得从头来?(理发)

有~。②有好处的:~鸟|~处|良师~友。③增加,增~|延年~寿(延长寿命)。④更,更加:~发日益|提高|多多~善(越多越好)。
同义 益处—好处/益发—越发、更加/益友—良友
反义 益—害、损
组字 隘、溢

yì	10画	讠(yán)部
谊	左右	讠|宜(宀|且)
	讠讠讠讠谊	

交情:友~|情~|深情厚~。

yì	11画	辶(chuò)部
逸	半包围	兔(⺈|兔)|辶
	⺈兔兔逸逸	

①安乐,闲适:安~|劳~结合。②逃跑:逃~|奔~。③散失,失传:~书(已经散失的古书)。④超过:超~|~群。

yì	11画	羽部
翌	上下	羽(习|习)|立(⺊|⺌)
	丆习羽翌翌	

明(日、年等):~日|~年|~晨。

yì	13画	聿部
肄	左右	𦘒(匕|大)|聿
	⺈匕𦘒𦘒肄	

学习:~业(曾在学校学习而没有毕业)。
提示 "肄"不要与"肆"相混。

yì	13画	衣部
裔	上下	衣(亠|𧘇)|冏(冂|日)
	亠亠裔裔裔	

后代子孙:后~|华~(在国外的中国人后代)。

yì	13画	立部/心部
意	上下	音(立|日)|心
	立音意意	

①意思;词|~来~不明。②心愿,愿望:好~|满~|任~。③料想,估计:~外|出其不~。④事物流露的情态:诗~|秋~|醉~。
同义 意思—意义、心意、趣味/意图—企图、用意/意义—意思、价值/意愿—心愿、愿望

yì	13画	氵(shuǐ)部
溢	左右	氵|益(⺊|八|皿)
	氵氵洪溢溢	

①水过满而流出:河水四~|江河横~。②流露,表露:洋~|~于言表|才华横~。③过分:~美(过分夸奖)。

yì	15画	殳(shū)部
毅	左右	豙(亠|豕)|殳(几|又)
	亠亨豙豙毅	

刚强,果断,不动摇:~力|坚~(坚定有毅力)|刚~(刚强坚毅)|~然决然(形容意志坚强果断)。

yì	17画	羽部
翼	上下	羽(习|习)|異(田|共)
	丆习羽翼翼	

①翅膀:鸟~|机~。②作战时阵地的两侧,也指政治上的派别;从左~包抄过去|右~分子。③【翼翼】谨慎、恭敬的样子:小心~~。

yin

yīn	6画	囗(wéi)部
因	全包围	囗|大
	冂囗因因	

①依,顺着,按老一套办:~循守旧。②原

歇后语　水中月镜中人——看得见,摸不着。

yin

因：前~后果|事出有~。③凭借，根据：~地制宜。④因为：~此(因为这个)|~公牺牲。
同义 因此—因而、所以/因袭—沿袭
组字 茵、恩、咽、姻、胭、烟

yīn	6画 阝(fù)部
阴 左右	阝/月
	丨 阝 阴 阴

①月亮：太~|~历。②水的南面，山的北面(多用于地名)，与"阳"相对(下同)：华~(在华山之北)|江~(在长江之南)。③凹下的：~文图章。④暗里的，不显露的：~沟|阳奉~违。⑤指女性；需要改变；盛阳衰的状况。⑥见不到阳光的地方：~面|背~|树~。⑦带负电的：~电|~极。⑧迷信指与鬼有关的：~间|~魂不散。⑨不光明，暗中搞鬼：~谋|~险。
同义 阴暗—阴沉、昏暗、黑暗/阴谋—诡计、奸计/阴险—阴毒、险恶
反义 阴—阳、晴/阴暗—明朗、晴朗
组字 荫

yīn	9画 艹(cǎo)部
茵 上下	艹/因(口/大)
	艹 艹 茵 茵

垫子或褥子：绿草如~。

yīn	9画 音部
音 上下	立(一/䒑)/日
	亠 立 音 音

①声音，乐音：播~|~量|女高~。②消息：信佳~|福~。③音节，语音：单~词|乡~|正~。
同义 音响—声响、声音/音信—音讯、消息、信息
组字 意、暗、黯

yīn	9画 女部
姻 左右	女/因(口/大)
	乚 女 妁 姻 姻

①婚姻：联~|美满~缘。②由婚姻关系而结成的：~亲|~兄|~伯。

多音字	10画 殳(shū)部
殷 左右	𦣝/殳(几/又)
	厂 户 㐆 㐆 殷 殷

㊀yīn ①丰盛，富足：~富|~实(富裕)。②深厚：~切|期望甚~。③热情周到：~勤|招待甚~。④朝代名，指商朝后期。
㊁yān 黑红色：朱~|~红的血液。

yín	7画 口部
吟 左右	口/今(人/丶)
	口 吖 吟

①有节奏地诵读：~咏|~诗作画。②古诗的一种名称：《暮江~》。③鸣叫：蝉~|虎啸龙~。
同义 吟咏—吟诵、吟哦

yín	9画 土部
垠 左右	土/艮
	土 圫 垠 垠

界限，边际：一望无~的草原。

yín	11画 钅(jīn)部
银 左右	钅/艮
	钅 钉 钽 银

①一种金属元素，白色有光泽，质软，是传热导电性能最好的金属。可用于做器皿、货币、电器设备、感光材料、首饰等。②银子，旧时用银铸成块的一种货币，泛指货币：~两|收~台。③指跟货币有关的事物：~行|~根。④像银的颜色：~白色|~河(天河)|碧海~涛。
同义 银河—银汉、天河、星河

谜语 鹏鸟飞落山顶上 (字：崩)　加一半减一半 (字：喊)
点头赔一半 (字：贞)　十两多一点 (字：斥)

yin

yín	11画	氵(shuǐ)部
淫	左右	氵至(爫/壬)
	氵汀汗汗浮浮淫	

①过多,过分:~雨丨~威(滥用的威力)。②迷惑:富贵不能~。③放纵,无节制:很多暴发户过着骄奢~逸的生活。④男女关系不正当:严禁看~秽录像。

yín	11画	宀(mián)部
寅	上下	宀/寅
	宀宫寉寅	

①地支的第三位:~吃卯粮(比喻预先借支)。②旧计时法,寅时,称夜里三点到五点。
组字 演

yín	14画	齿部
龈	左右	齿(止/凵)/艮
	卜止止步齿龈	

牙龈,牙床,包住牙根的肉。

yǐn	4画	乙部
尹	独体	
	𠃍ヨ尹	

古代官名:府~丨道~。
组字 笋、伊、君

yǐn	4画	弓部
引	左右	弓/丨
	𠃌弓引	

①拉,伸:~弓丨~领(伸脖子)丨吭高歌(放开嗓子大声歌唱)。②带领:~路丨~导指:。③惹,招来:逗~丨得大家哈哈大笑丨蛇出洞。④离开:~退~避。⑤用来做根据:~用~证丨~以为荣。
同义 引导—诱导、带领—引荐—推荐、举荐丨引路—带路、领路—引诱—利诱、诱惑
组字 蚓

多音字	7画	饣(shí)部
饮	左右	饣/欠(丿/人)
	饣饣饮	

㊀yǐn ①喝,也特指喝酒:~水丨~酒丨~茶丨~畅。②饮料:冷~。③含着,忍着:~恨(含冤)。

㊁yìn 给牲畜喝水:~马丨~牛。

yǐn	10画	虫部
蚓	左右	虫/引(弓/丨)
	虫虫蚓蚓	

【蚯蚓】qiū- 见"蚯"。

yǐn	11画	阝(fù)部
隐	左右	阝/急(刍/心)
	阝阝陷隐	

①藏起来,不显露:~蔽丨~身。②藏着的,不显露的:~情(不愿告诉人的事情)丨~患(潜伏着的祸患)。③秘密的事:难言之~。④不明显,不清楚:~约丨~晦(意思不明显)。
同义 隐蔽—隐藏/隐秘—诡秘/隐约—隐隐
反义 隐—现、显/隐蔽—暴露/隐瞒—坦白
组字 瘾

yǐn	16画	疒(nè)部
瘾	半包围	疒/隐(阝/急)
	广疒痓瘾	

特别深的嗜好或特别浓的兴趣:酒~丨烟~丨他看书看上~了。

yìn	5画	卩(jié)部
印	左右	𠂉/卩
	𠂉𠂉印印	

①图章:~章丨盖~。②痕迹:脚~丨烙~。③把文字或图画等留在纸上或器物上:~书丨~花布。④验证,相合:~证丨心心相~(形容彼此的思

名人名言 立志要如饥渴之于饮食。 [宋]朱熹

445

yin—ying

想境界和感情完全一致)。
同义 印痕—痕迹/印象—记忆

yìn	9画 艹(cǎo)部
荫	上下 艹/阴(阝/月)
	艹 艹 荫 荫

①不见阳光,阴凉潮湿:这屋子很~。②封建时代帝王给他的功臣的子孙读书或做官的特权:封妻~子(功臣的妻子得到封号,子孙世袭官职)。③保佑,庇护。

ying

多音字	7画 广部
应	半包围 广/丷
	广 应 应

㈠yīng ①该,当:~该|~当|理~如此。②允许,同意:~允|他一星期完成任务。
㈡yìng ①回答:答~|响~|首尾呼~。②应付,对付:~战|随机~变|接~不暇(形容事情多,应付不过来)。③适合,配合:适~|用得心~手(形容做事非常顺手)。④接受,参加:~邀|~征入伍|有求必~。⑤供给(jǐ):供~|以~急需。
同义 ㈠应该—应当、该当/应许—应允、允许 ㈡应答—回答/应付—对付/应用—运用、使用
反义 ㈡应战—挑战

yīng	8画 艹(cǎo)部
英	上下 艹/央
	艹 艹 苎 英

①花:落~缤纷。②才能出众的:~才|~明。③才能出众的人:~豪|群~会|精~。④指英国:~镑(bàng)|~里|~尺。
同义 英魂—英灵/英雄—英豪/英勇—勇敢
反义 英雄—懦夫/英勇—怯懦
组字 瑛
提示 "英"的下面是"央",不是"英"。

yīng	10画 艹(cǎo)部
莺	上下 艹(⺌/冖)/鸟
	艹 艹 莺 莺

鸟名,身体小,嘴尖,叫的声音清脆。吃害虫,是益鸟。常见的有黄莺、柳莺等:~歌燕舞(形容大好春光,也比喻大好的形势)。

yīng	11画 女部
婴	上下 贝贝(贝/贝)/女
	冂 贝贝 婴 婴

才生下来的小孩:~儿|~妇|~~(妇女和婴儿)。
组字 缨、樱、鹦

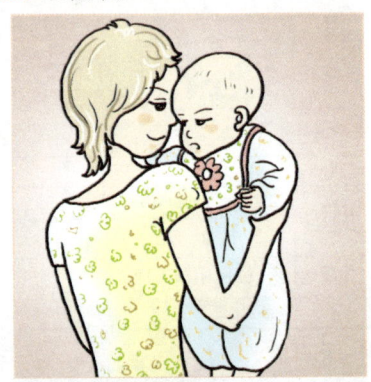

yīng	12画 王部
瑛	左右 王/英(艹/央)
	⼀ 王 瑞 瑞 瑛

①像玉的美石。②玉的光彩。

yīng	14画 纟(mì)部
缨	左右 纟/婴(贝贝/女)
	纟 缨 缨 缨 缨

①用线、绳等做的穗状装饰品:红~|枪~|帽子。②像缨的东西:萝卜~子(指叶子)|芥菜~儿。③古时指带子、绳子:长~。

yīng	15画 木部
樱	左右 木/婴(贝贝/女)
	木 樱 樱 樱 樱

①樱花,落叶乔木,花白色或粉红色,供观赏。木材坚硬,可做器具。②樱桃,落叶乔木,花淡红色或白色,果实小而圆,红色,味

446 脑筋急转弯 男人在一起喝酒时为什么非划拳不可?(敬酒不吃吃罚酒)

甜，可以吃。

yīng	16画 鸟部
鹦	左右 婴(賏/女)/鸟 賏賏婴鹦鹦

【鹦鹉】-wǔ 鸟名，羽毛美丽，嘴弯钩形，舌圆而柔软，能模仿人说话的声音。产于热带、亚热带。也叫鹦哥。

yīng	18画 广部
鹰	半包围 雁(广/倠)/鸟 广广雁雁鹰

鸟名，嘴弯曲而锐利，脚有利爪，性凶猛，捕食小鸟兽。常见的有苍鹰、雀鹰、鸢(yuān)鹰等。

yíng	7画 辶(chuò)部
迎	半包围 卬(丿/卩) 丨卬卬迎迎

①迎接，接：欢~|~送|~客松。②对着，向着：~面|~风冒雨|~头赶上。③投合别人的心意：~合。

同义 迎风—逆风/随风—迎面—当头
反义 迎—送/迎风—顺风/迎接—送别、送行

yíng	9画 艹(cǎo)部
荧	上下 艹(艹/冖)/火 艹芢荧荧

①光线微弱的样子。②眼光迷乱，迷惑：~惑人心。③【荧光】某些物质受光或电子等照射时所发出的可见光：~屏。

yíng	9画 皿部
盈	上下 夃(乃/又)/皿 乃乃夃夃盈

①充满：热泪~眶|喜气~门|恶贯~满（形容罪恶极大）。②多出（原有的）：~余|~利|自负~亏（赚钱或亏本由自己负责）。

同义 盈利—获利、得利/盈余—剩余、结余
反义 盈—亏/盈利—亏本/盈余—亏损
提示 "盈"上部的中间是"又"，不是"乂"。

yíng	10画 艹(cǎo)部
莹	上下 艹(艹/冖)/玉 艹芢莹莹莹

①光洁像玉的石头。②光洁，透明：晶~。

yíng	11画 艹(cǎo)部
萤	上下 艹(艹/冖)/虫 艹芢莹莹萤

萤火虫，昆虫名，腹部尾端有发光器，能发绿色的光。夜间活动，捕食小虫。

yíng	11画 艹(cǎo)部
营	上下 艹(艹/冖)/吕(口/口) 艹芢营营营

①军队驻防的地方：军~|~房|安~扎寨。②军队的编制单位，是团以下连以上的一级。③筹划管理：经~|国~|造防风林。④谋求：~救|~私（谋求私利）。

同义 营救—援救、解救/营生—谋生/营养—养分/营造—营建
反义 营私—奉公/营业—休业

yíng	14画 虫部
蝇	左右 虫/黾(口/电) 虫虬蚋蝇

苍蝇，昆虫名，种类很多，常指家蝇。在肮脏腐臭的东西上产卵，幼虫叫蛆。能传染疾病，害处很大。

 歇后语 跳到秤盘里——拿自己来量别人

ying—yong

yíng	17画 亠(tóu)部
赢	上中下 亡|口| 𠕁(月|贝|凡) 亠亡言赢赢

①胜利，与"输"相对：中国队~了\|~了5个球。②取得，获得：~得观众热烈的掌声。
同义 赢—胜/赢得—博得、取得
反义 赢—输

yǐng	13画 页部
颖	左右 𠂉(匕/禾)/页 𠂉匕𠂉颖颖

①麦子、稻子等带芒的外壳。②东西末端的尖锐部分：短~羊毫笔\|脱~而出(比喻人的才能全部显示出来)。③聪明：聪~\|~慧。④与众不同：新~。

yǐng	15画 彡(shān)部
影	左右 景(日/京)/彡 日昌昱景影

①物体挡住光线时所形成的暗像：人~\|树~。②物体在镜子、水面等反射物中显现出来的形象：水中倒~。③照片，图像：摄~\|留~\|剪~(照人或物的轮廓剪纸成形)。④电影的简称：~剧院\|~视节目。
同义 影响—熏陶

yìng	9画 日部
映	左右 日/央 日旷昳映

①照射：~照\|夕阳把湖水~得通红。②因照射而显出：奇峰倒~水中\|放~电影。
同义 映衬—衬托/映照—映射、照射

yìng	12画 石部
硬	左右 石(丆/口)/更 丆石砢硬

①质地坚固，与"软"相对：坚~\|木~笔。②坚强有力：骨头嗷软怕~。③坚决，不通融：强~\|碰~。④勉强，不自然：~挺\|~着头皮病了别~撑。⑤顽固，固执：不承认叫他别去，他~要去。⑥能力强，质量好：功夫技术过~。⑦心狠：心肠~。
同义 硬汉—铁汉/硬朗—硬实、健壮/硬邦邦—硬撅撅
反义 硬—软/硬邦邦—软绵绵

yo

多音字	9画 口部
哟	左右 口/约(纟/勺) 口吆哟哟

㊀ yō 叹词，表示惊讶或疑问：~，这是怎么回事？
㊁ yo ①用在句末表示祈(qǐ)使的语气：同志们努力~！②用在歌词中做衬字。

yong

多音字	7画 亻(rén)部
佣	左右 亻/用(𠘨/キ) 亻们佣佣

㊀ yōng ①雇(gù)用：~工\|雇~(用钱购买劳动力)。②被雇用的人，仆人：女~。
㊁ yòng 佣金，旧时买卖东西时付给介绍人的钱。

yōng	8画 扌(shǒu)部
拥	左右 扌/用 扌扣拥拥

①搂抱：~抱。②围着：~被而眠\|前呼后~。③聚到一起：~挤\|蜂~而入\|一~而上。④赞成并全力支持：~戴（拥护某人做领袖)\|~军爱民

谜语	有头没尾 （字：友）	学做生意 （数学名词：试商）
	三八放假 （字：媳）	先富起来 （人体部位：头发）

yong

属。⑤具有,持有:~有|~兵百万|坐~。
同义 拥抱—搂抱/拥戴—拥护、爱戴/拥有—领有、具有
反义 拥护—反对

yōng	11画 广部
庸	半包围 广/肃
	广广肩庸

①平常,不高明的:平~|~俗|~人。②用,需要(用于否定):毋~置疑(不用怀疑)。③难道,怎么:~有罪乎(难道有罪过吗)?
同义 庸人—庸才/庸俗—粗俗、俗气
反义 庸人—才子、智者/庸俗—高尚、高雅

yōng	13画 亠(tóu)部
雍	上下 亠/雍(乡/隹)
	亠疒雍雍雍

①和谐:~和。②【雍容】和谐优雅,从容大方:~华贵。
组字 臃
提示 "雍"的左下方是"乡",不是"纟"。

yōng	17画 月部
臃	左右 月/雍(亠/隹)
	月肝臃臃臃

【臃肿】①身体过于肥胖或衣服穿得太多,行动不灵便。②比喻机构太庞大,妨碍工作。

yǒng	5画 、(zhǔ)部
永	独体
	、亅永永

①长:江之~矣(长江长啊)。②长久,久远:~远|~恒|垂不朽(永远流传,不会磨灭)。
同义 永别—永诀、诀别/永存—长存/永远—永久、永世
反义 永远—暂时
组字 咏、泳、脉

yǒng	8画 口部
咏	左右 口/永
	口吖咏咏

①声调高低起伏地诵读,歌唱:吟~|歌~。②以某种事物为题写诗作词:柳|~雪|~怀(吟诵诗词,抒发内心的感想)。

yǒng	8画 氵(shuǐ)部
泳	左右 氵/永
	氵汀汀泳

在水里游动:游~|蛙~|仰~。

yǒng	9画 亻(rén)部
俑	左右 亻/甬(龴/用)
	亻亻俏俑

古代陪葬用的偶像,用木或陶制成:陶~|女~|兵马~。

yǒng	9画 力部
勇	上下 甬(龴/用)/力
	龴甬甬勇勇

①有胆量,不推脱:~敢|奋~当先|~于挑重担。②士兵:散兵游~。
同义 勇敢—勇猛、英勇/勇士—猛士、壮士/勇于—敢于/勇往直前——往无前
反义 勇敢—怯懦、胆怯/勇士—懦夫/勇往直前—畏缩不前
提示 "勇"的第四笔横折钩变为横折。

yǒng	10画 氵(shuǐ)部
涌	左右 氵/甬(龴/用)
	氵汀泸涌

①水向上冒出来:~泉。②像水涌出一样:风起云~(比喻事物相继兴起,声势浩大)|~进会场|千头万绪~上心头。

名人名言 大家为国奋斗,造成世界上第一个好国家,才是大志气。 ——孙中山

yong—you

yǒng	11画 心部
恿	上下 甬(ㄱ/用)/心 ㄱ丙甬恿恿

【怂恿】sǒng- 见"怂"。

yǒng	13画 虫部
蛹	左右 虫/甬(ㄱ/用) 虫虬蚵蛹

某些昆虫从幼虫过渡到成虫时的一种形态,这时外形变厚,身体缩短,不食不动:蚕~|蝇~。

yǒng	14画 足(⻊)部
踊	左右 ⻊(口/⺊)/甬(ㄱ/用) ⻊跫踊踊

跳,跳跃:~跃(争先恐后)。

yòng	5画 冂(jiǒng,冂)部
用	半包围 冂/十 冂月用

①使用:~力|~电|公~|~电话。②花费的钱财:家|零~。③用处:功|有~之材|需要(多用于否定):不~你管|你不~操心了。⑤吃、喝(敬词):~饭|请~茶。⑥表示动作凭借或使用的工具、手段等,相当于"拿":~酒精消毒。
同义 用餐—用饭、就餐/用场—用途、用处/用具—器具/用心—用功、用意、居心
组字 角、佣、拥

you

yōu	6画 亻(rén)部
优	左右 亻/尤 亻仕优优

①非常好,与"劣"相对:~良|~美|品学兼~。②丰厚,充足:~裕|~厚。③给予好的待遇:拥军~属。④旧称戏曲演员:~伶|名~。
同义 优待—优遇、厚待/优点—长处/优良—优秀、优异/优美—美好
反义 优—劣/优点—缺点、缺陷/优良—低劣、拙劣

yōu	7画 忄(xīn)部
忧	左右 忄/尤 忄忄忄忧忧

①发愁,担心:~愁|担~|~国~民。②让人发愁、担心的事:患|高忱无~|为国分~。
同义 忧愁—忧虑、忧心/忧闷—忧郁、愁闷/忧伤—忧戚、悲伤
反义 忧—喜/忧愁—欢乐、快乐/忧郁—开心、开朗

yōu	9画 山部
幽	独体 丨丩幽幽

①深远,昏暗:~情|~深|~暗。②隐蔽,秘密:~会|~居。③安静,安闲:~雅|~静|~思。④囚禁:~禁。⑤迷信指阴间:~灵。
同义 幽暗—昏暗/幽静—寂静/幽默—风趣、有趣、诙谐
反义 幽—明/幽暗—明亮/幽静—喧闹

yōu	11画 心部
悠	上下 攸(亻/攵)/心 亻彳悠悠

①长久,遥远:~远|~久|~扬。②安闲,自在:~闲|~然(自由自在,很悠闲的样子)。③在空中摆动:荡|晃|忽~。
同义 悠久—长久、久远/悠闲—悠然、清闲/悠扬—婉转
反义 悠久—短暂/悠闲—繁忙

什么时候太阳会从西边出来?(发誓的时候)

尤

yóu	4画 尢(wāng)部
尤	独体
	一 尢 尢 尤

①特殊的,突出的:无耻之~。②格外,特别:他的数学~其好|这里盛产水果,~以龙眼闻名。③过失,过错:勿效~(不要学着做坏事)。④责怪,归罪于:怨天~人。

同义 尤其—特别、更加
组字 优、扰、犹、忧、就

由

yóu	5画 丨(gǔn)部
由	独体
	冂 曰 由 由

①自,从:~上到下|~国外回来。②原因:理~|事~。③由于:咎~自取|成~节俭败~奢。④经过:必~之路。⑤顺从,听任:信马~缰|事不~己。⑥凭借:~此可知|整体是~部分组成的。⑦归属于:这任务~我去完成。

同义 由衷—衷心
组字 宙、笛、邮、抽、油、柚、轴、铀、袖、庙、迪、届

邮

yóu	7画 阝(yì)部
邮	左右 由/阝
	日 由 邮 邮

①由邮电部门传递:~寄|~信|爸爸给灾区~去200元。②与邮政业务有关的:~票|~费|~包。③邮票:集~。

犹

yóu	7画 犭(quǎn)部
犹	左右 犭/尤
	丿 犭 犷 犹 犹

①好像,如同:~如|虽死~生。②还(hái),仍然:记忆~新|已是悬崖百丈冰,~有花枝俏。③【犹豫】迟疑不决:他毫不~地跳进水里救人。

同义 犹如—宛如、有如、如同、好像/犹豫—犹疑、迟疑
反义 犹豫—果断

油

yóu	8画 氵(shuǐ)部
油	左右 氵/由
	氵 汩 油 油

①动植物体内所含的脂肪:花生~。②石油:~田|~井。③用油涂抹:~家具。④液体调味品:酱~|虾~。⑤被油弄脏:修汽车~了衣服。⑥圆滑,轻浮:~头滑脑|这个人很~滑。

同义 油滑—圆滑
反义 油腻—清淡

柚

多音字	9画 木部
柚	左右 木/由
	木 朾 柚 柚

㈠ yóu 柚木,落叶乔木,叶大,对生,花白色或蓝色。木材坚硬耐久,用来造车、船,做家具。

㈡ yòu 常绿乔木,叶子大而阔,果实叫柚子,也叫文旦,比较大,果皮淡黄,果肉白色或粉红色,味酸甜,是普通水果。

铀

yóu	10画 钅(jīn)部
铀	左右 钅/由
	钅 钌 铀 铀

一种放射性金属元素,银白色,质地坚硬。铀是产生原子能的重要元素。

游

yóu	12画 氵(shuǐ)部
游	左右 氵/游(方/斿)
	氵 汸 浐 游 游

①在水里行动:~泳|在水中~来~去。②流动的:~牧|击~战。③闲逛,从容地行走:~

歇后语 铁饭碗——砸不破

you

览|~玩|山玩水。④玩:~戏|~乐。⑤交往:交~(结交朋友)。⑥河流的一段:下~|力争上~。
同义 游客—游人/游览—游历/游玩—游逛
提示 "游"的右边是"斿",不是"放"。

yóu	4画 又部
友	半包围 ナ/又
	一ナ方友

①朋友:好~|战~|老~|亲朋。②亲近和睦:好|团结~爱。③有亲近和睦关系的:~人|军|~邦(友好的国家)。
同义 友好—友爱、友善、友人、朋友/友谊—友情、情谊、交谊
反义 友—敌/友好—敌对/友人—敌人
提示 "友"不要与"发(ba)"相混。

yǒu	6画 月部
有	半包围 ナ/月
	一ナ有有

①表示所属:我~一本字典|没~时间。②表示存在:教室里~10个同学|~困难。③表示发生或出现:~情况,注意警戒|他最近~些咳嗽。④表示估量或比较:这棵树~十几米高|叶子有~巴掌那么大。⑤表示大、多:~才华|权~势。⑥与"某"相近:~一天|~人不同意。⑦用在"人"、"时候"、"地方"前面,表示一部分:~这个答案~人说对,~人说不对。⑧用在某些动词前面表示客气:~请|~劳。
同义 有关—相关/有理—在理/有名—著

名、出名/有趣—有味、风趣/有时—偶尔、偶然/有意—有心、故意/有用—管用、顶用
反义 用—无、没/有趣—乏味、无聊/有意—无意、无心/有余—不足
组字 肴、郁、贿

yòu	2画 又部
又	独体
	フ又

①表示重复或连续:他~被评为"三好生"。②表示加重语气,更进一层:你~不笨|我~不是说你。③几项平列的连词:~快~好。④再加上,还有:一~二分之一。⑤表示某种范围之外另有补充:他替老大娘买了车票,~给了她零用钱。⑥表示转折:想去玩玩,~有许多作业。
同义 又—再
组字 仅、邓、双、叹、汉、奴、驭、权、取、友、凤

yòu	5画 口部
右	半包围 ナ/口
	一ナ右

①面向南时靠西的一边,与"左"相对:手|~边|靠~走。②保守的,反动的:~倾|~派。③古以右为上,品质、等级高的称右:无出其~(没有能胜过他的)。
组字 若、佑

yòu	5画 幺(yāo)部
幼	左右 幺/力
	幺幻幼

①年纪小:~儿|年~。②初生的:~芽|~虫。③儿童:尊老爱~|妇~。
同义 幼稚—稚嫩、天真
反义 幼稚—老练、成熟
组字 窈、坳、拗、黝

yòu	7画 亻(rén)部
佑	左右 亻/右(ナ/口)
	亻亻仁佑

帮助,保护:保~(迷信指神灵的保护和帮助)|庇~(保佑)。

谜语　田里的事儿样样行 (体育项目:十项全能)
　　　 教学不喜欢填鸭式 (外国科学家:爱迪生)

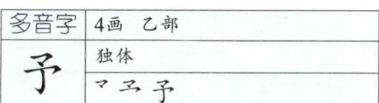

yòu	9画 讠(yán)部
诱	左右 讠/秀(禾/乃)
	讠讠讠讠诱诱

①引导,教导:循循善~|善于有步骤地引导、教育)。②使用手段使上钩:~敌|威胁利~。③吸引:景色~人。
同义 诱导—引导/诱惑—引诱、利诱

yu

yū	6画 辶(chuò)部
迂	半包围 于/辶
	二于迂迂

①曲折,绕远道:~回前进|~缓(行动迟缓)。②言行、见解过时,不切实际:~腐|~见|~论。

yū	11画 氵(shuǐ)部
淤	左右 氵/於(方/仒)
	氵汻汻汻淤

①泥沙沉积堵塞:~积|~塞(sè)。②沉积的泥沙:河~|沟~。③(血液)凝聚不通:~血。
同义 淤积—沉积

yú	3画 一部
于	独体
	一二于

①在:写~北京|生~1948年。②对,对于:忠~祖国|养花有益~身心。③到:一切权力归~人民。④自,由,给:取之~民,用之~民。⑤向:问道~盲。⑥表示比较,与"过"的意思相同,如:霜叶红~二月花|重~泰山。⑦表示被动:见笑~人。⑧词的后缀:敢~斗争|至~在~。
同义 于今—如今、而今、至今
组字 芋、宇、吁、迂
提示 "于"不要读做 yǔ。

多音字	4画 乙部
予	独体
	丂𠃌予

㊀yú 我。
㊁yǔ 给:~以奖励|授~荣誉称号|免~处分。
同义 予以—给(gěi)以、给(jǐ)予
组字 抒、预、野、舒、豫、序

yú	7画 人部
余	上下 人/禾
	人𠆢今余

①剩下的,多出来的:剩~|多~|~粮户。②大数后面的零头:两万~人|水深十米~。③(某事,某情况)以外或以后的时间:课~|业~|工作之~。④文言代词,我。
同义 余—剩
组字 除、叙、徐、涂、途、斜

yú	8画 鱼部
鱼	上中下 ⺈/田/一
	⺈𠂉角鱼

脊椎动物的一类,生活在水中,用鳃呼吸,用鳍游泳,体温随外界温度而变化,种类很多,大部分可吃。
同义 鱼目混珠—以假乱真
反义 鱼目混珠—货真价实
组字 鲁、渔、鲜、鲨

名人名言 所有通向人们憧憬之处的路途都是遥远的。
[英]康拉德

yu

yú	9画 人部
俞	上下 亼/刖(月/刂)
	亼 스 肎 俞

姓。
组字 愈、偷、喻、渝、愉、瑜、榆、输、逾、瑜

yú	10画 女部
娱	左右 女/吴(口/天)
	乁 女 妈 娱

快乐,使快乐:欢~|文~活动|自~。

yú	11画 氵(shuǐ)部
渔	左右 氵/鱼(勹/田/一)
	氵 氵 渔 渔

①捕鱼:~业|~民|江上~者。②谋取(不正当的利益):~利。
同义 渔利—牟利

yú	11画 阝(fù)部
隅	左右 阝/禺
	阝 阝 阠 隅 隅

①角落:墙~|向~而泣(对着角落而哭泣,形容孤独或绝望地悲泣)。②旁边:海~(海边)。③山势弯曲险要的地方:负~顽抗(守住险阻,顽固抵抗)。

yú	12画 辶(chuò)部
逾	半包围 俞(亼/刖)/辶
	亼 肎 俞 渝 逾

①越过,超过:~越|~期|年~古稀。②更加:~甚。
同义 逾期—过期/逾越—超越
反义 逾期—按期

yú	12画 氵(shuǐ)部
渝	左右 氵/俞(亼/刖)
	氵 汀 泃 渝

①(感情或态度)改变:始终不~。②重庆市的别称:成~铁路。

yú	12画 忄(xīn)部
愉	左右 忄/俞(亼/刖)
	丷 忄 忄 愉 愉

高兴,欢乐:~快|~悦(喜悦)|欢~|面有不~之色。
同义 愉快—高兴、快乐、开心
反义 愉快—烦恼、忧愁、伤心

yú	13画 王部
瑜	左右 王/俞(亼/刖)
	二 千 珨 瑜 瑜

①美玉。②玉的光彩,比喻优点:瑕~互见(比喻有缺点,也有优点)|瑕不掩~(比喻缺点掩盖不了优点)。
反义 瑜—瑕

yú	13画 木部
榆	左右 木/俞(亼/刖)
	木 栓 榆 榆

榆树,落叶乔木,三、四月开小花。果实叫榆钱。木材坚固可以做器具。

yú	13画 心部
愚	上下 禺/心
	口 月 禺 禺 愚

①笨,傻:~笨|~蠢|~人。②蒙蔽,欺骗:~弄(用欺骗的方法戏弄)|为人所~(被人愚弄)。

三更半夜回家才发现忘记带钥匙,而家里又没有其他人在,这时你最大的愿望是什么?(门忘锁)

yu

③谦词:~兄|~见(称自己的见解)。
同义 愚—蠢、笨、痴、呆、傻/愚蠢—愚笨、愚昧、蠢笨
反义 愚蠢—聪明、聪慧

yú	14画 八部
舆	上下 舁/八
	⌒𠂇𦥑𦥑舁舆

①车:~马|舍~登舟。②轿子:肩~|彩~。③众人的:~论(众人的言论)。④地,疆域:~图(地图)。

多音字	3画 一部
与	独体
	一与与

㊀yǔ ①跟,同:~困难做斗争。②和:城市~农村。③给:赠~|人方便。④交往,友好:师生相~|国(相友好的国家)。⑤赞助:~人为善。
㊁yù 参加:参~|~会。
组字 写、屿

yǔ	6画 山部
屿	左右 山/与
	丨山山屿

小岛:岛~。

yǔ	6画 宀(mián)部
宇	上下 宀/于
	宀宀宇

①屋檐,泛指房屋:屋~|庙~。②整个空间,世界:~内(世界以内)|寰~(全世界)|~宙。③风度,仪表:眉~(眉目之间)|器~(相貌风度)。

yǔ	6画 羽部
羽	左右 习/习
	丿𠃌习羽

鸟类的毛:~扇|~毛球|~翼。
组字 翠、翟
提示 "羽"做上偏旁时首笔和第四笔的横折钩变为横折,如"翠"、"翟"。

yǔ	8画 雨部
雨	独体
	一𠂇币雨雨

空气中水蒸气上升到天空中遇冷凝成云,再遇冷聚集往下落的水点:春~|~后春笋。
组字 雷、雪、霍、霜、霉、雱、零、雾、雹、需、震、霞
提示 "雨"做上偏旁时要写成变体"⻗"(第二笔竖变为点,第三笔横折钩变为横钩),如"雪"、"雷"、"霍"。

yǔ	9画 丿(piě)部
禹	独体
	亠㝉乕禹禹

传说是夏朝的第一个王,曾率领众人治服洪水。
组字 龋(qǔ)、属
提示 "禹"的第七笔是竖,不要和第八笔连成撇折。

yǔ	9画 讠(yán)部
语	左右 讠/吾(五/口)
	讠讠讠语

①话,语言:~句|国~|外~。②说,谈论:窃窃私~|自言自~|低声细~。③代替语言的动作或信号:手~|哑~|旗~。
同义 语言—言语、话语

歇后语 铁路警察——各管一段

yu

yù	5画 王部/玉部
玉	独体
	一 王 玉

①一种质地坚硬、细腻、有光泽的石头，可雕琢成各种装饰品：宝~I~器。②比喻洁白、美丽、高贵：颜I亭亭~立I洁冰清(比喻品行高洁)。③敬词：~言I~体I~照。

组字 宝、国

yù	5画 马部
驭	左右 马/又
	丁 马 驭 驭

①驾驶车马：驾~I~车I~手。②控制，支配：以简~繁。

yù	6画 艹(cǎo)部
芋	上下 艹/于
	艹 苎 芋

①芋头，多年生草本植物，叶大，柄长，地下块茎供食用。②泛指马铃薯、甘薯等植物：山~I洋~。

yù	8画 阝(yì)部
郁	左右 有(ナ/月)/阝
	广 有 郁 郁

①香气很浓：馥~。②草木茂盛：葱~(青翠茂盛)I~葱葱。③心有忧愁气愤等不能诉说而烦闷：忧~I~闷I~~不乐。

同义 郁闷—烦闷、愁闷/郁积—郁结/郁郁寡欢—闷闷不乐
反义 郁闷—畅快、舒畅

yù	8画 月部
育	上下 亠(一/厶)/月
	亠 云 育 育

①生孩子：计划生~I节~。②养活：~婴I~秧I封山~林。③培养：教~I教书育人。④教育活动：德~I智~I体~。

yù	9画 犭(quǎn)部
狱	左中右 犭/讠/犬
	丿 犭 犳 狱 狱

①监狱，监禁罪犯的处所：牢~I被捕入~。②官司，案件：冤~(冤屈的案件)。

yù	10画 氵(shuǐ)部
浴	左右 氵/谷(夂/口)
	氵 浐 浴 浴

洗澡：~室I~巾I淋~I海水~。

yù	10画 页部
预	左右 予/页
	丁 子 予 预

①事先：~备I~防I~见。②参加，过问：干~。
同义 预备—准备/预测—预计/预定—预约/预料—预想、意料、逆料/预先—事先/预兆—预示、先兆、征兆、兆头

yù	11画 土部
域	左右 土/或(戈/口)
	土 垣 域 域 域

在一定疆界内的地方、地区或范围：地~I疆~I区I异~(外国或外乡)。

yù	11画 谷部
欲	左右 谷(夂/口)/欠(𠂉/人)
	父 谷 谷 欲

①欲望，想得到某种东西或达到某种目的的愿望：食~I求知~。②想要，希望：~言又止I~穷千里目。③需要：胆~大而心~细。④将

谜语　劝解斗殴　(体育项目：散打)
　　　正月十五来相会　(食物名：元宵面)

yu

要:垂涎~滴|漫卷诗书喜~狂。
同义 欲望—欲念

yù	12画 辶(chuò)部
遇	半包围 禺/辶
	口曰禺遇遇

①相逢,碰到:相~|险|百年不~。②对待:待~|礼~(尊敬有礼的待遇)|冷~(冷淡的待遇)。③机会:机~(好的机会)|际~。
同义 遇到—遇见、碰到／遇害—遇刺、被害／遇救—获救、得救／遇难—遭难、蒙难、落难
反义 遇险—脱险

yù	12画 口部
喻	左右 口/俞(人/刖)
	口吣唅喻

①打比方:比~|借~。②明白,了解:不言而~|家~户晓。③说明,使明白:不可~|~之以理。

yù	12画 彳(chì)部
御	左右 彳/卸(缶/卩)
	彳彳徆御御

①驾驶车马。今通常写做"驭"。②抵挡,抵抗:抵~|防~|~寒。③关于皇帝的:~览|~用|~花园。
提示 "驾御"、"御手"的"御"今统做"驭"。

yù	12画 宀(mián)部
寓	上下 宀/禺
	宀宫宫寓寓

①寄居,住:~所|~居|暂~亲戚家。②住所:公~|客~。③寄托,包含:~言|~意很深。

yù	12画 衤(yī)部
裕	左右 衤/谷(八/口)
	衤衤衻裕

①丰富,富足:富~|宽~|有充~的时间学习。②使富足:富国~民。

yù	13画 心部
愈	上下 俞(人/刖)/心
	人合俞愈

①更,越:~加|~来~好。②伤(病)好了:痊~|病~|伤口~合。
同义 愈加—更加、越发
反义 愈合—糜烂

yù	13画 言部
誉	上下 兴(⺍/八)/言(亠/二/口)
	兴兴誉誉

①好名声:名~|荣~|~满全球。②赞扬:称~|赞~|毁~参半。
反义 誉—毁

yù	14画 毋(母)部
毓	左右 每(宀/母)/㐬(亠/儿)
	亠有每铲毓

养育:钟灵~秀(美好的自然环境养育优秀的人物)。

yù	15画 刀(⺈)部
豫	左右 予/象(⺈/豖)
	予豫豫豫豫

①高兴,快乐:面有不~之色。②河南省的别称:~剧。

过于迫切的希望经常会变成失望。
[德]荷尔德林

yuan

yuan

yuān	10画	鸟部
鸳	上下	夗(夕/㔾)/鸟
		勹夕 夗 鸳 鸳

【鸳鸯】-yāng 水鸟名,像野鸭,羽毛颜色美丽,善游泳。雌雄常在一起,文学上用来比喻夫妻。

yuān	10画	冖(mì)部
冤	上下	冖/兔(丶/兎)
		冖冝冤冤冤

①受屈,无辜被安上罪名:~枉|~案|~屈。②仇恨:~仇|~家(jia)。③上当,不合算:这钱花得真~|大老远赶来却没找到人,太~了。④欺骗:不许~人。

同义 冤案—冤狱/冤仇—仇恨/冤家—仇人/冤枉—冤屈

反义 冤家—朋友

yuān	11画	氵(shuǐ)部
渊	左右	氵/用
		氵氵氵渊渊

①深水,深池:万丈深~|鱼跃于~。②深:~博(指知识精深广博)。

同义 渊博—广博

反义 渊博—浅薄、浅陋

yuán	4画	儿部
元	上下	一/兀
		一 二 テ 元

①起始的,第一:~月|~旦。②为首的:~首|~帅|~勋(立大功的人)。③主要,基本:~素|~音。④货币单位,同"圆":这本书1~5角。⑤构成整体的一部分:单~|~件。⑥朝代名。

同义 元凶—祸首、罪魁

组字 完、阮、玩、顽、远、园

yuán	7画	囗(wéi)部
园	全包围	囗/元(一/兀)
		门月同园园

①种植蔬菜、花果、树木的地方:花~|果~|~艺。②供人游览、娱乐、休息的地方:公~|植物~。

多音字	7画	口部
员	上下	口/贝
		口 吊 员

㊀yuán ①指从事某种工作的人,人员:教~|学~|勤务~。②指团体或组织里的组成分子:党~|团~|队~。③周围:幅~(领土面积)。④量词:一~战将。
㊁yùn 姓。

同义 ㊀员工—职工

组字 陨、勋、损、圆

yuán	10画	土部
袁	上中下	土/口/衣
		土 吉 幸 袁

姓。

组字 猿、辕

yuán	10画	厂部
原	半包围	厂/泉(白/小)
		厂厉原原

①最初的,开始的:~始|~生林。②本来的,没有经过改变的:~来|~价|返回~地。③没有加工的:~料|~油。④谅解,宽容:~谅|情有可~(按情理或情节来看,有可原谅的地

什么票最危险?(撕票)

yuan

方)。⑤广阔平坦的地方:~野|平~|草~。
同义 原本—原来、本来/原谅—见谅、包涵/原先—早先、起初/原野—旷野/原意—本意/原因—缘故、缘由、来由/原有—固有
反义 原告—被告/原先—现在、后来/原因—结果
组字 源、愿
提示 "原"的里面上边是"白",下边是"小"。

yuán	10画 囗(wéi)部
圆	全包围 囗(员/口/贝)
	冂冂冃圆圆

①圆形,从它的中心点到周边任何一点的距离都相等的图形。②圆形的,球状的:~桌|~滚滚。③完备,周全:~满。④使完备,使周全:~场|自~其说。⑤货币的单位,也做"元"。
同义 圆满—完满/圆滑—油滑/世故/圆鼓鼓—圆滚滚、圆溜溜
反义 圆—方、扁
提示 注意"圆"和"园"的区别。

yuán	12画 扌(shǒu)部
援	左右 扌/爰(爫/友)
	扌扩护援

①用手拉:攀~(抓住东西往上爬,比喻投靠有钱有势的人往上爬)。②引用:~引|~用|~例(引用惯例或先例)。③帮助,救助:~助|支~|声~。
同义 援救—救援、营救/援助—支援、赞助

	多音字	12画 女部
媛		左右 女/爰(爫/友)
		㚩㚩妒媛媛

㊀yuán【婵媛】chán- ①(姿态)美好。②牵连,相连。
㊁yuàn 美女。

yuán	12画 纟(mì)部
缘	左右 纟/彖
	纟纩纩缘缘

①原因:~故|~由|无~无故。②因为:~何到此只|~身在此山中。③边:边~。④沿,顺着:~木求鱼(比喻必然得不到)。⑤命中安排的某种关系或原因:机~|人~|~分。
同义 缘故—缘由、原因

yuán	13画 犭(quǎn)部
猿	左右 犭/袁(土/口/𧘇)
	丿犭犷猐猿

哺乳动物,像猴比猴大,颊下没有囊,没有尾巴,生活在森林中,如黑猩猩、大猩猩、长臂猿等:两岸~声啼不住。

yuán	13画 氵(shuǐ)部
源	左右 氵/原(厂/泉)
	氵沪沔湄源

①水流起头的地方:水~|泉~|~远流长(比喻历史悠久)。②事物的根由,来路:起~|根~|资~。
同义 源泉—泉源

yuán	14画 车部
辕	左右 车/袁(土/口/𧘇)
	土车轩辕辕

①车前驾牲畜的两根直木:车~|驾~。②旧指军营或官署的大门,借指军政大官的衙门:~门|行~。

yuǎn	7画 辶(chuò)部
远	半包围 元(一/兀)/辶
	二元沅远

①(空间或时间)距离长,与"近"相对:

歇后语 铁桶里放炮仗——空响

yuan—yue

遥~|长~的利益|~离家乡。②(差别)大:~~超过|离祖国的要求还差得~。③(亲戚关系)疏:~房|~亲不如近邻。④不亲近,不接触:敬而~之(不接近,也不得罪)。
同义 远望—遥望
反义 远—近/远大—短浅/远古—现代、当代

yuàn	8画 艹(cǎo)部
苑	上下 艹/夗(夕/㔾)
	艹艹苂苑

①养禽兽、种花木的地方(多指帝王或贵族的园林):鹿~|梅~。②(文学艺术)会集的地方:文~(文学界)|艺~(艺术界)。

yuàn	9画 心部
怨	上下 夗(夕/㔾)/心
	夕夗怨怨

①仇恨:~恨|结~|恩~分明。②不满,责备:埋(mán)~|抱~|毫无~言。
同义 怨—恨/怨恨—仇恨
反义 怨—德、恩/怨恨—热爱

yuàn	9画 阝(fù)部
院	左右 阝/完(宀/元)
	阝陜陒院

①围墙里房屋四周的空地:大~|后~|庭~。②某些单位和公共场所的名称:医~|法~|影~。
同义 院子—院落、庭院

yuàn	14画 心部
愿	半包围 原(厂/泉)/心
	厂厡原愿愿

①乐意,想要:~意|自~|心甘情~。②希望达到某种目的的想法:~望|~景|如~以偿(按照自己的愿望实现了)|志~。③希望出现某种情况:祝~|学习进步。④迷信的人对神佛许下的酬谢:许下~|心还~。
同义 愿望—心愿、意愿、希望/愿意—乐意、情愿

yue

yuē	4画 曰部/曰部
曰	独体
	丨冂曰曰

①说:孔子~。②叫做:美其名~(给它一个好听的名字叫做)。

多音字	6画 纟(mì)部
约	左右 纟/勺
	纟约约

㈠yuē ①拘束,限制:~束|~制~。②共同议定的要遵守的条文:条~|公~|立~。③预先说定:预~|他和我~好了。④邀请:~他来|特~记者。⑤俭省:节~|~粮食。⑥大概:大~|计年一十七八。⑦算术上指用公因数去除分子和分母,使分数简化:最大公~数|2/4可以~成 1/2。
㈡yāo 用秤称:~一斤肉|~一~这条鱼有多重。
同义 ㈠约莫—大约、大概/约请—邀请/约束—束缚
反义 ㈠约束—放任
组字 药、哟

yuè	4画 月部
月	独体
	丿月月月

①月亮,地球的卫星,本身不发光,它的光是反射太阳的光:~食|~色|举头望明~。②月

谜语　商品不批发　(国家名:丹麦)

yue—yun

份,一年的1/12:腊~|日积~累(lěi)|长年累(lěi)~(形容经过的时间很长)。③按月出现或完成的:~刊|~票|~产量。④像月亮那样圆的:~饼|~琴。
同义 月光—月色
组字 肖、青、育、阴、明、朋、钥、有、肩
提示 "月"在合体字的下面或里面时首笔撇变为竖,如"肖"、"青"、"胃"、"有"、"肩"。

yuè 岳	8画 山部
	上下 丘/山
	丿丆乒岳

①大山:山~|五~。②称妻子的父母或妻子的叔伯:~父|~母|叔~。

yuè 阅	10画 门部
	半包围 门/兑(丷/兄)
	丶丆门阅阅

①看:~读|~览室|报纸在大家手中传~。②察看,视察:~兵|检~。③经历:~历(经历,也指由生活经历中得来的知识和经验)。
同义 阅读—浏览、披阅

yuè 悦	10画 忄(xīn)部
	左右 忄/兑(丷/兄)
	丶忄忄忄悦悦

①愉快。喜~|和颜~色。②使愉快:~耳的歌声在校园里回荡|赏心~目(指看到美好的景色而心情愉快)。

同义 悦耳—好听、动听/悦目—顺眼、好看
反义 悦耳—刺耳、难听/悦目—刺眼、难看

yuè 跃	11画 足(𧾷)部
	左右 𧾷(口/止)/夭
	𧾷𧾷跃跃

跳:跳~|飞~|一~而过|马扬鞭。
同义 跃—跳/跃进—迈进、猛进

yuè 越	12画 走部
	半包围 走(土/𤴓)/戉
	卡走起越越

①经过,跨过:~冬|翻山~岭|跨~新的高度。②超出(正常范围):~级|~权|~轨(行为超出规章制度所许可的范围)。③(声音、情绪)高昂:激~的号声|声音清~。④更加,表示程度加深:~发年轻|雪~积~厚。⑤抢劫:杀人~货。⑥周朝国名。
同义 越发—越加、益发、更加
提示 "越"的里面是"戉(yuè)"。

yuè 粤	12画 丿(piě)部
	上下 甹(白/米)/丂
	冂甹甹粤

①广东省的别称:~剧。②【两粤】指广东和广西。
提示 "粤"的上面是"甹",不是"甹"。

yun

多音字 晕	10画 日(日)部
	上下 日/军(冖/车)
	日旦旱晕

㈠yūn ①昏迷:~倒|~厥(昏倒)|~过去了。②头脑昏乱:头~|~头转向|头~脑。

㈡yùn ①太阳或月亮周围的光圈:日~|月~而风,础润而雨(比喻事故或变故发生前的征兆)。②(某些因素)使发昏:~车|~船|~针。

名人名言 凡活的而且在生长者,总有着希望的前途。
——鲁迅

461

yun

yún	4画 一部
云	上下 二/厶
	二云云

①由水蒸气上升遇冷凝聚的水点成团地在空中悬浮的物体:白~/~雾迷蒙/火烧~。②说:古人~/不知所~。
同义 云彩—云朵/云天—云霄/云霞—彩云/云消雾散—烟消云散
组字 会、芸、昙、尝、动、坛、纭、耘、酝、魂、运、层

yún	4画 勹(bāo)部
匀	半包围 勹/丶
	丿勹匀匀

①平均:均~/颜色涂得不~/身材~称(chèn)。②分出一部分给别人或用在别的方面:饭盛(chéng)多了,~一些给你/~出一间房做阅览室。
同义 匀称—匀整、均匀
组字 均、钧、韵

yún	7画 艹(cǎo)部
芸	上下 艹/云(二/厶)
	艹芸芸

①【芸香】多年生草本植物,花黄色,花、叶、茎有特殊气味,可入药。②【芸芸】形容众多:~众生。

yún	7画 纟(mì)部
纭	左右 纟/云(二/厶)
	纟纭纭

【纷纭】fēn- (言论、事情等)多而杂乱:众说~/头绪~。

yún	10画 耒(lěi)部
耘	左右 耒/云(二/厶)
	三耒耘耘

除草:~田/辛勤耕~。

yǔn	4画 厶(sī)部
允	上下 厶/儿
	亠厶允允

①答应,许可:~许/应~/不~。②公平恰当:办事公~。
同义 允许—容许、许可、准许
反义 允许—禁止
组字 吮

yǔn	9画 阝(fù)部
陨	左右 阝/员(口/贝)
	阝阝阴陨

从高空坠落:~石/~落。

yùn	5画 子部
孕	上下 乃/子
	乃乃孕孕

①胎儿:怀~/有~在身。②怀胎:~妇/~育。

yùn	7画 辶(chuò)部
运	半包围 云(二/厶)/辶
	二云运运

①移动,转动:~行/~转。②搬送,运送:~输/~货/搬~。③使用:~用/~笔。④迷信指命中注定的遭遇:命~好/~走~。
同义 运动—活动/运气(qi)—命运、幸运/运算—演算/运行—运转/运用—应用、使用
反义 运动—静止

脑筋急转弯 黑头发有什么好处?(不怕晒黑)

yun

yùn	11画 酉(yǒu)部
酝	左右 酉/云(二/厶)
	丅丙酉酝酝

①酿酒：造~酿（比喻做准备工作）。②酒：佳~（好酒）。

yùn	13画 音部
韵	左右 音(立/日)/勻(勹/冫)
	立音韵韵

①汉语拼音中声母后面的部分，包括介音（韵头）在内：~母|押~。②动听而有节奏的声音：琴~|悠扬。③气派，情趣：风~。

yùn	15画 艹(cǎo)部
蕴	上下 艹/缊(纟|昷)
	艹艿蕴蕴蕴

含着，藏着：~涵（包含）|石中~玉|我国石油~藏量很大。

同义 蕴藏—埋藏/蕴涵—包含
反义 蕴藏—发掘、开采

多音字	15画 火部
熨	上下 尉(屋/寸)/火
	尸月尉尉熨

㊀yùn 用烙铁或熨斗移动着烫平(衣物)：~衣服。

㊁yù【熨帖】-tiē 心里舒服。也指用词妥帖或事情完全办妥。

歌后语 乌鸦趴在猪身上——只看见别人黑，看不见自个儿。

za—zai

za

zā	8画 口部
咂	左右 口/帀(冂/巾)
	口 口² 咂 咂

①舌尖与上腭(è)接触发声(表示称赞、羡慕、惊讶等):~嘴。②用嘴唇吸:~一口酒。③略尝,仔细辨别:~滋味。

zá	6画 木部
杂	上下 九/朩
	ノ九杂杂

①多种多样的,不是单一的:复~|~技|~志。②掺入,混合:掺~|混~|夹~。③非正项或非正规的:~费|~牌军。
同义 杂乱—混乱、紊乱、纷乱
反义 杂乱—整齐
提示 "杂"的下面是"朩",不是"木"。

zá	10画 石部
砸	左右 石(ノ口)/帀(冂/巾)
	ノ石石² 砸 砸

①撞击,用力敲打:~石头|~钉子。②打坏,打破:碗~碎了|~烂。③失败:~锅|事儿办~了。

zai

zāi	7画 宀(mián)部
灾	上下 宀/火
	宀宀灾

①水、火、旱、虫、荒等自然的祸害:~害|~区|~。②个人的不幸遭遇:招~惹祸|飞~(意外的不幸)。
同义 灾难—灾害、灾患
反义 灾难—幸福|灾星—福星

zāi	9画 口部
哉	半包围 戋/口
	十土吉哉哉

文言里表示疑问、反问、感叹的助词:有何难~(有什么难呢)!|岂有他~(哪有别的呢)!|善~。

zāi	10画 木部
栽	半包围 戋/木
	十土丰栽栽

①种植:~种|~树。②插上:~绒|~刷子。③强加,硬安上:~上罪名|~赃(把赃物等暗放在别人那里进行诬陷)。④栽子,可以移植的幼苗:桃~|树~子。⑤跌倒:~跟头|~了一跤。
同义 栽培—栽种、种植、培养

zǎi	10画 宀(mián)部
宰	上下 宀/辛(立/十)
	宀宀宁宰宰

①杀牲畜:屠~|~鸡~鸭。②主管,主持:主~。③古代官名:~相|太~。④比喻向消费者索取高价:~人|他买东西被~了。
同义 宰杀—屠宰
提示 "宰"的下面是"辛",不是"幸"。

  幻想飞得太高,坠在现实上的时候,伤就格外沉重了。
——鲁迅

zan

zài	6画 一部
再	独体
	一 ñ ñ 再

①表示又一次(有时专指第二次):一错~错|~次|一鼓作气,~而衰,三面竭。②表示重复或继续:明天~做|~不努力就赶不上了。③连续两个动作,表示先后关系:吃完饭~去学习|先打草稿,~誊(téng)抄。④更,更加:~好不过了|~大一点就好了。⑤表示另有补充:~则~者|~不然。

同义 再—又、重、更/再次—再度/再见—再会/再三—一再/再现—重现

zài	6画 土部
在	半包围 ナ/土
	一 ナ 才 存 在

①存在,生存:青春长~|爷爷奶奶都健~。②表示人或事物处于某个位置:老师~办公室|小刀~文具盒里。③留在(某个职位):~职|~位。④在于,决定于:事~人为|他进步快,主要~自己努力。⑤正在,表示动作的进行:他~钓鱼|妈妈~缝衣服。⑥表示事情的时间、地点、范围等:~5月|2008年奥运会将~中国举行|小组里讨论一下。⑦和"所"连用,表示强调:~所不辞(表示绝不推辞)|~所难免(表示难于避免)。

同义 在行—内行/在乎—在于、在意、介意/在理—合理、有理/在世—健在

反义 在世—去世

组字 茬

	多音字	10画 车部
	载	半包围 戈/车
		十 土 车 载 载

㊀zài ①用交通工具等装运:~客|~人飞船。②充满:风雪~途|怨声~道(形容人民的强烈不满)。③相当于"一边……一边……":~歌~舞。

㊁zǎi ①年:三年五~|千~难逢。②记在书报上:记~|登~|转~。

zan

zán	9画 口部
咱	左右 口/自
	口 叭 咱 咱

①我:~不知道这件事。②我们:~妇女能顶半边天。

提示 "咱"不读 zá,统读 zán。

	多音字	19画 扌(shǒu)部
	攒	左右 扌/赞(兟/贝)
		扌 扩 拦 撺 攒

㊀zǎn 积聚,积蓄:积~|~钱|~邮票。
㊁cuán 聚在一起,拼凑:~聚|~动|~成一台收音机。

zàn	12画 日部
暂	上下 斩(车/斤)/日
	车 车 斩 暂 暂

①时间短,不久,与"久"相对:短~|~时。②表示短时间内:~停|~用|缓~执行。

同义 暂且—姑且、权且/暂时—临时
反义 暂时—永久、永远

zàn	16画 贝部
赞	上下 兟(先/先)/贝
	艹 先 兟 赞

①帮助,支持:~助。②夸奖,颂扬:~许|称~|~不绝口。③旧时文体的一种,内容是

zan—zao

称赞人物的:《三国名臣序~》。
同义 赞—颂/赞成—赞同/赞歌—颂歌/赞美—赞叹、赞颂、赞扬、赞誉/赞助—援助、帮助
反义 赞成—反对/赞美—诋毁、嘲笑
组字 攒

zang

zāng	10画	贝部
赃	左右	贝/庄(广/土)
	冂贝脏赃	

非法手段得到的财物:~物|~款|~官贪~枉法。
同义 赃官—贪官、污吏
反义 赃官—清官、廉吏

zāng	14画	戈部
臧	半包围	戕/臣(匚/丨)
	厂疒疒疳臧	

①好,善。②褒扬,称赞:~否(pǐ,褒贬,评论)。
组字 藏

多音字	10画	月部
脏	左右	月/庄(广/土)
	月疒脏脏	

㈠zàng 身体内部器官的总称:内~|五~(心、肝、肺、脾、肾)六腑(胃、胆、大肠、小肠、膀胱、三焦)。
㈡zāng 不干净:肮~|劳动不怕~和臭。
同义 ㈠脏腑—脏器、内脏 ㈡脏话—粗话
反义 ㈡脏—净

zàng	12画	艹(cǎo)部
葬	上中下	艹/死(歹/匕)/廾
	艹苁苳菀葬	

掩埋死人,泛指处理死者遗体:埋~|安~|火~。
同义 葬送—断送

zao

zāo	14画	辶(chuò)部
遭	半包围	曹(曲/日)/辶
	冂曲曹遭遭	

①遇到(多指不好的事):~难(nàn)|~罪(受罪)|~受。②一周:转了一~|用绳子绕两~。③次,回:一~生,两~熟。
同义 遭殃—遭祸/遭遇—遇到、际遇/遭罪—受罪
反义 遭罪—享福

zāo	17画	米部
糟	左右	米/曹(曲/日)
	米粘糟糟	

①酿酒剩下的渣子:酒~|~粕(pò,比喻没有用的东西)。②用酒或糟腌(yān)制食品:~鱼|~肉|~芥菜。③腐烂:木头~了|布~了。④坏:~糕|事情办~了。⑤【糟蹋】-ta a.浪费,损坏:不要~粮食。b.欺压,侮辱。
同义 糟蹋—浪费、损坏、侮辱
反义 糟—好/糟粕—精华/糟蹋—爱惜、珍惜

záo	12画	业部
凿	上下	业/凵(羊/凵)
	丬业凿凿	

①挖槽或打孔用的工具:~子。②挖,打孔:~井|在木头上~眼。③明确,真实:证据确~。
提示 "凿"不读zuò,统读záo。

zǎo	6画	日(日)部
早	上下	日/十
	冂日旦早	

①早晨:清~|~饭|从~到晚。②在一定时间以前:离上课时间还~呢。③时间在前的:

 歇后语 无头苍蝇——乱嗡嗡

~春|~期。④表示很久以前:~就准备好了。
⑤早晨问候的话:您~!|老师~!
同义 早晨—早上/早饭—早餐/早先—原先、以前
反义 早—晚、迟
组字 草

zǎo	8画 一部
枣	上下 朿/一
	一 丆 朿 枣

枣树,落叶乔木,果实成熟后暗红色,味甜,可以做药。
提示 "枣"的第三笔横折钩变为横折。

zǎo	9画 虫部
蚤	上下 叉/虫
	叉 叉 圣 蚤

跳蚤,俗称屹(gè)蚤,昆虫名,身体小,善跳跃,寄生在人畜身上,吸食血液,能传染疾病。
组字 搔、骚

zǎo	16画 氵(shuǐ)部
澡	左右 氵/桑(品/木)
	氵 氵' 渥 澡

洗(身体):~堂|~盆。
组字 藻

zǎo	19画 艹(cǎo)部
藻	上下 艹/澡(氵/桑)
	艹 艻 萡 藻 藻

①藻类植物,生活在水里的低等自养植物的一类,没有根、茎、叶的区分,种类很多,部分可食用,如海带、紫菜等。②华丽的文辞:辞~。

zào	7画 白部
皂	上下 白/七
	白 白 皂 皂

①黑色:~鞋|不分~白(比喻不分是非)。②旧时衙门里当差的人:~隶。③肥皂:香~|药~。

zào	7画 火部
灶	左右 火/土
	丶 火 灶 灶

①用砖土或金属等做成的生火做饭的设备:炉~|煤气~。②指灶神:祭~。

zào	10画 辶(chuò)部
造	半包围 告(生/口)/辶
	丿 生 告 诰 造

①制作,做:制~|~船|~句。②假编:~谣|捏~。③成就:~诣(yì,学问、艺术等所达到的程度)。④培养:~就|深~。⑤去,到:~访(到别人家拜访)|登峰~极(比喻达到极点)。⑥农作物收成的次数:一年两~。
同义 造就—培养
组字 糙

zào	16画 口部
噪	左右 口/桑(品/木)
	口 吗 噌 噪

①(虫、鸟)叫:鹊~|蝉~林愈静。②声音杂乱:~音。③很多人大声喊叫:聒(guō)~|(大声吵闹)鼓~。

zào	17画 火部
燥	左右 火/桑(品/木)
	丶 火 炽 燥

干,缺少水分:干~|~热。

谜语 人脱衣服,它穿衣服;人脱帽子,它戴帽子 (日常用具:衣帽架)
屋子方方,有门没窗;屋外热烘,屋里冰霜 (家用电器:电冰箱)

zao—zeng

zào	20画 足(ᡱ)部
躁	左右 ᡱ(口/止)/喿(品/木)
	𠯁𠯁𨂔躁

性子急,不冷静:急~|烦~|不骄不~。

ze

zé	6画 贝部
则	左右 贝/刂
	冂贝则

①榜样,标准:以身作~|原~|准~。②规章、条文:规~|细~|小学生守~。③就:不进~退。④量词:寓言二~|一~新闻。

组字 侧、测、铡、厕

zé	8画 贝部
责	上下 主/贝
	二十青责

①责任,分(fèn)内应做的事:负~|职~|爱护公物,人人有~。②要求:~己严于~人|求全~备(对人对事要求完美无缺)。③批评:~备|~怪|指~。④质问,追问:~问|~难(nàn)。⑤惩罚:鞭~|杖~。

同义 责备—责怪、指责/责令—责成/责骂—斥骂/责问—质问
反义 责备—称赞
组字 债、绩

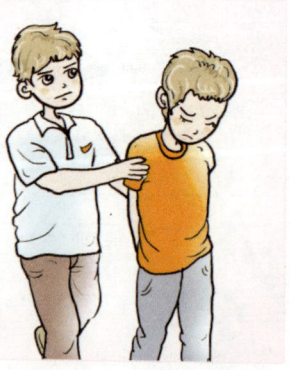

多音字	8画 扌(shǒu)部
择	左右 扌/睪(又/干)
	扌扠挦择

㊀zé 挑选,挑拣:选~|~友|饥不~食。
㊁zhái 义同㊀,用于口语:~菜。

zé	8画 氵(shuǐ)部
泽	左右 氵/睪(又/干)
	氵汉泿泽

①水积聚的地方:湖~|沼~|水乡~国。②金属、珠玉等物体表面反射出来的光:光~|色~(颜色和光泽)。③湿,滋润:润~。④恩惠:恩~。

zei

zéi	10画 贝部
贼	左右 贝/戎(戈/十)
	贝贮贼贼

①偷东西的人:盗~|窃~|捉~。②严重危害人民和国家利益的人:工~|卖国~。③邪恶的:~眼|~心不死|~头~脑。④狡猾:狐狸真~。
提示 "贼"的右边是"戎",不是"戒"。

zen

zěn	9画 心部
怎	上下 乍/心
	丿仁乍怎

疑问词,如何:~样?|~么?|叫我~能不歌唱!
同义 怎么—怎样、如何

zeng

多音字	12画 八(丷)部
曾	上中下 丷/四/日
	丷兯兯曾曾

㊀zēng 与自己中间隔着两代的亲属关系:~祖父(祖父的父亲)|~孙(孙子的儿子)。
㊁céng 表示从前经历过:~经|未~|曾经

真正的荣誉只能从真诚和正义中寻求。

〔英〕葛德文

没有)|~几何时（表示时间没有过去多久)|似~相识燕归来。

组字 僧、增、憎、赠、蹭

zēng	15画 土部
增	左右 土/曾(丷/四/日)
	土 圹 坍 埫 增

加多，添：~加|~进友谊|~产节约。
同义 增—加、添/增加—增多、增添、添加/增强—增进、加强
反义 增—减、删/增加—减少、削减、裁减/增强—减弱、削弱/增长—降低、下降

zēng	15画 忄(xīn)部
憎	左右 忄/曾(丷/四/日)
	丶忄忄憎憎

厌恶(wù)，恨，与"爱"相对：~恶|~恨|爱~分明。
同义 憎恨—憎恶、仇恨
反义 憎—爱/憎恨—热爱、喜爱

zèng	16画 贝部
赠	左右 贝/曾(丷/四/日)
	贝 则 赠 赠 赠

无偿地送(别人)：~送|~品|~言(分别时说的或写的勉励的话)。
同义 赠送—捐赠
反义 赠送—索要

zha

多音字	4画 扌(shǒu)部
扎	左右 扌/乚
	一 十 扌 扎

㈠zhā ①刺：~针|~花。②钻：他一头~进水里去了。③(军队)在某地住下：~营。
㈡zhá 【挣扎】尽力支撑或摆脱：垂死~。
㈢zā ①捆，束：~辫子|~彩|~裤脚。②量词，把儿，捆儿：一~线。
同义 ㈠扎实—踏实、实在、结实

多音字	12画 口部
喳	左右 口/查(木/旦)
	口 吖 啫 喳

㈠zhā 【喳喳】拟声词，形容鸟叫的声音：花喜鹊，叫~。
㈡chā 【喳喳】拟声词，形容轻声说话：喊喊~。

zhā	12画 氵(shuǐ)部
渣	左右 氵/查(木/旦)
	氵 浐 渣 渣

①提出精华或汁液后剩下的东西：豆腐~|甘蔗~|~滓。②碎屑：干粮~儿|蛋糕~儿。

zhā	13画 木部
楂	左右 木/查(木/旦)
	木 柊 椿 楂

【山楂】落叶乔木，开白花。果实球形，红色有白点，味酸，可以吃，也可做药。

zhá	5画 木部
札	左右 木/乚
	十 木 札

①信件：信~|书~|手~(亲笔信)。②笔记：~记(读书时摘记的要点和心得)。

zhá	8画 门部
闸	半包围 门/甲
	丶门 闸 闸

①拦住水流、调节水量的建筑物：~门|水~。②使机械减速或停止运行的设备：电~|~车。③截住(水流)：放闸把水~住。

zhá	11画 钅(jīn)部
铡	左右 钅/则(贝/刂)
	钅 钊 铡 铡

脑筋急转弯 人们都不怕什么鬼？(机灵鬼)

zha—zhai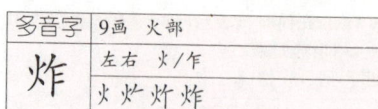

①铡刀,一种切草或切其他东西的器具。②用铡刀切:~草。

zhǎ	8画 扌(shǒu)部
拃	左右 扌/乍
	扌 扩 扩 拃

①张开大拇指和中指量长短:一~一这张桌子有多宽。②张开的大拇指和中指两端的距离:这张桌子三~宽。

zhǎ	9画 目部
眨	左右 目/乏
	目 旷 眨 眨

眼皮极快地一闭一开:~眼睛|眼睛直~巴。

同义 眨眼—瞬间

zhà	5画 丿(piě)部
乍	独体
	丿 个 乍

①忽然:~冷~热。②刚,起初:初来~到|~暖还寒。

组字 怎、窄、作、诈、昨、炸、蚱、拃

zhà	7画 讠(yán)部
诈	左右 讠/乍
	讠 讣 许 诈

①假装:~死|~降(xiáng)。②欺骗:~骗|欺~|敲~勒索。

同义 诈骗—欺骗、行骗

多音字	9画 木部
栅	左右 木/册
	木 朷 枏 栅

㊀zhà 栅栏,用竹、木、铁条等做成的阻拦物:篱笆|铁~|栏|鸡~。
㊁shān【栅极】电子管中靠阴极的一个电极。

zhà	9画 口部
咤	左右 口/宅(宀/乇)
	口 吖 咤 咤

【叱咤】chì- 见"叱"。

多音字	9画 火部
炸	左右 火/乍
	火 灯 灯 炸

㊀zhà ①突然破裂:爆~|~弹|热水瓶~了。②用炸药、炸弹等爆破:轰~|~碉堡。③发怒,猛然:他一听就~了。
㊁zhá 把食物放在沸油里弄熟:~鱼|~排骨|~油条。

zhà	11画 虫部
蚱	左右 虫/乍
	虫 虫 蚱 蚱 蚱

【蚱蜢】-měng 昆虫名,身体绿色或褐色,吃稻叶等,是害虫。

zhà	14画 木部
榨	左右 木/窄(宀/乍)
	木 栌 栌 榨 榨

①压取(物体里的汁液):~油|糖|压~(比喻压迫或搜刮)。②压取汁液的器具:油~|酒~。

同义 榨取—压榨、搜刮

zhai

zhāi	10画 文部
斋	上下 文(亠/乂)/而
	亠 文 斉 斋 斋

①房屋,常用做书房、商店或学校宿舍的名称:书~|新~。②信佛教、道教等宗教的人

  捂着耳朵偷铃铛——自己骗自己

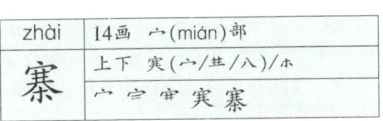

吃的素食:吃~。③施舍饮食给僧尼:~僧。④古人祭祀前整洁身心:~戒。

zhāi	14画 扌(shǒu)部
摘	左右 扌/商(亠/丷/冂)
	扌 扩 护 挤 摘

①采,取下:~花|苹果把帽子~下来。②选取:~录|~记|~要。③因急用而临时借钱:东西借。④批评,斥责:指~。

同义 摘录—摘记、节录—摘要—提要

zhái	6画 宀(mián)部
宅	上下 宀/乇
	宀 宁 宅 宅

住所,房子:住~|深~大院|~第(大住宅)。

同义 宅子—宅院、住宅
组字 诧、咤

多音字	14画 羽部
翟	上下 羽(习/习)/隹
	刁 习 翟 翟 翟

㊀zhái 姓。
㊁dí ①长尾巴野鸡。②我国古代哲学家墨子名翟。

组字 戳、耀

zhǎi	10画 穴部
窄	上下 穴/乍
	宀 穴 空 窄 窄

①狭小,与"宽"相对:狭~|小|这条巷子很~。②(气量)小,(心胸)不开阔:心眼儿|心胸别那么~。③生活困难,不宽裕:过去他家日子过得挺~。

同义 窄—狭/窄小—狭小、狭窄
反义 窄—宽、广/窄小—宽大、宽广、广阔
组字 榨

zhài	10画 亻(rén)部
债	左右 亻/责(土/贝)
	亻 亻' 伫 伫 债

①所欠的钱财:欠~|还~|~台高筑(比喻欠债很多)。②比喻所欠的东西:血~|人情~。

zhài	14画 宀(mián)部
寨	上下 寨(宀/卅/八)/木
	宀 宁 宝 宾 寨

①防守用的栅栏:鹿~。②旧时的军营:营~。③四周有栅栏或围墙的村子:村~|~~。

提示 "寨"的下面是"朩",不是"木"。

zhan

zhān	8画 氵(shuǐ)部
沾	左右 氵/占(卜/口)
	氵 氵 沖 沾

①浸湿:~衣。②因接触而被别的东西附着(zhuó)上:~水|泥手上|~满面粉。③稍微接触:~边|脚不~地。④染上:他~染了赌博的恶习,走上了犯罪的道路。⑤靠某种关系得到好处:~光。

同义 沾沾自喜—洋洋自得

zhān	9画 毛部
毡	半包围 毛/占(卜/口)
	二 毛 毛 毡

毡子,用兽毛或人造纤维压成的片状物,可做防寒用品和工业上的垫衬材料:~帽|油~。

多音字	11画 米部
粘	左右 米/占(卜/口)
	丷 米 籵 粘

谜语 花言 (学科:英语)   单人拦网 (字:内)
      旷课 (学科:未来学)   小心一点 (字:寸)

471

zhan

㊀zhān ①黏(nián)的东西互相连接或附着在别的物体上：年糕一煮便～在一起|麦芽糖～牙。②用黏的东西使物体连接在一起：～信封|～贴标语。
㊁nián 姓。
提示 "粘"没有"黏"的意义，如"黏稠"、"黏液"、"黏糊"、"胶水很黏"等的"黏"，不要误为"粘"。

zhān	18画 目部
瞻	左右 目/詹(广/言)
	目 瞻 瞻 瞻 瞻

向上或向前看：～望(抬头向远处看)|～仰(怀着敬意看)|～前顾后。
同义 瞻望—展望

zhǎn	8画 车部
斩	左右 车/斤
	土 车 车 斩 斩

砍断：～首(砍头)|～断侵略者的魔爪|～钉截铁(形容说话或行动坚决果断)。
组字 堑、崭、暂、渐、惭

zhǎn	10画 皿部
盏	上下 戋/皿
	二 戋 戋 盏 盏

①小杯子：酒～|茶～。②形状像杯的东西：灯～。③量词：一～灯。

zhǎn	10画 尸部
展	半包围 尸/㠯(艹/氏)
	一 尸 尸 展 展

①张开，放开：～翅|～开|舒～。②扩大：发～|扩～|拓～。③放宽，推迟：～期|～限（放宽期限）|～缓。④陈列：～出|～览|～销。⑤发挥（能力等）：一筹莫～(一点办法也想不出来)|施～才能。
同义 展开—张开、铺开、开展/展望—瞻望/展现—展示、呈现
组字 辗、碾

zhǎn	11画 山部
崭	上下 山/斩(车/斤)
	丨 山 岢 崭 崭

①高出，突出：～露头角(比喻突出地显示出才能和本领)。②表示程度深，特别：～新。
同义 崭新—簇新
反义 崭新—陈旧、破旧

zhǎn	14画 车部
辗	左右 车/展(尸/㠯)
	车 斩 辄 辗 辗

【辗转】①翻来覆去地转动：～反侧(形容心里有所思念，不能入睡)。②经过许多人或许多地方，间接地：～流传。

多音字	5画 卜(卜)部
占	上下 卜/口
	丨 卜 占

㊀zhàn ①用强力得到：霸～|攻～。②处于某种地位或属于某种情况：～上风|～多数。
㊁zhān 迷信的人用铜钱或牙牌等判断吉凶：～卜～卦。
同义 ㊀占领—占据、占有
组字 点、拈、帖、沾、砧、战、贴、钻、站、粘、毡、店

zhàn	9画 木部
栈	左右 木/戋
	木 杧 栈 栈 栈

 障碍越大，荣誉越高。 ［法］莫里哀

zhan—zhang

①储存货物的地方:货~|粮~。②旅馆:客~。③养牲口的竹木棚或栅栏:马~。④【栈道】在悬崖峭壁上凿孔架设的小路。

zhàn	9画 戈部
战	左右 占(卜/口)/戈
	卜 占 战 战 战

①打仗:~斗|~役|英勇作~。②泛指争胜负,比高低:挑(tiǎo)~|~应(yìng)|~舌~。③发抖:~栗(因害怕发抖)|~冷~寒~。
同义 战场—沙场、疆场/战斗—作战、斗争/战火—炮火、烽火/战栗—战抖、发抖/战线—阵线、火线
反义 战争—和平

zhàn	10画 立部
站	左右 立(亠/丷)/占(卜/口)
	亠 立 **站 站**

①立,直立:~票|~岗|按高低~好队。②停住,停留:不怕慢,只怕~|等车~稳了再下。③乘客上下或货物装卸的地方:汽车~|火车~|车进~了。④某种机构:广播~|木材~。
同义 站—立/站岗—放哨/站台—月台

zhàn	11画 纟(mì)部
绽	左右 纟/定(宀/定)
	纟 纩 纩 绽

裂开:鞋开~了|破~|皮开肉~。
提示 不要读成 dìng。

zhàn	12画 氵(shuǐ)部
湛	左右 氵/甚
	氵 汁 湛 湛

①深,精深:演技精~。②清澈:湖水清~|~蓝。
同义 湛蓝—深蓝

zhàn	22画 艹(cǎo)部
蘸	上下 艹/醮(酉/焦)
	艹 芹 荅 薩 蘸

在汁液或粉末里沾一下就拿出来:~墨水|~糖吃。
提示 "蘸"是上下结构,不要写成左右结构(酉/蕉)。

zhang

zhāng	7画 弓部
张	左右 弓/长
	弓 弘 弘 张 张

①展开,打开:~开翅膀|~牙舞爪。②陈设,布置,安排:~灯结彩|铺~浪费|~罗。③看,望:~望。④扩大,夸大:虚~声势|夸~。⑤商店开业:开~。⑥量词:一~床|一~弓。
同义 张开—展开、铺开/张罗—料理、筹划
反义 张—合、闭、弛/张开—合上、合拢
组字 涨

zhāng	11画 立部
章	上下 立(亠/丷)/早(日/十)
	亠 立 音 章

①成篇的文字:文~。②诗文歌曲的段落:乐(yuè)~|~结构|这本书共10~。③法规:~程|队~|遵守规~制度。④条理:杂乱无~。⑤条目,条款:约法三~(规定几条,共同遵守)。⑥印章:私~|公~。⑦佩戴的标志:领~|臂~|军功~。⑧臣子向帝王呈递的意见书:奏~。
组字 障、彰、樟、蟑

zhāng	14画 彡(shān)部
彰	左右 章(立/早)/彡
	亠 立 音 章 彰

①表扬:表~。②明显,显著:相得益~(互

什么使人哭笑不得?(口罩)

zhang

相帮助,互相补充,双方的优点和长处就更能显露出来)。

zhāng	15画 木部
樟	左右 木/章(立/早)
	木 栌 栌 樟 樟

樟树,常绿乔木,木质坚固细致,有香气,做成箱柜可以防虫蛀。枝叶可提取樟脑和樟油。

zhāng	17画 虫部
蟑	左右 虫/章(立/早)
	口 虫 虵 蟑 蟑

【蟑螂】-láng 也叫蜚蠊(fěi lián),昆虫名,黑褐色,有光泽,常在夜里偷吃食物,咬坏衣物,能传染疾病,是害虫。

多音字	10画 氵(shuǐ)部
涨	左右 氵/张(弓/长)
	氵 沪 沪 泙 涨

㊀ zhǎng ①水量增加,水位提高:~潮|河水上~。②价格提高:~价。
㊁ zhàng ①体积增大:豆子泡~了。②充满,弥漫:他气得脸都~红了|烟尘~天。③多出来:把布一量,~出了一尺。

zhǎng	12画 小(⺌)部
掌	上下 尚(⺌/口)/手
	丨 ⺌ 尚 堂 掌

①手的里面:手~|鼓~|易如反~。②某些动物的足:熊~|鸭~。③用巴掌打:~嘴。④把握,主持,主管:~舵|~握|~权。⑤鞋底前后打的补丁:前~|后~|钉两块~儿。⑥钉在马、驴、骡子等蹄子底下的铁:马~。
同义 掌握—掌管、执掌、控制
组字 撑

zhàng	3画 一部
丈	独体
	一 ナ 丈

①长度单位,1丈等于10尺。②测量(土地):~地|清~。③(某些亲戚的)丈夫:姑~|姨~。④对长辈或老年男子的尊称:岳~(岳父)|老~。
组字 仗、杖

zhàng	5画 亻(rén)部
仗	左右 亻/丈
	亻 仁 仕 仗

①兵器:仪~。②战争或战斗:打~|胜~。③拿着(兵器):~剑。④凭借,依靠:~着集体的力量|~恃|倚~。

zhàng	7画 木部
杖	左右 木/丈
	一 十 木 杧 杖

①拐杖,扶着走路的棍子:手~|扶~而行。②泛指棍棒:擀(gǎn)面~。

zhàng	7画 巾部
帐	左右 巾/长
	口 巾 帄 帐 帐

①用布、纱或绸子等做成的用于遮蔽的东西:蚊~|~篷|~营。②像帐子的东西:青纱~。
同义 帐幕—帐篷

zhàng	8画 贝部
账	左右 贝/长
	贝 贝′ 贝′ 贩 账

①关于财物出入的记载:记~|查~|算~。②记账的本子:一本~。③债:欠~|还~|血泪~。

小孩吃甘蔗——越嚼越有味

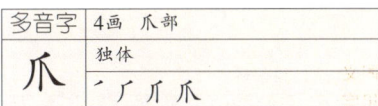

zhàng	8画 月部
胀	左右 月/长
	丿月月'月'胀胀

①体积增大:膨~|热~冷缩。②体内受压迫而产生不适的感觉:肚子~|头昏脑~。
反义 胀—缩

zhàng	13画 阝(fù)部
障	左右 阝/章(立/早)
	了阝阵障障

①阻隔,遮蔽:~碍|~蔽。②用来遮蔽、防卫的东西:屏~|路~|风~。
同义 障碍—阻碍

zhao

zhāo	7画 钅(jīn)部
钊	左右 钅/刂
	𠂉 钅 钊

勉励。多用于人名。

zhāo	8画 扌(shǒu)部
招	左右 扌/召(刀/口)
	扌 打 扣 招

①打手势叫人来:~手|~之即来。②用公开的方式使人来:~生|~工|失物~领。③惹起:~惹|~是非|~笑。④引来:~蚊子|~灾。⑤供认罪行:~认|~供。⑥办法,手段:绝~|(极好的办法)|花~儿。
同义 招待—接待、款待/招供—招认、供认、坦白/招呼—呼唤/招展—飘扬
反义 招供—隐瞒/招认—否认

zhāo	9画 日部
昭	左右 日/召(刀/口)
	日 日 昭 昭 昭

明显,明白:~示(公开地表示或宣布)|~然(明白的样子)|臭名~著。
同义 昭雪—洗雪/昭彰—昭著、明显
组字 照

多音字	4画 爪部
爪	独体
	一 厂 爫 爪

(一) zhǎo ①动物的脚趾甲。②鸟兽的脚:鹰~|~牙(鸟兽的利爪尖牙,比喻坏人的帮凶)。
(二) zhuǎ ①鸟兽的脚,用于"爪子"、"爪儿"等;鸡~子|狗~儿。②像爪的东西:这口锅有三个~儿。
同义 (一)爪牙—帮凶、走卒
组字 抓

zhǎo	7画 扌(shǒu)部
找	左右 扌/戈
	扌 扌 找 找

①寻求(要见到的人或得到的事物):~人|~事情|东寻西~。②把多收的部分退回:~钱。
同义 找—寻、觅/找寻—寻找、寻觅

zhǎo	8画 氵(shuǐ)部
沼	左右 氵/召(刀/口)
	氵 沂 沼 沼

天然的水池:池~|~泽(因湖泊淤浅等而形成的水草茂密的泥泞地带)|~气。

多音字	5画 刀部
召	上下 刀/口
	刀 刀 召

谜语 两只小口袋,天天随身带,要是少一只,就把人笑坏。(日用品:袜子)
弟兄七八个,围着柱子坐,只要一分开,衣服就扯破。(食用品:蒜)

zhao—zhe

㊀zhào 呼唤,招呼:号~|唤~|见~|开会议。
㊁shào 姓。
同义 ㊀召唤—呼唤
组字 笤、诏、招、沼、绍、昭、貂、韶、迢、超、邵

zhào	6画 丿(piě)部
兆	左右 儿/丿
	丿 儿 兆

①预先显露出来的迹象:~头|征~|不祥之~。②预先显示:瑞雪~丰年。③数目,指100万。古代指1万亿。
同义 兆头—预兆、先兆
组字 挑、姚、桃、眺、跳、逃、窕

zhào	7画 讠(yán)部
诏	左右 讠/召(刀/口)
	讠 讠 诏 诏

①告诉。②皇帝所发的命令:~书。

zhào	9画 走部
赵	半包围 走(土/龰)/乂
	土 ‡ 走 赵 赵

战国国名,在今河北省南部和山西省中部、北部一带。

zhào	13画 灬(huǒ)部
照	上下 昭(日/召)/灬
	日 旷 町 昭 照

①光线射在物体上:拿手电筒一~|日~|香炉生紫烟。②对着镜子或其他反光的东西看影像:~镜子。③拍摄:~相。④相片:~片|小~。⑤关心,看顾:~料|顾~|关~。⑥按着,依着:按~|依~|样。⑦对着,向着:~着心窝打去|~目的地前进。⑧凭证:执~(主管机关发的准许做某项事情的凭证)|护~|牌~。⑨知道,明白:心~不宣(彼此心里明白,不用说出来)。⑩查对:对~|查~|比~。
同义 照顾—照料、照看、关照、顾及/照旧—照例、照样/照相—摄影、留影/照耀—照射、映照/照应—呼应/相应(yìng)—照料
反义 照例—破例

zhào	13画 罒(wǎng)部
罩	上下 罒/卓(卜/早)
	罒 罒 罒 罨 罩

①遮盖,套在外面:笼(lǒng)~|把饭菜好~|一件外衣。②遮盖物体的东西:口~|灯~儿。③套在外面的衣服:外~|袍(páo)~儿。④养鸡或捉鱼的竹笼。

zhe

zhē	14画 辶(chuò)部
遮	半包围 庶(广/灬)/辶
	广 庐 庶 遮 遮

①挡住:~挡|月亮被云~住了。②掩盖:~羞|~人耳目。
同义 遮盖—遮掩、遮蔽、遮挡、掩盖
反义 遮盖—裸露

多音字	7画 扌(shǒu)部
折	左右 扌/斤
	扌 扌 折 折

㊀zhé ①断,使断:骨~|校园里的花木不能~。②损失:损兵~将。③弯曲,改变方向:曲~|转~点|他忘了带钥匙,又~了回来。④叠:~叠|~扇。⑤用纸折叠起来的本子:存~。⑥佩服:~服|心~(内心佩服)。⑦折扣,按成数减少:打~|扣八~。⑧抵做,对换,用甲代乙:价|这座房子~合8万元。
㊁shé ①断:绳子~了|棍子~了。②亏损

失去了人生目标的人,是最不幸的人。

zhe—zhen

本(赔本)。

㊁zhē 翻转,倒(dǎo)腾:~跟头|~腾|刚倒的开水,用两个碗~一~就凉了。

同义 ㊀折半—对折/折服—信服/折磨—折(zhē)腾—折算—折合 ㊁折本—亏本、赔本

反义 ㊁折本—盈利

组字 哲、蜇、誓、浙、逝

zhé	10画 口部
哲	上下 折(扌/斤)/口
	扌扩折哲

①智慧卓越:~人(智慧卓越的人)。②智慧卓越的人:先~(指已经去世的智慧卓越的思想家)。③哲学:文史~。

多音字	13画 虫部
蜇	上下 折(扌/斤)/虫
	扌扩折哲蜇

㊀zhé 海蜇,生活在海里的一种腔肠动物,形状像开的伞,可以吃:海~皮。

㊁zhē ①有毒腺的虫子刺人或动物:被蜂~了。②某些东西刺激皮肤或器官使感到不适或微痛:切洋葱~眼睛。

zhé	16画 车部
辙	左右 车/撤(育/攵)
	车车辷辐辙

①车辙,车轮碾出的痕迹:南辕北~(比喻行动与目的完全相反)。②歌词、戏曲等所押的韵:合~|押韵。③办法:没~了。

zhě	8画 耂部
者	半包围 耂/日
	耂耂者者

①相当于"的人":强~|胜利~|遍身罗绮~。②专指做某种事的:作~|读~|记~。③指前面所说的几件事物:二~必居其一。

组字 著、奢、暑、煮、署、诸、都、堵、猪、绪、赌、睹、屠

多音字	7画 辶(chuò)部
这	半包围 辶(一/乀)/文
	亠文讠这

㊀zhè ①指较近的时间、地点、事物,与"那"相对:~里|~些|~次。②这时候,指说话的同时:我~就走。

㊁zhèi "这(zhè)"的口语音。后面跟量词或数词加量词时,常读zhèi,如"这双鞋"、"这两本书"。在"这个"、"这些"、"这样"、"这会儿"、"这阵子"等词中,也常读zhèi。

同义 ㊀这里—这边、此地、此处/这样—这么、如此

反义 ㊀这—那

zhè	10画 氵(shuǐ)部
浙	左右 氵/折(扌/斤)
	氵汢浙浙

浙江省的简称。

zhè	14画 艹(cǎo)部
蔗	上下 艹/庶(广/灬)
	艹艹萨蔗

甘蔗,多年生草本植物,茎有节,含大量甜汁,可以生吃,是制糖的主要经济作物。

zhen

zhēn	6画 卜(⺊)部
贞	上下 ⺊/贝
	卜片贞

脑筋急转弯 什么床不能睡?(牙床)

zhen

①坚定不移,有节操:忠~|坚~不屈。②封建社会里指女子遵守妇道(如不失身、不改嫁等):~女|~妇|~洁。
组字 侦

zhēn	7画 钅(jīn)部
针	左右 钅/十
	ノ 𠂊 钅 针

①缝或织衣物引线用的工具:~线|包|绣花~。②像针的东西:松~|时~|指南~。③用针扎穴位治病:~灸。④注射药物的器具:~头。⑤针剂,注射用的药物:打~|防疫~。

zhēn	8画 亻(rén)部
侦	左右 亻/贞(卜/贝)
	亻 亻⺊ 侦 侦

探听、暗中察看:~探|~察|~查案件。
同义 侦察—侦查

zhēn	9画 王部
珍	左右 王/㐱(人/彡)
	二 丅 玡 珍

①宝贝,宝贵的东西:~珠|奇~|异宝。②贵重的,宝贵的:~品|~禽异兽。③重视,看重:~惜|~重|~藏。
同义 珍宝—瑰宝/珍贵—宝贵、贵重/珍奇—珍稀/珍惜—珍爱、爱惜/珍重—保重
反义 珍宝—废物/珍惜—浪费、糟蹋

zhēn	10画 十部
真	上中下 十/且/八
	十 十 直 真

①跟事实相符,与"假"相对:~人|~事|~诚(真实诚恳)。②确实,的确:这座楼~高!|长城~雄伟!。③清楚:坐在后排,银幕上的字看不~。④事物原来的样子:传~|失~。
同义 真诚—真挚、赤诚/真情—实情/真心—真实—真切、实在
反义 真—假、伪/真诚—虚伪/真理—谬论/真情—假意/真实—虚假
组字 填、慎、镇

zhēn	13画 斗部
斟	左右 甚/斗
	甘 其 甚 斟 斟

①往杯、碗里倒(酒或茶):~酒|~茶|自~自饮。②仔细思考:~酌(反复衡量考虑)。
同义 斟酌—琢磨(zuó mo)、推敲

zhēn	13画 瓦部
甄	左右 垔(覀/土)/瓦
	一 西 覀 甄 甄

审查,鉴别:~别(审查,辨别好坏真假)|~拔人才。

zhēn	14画 木部
榛	左右 木/秦(夫/禾)
	木 朾 桗 榛 榛

落叶灌木或小乔木,花黄褐色。果实叫榛子,果皮坚硬,果仁可以吃,又可以榨油。

zhēn	7画 讠(yán)部
诊	左右 讠/㐱(人/彡)
	讠 讠⺊ 诊

医生检查病人的病情:门~|~断|急~。
同义 诊治—诊疗

歇后语 修房子不请掌墨师——没规没矩

zhen

zhěn	8画 木部
枕	左右 木/尢 十才 杧 枕

①枕头,睡觉时垫在头下的东西:~巾|高~无忧。②把头放在枕头或别的东西上:今冬麦盖三层被,来年~着馒头睡。③垫着:~木(铁路上承受铁轨的横木)。

zhěn	10画 疒(nè)部
疹	半包围 疒/㐱(人/彡) 广疒疒疹疹

病人皮肤上起的小颗粒,多为红色,小的像针尖,大的像豆粒:湿~|麻~。

zhèn	6画 土部
圳	左右 土/川 十土圳

方言。田间水沟,多用于地名:深~(城市名,在广东省)。

zhèn	6画 阝(fù)部
阵	左右 阝/车 阝阵阵

①交战时的战斗队列或队伍的组合方式:~线|严~以待。②战场:~地|上~杀敌。③一段时间:他病了一~|这~子。④量词:一~风|几~雨。

同义 阵线—战线

zhèn	10画 扌(shǒu)部
振	左右 扌/辰(厂/辰) 扌护护振振

①摇动,挥动:~动|~笔疾书|~臂高呼。②奋起,兴起:~奋|~作|~兴中华。③振动:共~|~幅。

同义 振奋—振作、奋发
反义 振奋—委靡

zhèn	10画 月部
朕	左右 月/关(丷/天) 月肨肨朕

①我,我的,专用做皇帝自称。②预兆:~兆。

zhèn	11画 贝部
赈	左右 贝/辰(厂/辰) 贝贩赈赈

用钱、粮、物等救济:~济|~灾|~款。

zhèn	15画 雨部
震	上下 雨/辰(厂/辰) 雨雫雪震震

①迅速或剧烈地颤动:~动|~耳|地~。②情绪过分激动:~怒|~惊中外。

同义 震动—震荡、颤动、震撼/震怒—盛怒、大怒

zhèn	15画 钅(jīn)部
镇	左右 钅/真(十/且/八) 钅钅钅镇镇镇

①行政区划单位,县以下村以上,相当于乡:乡~企业。②较大的集市:集|市~。③安定,平静:~静|~定。④压,抑制,压制:~尺(压纸、压书的东西)|~痛(止痛)。⑤用武力防守:~守|坐~(亲自在某地镇守)。⑥镇守的地方:边防重~。⑦把饮料等放在冰块或冷水里使变凉:冰~汽水。

同义 镇定—镇静、沉着
反义 镇定—慌张、惊慌

谜语　走出闹市进前村　(字:闲)
　　　安排后主动一点　(字:宝)

zheng

zheng

zhēng	6画 刀(⺈)部
争	上下 ⺈/⺹
	⺈ 𠂊 ⺈ 争 争

①力求得到,努力夺取:~夺|~光|~先恐后。②争吵,争论:~议|~端|不要为一点小事~个不停。③较量,动武:斗|~战~。
同义 争辩—争论、辩论/争吵—争嘴、吵嘴、吵架/争先—抢先
反义 争—让/争光—抹黑
组字 筝、净、诤、挣、峥、狰、睁、铮、静

zhēng	8画 彳(chì)部
征	左右 彳/正
	彳 彳 彳 彳 征 征

①走远路:长~|~途(远行的路途,行程)。②出兵讨伐:~讨|出~|南~北战。③由国家召集或收取:应~入伍|~税|~用土地。④寻求,访求:~文|~稿|~求群众意见。⑤现象,迹象:特~|象~|~兆(事前出现的迹象)。⑥证明,证验:信而有~(确凿而且有证据)。
同义 征程—征途/征求—征询/征讨—征伐、讨伐

多音字	8画 忄(xīn)部
怔	左右 忄/正
	丶 忄 忄 忄 怔

㈠zhēng ①【怔忡】-chōng 中医指心悸。②【怔松】-zhōng 惊恐,惊惧。
㈡zhèng 发呆,发愣:心里一~|发~。

zhēng	9画 山部
峥	左右 山/争(⺈/⺹)
	丨 山 岐 岐 峥

【峥嵘】-róng ①山势高峻:突兀~。②不平凡:~岁月。

zhēng	9画 犭(quǎn)部
狰	左右 犭/争(⺈/⺹)
	丿 犭 犭 狞 狰

【狰狞】-níng 样子凶恶:面目~。

zhēng	11画 目部
睁	左右 目/争(⺈/⺹)
	目 盱 睁 睁 睁

张开眼睛:对坏人坏事要敢于斗争,不能~一眼,闭一眼。

zhēng	11画 钅(jīn)部
铮	左右 钅/争(⺈/⺹)
	钅 钅 铮 铮 铮

【铮铮】①拟声词,金属相击的声音。②比喻坚强:~铁骨。

zhēng	12画 竹(⺮)部
筝	上下 ⺮/争(⺈/⺹)
	⺮ 笁 笁 笘 筝

①古代弦乐器,用手指弹拨发声。也叫古筝。②【风筝】fēng zheng 一种玩具,用纸糊成,能借助风力升上天空。

zhēng	13画 艹(cǎo)部
蒸	上下 艹/烝(丞/灬)
	⺿ 艹 芖 蒸 蒸

①液体受热化成气体:~发|~气。②利用水蒸气的热力使食物熟或热:~饭|~馒头。
同义 蒸发—挥发/蒸蒸日上—欣欣向荣
反义 蒸蒸日上—江河日下

名人名言 每一点滴的进展都是缓慢而艰巨的,一个人一次只能着手解决一项有限的目标。
——贝弗里奇

zheng

zhěng	9画 扌(shǒu)部
拯	左右 扌/丞(氶/一)
	扌打拯拯

救助，使脱离苦难或危险：~救。
同义 拯救—搭救、解救

zhěng	16画 攵(pū)部
整	上下 敕(束/攵)/正
	口束敕敕整整

①整齐，有秩序，不乱：~洁|衣冠不~。②完全，全部，不残缺：完~|天~|体。③使有条理秩序，使健全：~队|~装待发|~风|~顿。④修理，修饰(shì)：~修|~旧如新|~容(修饰容貌)。⑤使吃苦头：不要乱~人。⑥没有零头的，与"零"相对：~数|六点|~化为零。
同义 整个—全部/整洁—清洁、洁净/整理—收拾/整齐—齐整、工整/整体—总体/整治—整顿、整修
反义 整—零/整齐—凌乱、杂乱/整体—部分、局部

多音字	5画 止部
正	独体
	一丅下正正

㈠zhèng ①不偏，不斜：~中|端~|身~不怕影斜。②正面，与"反"相对：这种纸~反两面一样光滑。③大于零的或失去电子的，与"负"相对：~数|~电。④作为主体的，主的，与"副"相对：~文|~职|~本。⑤端庄，规矩，与"邪"相对：~气|~派|~道。⑥恰，刚好：~巧|~是时候|~中下怀(恰好符合自己的心意)。⑦纯，不杂：纯~|~色|~味。⑧严肃，郑重：~视|~告。⑨符合标准或规范的：~点|~体。⑩使不歪，使端正：~其衣冠|~人先~已。⑪修改差错：~字|~音|改~。⑫表示动作在进行中：天~下雨|~在考试。
㈡zhēng 正月，农历一月。
同义 ㈠正常—健康/正好—正巧、恰好、刚好/正派—正经/正确—准确、无误/正午—中午、晌午/正直—耿直、刚直/正中—当中、中心
反义 ㈠正—反、副、负、邪、误、歪、斜、旁、侧/正常—反常、失常、异常/正点—晚点/正确—错误、荒谬
组字 歪、证、征、政、症、怔、整

zhèng	7画 讠(yán)部
证	左右 讠/正
	讠订讦证证

①用人或事物来表明或断定真伪：~人|~明|对~。②可以做证明的凭证：旁~|人~|~身份~。
同义 证据—凭据、凭证/证实—证明、验证、印证

zhèng	8画 阝(yì)部
郑	左右 关(丷/天)/阝
	丷䒑关郑郑

周代诸侯国名，在今河南省新郑县一带。
同义 郑重—慎重
反义 郑重—轻率、马虎

zhèng	8画 讠(yán)部
诤	左右 讠/争(⺈/尹)
	讠讦讦诤诤

照直说出人的过错，叫人改正：~言|~友(能坦言劝告的朋友)。

zhèng	9画 攵(pū)部
政	左右 正/攵
	丁下正正政

什么时候四减一会等于五？(四个角的东西切去一个角)

①政治,政权:~府|参~议~。②政府部门主管的业务:民~|财~|邮~。③指家庭或集体生活中的事务;家~|校~。

多音字	9画 扌(shǒu)部
挣	左右 扌/争(⺈/尹)
	扌扩扫挣挣

㈠zhèng ①用力摆脱:~脱|~开。②用劳动取得报酬:~钱。
㈡zhēng【挣扎】尽力支撑或摆脱:垂死~。

多音字	10画 疒(nè)部
症	半包围 疒/正
	广疒疒症症

㈠zhèng 病,因病而表现出来的异常状态:急~|对~下药|~状|炎~。
㈡zhēng【症结】腹内结块的病。比喻事情弄坏或不好解决的关键所在:你学习不好的~在于死记硬背。

zhi

zhī	3画 、(zhǔ)部
之	独体
	、⺊之

①文言助词,相当于"的"(de):无价~宝|惊弓~鸟|三分~一。②往,到:由京~沪(从北京到上海)|送孟浩然~广陵。③代词,代替人或事物,限于做宾语:取~不尽,用~不竭|置~不理。
同义 之后—以后/之前—以前
组字 芝

zhī	4画 十部
支	上下 十/又
	一十步支

①撑,架起:~起帐篷。②竖起,向外伸:~着耳朵听|两只虎牙朝两边~着。③支持,支援:体力不~|~农|~边。④调度,打发:~配|使把人~开。⑤付出或领取:~钱|~出|超~。⑥从整体中分出来的部分:~流|~部|分~。⑦量词。a.部分的:一~军队。b.杆状的:一~笔。c.用于歌曲或乐曲:一~歌。d.用于灯泡的光度:一百~光。
同义 支撑—支持、撑持—支付/支出、付出/支配—主宰、掌握/支援—援助
反义 支—收/支持—反对/支出—收入/支付—领取
组字 伎、技、吱、妓、枝、歧、肢、翅

zhī	5画 氵(shuǐ)部
汁	左右 氵/十
	氵汀汁

含有某种物质的液体:墨~|乳~|果~|胆~。
同义 汁液—汁水

zhī	6画 艹(cǎo)部
芝	上下 艹/之
	一艹芝芝

①灵芝,菌类植物,长在枯树上,也可以人工培植,供药用。②古书上指香草:~兰(芝和兰是指两种香草,古时比喻高尚的德行或美好的环境等)。

多音字	7画 口部
吱	左右 口/支(十/又)
	口叶吱吱

㈠ zhī 拟声词,形容物体摩擦、虫鸟鸣叫等声音:门~的一声开了|知了~~地叫个不停。
㈡ zī ①拟声词,形容小动物的叫声:老鼠~~地叫。②发出(声音):~声|一声不~。

 一竿子打枣——全扒拉

zhi

zhī	8画 木部
枝	左右 木/支(十/又) 十 才 术 枝

①由植物的主干上分出来的较细的茎条：树~|柳~|枯~。②量词。a.用于带枝子的花朵：一~红杏|一~梅花。b.用于杆状的东西，也做"支"：一~笔|一~枪。

zhī	8画 矢部
知	左右 矢(丿/大)/口 上 上 矢 知

①知道，晓得，了解：~悉|~情者|~己~彼。②使知道，使了解：通~|告~|~会。③知识：求~|无~。④主管：~县(旧时指县长)|~府。

同义 知道—懂得、明白/知己—知音、知心/知名—著名、出名/知趣—识趣/知识—学识、学问/知足—满足

反义 知名—无名

组字 智、蜘、痴

zhī	8画 月部
肢	左右 月/支(十/又) 月 月 肝 肢

手、脚、胳膊、腿的统称以及某些动物的腿或翅膀：四~|~体（四肢，也指四肢和躯干）。

zhī	8画 纟(mì)部
织	左右 纟/只(口/八) 纟 纟 织

①用棉、麻、毛、丝等编成布或衣物等：~布|~毛衣|编~|纺~。②交错，穿插：交~。

zhī	10画 月部
脂	左右 月/旨(匕/日) 月 肝 脂 脂

①动植物含的油质：~肪|松~。②胭脂，一种红色化妆品：~粉|香~。

zhī	14画 虫部
蜘	左右 虫/知(矢/口) 虫 虫 蛈 蜘

【蜘蛛】-zhū 俗称蛛蛛，一种节肢动物，有四对脚，肛门尖端突起，能分泌黏液，用来结网捕食昆虫。

zhí	6画 扌(shǒu)部
执	左右 扌/丸 扌 护 执 执

①拿，握：~笔|手~长矛。②掌管，掌握：~政(掌握政权)|~教。③行，实行：~行|~法。④坚持：各~己见|固~。⑤捉住：战败被~。⑥凭单，凭据：~照|回~。

同义 执教—任教/执拗—固执/执行—实行、实施

组字 势、垫、挚、热

提示 "执"的第五笔横折弯钩变为横折捺钩。

zhí	8画 十部
直	上下 十/且 十 丙 直 直

①像拉紧线那样，不弯曲：~线|~~|~立。②公正合理：正~|理~气壮。③中间不转折，不停顿：~接|~达快车。④使直，把弯曲的伸开：~起腰来。⑤爽快，坦率(shuǎi)：~爽|~言相劝|心~口快。⑥一个劲儿地，连续不断：~乐|~哭|~哆嗦。⑦竖，跟地面垂直，与"横"相

谜语 有错就要改 （三字口语：过得去）
请你喝杯酒 （外国地名：巴尔干）

zhi

对:~行(háng)的文字|~升飞机。⑧汉字的一种笔画,就是"竖"。
同义 直接—径直/直立—挺立、竖立/直率—直爽、率直、爽直
反义 直—弯、曲、横、斜/直接—间接/直率—委婉/直截了当—拐弯抹角
组字 真、置、值、植、殖

zhí	8画 亻(rén)部
侄	左右 亻/至(𠫓/土)
	亻亻侄侄

弟兄的子女,也指同辈男性亲友的子女:~儿|~女|叔~。

zhí	10画 亻(rén)部
值	左右 亻/直(十/且)
	亻亻估值值

①价格,价值:产~|货币贬~。②货物的价格和价值相当:这件衣服~20元。③值得:不~一提。④遇到,碰上:今年国庆,正~中秋佳节。⑤当,轮到:~日|~班。⑥数学上指依照数学式演算所得的结果:比~。
同义 值班—值日、值勤、当班

zhí	11画 耳部
职	左右 耳/只(口/八)
	丨丨耳职职

①职务,分(fèn)内应做的事:~权|任~|立足本~。②职位,工作岗位:在~|兼~|到~。③职责:尽~|不能失~。④职员的简称:教~员工。

zhí	12画 木部
植	左右 木/直(十/且)
	木杧桓植植

①栽种:种~|密~|~树造林。②(肢体)连接:断肢再~。③树立,培养:~党营私(结成小集团谋取私利)|扶~。④指植物:~被。

多音字	12画 歹部
殖	左右 歹/直(十/且)
	歹歼殖殖殖

㊀zhí 生育,孳生:繁~|生~。
㊁shí 【骨殖】死人的骨头。

zhǐ	4画 止部
止	独体
	丨卜止止

①停住:停~|风~了|欲言又~。②使停住:制~|~血|禁~|随地吐痰。③只,仅:不~一回|何~千百。
同义 止境—尽头、终点
组字 企、肯、址、扯、耻、趾

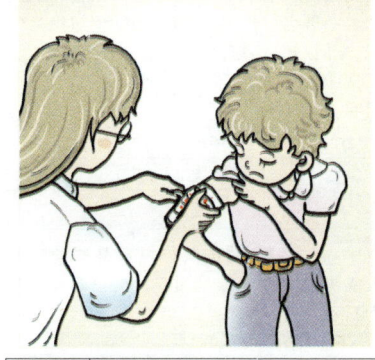

多音字	5画 口部
只	上下 口/八
	丨口尺只

㊀zhǐ 仅仅,唯一的:~有|~许|我一人做对了这道题。
㊁zhī ①单独的,极少的:~身(一个人)|独具~眼(有特殊见解)。②量词:一~小船|两~鸭子。
同义 ㊀只管—尽管/只好—只得(dé)、只能/只有—唯有 ㊁只身——身、单身
组字 识、帜、织、炽、积、职

打破常规的道路指向智慧之宫。
〔英〕布莱克

zhi

zhǐ	6画 匕部
旨	上下 匕/日
	丿 匕 匕 旨 旨

①意义,目的:要~|宗~|~趣(目的和意义)。
②帝王的命令:圣~。

组字 指、脂

zhǐ	7画 土部
址	左右 扌/止
	一 土 圵 圵 址

地点,地基,建筑物的位置:地~|住~|校~|旧~。

zhǐ	7画 纟(mì)部
纸	左右 纟/氏
	纟 纟 纟 纤 纸

①写字、绘画、印刷、包装等所用的薄片状东西,多用植物纤维制成:造~是我国的四大发明之一。②量词:一~公文|一~诉状。

zhǐ	9画 扌(shǒu)部
指	左右 扌/旨(匕/日)
	扌 扌 扌 指 指

①手指头:伸手不见五~(形容天很黑)。
②一个手指头的宽度叫一指:下了四~雨。
③对着,比:时针正12点|手~着远方|鸡骂狗。④点明,使知道:~明|~导|批评~出。⑤仰仗,依靠:~望|单~着聪明而不努力是学不好

文化知识的。⑥直立起来:令人发~(头发都竖起来,形容愤怒到极点)。⑦批评,责备:~责|横眉冷对千夫~。⑧意思上针对:我说的是~个别现象|泛~。

同义 指导—指点、辅导/指教—赐教、见教/指控—控告、告状/指名—点名/指示—指令/指望—希望、巴望、盼望、盼头/指引—引导、带领/指责—斥责、责备

反义 指责—赞扬

zhǐ	9画 尸部
咫	半包围 尺/只(口/八)
	丿 尸 尺 咫

古代8寸为1咫:~尺(比喻距离很近)。

zhǐ	11画 足(zú)部
趾	左右 𧾷(口/止)/止
	𠯂 足 𧾷 趴 趾

①脚:~高气扬(走路时脚抬得很高,神气十足。形容骄傲自满、得意忘形的样子)。②脚指头:脚~|~骨。

zhì	6画 至部
至	上下 厶/土
	一 厶 至 至

①到:~今|从上~下|自始~终。②极,最:~少|~高无上(最高的,再没有更高的了)。③程度最高的,达到极点的:如获~宝|~亲|~理名言。

同义 至—到、最、极/至多—最多/至今—迄今/至少—最少、起码

组字 室、窒、到、侄、致、屋

zhì	7画 士部
志	上下 士/心
	十 士 志 志

①理想,决心:~向|同道合(志向相同,意见相合)|立~成才。②记在心里:永~不忘。
③表示:~喜(表示喜悦或喜庆)|~哀。④记载的文字:墓~|县~|《三国~》。⑤记号:标~。

同义 志向—抱负、理想/志愿—自愿、愿望

组字 痣

脑筋急转弯 什么东西见者有伤?(阳光)

485

zhi

提示 "志"的上面是"士",不是"土"。

zhì	8画 巾部
帜	左右 巾/只(口/八)
	丨冂巾帆帜

旗子:旗~|独树一~。

zhì	8画 刂(dāo)部
制	左右 朱/刂
	丿一与朱制

①规定,订立:~定|因地~宜(按照各地的具体情况制定适当的措施)。②造,做:~造|~作|~图。③限定,约束,管束:限~|止|管~。④制度:学~|体~|民主集中~。

同义 制造—制作
组字 掣

zhì	8画 厂(广)部
质	半包围 厂/贞(卜/贝)
	厂厂庍质

①事物的根本特性:性~|本~。②事物的本体:物~|木~|流~。③(产品或工作的)好坏程度:~量|优~产品。④询问,责问:~问|~疑(提出疑问)。⑤朴实:~朴。⑥抵押:以衣物~钱。⑦做抵押的物或人:以此物为~|人~。

同义 质朴—朴实/质问—责问
反义 质疑—释疑

zhì	8画 火部
炙	上下 夕/火
	夕夕夕炙

①烤:太阳~烤着大地|~手可热(热得烫手,比喻权势大,气焰盛)。②烤熟的肉:脍~人口(比喻诗文等受人欢迎)。

提示 "炙"不要与"灸"相混。

zhì	8画 氵(shuǐ)部
治	左右 氵/台(厶/口)
	氵沪治

①管理,办理:~国|自~区|~丧(sāng)。②整修:~山|~水。③医疗:~病|医~。④消灭(害虫):~虫|~蝗。⑤惩办:~罪|处(chǔ)~|惩~。⑥研究(学问):~学。⑦社会安定,有秩序:~世(社会安定)|天下大~。⑧旧称地方政府所在地:县~|省~。

同义 治理—管理、整治/治疗—医疗、医治

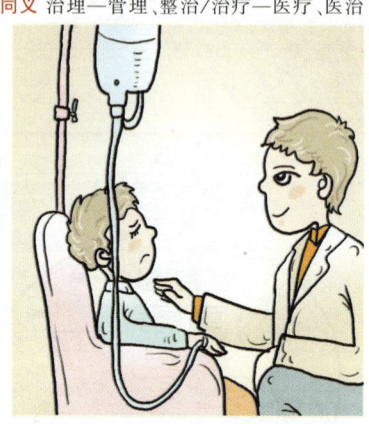

多音字	9画 山部
峙	左右 山/寺(土/寸)
	丨山屿峙峙

㊀zhì 直立,耸立:对~|两峰相~。
㊁shì【繁峙】fán- 县名,在山西省。

zhì	10画 手(shǒu)部
挚	上下 执(扌/丸)/手
	扌抈执挚

诚恳,亲密:真~|诚~|~友。

同义 挚友—好友、密友

zhì	10画 至部
致	左右 至(エ/土)/攵
	云至至致致

①给予,表达:~函|~敬|~谢。②招引导:~|~病|~死。③情况,意态:景~|别~|兴~勃勃。④(把意志、精力等)集中于某方面:专心~志|~力于教育事业。⑤使达到:学以~用(学习了要能用于实际)。⑥精细:细~|精~。

同义 致歉—道歉/致谢—道谢

zhi—zhong

zhì	10画 禾部
秩	左右 禾/失
	二 禾 秩 秩

①次序：~序。②十年：八~寿辰。

zhì	11画 扌(shuǒ)部
掷	左右 扌/郑(关/阝)
	扌扩挨掷掷

扔，投：投~｜手榴弹一~千金(形容任意挥霍钱财)。

zhì	11画 疒(nè)部
痔	半包围 疒/寺(土/寸)
	广疒疒疹痔

痔疮，一种肛管疾病。因静脉曲张、淤血而形成：内~|外~|混合~。

zhì	11画 穴部
窒	上下 穴/至(厶/土)
	宀穴宓窒

阻塞不通：~息(呼吸被阻甚至停止)。

zhì	12画 日部
智	上下 知(矢/口)/日
	上 矢 知 智

①聪明，有见识：机~｜明~｜~者。②智慧，见识：~商｜才~｜足~多谋。

同义 智谋—计谋
反义 智—愚

zhì	12画 疒(nè)部
痣	半包围 疒/志(士/心)
	广疒疒痣痣

皮肤上生的斑痕，有青、红、褐等色，也有突起的。

zhì	12画 氵(shuǐ)部
滞	左右 氵/滞(卅/冖/巾)
	氵沪洪滞滞

①停留，不流通：停~｜不前｜~销(货物卖不出去)。②呆板：呆~。

同义 滞留—逗留、停留
反义 滞销—畅销

zhì	13画 四(wǎng)部
置	上下 四/直(十/且)
	四 罒 罝 置

①放，搁：安~｜搁~｜不用｜~之不理。②设立，装备：布~｜设~｜装~。③购买：购~｜添~｜~了一台彩电。

同义 置办—置备、购置

zhì	13画 禾部
稚	左右 禾/隹
	二 禾 稚 稚 稚

幼小：~子｜~气(孩子气)｜幼~。

zhong

多音字	4画 丨(gǔn)部
中	独体
	丨 口 口 中

㊀zhōng ①与四方、上下或两端距离相等：~心｜~央｜居~｜~点。②里面，内部：家~｜心~。③等级、性质在两端之间的：~等｜~型｜~性。④表示动作正在进行：在研究~｜在比赛~。⑤中国的简称：~文｜古今~外。⑥适合于：~用｜~看。

㊁zhòng ①恰好对上，正好合上：选~｜打~要害。②受到，遭到：~暑｜~毒｜~弹。

谜语	慈禧见了也发愁 (成语：后顾之忧)
	过了此村无住户 (成语：前所未有)

zhong

同义 ㊀中断—中止、间断/中间—中心、中央、当中、里面、之间/中看—好看、受看/中听—好听、受听/中途—半途、半路/中午—正午、响午/中心—核心、重心/中用—有用、管用、顶用 ㊁中意—满意、合意

反义 ㊀中—外、洋/中断—继续、持续/中间—旁边/中央—地方

组字 忠、盅、仲、冲、钟、肿、种

提示 "热中"今统做"热衷"。

zhōng	8画 心部
忠	上下 中/心
	口中忠忠

真诚无私,尽心尽力:~诚|赤胆~心|~于人民。

同义 忠诚—忠贞、忠实/忠厚—敦厚、厚道/忠心—丹心、赤心

反义 忠—奸/忠厚—狡猾、奸猾

zhōng	8画 纟(mì)部
终	左右 纟/冬(夂/冫)
	纟纱终终

①末了(liǎo),与"始"相对:~点|~期|~考试|从始至~。②指人死:临~(人将死)|~年80岁。③从开始到末了的:~年积雪|奋斗~身。④到底:~于|敌人~归要失败。

同义 终年—成年、整年/终生—终身、一生、毕生/终于—到底/终止—结束、停止

反义 终—始/终点—起点

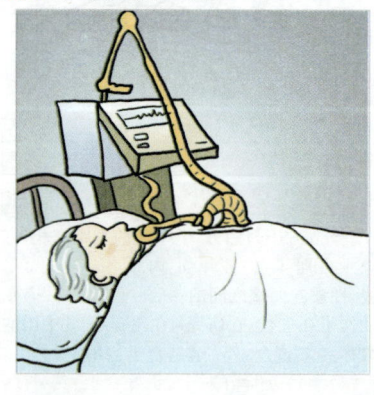

zhōng	9画 皿部
盅	上下 中/皿
	口中盅盅

没有柄的小杯子:酒~|小茶~儿。

zhōng	9画 钅(jīn)部
钟	左右 钅/中
	钅钅钅钟

①金属制成的响器,中空,敲时发声:警~|夜半~声到客船。②计时的器具:时~|闹~|挂~。③钟点,时间:1点~|两个~头|课间10分~。④(情感等)集中,专一:~爱|~情。

同义 钟爱—疼爱、怜爱/钟头—小时

zhōng	10画 亠(tóu)部
衷	上中下 亠/中/𧘇
	亠市表衷

内心:~心感谢|由~之言|无动于~(内心动也不动。指对该关心的事情毫不关心)。

同义 衷心—由衷

zhǒng	8画 月部
肿	左右 月/中
	刀月肝肿

皮肉或内脏浮胀、发炎:~胀|水~|浮~|肺气~。

zhòng	6画 亻(rén)部
仲	左右 亻/中
	亻仴仲仲

①在兄弟排行里代表第二:~兄|伯~。②居中的:~春|~秋|~裁(在中间调停,裁判)。

zhòng	6画 人部
众	品字形 人/从(人/人)
	人众众

①多,与"寡"相对:~多|~寡|寡不敌~(人少的抵挡不住人多的)。②许多人:群~|观~|听~。

同义 众所周知—尽人皆知

名人名言 行动是老子,知识是儿子,创造是孙子。

——陶行知

zhong—zhou

反义 众—寡/众多—稀少/众所周知—鲜为人知

多音字	9画 禾部
种	左右 禾/中
	二 禾 和 种

㊀zhòng 种植,把种(zhǒng)子或幼苗等埋在土里使生长:~地|~菜|植树|~花。
㊁zhǒng ①植物的种子:树~|稻~|播~。②泛指生物传代的东西:配~|传~|良~|鸡~。③类别,式样:~类|工~|兵~|~种。④人种:~族|黄~|白~。⑤比喻胆量或骨气:有~|孬~。⑥量词:两~人|几~看法|各~野花。
㊂chóng 姓。
同义 ㊀种地—种田/种植—栽种 ㊁种类—门类

多音字	9画 丿(piě)部
重	独体
	二 丆 𠂉 审 重 重

㊀zhòng ①分量大,与"轻"相对:这块石头很~|~于泰山|工作不怕担子~。②分量:体~|这只鸡有多~?③程度深:情深意~|病很~|~色(shǎi)~。④重要:以国家利益为~|军事~地。⑤重视:器~|敬~。⑥不轻率,不随便:慎~|稳~|隆~。
㊁chóng ①重复,重叠:本子买~了|合~|山~水复。②又,再:~写|久别~逢。③层:轻舟已过万~山|困难~~。

同义 ㊀重点—重心/重量—分量/重任—重担/重视—珍视、注重 ㊁重复—反复/重现—再现/重新—再次
反义 ㊀重—轻/重视—轻视、鄙视、蔑视

zhou

zhōu	6画 舟部
舟	独体
	丿 丿 刀 舟 舟

船:一叶扁(piān)~|轻~已过万重山。
组字 船、般、舰
提示 "舟"做左偏旁时,第三笔和第五笔变相交为相接,如"船"、"般"。

zhōu	6画 丶(zhǔ)部
州	独体
	丶 丿 丬 州 州 州

①旧时的一种行政区划,多用于地名,如杭州、苏州、广州。②民族自治区域的行政区划单位:自治~。
组字 洲、酬

zhōu	8画 冂(jiōng)部
周	半包围 冂/吉(土/口)
	冂 冂 冃 周

①外围,圈子:~围|圆~|四~。②环绕一圈,循环:~而复始(一圈又一圈地轮转。形容不断循环)。③普遍,全:众所~知(大家都知道)|~身。④时间的一轮,特指一个星期:~年|~末|每~一歌。⑤完备:~到|~密|考虑不~。⑥接济:~济(用物质帮助有困难的人)。⑦量词:绕场一~|向前翻腾三~半。⑧朝代名。
同义 周到—周全、全面/周密—严密/周身—全身、浑身、遍体/周围—周边、四周
反义 周密—粗疏/周围—中间、中央
组字 㴛、调、惆、绸、碉、稠、雕
提示 "周"的里面是"土",不是"士"。

zhōu	9画 氵(shuǐ)部
洲	左右 氵/州
	氵 氵 汁 洲 洲

为什么一瓶标明剧毒的药对人却无害?(只要你不去碰它)

zhou—zhu

①河流中的陆地：沙~。②大陆及附近岛屿的总称：亚~|七大~。

zhōu	12画 弓部
粥	左中右 弓/米/弓 ⺝ 弓 弓 弭 粥

用米、面等煮成的比较稠的半流质食品：糯米~|绿豆~。

多音字

	9画 车部
轴	左右 车/由 车 车 轩 轴 轴

㈠zhóu ①穿在轮子中间的圆柱形物件：车~|轮~。②像车轴的线~|画~。③把平面或立体分成对称部分的直线：数~|对称~。

㈡zhòu 一台戏最后一场：压~戏(倒数第二个戏)。

zhǒu	7画 月部
肘	左右 月/寸 ⺝ 月 肘 肘

①上臂与前臂相接处弯曲时向外凸起的部分：胳膊~儿。②供食用的猪腿的上半部：酱~子。

zhǒu	8画 彐(jì)部
帚	上中下 彐/冖/巾 ⺝ 彐 帚 帚 帚

扫除尘土和垃圾的用具：笤(tiáo)~|扫~。

zhòu	8画 几部
咒	上下 吅(口/口)/几 口 口 咒

①宗教或迷信中认为可以驱邪消灾的语句：~语|符~|念~。②说希望人没有好结果的话：~骂|诅~。③发誓的话：赌~。

同义 咒骂—诅咒

zhòu	8画 宀(mián)部
宙	上下 宀/由 宀 宀 宙 宙

古往今来无限的时间：宇~(指整个客观世界)。

zhòu	9画 一部/尸部
昼	上下 尺/旦(日/一) ⺝ 尺 昼 昼

白天，与"夜"相对：~夜不停|白~|极~(24小时都是白天)。

同义 昼夜—日夜
反义 昼—夜

zhòu	10画 皮部
皱	左右 刍(⺈/彐)/皮(⺁/又) ⺈ 刍 刍 皱 皱

①皱纹，皮肤或物体表面形成的一凸一凹的条纹。②使形成条纹，起皱纹：~眉头|纸张~了。

zhòu	17画 马部
骤	左右 马/聚(取/氺) 马 马 马 骤 骤

①马奔跑：驰~。②非常迅速：暴风~雨。③突然：~然|天气~变|狂风~起。

同义 骤然—突然、忽然、猛然

zhu

zhū	6画 丿(piě)部
朱	独体 丿 ⺄ 牛 朱

①大红色：~红|门酒肉臭。②朱砂，矿物

歇后语　一头撞到南墙上——弯都不拐

名,红色,可做颜料或药材。
同义 朱门—豪门、名门
反义 朱门—寒门、柴门
组字 诛、珠、株、殊、蛛
提示 "朱"的第四笔是竖,不是竖钩。

zhū	8画 讠(yán)部
诛	左右 讠/朱
	讠讠讠诛

①(把有罪的人)杀掉:~戮(lù,杀死)|伏~(受死刑)|罪不容~(判死刑还抵不了他的罪恶)。②责罚:口~笔伐。

zhū	10画 王部
珠	左右 王/朱
	三王玎玞珠

①珍珠,某些蚌类动物壳里边分泌物形成的圆粒,乳白色,有光泽,可做药,又可做装饰品:~宝|夜明~。②像珠子的东西:眼~儿|露~|算盘~子。

zhū	10画 木部
株	左右 木/朱
	木朽朴株

①露出地面的树根,树桩子:守~待兔。②棵儿,植物体:植~(成长的植物体,包括根、茎、叶等部分)|病~|距。③量词:一~苹果树。

zhū	10画 讠(yán)部
诸	左右 讠/者(耂/日)
	讠讠讠讠诸诸

①各,众,许多:~位来宾|~多不便。②"之于"二字的连用:付~实施|公~同好(hào)。
同义 诸位—各位、列位
组字 储

zhū	11画 犭(quǎn)部
猪	左右 犭/者(耂/日)
	犭犭犷猪猪

哺乳动物,由野猪驯化而成的家畜,体肥多肉。肉可吃,皮和鬃(zōng)是工业原料,粪尿和骨头可做肥料。

zhū	12画 虫部
蛛	左右 虫/朱
	虫虫虬蚌蛛

【蜘蛛】zhī- 见"蜘"。

zhú	6画 竹部
竹	左右 𠂉/𠂉
	𠂉𠂉𠂉仁竹

常绿多年生植物,茎圆柱形,中空有节,质地坚硬,可做器物,又可做建筑材料:茂林修~。

zhú	10画 辶(chuò)部
逐	半包围 豕/辶
	厂丆豖逐逐

①追赶:追~|随波~流(比喻自己没有坚定的立场和正确的主见,只是跟着别人走)。②赶走,强迫离开:驱~|~出门外。③按顺序一个挨着一个:~渐|~步|~个检查。
同义 逐个—逐一、各个/逐渐—逐步、渐渐

zhú	10画 火部
烛	左右 火/虫
	丶火灯烛

①蜡烛,用线绳或苇子做芯,周围包上蜡油的照明用品:花~|火~。②照亮,照见:火

谜语 两头白狗 (字:狱) 喜上眉梢 (字:声)
下岗之后 (字:山) 纵横国际 (字:田)

zhu

光~天。③烛光，计算光度的单位，省称"烛"，烛数就是瓦特数，如40烛的灯泡就是40瓦特的灯泡。

zhǔ	5画 王部丶(zhǔ)部
主	独体
	丶亠主主

①主人，与"宾"、"客"相对：宾~|东道~(请客的主人)。②掌握权力或拥有财物的人：君~|当家作~|物归原~。③当事人：失~|卖~(卖出东西的人)。④占有奴隶或雇佣仆役的人，与"奴"、"仆"相对：奴隶~|~仆。⑤主张，决定：~战|独立自~。⑥负主要责任：~持|~编|~办单位。⑦最重要的，最基本的：~要|~力军|~次分明。⑧预示：朝霞~雨，晚霞~晴。⑨主见：心里没~|六神无~(形容心慌意乱，不知所措)。⑩属于自我的，出于自身的：~观|~动。

同义 主意—办法、主见/主宰—支配、掌握
反义 主—客、宾、次、从、奴/主动—被动/主观—客观/主角—配角/主流—支流/主要—次要/主子—奴才
组字 住、拄、驻、往、注、柱、蛀

zhǔ	8画 扌(shǒu)部
拄	左右 扌/主
	扌扩拄拄

用手扶着杖或棍支持身体：~着拐杖。

zhǔ	12画 灬(huǒ)部
煮	上下 者(耂/日)/灬
	土耂者者煮

把东西放在水里烧：~饭|~菜|把病人用过的碗筷~一~，可以消毒。

zhǔ	15画 口部
嘱	左右 口/属(尸/禹)
	口口嘱嘱嘱

①吩咐，托付：~咐|叮~(再三嘱咐)|不辜负人民的~托。②吩咐或托付的话：遗~|医~。
同义 嘱咐—叮嘱、叮咛/嘱托—托付

zhǔ	17画 目部
瞩	左右 目/属(尸/禹)
	目目" 瞩瞩瞩

注视，往远处看：~目(注目)|高瞻远~|~站得高，看得远，比喻目光远大)。
同义 瞩目—注目

zhù	7画 力部
助	左右 且/力
	口月目助助

帮，帮助：团结互~|~人为乐|援~。
同义 助—帮/助手—副手、帮手
组字 锄

zhù	7画 亻(rén)部
住	左右 亻/主
	亻亻仨住住

①居住：~宿|~了一夜|家~海边。②停止：口~|手~|雨~了。③用在动词后表示稳固、停顿或力量够得上：站~|把他难~了|坚持~。
同义 住所—住处、寓所/住宅—住房/住址—地址

zhù	8画 贝部
贮	左右 贝/宀(宀/一)
	冂贝贮贮

储存：~存|~藏|~备。

名人名言 人的聪明和自己的明智及道路的选择，往往在失败以后。
——贾曙光

zhu—zhua

zhù	8画 氵(shuǐ)部
注	左右 氵/主
	氵 汒 注 注

①灌进：~水|~射|大雨如~。②集中在一点：~意|~视|全神贯~。③用文字解释字句：~解|~释。④解释字句所用的文字：加~|附~。⑤记录，登记：~册|~销（取消登记过的项目）。⑥赌博下的本钱：赌~。

同义 注目—瞩目/注视—凝视/注释—注解/注意—留意/注重—重视

zhù	8画 马部
驻	左右 马/主
	马马马驴驻驻

①停下，停止：~足观看。②（人员）停留或（机构）设立在某个地方：~军|~外使节|~京联络处。

zhù	9画 木部
柱	左右 木/主
	十木杧柱柱

①柱子，支撑建筑物的构件，多用木、石、钢筋水泥等做成：梁~|支~|石~。②像柱子的东西：水~|花~|水银~。

zhù	9画 礻(shì)部
祝	左右 礻/兄(口/儿)
	礻礻礻祝

向人表示美好愿望：~愿|~福|~贺|~学习进步。

同义 祝福—祝愿/祝贺—庆贺
反义 祝福—诅咒

多音字	11画 艹(cǎo)部
著	上下 艹/者(耂/日)
	艹艹茅著著

㈠ zhù ①显明：显~|功绩卓~。②显露出名。③写文章，写书：编~|~书立说。④著作，写出来的文章或书：名~|论~|译~。
㈡ zhuó 同"着(zhuó)"。
同义 ㈠著名—著称、有名、出名/著作—作品

zhù	11画 虫部
蛀	左右 虫/主
	虫虫虫蚌蛀蛀

①蛀虫，咬衣物、木器、谷粒、书籍等的小虫。②（虫子）咬坏：~蚀|这张桌子被虫~坏了。

zhù	12画 钅(jīn)部
铸	左右 钅/寿(声/寸)
	钅钅铲铸铸铸

①把金属熔化后倒在模子里制成器物：~造|~一口锅。②造成，形成：~成大错。

zhù	12画 竹(𥫗)部
筑	上下 𥫗/巩(工/凡)
	𥫗竹筑筑

①建造，修建：~路|修~长城|建~。②古代的一种弦乐器。③贵州省贵阳市的别称。

zhua

zhuā	7画 扌(shǒu)部
抓	左右 扌/爪
	扌扩扩抓抓

①拿，握取：~了一把米|用筷子夹，不要用手~。②用指甲或爪在物体上划过：~痒痒|手被猫~破了。③捕捉，逮：~贼|猫~老鼠。④把

脑筋急转弯 什么海没有边？（苦海无边）

zhua—zhuan

握住,不放过:~紧时间|~工夫学习。⑤特别注意,加强领导:~重点|~质量|~教育工作。⑥吸引(人注意):他的演讲~住了听众的心。
同义 抓—捉
反义 抓—放/抓紧—放松

zhuai

多音字	9画 扌(shǒu)部
拽	左右 扌/曳
	扌 抈 抈 拽 拽

㈠zhuāi 扔:把球~过来|把泥团~了吧!
㈡zhuài 拉:~住不放|生拉硬~|把门~上。

zhuan

zhuān	4画 一部
专	独体
	一 ニ 专 专

①单纯,独一,集中在一件事上的:~心听讲|~业。②在某种学术、技能方面有特长:~家|又红又~。③独自掌握或享有:~卖|~利。
同义 专长—特长/专心—悉心、潜心
反义 专制—民主
组字 传、转、砖
提示 "专"的第三笔是竖折撇。

zhuān	9画 石部
砖	左右 石(丆/口)/专
	丆 石 矿 砖

①用黏土等烧制的建筑材料:~头|瓷~。②像砖的东西:冰~|茶~|煤~。

多音字	8画 车部
转	左右 车/专
	车 车 轩 转

㈠zhuǎn ①改变方向、位置、形势、情况等;~身|~移|~败为胜。②(把物品、信件、意见等)从一方传到另一方:~送|~告|~交。
㈡zhuàn ①围着一个中心运动:轮子~得飞快|~椅|~圈子|~来~去。②闲逛:到街上~了一圈。③量词;绕了两~。
同义 ㈠转达—转告/转换—改换、变换/转弯—拐弯/转眼—转瞬、瞬间/转危为安—化险为夷 ㈡转动—旋转、打转

多音字	14画 贝部
赚	左右 贝/兼(⺷/兼)
	贝 贮 赈 赚 赚

㈠zhuàn ①做买卖得利,与"赔"相对:~钱。②做买卖得的利:~头|~儿。③得到便宜:这次春游真~,痛快地玩儿了一天,还采了一篮蘑菇。
㈡zuàn 骗:~人。

zhuàn	15画 扌(shǒu)部
撰	左右 扌/巽(吧/共)
	扌 把 捏 撰

写文章,著书:~文|~稿|~写。

zhuàn	15画 竹(⺮)部
篆	上下 ⺮/象
	⺮ ⺮ 笁 笃 篆

篆字,古代汉字的一种字体:大~|小~。

歇后语 一碗清水——看到底

zhuang

zhuāng	6画 丬(pán)部
妆	左右 丬/女 丶丬状妆妆

①修饰,打扮:化~|梳~|打扮|碧玉~成一树高。②演员的装饰:卸~。③女子陪嫁的东西;嫁~(zhuang)。

zhuāng	6画 广部
庄	半包围 广/土 亠广庄庄

①村子:村~|农~|~户(农户)。②旧时较大商店的名称:茶~|饭~|布~。③封建社会里帝王、贵族等所占有的成片土地:皇~|~园|~田。④严肃,不随便,不轻浮:~严|~重|端~。⑤某些牌戏或赌博中每一局的主持人:~家|坐~。

反义 庄重—轻浮
组字 桩、赃、脏
提示 "庄"的里面不要加一点。

zhuāng	10画 木部
桩	左右 木/庄(广/土) 木 扩 桩 桩

①桩子,一头或全部插在地里的柱形的东西:木~|桥~|打~。②量词:一~事。

zhuāng	12画 衣部
装	上下 壮(丬/士)/衣(亠/衣) 丶丬壮 装 装

①衣服:服~|军~|时~。②打扮,修饰:化~|~饰图案|乔~打扮。③假作:假~|~声作哑。④把东西放进去,与"卸"相对:~车|~货|~卸吊车。⑤安置,配备:安~|~配|~武器|~备。⑥订书册或裱画卷:~订线|~精|~潢。⑦行李:行~|整~待发|轻~上阵。

同义 装扮—打扮、化装、假装/装点—装饰、点缀/装束—打扮/装置—装备、装配
反义 装—拆、卸

zhuàng	6画 丬(pán)部
壮	左右 丬/士 丶丬壮壮

①强健有力:健~|身强力~|茁~成长。②雄伟,有气魄:雄~|~山河|~丽|~波澜|~阔。③加强,使雄壮:~胆|~声势。

同义 壮丽—壮美/壮实—强壮、健壮/壮士—勇士/壮志—壮心、雄心
组字 装

zhuàng	7画 丬(pán)部
状	左右 丬/犬 丶丬状状

①样子:形~|~态|奇形怪~。②情况:~况|情~|~罪。③描述,形容:写情~物|~语|不可名~。④起诉书:诉~|~子。⑤(褒奖、委任等)证书:奖~。

同义 状况—情况、情形/状态—形态

zhuàng	15画 扌(shǒu)部
撞	左右 扌/童(立/里) 扌 护 撞 撞

①击打:~击|~钟。②猛然相碰:碰~|相~|汽车~人了。③无意中遇到:~见|他想躲我,偏让我~上了。④行为鲁莽:莽~|~顶~。⑤闯:横冲直~。

同义 撞—碰/撞击—冲击/撞见—碰见、遇见

 谜语 独木造高楼,没瓦没砖头,人在水下走,水在人上流。(日用品:雨伞)
身穿大皮袄,野草吃个饱,过了严冬天,献出一身毛。(动物:绵羊)

zhuang—zhun

多音字	15画 巾部
幢	左右 巾/童(立/里)
	巾忄忄幢幢

㊀zhuàng 量词：一~楼房。
㊁chuáng ①古代旗子一类的东西。②刻着佛号(佛的名字)或经咒的石柱：经~。
提示 不要与"栋dòng"相混。

zhui

zhuī	9画 辶(chuò)部
追	半包围 自/辶
	丿𠂤自追追

①赶，紧跟：~随|~逐|~捕逃犯。②探求，寻求：~寻|~求真理。③回顾，回忆：~念|~悼会|~忆。④事后补办：~加|~认。⑤查究：~查|~究。
同义 追悼—悼念/追究—追查/追求—寻求/追随—跟随/追逐—追赶
组字 槌

zhuī	12画 木部
椎	左右 木/隹
	木朾桁椎椎

椎骨，也叫脊椎骨，构成高等动物背部中央骨柱的短骨：颈~|腰~|尾~。

zhuī	13画 钅(jīn)部
锥	左右 钅/隹
	钅钅𨨏锥锥

①锥子，一头尖锐，可以钻孔的工具：针~|立~之地（形容极小的空间）。②像锥子的东西：圆~体。③用锥子钻：~鞋|~探一个窟窿。

zhuì	7画 土部
坠	上下 队(阝/人)/土
	阝阝队陊坠

①落，掉下：~落|敌机~毁|从悬崖上~下来。②往下沉：苹果把树枝~弯了。③坠儿，往下垂着的装饰品：扇~|耳~。
反义 坠落—升起

zhuì	11画 纟(mì)部
缀	左右 纟/叕(双/双)
	纟纠纵缀

①用针线等缝：补~|网你的衣服破了，我给你~几针。②联结，组合：~句(造句)|~文(作文)|~字成文。③装饰：把我们的校园点~得更加美丽。
提示 不要与"辍"、"掇"、"啜"混淆。

zhuì	12画 忄(xīn)部
惴	左右 忄/耑(山/而)
	丷忄忄忄惴

既忧愁又害怕的样子：~~不安。
提示 不要与"湍"、"瑞"、"端"、"揣"、"踹"混淆。

zhuì	14画 贝部
赘	上下 敖(耂/攵)/贝
	二中考敖赘

①多余的，无用的：累(léi)~|~述（多余的叙述）。②旧指招女婿：入~（男子到女家结婚，并成为女家的家庭成员）。

zhun

zhūn	10画 讠(yán)部
谆	左右 讠/享(亠/口/子)
	讠讠讠谆谆

【谆谆】恳切，不厌倦的：~教导。

  容易成功和难于成功同样能刺激人的欲望。
　　　　　　　　　　　　　　　　　　[法]巴尔扎克

zhun—zhuo

zhǔn	10画 冫(bīng)部
准	左右 冫/隹
	丶冫汴准准

①允许,许可:批~|许不~|打人。②标准,法则:水~|不则以此为~。③正确,精确:~确|~时。④一定:保|这支铅笔~是他给我的。⑤确定的主意,把握:我能否干得了,心里没~儿。⑥依照,依据:~此办理。⑦程度接近某事物,可当做某事物看待的:~平原|军事组织。
同义 准备—预备、打算/准确—精确、正确、确切/准时—按时、正点/准许—许可
反义 准确—错误/准许—禁止

zhuo

zhuō	8画 扌(shǒu)部
拙	左右 扌/出(屮/凵)
	扌扣抽拙

①笨,不灵巧:笨~|~劣|笨拙而低劣|勤能补~。②谦称自己的(见解、作品等):~见|~著。
同义 拙—笨
反义 拙—巧、灵

zhuō	10画 扌(shǒu)部
捉	左右 扌/足(口/龰)
	扌护捉捉

①抓,逮:~贼|~虫|猫~老鼠。②拿,握:~笔|~襟见肘。
同义 捉—抓、捕、逮/捉拿—捉捕/捉弄—作弄、戏弄

zhuō	10画 木部
桌	上下 卜/杲(日/木)
	卜占点桌

①一种日用家具,上面可以放东西:饭~|课~|办公~。②量词:一~酒席|赴宴的客人共10~。

zhuó	7画 火部
灼	左右 火/勺
	丶丷火灼灼

①烧,烤:~热|~伤|心如火~。②明亮,明白:目光~~|~见(透彻的见解)。

zhuó	8画 艹(cǎo)部
茁	上下 艹/出(屮/凵)
	艹艹艹茁

动植物生长旺盛:~壮(旺盛,健壮)|~实(健壮结实)。
同义 茁壮—强壮、健壮
反义 茁壮—柔弱、软弱

zhuó	8画 十部
卓	上下 卜/早(日/十)
	卜占卓

①高而直:~立。②高超,杰出:~越|~绝|远见~识。
同义 卓越—卓著、杰出
反义 卓越—普通、平凡
组字 罩、掉、悼、绰
提示 "卓"不要读做 zhuō。

zhuó	9画 氵(shuǐ)部
浊	左右 氵/虫
	氵氿泇浊

①水不干净,浑,与"清"相对:浑~|污泥~水。②混乱:~世(旧指黑暗或混乱的时代)。③声音低沉粗重:~音|~声~气。
同义 浊—浑
反义 浊—清

zhuó	10画 酉(yǒu)部
酌	左右 酉/勺
	丆酉酉酌酌

什么人冬天不怕冷?(雪人)

zhuo—zi

①斟酒,喝酒:自斟自~(独自喝酒)|对~(两个人一起喝酒)。②酒饭:便~|略备小~。③考虑,估量:斟~|~情处理。

zhuó	11画 口部
啄	左右 口/豕
	口叮吚哧啄

鸟类用嘴取食物:~食|鸡~米|~木鸟。

多音字	11画 羊(𦍌)部
着	半包围 𦍌(丷/尹)/目
	兰羊着着

㊀zhuó ①穿(衣):穿~|~身~军装。②接触,挨上:~陆|说话不~边际。③使接触或附着别的事物上:~笔|~色。④下落:~落|寻找无~。⑤派遣:~人前往面谈。⑥下棋:~棋|二人对~。

㊁zháo ①接触,挨:上不~天,下不~地。②感到,受到:~急|~凉|~慌。③燃烧或灯发亮:火~|柴火~了|路灯还没~。④用在动词后表示达到目的或有结果:猜~了|打~了|睡~了。

㊂zhāo ①下棋时下一子或走一步叫着:一~不慎,满盘皆输。②放,搁进去:~点儿盐。

㊃zhe ①表示动作正进行或状态在持续:写~|追逐~|风猛烈地刮~|门敞开~|桌上搁~笔。②表示程度深,常与"呢"(ne)连用:早~呢|多~呢。③用在动词或表示程度的形容词后表示祈使:你听~|天都黑了,快~点儿。④加在某些动词后,使变成介词:朝~|顺~|照~字帖写。

同义 着落—下落/着实—确实、实在/着手—动手、入手/着想—设想、考虑/着重—侧重、偏重 ㊁着急—焦急/着凉—受凉/着迷—入迷

多音字	12画 王部
琢	左右 王/豕
	二千玎琢琢

㊀zhuó 加工玉石,使成器物:雕~|~磨(mó,雕刻磨制玉石。比喻精益求精)。

㊁zuó【琢磨】-mo 思考,探求:事关重大,要好好~~。

同义 ㊀琢磨—雕琢 ㊁琢磨—揣摩、推敲

zi

zī	7画 子部
孜	左右 孑/攵
	了子孑孜

【孜孜】勤奋不懈:~~不倦地工作。

zī	9画 口部
咨	上下 次(冫/欠)/口
	冫次咨咨

①商议,询问:~询(征求意见)。②咨文,旧时用于同级机关的一种公文。

zī	9画 女部
姿	上下 次(冫/欠)/女
	冫次姿姿

①容貌:~容|~色|风~。②形态,身体呈现的样子:~态|英~|舞~|优美。

同义 姿态—姿势、态度

多音字	9画 八(丷)部
兹	上下 丷/兹(幺/幺)
	丷兰兹兹

㊀zī ①这,这个:~日|~事体大(这是件大

歌后语 一碗水泼在地下——收不起来

事)。②现在:~定于9月1日开学|~将竞赛成绩公布如下。

㈡cí【龟兹】qiū- 见"龟"。

组字 慈、滋、磁、糍、鹚

zī	10画 贝部
资	上下 次(冫/欠)/贝
	冫广次咨资

①财物,费用:~产|~源|工~|邮~。②供给:可~借鉴|以~参考。③(用财物)帮助:~助。④智慧能力:~质(指智慧的高低)|天~聪颖。⑤指身份、经历等:~历|~格。

同义 资产—财产、资金/资料—材料/资助—捐助

zī	12画 氵(shuǐ)部
滋	左右 氵/兹(䒑/丝)
	氵汁滋滋

①生出,长:~生|~长|~事(生事)。②增添,增加:~补|~益。③味道:~味。④喷射:水管往外~水|电线~火。

同义 滋补—补养/滋润—润泽/滋生—繁殖/滋味—味道

反义 滋润—干燥

zǐ	3画 子部
子	独体
	㇇了子

①古代指儿女,现在专指儿子:父~|~女。②人的通称:男~|~。③古代特指有学问的人,是对男子的美称:孔~|老~|诸~|百家。④古代用做第二人称"你":以~之矛,攻~之盾。⑤种子:瓜~儿|菜~。⑥动物的幼崽或卵:虎~|鸡~儿|蚕~|鱼~。⑦幼小的,稚嫩的:~鸡|~姜。⑧块状或粒状的小而硬的东西:枪~儿|算盘~儿。⑨量词,用于能用手指掐住的一束细长的东西:一~儿线。⑩地支的第一位。⑪(旧计时法)子时,夜里11点到1点。⑫词的后缀时读zi:本~|胖~|乱~|一下~。

同义 子孙—儿孙/子夜—半夜、午夜

组字 字、李、季、孪、仔、好、孜、籽

提示 "子"的第二笔是竖钩,不是弯钩。

多音字	5画 亻(rén)部
仔	左右 亻/子
	亻亻仔仔

㈠zǐ ①幼小的(多指牲畜、家禽等,今通常写做"崽")。②细小,细密:~细。

㈡zǎi ①同"崽"。②一些方言指从事某种职业或具有某些特征的人(多指男青年):打工~|肥~。

同义 ㈠仔细—细心

反义 ㈠仔细—马虎

zǐ	7画 女部
姊	左右 女/朿
	乚乂女妒姊

姐姐:~妹。

zǐ	9画 米部
籽	左右 米/子
	丷米籽籽

植物的种子,也做"子":菜~|花~|莲~。

zǐ	12画 糸(mì)部
紫	上下 此(止/匕)/糸
	⺊止此紫紫

蓝、红合成的颜色:万~千红|茄子穿~袍。

谜语 众说《红楼梦》 (画家:齐白石)
      空姐交班   (成语:随机应变)

zi—zong

zǐ	13画 氵(shuǐ)部
滓	左右 氵/宰(宀/辛) 氵沪淀滓

沉淀的渣子：渣~(比喻品质恶劣、危害社会的人)。

zì	6画 自部
自	独体 ′ 亻自自

①自己，本身：~言~语\|~强不息。②自然，当然：~当努力\|好人~有好报。③从，由：~古以来\|发~内心。

同义 自吹—自夸/自大—自负、自傲/自豪—骄傲/自己—自身、自家、本人/自命—自封/自称/自然(ran)—大方/自学—自习/自修/自愿—志愿/自在—自由

反义 自满—谦虚、虚心/自然(ran)—拘束、局促/自私—无私/自信—自卑/自愿—被迫

组字 息、咱

zì	6画 宀(mián)部
字	上下 宀/子 丶宀宁字

①文字，记录语言的符号：汉~\|~帖\|繁体~。②字音：咬~(读字音)\|吐(tǔ)~清楚\|正腔圆。③字体：篆~(古代一种字体)。④书法作品：~画。⑤姓名：签~。⑥根据人名中的字义另外取的别名：李白—太白~。⑦凭证，合同，契约：~据\|立~为凭。

zong

zōng	8画 宀(mián)部
宗	上下 宀/示(二/小) 宀宀宗宗

①祖先：祖~。②家族，同一家族的：~族\|同~。③派别：~派\|正~产品。④宗旨，主要的目的和意图：万变不离其~(不管怎样变化，但其本质或目的始终不变)。⑤量词：一~货物\|一~心事。

组字 崇、综、棕、粽、踪

zōng	11画 纟(mì)部
综	左右 纟/宗(宀/示) 纟纩纷综

总合，聚在一起：~合\|述(综合叙述)\|错~复杂。

同义 综合—归纳、概括

zōng	12画 木部
棕	左右 木/宗(宀/示) 木 杧 棕 棕

①棕榈(lǘ)，常绿乔木，叶鞘上的毛叫棕毛，可以打绳子、做刷子及蓑衣等。叶子可以做扇子。木材可以做器具。②棕色，像棕毛一样的颜色。

zōng	15画 足(⻊)部
踪	左右 ⻊(口/止)/宗(宀/示) ⻊ ⻊ 趵 跨 踪

脚印，行动所留下的痕迹：~迹\|失~\|跟~\|无影无~。

同义 踪迹—踪影

zǒng	9画 心部/八(丷)部
总	上中下 丷/口/心 丷 兯 总 总

①汇集，合在一起：~括\|~共\|而言之(总括起来说)。②所有的，全面的：~动员\|发起~攻。③概括全部的，主要的，为首的：~纲\|~司令\|辅导员。④一贯，一直：他~喜欢帮助同学\|王老师~是那么和蔼可亲。⑤终归，毕竟：人~是要死的，但死的意义有不同\|~不能这样下去。

同义 总共—统共、一共/总计—共计/总

名人名言 聪明固然可贵，但真正的成功总得靠几分傻气。　　罗兰

zong—zu

体—整体
反义 总—分
组字 聪

zòng	7画 纟(mì)部
纵	左右 纟/从(丿/人)
	纟纠纵

①直,竖,与"横"相对:~横交错丨排成~队。②释放,放:~虎归山丨~火。③放任,不加约束:~目四望丨~情歌唱。④身体猛然向前或向上:~身一跳。⑤广泛地,深入地:~观全局。⑥即使:~有千难万险,也阻挡不住中国人民前进的步伐。
同义 纵火—放火/纵情—尽情/纵容—放纵/纵使—纵然、即使
反义 纵—横、擒

zòng	14画 米部
粽	左右 米/宗(宀/示)
	丷米籽粽粽

粽子,用竹叶或苇叶等包糯米做成的多角形的食品,一般在端午节吃。

zou

zōu	7画 阝(yì)部
邹	左右 刍(ク/彐)/阝
	勹刍邹邹

姓。

zǒu	7画 走部
走	上下 土/龰
	十土卡走

①走路,步行:行~请慢~。②(亲友间)来往:~亲戚丨~娘家。③移动:~棋这钟~得太快。④离去:车~了丨我明天~。⑤漏出,泄露:~气丨~风丨~漏消息。⑥偏离或失去原样:~样丨茶叶~味了。⑦跑:奔~相告丨快~踏清秋。⑧通过,经由:~水路丨~了几道手续。
同义 走访—拜访、访问/走漏—泄漏/走势—走向、趋势/走样—变样/走运—幸运/走卒—走狗
反义 走运—倒霉

组字 陡、徒

zòu	9画 一部
奏	上下 夫/天
	三夫奏奏

①用乐器表演:~乐丨演丨小提琴独~。②封建时代臣子对皇帝反映情况或提出意见:上~启~丨~章(意见书)。③发生,取得:~效(发生效果)丨~捷(取得胜利)。
同义 奏凯—奏捷/奏效—收效、见效、生效
组字 凑、揍
提示 "奏"的末笔捺变为点。

zòu	12画 扌(shǒu)部
揍	左右 扌/奏(夫/天)
	扌扌扶揍揍

打人:他被~了一顿丨挨~。

zu

zū	10画 禾部
租	左右 禾/且
	二禾利租租

①出钱或出实物暂用别人的东西:~房丨~车子。②收取钱或实物把东西给别人暂用:出~把房子~给人。③东西给人暂用所收取的钱或实物:房丨地丨~收~。④田赋,我国封建社会的土地税:~税。
同义 租借—租用、租赁

脑筋 急转弯 借什么可以不还?(借光)

zu—zuan

zú	7画 足部
足	上下 口/火
	口丨口丨口丨尸丨足

①脚:~球|画蛇添~|情同手~。②器物下部作用像腿的部分:鼎~。③满,充分,够量:充~|干劲~|丰衣~食。④够得上(数量或程度),充分达到:~够|他~有2米高|1小时~能抵达。⑤值得:微不~道(微小得不值一提)|不~为奇。

同义 足迹—脚印
组字 促、捉

zú	8画 十部
卒	上中下 一/人(人/人)/十
	一亠广卒卒

①古时指兵:士~|一兵一~。②旧称差役:走~(差役,比喻帮助主子作恶的人)|狱~。③完毕,结束:~业。④究竟,终于:~胜敌军|~能成功。⑤死亡:病~|生~年月。

组字 萃、翠、猝、悴、碎、醉

zú	11画 方部
族	左右 方/矢(亠/矢)
	亠方方扩族

①民族:汉~|维吾尔~。②同姓亲属的群体:家~|宗~。③事物有某种共性的一大类:水~(生活在水中的动物)。

组字 簇

zǔ	7画 讠(yán)部
诅	左右 讠/且
	讠讠讪诅诅

【诅咒】-zhòu 祈求鬼神给所恨的人带来灾难。也指咒骂。
同义 诅咒—咒骂
反义 诅咒—祝福

zǔ	7画 阝(fù)部
阻	左右 阝/且
	阝阝阻阻阻

①拦挡:~止|~挡|畅通无~。②险恶的地方:险~。

同义 阻—拦、挡/阻碍—障碍、阻止、阻拦、阻挡、阻挠/阻击—拦击、截击/阻塞—堵塞、梗塞
反义 阻塞—疏导、畅通

zǔ	8画 纟(mì)部
组	左右 纟/且
	纟纫细组组

①结合,构成:~织|~词|改~。②由少数的人组成的单位:课外兴趣小~|读报~。③相互联系、配合成套的(文艺作品):~歌|~诗|~画。④量词,表示成套的:一~电池|一~试题。

同义 组成—构成
反义 组合—拆散(sàn)、分解/组装—拆散(sǎn)

zǔ	9画 礻(shì)部
祖	左右 礻/且
	礻礻祖祖祖

①父母的上一辈:~父|外~母|~孙三代。②先人的通称:~先|老~宗|~传秘方。③某种事业或流派的开创者:鼻~|始~|~师爷。

同义 祖宗—祖先、祖上、祖辈

zuan

多音字	10画 钅(jīn)部
钻	左右 钅/占(卜/口)
	钅钅针钻

歇后语 矮子跟着高个走路——多跑几步

zuan—zun

㊀zuān ①在物体上转动着穿孔，打眼：在木板上~个眼儿|地质~探。②通过(孔洞、缝隙等)，进入：~山洞|月亮~出云层|~进水里|~空子(kòng zi)。③深入研究：~研|~书本。
㊁zuàn ①打孔洞的工具：电~|风~。②钻石：金刚~|17~手表。
同义 ㊀钻探—勘探

zui

zuǐ	16画 口部
嘴	左右 口/甾(此/角)
	口 吖 咣 嘴 嘴

①口，吃东西和发音的器官：闭~|撇撇~。②形状或作用像嘴的东西：山~|茶壶~儿|过滤~香烟。③指说话：别多~|~尖皮厚腹中空。

zuì	12画 日部
最	上下 日/取(耳/又)
	曰 日 旦 昂 最

①极，表示达到最高程度：~好|解放军是~可爱的人。②位居第一的人或物：中国之~。
同义 最初—起初/最多—至多/最少—至少，起码/最先—首先/最终—最后，末了
组字 撮

zuì	13画 罒(wǎng)部
罪	上下 罒/非(ヨ/乍)
	罒 罒 罟 罪 罪

①犯法的行为：犯~|~恶|~犯。②过失，错误：~过|不该归~于人。③刑罚：死~|判~|免~。④苦难，痛苦：受~。
同义 罪恶—罪孽、罪行/罪犯—罪囚、囚犯、犯人/罪魁—首恶、元凶、祸首
反义 罪—功/罪过—功劳，功绩/罪行—功勋

zuì	15画 酉(yǒu)部
醉	左右 酉/卒(亠/从/十)
	丆 酉 酉 醉 醉

①喝酒过多而神志不清：他喝得烂~。②用酒泡制的：~虾|~蟹。③医学上指用针、药等使病人暂时失去知觉：麻~。④特别专心，深深迷恋：~心|沉~。

同义 醉鬼—酒鬼
反义 醉—醒

zun

zūn	12画 寸部
尊	上下 酋(丷/酉)/寸
	丷 艹 酋 酋 尊

①地位或辈分高：~长|~贵|破除男~女卑思想。②敬重：~敬|自~|自爱|~师重教。③敬词：~府(敬称对方的家)|请问~姓大名。④量词：一~大炮|一~佛像。
同义 尊—贵/尊贵—高贵/尊重—尊敬，敬重，庄重
反义 尊—卑/尊贵—卑贱/尊敬—轻慢
组字 蹲、遵、樽

zūn	15画 辶(chuò)部
遵	半包围 尊(酋/寸)/辶
	丷 艹 酋 遵 遵

依照，按照：~守纪律|~照|~循。
同义 遵守—遵循、遵照
反义 遵守—违背、违反/遵循—背离

zūn	16画 木部
樽	左右 木/尊(酋/寸)
	木 木 栌 樽 樽

古代的盛酒器皿：移~就教。

谜语　几度爱心去江东　(字：沉)
　　　骑马奔驰到崖上　(字：崎)

zuo

zuó

zuó	9画 日部
昨	左右 日/乍
	日 日 旷 旷 昨

①昨天,今天的前一天:~日|~夜。②以往,过去:觉今是而~非。

zuǒ

zuǒ	5画 工部
左	半包围 ナ/工
	一 ナ 左 左 左

①面向南时靠东的一边,与"右"相对:~手|~边|向~转。②古代指东:江~|山~。③进步的,革命的:~派|~翼作家。④邪,不正:~道旁门(比喻不正派的东西)。⑤错,差错:想~了。⑥相反,抵触:意见相~。

同义 左顾右盼—东张西望
反义 左—右
组字 佐

zuǒ	7画 亻(rén)部
佐	左右 亻/左(ナ/工)
	亻 亻' 佐 佐

辅助,帮助:辅~|~证(证据)|~餐(下饭)。

多音字	7画 亻(rén)部
作	左右 亻/乍
	亻 亻' 亻' 作

㈠zuò①起,兴起:振~精神|枪声大~。②工作,做:~息|精耕细~|~操。③举行,进行:自~自受。④写作,创作:~文|~曲。⑤作品,佳|~杰~。⑥故意装出:装模~样|装腔~势。⑦当成,作为:~废|认贼~父。⑧发生,发作:~呕|~痛。
㈡zuō 手工业制造或加工的地方:~坊~。

同义 ㈠作弊—舞弊/作怪—作祟/作乐(lè)—取乐,行乐/作弄—捉弄,戏弄/作战—打仗
反义 ㈠作—息

zuò	7画 土部
坐	上下 从(人/人)/土
	人 从 丛 坐 坐

①把臀部平放在物体上以支持身体:请~|~在椅子上。②乘,搭:~车|~船|~飞机。③(房屋)背对着某一方向:~北朝南。④物体下沉或向后移动:房子往下~了|这炮~力不小。⑤把锅、壶等放在炉火上:~一壶水|火旺了,把锅~上。⑥因为:停~爱枫林晚。⑦旧指定罪:连~(一个人犯法,他的亲属、邻居等也连带受处罚)。⑧植物结果:瓜~果。⑨掌握,主持:~江山|~庄。

同义 坐立不安—坐卧不宁/坐享其成—不劳而获
组字 挫、锉、座

zuò	10画 广部
座	半包围 广/坐(从/土)
	广 广 应 应 座

①座位:~次(座位的次序)|给老人让~|无虚席。②托着器物的东西:钟~儿|石碑~儿。③量词:一~山|一~楼。④旧时敬称某些官长:军~|处~。

反义 座上宾—阶下囚

zuò	11画 亻(rén)部
做	左右 亻/故(古/攵)
	亻 亻' 估 做

①干,进行工作或活动:~工|~好事|~买卖。②制造:~衣服|~一张桌子。③当,担任:~人民的勤务员|争~好学生。④写:~诗|~文章。⑤举行:~寿|~生日。⑥当做:芦苇可以~造纸原料。⑦结成(某种关系):~朋友。⑧装出(某种样子):~样子|~鬼脸。

同义 做饭—烧饭/做工—打工

名人名言 恒心总会得到报酬的。
[美]爱因斯坦

附录 1

计 量 单 位 表

Ⅰ. 中华人民共和国法定计量单位

中华人民共和国的法定计量单位（以下简称法定单位）包括：
(1) 国际单位制的基本单位（见表 1）；
(2) 国际单位制中具有专门名称的导出单位（见表 2）；
(3) 国家选定的非国际单位制单位（见表 3）；
(4) 由以上单位构成的组合形式的单位；
(5) 由词头和以上单位所构成的十进倍数和分数单位（词头见表 4）。

法定单位的定义、使用方法等，由国家计量局（其职权现由国家质量监督检验检疫总局执行）另行规定。

表 1　国际单位制的基本单位

量的名称	单位名称	单位符号
长度	米	m
质量	千克（公斤）	kg
时间	秒	s
电流	安〔培〕	A
热力学温度	开〔尔文〕	K
物质的量	摩〔尔〕	mol
发光强度	坎〔德拉〕	cd

表 2　国际单位制中具有专门名称的导出单位

量的名称	单位名称	单位符号	其他表示式例
平面角	弧度	rad	1
立体角	球面度	sr	1
频率	赫〔兹〕	Hz	s^{-1}
力；重力	牛〔顿〕	N	$kg \cdot m/s^2$

快乐卡通汉语字典

量的名称	单位名称	单位符号	其他表示式例
压力，压强；应力	帕〔斯卡〕	Pa	N/m^2
能量；功；热	焦〔耳〕	J	$N \cdot m$
功率；辐射通量	瓦〔特〕	W	J/s
电荷量	库〔仑〕	C	$A \cdot s$
电位；电压；电动势	伏〔特〕	V	W/A
电容	法〔拉〕	F	C/V
电阻	欧〔姆〕	Ω	V/A
电导	西〔门子〕	S	A/V
磁通量	韦〔伯〕	Wb	$V \cdot s$
磁通量密度，磁感应强度	特〔斯拉〕	T	Wb/m^2
电感	亨〔利〕	H	Wb/A
摄氏温度	摄氏度	℃	
光通量	流〔明〕	lm	$cd \cdot sr$
光照度	勒〔克斯〕	lx	lm/m^2
放射性活度	贝可〔勒尔〕	Bq	s^{-1}
吸收剂量	戈〔瑞〕	Gy	J/kg
剂量当量	希〔沃特〕	Sv	J/kg

表3　国家选定的非国际单位制单位

量的名称	单位名称	单位符号	换算关系和说明
时间	分	min	1min=60s
	〔小〕时	h	1h=60min =3 600s
	天（日）	d	1d=24h =86 400s
平面角	〔角〕秒	(″)	$1″ = (\pi/648\,000)$ rad（π 为圆周率）
	〔角〕秒	(′)	$1′ = 60″$ $= (\pi/10\,800)$ rad
	度	(°)	$1° = 60′$ $= (\pi/180)$ rad
旋转速度	转每分	r/min	$1r/min = (1/60)\ s^{-1}$
长度	海里	n mile	1n mile=1 852m（只用于航程）

附录 1

量的名称	单位名称	单位符号	换算关系和说明
速度	节	kn	1kn=1n mile/h = (1 852/3 600) m/s (只用于航行)
质量	吨 原子质量单位	t u	$1t=10^3kg$ $1u \approx 1.660\ 540\ 2 \times 10^{-27}kg$
体积	升	L, (l)	$1L=1dm^3$ $=10^{-3}m^3$
能	电子伏	eV	$1eV \approx 1.602\ 177\ 33 \times 10^{-19}J$
级差	分贝	dB	用于对数量
线密度	特〔克斯〕	tex	1tex=1g/km
土地面积	公顷	hm^2, (ha)	$1hm^2=10^4m^2=0.01km^2$

表4 用于构成十进倍数和分数单位的词头

所表示的因数	词头名称	词头符号	所表示的因数	词头名称	词头符号
10^{24}	尧〔它〕	Y	10^{-1}	分	d
10^{21}	泽〔它〕	Z	10^{-2}	厘	c
10^{18}	艾〔可萨〕	E	10^{-3}	毫	m
10^{15}	拍〔它〕	P	10^{-6}	微	μ
10^{12}	太〔拉〕	T	10^{-9}	纳〔诺〕	n
10^{9}	吉〔咖〕	G	10^{-12}	皮〔可〕	p
10^{6}	兆	M	10^{-15}	飞〔母托〕	f
10^{3}	千	k	10^{-18}	阿〔托〕	a
10^{2}	百	h	10^{-21}	仄〔普托〕	z
10^{1}	十	da	10^{-24}	幺〔科托〕	y

注: 1. 周、月、年 (年的符号为 a),为一般常用时间单位。
  2. 〔 〕内的字,是在不致混淆的情况下,可以省略的字。
  3. ( ) 内的字为前者的同义语。
  4. 角度单位度分秒的符号不处于数字后时,用括号。
  5. 升的符号中,小写字母 l 为备用符号。ha 为公顷的国际符号。
  6. r 为"转"的符号。
  7. 日常生活和贸易中,质量习惯称为重量。
  8. 公里为千米的俗称,符号为 km。
  9. 10^4 称为万, 10^8 称为亿, 10^{12} 称为万亿,这类数词的使用不受词头名称的影响,但不应与词头混淆。

快乐卡通汉语字典

Ⅱ．法定计量单位与常见非法定计量单位的对照和换算表

	法定计量单位		常见非法定计量单位		换算关系
	名　　称	符号	名　　称	符　　号	
长度	千米（公里）	km		KM	1 千米（公里）=2 市里=0.621 4 英里
	米	m	公尺	M	1 米=1 公尺=3 市尺=3.280 8 英尺=1.093 6 码
	分米	dm	公寸		1 分米=1 公寸=0.1 米=3 市寸
	厘米	cm	公分		1 厘米=1 公分=0.01 米=3 市分=0.393 7 英寸
	毫米	mm	公厘	m/n,MM	1 毫米=1 公厘
			公丝		1 公丝=0.1 毫米
	微米	μm	公微	μ,mμ,μM	1 微米=1 公微
			丝米	dmm	1 丝米=0.1 毫米
			忽米	cmm	1 忽米=0.01 毫米
	纳米	nm	毫微米	mμm	1 纳米=1 毫微米
			市里		1 市里=150 市丈=0.5 公里
			市引		1 市引=10 市丈
			市丈		1 市丈=10 市尺=3.333 3 米
			市尺		1 市尺=10 市寸=0.333 3 米=1.093 6 英尺
			市寸		1 市寸=10 市分=3.333 3 厘米=1.312 3 英寸
			市分		1 市分=10 市厘
			市厘		1 市厘=10 市毫
			英里	mi	1 英里=1 760 码=5 280 英尺=1.609 344 公里
			码	yd	1 码=3 英尺=0.914 4 米
			英尺	ft	1 英尺=12 英寸=0.304 8 米=0.914 4 市尺
			英寸	in	1 英寸=2.54 厘米
	飞米	fm	费密	fermi	1 飞米=1 费密=10^{-15} 米
			埃	Å	1 埃=10^{-10} 米

附录1

	法定计量单位		常见非法定计量单位		换算关系
	名称	符号	名称	符号	
面积	平方千米（平方公里）	km^2		KM^2	1平方千米（平方公里）=100公顷 =0.386 1平方英里
			公亩	a	1公亩=100平方米=0.15市亩 =0.024 7英亩
	平方米	m^2	平米，方		1平方米=1平米=9平方市尺 =10.763 9平方英尺=1.196 0平方码
	平方分米	dm^2			1平方分米=0.01平方米
	平方厘米	cm^2			1平方厘米=0.000 1平方米
			市顷		1市顷=100市亩=6.666 7公顷
			市亩		1市亩=10市分=60平方市丈=6.666 7公亩=0.066 7公顷=0.164 4英亩
			市分		1市分=6平方市丈
			平方市里		1平方市里=22 500平方市丈=0.25平方公里=0.096 5平方英里
			平方市丈		1平方市丈=100平方市尺
			平方市尺		1平方市尺=100平方市寸=0.111 1平方米=1.196 0平方英尺
			平方英里	$mile^2$	1平方英里=640英亩=2.589 988 11平方公里
			英亩		1英亩=4 840平方码=40.468 6公亩 =6.072 0市亩
			平方码	yd^2	1平方码=9平方英尺 =0.836 1平方米
			平方英尺	ft^2	1平方英尺=144平方英寸 =0.092 903 04平方米
			平方英寸	in^2	1平方英寸=6.451 6平方厘米
			靶恩	b	1靶恩=10^{-28}平方米
体积	立方米	m^3	方，公方		1立方米=1方=35.314 7立方英尺 =1.308 0立方码
	立方分米	dm^3			1立方分米=0.001立方米
	立方厘米	cm^3			1立方厘米=0.000 001立方米
			立方市丈		1立方市丈=1 000立方市尺
			立方市尺		1立方市尺=1 000立方市寸 =0.037 0立方米=1.307 8立方英尺

快乐卡通汉语字典

法定计量单位		常见非法定计量单位		换算关系
名称	符号	名称	符号	
体积		立方码	yd^3	1 立方码=27 立方英尺=0.764 6 立方米
		立方英尺	ft^3	1 立方英尺=1 728 立方英寸 =0.028 317 立方米
		立方英寸	in^3	1 立方英寸=16.387 1 立方厘米
容积				
升	L (l)	公升、立升		1 升=1 公升=1 立升=1 市升
分升	dL, dl			1 分升=0.1 升=1 市合
厘升	cL, cl			1 厘米=0.01 升
毫升	mL, ml	西西	c. c. ,cc	1 毫升=1 西西=0.001 升
		市石		1 市石=10 市斗=100 升
		市斗		1 市斗=10 市升=10 升
		市升		1 市升=10 市合=1 升
		市合		1 市合=10 市勺=1 分升
		市勺		1 市勺=10 市撮=1 厘升
		市撮		1 市撮=1 毫升
		*蒲式耳(英)		1 蒲式耳(英)=4 配克(英)
		*配克(英)	pk	1 配克(英)=2 加仑(英)=9.092 2升
		**加仑(英)	UKgal	1 加仑(英)=4 夸脱(英)=4.546 09 升
		夸脱(英)	UKqt	1 夸脱(英)=2 品脱(英)=1.136 5 升
		品脱(英)	UKpt	1 品脱(英)=4 及耳(英) =5.682 6 分升
		及耳(英)	UKgi	1 及耳(英)=1.420 7 分升
		英液盎司	UKfloz	1 英液盎司=2.841 3 厘升
		英液打兰	UKfldr	1 英液打兰=3.551 6 毫升

附录1

	法定计量单位		常见非法定计量单位		换算关系
	名 称	符号	名 称	符 号	
质量	吨	t	公吨	T	1吨=1 公吨=1 000 千克=0.9842 英吨 =1.102 3 美吨
			公担	q	1 公担=100 千克=2 市担
	千克(公斤)	kg		KG, kgs	1 千克=2 市斤=2.204 6 磅(常衡)
	克	g	公分	gm, gr	1 克=1 公分=0.001 千克 =15.432 4 格令
	分克	dg			1 分克=0.000 1 千克=2 市厘
	厘克	cg			1 厘克=0.000 01 千克
	毫克	mg			1 毫克=0.000 001 千克
			公两		1 公两=100 克
			公钱		1 公钱=10 克
			市担		1 市担=100 市斤
			市斤		1 市斤=10 市两=0.5 千克 =1.102 3 磅(常衡)
			市两		1 市两=10 市钱=50 克=1.7637 盎司 (常衡)
			市钱		1 市钱=10 市分=5 克
			市分		1 市分=10 市厘
			市厘		1 市厘=10 市毫
			市毫		1 市毫=10 市丝
			英吨(长吨)	UKton	1 英吨(长吨)=2 240 磅 =1 016.047 千克
			美吨(短吨)	sh ton, USton	1 美吨(短吨)=2 000 磅=907.185 千克
			磅	1b	1 磅=16 盎司=0.453 6 千克
			盎司	oz	1 盎司=16 打兰=28.349 5 克
			打兰	dr	1 打兰=27.343 75 格令=1.771 8 克
			格令	gr	1 格令=1/7 000 磅=64.798 91 毫克

快乐卡通汉语字典

	法定计量单位		常见非法定计量单位		换算关系
	名称	符号	名称	符号	
时间	年	a		y,yr	1y=1yr=1 年
	天(日)	d			
	[小]时	h		hr	1hr=1 小时
	分	min		(′)	1′=1 分
	秒	s		S, sec, (″)	1″=1S=1sec=1 秒
频率	赫兹	Hz	周	C	1 赫兹=1 周
	兆赫	MHz	兆周	MC	1 兆赫=1 兆周
	千赫	kHz	千周	KC, kc	1 千赫=1 千周
温度	开[尔文]	K	开氏度,绝对度	°K	1 开=1 开氏度=1 绝对度=1 摄氏度
	摄氏度	℃	度	deg	1deg=1 开=1 摄氏度
			华氏度	°F	1 华氏度=1 列氏度=$\frac{5}{9}$ 开
			列氏度	°R	
力、重力	牛[顿]	N	千克,公斤	kg	
			千克力,公斤力	kgf	1 千克力=9.806 65 牛
			达因	dyn	1 达因=10^{-5} 牛
压力、压强、应力	帕[斯卡]	Pa	巴	bar, b	1 巴=10^5 帕
			毫巴	mbar	1 毫巴=10^2 帕
			托	Torr	1 托=133.322 帕
			标准大气压	atm	1 标准大气压=101.325 千帕
			工程大气压	at	1 工程大气压=98.066 5 帕
			毫米汞柱	mmHg	1 毫米汞柱=133.322 帕
线密度	特[克斯]	tex	旦[尼尔]	den,denier	1 旦=0.111 111 特

附录1

	法定计量单位		常见非法定计量单位		换算关系
	名　称	符号	名　称	符号	
功、能、热	焦〔耳〕	J	尔格	erg	1 尔格=10^{-7} 焦
功　率	瓦〔特〕	W	[米制]马力		1 马力=735.499 瓦
磁感应强度（磁通密度）	特〔斯拉〕	T	高斯	Gs	1 高斯=10^{-4} 特
磁场强度	安〔培〕每米	A/m	奥斯特,楞次	Oe	1 奥斯特=$\dfrac{1\,000}{4\pi}$ 安/米 楞次=1 安/米
物质的量	摩〔尔〕	mol	克原子,克分子,克当量,克式量		与基本单元粒子形式有关
发光强度	坎〔德拉〕	cd	烛光,支光,支		1 烛光≈1 坎
光照度	勒〔克斯〕	lx	辐透	ph	1 辐透=10^4 勒
光亮度	坎〔德拉〕每平方米	cd/m²	熙提	sb	1 熙提=10^4 坎/米²
放射性活度	贝可〔勒尔〕	Bq	居里	Ci	1 居里=3.7×10^{10} 贝可
吸收剂量	戈〔瑞〕	Gy	拉德	rad,rd	1 拉德=10^{-2} 戈
剂量当量	希〔沃特〕	Sv	雷姆	rem	1 雷姆=10^{-2} 希
照射量	库〔仑〕每千克	c/kg	伦琴	R	1 伦琴=2.58×10^{-4} 库/千克

* 蒲式耳、配克只用于固体。
** 英制 1 加仑=4.546 09 升（用于液体和干散颗粒）
　　美制 1 加仑=2.31×10^2 立方英寸=3.785 411 784 升（只用于液体）

快乐卡通汉语字典

附录2

常见部首名称和笔顺

部首	名称	例字	笔　　顺
匚	匠字框	巨医	一 匚
卜	上字头	占贞	丨 卜
刂	立刀旁	刑刚	丨 刂
冂（冂）	同字框	同周	丨 冂
亻	单立人	化仇	丿 亻
厂	反字旁	后质	一 厂
𠂉	危字头	争负	丿 𠂉
勹	包字头	句勿	丿 勹
几	凤字头	风凰	丿 几
亠	六字头	亡交	丶 一
冫	两点水	冲次	丶 冫
丷	兰字头	并关	丶 丷
冖	秃宝盖	写军	丶 冖
讠	言字旁	订认	丶 讠
凵	凶字框	画函	丨 凵
卩	单耳旁	印卸	丁 卩
阝	左耳旁	阳际	𠃌 阝
阝	右耳旁	邦那	𠃌 阝
厶	私字头	允台	厶
廴	建之旁	廷延	𠃌 廴
艹	草字头	艺节	一 十 艹
廾	弄字底	弃弄	一 十 廾
尢	尤字身	尤尬	一 尢 尢
兀	尧字底	尧匙	一 丁 兀
扌	提手旁	扔扫	一 十 扌
弋	式字框	式试	一 弋 弋

514

部首	名称	例字	笔　顺
囗	国字框	回困	丨 冂 囗
丷	光字头	当尚	丶 丷
彳	双立人	往很	丿 丿 彳
彡	三撇儿	形影	丿 丿 彡
犭	反犬旁	犯狼	丿 犭 犭
夂	折文儿	务复	丿 ㇇ 夂
饣	食字旁	饥饭	丿 𠂊 饣
丬	将字旁	壮状	丶 丷 丬
忄	竖心旁	忙怀	丶 丷 忄
宀	宝盖儿	安完	丶 丶 宀
氵	三点水	汉汗	丶 丶 氵
辶	走之儿	进远	丶 一 辶
⼹	录字头	绿碌	𠃌 ⼹
彐	寻字头	归灵	𠃌 彐 彐
纟	绞丝旁	红级	ㄥ ㄥ 纟
幺	幼字旁	幻幼	ㄥ 幺 幺
巛	三拐儿	巢	巜 巛
耂	老字头	考孝	一 十 耂 耂
小	竖心底	恭	亅 小 小 小
攵	反文旁	故救	丿 𠂉 攵
⺤	采字头	舀受	一 ⺤ ⺤
火	火字旁	炸炮	丶 丷 火
灬	四点底	煮照	丶 灬 灬
礻	示字旁	视祥	丶 礻 礻
皿	皿字底	盐监	丨 冂 冂 皿 皿
钅	金字旁	钉针	丿 𠂉 钅 钅 钅
疒	病字旁	疮疯	丶 亠 广 疒 疒
衤	衣字旁	补被	丶 亠 衤 衤
癶	登字头	癸登瞪	𠄌 ⺀ 癶 癶

515

快乐卡通汉语字典

部首	名称	例字	笔　　顺
虍	虎字头	虑虚	丨 丨 丅 广 卢 虍
𥫗	竹字头	第策	丿 𠂉 𥫗 𥫗 𥫗 𥫗
𦍌	撇尾羊	差着	丶 丷 亠 䒑 兰 𦍌
𦍋	羊字头	美羔	丶 丷 亠 䒑 兰 𦍋
聿	建字里	肇肄	㇇ 彐 ヨ 肀 圭 聿
艮	垦字头	恳良	㇇ 彐 ヨ 𡳾 艮 艮
𧾷	足字旁	跌跑	丨 口 口 𠮷 𧾷 𧾷
釆	番字头	悉释	一 𠂇 乊 平 平 釆
豸	豹字旁	豺豹	丿 𠂉 𠂈 豸 豸 豸
卓	朝字旁	韩戟	一 𠂉 广 古 古 直 卓
隹	隹字旁	雄雌	丿 亻 亻 广 个 亻 隹 隹

〔说明〕
（1）凡单独成字或易于称说的部首，如"山、马、日、月、厂、鸟"等，本表未收录。
（2）有的偏旁有几种不同的叫法，本表只取较为通行的名称。

516

附录3

汉字笔顺规则

(一) 基本规则

1. 从左到右	礼：礻 礼 ／ 谢：讠 谢 谢
2. 从上到下	三：一 二 三 ／ 竟：产 音 竟
3. 先横后竖	十：一 十 ／ 王：二 干 王
4. 先撇后捺	八：丿 八 ／ 文：亠 ナ 文
5. 先外后里	同：冂 同 ／ 司：刁 司
6. 先外后里再封口	国：冂 国 国 ／ 回：冂 回 回

(二) 补充规则

1. 当中间部分长或宽时，先写中间后写两边。如：
   水：亅 水 水 ／ 办：力 办
2. 正上、左上的点，必须先写。如：
   立：丶 亠 立 ／ 头：丶 丶 头
3. 右上、里边的点，必须后写。如：
   戈：一 弋 戈 戈 ／ 瓦：一 厂 瓦 瓦
4. "走之儿""建之旁"最后写。如：
   迟：尺 迟 ／ 延：正 延
5. "匠字框"的字，先写上边一横，然后写里边，最后写竖折。如：
   區：一 扁 區
6. "凶字框"的字，先里后外。如：
   函：了 函 函

快乐卡通汉语字典

附录4

汉字笔画名称表

一、基本笔画：一（横） ｜（竖） 丿（撇） 、（点） ㇕（折）

二、变形笔画：

笔形	名称	例字	笔形	名称	例字
ノ	提	刁 红	㇏	捺	又 进
㇕	横折	尺 马	㇋	横斜钩	飞 气
㇆	横撇	又 水	乙	横折弯钩	亿 九
㇀	横钩	买 皮	㇍	横撇弯钩	阵 都
㇗	横折折	凹	㇌	横折折撇	凸
㇈	横折弯	朵 没	㇆	横折折撇	建 及
㇍	横折提	计	㇌	横折折折钩	仍 场
亅	横折钩	幻 有	㇄	竖提	长 以
亅	竖钩	丁 小	㇅	竖折折钩	与 弓
㇗	竖折	山 母	㇊	撇折	台 么
㇗	竖弯	西 四	㇏	撇点	女 巡
㇄	竖弯钩	礼 已	㇂	斜钩	戏 式
㇆	竖折撇	专	㇁	弯钩	狂 家
㇅	竖折折	鼎			

〔说明〕

合体字笔画的照应：

(1) 左右结构的合体字左偏旁最后一笔的横变为提，如培、球、歧、轧、牲等，有的竖弯钩也变为竖提，如辉、凯。这样使左右笔势顺畅，联系紧密。还有的左偏旁最后一笔的竖变为撇，如翔、邦、叔、掰、拜等，使字左右分立，端正稳健。

(2) 左右结构的合体字左偏旁最后一笔的捺变为点，如欢、村、秋、释、炆。上下结构的合体字，上面部件的竖钩变为竖，如尖、崇、少等。这样避让，使部件之间结合紧密，浑然一体。

(3) 上下结构的合体字在保持字体端正匀称的原则下一般不出现重捺，如有两个捺时，其中一个写成点，如秦、类、裹。

附录 5

汉语拼音方案

(1957年11月1日国务院全体会议第60次会议通过)
(1958年2月11日第一届全国人民代表大会第五次会议批准)

一、字母表

字母	Aa	Bb	Cc	Dd	Ee	Ff	Gg
名称	ㄚ	ㄅㄝ	ㄘㄝ	ㄉㄝ	ㄜ	ㄝㄈ	ㄍㄝ
	Hh	Ii	Jj	Kk	Ll	Mm	Nn
	ㄏㄚ	ㄧ	ㄐㄧㄝ	ㄎㄝ	ㄝㄌ	ㄝㄇ	ㄋㄝ
	Oo	Pp	Qq	Rr	Ss	Tt	
	ㄛ	ㄆㄝ	ㄑㄧㄡ	ㄚㄦ	ㄝㄙ	ㄊㄝ	
	Uu	Vv	Ww	Xx	Yy	Zz	
	ㄨ	ㄪㄝ	ㄨㄚ	ㄒㄧ	ㄧㄚ	ㄗㄝ	

V只用来拼写外来语、少数民族语言和方言。
字母的手写体依照拉丁字母的一般书写习惯。

二、声母表

b	p	m	f	d	t	n	l
ㄅ玻	ㄆ坡	ㄇ摸	ㄈ佛	ㄉ得	ㄊ特	ㄋ讷	ㄌ勒
g	k	h		j	q	x	
ㄍ哥	ㄎ科	ㄏ喝		ㄐ基	ㄑ欺	ㄒ希	
zh	ch	sh	r	z	c	s	
ㄓ知	ㄔ蚩	ㄕ诗	ㄖ日	ㄗ资	ㄘ雌	ㄙ思	

在给汉字注音的时候，为了使拼式简短，zh ch sh 可以省作 ẑ ĉ ŝ。

三、韵母表

		i 丨 衣	u ㄨ 乌	ü ㄩ 迂
a ㄚ	啊	ia 丨ㄚ 呀	ua ㄨㄚ 蛙	
o ㄛ	喔		uo ㄨㄛ 窝	
e ㄜ	鹅	ie 丨ㄝ 耶		üe ㄩㄝ 约
ai ㄞ	哀		uai ㄨㄞ 歪	
ei ㄟ	欸		uei ㄨㄟ 威	
ao ㄠ	熬	iao 丨ㄠ 腰		
ou ㄡ	欧	iou 丨ㄡ 忧		
an ㄢ	安	ian 丨ㄢ 烟	uan ㄨㄢ 弯	üan ㄩㄢ 冤
en ㄣ	恩	in 丨ㄣ 因	uen ㄨㄣ 温	ün ㄩㄣ 晕
ang ㄤ	昂	iang 丨ㄤ 央	uang ㄨㄤ 汪	
eng ㄥ	亨的韵母	ing 丨ㄥ 英	ueng ㄨㄥ 翁	
ong (ㄨㄥ)	轰的韵母	iong ㄩㄥ 雍		